Die großen Dynastien

Die großen Dynastien

Die Kapetinger · Die Hohenstaufen · Die Plantagenet
Die Habsburger · Die Valois · Die Stuart · Die Tudor
Die Bourbonen in Frankreich · Die Romanow
Die Braganza · Die Bourbonen in Spanien
Die Hohenzollern · Das Haus Savoyen
Das Haus Hannover-Windsor · Die Bourbonen in Neapel
Die Bonaparte · Die Wittelsbacher
Die Monarchien im Wandel der Zeit · Die Königshochzeit
Kleine Prinzen verändern sich · Die Erziehung der Prinzen
Geschickte Vermittler · Sport und Monarchie
Wissenschaft und Kunst, Zierde der Krone
Thron und Altar, zwei untrennbare Begriffe
Die Handlungsfreiheit des Königs
Die Krone in schwierigen Zeiten
Herrscher auf Staatsreisen im Ausland · Tod und Begräbnis

Nebel
SACHBUCH

Die Intermezzi schrieb Sergio Rapetti.
Die Übersetzung der Originaltexte (aus dem Englischen, Französischen, Italienischen, Portugiesischen und Spanischen) besorgten Elisabeth Barth, Barbara Heller, Sylvia Höfer, Hans-Peter Rosen und Susanne Reichert.
Deutsche Bearbeitung:
Idea Verlagsstudio & Agentur-Bureau Dr. Paschke
Redaktion: Helmut Gajić
Lektorat S. 349–378: Ina Leistner-Winkler

Genehmigte Sonderausgabe für: Nebel Verlag GmbH, Erlangen/Utting, 1996

Titel der Originalausgabe: »Le grandi Dinastie«
Schutzumschlag: Martine Salvat
(Fotos: Photo Steinkopf, Berlin; Publifoto, Palermo; Staatsbibliothek Berlin; Photo-Archiv Mondadori)

ISBN 3-89555-091-4

Inhalt

Die Autoren

Régine Pernoud

Französin. Handschriftenspezialistin, Archivarin, Lektorin an der Philosophischen Fakultät der Universität Aix-en-Provence, Konservatorin am Museum von Reims und am Nationalarchiv von Paris. Trägerin des Foemina-Preises für Kritik und Geschichte (1946). Autorin mehrerer geschichtlicher Werke, hauptsächlich über das Mittelalter, darunter *Vie et mort de Jeanne d'Arc; Histoire de la bourgeoisie en France; des origines aux temps modernes; Aliénor d'Aquitaine; Les Templiers.*

Carl Ernst Köhne

Deutscher. Ehemaliger Direktor des Museums in Aachen und Universitätsdozent für Kulturgeschichte. Politischer und wissenschaftlicher Publizist. Autor von *Elite und Autorität in der Demokratie; 5000 Jahre Europa; Glanz des Abendlandes; Vom Faustkeil zum Raumschiff.*

Timothy Baker

Engländer. Herausgeber der Victoria County History of Middlesex, Mitglied der Royal Historical Society. Er verfaßte u. a. folgende Werke über die Geschichte Englands: *The Island Race; The Normans; Medieval London.*

Janko von Musulin

Österreicher. Ehemaliger Direktor des Fischer-Verlags. Publizist, Vizepräsident der Sigmund-Freud-Gesellschaft. Autor historischer und politischer Essays wie *Degen und Waage; Prinz Eugen von Savoyen; Proklamationen der Freiheit; Der fremde Bruder; Die kranke Weltmacht; Niedergang und Wiederaufstieg der amerikanischen Gesellschaft.*

René de la Croix Herzog von Castries

Franzose. Schriftsteller, Präsident der Société d'histoire diplomatique, Mitglied der Académie Française. Autor zahlreicher historischer Werke wie *Mirabeau; Maurice da Saxe; De Louis XVIII à Louis Philippe; La vie quotidienne des emigrés; Madame Récamier; Figaro ou la vie de Beaumarchais; La France et l'indépendence américaine; Chateaubriand ou la puissance du songe; Histoire de France dès origines à 1976.*

John Philipps Kenyon

Engländer. Ex-Fellow des Christ's College, Cambridge; Professor für moderne Geschichte an der Universität Hull. U. a. Verfasser von *Robert Spencer Earl of Sunderland; The Stuarts; The Stuart Constitution; The Popish Plot.* Arbeitet gegenwärtig an einer Geschichte Englands im 17. Jahrhundert sowie an einer Biographie Karls I.

Alasdair Hawkyard

Engländer. Wissenschaftlicher Mitarbeiter beim History of Parliament Trust. Kenner der englischen Architektur des späten Mittelalters. Die Veröffentlichung verschiedenr Artikel über Häuser und Schlösser ist in Vorbereitung. Er arbeitet an einem Buch über die englische Gesellschaft in der Zeit von 1400 bis 1570.

Daria Olivier

Gebürtige Russin und naturalisierte Französin. Übersetzerin zahlreicher russischer Klassiker sowie angelsächsischer und italienischer Schriftsteller. Autorin historischer Romane (darunter zwei Romane über die Dekabristen) und anderer geschichtlicher Werke *(Elisabeth de Russie; Catherine la Grande; Les Romanov; Alexandre Ier, prince des illusions)*, die von der Académie Française ausgezeichnet wurden.

Luíz de Bivar Guerra

Portugiese. Mitglied der Academia Portuguesa da História und des Instituto Português de Heráldica. Früher Bibliothekar und Archivar am Arquivo Geral do Tribunal de Contas. Mitarbeiter bei der Fundação Calouste Gulbenkian, die sich mit der Erforschung von Dokumenten der Kunstgeschichte Portugals befaßt. Verfasser zahlreicher bibliographischer Werke, die für den Historiker von Bedeutung sind.

Manuel Espadas Burgos

Spanier. Professor für Geographie und Geschichte. Forschungstätigkeit am Consejo Superior de Investigaciones Científicas und Sekretär des Instituto Nacional de Ciencias Históricas. U. a. Autor folgender Werke: *Alfonso XII y los orígines de la Restauración; Historia de Madrid; Abastecimiento de Madrid en el reinado de Fernando VII.*

Walter Görlitz

Deutscher. Schriftsteller, Leiter der Abteilung für Zeitgeschichte in der Redaktion der Zeitung DIE WELT. Autor verschiedener biographischer Werke und Bücher über den Zweiten Weltkrieg, darunter *Der deutsche Generalstab.* Herausgeber der posthumen Schriften der Feldmarschälle Paulus, Keitel und Model und der Briefe des Stabschefs der Kaiserlichen Marine, von Müller.

Ugoberto Alfassio Grimaldi

Italiener. Ordinarius für Geschichte und Philosophie an Gymnasien. Journalist, Direktor der *Critica Sociale.* Verfasser einer Studie über Humbert I. von Savoyen *(Il re »buono«).* Er war auch Mitarbeiter an Werken über Zeitgeschichte.

Theo Aronson

Engländer. Nach einer Tätigkeit im Bereich der Werbung arbeitete er als Verfasser historisch-biographischer Monographien über die europäischen Königshäuser, die z. T. in verschiedene Sprachen übersetzt wurden. Er schrieb u. a. über die Familie Bonaparte, die spanischen Bourbonen und die Königshäuser von Belgien, Deutschland und Großbritannien, darunter zwei Bücher über Königin Victoria: *Queen Victoria and the Bonapartes* und *Grandmama of Europe.*

Ruggero Moscati

Italiener. Professor für moderne Geschichte an der Universität Rom und Präsident der Commissione per la pubblicazione dei documenti diplomatici italiani. Autor von Studien über die Bereiche »Außenpolitik« und »Probleme Süditaliens«. Zum letztgenannten Themenbereich verfaßte er *Il Mezzogiorno nel Risorgimento;* außerdem Autor von *Ferdinando II, I Borboni d'Italia.*

Jean Thiry

Franzose. Früher Anwalt am Berufungsgericht von Paris. Historiker, Sekretär der Académie di Stalislas und Mitglied anderer Akademien. Verfasser zahlreicher Werke über die napoleonische Geschichte, von denen mehrere durch die Académie Française ausgezeichnet wurden, u. a die 28bändige *Collection Napoléon Bonaparte.*

Hans F. Nöhbauer

Deutscher. Mehr als ein Jahrzehnt lang Literaturkritiker und Feuilletonredakteur einer Münchner Zeitung, danach Cheflektor eines großen Münchner Verlages. Heute Schriftsteller und Journalist für Zeitungen, Zeitschriften, Funk und Fernsehen. Er veröffentlichte u. a. *Von A–Z im Kinderland, Die Bajuwaren.* Gegenwärtig arbeitet er an einem Werk *Die Wittelsbacher,* das 1979 erscheint.

Giorgio Taborelli

Italiener. Historiker der Kultur und des Verhaltens der Eliten, Herausgeber der Reihe *Les rois,* eines Sammelwerkes über die Geschichte der großen Dynastien Europas, Asiens und Afrikas der Neuzeit. Er hat *Medici a Firenze, un'officina di cultura europea* und den Roman *L'impero delle donne* geschrieben sowie Essays zum Verhältnis von Kultur, Sitten und Macht in Sammelbänden zur Kunstgeschichte und Geschichte des Kunsthandwerks, des wissenschaftlichen Gedankenguts, der Musik und der Mode veröffentlicht.

Vorwort

»Macht also den Herzog zu eurem Führer! Für ihn sprechen seine Taten, sein Adel und seine Männer; in ihm werdet ihr Rückhalt, nicht nur in den öffentlichen, sondern auch in euren persönlichen Angelegenheiten finden ...« Dies soll, dem Chronisten Richer zufolge, Adalbero, der Erzbischof von Reims, zu der Versammlung von Edelleuten gesagt haben, die im Jahre 987 Hugo Capet zum König wählte. Damit wird ein Zeugnis für die Königswürde abgelegt, für die Institution der Monarchie, wie sie sich in ihrer frühen Geschichte darstellte.

Die politische Sprache ist unmißverständlich und konkret: Der beschränkte Kreis der Wähler (die Großen, die Landbesitzer und Halter von Leibeigenen, also die Träger der Macht) spiegelt sich in der Gegenüberstellung von »öffentlichen« und »euren persönlichen Angelegenheiten« (damit sind die Interessen des kleinen Kreises der Wählerschaft angesprochen) wider. Die Eignung des Kandidaten für das Amt wird mit wenigen Begriffen umrissen: Zunächst spielt ein individuelles Element herein, d. h. die persönlichen Fähigkeiten (die Taten), dann ein objektives, d. h. die Gewalt, die Macht (die Männer), und zuletzt ein unfühlbares, kulturelles »Überbau«-Element (der Adel). Dieser beispielhafte Fall einer Königswahl wird dadurch charakterisiert, daß diese drei Elemente unbedingt vorhanden sein müssen, ebenso wie ein viertes: die Wahl durch eine Versammlung von Seinesgleichen – eine Art Vertrag oder Einverständniserklärung der Gleichgestellten.

Auffallend ist, daß genau das Element fehlt, das dann später kennzeichnend werden sollte – und um das sich die vorliegenden Aufsätze drehen –, die Erblichkeit, die Kontinuität einer Dynastie. Ebenfalls bei Richer lesen wir, daß es eine der größten Sorgen des neuen Königs Hugo Capet war, auch seinen Sohn krönen zu lassen. Schließlich gab Adalbero dazu seine Einwilligung, wenn auch nur ungern. Er hatte nämlich anfänglich den Einwand erhoben, man dürfe nicht zwei Könige in ein und demselben Jahr ernennen.

Man sollte sich daran gewöhnen, daß die Krone ebenso vererbbar war wie die Ländereien, Schlösser, Stallungen, Juwelen und Diener der Großen – der Wähler des Königs. Daher mußte ein anderes Element in den Vordergrund gerückt werden: der Glaube an eine privilegierte Beziehung zwischen dem König (und seinen Nachkommen) und Gott – kurz, das »Gottesgnadentum«. Der Herrscher DEI GRATIA, »von Gottes Gnaden«, sollte nicht mehr der Wahlreden eines Adalbero bedürfen.

In einem anderen bedeutsamen Text, bei Otto von Freising, findet sich der folgende Satz aus einem Brief Friedrich Barbarossas, König und Kaiser (deshalb haben wir es hier mit einem Sonderfall zu tun, der aber im Zusammenhang mit der mittelalterlichen Idee der »beiden Schwerter« – Papsttum und Reich – um so entscheidender ist): »Dank der Wahl der Fürsten herrschen Wir über König- und Kaiserreich durch Gott allein ...«

Dennoch dauerte dieser Prozeß bekanntlich lange. Rufen wir uns die drei politischen Elemente in der Rede Adalberos ins Gedächtnis zurück: persönliche Eigenschaften, tatsächliche Macht und Adel. Das erste wird völlig und das zweite zumindest teilweise hinfällig in Anbetracht der Gratia Dei: Es gab untaugliche Könige und auch Könige, die objektiv vollkommen machtlos waren und dennoch bis zu ihrem Lebensende die Krone trugen.

Kommen wir zu den »Taten«, die Adalbero in seiner Rede erwähnt. Wenige Jahrzehnte später schrieb Wilhelm von Poitiers in einer Lobrede auf einen anderen König, Wilhelm den Eroberer, der seine Krone durch das Schwert errungen hatte, obzwar er auf die Krone ein gewisses Anrecht hatte oder jedenfalls zu haben glaubte: »In ihrer Willkür verschleiern die Könige ihre Gier unter dem Vorwand, Verbrechen zu bestrafen, und sie überantworten den Unschuldigen der Folter, um sich die Güter derjenigen anzueignen, die sie auslöschen. Aber er (Wilhelm) verdammte niemals jemanden, der es nicht billigerweise verdient hätte; denn er war über die Habgier ebenso wie über andere Leidenschaften erhaben. Er wußte, daß es zur Königswürde gehörte, sich in einer spektakulären Großzügigkeit darzustellen und sich nichts anzueignen, wenn es der Gerechtigkeit ins Gesicht schlug.« Ungefähr 800 Jahre später betrachtete und gebärdete sich der letzte große Habsburger, Kaiser Franz Joseph, wie ein Beamter seines eigenen Staates – »unabhängiger Beamter« schrieb er einmal in ein Formular; möglicherweise mit einem Anflug von Ironie, aber sicherlich mit Überzeugung.

Zwischen den zwei chronologischen Endpunkten läßt sich ein Faden erkennen, der beide miteinander verbindet: das Fortdauern einer Auffassung von Macht, die durch ihren dienenden Geist tolerierbar gemacht wird. Ob dies zur Dauer der Institution Monarchie und zur Dauer der Dynastien, die diese Institution in Europa verkörperten, mehr oder weniger genauso beigetragen hat wie die Auffassung der Gratia Dei, bleibt eine unbeantwortbare Frage. Doch dieses Problem ist auch eines der Motive für das Interesse, mit dem wir uns die »innere« Geschichte der Dynastien ansehen, die in diesem Buch vorgestellt und durchleuchtet werden.

Im vorliegenden Buch treten sie in der chronologischen Reihenfolge auf, in der sie ihre Herrscherkrone erhielten. Obwohl ihre Anzahl gering ist, wird doch fast ganz Europa miteinbezogen – ein Bogen, der sich von England nach Italien, von Portugal nach Rußland spannt und einen Zeitraum von fast einem Jahrtausend europäischer Geschichte erfaßt.

Die Geschichte Europas, unsere Geschichte also, ist ein Stoff, der zu einem kleinen Teil auch aus ihren Schicksalen gewoben ist.

Ein Hinweis: In Klammern gesetzte Jahresangaben hinter Namen von Machthabern bezeichnen deren Regierungszeit!

Die Krone des Heiligen Römischen Reiches. Die Goldschmiedearbeit weist deutlich sizilianisch-byzantinische Züge auf. Die Krone stammt aus der Werkstatt der Abtei Reichenau, wahrscheinlich aus dem 10. Jahrhundert (Wien, Schatzkammer, Kunsthistorisches Museum).

DIE GROSSEN DYNASTIEN

Als diese Miniatur gemalt wurde, war der Stern der Kapetinger bereits seit mehr als einem Jahrhundert erloschen. Den Kapetingern folgte die Seitenlinie der Valois. Doch die rege Bautätigkeit der damaligen Zeit wird auf diesem Bild mit der Errichtung gotischer Kathedralen in »Frankreich, dem lieblichen Land«, deutlich zum Ausdruck gebracht. Die Atmosphäre der Zeit Ludwigs des Heiligen und des Baus der Kirchen spiegelt sich auf dieser Miniatur spürbar wider.

Die Kapetinger

Das gesamte Mittelalter hindurch
bestellte eine kluge Herrscherfamilie das französische »Gärtchen«,
voller »Brot, Wein und Lebensfreude«.

Betrachtet man die Dynastie der Kapetinger, so fällt eines sogleich ins Auge: sie hat über mehr als dreihundert Jahre ununterbrochen regiert. Hugo Capet kam im Jahre 987 an die Macht: sein letzter direkter Nachfahre starb 1328. Dazwischen liegen genau 341 Jahre. Will man dafür ein zeitliches Äquivalent finden und nimmt als Endpunkt das Jahr 1940, so muß man bis zum Jahre 1599 zurückgehen. Zwischen 1599 und 1940 liegen ebenfalls 341 Jahre.

Um genau zu sein, müssen unsere gängigen Vorstellungen über die Anfänge des Geschlechts korrigiert werden. Die Geschichtsbücher mit ihrer Klassifikationsmanie, in welche die Tatsachen sich oft nur schwer einfügen, nennen für den Beginn des Aufstiegs der Kapetinger das Datum der Thronerhebung Hugo Capets. Für dessen Zeitgenossen jedoch war die Wahl von Senlis im Jahre 987 bereits die vierte ihrer Art und Hugo Capet der vierte seines Geschlechts, der die Krone trug. Man müßte also, um der Geschichte der Dynastie vollständig gerecht zu werden, zu den genannten 341 Jahren noch weitere hundert hinzufügen, denn diese Geschichte beschränkt sich nicht auf den Zeitraum der direkten Folge des Sohnes auf den Vater. Die Kapetinger haben auch ihre Vorgeschichte.

In der Stadt Senlis sind bis auf den heutigen Tag Teile der gallo-romanischen Befestigungen erhalten: sechzehn der damals vorhandenen achtundzwanzig Türme; im Innern des von mächtigen Mauern (vier Meter Dicke) umgebenen Ovals findet man noch Reste des alten Schlosses. Die Könige pflegten bei der Rückkehr von ihrer Krönung in Reims dort Aufenthalt zu nehmen; Ludwig der Heilige kam dorthin, um zu beten. An jenem Ort begann der Aufstieg der Kapetinger im Verlauf eines Dramas, dessen Akteure die Tragweite der Rollen, die sie spielten, nicht vorausahnen konnten.

Im Jahre 987 waren die größten Vasallen des Reiches in Senlis versammelt. Wenn sie dem einige Wochen zuvor an sie gerichteten Aufruf gefolgt waren, dann zu dem Zweck, einen Gerichtshof zu bilden und nicht eine Wahlversammlung. Ein Chronist namens Richer, vermutlich ein Augenzeuge der Ereignisse, hat uns von ihnen berichtet. Auf den bereits in jungen Jahren verstorbenen König Lothar war am 2. März 986 sein Sohn Ludwig V. gefolgt. Dieser hatte wie sein Vater Grund zur Klage über den Erzbischof von Reims, Adalbero. Er verdächtigte ihn und seinen Sekretär Gerbert d'Aurillac (jener berühmte Gerbert, eine der glänzendsten Gestalten der damaligen Zeit, der später unter dem Namen Silvester II. Papst werden sollte) einer Verschwörung mit dem Kaiser oder vielmehr dessen Mutter, der Kaiserin Theophano, einer Griechin, die mit dem Hof von Byzanz Verbindungen unterhielt. Ludwig hatte nichts Eiligeres zu tun, als in Compiègne eine Versammlung einzuberufen, die diese Intrigen aufdecken und die Schuldigen – Adalbero und Gerbert – bestrafen sollte. Sie wurden nach Compiègne gebracht, und der Prozeß sollte eben beginnen, da ereignete sich ein Unglück. Auf der Jagd in den Wäldern zwischen Compiègne und Senlis stürzte der junge Ludwig V. (er war zwanzig Jahre alt) so unglücklich vom Pferd, daß er wenige Tage später, am 22. Mai 978, starb. So hatte es den Anschein, als seien die Fürsten nur deshalb zusammengekommen, um dem Leichenbegängnis des letzten Karolingers beizuwohnen.

Der Erzbischof von Reims, mit einem Gespür für günstige Gelegenheiten, was seinen politischen Instinkt verriet, richtete an die Versammelten folgende Worte: »Auf Geheiß des Königs habt ihr euch von den verschiedensten Orten hierherbegeben, um über die gegen mich erhobene Anklage zu befinden, und ich nehme an, ihr seid in ehrlicher Absicht zusammengekommen. Der König seligen Angedenkens ist tot und hat euch die Aufgabe hinterlassen, diese Angelegenheit zu prüfen. Ist einer unter euch, der sich nicht scheut, den Prozeß an seiner Stelle fortzuführen, der entschlossen ist, die Anklage aufrechtzuerhalten, so möge er vortreten; er möge seine Meinung vorbringen und den Angeklagten beschuldigen.« Richer fügt hinzu, daß Adalbero seinen Appell dreimal wiederholte und daß niemand die Herausforderung annahm. »Ich betrachte mich somit«, fuhr Adalbero fort, »als durch das Wohlwollen des erlauchten Herzogs (er wies auf Hugo Capet) und der anderen Fürsten von der gegen mich erhobenen Anklage entlastet und werde nun in eurer Mitte Platz nehmen, um mit euch über die Staatsgeschäfte zu beraten.«

So war es denn eine Wahlversammlung, die sich wenige Tage später nach Senlis begab. Adalbero, der Angeklagte von gestern, bestimmte hinfort das weitere Vorgehen. Das Reich brauchte einen König; wen sollte man wählen? Ludwig V. hatte weder Geschwister noch Kinder hinterlassen; es blieb nur ein Onkel, Karl, Herzog von Niederlothringen und mithin Vasall des deutschen Kaisers. Doch der Erzbischof von Reims hatte bereits seine Wahl getroffen: »Macht den Herzog der Franken zu eurem Führer! Für Herzog Hugo sprechen seine Taten, sein Geschlecht und seine Männer. In ihm werdet ihr Rückhalt nicht nur in den öffentlichen, sondern auch in euren persönlichen Angelegenheiten finden.«

Hugo Capet (987–996) wurde am 3. Juli desselben Jahres in Noyon gesalbt. Möglicherweise hat er den Eid auf ein Meßbuch abgelegt, welches noch heute mit dem Kirchenschatz der Kathedrale verwahrt wird und vom Ende des neunten Jahrhunderts stammt. Im Jahre 941 geboren, war Hugo mit 46 Jahren ein Mann im besten Alter. Warum gab man dem Urenkel Roberts des Tapferen den Beinamen Capet? Kein Text gibt darüber definitiv Auskunft, doch man vermutet, daß er von einem Kleidungsstück herrührt, der Kappe, einer alten keltischen Kopfbedeckung, oder von dem Chorrock (chape), einem von ihr inspirierten kirchlichen Gewand, das Hugo aufgrund seiner Verbindungen zu zahlreichen Abteien tragen konnte. Man hatte zu jener Zeit eine Vorliebe für Beinamen. Neben Capet wurde ein Herzog Kurzmantel, ein anderer Graugewand genannt.

Viele Geschichtsschreiber haben die Kapetinger als »Emporkömmlinge« dargestellt. Vielleicht erwecken sie diesen Eindruck, wenn man sie mit dem Geschlecht der Karolinger vergleicht, das für sich den alles überstrahlenden Namen Karls des Großen beanspruchen kann. Und doch erschienen dieser oder vielmehr seine unmittelbaren Vorfahren zwei Jahrhunderte zuvor gegenüber dem Geschlecht Chlodwigs ebenfalls als Emporkömmlinge. Was Adalbero von Reims in Senlis sagte, gilt auch noch in unserer Zeit: »Der Thron wird nicht durch das Erbrecht erworben, und an der Spitze des Königreichs soll der stehen, der sich nicht nur durch den Adel des Körpers, sondern

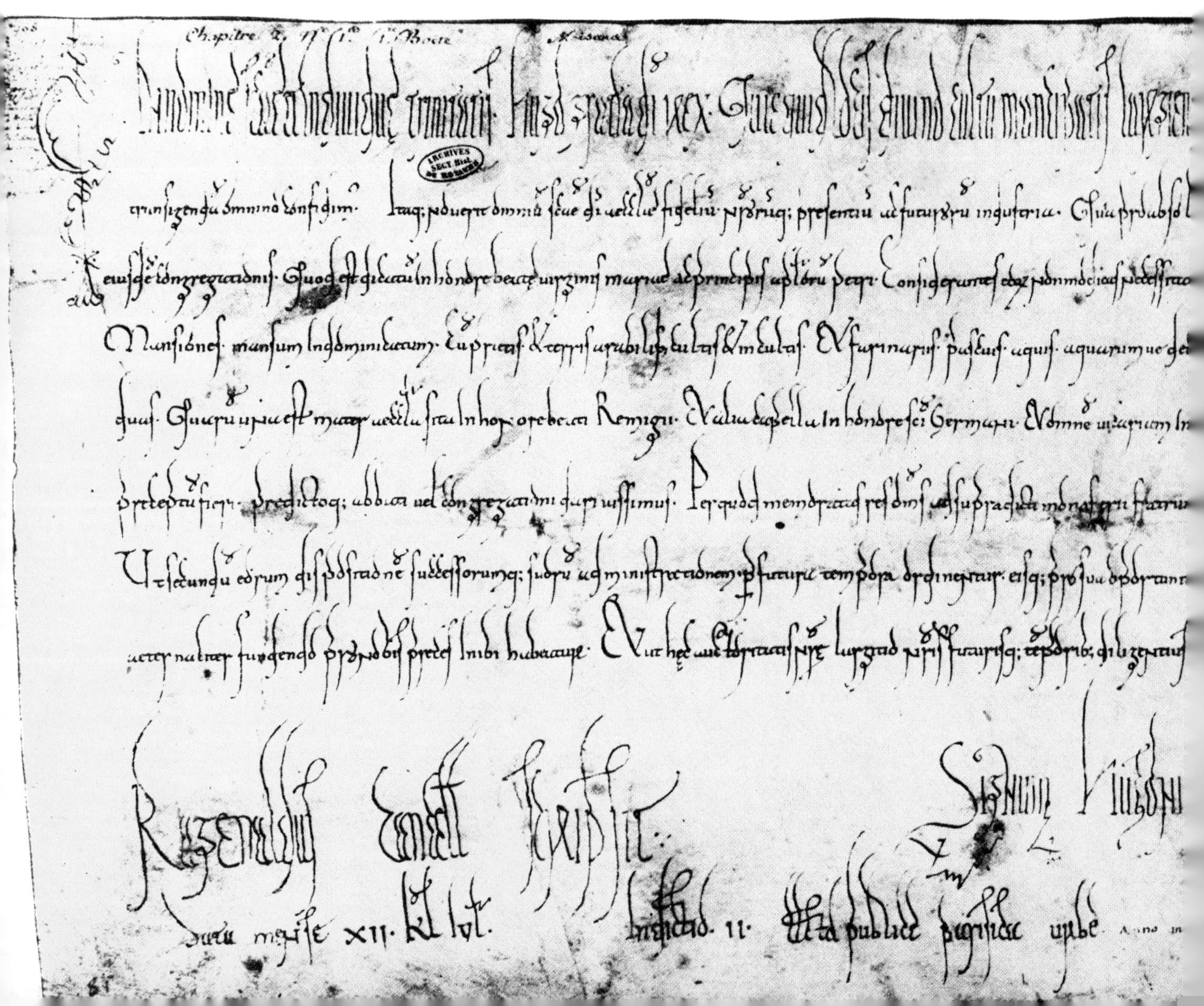

Schenkungsurkunde Hugo Capets (989): Er vermachte Maisons-Alfort der Abtei von Saint-Maur-des-Fossés. Hugo Capet wurde 987 in Senlis gewählt und trug als viertes Mitglied seines Hauses die Krone.

auch durch die Vorzüge des Geistes auszeichnet, für den die Ehre spricht und der von Edelmut getragen ist.« Er und Gerbert repräsentierten, ebenso wie Hugo Capet selbst, den Aufstieg einer neuen Macht.

Das Geschlecht der Kapetinger hatte ebensolange Bestand wie das Feudalsystem, das sich gleichzeitig mit ihm etablierte: ein Jahrhundert zögernder Anfänge und drei Jahrhunderte eigentlicher Existenz. Politisch gesehen setzte sich ein neuer Entwurf Europas durch. Während im Osten das Byzantinische Reich seinen aus der Antike überkommenen Charakter bewahrte, lebte das Westreich in den germanischen Regionen wieder auf. Es suchte, die karolingischen Traditionen wiederzubeleben, und dies gelang, als Otto I. der Große, gestärkt durch das Prestige seines in der Schlacht auf dem Lechfeld (955) errungenen Sieges über die ungarischen Eindringlinge, am 2. Februar 962 aus den Händen Papst Johannes' XII. in Rom die Kaiserkrone empfing.

Doch der Westen Europas entzog sich seinem Einfluß entschieden, allen voran jenes Königreich, in dem ein Mann mit dem Titel »Herzog der Franken« zum König »von Gottes Gnaden« geworden war (diese Worte standen auf seinen Münzen und seinen Urkunden, und zu jener Zeit waren sie Ausdruck der Demut: *Hugo dux Dei gratia rex).*

Das Reich des Herzogs der Franken – das Gebiet, in dem man ihm als einem Herrn unter anderen Herren zu huldigen hatte – entsprach im großen und ganzen jenem Reich, das Karl der Große seinem jüngsten Sohn, Karl dem Kahlen, übergeben hatte: es reichte von Flandern bis zur Gascogne. Die Krondomäne dagegen war nur klein. Sie umfaßte zwei etwas ausgedehntere Gruppen von Liegenschaften, die Grafschaften Orléans und Etampes zum einen und zum anderen die Grafschaft Senlis, die sich noch um drei Burgvogteien erweiterte: Béthisy, Verberie und Compiègne, und schließlich noch drei Enklaven gleich einsamen Inseln: Montreuil-sur-Mer, Attigny, Poissy. Hinzu kamen finanziell nicht unerhebliche Regalien gewisser Bistümer wie Reims, Beauvais, Laon, Langres, Châlon-sur-Marne, Noyon und einiger Klöster wie Saint-Germain-des-Prés, Saint-Denis, Saint-Riquier, Saint-Aignon d'Orléans, Saint-Martin de Tours und Saint-Benoît-sur-Loire.

Hugo Capet starb im Jahr 996, am 24. Oktober, wahrscheinlich an einer mit einem Hautausschlag verbundenen Krankheit, ähnlich den Pocken. Er erreichte ein Alter von ungefähr fünfzig Jahren und wurde in Saint-Denis beigesetzt. Sein Sohn Robert II. (996 bis 1031), der später den Beinamen »der Fromme« erhielt, konnte um so leichter seine Nachfolge antreten, als er bereits seit Ende des Jahres 987 die Krone aus Hugos eigener Hand empfangen hatte. Im Jahre 996 wurde Robert also alleiniger König. Er war ungefähr 24 Jahre alt, und so stand ihm jede Möglichkeit zur

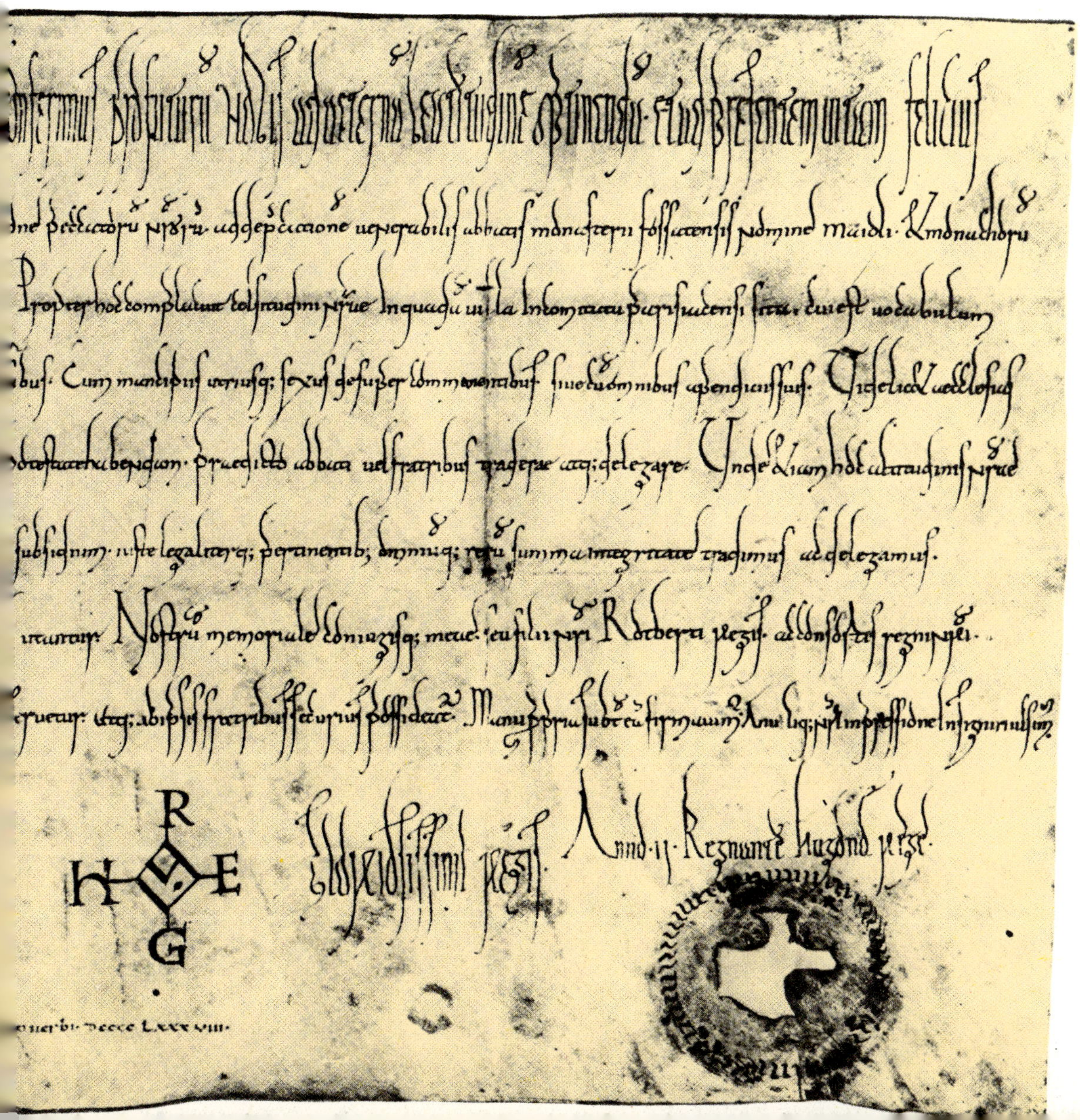

Aktivität offen. Gelegenheiten dazu boten sich ihm in Fülle, besonders im Bereich der Beziehungen zwischen Kapetingern und Karolingern. Nun gab es aber zwischen dem Kaiserreich und Frankreich einen ständigen Zankapfel: Lothringen. In dem ein Jahrhundert zuvor (842) geschlossenen Frieden von Verdun war dem Kaiser dieser schmale Gebietsstreifen zwischen Germanien und Frankreich zugesprochen worden, der nach seinem ersten Eigentümer Lotharingien genannt wurde. Viel später entluden sich die Zwistigkeiten über dieses Gebiet, das von zwei Anliegern begehrt wurde, in Kriegen. Doch wären diese Kriege, die im 17. Jahrhundert ausbrachen, auch schon in der ersten Zeit der Kapetinger möglich gewesen; dafür spricht ein Vorfall, der sich im Jahre 1023 an den Ufern der Meuse abspielte. In diesem Jahr standen sich dort zwei Armeen gegenüber. Auf dem rechten Ufer, bei Ivoy, das Heer des Heiligen Römischen Reiches. Ziel des germanischen Kaisers Heinrich II. war es, im politischen Europa eine ähnliche Stellung einzunehmen wie der Papst in der gesamten Christenheit. Bei Mougon auf dem linken Ufer stand der französische König mit allen verfügbaren Vasallen. Am 6. August begann dieses Gegenüber von Angesicht zu Angesicht: Es war einer jener Augenblicke, in denen die Geschichte den Atem anhält, und es dauerte vier Tage. »Da entsann sich«, so berichtet die Chronik, »am vierten Tage, am 10. August, der Kaiser des Spruchs der Weisen: Je höher du dich erhebst, desto tiefer mußt du dich erniedrigen in allen Dingen. Und er, der Kaiser, überquerte das Wasser, begleitet nur von einigen Herren, und stattete dem König von Frankreich einen friedlichen Besuch ab, den dieser am darauffolgenden Tage erwiderte.« Es sollte an dieser Stelle nicht unerwähnt bleiben, daß Heinrich II., der wenig später starb, in der Folgezeit als Heiliger verehrt wurde.

Am Abend nach der Unterredung der beiden Herrscher hatte er König Robert dem Frommen das Königreich Italien angeboten, für ihn selbst oder für seinen ältesten Sohn, der seit 1017 Mitkönig war. Robert lehnte ab und bewies damit einen Realitätssinn, dem nachzueifern seinen indirekten Nachfolgern im 16. Jahrhundert wohl angestanden hätte.

Wie bereits erwähnt, bestieg Robert den Thron im Jahre 996 und erhielt den Beinamen »der Fromme«. Er war ein gebildeter Fürst; einige liturgische Gesänge sollen aus seiner Feder stammen. Damit stand er in vollkommenem Einklang mit einer Zeit großer, besonders von den Mönchen in Cluny inspirierter Reformen innerhalb der Kirche. Dennoch war er für einen Teil seines Lebens exkommuniziert – der Grund waren Frauengeschichten. Er hatte in einer ersten Ehe Rosala geheiratet – man nannte sie Susanne –, die Witwe des Grafen von Flandern. Sehr viel älter als er, konnte sie ihm keine Kinder mehr schenken, und er verstieß sie. Dies um so leichteren Herzens, als er sich unsterblich in Bertha verliebt hatte, die Gattin des Grafen Eudes von Chartres, der ihm den Gefallen tat, im rechten Moment zu sterben. Robert heiratete Bertha; sie waren jedoch so nahe verwandt, daß ihre Heirat im Widerspruch zum kanonischen Recht stand. Robert wurde exkommuniziert, bot aber dem kirchlichen Bannstrahl fünf Jahre hindurch die Stirn. Doch schließlich fügte er sich und heiratete Konstanze, die Tochter des Grafen Wilhelm von Arles. Diese wiederum hatte zeitgenössischen Berichten zufolge einen so schwierigen Charakter, daß Robert sich nach Rom aufmachte, um zu versuchen, vom Papst die Aufhebung seiner Bindung an Konstanze und die Anerkennung der Ehe mit Bertha zu erwirken. Weder das eine noch das andere wurde ihm gewährt. Von dieser unglücklichen Ehe, die er letztlich akzeptierte, mag es herrühren, daß er im Geruch der Heiligkeit stand. Nach dem Tode ihres Gatten (20. Juli 1031) rechtfertigte Königin Konstanze ihren schlechten Ruf, indem sie die beiden Söhne, die sie von ihm hatte, gegeneinander ausspielte. Dem älteren, Heinrich, zog sie den jüngeren, Robert, vor und versuchte vergeblich, ihn auf den Thron zu bringen. Schließlich versöhnten sich die beiden Brüder. Heinrich wurde König von Frankreich, und Robert erhielt als Apanage das Herzogtum Burgund. Sein Geschlecht hielt sich als herzogliche Linie ähnlich lange wie die königliche Linie: Burgund wurde bis zum Jahre 1361 in direkter Linie vom Vater an den Sohn weitergegeben.

Um auf Heinrich I. (1031–1060) zurückzukommen, so wissen wir nur wenig über ihn, abgesehen von einem recht verwunderlichen Ereignis, das einigen Aufschluß geben mag. Als Sohn einer kleinen Dynastie im westlichsten Königreich Europas heiratete er in der Tat eine russische Prinzessin, Anna, die Tochter des Herzogs von Kiew, Wladimir Jaroslaw. Bedenkt man, welche Umstände es erforderte, diese seltsame Heirat zustande zu bringen, so hält man sie kaum für möglich. Es setzt voraus, daß die Verkehrs- und Verbindungsmöglichkeiten in jener frühen Zeit des elften Jahrhunderts unendlich weiterentwickelt waren, als wir es uns gemeinhin vorstellen.

Der Sohn Heinrichs I. und der Prinzessin Anna aus dem fernen Rußland war auf den ehrgeizigen Namen Philipp getauft worden, der an die byzantinische Dynastie und die griechischen Eroberer erinnerte. Philipp I. (1060–1108) war auch der erste, über dessen Krönung Einzelheiten überliefert sind, insbesondere der Text des Eides, den er in Anwesenheit des Erzbischofs von Reims auf das Evangelium ablegte, bevor er die Salbung empfing. Der König trifft alle Entscheidungen im Rat, und wenn es um ernste Probleme geht, bei denen der Friede des Königreiches in Frage steht, »im ganz großen Rat«, d. h. er muß dann alle Fürsten einberufen, ohne die er ohnehin nicht wirksam handeln kann. Seine Rolle in ihrer Mitte ist die des Schiedsrichters, der für Frieden und Gerechtigkeit zu sorgen hat. König Philipp, dessen Andenken durch verschiedene Zeugnisse lebendig geblieben ist, erwies sich im Grunde dieser Ehre wenig würdig. Schlemmerhaft und sinnlich, fettleibig schon in jungen Jahren, war er nach Aussagen seiner Zeitgenossen »schwerfällig durch die Masse des Fleisches und mehr mit Essen und Schlafen beschäftigt als mit dem Kampf«. Sein Benehmen wurde zum Ärgernis, als er seine Gemahlin Bertha von Friesland verstieß und die Gattin eines seiner Vasallen, Bertrade von Montfort, entführte, in die er sich unsterblich verliebt hatte.

Der Nachfolger Philipps, Ludwig VI. (1108–1137), hatte von seinem Vater zwar die Fettleibigkeit geerbt (daher sein Beiname der Dicke), nicht aber dessen Leidenschaften. Er war ein empfindsamer Mensch; ein großer Freund des Essens und Trinkens zwar, aber doch von erstaunlichem Unternehmungsgeist. Er war entscheidungsfreudig, leicht zu erzürnen, trotz seines Körperumfangs ein unermüdlicher Reiter. In seiner Jugend hatte er ohne Zweifel unter den ungeordneten Verhältnissen am Hof seines Vaters gelitten. (Bertrade hatte nichts unversucht gelassen, um statt seiner den Sohn, den sie dem König geschenkt hatte und der ebenfalls den Namen Philipp trug, auf den Thron zu bringen.) Ludwig VI. war ein Mann von untadeliger Integrität, und unter seiner Regierung

nannte der Papst Frankreich »die älteste Tochter der Kirche«. Sein ganzes Leben hindurch verband ihn eine treue Freundschaft mit Suger, dem Sohn eines Leibeigenen, der jedoch zusammen mit dem Thronerben in der Abtei Saint-Denis erzogen worden war, deren Abt er später wurde.
An den zahlreichen »Kreuzzügen« (vergessen wir nicht, daß es sich dabei um einen modernen Begriff handelt, der allenfalls aus dem achtzehnten Jahrhundert stammt) nahm Ludwig VI. ebensowenig teil wie sein Vater, denn er beschränkte seine Ambitionen auf das ihm anvertraute eigene Land. Mit Nachdruck sorgte er für Recht und Gerechtigkeit. Gegen etliche seiner Vasallen – Raubritter wie Bouchard de Montmorency oder Thomas von Marle (von dem man sagte, er habe seine Domäne zu einer »Räuberhöhle und Drachengrube« gemacht) – wurden Strafexpeditionen durchgeführt, die sie so bald nicht wieder vergessen sollten; und noch viele andere wären zu nennen, unter ihnen auch Mathieu de Beaumont und Lionel de Meung, die für ihre Raubzüge streng bestraft wurden. Kein Unrecht, keine Verfehlung wurden in der Krondomäne geduldet. Nach dem Tod seines Vaters und dessen Überführung nach Saint-Benoît-sur-Loire wurde Ludwig VI. in Orléans zum König gekrönt. Seine fast dreißigjährige Regierung war begleitet von – gewiß begrenzten – Polizeimaßnahmen, die den Ruf des französischen Königs, unter seiner Herrschaft lebe man in Sicherheit, begründeten. Darüber hinaus versäumte er keine Gelegenheit, auch außerhalb seiner Domäne, immer als Gerichtsherr, einzugreifen. Als in Flandern Karl der Gute ermordet wurde, beteiligte er sich an der Regelung der Erbfolge und erreichte, daß Thierry von Elsaß seine Oberhoheit anerkannte und daraus Nutzen zog.
Mit dem Herzog der Normandie, dem König von England, kam es immer wieder zu Konflikten, die fast in einer Katastrophe mündeten, als Ludwig bei Brémule im Jahre 1119 geschlagen wurde, dem Gegner das Feld überlassen und sogar den Archivschatz zurücklassen mußte, seine Urkunden, die nach damaligem Brauch in die Schlacht mitgeführt wurden. Im darauffolgenden Jahr indessen machte die Tragödie von *Blanche-nef* alle Hoffnungen zunichte, welche der englische König Heinrich Beauclerc in seine Dynastie gesetzt hatte. Sein Sohn Wilhelm ertrank im Ärmelkanal und mit ihm sein Bruder, eine seiner Schwestern und die gesamte *Jeunesse dorée* Englands. In den fünfzehn Jahren, um die er das Unglück überlebte, hat man auf dem Antlitz des englischen Königs niemals wieder ein Lächeln gesehen.
Am Ende seines Lebens sah Ludwig VI. manche beunruhigende Entwicklung auf sein Land zukommen. Drei große Feudalgeschlechter, deren Reichtum den des Königs weit übertraf, gewannen mehr und mehr an Einfluß: Normandie, Anjou und Champagne. Die einzige dem englischen König verbliebene Tochter war, mit neun Jahren dem deutschen Kaiser Heinrich V. angetraut, verwitwet und heiratete nun den Erben der Grafschaft Anjou, den jungen Gottfried (Geoffroi) den Schönen, Geoffroi Plantagenet genannt. Mit dieser Verbindung Anjous, der Normandie und Englands erhob sich im Westen eine bedrohliche Macht.
Da bot sich ganz unerwartet eine Möglichkeit, dieser Gefahr zu begegnen. Der Herzog von Aquitanien befand sich auf der Rückreise von Santiago de Compostela, als er plötzlich erkrankte. Bevor er starb, nahm er seinen Gefährten das Versprechen ab, dem Sohn und Thronerben des französischen Königs, Ludwig dem Jüngeren, die Hand seiner Tochter und Erbin Eleonore (sie war zu diesem Zeitpunkt fünfzehn Jahre alt) anzubieten. Man kann sich denken, daß Ludwig VI. über diese Aussicht auf eine Erweiterung der Krondomäne hocherfreut war und sich beeilte, den Antrag anzunehmen. Doch sollte er selbst nicht mehr erleben, wie sich diese Hoffnungen erfüllten. Als Ludwig mit seiner Gattin in glänzendem Geleit, zu dem auch Suger, inzwischen Abt von Saint-Denis, gehörte, zur Ile-de-France zurückkehrte, war der König gestorben (1. August 1137).
Sein Nachfolger Ludwig VII. (1137–1180) verdankte die Krone einzig und allein einem Sturz vom Pferd, der seinem Bruder Philipp das Leben gekostet hatte. Ludwig der Jüngere war wie sein Vater in der Abtei Saint-Denis erzogen worden, und es ist anzunehmen, daß er aus Neigung dort geblieben wäre, wenn man ihn nicht eines Tages (1131, er war elf Jahre alt) geholt hätte, um ihn, wie der Brauch es wollte, zum Mitkönig einzusetzen. Er kehrte jedoch nach Saint-Denis zurück, um seine Studien zu vollenden, die ihn zu einem überaus gelehrten König machten. Er hatte mehrere Brüder; einer von ihnen, Heinrich, wurde später Erzbischof von Reims und ein anderer, Philipp, Dekan von Saint-Martin de Tours. Durch das im Feudalsystem verankerte Erstgeburtsrecht war der Thronerbe von vornherein durch das Blut bestimmt. Ohne Zweifel begehrte Ludwigs Bruder Robert, Graf von Dreux, ebenfalls die Krone; er schmiedete ein Komplott, das aber von Suger mit großem Geschick aufgedeckt wurde.
Die Mitgift, die Eleonore von Aquitanien ihrem jungen Gatten – sie waren zusammen kaum mehr als dreißig Jahre alt – in die Ehe einbrachte, stellte den König von Frankreich in materieller Hinsicht mit einem Schlag auf eine Stufe mit dem reichsten seiner Vasallen. Was Ludwig VI. im Lauf seines Lebens erworben hatte, waren nicht mehr als ein paar Morgen Land in der Grafschaft Corbeil, einige Burgen im Gâtinais und Orléanais, besonders die von Montlhéry, von der aus der König lange Zeit an einem friedlichen Verkehr zwischen Paris und Etampes gehindert worden war. Und nun kamen die unermeßlich großen Ländereien des Grafen von Poitiers, Herzog von Aquitanien, hinzu, die sich von der Loire bis zu den Pyrenäen erstreckten. Das königliche Siegel – es zeigte den König »als Majestät«, auf seinem Throne sitzend, die Krone auf dem Haupt und das Zepter in der Hand – trug fortan auf der Rückseite das Bild des Herrschers zu Pferde mit der Inschrift *dux Aquitanorum*, Herzog Aquitaniens; und sichtlich stand das Ritterliche dem Königlichen in nichts nach, wenn man nur nach der Ausdehnung der Ländereien und dem Ertrag, den sie einbrachten, urteilt.
Die Frau, die nach der Sitte der Zeit »Königin von Gottes Gnaden« wurde, war eine Persönlichkeit, die ihresgleichen suchte. Zudem befand sie sich in vollkommenem Einklang mit einer Zeit, in der die Frau dem Manne höchst anspruchsvoll entgegentrat, in der sie Liebe und Respekt zugleich von ihm empfing und in der Lyrik und Romane sie zur unumschränkten Herrin erhoben. In dem jungen Hausstand führte die Königin das Regiment. Das war nicht neu; unter Robert dem Frommen und unter Philipp war es nicht anders gewesen, und das gilt für die Mehrzahl der großen Dynastien der Feudalzeit. Ludwig war in seine Frau unsterblich verliebt. Eleonore war schön; von einer so außergewöhnlichen Schönheit ließen sich die Zeitgenossen ohne Ausnahme entwaffnen. War Bertrade nun aber die Hauptursache dafür gewesen, daß

Philipp I. gründet die Abtei Saint-Martin-des-Champs. Er war der dritte Nachfolger Hugo Capets, Sohn einer russischen Prinzessin und »stumpf vor lauter Fleischmassen; er kümmerte sich lieber um Essen und Schlafen als ums Kämpfen . . .«

Philipp II. August. *Als dieser tüchtige und kämpferische König 1223 starb, hatte er seine ererbten Ländereien beträchtlich vergrößert. Dennoch hatte er nicht alle Ziele erreicht, die er ursprünglich erreichen wollte.*

ihr Gatte in seiner Lethargie verharrte, so kann man ähnliches von Eleonore nicht behaupten. Ungestüm und unternehmend im Übermaß, stürzte sie ihren Gatten in unentwirrbare Konflikte. Sie entzweite ihn nacheinander mit seiner Mutter, mit seinem ergebenen Ratgeber Suger und selbst mit dem Papst, indem sie sich über die Freiheit der Wahlen innerhalb der Kirche hinwegsetzte und das Bistum Bourges einem Kandidaten ihrer Wahl übertrug. Sie zwang Ludwig, gegen die Einwohner von Poitiers mit Härte vorzugehen (Poitiers, die Stadt ihrer Pairs, ihre eigene Hauptstadt!), weil sie eine Kommune gründen, sich also durch Eid von jeglicher Autorität eines Lehnsherrn befreien wollten. Weiter veranlaßte Eleonore ihren Gatten zu einem recht unvernünftigen Feldzug gegen die Grafschaft Toulouse, die Wilhelm IX. einst abgetreten hatte und die sie wieder unter ihre direkte Herrschaft zu bringen suchte. Aber dies alles war noch belanglos, verglichen mit den Streitigkeiten, die sie mit dem Haus Champagne vom Zaune brach, einem bis dahin treuen Verbündeten der Kapetinger. Und wozu dies alles? Um die Verheiratung ihrer jüngeren Schwester Péronelle zu fördern, die ein Auge auf einen Vertrauten des Hofes geworfen hatte, welcher mit der Schwester des Grafen von Champagne verheiratet war und sich auf Péronelles Betreiben hin scheiden ließ. Es kam zu einem Feldzug auf das Gebiet der Champagne, in dessen Verlauf die Truppen eine Kirche in Brand steckten, in welche die Bevölkerung sich geflüchtet hatte. Dies geschah in Vitry, das seitdem Vitry-le-Brûlé genannt wird (frz. *brûler* = verbrennen). Dieses schreckliche Ereignis übte indessen auf Ludwig eine heilsame Wirkung. Er besann sich und rief Suger zurück. Aus dem Heiligen Land gelangten schlechte Nachrichten nach Frankreich; man erfuhr, daß die Grafschaft Edessa, vor einem halben Jahrhundert unter größten Schwierigkeiten zurückerobert, erneut in die Hände der Sarazenen gefallen war. Da beschloß das Königspaar, zu einem Kreuzzug aufzubrechen.
Zum erstenmal geschah es, daß ein König und eine Königin von Frankreich sich gemeinsam ins Heilige Land aufmachten. Eleonore traf ihre Vorbereitungen mit der gleichen fieberhaften Betriebsamkeit, mit der sie alle Unternehmungen, die sie begeisterten, anpackte. So fand sich, als der königliche Geleitzug sich am 12. Mai 1147 in Bewegung setzte – sowohl der König als auch die Königin hatten in Saint-Denis Pilgergewänder angelegt –, in seinen Reihen eine stattliche Zahl von Herren aus Aquitanien, der Gascogne, aus Poitiers und dem Limousin. Es waren viele Vasallen, die Wert darauf legten, ihre Fürstin zu begleiten.
Ihre Anwesenheit jedoch sollte dem Unternehmen nicht von Nutzen sein. Bei der Durchquerung Anatoliens beschwor ihre Zügellosigkeit eine Katastrophe herauf. Die Vorhut, die sie unter Führung Geoffroys von Rancon gebildet hatten, hatte sich leichtfertig vom Rest der Expedition getrennt. Das Gros der Armee, mit Gepäck und Wagen belastet, wurde buchstäblich in Stücke gerissen und verdankte seine Rettung einzig und allein dem raschen Eingreifen des Königs, der das Kommando über die Nachhut übernommen hatte. Um die Angriffe der Türken zurückzuschlagen, vollbrachte er wahre Wunder an Tapferkeit. Fast wäre der Kreuzzug hier zu Ende gewesen, in diesen »abscheulichen Bergen«, die in der Geschichte des Oströmischen Reiches eine so bedeutende Rolle gespielt hatten.
Aber damit nicht genug. Nach zehn Monaten erreichte die Armee, teils zu Lande, teils zu Wasser, Antiochien; dort sah Eleonore ihren Onkel Raimund von Poitiers wieder. Dieser, beträchtlich jünger als ihr Vater, war ein Spielgefährte ihrer Kindheit gewesen. Nach einer Reihe phantastischer Abenteuer war er Fürst von Antiochien geworden. (Er war als Kaufmann verkleidet ins Heilige Land gekommen, um seine Identität vor den Türken geheimzuhalten und vor der Witwe des Fürsten Alix, deren Tochter, die Erbin des Fürstentums, er ohne Schwierigkeit zur Frau erhielt.) Dem einmütigen Urteil der Zeitgenossen zufolge war er ein glänzender Ritter, »größer, wohlgestalteter und schöner als irgendeiner seiner Zeitgenossen«. Bestand zwischen ihm und seiner Nichte eine Zuneigung, die über die Grenzen des Erlaubten hinausging? Der König schöpfte jedenfalls Verdacht und verließ Antiochien nach zehn Tagen wieder, wobei er Königin Eleonore gewaltsam mit sich nahm.
Als die beiden Gatten nach Frankreich zurückkehrten – der Papst persönlich hatte unterwegs ihre Versöhnung herbeigeführt –, hatte sich eine tiefe Kluft zwischen ihnen aufgetan. Der Abt Suger bemühte sich um die Aufrechterhaltung ihres guten Einvernehmens, doch währte dieses nur bis zum Tode des energischen und klugen kleinen Mannes, den ein ungewöhnliches Schicksal von der Leibeigenschaft zur

Verwaltung eines Königreichs in Abwesenheit des Königs geführt hatte. Ein nach Beaugency einberufenes Konzil beschloß am 21. März 1152 die Annullierung der fünfzehn Jahre zuvor geschlossenen Verbindung. Eleonore übernahm wieder, wie damals üblich, ihre persönlichen Besitzungen und kehrte nach Poitiers zurück. Noch nicht zwei Monate später erreichte den französischen Hof die Schreckensbotschaft, daß sie sich wieder verheiratet habe, und zwar mit Heinrich Plantagenet, Graf von Anjou und Herzog der Normandie. Die Geschichte Eleonores war fortan nicht mehr Teil der Geschichte der Kapetinger, es sei denn indirekt durch Bündnisse und mehr noch durch den großen Einfluß, den sie auf ihren neuen Gatten ausübte.

Dieser Einfluß verstärkte sich, besonders nachdem er 1154 König von England geworden war. Fünfzehn Jahre hindurch war ihr Stern im Steigen. Die vereinten Domänen Heinrichs und Eleonores erstreckten sich von den Britischen Inseln bis an die Pyrenäen und umfaßten den gesamten Westen des französischen Reiches. Ludwig VII. war nach wie vor oberster Lehnsherr Heinrichs in der Normandie, in Anjou, der Bretagne und den angrenzenden Gebieten und Eleonores in Aquitanien, also im Westen Frankreichs jenseits der Loire bis zu den Pyrenäen. Natürlich versäumte er keine Gelegenheit, dies kundzutun, manchmal auch mit Erfolg, so als er seinem Vasallen, dem Grafen von Toulouse, 1159 zu Hilfe eilte. Eleonore nämlich hatte ihre alten Ansprüche auf die Grafschaft Toulouse nicht aus den Augen verloren. Sie hatte bei Heinrich, wie einst bei Ludwig, einen Feldzug durchgesetzt, den er erst beendete, als er erfuhr, daß Ludwig sich in der Hauptstadt des Languedoc aufhielt; widerwillig gab er sein Vorhaben auf und zog sich zurück, weil er nicht wagte, den Lehnseid zu brechen. Doch sein Reichtum, seine Lebensführung, seine Eroberungen, alles im Königreich der Plantagenets stellte die rivalisierende Dynastie in den Schatten, auch was die fünf Söhne anbelangte, die Eleonore ihrem Gatten schenkte. Mit Ludwig hatte sie nur zwei Töchter, die naturgemäß nicht in der Lage waren, das Schwert zu führen.

Ludwig seinerseits hatte Konstanze, die Tochter des Königs von Kastilien, geheiratet; aus dieser Ehe gingen zwei Töchter hervor, Margarete und Adelheid. Nach dem Tod seiner zweiten Frau heiratete er Adele von Champagne und verstärkte so seine Verbindungen mit dem einzigen Herrscherhaus, das in der Lage war, es mit dem Haus Anjou, wenn auch nur aus der Ferne, aufzunehmen. Er komplizierte damit die Arbeit der Genealogen um einiges, denn seine älteste Tochter Maria heiratete Adeles Bruder Heinrich und seine Tochter Alix deren anderen Bruder Thibaut von Blois; er war somit der Schwager seiner Schwiegersöhne. Wie dem auch sei – wesentlich für ihn war, daß Adele ihm endlich im August 1165 den langersehnten Erben schenkte, Philipp, dem ein zeitgenössischer Chronist den Beinamen August gab.

Es begann nun eine große, langandauernde Schachpartie zwischen dem König von Frankreich und dem König von England, der für nahezu die Hälfte des Reichs sein Vasall war. Es kann kein Zweifel daran bestehen, daß Heinrichs und Eleonores Ehrgeiz darauf abzielte, die französische Krone auf dem Haupt ihres ältesten Sohnes, Heinrichs des Jüngeren, zu sehen. Ihr Kanzler Thomas Becket, ein überaus geschätzter Ratgeber Plantagenets, war selbst nach Frankreich gesandt worden, um das kleine Mädchen abzuholen, auf dessen Schultern diese Hoffnungen ruhten: Margarete, eine Tochter Ludwigs VII. und Konstanzes von Kastilien, wurde mit Heinrich dem Jüngeren verlobt, als sie erst wenige Monate und ihr künftiger Gatte gerade drei Jahre alt war. Auf der Grundlage dieser Verbindung kam es zu einer Einigung, und fortan herrschte wieder Frieden zwischen dem König von Frankreich und seinem allzu mächtigen Vasallen. Die Geburt eines männlichen Erben machte alle Hoffnungen, die Eleonore und ihr Gatte in ihren Sohn gesetzt hatten, zunichte, und seltsamerweise schien ihr Stern von dieser Stunde an zu sinken. Plantagenet, geblendet von seinen Erfolgen, entwickelte sich zum Despoten, betrog seine Gattin, ließ Thomas Becket, den er selbst zum Bischof von Canterbury gemacht hatte, ermorden und ließ sich mehr und mehr von rücksichtsloser Machtgier treiben, so daß seine Söhne, zahlreiche Vasallen und Eleonore selbst sich gegen ihn stellten. Angesichts solcher Maßlosigkeit gewann das Bild des Kapetingers, bescheiden, zurückhaltend, immer darauf bedacht, einem jeden Gerechtigkeit widerfahren zu lassen, in einem Maße an Gewicht, daß Eleonore sich eines Tages wieder ihrem ersten Gatten zuwandte. Sie versuchte, als Mann verkleidet das Gebiet des französischen Königs

Philipp II. August schifft sich zur Expedition ins Heilige Land ein. Der König von Frankreich unternahm den Kreuzzug gemeinsam mit Richard Löwenherz. Bei seiner Rückkehr versuchte er vergeblich, Richard die Normandie zu entreißen.

zu erreichen, wurde aber von Plantagenets Leuten gestellt und gefangengenommen. Ihr Gatte hatte nichts Eiligeres zu tun, als sie möglichst weit vom französischen Reich zu entfernen. In Frankreich ging unterdessen die begonnene Schachpartie mit einer Reihe von Vormärschen und Rückzügen weiter, ohne daß einer der beiden Gegner den anderen schachmatt zu setzen vermochte.
Eine Philosophie voll Heiterkeit spricht aus den Worten, die Ludwig VII. im Vertrauen an einen Vertreter des englischen Königs, den Archidiakon von Oxford, Gautier Map, richtete: »Verschieden ist der Reichtum der Könige: der des Königs von Indien sind Elefanten; der Kaiser von Byzanz und der König von Sizilien rühmen sich ihres Goldes und ihrer Seidenstoffe, doch haben sie keine Männer, die in der Lage sind, mehr zu vollbringen als nur zu reden: sie sind unfähig, Kriege zu führen. Der römische Kaiser, den man den Deutschen nennt, hat Männer, die sich auf das Kriegshandwerk verstehen, und Schlachtrosse, aber kein Gold, keine Seide und auch sonst keine Reichtümer... Dein Herr, der König von England, besitzt alles: die Männer, die Pferde, das Gold und die Seide, die Edelsteine, die Tiere, alles. Wir hier in Frankreich, wir haben nichts – es sei denn das Brot, den Wein und die Fröhlichkeit.«
Es waren in der Tat zwei verschiedene Auffassungen der Macht, ja des Lebens, die sich in den beiden Königen oder besser den beiden Dynastien gegenüberstanden. Während Ludwig nur darauf bedacht war, sich mit seinen unmittelbaren Vasallen, Champagne-Bloi, zu umgeben, verheirateten Heinrich und Eleonore ihre Tochter Mathilde mit dem Herzog von Sachsen, eine weitere Tochter, Johanna, mit dem König von Sizilien und eine dritte, die den Namen ihrer Mutter Eleonore trug, mit dem König von Kastilien – in jeder Himmelsrichtung ein neuer Sproß dieses fruchtbaren Stammes. Der Kapetinger dagegen verlor, auch wenn es ihn in das Heilige Land zog, niemals sein eigenes Land aus dem Auge, das Land, in dem er »Brot, Wein und Frohsinn« zu finden wußte.
In der gotischen Baukunst gibt es ein Element unter vielen anderen, das den Archäologen zur Datierung dient: die Kreuzblume. Von der zweiten Hälfte des zwölften Jahrhunderts an ist sie häufig im Winkel von Kapitellen zu finden, und später als Verzierung von Wimpergen, Portalen, Türmchen usw. Sie gleicht zunächst einer einfachen Knospe, im dreizehnten Jahrhundert nimmt sie, gleichsam einer biologischen Entwicklung folgend, die Gestalt immer feineren Blattwerks an, aus dem Blüten hervorsprießen, bis sie sich schließlich im sechzehnten Jahrhundert und später zu dem für den Flamboyant-Stil charakteristischen feinziselierten Blättern wandelt.
Dieses architektonische Detail symbolisiert treffend die Entwicklung der Dynastie der Kapetinger selbst. Zwischen der Regierung Ludwigs VII. und der jenes Königs, der noch zu seinen Lebzeiten Ludwig der Heilige genannt wurde, verging ein Jahrhundert, in dessen Verlauf die Knospe sich entfaltete und Blätter und Blüten hervorbrachte. Die Lilie stand in voller Blüte.
Ludwig VII. starb am 18. September 1180, nicht ganz ein Jahr, nachdem er am 1. November 1179 seinen Erben Philipp zum Mitkönig eingesetzt hatte. Besagter Philipp, den sein Vater als »von Gott geschenkt« bezeichnet hatte, zählte erst vierzehn Jahre, doch war es in der Feudalzeit üblich, daß Knaben in diesem Alter die Volljährigkeit erreichten. Philipp I. August (1180–1223) war groß und stark, mit wirrem roten

Philipp II. August und Richard Löwenherz treffen sich vor Antritt ihres Kreuzzuges. Der König von England war Vasall des französischen Königs, denn dieser war auch Herr über einige Landstriche auf der anderen Seite des Ärmelkanals.

Schopf (die Menschen seiner Umgebung nannten ihn den Ungekämmten) und zeigte sich von frühester Kindheit an höchst unternehmungslustig. Einmal, als er noch klein war, zeigte man ihm von ferne die schon von jeher zwischen Frankreich und der Normandie umstrittene Festung Gisors in der ganzen Pracht ihrer neuen Mauern. »Wie schön wäre es«, rief er aus, »wenn diese Mauern aus Gold, Silber und Edelsteinen wären!« Und als man sich darüber wunderte, erklärte er: »Die Festung wäre dann um so wertvoller, wenn ich sie erobere!«
Diese Worte weisen auf das Hauptanliegen seiner Regierung hin: er wollte die Normandie erobern und notfalls versuchen, ähnlich wie Wilhelm der Eroberer hundert Jahre zuvor, in England zu landen; dies war die Quintessenz seiner Pläne. Er verstand es, sich alle Umstände, die zu ihrer Realisierung beitragen konnten, zunutze zu machen, denn mehr als seine Vorgänger verfügte er auch über politischen Instinkt. Wo die anderen sich damit begnügt hatten, zu verwalten, Ländereien zu vergrößern, Gebiete zusammenzufügen oder vorteilhafte Verbindungen anzuknüpfen, hatte er den Ehrgeiz, zu erobern, zu beherrschen.
Während der ersten Jahre seiner Regierung traf er auf Partner, die seiner würdig waren. Heinrich Plantagenet und später dessen Sohn Richard Löwenherz waren als Freunde wie als Feinde gleichermaßen gefährlich für ihn. Es fehlte nicht an Gelegenheiten, ihm dies klarzumachen, und nachdem er sich mit dem einen wie dem anderen gemessen hatte, zog er sich zurück. Gleichzeitig mit Richard Löwenherz unternahm er einen Kreuzzug ins Heilige Land, der ihm persönlich nicht mehr einbrachte als ein bösartiges Fieber. Nach seiner Rückkehr glaubte er die Abwesenheit seines Gegners dazu nutzen zu können, die Burgen der Normandie in seine Gewalt zu bringen. Dies erwies sich als ein folgenschwerer Irrtum. Er hoffte, leicht ans Ziel zu gelangen, wenn er sich mit Johann,

dem berühmten Johann ohne Land, auf Kosten seines älteren Bruders ins Einvernehmen setzte, doch da stellte sich ihm unversehens ein neuer Gegner in den Weg: die Königin Eleonore. Ihr und nicht Johann ohne Land hatte Richard sein Königreich anvertraut. Zwar gelang es Philipp, durch Bestechung ihres Kaplans Gilbert Vascoeuil die begehrte Festung Gisors in seinen Besitz zu bringen. Er scheiterte jedoch vor Rouen, wo die Königin eilends einen ihrem Sohn ergebenen Seneschall eingesetzt hatte. Daraufhin mußte er um jeden Fußbreit Bodens kämpfen, um nur einige wenige Güter im normannischen Vexin halten zu können. Richard Löwenherz nahm unmittelbar nach seiner Rückkehr den Kampf auf und fügte dem französischen König bei Fréteval eine Niederlage zu, die weitreichende Folgen haben sollte, denn Philipp mußte seinen Staatsschatz, sein Archiv und selbst sein persönliches Siegel auf dem Schlachtfeld zurücklassen (1194). Von nun an schien es Philipp nicht mehr ratsam, sich auf gewagte Manöver einzulassen. Das Haus Plantagenet blieb auf der ganzen Linie überlegen. Richard brachte seinen jüngeren Bruder zur Vernunft; ein Enkel Eleonores, Otto von Braunschweig, stand vor der Wahl zum deutschen Kaiser, und zudem hatte die Königin einen Jugendtraum verwirklicht, indem sie ihre Tochter Johanna, Witwe des Königs von Sizilien, mit dem Grafen von Toulouse, Raimund VII., verheiratete. So hatte sie auf Umwegen jene Grafschaft zurückerlangt, auf die sie von jeher Anspruch zu haben glaubte.

Da trat durch ein unvorhergesehenes Ereignis eine Wende ein. Am 6. April 1199 starb Richard Löwenherz an einer Pfeilverletzung, die er sich in einer ganz nebensächlichen militärischen Operation gegen den Herrn von Châlons zugezogen hatte. Klarer als mancher andere wußte Philipp sogleich die Möglichkeiten abzuschätzen, die ihm dieser plötzliche Tod eröffnete. Es gab aber jemanden, der ebenso wie er politischen Instinkt besaß und diese Möglichkeiten in ihrer ganzen Tragweite erfaßte, und dies war einmal mehr Königin Eleonore. Sie erkannte, daß mit ihrem Sohn Johann das Reich Plantagenet dem Untergang geweiht war und beschloß, zu retten, was zu retten war. Noch im Alter von achtzig Jahren vollbrachte sie Außergewöhnliches. Sie unternahm eine Reise durch ihre persönlichen Domänen und verteilte allenthalben Freibriefe, um dafür von ihren Bürgern Waffenhilfe zu erhalten. Im Juli reiste sie zu König Philipp persönlich und brachte ihm ihre Huldigung dar, wie sie es ihm als seine Vasallin schuldig war. Ein außerordentlich geschicktes Vorgehen, denn mit dieser Geste nahm sie dem König von vornherein jeden Vorwand, sich aquitanischen Gebietes zu bemächtigen. Und mehr noch: Seit über zehn Jahren waren zwischen Frankreich und England Verhandlungen im Gange, um durch eine Heirat den Frieden zwischen den beiden Königreichen zu sichern. Eleonore nahm nun diese Verhandlungen wieder auf, überquerte sogar persönlich die Pyrenäen und führte dem französischen König die Gattin seiner Wahl zu. Die Auserwählte war ihre Enkelin Blanka, Tochter Eleonores von Kastilien, die dritte Tochter, für die sie an Urracas Stelle den Gatten wählte, und die zweite, deren Persönlichkeit sie ohne Zweifel richtig einzuschätzen verstand. Am 23. Mai des Jahres 1200 wurde Blanka mit Ludwig getraut. So hatte Eleonore, wenn schon nicht einem ihrer Söhne, so doch einer Enkeltochter ihres Blutes die französische Krone gesichert.

Letzten Endes war es weniger Richards Tod als vielmehr der Eleonores, der Philipp freie Hand gab. Die Pforten der Normandie öffneten sich ihm dank der Lethargie des neuen englischen Königs Johann ohne Land, der seine Macht immer zur Unzeit demonstrierte, so als seine Barone sich gegen ihn erhoben oder als er mit eigener Hand seinen Neffen Arthur von Bretagne tötete. Die Eroberung der Normandie indessen war für Philipp nur ein erster Schritt. Er gedachte sich ganz Englands zu bemächtigen und hätte in seinem Ungestüm fast seinen Sieg auf Spiel gesetzt, denn er sah sich nun mit einer schon früher gegen ihn geschlossenen Koalition konfrontiert, mit der er nicht nur Johann ohne Land zum Gegner hatte, sondern auch Kaiser Otto von Braunschweig und den Grafen von Flandern. So wurde die Krondomäne von allen Seiten angegriffen (denn Guyenne war dem Haus Plantagenet verblieben). Nach der Niederlage Johanns ohne Land bei La Roche-aux-Moines durch Prinz Ludwig (2. Juli), bedurfte es schon des Sieges bei Bouvines (27. Juli 1214), um den Würgegriff zu lösen und die Invasion aufzuhalten. Zwei Jahre später wurde die erträumte Landung in England Wirklichkeit, und Ludwig, der Thronerbe Frankreichs, ließ sich unter Berufung auf die Rechte seiner Gattin Blanka in London nieder, wo die Bevölkerung ihm einen triumphalen Empfang bereitete.

Da trat eine überraschende Wendung ein, als Johann ohne Land, nachdem er sich im ganzen Königreich unbeliebt gemacht hatte, am 19. Oktober 1216 starb. Man hätte nun davon ausgehen können, daß die englische Krone dem Erben Frankreichs sicher sei, doch das hieße nach unseren Maßstäben urteilen. Die englischen Barone hatten Johann gehaßt und Ludwig deshalb freundlich aufgenommen. Nun aber, da Johann ohne Land gestorben war, erinnerten sie sich der legitimen Ansprüche seines Sohnes, des neunjährigen Heinrich III., gegen den sie keinerlei Beschwerde vorbringen konnten. Die öffentliche Meinung ergriff für ihn Partei, und als Ludwig bei der Belagerung der Burg Lincoln (14. Mai 1217) geschlagen wurde, begriff er, daß ihm nichts übrig blieb als sich wenige Monate später zurückzuziehen.

König Philipp starb im Jahre 1223, ohne seine ehrgeizigen Pläne in vollem Umfang verwirklicht zu haben. Dennoch hinterließ er seinem Erben ein erheblich erweitertes Kronland, das nun nicht nur die Normandie umfaßte, sondern auch einen Großteil der Gebiete im Westen, den Maine, Anjou, die Tourraine und Poitou. Ludwig und Blanka wurden am 6. August 1223, dem Tag der Verklärung Jesu, gemeinsam zu König und Königin von Frankreich gekrönt. Ludwig VIII. (1223 bis 1226) war der Sohn der sanften, zarten Isabella von Hainaut, die mit sechzehn Jahren Mutter wurde und mit achtzehn starb. Sie hinterließ dem Stamm der Kapetinger ein reizvolles Vermächtnis: jene blonde, zerbrechliche Schönheit, die man an Ludwig IX. später bewundern sollte:

> »Blond war er und hatte ein schönes Gesicht
> wie alle Erben von Hainaut.«

Einige Zeit nach Isabellas Tod heiratete Philipp die dänische Prinzessin Ingeborg, gegen die er vom ersten Augenblick an einen gewissen physischen Widerwillen empfand, was um so unerklärlicher erscheint, als sie im Urteil ihrer Zeitgenossen als schön und anmutig galt. Die Verbindung mit ihr stürzte Philipp in mancherlei Schwierigkeiten, denn er wurde, als er sie verstieß, exkommuniziert; dies besonders auch deshalb, weil er unmittelbar danach Agnes von Meran heiratete. Er hatte von ihr eine Tochter und einen Sohn, der wie er Philipp hieß und ihm auch äußerlich glich.

Die Krönung Ludwigs VIII. und Blankas von Kastilien. Die achtzigjährige Eleonore von Aquitanien war über die Pyrenäen geeilt, um dem damaligen Thronerben Ludwig ihre Enkelin Blanka, die Frau ihrer Wahl, zuzuführen.

Blanka und Ludwig hatten zwölf Kinder, von denen einige jung starben, denn Isabella von Hainaut hatte ihren Nachkommen auch eine zarte Gesundheit hinterlassen. Zum Zeitpunkt der Krönung war das Geschlecht indessen hinreichend vertreten, denn sie hatten bereits fünf Söhne: Ludwig, der nach dem Tod seines älteren Bruders Philipp Thronerbe wurde, Robert, Johann, Alfons und einen weiteren Sohn namens Philipp, auch Dagobert genannt. Später wurde auch eine Tochter, Isabella, geboren, und als letztes Kind ihr Sohn Karl.

Eine glänzende Zukunft kündigte sich für die Kapetinger an. Ludwig VIII. machte alsbald durch einen militärischen Erfolg von sich reden. Er nahm die Stadt La Rochelle ein und verschaffte den Kapetingern damit einen eigenen Hafen am Atlantik. Nur im Süden Frankreichs, im Languedoc, bestand Anlaß zur Besorgnis. Auf dem Gebiet des Grafen von Toulouse waren noch immer die endlosen Albigenserkriege im Gange, die Papst Innocenz III. gegen die Katharer, eine Ketzerbewegung, die sich in dieser Region stark ausbreitete, angestrengt hatte, nachdem der päpstliche Gesandte Peter von Castelnau dort ermordet worden war (Januar 1208). König Philipp hatte jenen seiner Barone freie Hand gelassen, die dem Aufruf des Papstes gefolgt waren; er selbst hatte nicht in die Kämpfe eingegriffen. Nur im Jahre 1215 hatte er einen kurzen Vorstoß nach Süden unternommen, kurz bevor die englischen Belange die ungeteilte Aufmerksamkeit des Königshauses in Anspruch nahmen. Eines Tages aber, im Jahre 1226, erhielt Ludwig den Besuch eines päpstlichen Legaten, der ihn ermahnte, sich an den Kämpfen zu beteiligen. Gleichzeitig trat ihm der Führer des Kreuzzuges (der Sohn Simon de Montforts, unter dessen Leitung der Kreuzzug begonnen hatte) seine Rechte auf die mittelmeerischen Lehnsgüter ab. Ludwig entschloß sich, nach Süden aufzubrechen. Er machte sein Testament und begab sich auf den Weg ins Rhônetal, nachdem er von seiner Gattin und seinen Kindern Abschied genommen hatte. Er sollte sie nie wiedersehen.

Verschiedene Chroniken berichten, wie Blanka, als sie erfuhr, daß ihr Gatte auf dem Heimweg sei, »ihren Wagen anspannen« ließ, um ihm mit ihren Kindern entgegenzufahren. Tatsächlich traf ihr Geleitzug auf den des Königs, doch der König selbst war bereits tot. Blankas Kummer war so groß, daß man längere Zeit um ihr Leben bangte. Sie faßte sich indessen wieder und setzte nunmehr alles daran, ihren erst zwölfjährigen Sohn Ludwig so rasch wie möglich zum König krönen zu lassen. Schon am 29. November dieses tragischen Jahres 1226 fand die Krönung statt. »Alles weinte«, schreibt ein Augenzeuge der Zeremonie, in der sich »Freude und Trauer« durchdrangen. Der für die Feierlichkeit ausgewählte Gesang erstaunte manchen Widerstrebenden. Sein Komponist, ein unbekannter Geistlicher, hatte ihn *Gaude felix Francia* überschrieben, freue dich glückliches Frankreich. Doch im Lauf der Zeit sollte sich dieser Titel als Prophezeiung erweisen.

Tatsächlich erreichte die Dynastie der Kapetinger unter der Regierung Ludwigs IX. (1226–1270) ihren Zenit. Guillaume des Nangis, ein Mönch, der das sogenannte »historiographische Atelier« der Abtei Saint-Denis ins Leben gerufen hatte, erging sich um das Jahr 1300 in enthusiastischen Betrachtungen über das Königreich der Lilien: »Die französischen Könige pflegten auf ihren Waffen und Bannern eine aufgemalte dreiblättrige Lilie zu tragen, gleichsam um aller Welt kundzutun, daß von dem Glauben, dem Wissen und der Ehre des Rittertums durch Gottes Vorsehung in unserem Königreich mehr zu finden sei als in allen anderen.«

Diesen Glanz, zu dem auch Friede und Wohlstand sich gesellten, verdankte das Land jenem Herrscher, den der Volksmund bereits zu seinen Lebzeiten »den heiligen König« nannte – aber ebenso seiner Mutter Blanka. Sie regierte im Namen ihres Sohnes so lange, bis er mündig geworden war; später trug sie durch tatkräftige Unterstützung und zunehmend auch durch ihren Rat zum guten Gelingen der Angelegenheiten des Königreichs bei. Sie übernahm die Leitung der Regierung vollends, als Ludwig IX., dem Beispiel seiner Vorfahren folgend, sich mit seiner Gattin in Aigues-Mortes einschiffte, einem Hafen, den er eigens für seinen Aufbruch ins Heilige Land hatte bauen lassen. Blanka starb 1252, ohne ihren Sohn noch einmal gesehen zu haben, doch hinterließ sie ihm ein intaktes und wohlgeordnetes Königreich.

Ein intaktes Reich. Dem Geist jener Zeit entsprechend, hatte man nicht versucht, die Grenzen auszudehnen, sondern vielmehr die durch den Lehnseid geknüpften Bande zu festigen. So anerkannte die Bretagne nach mehreren Jahren Widerstand im Jahre 1234 die Oberhoheit des französischen Königs. Diese Oberhoheit wurde über mehr als hundert Jahre, bis zu den Kriegen zwischen England und Frankreich, nicht wieder in Frage gestellt. Desgleichen versuchte Blanka unmittelbar nach der Thronerhebung ihres Sohnes, in dem von so vielen blutigen Schrecken heimgesuchten Süden den Frieden wiederherzustellen. Schon 1229 kam es in Paris zum Abschluß eines Vertrages, mit dem auch Raimund von Toulouse formell die Oberhoheit des französischen Königs anerkannte und seine einzige Tochter Johanna einem Bruder des Königs, Alfons, damals bereits Graf von Poitou und Auvergne, zur Gattin versprach. Blanka hatte sich in diesem Zusammenhang daran erinnert, daß Raimund VII. ihr Vetter ersten Grades war. Später sollte sich dieser, nachdem er den Friedensschwur gebrochen und sich mit dem König von England gegen seinen Lehnsherren verbündet hatte, nicht scheuen, sich, um Vergebung zu erlangen, auf diese Verwandtschaft zu berufen.

Blanka war es auch, die für ihren Sohn eine Heirat außerhalb seines Reiches in die Wege leitete, denn auch sie hegte, wie ihre Großmutter, eine Vorliebe für »europäische Perspektiven«. So heiratete Ludwig Margarete, die älteste Tochter des Grafen der Provence, Raimund-Berengar VII. Die Verbindung mit Margarete eröffnete dem Königreich neue Aussichten auf das Rhônetal, auf jene Gebiete des Kaiserreichs, die im Unterschied zu anderen Ländern der Languedoc niemals zu Frankreich gehört hatten. Auch führte diese Heirat der Dynastie wiederum eine eindrucksvolle Frauengestalt zu. Die junge Margarete (1234, im Jahr ihrer Heirat mit dem zwanzigjährigen Ludwig, war sie erst dreizehn Jahre alt), zunächst noch von einer Schwiegermutter, die ihren Fähigkeiten mißtraute, von den Regierungsgeschäften ferngehalten, sollte diese Fähigkeiten später voll zur Entfaltung bringen.

Margaretes Beteiligung an der glücklichen Beendigung der Feindseligkeiten gegen England steht außer Zweifel. Diese Feindseligkeiten hatten beständig zwischen den beiden Königreichen weitergeschwelt. König Heinrich III., der unter dramatischen Umständen auf den Thron des Hauses Plantagenet gelangt war, gedachte natürlich nicht, auf die seinem Vater von König Philipp abgenommenen Provinzen (Poitou, Maine, Anjou und das Herzogtum der Normandie) zu verzichten. Er verweigerte dem französischen König daher den Lehnseid für Guyenne, das er als Ausgangsbasis für künftige Rückeroberungen zu benutzen gedachte. Er machte sich die Unzufriedenheit der südfranzösischen Herren zunutze, insbesondere die Raymond Trencavels, welcher Anspruch auf Carcassonne erhob (dem Frieden von 1229 hatte er sich nicht angeschlossen) und landete 1242 in Royan, mußte jedoch seine hochfliegenden Eroberungspläne begraben, als er bei Taillebourg und Saintes von Ludwig IX. vernichtend geschlagen wurde (21./22. Juli 1242). Es war dies im übrigen das einzige Mal, daß der französische König zu militärischen Operationen auf seinem eigenen Gebiet gezwungen wurde, wenn man von dem Verlust einiger dem jeweiligen Seneschall anvertrauter Burgen im Süden absieht, wie zum Beispiel Montségur 1244 und Quéribus 1255. Vierzig Jahre oder mehr herrschte in seinem Reich ununterbrochen Frieden, nachdem einige Erhebungen niedergeschlagen worden waren, welche die ehrgeizigen Barone in der Hoffnung, sich der einer Frau und einem Kinde zugefallenen Krone bemächtigen zu können, in der Bretagne angezettelt hatten. Auch mit England wurde durch den Pariser Vertrag von 1258 endlich Frieden geschlossen. Im darauffolgenden Jahr wurde der Vertrag durch den englischen König feierlich ratifiziert. Zustande gekommen war er auf einer seltsamen Basis. Ludwig trat König Heinrich alle seine Besitzungen in den Bistümern Limoges, Cahors und Périgeux ab und räumte ihm Rechte über einen Teil der Gebiete Saintonge, Agenais und Quercy ein, das Johanna von Toulouse gehörte. Als Gegenleistung erhielt er die Anerkennung seiner Oberhoheit über das gesamte englische Guyenne. Es geschah, was man seit Beginn des Jahrhunderts nicht mehr erlebt hatte: Der englische König leistete seinem Lehnsherrn, dem König von Frankreich, für seinen Kontinentalbesitz den Lehnseid. Dieser Vorgang bedeutete nicht weniger als das Ende der englisch-französischen Besitzansprüche auf die von Johann ohne Land verlorenen Provinzen.

Margarete hatte ihren Teil zu den Verhandlungen beigetragen, die das gute Einvernehmen zwischen Frankreich und England begründeten. Sie stand ihrer Schwester Eleonore sehr nahe und besaß das uneingeschränkte Vertrauen Heinrichs III. Wenig später, als er sich von seinen aufsässigen Baronen bedroht fühlte (unter anderem von Simon de Montfort, der auf Drängen des Papstes die Führung des Kreuzzuges gegen die Albigenser übernommen hatte), vertraute er

Miniatur aus einem Manuskript des 14. Jahrhunderts über LEBEN UND STERBEN LUDWIGS DES HEILIGEN. *Mit Ludwig IX. erreichte die Dynastie der Kapetinger ihren Höhepunkt: Das Land erlebte eine Zeit des Friedens und des Wohlstands.*

seinen Privatschatz ihrer Obhut an, und sie verwahrte ihn in Paris, hinter den festen Mauern des Temple.
In die weiten Ländereien Frankreichs war mit dem Frieden der Wohlstand eingezogen. Für die erweiterte Krondomäne bedurfte es einer gleichmäßigeren Kontrolle. Daher vermehrte man die Zahl jener *Bailli* oder *Seneschall* genannten königlichen Beamten, die es bereits unter früheren Regierungen gegeben hatte. Es waren dies nicht mehr, wie ehedem die Vögte oder Kastellane, Männer, denen die Verwaltung einer Domäne oblag, von der sie ihre Einkünfte erhoben, sondern vielmehr bezahlte, absetzbare Beamte auf Zeit, deren Aufgabe es war, den König in allen Dingen zu vertreten. Sie mußten Recht sprechen, lokale Steuern erheben, Bauwesen und Beschaffung überwachen usw. In dieser Anfangszeit der Verwaltung führte Ludwig IX. eine Reform durch, die es in keiner Verwaltung nach ihm gegeben hat: Er entsandte in das gesamte Reich Untersuchungsbeamte mit dem Auftrag, nicht etwa Baillis und Seneschalle zu kontrollieren, sondern herauszufinden, was das niedrige Volk bewegte, seine Klagen zusammenzutragen, seine Reaktionen auf etwaige Überbelastungen zu registrieren. Mit einem Wort, sie sollten auch dem Geringsten im Volke die Gegenwart des Königs fühlbar machen und jene anhören, auf die sonst niemand hörte. Dieser den kleinen Leuten so verbundene König war es auch, der die Goldwährung wiedereinführte. Seit fünf Jahrhunderten waren keine Goldmünzen mehr geprägt worden. Im Jahre 1254, nach der Rückkehr des Königs aus dem Heiligen Land, wurde diese Maßnahme in Angriff genommen. Der Goldtaler mit der Lilie wurde zur stabilsten Währung Europas; er setzte sich nicht nur in Frankreich, sondern im ganzen Abendland als Zahlungsmittel durch.
Die Wissenschaft, von der Guillaume de Nangis berichtet, war würdig vertreten an der Universität von Paris, einem »Born des Wissens«, wo die größten Geister Europas lehrten, von Albert dem Großen aus Sachsen über seinen Schüler, den Italiener Thomas von Aquin, bis hin zu dem Engländer Roger Bacon. Eine internationale Welt, zu der die Studenten von überallher heranströmten und sich nach ihrer Herkunft in »Nationen« zusammenschlossen. Nach dem Frieden von 1229 öffnete in Toulouse eine zweite Universität für die Mittelmeergebiete ihre Pforten.
Und schließlich war dies auch die Zeit, in der die großen Kathedralen des Kronlandes errichtet wurden. Reims, aber auch Sens, Amiens, Rouen, Chartres und in ihrem Umkreis zahllose Pfarrkirchen (zwölf al-

lein auf der Ile de la Cité in Paris) legen Zeugnis ab von der architektonischen Kühnheit, die so großartige Neuerungen hervorgebracht hat wie den gekreuzten Spitzbogen und den Strebepfeiler. Diese ermöglichten die durchbrochenen Wände, wie wir sie noch heute an der Sainte-Chapelle bewundern, die der König für seinen Palast auf der Ile de la Cité bauen ließ.
Um das Bild abzurunden, muß auch die Inquisition erwähnt werden. Es sei jedoch hinzugefügt, daß es gänzlich verfehlt wäre, sie als eine Schöpfung der Kapetinger zu bezeichnen, denn es handelte sich um eine Institution des Heiligen Stuhles und nicht der Krone. Ihr Wirken begann in Frankreich im Jahre 1233, und wenn der König den Inquisitoren auch Unterstützung bot, so ließ er es doch nie zu Exzessen kommen wie Raimund VII., Graf von Toulouse, der 1249 in Berlaigues bei Agen vierundzwanzig Ketzer ohne ein Urteil der Inquisition auf den Scheiterhaufen schickte.
Trotz aller Erfolge starb der König unzufrieden, denn er hatte Jerusalem nicht zurückerobert. Ihm bedeutete das Heilige Land mehr als seine eigene Heimat. Sechs Jahre seines Lebens, von 1248 bis 1254, widmete er dem Wiederaufbau der Burgen Palästinas und der Wiederherstellung der Ordnung unter den im Vorderen Orient ansässig gewordenen Baronen, nachdem sein Kreuzzug gegen Ägypten gescheitert war. Auf seinem zweiten Kreuzzug, der ihn, wohl auf Veranlassung seines Bruders Karl von Anjou, über Tunis führte, starb er, nicht an der Pest, wie immer wieder in den Schulbüchern zu lesen ist, sondern durch eine Ruhrepidemie, die seine Armee grausam dezimierte. Seine sterblichen Überreste wurden nach der von ihm gegründeten Abtei Royaumont überführt und später, als er dem Wunsch des Volkes entsprechend heiliggesprochen wurde (6. August 1297), nach Saint-Denis. Wer hätte bei der Heiligsprechung Ludwigs IX. geahnt, daß dem Geschlecht der Kapetinger nur noch dreißig Jahre vergönnt sein würden? König Philipp IV. der Schöne (1285–1314) regierte seit zwölf Jahren. Sein Vater, Philipp III. der Kühne (1270–1285), hatte ein ansehnliches Erbe zusammengetragen. Seine persönliche Domäne hatte sich um die des Bruders Ludwigs des Heiligen, Alfons von Poitiers, und seiner Frau, Johanna von Toulouse, die kinderlos geblieben waren, vergrößert. Hinzu kam das Erbe seiner Onkel Jean-Tristan, Graf von Valois, und Peter, Graf von Alençon und Perche; dank einer weitsichtigen Politik konnte er auch das Vivarais und Lyonnais erwerben. Schließlich veranlaßte er noch die Heirat seines voraussichtlichen Erben Philipp IV. mit Johanna, der Tochter und Alleinerbin Navarras und der Champagne. So kam es, daß die persönliche Domäne des Kapetingers sich mit der Krondomäne zu durchdringen begann.
Zu dieser Territorialmacht gesellte sich die Stabilität einer Dynastie, die nicht das mindeste Anzeichen von Degeneration zeigte. Den Beinamen Philipps, »der Schöne«, trug auch der jüngste seiner Söhne, Karl; sein zweiter Sohn Philipp V. (1316–1322) erhielt den Beinamen »der Lange«, er war demnach von hochgewachsener Gestalt. Der voraussichtliche Thronerbe, Ludwig X. (1314–1316), wurde *Le Hutin* genannt, was etwa soviel wie unruhiger Geist oder Zänker bedeutet, in jedem Fall ein Mensch voller Leben.
Nichts an der Regierung Philipps des Schönen war menschlich erklärbar, und das gilt auch für seine Person. Nach und nach wurde er in einem Maße unbeliebt, daß, als er mit vierundsechzig Jahren starb, sein Sohn zu Zwangsmaßnahmen greifen mußte, um die Abhaltung von Gedenkgottesdiensten durchzusetzen. Von allen Augenzeugen wurde er als groß und schön beschrieben, mit einem Blick, den man mit dem eines Raubvogels verglich, und einem vollständig kalten, unbewegten Gesichtsausdruck, der niemals auch nur die geringste Andeutung eines Gefühls ahnen ließ. »Er ist kein Mensch, er ist eine Statue«, hieß es von ihm. Joinville, ein Zeuge dreier Regierungen, richtete bereits 1303, als er seine Memoiren verfaßte, drohende Worte an Philipps Adresse: »Er, der gegenwärtig König ist, soll sich in acht nehmen . . .«
Im Jahre 1289 wurde die Universität Montpellier gegründet; man lehrte dort Römisches Recht. Später, im Jahre 1312, entstand in Orléans eine weitere Schule für Römisches Recht, das bis dahin nur in Italien, vor allem in Bologna und Neapel, gelehrt worden war. Diese Dinge sind von Bedeutung, denn im Gegensatz zu seinen Vorgängern umgab sich Philipp der Schöne mit Rechtsgelehrten, Kennern des Römischen Rechts, das zum Feudalrecht in diametralem Gegensatz stand. Ein Wilhelm von Nogaret, ein Wilhelm von Plaisians, die faktisch die Staatsgeschäfte leiteten, ein Pierre Dubois und ein Pierre Flote, alles Vertreter des Römischen Rechts, träumten nur von der Wiederherstellung eines römischen Staatsbegriffs, einer autoritären Zentralgewalt, und nährten diesen Traum mit Formulierungen aus den Digesten und dem Justinianischen Codex: »Der französische König ist Kaiser in seinem Reich . . . Sein Wille hat Gesetzeskraft . . .« Es schwebte ihnen gar eine universelle Monarchie vor, und damit standen sie vollends im Widerspruch zu den Sitten, zum Geist und zur Mentalität der Feudalzeit. Hier mag letztlich der Grund für die zahllosen Konflikte, Dramen und Kriege liegen, die diese Regierung im Innern und nach außen, auf religiösem wie auf administrativem Gebiet, zur unruhevollsten in der Geschichte Frankreichs gemacht haben.
Mit England hatte Ludwig der Heilige Frieden geschlossen. Durch seine Politik war er sogar zum Schiedsrichter zwischen dem englischen König und seinen Baronen geworden. Philipp der Schöne dagegen brach einen Krieg vom Zaun, für den kein Historiker bisher eine einleuchtende Erklärung gefunden hat. Er bemächtigte sich Guyennes unter dem Vorwand eines Streites unter Seeleuten, für dessen Beilegung die lokale Gerichtsbarkeit völlig ausgereicht hätte. Letztlich setzte er sich jedoch nicht durch, und nach fünf Jahren mußte er das Gebiet wieder abtreten, für das der englische König den Lehnseid niemals verweigert hatte.
In Flandern war Ludwig der Heilige einst als Schiedsrichter in Familienstreitigkeiten aufgetreten, was die Lage in der Grafschaft nicht unerheblich kompliziert hatte. Philipp der Schöne dagegen ließ sich auf kriegerische Aktionen ein und unterstützte die reiche Bourgeoisie der Tuchmacher gegen das niedere Volk. Verlierer aber war zum erstenmal die französische Ritterschaft, die 1302 bei Courtrai vernichtend geschlagen wurde. Die Weber, die Walker, die »Leute mit den blauen Fingernägeln«, welche unter der Unterdrückung durch die vom König unterstützten Großhändler zu leiden hatten – sie alle trugen in ihrem Kampf mit Eisenstangen gegen die Reiterei einen gänzlich unerwarteten Sieg davon. Der Krieg gegen Flandern zog sich in unheilvollen Etappen fast über die gesamte Regierungszeit Philipps des Schönen hin und endete mit der Annexion der Burgvogteien Lille, Douai und Orchies – eine magere Beute, die im übrigen sechs Jahre später das Reich des mächtigen Herzogs von Burgund vergrößern sollte.
Auf religiösem Gebiet hatte Ludwig der Heilige eine

Dieses Glasfenster aus der Sainte-Chapelle in Champigny-sur-Veude zeigt den Tod Ludwigs des Heiligen. Sein zweiter Kreuzzug hatte über Tunis geführt, wo er 1270 ein Opfer der Ruhrepidemie wurde, die das ganze Heer heimsuchte.

Miniatur aus dem 14. Jahrhundert. Sie zeigt Ludwig X., der nur zwei Jahre lang herrschte. Zwölf Jahre später, nachdem seine beiden Brüder Philipp V. und Karl IV. regiert hatten, erlosch die Dynastie der Kapetinger.

entschlossene Haltung gegenüber dem Heiligen Stuhl eingenommen, dessen Einfluß im Verlauf des dreizehnten Jahrhunderts übermächtig wurde und der sich nicht scheute, die geistliche Macht in den Dienst weltlicher Belange zu stellen. Philipp der Schöne richtete zahllose, zum Teil völlig unbegründete Angriffe gegen die Kirche und ihre Vertreter, so in der Affäre um Bernard Saisset, Bischof von Pamiers, oder um Guichard, Bischof von Troyes. Besonders mit seinem ihm mit Leib und Seele verschworenen Berater Nogaret führte Philipp der Schöne einen erbitterten Kampf gegen Papst Bonifatius VIII., der in den dramatischen Ereignissen von Anagni gipfelte, an denen möglicherweise Nogarets Freund Sciara Colonna nicht unbeteiligt war. Auch nach dem Tod des Papstes ging der Kampf weiter; er richtete sich nun gegen sein Andenken und selbst gegen seinen Leichnam, den man ausgraben und verbrennen wollte, um die Asche in alle Winde zu streuen. Philipp der Schöne gab sich nicht eher zufrieden, als bis er mit Bertrand de Got, Clemens V., einen Papst seiner Wahl bestimmt hatte, der erste, der, wie man weiß, in Avignon residierte.
Dieser Papst, der sich nur den Segnungen der Kirche wirklich verbunden fühlte, machte sich schließlich trotz gewisser Widerstände zum Werkzeug des Königs im Kampf gegen die Templer. Philipp der Schöne diskreditierte diesen militärischen Orden mit den niedrigsten Anschuldigungen wie Blasphemie, Sodomie, Ketzerei usw. Das Ziel seiner Angriffe war mit Bedacht gewählt; mit dem Fall von Saint-Jean d'Acre, der letzten Bastion des Oströmischen Reiches, hatten jene ihre Popularität eingebüßt, die trotz ihrer auch von ihren Feinden anerkannten Tapferkeit diesen Verlust nicht zu verhindern vermochten. Man warf den Templern ihren Reichtum vor, ihre Arroganz und ihre Erfolglosigkeit. Über diese Anklagen hinaus preßte man ihnen durch Folterungen Schuldbekenntnisse ab, die die meisten von ihnen später widerriefen. Diesen harten Verfolgungen waren indessen nur die französischen Templer ausgesetzt; überall sonst im Abendland war man von ihrer Unschuld überzeugt. Dennoch setzte Philipp der Schöne bei dem ihm ergebenen Papst 1312 die Abschaffung des Ordens durch. Nach dem Todesurteil gegen den Großmeister der Templer, Jacques de Molay, und seinen Gefährten Geoffroy de Charnay, die im Angesicht des Scheiterhaufens noch einmal die Reinheit und Unschuld des Ordens beschworen, verbreitete sich verständlicherweise die Legende, sie hätten den Papst und den König aufgefordert, vor Gottes Gericht zu erscheinen. Beide starben im übrigen nicht lange nach der Verbrennung der beiden Templer (18. März 1314); der Papst nur zwei Monate später, der König am 29. November desselben Jahres.
Um das Gesamtbild abzurunden, bleiben noch andere Schattenseiten zu erwähnen. Das Volk in der auf die Größe fast des gesamten Reiches erweiterten Domäne Philipps stöhnte unter der Last der Steuern. Die Verwaltung erhielt ihren Sitz an einem festen Ort und wurde damit schwerer zugänglich für jene, die an die Gerechtigkeit des Königs appellieren wollten. Besonders markant war schließlich jenes obskure und die gesamte Dynastie entehrende Drama, als der König seine drei Schwiegertöchter festnehmen ließ. Margarete und Blanka von Burgund wurden des Ehebruchs mit zwei Rittern, Philippe und Gautier d'Aunay, bezichtigt und die dritte, Johanna, der Komplizenschaft mit ihnen. Und hier betritt eine Gestalt die Bühne, über die noch wenig bekannt ist: Philipps eigene Tochter Isabella, von den Engländern »die französische Wölfin« genannt. Sie war mit dem englischen König Eduard II. verheiratet, den sie am 21. September 1327 mit der Beihilfe ihres Geliebten, des berühmten Mortimer, unter schrecklichen Umständen zu Tode brachte, nachdem sie ihn zur Abdankung gezwungen hatte. Jene Isabella, deren ungeheuerliche Handlungsweise im gesamten Abendland Ärgernis erregte, war es auch, die die drei Schwiegertöchter ihres Vaters bei ihm anklagte. Man mag sich fragen, inwieweit die Psychoanalyse in der Lage wäre, die verborgenen Triebfedern dieser dramatischen Regierung aufzudecken.
Bei seinem Tode hinterließ Philipp der Schöne leere Schatzkammern. Sein erster Ratgeber, Enguerrand de Marigny, wurde gehängt, die anderen, ebenso unbeliebt wie er, wurden fast ausnahmslos ins Gefängnis geworfen, und ihr Besitz wurde konfisziert. Philipps drei Söhne starben nacheinander und hinterließen keine Erben, bis auf den ältesten, Ludwig X., dessen nachgeborener Sohn Johann I. nur vier Tage am Leben blieb. Philipp selbst hatte mit seiner letzten Ordonnanz im November 1314 die Frauen von der Thronfolge ausgeschlossen. Hier liegt der Ursprung des nur allzu berühmten »Salischen Gesetzes«, mit dem im Grunde die Theologen der Pariser Universität dieses gänzlich neue und für die Feudalzeit beispiellose Verbot rechtfertigten, das die Frauen von der Ausübung der Macht ausschloß. Die Wirren des Hundertjährigen Krieges waren ebenso eine Folge dieser Bestimmung wie auch der feindlichen Haltung der Söhne Philipps des Schönen gegenüber dem englischen König, dem Sohn Isabellas, jener »französischen Wölfin«.
Die Dynastie der Kapetinger erlosch, als am 31. Januar 1328 König Karl IV. im Alter von 34 Jahren starb, ohne einen Erben zu hinterlassen. Und doch entsproß diesem starken Stamm nicht nur die Dynastie der Valois, die auf die Kapetinger folgte, sondern auch dreihundert Jahre später die der Bourbonen, die mit König Heinrich IV. auf den Thron gelangte, dem Nachkommen eines Sohnes Ludwigs des Heiligen, Robert von Clermont, Herzog von Bourbon durch seine Gattin Isabella. Als die Zeit der Bourbonen zu Ende ging, gab man – eine überraschende Rückwendung in die zu jener Zeit doch kaum bekannte Geschichte – den Namen Capet dem letzten Repräsentanten der traditionellen Monarchie, dem unglücklichen Ludwig XVI.

Konrad III., der erste Staufer, der die Königskrone trug, auf dem unglückseligen Kreuzzug des Jahres 1149. Er starb 1152 in Deutschland, als er sich gerade darauf vorbereitete, nach Rom zu ziehen, um dort die Kaiserkrone zu empfangen.

Die Hohenstaufen

Die Träume von einem Reich, die dramatische Geschichte, Triumph und Tragödie der Hohenstaufen erscheinen als ein einziger grandioser Anachronismus.

»Mutter, Mutter – welches Leid tut man Dir an . . .!« Hell gellt die Knabenstimme über Neapels Mercato Vecchio. Dann packen die Knechte des Henkers zu, sein Schwert fährt blitzend nieder auf den blutrot umkleideten Richtblock: das lockige Haupt Konradins, des letzten gekrönten Hohenstaufen, rollt in den Sand seines verlorenen Reiches im Süden.

Drüben auf der bannerverhangenen Tribüne sieht ein Mann dem grausigen Finale jahrzehntelangen Kampfes um die Macht nicht nur in Italien mit unbewegtem Antlitz zu: Karl von Anjou, Graf der Provence, Bruder des Königs von Frankreich, Condottiere Seiner Heiligkeit Clemens des Vierten und von diesem schon vorweg zum Statthalter des Papstes im »Königreich Beider Sizilien« bestimmt, dem normannischen Erbe der Hohenstaufen.

Der siegreiche Franzose, selbst normannischer Abkunft, genießt den Triumph des schlimmen Tages. Aber auch er ist nur eine Figur im Schachspiel der Herren im Lateranspalast zu Rom, die seit dem Tode Karls des Großen ein spätantikes Konzept zu verwirklichen trachten: dem Papst als Erbe der römischen Cäsaren die supranationale Herrschaft zu sichern über alle Fürsten Europas, die ihre Ämter und Kronen nicht aus eigener Macht, sondern nur aus der Hand von Christi Stellvertreter auf Erden empfangen dürfen.

Dagegen hatten nach jahrhundertelangem Streit um diese Investitur die Kaiser aus dem deutschen Fürstenhaus der Hohenstaufen die kaum noch zeitgemäße Idee eines vom Papst unabhängigen, wenn auch mit ihm kooperierenden neuen *Sacrum Imperium Romanum* reaktiviert. In ihm sollte die Einheit des Abendlandes, ein großer Bund der Könige unter dem Dach eines ebenfalls supranationalen Kaisertums, verwirklicht werden, auch um Europa vor Stürmen aus der Tiefe des Ostens zu schützen (Mongolen) und die sogenannten Kreuzzüge zur Eroberung von Kolonien am arabisch-türkischen Rand des Mittelmeeres erfolgreich fortzusetzen.

Die römische Kurie hat diesen Plan nie akzeptiert. Sie mochte das große Gleichgewicht einander in Schach haltender Kräfte, um in deren Konflikten als höchste Autorität die Rolle des Schiedsrichters spielen zu können. Darüber hinaus konnte sie bei ihrem Widerstand gegen eine königlich-kaiserliche Zentralgewalt auf die wahlweise Bundesgenossenschaft deutscher wie außerdeutscher Fürsten rechnen, aber auch auf die Stadtrepubliken Italiens, als dessen besonderer Schirmherr sich der Bischof von Rom fühlte.

Der Kampf mit diesen Kräften, die von päpstlichen Emissären oft direkt koordiniert wurden, also mit einem nationalen, dynastischen, regionalen, ja lokalen Egoismus jeglicher Motivation und Dimension begleitet denn auch Aufstieg, Glanzzeit und dramatischen Untergang des hohenstaufischen Geschlechtes, dessen Gang über die Bühne der Geschichte von heute gesehen als ein einziger grandioser Anachronismus erscheint.

Es war ein weiter Weg gewesen von der Ritterburg Beuren im schwäbischen Bergland bis zu den Kuppeln von Palermo und den stolzen Schlössern auf Apuliens fruchtbaren Hügeln. Ein Weg, der steil begann, markiert durch Einheiraten in ältere große Fürstenhäuser, aber auch durch einen makabren Endsieg allseitigen Neides über ein hochgemutes Geschlecht, gegen das sich vor allem die sonst ewig untereinander rivalisierenden italienischen Stadtstaaten immer wieder zusammenfanden.

Die Staufer haben klein angefangen als schwertadlige Grundherren, die auf den kargen Höhen über dem schwäbischen Remstal am Fuße des zunächst unbefestigten Hohenstaufen seit Generationen ein schlichtes Leben führten, bis einem von ihnen der Einstieg in die landesfürstliche Hocharistokratie gelingt: Ritter Friedrich von Büren heiratet um 1040 die Tochter Hildegard Herzog Ottos II. von Schwaben. Der gleichnamige Sohn – jeder erstgeborene Staufer hieß bis zuletzt Friedrich – erbt 1079 vom sonst kinderlosen Großvater das Herzogtum, das damals vom mittleren Neckar bis Chiavenna und vom Lech bei Augsburg bis zu den Kämmen der Vogesen reichte.

Er gehört damit zu den Großen des Reiches und heiratet Kaiser Heinrichs IV. Tochter Agnes. Gleichzeitig errichtet er auf dem 680 m hohen Gipfel des Hohenstaufen, nach dem sich künftig das Geschlecht nennt, eine stolze Residenz, von deren Zinnen er die Kernlande seines Fürstentums überschauen konnte.
Der Blick geht indessen bald über dessen Grenzen hinaus. Der nächste Friedrich heiratet die Tochter Judith Herzog Heinrichs des Stolzen von Bayern. Seither sind die mächtigsten deutschen Stammesfürsten, Staufer und Welfen, miteinander verschwägert. Dies sollte schon in der nächsten Generation zu einem das Gefüge des Reiches erschütternden, ja die ganze europäische Politik in Mitleidenschaft ziehenden Machtkampf zwischen beiden Familien führen.
Ein Wetterleuchten zeichnet sich bereits ab, als 1125 mit Kaiser Heinrich V. das vor allem am Mittelrhein begüterte salisch-fränkische Herrscherhaus ausstirbt und der Schwager Friedrich von Schwaben, zugleich Anwärter auf den bayerischen Herzogshut, automatisch zur Thronnachfolge ansteht. Vor soviel Hausmacht graut es vielen Reichs- und Kirchenfürsten. Eine Mehrheit erhebt deshalb Herzog Lothar von Sachsen* auf den Schild. Vergeblich versucht er den heftigen Widerstand besonders süddeutscher Reichsstädte mit Gewalt zu brechen. Seine Gegner erklären die Wahl für nichtig und rufen am 18. Dezember 1127, als Friedrich von Schwaben auf eine Kandidatur verzichtet, dessen Bruder Konrad zum Gegenkönig aus. Dieser geht mit Frühlingsanbruch über die Alpen und läßt sich am 29. Juni 1128 in Monza die noch aus der Langobardenzeit stammende Krone des Königreichs Italien aufs Haupt setzen. Ebendorthin beruft er alsbald einen Reichstag der deutschen und italienischen Fürsten und beginnt zu regieren, als gäbe es keinen König Lothar aus sächsischem Hause.
Dieser spielt in Norddeutschland weiter die Trumpfkarte vor allem kirchenfürstlicher Unterstützung aus. Immerhin machten die auch wirtschaftlich bedeutsamen großen Fürstbistümer an Rhein, Maas und Main, Weser und Elbe mehr als ein Viertel des Staatsgebietes aus. Mit ihrer Hilfe erreicht Lothar, daß die schwäbischen Brüder exkommuniziert, d. h. ihre Lehnsritter, Beamten und Heeresgefolge theoretisch vom Treueid entbunden werden, ihn selbst aber der Papst 1133 zum Römischen Kaiser krönt.
Als dieser nur von der Kirche und seinen Stammlanden anerkannte Träger des Titels am 4. Dezember 1137 stirbt, geht der Kampf um die Macht mit umgekehrtem Vorzeichen weiter. Als Gatte von Lothars einziger Tochter Gertrud wäre jetzt Herzog Heinrich von Bayern an der Reihe gewesen, dem der Schwiegervater auf dem Sterbebett noch sein Herzogtum Sachsen übertragen hatte. Eine solche Verdopplung der Hausmacht ließe den Welfen zum Herren über halb Deutschland werden. Das ist für die übrigen deutschen Fürsten Grund genug, ihm die Krone zu versagen. Sie bitten an seiner Statt den bereits 1127 von ihnen erwählten Konrad von Hohenstaufen, seit 1116 Herzog von Ostfranken (Mittelrhein, Maingau, Hessen), endgültig das Königsamt zu übernehmen und sich zur obligaten Romreise zu rüsten.
Konrad III. (1138–1152) wird die Tiberstadt nie sehen. Bei der Krönung in Aachen am 13. März 1138 fehlt sein großer Gegenspieler, der welfische Herzog Heinrich. Prompt läßt ihm Konrad drei Monate später auf einem Reichstag in Bamberg die Erbfolge im Herzogtum Sachsen absprechen. Ein zweiter Reichstag, der wiederum demonstrativ an Bayerns Nordgrenze nach Würzburg einberufen und von einem großen Truppenaufgebot begleitet wird, erklärt Herzog Heinrich in die Reichsacht und vergibt das von ihm beanspruchte Herzogtum Sachsen an Markgraf Albrecht »den Bären« aus dem am Nordharz begüterten Hause Askanien.
Die Folge dieser Entscheidungen ist ein jahrzehntelanges Ringen um Erbrecht, Macht und Prestige zwischen Welfen und Staufern, das den Tod beider Rivalen überdauern sollte. Im August 1139 steht man sich sogar mit der blanken Waffe an der Werra gegenüber. Erst in letzter Minute kommt es zu einem Stillhalteabkommen zwischen Konrad und seinem schwerkranken Gegner, der zwei Monate später, kaum 30jährig, auf der Quedlinburg am Harz stirbt.
Der sächsische Adel verweigert, wie zu erwarten, weiterhin dem vom König eingesetzten neuen Landesherrn Markgraf Albrecht die Gefolgschaft. Man verlangt den Herzogshut für Heinrichs erst 10jährigen Sohn gleichen Namens, der als »der Löwe« eines Tages große Politik machen wird. Auch die Bayern lehnen nach wie vor den ihnen von Konrad aufgezwungenen Regenten Pfalzgraf Leopold (IV.) von Österreich ab, einen Halbbruder des Königs aus der 1106 geschlossenen 2. Ehe seiner Mutter Agnes mit Markgraf Leopold III. Sie sind »gut welfisch« gesonnen, fürchten aber vor allem, auf diese Weise in einem Donaureich des in Klosterneuburg bei Wien residierenden babenbergischen Fürstenhauses ihre Eigenständigkeit zu verlieren.
Zwei Jahre später arrangiert man sich. Bayern erhält Konrads Stiefbruder Heinrich, bisher Pfalzgraf bei Rhein, das Herzogtum Sachsen nun doch der junge Löwe, die Pfalzgrafschaft selbst Hermann von Stahleck, Gatte von Konrads Schwester Gertrud, das altbayrische Bistum Freising des Königs Halbbruder Otto, das Herzogtum Niederlothringen (heute Benelux-Staaten) Gottfried von Löwen, ein flämischer Schwager der Königin. Also zielbewußte Familienpolitik, die durch auswärtige Kombinationen ergänzt wird: Eine Halbschwester Konrads wird Königin von Böhmen, sein minderjähriger Sohn Heinrich, geboren 1150, einer Tochter König Belas von Ungarn versprochen; seine Cousine Agnes wiederum Polens Kronprinz Wladislaw; der oströmische Kaiser Manuel heiratet eine Schwester der Königin. Trotz solcher Aktivitäten blieb die politische Lebensbilanz Konrads III. ein Fiasko. Schon der Versuch, Polen durch gewaltsame Inthronisation des von seinen Brüdern wegen der Verbindung zum deutschen König vertriebenen Prinzen Wladislaw an das Reich zu binden, schlug völlig fehl. Noch trauriger war der Ausgang eines Kreuzzuges zur Befreiung Nordsyriens von den »Ungläubigen« im September 1149, der nach schwersten Verlusten ergebnislos abgebrochen werden mußte.
Als Konrad III. wieder in Deutschland eintrifft, fordert der junge Herzog Heinrich von Sachsen energisch die Herausgabe auch seines bayrischen Vatererbes. Als der König ihn auf den nächsten Reichstag vertröstet, marschiert der Löwe von Braunschweig kurzerhand mit starken Verbänden zur Donau. Daraufhin besetzt Konrad im Handstreich Goslar und greift bereits Heinrichs Residenz Braunschweig an. Da erscheint dieser ebenso rasch wieder im Norden

---

* Gemeint ist hier und im folgenden das vom Niederrhein zur Elbe und vom Harz bis zur Nordsee reichende Stammland der altgermanischen Sachsen, also nicht das seit dem 10. Jahrhundert von ihnen kolonisierte, ursprünglich slawisch besiedelte und heute so genannte Land Sachsen beiderseits der mittleren Elbe.

Friedrich I. Barbarossa auf einem Relief im Dom zu Freising. Er hatte blonde Haare und war ein ritterlicher, eindrucksvoller Mann, der seine Pläne konsequent verfolgte, auch wenn ihm dabei die Gegnerschaft des Papstes und die der italienischen Städte im Wege standen.

und vertreibt die eingedrungenen Reichstruppen aus seinem Herzogtum.
Ein Jahr später endet das Leben Konrads III. in einer letzten Frustration. Er möchte sich aus dem deutschen Desaster in eine Flucht nach vorn retten: In einen seit 1127 immer wieder aufgeschobenen Zug zur Kaiserkrönung in Rom. Zum Abschied hat er noch einmal den Reichstag nach Bamberg einberufen. Es sind bereits Gesandtschaften an den Papst und nach Konstantinopel unterwegs, um den oströmischen Kaiser einzuladen und die Ankunft des deutschen Königs in der Ewigen Stadt würdig vorzubereiten – da erliegt dieser am 15. Februar 1152 im Schloß über dem Roten Main einem ihn schon lange plagenden Leiden.
Es hat ihm noch Zeit zu der vielleicht einzigen glücklichen Entscheidung seiner von Mißerfolgen überschatteten Regierungszeit gelassen: der Empfehlung an die Fürsten des Reiches, nicht den eigenen noch unmündigen Sohn Friedrich, sondern dessen jetzt 30jährigen Vetter Friedrich, seit 1147 dritter Herzog von Schwaben aus staufischem Geschlecht, zum deutschen König zu wählen.
Der bereits politisch erfahrene Thronanwärter aus dem deutschen Süden arrangiert sich vorweg geschickt sowohl mit den großen rheinischen Kirchenfürsten von Köln bis Straßburg wie mit den österreichischen Babenbergern, vor allem jedoch mit dem braunschweigischen Vetter Heinrich, dem er die Wiederinbesitznahme Bayerns zusagt. Einmütig wird danach Friedrich I. (1152–1190), dem die Italiener später wegen seines üppigen rotblonden Bartes den populären Beinamen »Barbarossa« gaben, zum König ausgerufen. Vier Tage später, am 9. März 1152, kann er auf dem Stuhle Karls des Großen im Aachener Dom die Huldigung der Reichsfürsten und des Auslandes entgegennehmen.
Eines seiner ersten Sendschreiben geht an Papst Eugen III. Es wird in Rom als Kampfansage aufgenommen. Friedrich betont unmißverständlich, daß »ihm das Reich (lat. *imperium* = Regierungsgewalt) allein von Gott übertragen« sei. Er verbitte sich deshalb jede Einmischung des Heiligen Stuhles in weltliche Angelegenheiten, die seit den Tagen von Canossa (1077) schon mehrfach innen- wie außenpolitische Krisen heraufbeschworen habe.
Ungeachtet dessen spricht der König schon in seiner Thronrede von einer Romfahrt, die seinem Onkel Konrad III. nicht mehr gelang. Es ging dabei seit den Tagen der Ottonen sowohl um die Kaiserkrone, also um den europäischen Primat, wie um das reiche Italien, seine Städte und das ganze blühende Land zwischen Mailand und Messina, dessen beste Stücke ohnehin die welfischen Vettern (Toskana), ihre normannischen Verwandten (Sizilien, Kalabrien, Neapel) und der päpstliche Kirchenstaat im Griff hatten.
Im Oktober 1154 zieht Friedrich Rotbart gen Süden, wo er in der Lombardei hof hält, sich aber auch mit den allzeit deutschfeindlichen Mailändern und ihren Verbündeten unter Oberitaliens Städten herumschlagen muß. Erst im Juni 1155 ist er in Rom, wo ihn der neue (englische) Papst Hadrian IV. krönt. Während der Feierlichkeiten bricht ein Aufstand gegen Papst und Kaiser los, der die Deutschen zwingt, noch am gleichen Tag die Ewige Stadt wieder zu verlassen, während sich Hadrian in seiner »Engelsburg« verbarrikadiert, dem zur Festung ausgebauten Grabmal des altrömischen Kaisers gleichen Namens.
Friedrich war nach Rom gekommen auch in der Absicht, nach der Krönung zusammen mit Streitkräften des Papstes und seines oströmischen Onkels Manuel die normannischen Barone, gegen die sich gerade wieder die apulischen Bauern erhoben hatten, zumindest vom süditalienischen Festland zu vertreiben. Aber Manuels Truppen sind kaum einsatzfähig, die »Schlüsselsoldaten« des obendrein blockierten Papstes ebenso unzuverlässig und die eigenen deutschen Verbände durch das ungewohnte Klima wie gelähmt. Sie wollen nach Hause. Der Kaiser gibt auf.
Vier Jahre später ist er wieder in Italien, wo sich inzwischen abermals alles verändert hat. Hadrian IV. hat den Rückzug der Deutschen als große Enttäuschung empfunden und sich schon 1156 mit dem normannischen Königreich Beider Sizilien arrangiert. Ein Jahr später schickt er nach Besançon, wo Friedrich in den burgundischen Erblanden seiner zweiten Gattin Beatrice gerade hof hielt, eine Note von hochpolitischer Brisanz. Sie erinnert in scharfer Form an die bekannte Auffassung der Kurie, daß »jeder Kaiser seine Krone vom Papst nur zu Lehen empfange«, folglich sein Vasall sei und der Oberhirte der Christenheit auch »der dreimal gekrönte Herrscher über Länder und Menschen, über ihre Herzen, Seelen und Waffen«.
Die Hoffnung der Kurie, schon diese drohende Geste könnte den deutschen Kirchenfürsten oder den Welfen als Signal zum Abfall vom König/Kaiser genügen, erwies sich als Fehlspekulation. Um so stärker ist das Echo in den lombardischen Städten, die in diesem Jahrhundert zum wichtigsten Wirtschaftsgebiet Europas geworden sind und das deutsche Joch abschütteln möchten. Um ihre Rebellion zu brechen, geht Friedrich im Frühjahr 1158 mit reichlich 100 000 Mann, einer für damalige Verhältnisse ungewöhnlich starken Armee, über die Alpen und zwingt das Zentrum des Widerstandes, die Festung Mailand, am 7. September zur Kapitulation.
Friedrichs Versuch, danach die Verhältnisse im städtereichen Oberitalien durch eine fortschrittliche Gemeindeverfassung zeitgemäß zu ordnen, scheitert am fortdauernden Widerstand vor allem der Mailänder, die kurzerhand die kaiserlichen Beamten verjagen, unter ihnen den Reichskanzler Rainald von Dassel. Friedrichs Gegenmaßnahmen kommen nicht recht zum Tragen. Seine Streitkräfte sind über das ganze Land verteilt, um dessen zahlreiche Städte unter Kontrolle zu halten. Außerdem hat der Kaiser das Pech, daß im gleichen Augenblick Hadrian IV. stirbt und Alexander III. zum neuen Papst gewählt wird, eben jener Prälat, der die Note von Besançon überbracht und wohl auch selbst formuliert hatte. Er steuert natürlich sofort einen scharfen Kurs gegen den Hohenstaufen, den er am 24. März 1160 »samt allen seinen heuchlerischen Genossen« mit dem großen Kirchenbann belegt.
Beifall kommt erwartungsgemäß aus Mailand und Sizilien, aber auch aus vielen Bistümern Frankreichs und aus England, der Heimat der Gattin Heinrichs des Löwen. Friedrich sieht sich zu hartem Durchgreifen gezwungen. Nach monatelanger Belagerung ergibt sich im März 1162 das hungernde Mailand, das der Kaiser plündern und völlig niederbrennen läßt.
Der eigentliche Gegner, Alexander III., gewinnt damit nur eine schweigende Armee von Sympathisanten, die auf sein Signal zum Aufruhr warten. Vergeblich sucht ihn Friedrich im Jahre 1164 durch Anerkennung des ihm befreundeten Kardinals Guido von Crema als Gegenpapst Paschalis III. auszumanövrieren. Dessen Gegendienst war übrigens die hochpolitisch gemeinte Heiligsprechung Karls des Großen, der ja noch den weltlichen Primat des Kaisers gegenüber

Heinrich VI. auf einer Miniatur der Manessehandschrift. »Nicht zimperlich in der Wahl seiner Mittel und immer auf die Weltherrschaft schielend« – so beschrieben ihn seine Zeitgenossen. Er war durch Heirat in den Besitz des unteritalienischen Normannenreiches gelangt.

dem Bischof von Rom verkörpert hatte. Die ausdrückliche Bestimmung, daß seine Verehrung auf Aachen »als einer deutschen Stadt« beschränkt bleiben möge, sollte außerdem der französischen Politik entgegenwirken, die damals begann, den Aachener *Rex Francorum* als Ahnherrn der Könige Frankreichs zu deklarieren und daraus Ansprüche auf die Kaiserkrone abzuleiten.

Auf gleicher Linie lag ein überraschendes Freundschaftsabkommen mit Heinrich II. von England, der sich gerade seinerseits mit dem Papst entzweit hatte wegen der Entlassung seines römisch gesinnten Kanzlers Thomas Becket, Erzbischof von Canterbury. Das Bündnis mit dem englischen König aus dem Hause Plantagenet, der als Graf von Anjou und Herzog der Normandie auch zwei Fünftel Frankreichs besaß, wird besiegelt durch eine Heirat seiner Tochter Mathilde mit Friedrichs Vetter Heinrich dem Löwen (der jetzt noch ganz auf der Seite des Staufers steht) sowie durch einen Ehevertrag der Eltern für die jüngste Tochter Eleonore und Friedrichs eben erst geborenen Thronerben, den nachmaligen Kaiser Heinrich VI. Wieder ein klassisches Beispiel dynastischer Strategie, die den Frieden unter den Familien sichern und festigen sollte.

Alexander III. kehrt am 23. November 1165 im Triumph nach Rom zurück. Schon zwanzig Monate später stürmen jedoch deutsche Truppen die Vatikanstadt. Alexander III. flüchtet ins normannische Benevent. Gegenpapst Paschalis kann in der Petersbasilika, um deren Pforten noch tags zuvor erbittert gekämpt worden war, am 1. August 1167 Friedrich Barbarossa und seine burgundische Gattin im Schmuck der mitgebrachten Insignien mittelalterlicher Kaiserherrlichkeit begrüßen.

Ebenso rasch wie bei der Krönung vor zwölf Jahren verdüstert sich jedoch der Glanz des großen Augenblicks. In Rom bricht plötzlich Typhus aus. Hof und Heer verlassen fluchtartig die Ewige Stadt. Unter den 20 000 Deutschen, die in ihr oder auf dem traurigen Zug nach Norden starben, sind des Kaisers Vetter Friedrich von Baden und unglücklicherweise auch der große Reichskanzler Rainald von Dassel, der bis dahin die Dinge in Italien einigermaßen im Griff behalten hatte. Das Kaiserpaar selbst rettet sich mit seinem Gefolge an lombardischen Heerhaufen vorbei auf Fluchtwegen nach Burgund.

Die Folgen des Desasters: Der mailändische Städtebund reaktiviert sich, Alexander III. organisiert eine Koalition zwischen ihm, der Republik Venedig, dem Königreich Beider Sizilien und dem byzantinischen Kaiser, der mitmacht, um nicht seine letzten Besitzungen in Unteritalien auch noch zu verlieren. Untereinander zwar ständig im Streit, so ist man sich immerhin einig in dem Ziel, die Deutschen aus Italien herauszuhalten.

Erst neun Jahre später kommt es zu einem neuen Italienzug, an dem sich jedoch Heinrich der Löwe nicht mehr beteiligt. Der Herzog ist vollauf mit der Erweiterung der eigenen Hausmacht im slawischen Siedlungsraum jenseits der Elbe beschäftigt. Er sieht sowieso nicht im Süden, sondern in einer planvollen Ostkolonisation die große Aufgabe deutscher Politik. Lübeck, das Tor zur Ostsee, ist ihm wichtiger als Mailand. Trotzdem wagt der Kaiser den Marsch. Er endet bereits am 20. Mai 1176 bei Legnano an der Straße von Como nach Mailand mit einer vernichtenden Niederlage, aus der Friedrich Barbarossa selbst kaum mit dem Leben davonkommt. Er muß seinen Frieden mit dem Papst machen, der daraufhin den Kaiser vom Kirchenbann löst, sich mit ihm am 1. August 1177 in Venedig trifft und auch die lombardischen Städte zur Einstellung der Kämpfe bewegen kann.

Friedrich weiß, daß damit nicht für immer alles in

Castel del Monte in Apulien, als Jagdschloß von Friedrich II. in den Jahren 1240–1250 erbaut. Dieses einmalige Beispiel mittelalterlicher Baukunst geht vielleicht auf einen persönlichen Entwurf des Kaisers zurück.

Friedrich II. auf einer Miniatur. Dieser Kaiser, ein Sohn aus der Ehe Heinrichs VI. mit der Normannin Konstanze von Altavilla, war ein hochgebildeter und vorurteilsloser Mann und die interessanteste Gestalt dieses Herrscherhauses. Zugleich war Friedrich eine der bedeutendsten Figuren des europäischen Mittelalters.

Ordnung ist. Aber er braucht für den Augenblick Ruhe und Rückenfreiheit. In Deutschland steht Heinrich der Löwe, der auch deshalb dem Kaiser die Heerfolge nach Italien versagt hatte, in einem Mehrfrontenkrieg gegen seine staufisch gesinnten Nachbarn, den Landgraf von Thüringen sowie die Erzbischöfe von Magdeburg und Köln. Barbarossa sieht sich gezwungen, gegen den Löwen Partei zu ergreifen, dem er (zu Unrecht) obendrein eine Mitschuld an der folgenreichen Katastrophe von Legnano vorwirft.

Am 18. Januar 1180 wird über den »Rebellen« die Reichsacht verhängt, sechs Monate später sein Herzogtum Sachsen aufgeteilt und Bayern Friedrichs treuestem Paladin Otto von Wittelsbach übergeben, der ihn vor Mailand aus dem Kampfgetümmel herausgehauen hatte. Zu seiner größten Enttäuschung sieht sich Heinrich von den Verwandten in Frankreich, England und Dänemark im Stich gelassen. Er muß kapitulieren. Auf dem Reichstag von Erfurt (November 1181) erhält der Löwe nur seine Stammgüter um Braunschweig und Lüneburg zurück, wird jedoch »für immer« des Landes verwiesen. Er geht mit seiner Familie ins englische Exil.

Beim großen Reichsfest, zu dem sich Pfingsten 1184 vor den Toren von Mainz, dem geographischen Zentrum des damaligen Deutschland, fast 70 000 Ritter aus Sachsen, Schwaben und Bayern, Burgund und Lothringen, Frankreich und Italien zusammenfanden, steht der jetzt 62jährige Kaiser auf dem Zenit seiner Macht. Er denkt sie durch eine Ehe seines inzwischen erwachsenen Sohnes Heinrich mit Konstanze, der Erbin des normannischen Königreichs Beider Sizilien, bis an die Grenzen des Greifbaren zu erhöhen und zu sichern. Auch daß die Hochzeit am 27. Januar 1186 ausgerechnet im wiederaufgebauten Mailand stattfindet und die Lombarden diesmal den Kaiser mit Jubel begrüßen, zeigt, daß der »Barbarossa« nach dem Tode seines großen Widersachers Alexander III. (1181) die Autorität im Lande wiederhergestellt und sogar die Sympathien seiner Menschen zurückgewonnen hat.

Friedrichs Leben hätte in Frieden enden können. Da zwingt ihn und die abendländischen Monarchen die Erstürmung des 1099 geschaffenen christlichen Königreichs Jerusalem durch den Türkensultan Saladin (1187) zum (3.) Kreuzzug in den Nahen Osten. Auch er mißlingt völlig. Engländer, Franzosen und Normannen kommen mit Richard Löwenherz und Philipp II. über See. Sie können aber nur einen Küstenstreifen mit Akkon, Jaffa und Tyrus erobern und halten. Jerusalem bekommen weder sie noch die Deutschen zurück, die in einer Stärke von etwa 100 000 Mann, darunter 22 000 Ritter, von Regensburg donauabwärts und über den Bosporus gezogen waren. Sie kämpfen sich erfolgreich voran, kehren aber um, als ihr Kaiser am 10. Juni 1190 bei einem Bad im kalten Saleph (Südanatolien) einem Herzschlag erliegt.

Sein plötzlich zu höchster Verantwortung gelangter Sohn Heinrich VI. (1190–1197) ist ein ganz anderer Mensch. Schon äußerlich gleicht er dem ebenso verbindlichen wie imponierenden, politisch klugen, Eleganz und Männlichkeit ausstrahlenden blonden Vater kaum. »Ein bleicher schmächtiger Mann, verschlossen und ernst, vor der Zeit gealtert, immer über Plänen brütend, fieberhaft mit vielen Dingen zugleich beschäftigt, rücksichtslos in der Wahl der Mittel, immer bedacht auf Universalherrschaft«, so beschreiben ihn Zeitgenossen. Die Sympathien der Italiener, die Barbarossa mühsam errungen hatte, verspielt Heinrich in zwei Jahren, da er versuchsweise im Süden »regieren« darf, so gründlich, daß ihn der Alte Herr 1188 schleunigst zurückholt.

Nun ist der große Kaiser tot. Niemand weiß übrigens,

Bewohner von Pisa nehmen die Prälaten fest, die der Papst zu einem Konzil einberufen hatte; auf diesem Konzil sollte die Absetzung Friedrichs II. beschlossen werden: Eine Episode aus dem fast pausenlosen Zwist zwischen dem Stauferkaiser und dem Papsttum.

wo seine Gebeine ruhen. Sein ältester Sohn, der zunächst mit einem kleinen Korps nach Akkon weitermarschierende Friedrich von Schwaben, hatte sie ins Heilige Land mitgenommen, erliegt dort jedoch am 20. Januar 1191 selbst einer den Rest der Deutschen hinwegraffenden Seuche. Bruder Heinrich war daheimgeblieben. Er muß jetzt um das Erbe seiner Gattin Konstanze kämpfen. Die frankonormannischen Barone Siziliens machen bewaffnet Front. Sie wählen im Einvernehmen mit dem Papst einen Vetter Konstanzes, Prinz Tancred (†1194), zum König Beider Sizilien und erhalten Schützenhilfe durch die aus Palästina zurückkehrenden Truppen des englischen Königs. Richard Löwenherz sieht sogar eine Chance, das alte Zusammenspiel mit den normannischen Vettern zu erneuern und seinem Schwager Heinrich dem Löwen die Rückkehr nach Deutschland zu erleichtern.
An ihn denkt Heinrich VI. am wenigsten. Es zieht ihn

Ausschnitt aus dem Schrein Karls des Großen in Aachen. 1215 nagelte der einundzwanzigjährige Friedrich II. eigenhändig den Sarg des ersten Kaisers zu. Wenig später sollte er selbst die deutsche Krone erhalten.

nach Italien, wo er von der römischen Kurie für das Osterfest 1191 unter nicht eben königlichen Bedingungen die Kaiserkrönung aushandelt. Dann marschiert er nach Unteritalien, das rasch besetzt wird. Da rafft eine Epidemie in wenigen Wochen neun Zehntel seiner Armee hinweg. Eine Belagerung von Neapel, das ein staufisches Unteritalien nicht will, muß aufgegeben werden. Nur mit Mühe kann sich der Kaiser mit dem Rest nach Norden durchschlagen. Konstanze, die kurz zuvor in Salerno von einem normannischen Kommando entführt worden war, bleibt in Tancreds Gewahrsam als Pfand für Heinrichs Abzug aus Italien zurück.

In Deutschland erwartet den Geschlagenen eine Front der weltlichen und Kirchenfüsten. Sie sind empört über die Ermordung des zum Bischof von Lüttich gewählten Grafen Albert von Brabant, auf dessen Stuhl Heinrich VI. lieber den Rheinländer Konrad von Hochstaden gesehen hätte. Man fordert den Rücktritt des Kaisers, dem offen eine Mitschuld an der Bluttat und außerdem politische Unfähigkeit vorgeworfen wird.

Da kommt dem mit allen Mitteln operierenden jungen Kaiser, der bereits ein Bündnis mit Frankreich gegen die deutschen Fürsten ins Auge faßt, ein wiederum nicht sehr rühmlicher Glücksfall zu Hilfe. Im Herbst 1192 macht König Richard Löwenherz den tollkühnen Versuch, sich von Sizilien über die Adria und durch das deutsche Chaos nach dem ja damals englischen Nordfrankreich durchzuschlagen. Obwohl verkleidet, wird der Engländer in der Steiermark von den Grenzwachen Herzog Leopolds V. von Österreich, mit dem er sich im Heiligen Land zerstritten hatte, am 21. Dezember 1192 abgefangen und auf dessen Donaufestung Dürnstein in Haft genommen.

Heinrich VI. nutzt die Situation. Mit der Drohung, den Gefangenen wegen Hochverrats hinrichten zu lassen, hält er sowohl die deutschen Fürsten als auch Richards Schwager Heinrich den Löwen in Schach, der bereits zur Heimkehr in sein Herzogtum rüstet. Der Kaiser erzwingt eine »Huldigung« des Engländers, als dessen Lehnsherr er damit auftritt, nachdem er und der Österreicher ihm zunächst ein nach heutiger Rechnung viele Millionen ausmachendes Lösegeld abverlangt hatten. Ganz für sich gewonnen glaubt Heinrich sogar den gefangenen König, als er ihn am 2. Februar 1194 plötzlich freiläßt und nicht, wie befürchtet oder geplant, an Richards Hauptfeind Frankreich ausliefert. Ein genau kalkulierter Nebeneffekt ist die wenige Wochen später erfolgende Aussöhnung des jungen Hohenstaufen mit dem altgewordenen Löwen von Braunschweig. Sie wird wie üblich besiegelt durch eine politische Heirat seines Sohnes Heinrich mit einer Cousine des Kaisers, der gleichwohl dessen Brüder Wilhelm und Otto (den späteren König/Kaiser) vorsichtshalber weiterhin als Geiseln bei sich hält.

Unbeschwert kann Heinrich VI. einen neuerlichen Zug nach dem Süden wagen und am 20. November 1194 in Palermo einziehen. Am Weihnachtstage empfängt er dort die Krone König Rogers und empfindet es mit den Sizilianern als Gnadenzeichen des Himmels, daß ihm anderentags Konstanze den ersehnten Thronfolger schenkt, den nachmaligen Kaiser Friedrich II.

Sizilien sollte nach Heinrichs VI. Willen das strategische und politische Zentrum eines Imperiums sein, in dem die Könige Europas zu Vasallen des Kaisers würden und auch die Länder rund um das Mittelmeer wieder vereinigt sein sollten zum altrömischen *Orbis Terrarum.* Den Mauren in Spanien droht er die Vertreibung an, vom Kaiser in Konstantinopel verlangt er im Namen Konstanzes, Tochter einer byzantinischen Prinzessin, die Herausgabe Griechenlands. Er meldet Ansprüche auf das übrige Oströmische Reich an, als es am Bosporus zu einem dramatischen Thronwechsel kommt.

Die Krone Konstanzes von Aragonien wird in der Schatzkammer des Domes von Palermo aufbewahrt. Konstanze war die erste der drei Ehefrauen Friedrichs II. und die Mutter Heinrichs, des rebellischen Sohnes.

Um seine Fernziele rasch zu realisieren, organisiert Heinrich VI. im Herbst 1196 einen »Kreuzzug«, der weniger einer Befreiung Jerusalems als der Liquidation des ohnehin schrumpfenden Oströmischen Reiches gelten sollte. Die Versammlung der Streitkräfte in den apulischen Häfen wird gestört durch einen neuen Aufstand des sizilischen Adels. Er argwöhnt (zu Unrecht), der ganze Aufmarsch bereite nur seine endgültige Unterwerfung, ja Ausrottung durch die Deutschen vor, die tatsächlich mit den normannischen Baronen hart umgegangen waren und ihre Söhne scharenweise nach Deutschland deportiert hatten. Zwischen Catania und Messina kommt es zu einer regelrechten Schlacht zwischen den Kaiserlichen und einem vielfach stärkeren Aufgebot der Sizilianer, das jedoch zersprengt wird.

Im Herbst 1197 bringt Heinrich VI. die große Nahost-Aktion wieder in Gang. Vorauskommandos landen in der Ägäis und auf Zypern, erscheinen auch vor Konstantinopel, um den Forderungen deutscher Gesandter auf Anerkennung ihres Souveräns als »Weltkaiser« Nachdruck zu verleihen. Ein gigantischer Plan nimmt Formen an. Monate später ist alles vorbei. Am 28. September 1197 erliegt der allzeit kränkelnde

Heinrich VI. in Messina einem Fieberanfall. Seine letzte Ruhe findet er in einem mächtigen Porphyrsarkophag, der noch heute im Dom zu Palermo steht, neben dem seiner Gattin Konstanze und seines einzigen Sohnes.
Friedrich II. (1212–1250) bleibt beim Tode des Vaters als dreijähriges Kind zurück. Ein Jahr später verliert er auch die Mutter. Unter der ziemlich fragwürdigen Obhut des Papstes wächst »das Kind von Pulle« (Apulien), wie Walter von der Vogelweide den unmündigen Staufer sorgenvoll-mitleidig nennt, unter südlicher Sonne heran. Er ist mit dem schon in der Wiege verliehenen Titel eines deutschen und sizilischen Königs mehr belastet als vor dem Zugriff ehrgeiziger Kronprätendenten geschützt.
Der gefährlichste ist Otto von Braunschweig, der jetzt 23jährige Sohn Heinrichs des Löwen und Neffe König Richards I. von England. Gegen ihn schließt Friedrichs Onkel Philipp von Schwaben, von einer Mehrheit deutscher Fürsten zum Regenten gewählt, am 29. Juni 1198 eine Koalition mit Philipp II. von Frankreich. Schon vorher hatte Papst Innocenz III. mit der These, er sei seit Jahrhunderten als »Vater Italiens« auch Lehnsherr des von den Normannen aufgebauten Königreichs Beider Sizilien, der wehrlosen, schon schwerkranken Konstanze die Vormundschaft über den kleinen Friedrich II. aufgedrängt. Als langobardischer Aristokrat (eigtl. Graf Lothar von Segnia) ist der Papst ein geborener Gegner des Hohenstaufen-Regimes in Italien.
Der Staufer Philipp hat, was dem Papst sehr ungelegen kommen mußte, die byzantinische Kaisertochter Irene geheiratet. Er war damit unmittelbar prädestiniert, Heinrichs VI. Konzept von einer Wiedervereinigung des abendländischen und des Oströmischen Reiches unter einer staufischen Kaiserkrone zu verwirklichen. Erst nach Jahren eines ganze Landstriche verwüstenden Bürgerkrieges zwischen Nord- und Süddeutschland gewinnt Philipp die Oberhand, wird dann aber am 21. Juni 1208 in Bamberg durch Otto von Wittelsbach ermordet. Er stirbt ohne einen männlichen Thronerben, wenige Tage später auch seine Gattin auf der Flucht zur Burg Hohenstaufen bei der Niederkunft mit einem toten fünften Kind.
Der »Sieger«, Herzog Otto von Sachsen, wird als der vierte seines Namens am 4. Oktober 1209 in Rom zum Kaiser gekrönt, vermag sich aber nach wie vor nur in Norddeutschland zu behaupten. Er kann nicht verhindern, daß eine ähnliche Mehrheit deutscher Fürsten, die schon seinen toten Rivalen Philipp auf den Schild hob, im Herbst 1212 den jugendlichen Staufer Friedrich II. zur Entgegennahme ihrer Huldigung auf einem Reichstag in Mainz einlädt und daß dieser tatsächlich auch auf Umwegen im Dezember nach Deutschland kommt. Flankensicherung leistet ihm dabei der französische König, der im Norden seines Reiches mit Ottos IV. englischen Vettern in Dauerfehde liegt. Ebendort fällt dann auch am 27. Juli 1214 bei Bouvines (nördlich Valenciennes) eine folgenschwere Entscheidung. Die verbündeten Armeen Englands und des Welfenkaisers werden geschlagen.
Inzwischen hat der jetzt 21jährige Friedrich am 25. August 1215 in aller Form die deutsche Königskrone erhalten, aber auch Papst Innocenz III. mit dem großen Lateranskonzil vom November des gleichen Jahres einen absoluten Höhepunkt päpstlicher Macht markiert. In ihrem Schatten wächst der letzte große Hohenstaufe über sich hinaus zu einer einmaligen Persönlichkeit der Weltgeschichte, bis ans Lebensende begleitet von Bannflüchen der Kirche und von

Manfred, illegitimer Sohn Friedrichs II. Er war König von Sizilien und fiel 1266 bei Benevent in der Schlacht gegen Karl von Anjou, der zwei Jahre später in Neapel den jungen Konradin enthaupten ließ.

der Bewunderung der Zeitgenossen in Europa wie auch in der ihm ja nicht fremden Welt des Islam.
Friedrichs II. Denken und Charakter waren früh geformt worden in der elternlosen Jugend in Palermo. Dort hatte er bald in dem selbsternannten Vormund Innocenz III. den zielbewußten Druck päpstlicher Politik zu spüren bekommen, die ihn auf Schritt und Tritt überwachte und vor allem Kontakte mit Deutschland zu unterbinden suchte.
Im gemischtvölkischen Sizilien, auf dem sich Europa und der Orient begegnen, war andererseits der Prinz in einer vielfarbigen Welt aufgewachsen, die ihm mit einer Jugend in Deutschland zunächst unbekannt geblieben wäre. Er spricht außer dem Französisch der normannischen Mutter und dem Italienisch seiner Spielkameraden bald auch das Latein der Diplomaten und Gelehrten. Er lernt in einem Lande, das einst zu Byzanz gehört hatte und in den Jahren 827–1072/91 sogar von nordafrikanischen Sarazenen besetzt gewesen war, Griechisch und Arabisch. Frühe Basis einer umfassenden Bildung, die er später im Umgang mit arabischen, jüdischen und griechischen Mathematikern, Astronomen, Naturwissenschaftlern, Medizinern und Philosophen vertieft.
Zum ersten Konflikt kommt es nach langen Jahren äußeren Einvernehmens mit dem nächsten Papst Honorius III. († 1227) in der Frage eines neuen Kreuzzuges zur Befreiung des Heiligen Landes von den »Ungläubigen«. Friedrich II. hält davon gar nichts. Er verweist auf die Katastrophe von 1189–1190, macht aber auch aus seiner Achtung vor der Welt des Islam ebensowenig einen Hehl wie aus seinem Abscheu über die Heuchelei des 4. »Kreuzzuges« 1204–1205. Dieser wurde von Frankreich organisiert, vom Papst und dem Dogen der Republik von Venedig von Jerusalem aber auf Konstantinopel abgelenkt. Friedrich II. unterstützt lieber einen echten Kreuzzug gegen die Araber auf der Iberischen Halbinsel. Eine Absprache, in der er sich 1225 dann doch zu einem Feldzug in den Nahen Osten bereit erklärt, läßt er von seinen Juristen mit so vielen Rücktrittsklauseln ausstatten, daß der nächste Papst Gregor IX., ein Neffe des dritten Innocenz, die Geduld verliert und den immer wieder ausweichenden Hohenstaufen mit einem Bannfluch belegt.
Wie berechtigt dessen Zögern war, zeigt sich, als Friedrich II. im nächsten Jahr zu einem ganz unblutigen Kreuzzug aufbricht, der vielleicht als einziger diesen Namen verdient. Nur begleitet von seinen Beratern und einer sarazenischen (!) Leibgarde, segelt er fast unbemerkt mit einer kleinen Flotte gen Osten. Dort kommt in wenigen Tagen ein diplomatisch vorbereitetes Abkommen mit dem türkischen Sultan über eine Freigabe der Wallfahrtsstätten im Heiligen Lande zustande. Ohne einen Schwertstreich kann sich der vom Papst Gebannte dort nun selbst die Krone der Könige von Jerusalem aufs Haupt setzen.
Als Friedrich II. ebenso überraschend wie abgereist wieder in Apulien landet, findet er schlimmste Befürchtungen bestätigt: Eine meist aus südfranzösischen und lombardischen Söldnern bestehende Armee war in den wenigen Wochen seiner Abwesenheit unter dem Kommando des Grafen Jean de Brienne in Unteritalien einmarschiert, um die staufisch-normannischen Erblande für die Kurie bzw. deren französischen Statthalter zu kassieren. Die Eindringlinge werden von kaiserlichen Truppen ebenso rasch vertrieben wie die mitgekommenen Mönche, die bereits in den Städten einen »Kreuzzug wider diesen König der Pestilenz« predigten.
Zweifach unterlegen, muß Gregor IX. den Bannfluch gegen den Hohenstaufen, der ja sein Gelübde bestens erfüllt hat, zurücknehmen. Alle Lehns-, Dienst- und Fahneneide, kaiserliche Urteile und Urkunden gelten wieder in dem großen Reich, das Friedrich II. jetzt zu einem modernen Beamtenstaat umzustrukturieren beginnt. Er möchte damit seinen Bestand unabhängig machen von dynastischen Machtkämpfen und den Zufällen der Erbfolge. Noch immer glaubt der Träger von sieben Kronen an den kühnen Traum seines Vaters vom christlichen Universalkaisertum, während sich doch schon ringsum die Völker voneinander lösen, auf ihre kulturelle Eigenständigkeit besinnen und auf eine nationalstaatliche Neuordnung Europas einstellen. Mitten in diesem Gärungsprozeß der große Kaiser und sein multinationales Reich, das weit auseinanderliegende Schwerpunkte wie Aachen, Mainz, Bamberg, Straßburg, Arles, Pavia, Neapel und Palermo hat, aber nie eine wirkliche Hauptstadt wie Frankreich und England mit Paris und London.
Noch einmal kommen Jahre, in denen sich Friedrichs geniale Herrscherpersönlichkeit und sein internationaler Hof in allem Glanz entfalten. Es vertiefen sich die Kontakte zu nichtchristlichen Fürsten und Intellektuellen, die dem gekrönten Ketzer in Rom so übel genommen werden, wie sein halb orientalischer, halb renaissancefürstlicher Lebensstil. Dabei verstand sich der Kaiser nach wiederholtem Selbstbekenntnis durchaus als abendländischer Christ, übte und verlangte jedoch allenthalben Toleranz, weshalb er auch die Inquisition mit ihren Ketzerrichtern verwarf.
Im Jahre 1239 wird der »Sultan von Lucera« zum zweiten Mal exkommuniziert. Seine Antwort ist die Ausweisung der Dominikaner und Franziskaner aus Deutschland und die Besetzung des Kirchenstaates. Am 21. August 1241 stirbt der jetzt 90jährige Papst Gregor. Sein Nachfolger ist der langobardisch-genuesische Graf Sinibald Fiesco von Lavagna, der sich – Innocenz IV. nennt und am 17. Juli 1245 von Lyon aus Friedrich II. für abgesetzt erklärt. Während deutsche Fürsten um den Mantel des Gebannten feilschen, kann sich dieser im italienischen Süden behaupten, nicht jedoch die Gefangennahme seines Sohnes Enzio durch die Bolognesen verhindern, in deren Gewalt dieser bis zum Tode im Jahre 1272 bleibt. Der Schlag trifft Friedrich II. um so härter, als wenige Jahre zuvor sein ältester Sohn sich von einigen deutschen Fürsten und dem lombardischen Städtebund zu einem Putsch gegen den Vater gewinnen ließ und durch Selbstmord geendet hatte.
Der jüngere Bruder Konrad, seit 1237 deutscher König, hält dem kaiserlichen Vater die Treue und schlägt sich nach dessen Ächtung mit Gegenkönigen wie Wilhelm von Holland und Heinrich von Thüringen herum. Im Herbst 1251 geht Konrad IV. (1250–1254), jetzt auch König Beider Sizilien, über die Alpen, um das leidvolle-lockende Erbe im Süden anzutreten. Als er nach der schwer erkämpften Kapitulation von Neapel auch gen Rom marschieren will, erliegt der erst 26jährige am 21. Mai 1254 einem Fieberanfall.
Italien ward ihm zum Schicksal wie so vielen Deutschen seiner Zeit und dem Vater, der schon am 13. Dezember 1250 auf seinem Landsitz bei Lucera in den Armen des anderen illegitimen Sohnes Manfred entschlafen war. Dieser wird 16 Jahre später als König Manfred (1258–1266) Beider Sizilien vor Benevent im Kampf mit Karl von Anjou fallen, demselben Condottiere des Papstes, der dann 1268 auch den letzten gekrönten Hohenstaufen, Konrads IV. blutjungen Sohn Konradin, in Neapel enthaupten ließ.

Die Plantagenet

Sie erbten England und formten aus der Insel einen Staat. Ihre wahren Interessen jedoch richteten sich auf den Kontinent.

Könige und Adlige im Europa des 12. Jahrhunderts amüsierten sich bei der Jagd und mit den gefährlichen Ritterkampfspielen. Zu ihnen zählte auch Gottfried der Schöne, dessen Vater Graf von Anjou, Tourraine und von Maine an der südlichen Grenze der Normandie war. Man vermutet, daß Ginsterbüsche (lat. *planta ginesta)*, mit denen er das Turnierfeld eingrenzte, dem mutigen Gottfried den Beinamen »Plantagenet« verliehen haben. Vielleicht hatte er sich aber auch einen kleinen, leuchtend gelben Ginsterzweig an seinen Helm gesteckt, als es im Kampf immer schwerer fiel, die Anführer zu unterscheiden. Nicht viel später wurde die Identifizierung durch Wappen sowie eigene Wahlsprüche auf dem Schild erleichtert, was Gottfried selbst als erster einführte. Im Juni des Jahres 1128 heiratete er im Alter von 15 Jahren Mathilde, das einzige überlebende Kind Heinrichs I., des Königs von England und Herzogs der Normandie. Einige Tage zuvor hatte Heinrich den Jungen zum Ritter geschlagen und ihm einen mit goldenen Löwen verzierten Schild an den Arm gegeben. Auf seiner Grabplatte aus Email ist Gottfried ebenfalls mit einem solchen Schild dargestellt; die Grabplatte befand sich zuerst in der Kathedrale von Le Mans und wurde dann in das dortige Museum gebracht.

Vierzehn Regierungen und über 300 Jahre lang, vom Jahre 1154 bis zur Thronbesteigung Heinrich Tudors im Jahre 1485, war die englische Krone im Besitz der männlichen Nachkommen von Gottfried und Mathilde. Von Historikern werden die ersten dieser Könige häufig nach der Heimat Gottfrieds die Angevinischen Könige genannt; ab 1399 kämpften die Erben jüngerer Söhne, die an der Spitze der rivalisierenden Dynastien Lancaster und York standen, um die Krone. Noch zu ihren Lebzeiten wurden die früheren Könige durch Beinamen, die späteren durch ihren Geburtsort, bekannt. Alle jedoch gehörten ein und derselben Familie an, was auch die Yorkisten akzeptierten, als sie sich – eine Generation vor ihrer Ablösung durch die Tudor – Plantagenet nannten. Das Wappen war sichtbares Zeichen der Kontinuität. Die Löwen auf Gottfrieds Grab tauchen von neuem im Siegel seines Enkels, Prinz Johann, auf. Von dieser Zeit an bis heute sind die drei auf den Hinterläufen stehenden wachsamen Löwen – in der französischen Heraldik Leoparden genannt – noch als die Löwen von England im Wappen des Vereinigten Königreichs zu finden.

Die Eheschließung des Jahres 1128 war keine Liebesheirat, sondern ein diplomatischer Schachzug von zwei skrupellosen Feudalfamilien, die erstarkt aus der Anarchie hervorgegangen waren und nun den Untergang des Frankenreiches und den Beginn des Mittelalters miterlebten. Zwischen den Normannen und Angevinen herrschte keine gute Nachbarschaft; beide fürchteten sich vor dem französischen König, der seinen Machtbereich nach Osten bis Paris und zur Ile-de-France ausgedehnt hatte. Mathilde besaß den Ehrgeiz eines Mannes und zeigte sich auf verschiedenen Gebieten als würdige Enkelin Wilhelms des Bastards, des normannischen Herzogs, der England erobert hatte. Gleichzeitig fügte sie sich selbst aber größten Schaden zu, weil ihr das Taktgefühl und der gesunde Menschenverstand fehlten, die Wilhelm den Eroberer oder ihren Vater Heinrich ausgezeichnet hatten. Als königliche Erbin und Witwe eines Kaisers (sie hatte einen Großteil ihrer Jugend in Deutschland verbracht, dem einzigen Land, in dem sie beliebt war) brachte sie Gottfried, der zehn Jahre jünger und nur Sohn eines Grafen war, Verachtung entgegen.

Mathilde mußte jedoch bald erkennen, daß sie wenig Anlaß hatte, auf Gottfried herabzuschauen, denn dessen Vater wurde am Ende eines Kreuzzuges zum König von Jerusalem ernannt. Sie hatte über den Charakter der Angevinen niemals im Ungewissen zu sein brauchen, denn diese waren mehr als jede andere Familie berühmt dafür, daß sie – entweder im Guten oder im Bösen – zu Extremen neigten. Zweihundert

White Tower, der weiße Turm, bildet den Mittelpunkt des Tower zu London; er wurde von Wilhelm dem Eroberer erbaut, von dem die Plantagenet in weiblicher Linie abstammen.

Jahre lang hatten sich die Grafen auf Kosten ihrer Umgebung bereichert, sich entlang der Loire als Herren aufgespielt und sich oftmals sowohl gegen den König als auch gegen die Kirche gestellt. Einige von Gottfrieds Ahnen hatten eine bemerkenswerte Bildung besessen, nur wenige zeigten sich als gottesfürchtig, viele waren grausame und ruchlose Herrscher, und alle zeichneten sich durch große Energie aus. Sein Großvater Fulk Réchin (der Streitsüchtige), der dem Alkohol verfallen und fünfmal verheiratet gewesen war; sein Urgroßvater Fulk Nerra (der Schwarze), der für plötzliche Greueltaten und ebenso plötzliche Reuebekundungen berüchtigt war; er zwang z. B. einen seiner Söhne, der sich ihm widersetzt hatte, dazu, wie ein Tier auf allen vieren und beladen um Entschuldigung bei ihm zu ersuchen. Hinter vorgehaltener Hand wurde auch von einem Grafen erzählt, der aus der Fremde eine liebreizende Braut nach Hause gebracht hatte, die nur selten zur Messe ging und die Kirche immer vor dem Abendmahl verließ. Als vier Ritter eines Tages auf ihren Mantel traten, um sie aufzuhalten, riß sie sich los und stürzte, schrille Schreie ausstoßend, zum Fenster hinaus, denn sie war keine andere als Melusine, die Tochter des Satans, die den Anblick des Körpers Christi nicht ertragen konnte. Die Angevinen waren seitdem als Teufelsbrut gebrandmarkt.

Die meisten der Plantagenet-Könige wurden sehr leicht von heftigen Wutanfällen heimgesucht. Die düstere Melusine-Legende, die in der Familie selbst in Umlauf war, gab dabei den Ausschlag. König Richard Löwenherz, der Enkel Gottfrieds, sagte oftmals, es sei kein Wunder, daß sich Söhne von solcher Herkunft untereinander bekämpften, »denn sie sind alle vom Teufel gekommen und werden alle zum Teufel gehen«. Damit hatte er für die jungen Mitglieder seiner Familie eine gute Entschuldigung dafür geliefert, sich wie Wilde aufzuführen, wobei sie glaubten, sie würden sich nur ihrem Ruf entsprechend verhalten. Dennoch war es kein zum Scherzen geeignetes Thema, denn der Erfolg eines Königs und die Sicherheit seines Volkes erforderten ein bestimmtes Maß an Selbstkontrolle. Viele Triumphe, die dank außergewöhnlicher Energie errungen werden konnten, sollten durch Unvernunft wieder verlorengehen, so daß der Fluch des Hauses anscheinend doch von der dämonischen Anlage herrührte.

Gottfrieds Stärke und Güte sollten sich auf die Plantagenet weitervererben. Wie Gottfried hatten viele auffallendes, rotgoldenes Haar und zeigten sich als charmant und großzügig. Sie liebten das Zeremoniell und waren dank ihrer Statur für das Königsamt wie geschaffen. Ihre Begabungen erwiesen sich als wertvoll, denn es gelang ihnen, die Achtung der großen Barone und Magnaten zu gewinnen, mit denen sie zusammenarbeiten mußten, um dem Volk neue Sicherheit zu gewährleisten. Die Natur vermochte jedoch eine solch übermäßige Energie nicht immer zu erhalten. Die Söhne sollten völlig andere Ventile dafür finden als ihre Väter. Viele Könige erwiesen sich auf erschreckende Weise als völlig unbeständig: Schwache Charaktere konnten plötzlich ausbrechen und aktive in seltsame Schwächeanfälle oder in Gleichgültigkeit verfallen. Die Geschichte des mittelalterlichen England sollte viel maßgebender als die Frankreichs sein, obwohl es von wiederholten Invasionsgreueln verschont blieb. Für die Umwälzungen, die häufig ein tragisches Ende nahmen, war das Versagen der Könige verantwortlich. Wenigstens boten die Plantagenet während ihrer stürmischen Karriere ein viel farben-

Heinrich II., erster englischer König aus dem Hause Plantagenet. Er war der Sohn des Gottfried Plantagenet, Graf von Anjou und Gemahl der Mathilde, einer Enkelin Wilhelms des Eroberers.

froheres Bild als das geduldige und berechenbare Geschlecht der Kapetinger in Frankreich, die ihre Erzfeinde waren.
Trotz all ihrer Fehler waren die Plantagenet gebildete Menschen. Mathilde wurde in einer literarischen Widmung geehrt und war vermutlich des Schreibens mächtig, denn ihr Vater trug den Beinamen »der Scholar«, der später als Ausdruck größerer Bewunderung in »der schöne Scholar« abgeändert wurde. Wilhelm der Eroberer hingegen machte anstelle seiner Unterschrift lediglich ein Kreuz. Gottfried, der sehr aufgeweckt war, widmete der Erziehung seiner Kinder viel Mühe; sein Großvater Fulk Réchin gilt als der Verfasser des ersten von einem Laien geschriebenen Geschichtsbuches von Frankreich, und ein im 10. Jahrhundert lebender Ahne, Fulk der Gute, soll ein Lautenspieler und Hymnenschreiber gewesen sein; er soll Ludwig IV. von Frankreich erklärt haben, daß »ein ungebildeter König ein gekrönter Esel« sei. Der Adel neigte normalerweise dazu, das Studieren zu verachten und überließ es lieber dem Klerus; doch schon die ersten Plantagenet-Könige konnten die lateinische Sprache verstehen und fließend französisch lesen, was sie in die Lage versetzte, die Verwaltung ihres Reiches auszubauen und zu kontrollieren. Ihrer Bildung ist es zu verdanken, daß die Künste und kostspielige Neuerungen gefördert wurden. Auch emsige Könige, die selbst keine Zeit für ein ruhiges Dasein hatten, fanden an einem gelehrten Hof Gefallen. Diejenigen unter ihnen, die wenig Glück bei den Regierungsgeschäften hatten, erwiesen sich im Ausgleich für ihr politisches Versagen als die größten Mäzene, deren Werk besonders in Bauwerken überleben sollte.
Die Ehe von Gottfried und Mathilde begann unter so schlechten Voraussetzungen, daß sie beinahe kinderlos geblieben wäre. Innerhalb weniger Wochen war die hochmütige Braut wieder in die Normandie zurückgeschickt worden, wo sie zwei Jahre bei ihrem Vater bleiben konnte, bis dieser sie wieder nach England zurückbrachte. Gottfried verlangte sie mit Erfolg zurück, und im Jahre 1133 wurde ihr ältester Sohn Heinrich geboren. Die angevinische Familie brachte den Normannen nicht viel Sympathie entgegen, und Mathilde war wegen ihres Geschlechts und ihres Temperaments als zukünftige Königin von England nicht willkommen. Nach dem Tode ihres Vaters bemächtigte sich ihr Cousin, Stephan von Blois, des Thrones, und Mathilde mußte ihren Anspruch mit Gewalt durchsetzen. Sie führte einen jahrelangen, wechselvollen Kampf, während sich ihr Ehemann damit zufrieden gab, die Normandie erfolgreich gegen Stephan zu verteidigen. Gottfried starb früh im Alter von 38 Jahren an Fieber, das er sich geholt hatte, nachdem er sich zur Abkühlung in einen Fluß gestürzt hatte. Die Normandie hatte er bereits seinem Sohn Heinrich vermacht, dem er es nun überließ, auch England hinzuzugewinnen.

Als König Stephan kinderlos starb, sicherte sich Heinrich das gesamte Erbe seiner Mutter und nahm seinem jüngeren Bruder ungerechtfertigterweise Anjou und Maine ab. Demzufolge war er bereits mächtiger als alle seine Vorfahren, bevor er noch einen der großartigsten diplomatischen Schachzüge der Geschichte durchführte und sich mit Eleonore von Aquitanien nach ihrer Scheidung von Ludwig VII. von Frankreich verehelichte. Mit einem Schlag wechselten Poitou und die Territorien südlich der Gascogne den Besitzer, und Heinrichs Regierungsgebiet umfaßte den gesamten Westen Frankreichs. Die Bretagne kam später durch die Eheschließung eines seiner

Der verkleidete Richard Löwenherz wird gefangengenommen. Seine sagenhafte Befreiung ermöglichte es Kaiser Heinrich VI., sich Unteritalien zu sichern.

Söhne hinzu, die keltischen Stammeshäuptlinge von Wales und Irland wurden dazu gezwungen, seine Oberlehnsherrschaft anzuerkennen. Auf diese Weise dehnte sich das Angevinische Reich immer mehr aus; es erstreckte sich von den Höhenzügen an der schottischen Grenze bis hin zu den Weinbergen am Fuße der Pyrenäen und umfaßte in Frankreich mehr Land als dessen eigener König besaß. Heinrich II. (1154 bis 1189), der erste Plantagenet, der England regierte, war der mächtigste Herrscher in Europa. Keiner seiner Nachfolger hatte eine solche Macht auf dem Festland. Niemand konnte seine Heldentaten vergessen.
Ein einziger Mann hielt dieses Reich zusammen, das keine nationale Basis besaß und weder sprachlich noch rechtlich eine Einheit bildete. An der Spitze Englands hatten seit der Eroberung durch die Normannen französisch sprechende Herrscher gestanden; während Frankreich zur teutonischen Einflußsphäre gehörte und dort das Gewohnheitsrecht und die *langue d'oil* vorherrschten, wurden in Aquitanien fast überall das Römische Recht und die *langue d'oc* praktiziert. Im Europa der Feudalzeit war eine solche Unterschiedlichkeit an der Tagesordnung, denn das Gebiet war unter verschiedenen Familien aufgeteilt und die Gesellschaft pyramidenförmig zusammengesetzt mit kleinen Landeigentümern als Vasallen größerer Herren, von denen die mächtigsten ihre Ländereien vom König selbst als Lehen erhielten.
Eine gewisse Einheitlichkeit war der Kirche zu verdanken, die die lateinische Sprache benutzte und an jeden christlichen Herrscher bestimmte Forderungen richtete. Die verhängnisvolle Schwäche des Angevinischen Reiches lag darin, daß es sich nicht reibungslos in das feudale System eingliederte. Heinrich II. war nur in England Souverän. Obwohl er der mächtigste Mann südlich des Kanals war, war er dennoch theoretisch Kronvasall des Königs von Frankreich. Ein solcher Vasall, der England als Macht hinter sich hatte, stellte für das französische Königshaus eine tödliche Bedrohung dar. Daraus ergab sich ein ständiger Konfliktstoff, der letztendlich nur durch einen Verzicht der englischen Könige auf alle Ansprüche auf dem Kontinent oder durch die Zerstörung der französischen Monarchie hätte beendet werden können. Der spätere »Hundertjährige Krieg« war lediglich eine

Episode in der Geschichte einer langen Auseinandersetzung, die mit der Eroberung der englischen Krone durch einen Normannen begonnen hatte. Die Rivalität zwischen den Plantagenet und den Kapetingern, die durch viele fruchtlose Verträge unterbrochen wurde, führte Westeuropa im Mittelalter ins Verderben.
»Bald in Irland, bald in England, bald in der Normandie sollte er eher fliegen, anstatt mit Schiff und Pferd zu reisen«, rief der französische König aus, den die phänomenale Tatkraft Heinrichs II. verwirrte. Aber auch Heinrich, der ein turbulentes Leben führte, war darauf angewiesen, sich auf jene zu stützen, die aus der Kontinuität des Reiches den größten Nutzen ziehen würden, nämlich seine eigenen Kinder. Es wurde eine Art Familienbund gegründet, durch den Eleonore und später ihr zweiter Sohn Richard Aquitanien, der älteste Sohn Heinrich als Verbündeter seines Vaters die Krone, der dritte Sohn Gottfried die Bretagne und der jüngste, Johann, die Grafschaft Irland erhalten sollten. Es war ein gewagtes Experiment, vielleicht die einzig mögliche Lösung, die jedoch von ihrer Loyalität abhing. Das Reich war wie ein glitzerndes Schmuckstück, dessen einzelne Steine nur locker gefaßt waren. Die Nachbarn begehrten es, und wenn die Eigentümer selbst sich nicht darüber einig waren, würden sie es ihnen entreißen und die Juwelen gingen verloren.
Die einzigartige Stärke der Plantagenet, die unter Stephan geschwächt worden war, lag in der englischen Krone. Die Krone machte sie vor Gott für Krieg und Gerechtigkeit verantwortlich. Sie setzte sie in die Lage, als Gleichgestellte mit den französischen Königen zu verkehren, und in Paris waren sie ob ihrer Macht gefürchtet. In England genoß die Monarchie bereits ein einmaliges Ansehen, das die Dynastie sich zunutze machte und das niemals nachließ. Die vor

König Johann ohne Land auf der Jagd. Der zweite Sohn Heinrichs II., der den englischen Thron bestieg, verdankt seine Berühmtheit hauptsächlich der ihm abgenötigten MAGNA CHARTA, die dann historisch so bedeutsam werden sollte.

der Eroberung üblichen Krönungsfeierlichkeiten, die bis heute im großen und ganzen die gleichen geblieben sind, verpflichteten nicht nur den König seinem Volke, sondern verliehen ihm gleichzeitig eine von Gott gesegnete Autorität. Daraus ergab sich der alte, regelmäßig zur Schau gestellte Anspruch, der König könnte Skrofulosekrankheiten durch Handauflegen heilen. Heinrich II. sollte bald schon die Stellung seiner Familie noch weiter verstärken, indem er die Heiligsprechung König Eduards des Bekenners bewirkte, als dessen Erbe sich Wilhelm der Eroberer angesehen hatte. Die Kapetinger mußten noch ein weiteres Jahrhundert warten, bis sie sich ihres ersten Heiligen, Ludwig IX., rühmen konnten.

Wilhelm der Eroberer hatte England ein einzigartiges Verwaltungssystem gegeben, das auf der regelmäßigen Eintreibung von Steuern basierte, und hatte das Land erfolgreich unter seinen Nachfolgern aufgeteilt, deren Verpflichtung gegenüber der Krone damit abgesichert war. Heinrich I. hatte die Macht des Königs gestärkt, und Heinrichs II. erste Aufgabe lag darin, sie zu festigen und auszubauen. Die innere Ordnung wurde wiederhergestellt. Er war bald schon in der Lage, noch weiterzugehen, denn er bot die Gewähr, daß die königliche Gerechtigkeit für alle freien Menschen gleichermaßen galt. Trotz des Widerstandes seitens des Klerus, aus dem sich die tragische Auseinandersetzung mit seinem ehemaligen Freund, dem Erzbischof Becket, entwickelte, konnte sich Heinrich durchsetzen. Das von ihm geschaffene rechtliche Fundament wurde niemals zerstört. Diese Tatsache allein reicht schon aus, den ersten Plantagenet-König, der vielleicht der größte war, mit Wilhelm dem Eroberer zu den Begründern Englands zu zählen.

Für Heinrich selbst war die Arbeit in England lediglich Mittel zum Zweck, denn er war mehr darauf aus,

Eduard I., der fünfte König aus der Familie Plantagenet, bei einer Parlamentssitzung. Er galt als »die beste Lanze der Welt«; dennoch war er ein umsichtiger Herrscher und ein kluger Gesetzgeber.

Eduard III. wohnt in Salisbury einem Turnier bei. Er erkannte die Valois nicht als die neuen Könige von Frankreich an und erhob Ansprüche auf Frankreich: So nahm der Hundertjährige Krieg, Ruhm und Niedergang der Plantagenet, seinen Anfang.

sein gesamtes Reich im Griff zu behalten und in Europa Eindruck zu machen. Er war schließlich und endlich kein Engländer, obwohl Heinrich I. eine ehemalige englische Prinzessin geheiratet hatte und somit Mathilde und allen nachfolgenden Regenten das Blut der alten, auf die Sachsen im 6. Jahrhundert zurückgehenden Königslinie übermittelt hatte. Heinrich II. war französischer Abstammung und hatte eine aus dem Süden kommende Frau. Die beiden Söhne, die ihn ablösten, waren wie die meisten ihrer Nachfolger in England geboren; es mußten jedoch nochmals zweihundert Jahre vergehen, bis am Hofe englisch gesprochen wurde. Die Plantagenet vermischten sich mit den europäischen Königshäusern, denn die Schwiegersöhne Heinrichs II. regierten in Sachsen, Sizilien und Kastilien. Vor Richard II. Ende des 14. Jahrhunderts hatte kein englischer König des Mittelalters eine einheimische Mutter, und bis in die letzten Jahre um 1460 gab es auch keine Königin, die von Geburt Engländerin war.

Die Probleme Heinrichs II., die sich daraus ergaben, daß er England unter Kontrolle halten und gleichzeitig seine Stellung auf dem Kontinent festigen wollte, übertrugen sich auf alle seine Erben. Seine Tugenden und Fehler prägten zum Teil auch wieder deren Leben, und seine Prioritäten wurden allgemein, aber mit unterschiedlichem Erfolg, weiterverfolgt. Es liegt eine gewisse Ironie in der Tatsache, daß die Plantagenet hauptsächlich wegen ihrer Funktion beim Aufbau der englischen Regierung und des Inselstaates selbst geschätzt werden, obgleich doch so viele von ihnen ihr Herz eigentlich jenseits des Kanals verloren hatten.

Die Persönlichkeit Heinrichs II. steht klarer vor uns als die anderer Plantagenet. Sein Aussehen war nicht so angenehm wie das der meisten Familienmitglieder; er war untersetzt, von mittlerer Größe, rothaarig, hatte Sommersprossen und harte, graue Augen, die bei Wutanfällen blutunterlaufen waren. Es muß sein energiegeladenes Temperament gewesen sein, das ihn zu »einer Person, die die Menschen 1000mal anstarrten«, machte. Er trug sein Haar kurz, schritt in einem kurzen Umhang einher, dem er seinen Beinamen »Kurzmantel« verdankt, erledigte sehr viel im Stehen, ruhte sich hauptsächlich während der Jagd aus und redete im Gottesdienst, wo er auch wegen nervöser Zappelei auffiel. Mit seinem Wissensdurst, hartem Geschäftssinn, erstklassigem Gedächtnis und seiner klugen Menschenkenntnis war Heinrich einer der be-

fähigtsten Männer für das Königsamt. Seinem Hof, der viel unterwegs war, machte er das Leben schwer.
Die schöne und heißblütige Eleonore von Aquitanien, die nach ihrer im Einverständnis mit dem als Mönch lebenden König Ludwig vollzogenen Scheidung Heinrichs Vermögen vermehrte, war ebenfalls eine dominierende Persönlichkeit. Mit seinem Alter von 19 Jahren war Heinrich ebenfalls jünger als seine Braut, aber schon früh mit den Amtsgeschäften betraut. Eleonore war – wie ihr neuer Gatte auch – gebildet, ungestüm und unfähig, eine Kränkung hinzunehmen. Mit ihren Kapriolen hatte sie Ludwig in Abenteuer gestürzt; sie hatte ihn auf einem Kreuzzug begleitet und ihn durch ihr schlechtes Betragen verärgert. Man kann annehmen, daß sie Heinrich, dem sie acht Kinder schenkte, zu Anfang liebte; sie konnte es ihm jedoch nicht verzeihen, daß er ihr nicht treu war. Die Königin lebte dann zurückgezogen in Poitou, wo sie sich der Literatur und der Minne widmete. Sie stellte für den überaus empfindlichen Adel eine große Herausforderung dar und bediente sich ihrer Söhne, um gegen Heinrich zu arbeiten. Eine solche Frau konnte jeden Hoffnungsfunken auf Einigkeit in der Familie auslöschen.
Eigensinn und hitziges Temperament waren das Verderben Heinrichs II. In England büßte er nach dem Mord an Becket, der von vier Rittern, die einen Wutausbruch ihres Herrn gegen den Erzbischof mitbekommen hatten, ausgeführt worden war, fast den Thron ein. Als seine Söhne erwachsen wurden, lebte er sehr bald schon in stetiger Unruhe, da er nie sicher sein konnte, ob nicht der eine oder andere mit Unterstützung der Mutter und des darauf lauernden französischen Königs einen Aufstand gegen ihn anzetteln würde. Heinrich, der lieber Titel als wirkliche Macht verlieh, forderte sie geradezu heraus und zog ihren Haß auf sich. Vergeblich versuchte er, Rebellionen niederzuschlagen und die Königin gefangenzunehmen. Das Intrigennetz wurde von Paris aus immer wieder neu gesponnen. Als scharfem Kritiker der Kirche wurde ihm von den Chronikschreibern nur wenig Sympathie entgegengebracht: Eleonore war mit seinem Oberlehensherrn verheiratet gewesen, und sie erachteten es als richtig, daß nun der habgierige Vater von seiner eigenen Nachkommenschaft bestraft wurde. Da sich seine Familie aus Undankbarkeit und Kurzsichtigkeit gegen ihn stellte, war er schließlich gezwungen, beim französischen König Philipp August Schutz zu suchen. Er starb in Le Mans und bot noch ein klassisches und mitleiderregendes Beispiel für gebrochenen Stolz, indem er ausrief: »Schande über einen eroberten König!«
Richard I. (1189–1199), der älteste überlebende Sohn Heinrichs, galt in England als ein Held, obwohl er von allen seinen Königen am unenglischsten war. Als Liebling seiner Mutter hatte Richard Löwenherz im Alter von fast 15 Jahren Aquitanien erhalten und lebte im Süden in der Welt der Troubadours. Er war, wie seine Eltern auch, hochgebildet, leidenschaftlich musikalisch und schrieb vermutlich auch Gedichte. Gelegentlich offenbarte sich eine dunkle Seite seines Charakters: auf einem Kreuzzug hatten ihn Prediger wegen homosexueller Praktiken ermahnt. Bei der Ermordung von Geiseln zeigte er eine seinem Vater fremde, grausame Ader. Als König war er sehr nachlässig und verbrachte in seiner gesamten Regierungszeit nur sechs Monate in England, die er dazu benutzte, die größtmöglichen Summen für seine Kriegszüge aus dem Land zu pressen. Beim Kreuzzug selbst verscherzte er sich durch Beleidigungen die Sympathien der anderen Anführer, indem er z. B. das Banner des Herzogs von Österreich herunterriß. Der eigensinnige König trug ganz allein die Schuld dafür, daß er nach einem Schiffbruch auf dem Heimweg in die Hände seiner Feinde fiel und England für seine Lösegelder bluten mußte. Während der heftigen Belagerung der Festung eines unbedeutenden Vasallen setzte er sich einem Bogenschützen aus und mußte wegen dieses törichten Wagnisses mit seinem Leben bezahlen. Er hätte die Verwundung überleben können, wenn er nicht den hölzernen Pfeil abgebrochen und es den Ärzten überlassen hätte, die Pfeilspitze aus einer Wunde herauszuoperieren, die von feuchtem Brand befallen war. Richard wurde neben seinen Eltern in der angevinischen Abtei Fontevrault an der Loire beigesetzt, wo ihre restaurierten Grabbildnisse eine heitere Ruhe ausstrahlen, die keiner von ihnen im Leben kannte.
Wie ist es zu erklären, daß Richard Löwenherz, der für England so wenig getan hat, seinen Vater an Popularität völlig in den Schatten stellt? Es liegt zum Teil daran, daß die Charakterzüge der Plantagenet bei Richard sehr stark ausgeprägt waren. Heinrich ist berühmt wegen eines Wutausbruchs, der Beckets Tod bedeutete, Richard dagegen mehr wegen seines Eigensinns. Heinrich war der bessere Mensch; er war hart, aber nicht mutwillig grausam; in seinen Gefängnissen wurden keine berühmten Geiseln ermordet. Obwohl er ein tapferer und begabter Feldherr war, zog er doch die Politik dem Krieg vor. Richard aber war der geborene Soldat. Er wählte den richtigen Anlaß, einen Kreuzzug zur Rückeroberung Jerusalems durchzuführen, war seinen Rittern ein hervorragender Anführer und blieb wegen seiner glanzvollen Taten unvergeßlich; er teilte Belohnungen wie auch Schläge aus, schwitzte mit seinen Truppen, setzte sein

Grabskulptur Eduards, des Schwarzen Prinzen, in der Kathedrale von Canterbury. Der Sohn Eduards III. errang 1356 bei Poitiers einen sensationellen Sieg über die Franzosen.

Richard II. mit seiner ersten Frau, Anna von Böhmen. Der Sohn des Schwarzen Prinzen, der in der zweiten Hälfte des 14. Jahrhunderts regierte, wurde zugunsten seines Vetters Heinrich Bolingbroke entthront und nahm ein tragisches Ende.

Leben aufs Spiel und tauschte mit seinem türkischen Gegner Saladin Geschenke aus. Die Schreiber ließen ganz außer acht, daß der launische König einen feinen orientalischen Despoten abgegeben haben würde. Seine Sehnsucht war groß und seine Geschichte romantisch, mehr brauchte man nicht, um aus ihm einen Helden zu machen.

Der Kreuzfahrer Richard hinterließ sein gesamtes Reich seinem Bruder Johann (1199–1216), von dem das negativste Bild eines englischen Königs gezeichnet wurde. Die Nachfolge durch einen Bruder Richards war Zeichen dafür, daß die Thronfolge noch nicht durch eine feste Regelung bestimmt war. Richard starb kinderlos, obwohl er auf Zypern eine Ehe eingegangen war. Johann war zwar sein nächster Blutsverwandter, aber der 12jährige Arthur von Bretagne, der nach dem in einem Turnier erfolgten Tode seines Vaters Gottfried geboren worden war, hatte ebenfalls Anspruch auf den Thron. Johann war eine zwielichtige Persönlichkeit; er hatte sich als letzter gegen seinen Vater gestellt und hinter Richards Rücken intrigiert. Anjou und Maine gingen an Arthur verloren, der sich mit Paris verbündet hatte; das Reich schrumpfte allmählich zusammen. Königin Eleonore setzte sich noch als Achtzigjährige für ihren einzigen überlebenden Sohn ein. Im Jahre 1202 griff Johann seinen Bruder Arthur an, während dieser seine Großmutter belagerte. Einige Monate später wurde der junge Mann ermordet, angeblich durch den König selbst. Die Geschichten über die Grausamkeit Johanns, die durch den Tod seines Neffen Nahrung erhalten hatten, nahmen bald zu: Es wurde von einem freimütigen Archidiakon erzählt, den man zu Tode folterte, von geizigen Juden, denen pro Tag ein Zahn gezogen wurde, und von Mitgliedern der Adelsfamilie De Braose, die, zum Hungertod verurteilt, sich selbst zerfleischt hatten. Vieles kann dabei der Gehässigkeit der Kirchenleute zugeschrieben werden, denn Heinrich war im Anschluß an einen Streit über die Ämterverteilung exkommuniziert worden. England wurde daraufhin jahrelang mit dem päpstlichen Bann oder Interdikt belegt. Unfreundliche Beinamen wurden mit böser Absicht propagiert. So betitelte man Johann – einem Scherzwort seines Vaters zufolge, das schon lange keinen Sinn mehr hatte – als »ohne Land« oder als »Schwachschwert«, weil es ihm mißlungen war, die Franzosen zurückzuschlagen. Ein seltsamer Hang zur Lethargie brachte seinen Feinden sicherlich etliche Vorteile, die Johann aber dadurch wieder wettmachte, daß er von Zeit zu Zeit in Wutanfälle verfiel und niemals Furcht vor dem Krieg zeigte. Er reiste überall herum und kam gut mit den Kelten zurecht.

Johann, der zu viele Widersprüchlichkeiten in sich vereinte, war der typischste Sproß seiner Linie. Wie sein Vater war auch er von starker Statur und mittlerer Größe, wißbegierig, jähzornig und sogar in der Kirche ungeduldig. Wie Heinrich zeigte auch er einen Hang zur Wollust und wie Richard zur grundlosen Grausamkeit. Man sagte ihm nach, daß er ganze Vormittage lang mit einem Mädchen, das fast noch ein Kind war, im Bett zubrachte; aber er konnte sich auch bei seinen Geschäften vergessen und hatte ein morbides Vergnügen am Amt des Richters. Er liebte Spiele und Festessen, Komfort und Prachtentfaltung und war bekanntermaßen der erste, der einen englischen Morgenrock trug. Der Familientradition entsprechend hatte auch er eine gute Bildung genossen und erwarb sich von Mönchen eine Büchersammlung, woraus sich die erste königliche Bibliothek entwickelte. Er war in Wirklichkeit ein sehr anspruchsvoller und in Luxus lebender, mißtrauischer und so lebhafter Mensch, daß fast alles über ihn gesagt werden konnte, das seiner Launenhaftigkeit entsprach. Seinen überaus schlechten Ruf, der ihn für uns heute so interessant macht, verdankt er der Tatsache, daß er sich in einem Zeitalter des Glaubens als Zyniker offenbarte. Wahrscheinlich konnte er es niemals verwinden, daß man ihn als kleinen Jungen für kurze Zeit für die Kirchenlaufbahn vorgesehen hatte.

Die Schwächen und Fehler des Königs waren mit Ursache dafür, daß er den größten Teil seines Reiches verlor und sich Einschränkungen seiner Macht durch die als *Magna Charta* bekannte »Verfassung der Freiheiten« gefallen lassen mußte. Johann lebte glücklicherweise in einer Zeit, in der sich die herrschende Schicht in England endlich mit den Inselbewohnern zu vermischen begann. Französisch blieb zwar ihre Sprache, breitete sich aber auch in den unteren Schichten aus und bereicherte den englischen Wortschatz, so daß es infolge von Mischehen bald kaum mehr möglich war, die Abstammung eines freien Mannes genau auszumachen. Landbesitzer, die fest Fuß gefaßt hatten, lehnten sich dagegen auf, daß sie für die Plantagenet auf dem Kontinent kämpfen mußten. Als die Normandie überfallen wurde, mußten sich die Familien, die auf beiden Seiten des Kanals Besitz hatten, endgültig entscheiden. Diejenigen unter ihnen, die England vorzogen, mußten sich rechtzeitig als Engländer ausgeben und schnell ihren Unmut über die Aufforderung an die Waffen äußern. Johann selbst flößte ihnen kein Vertrauen ein. Die Auseinandersetzungen wegen des Militärdienstes und der Steu-

ern, die seinen Vater schon stark beschäftigt hatten, zwangen ihn schließlich dazu, im Jahre 1215 sein Siegel unter die Magna Charta zu setzen.
Johann zeigte sich in den beiden wichtigsten Aufgabenbereichen, die er übernommen hatte, als Versager; er war jedoch zu schlau, um die Niederlage einzugestehen. In diesem Punkt mag er sogar recht gehabt haben. Der endgültige Verlust der Normandie und von Anjou, der wahrscheinlich unvermeidbar und für England selbst von Vorteil gewesen ist, hätte wahrscheinlich noch hinausgeschoben werden können, wenn das neue kontinentale Bündnis in der Lage gewesen wäre, König Philipp II. August in der heißen und staubigen Schlacht von Bouvines im Jahre 1214 zu schlagen. Die Plantagenet waren weiterhin im Besitz eines Teils von Aquitanien, das paradoxerweise das am weitesten entfernte und unruhigste Territorium war. In der Gegend von Bordeaux trugen die feurigen Gascogner, denen ein ferner englischer Herr lieber als ein naher französischer war, dazu bei, daß die alten Träume vom Reich Fortbestand hatten. In England selbst markierte die Magna Charta, die eher noch Präzedenzfall denn verbindliches Gesetz war, einen Wendepunkt. Für die innere Ordnung war immer noch die Zusammenarbeit zwischen dem König und jenen großen Baronen ausschlaggebend, die seine Rechte anerkannten, ihm aber auch die Respektierung ihrer eigenen Rechte abverlangten.
Privat reagierte Johann auf die Magna Charta mit einem für die Angevinen typischen Tobsuchtsanfall. Nach außen hin demonstrierte er seine Zufriedenheit, bis sich innerhalb weniger Monate das gegenseitige Mißtrauen in einem Bürgerkrieg entlud, bei dem eine Partei dem Sohn des französischen Königs die Krone anbot. Johann verbreitete, wohin er auch kam, Angst

Richard II. läßt seinen Onkel, den Herzog von Gloucester, gefangennehmen: Nachdem er sich zehn Jahre lang darauf vorbereitet hatte, nahm er jetzt Rache für die Opposition der LORDS APPELLANTS, zu deren wichtigsten Vertreter Gloucester gehörte und der er hatte weichen müssen.

und Schrecken, bis die für seine Familie typische Unbesonnenheit seinem Leben plötzlich ein Ende setzte. Von der Ruhr noch geschwächt, stürzte er sich nach einem Festessen in den Wash und verlor dabei die Insignien der englischen Krone im Treibsand; schuld an seinem Tode waren eigentlich lediglich Pfirsiche und Apfelwein, die er zu gierig verschlungen hatte. Sein Leichnam wurde in die Kathedrale von Worchester überführt, wo sein dunkles Marmorgrab das erste glanzvolle Königsbild Englands aufweist. Von diesen ersten Plantagenet existieren ansonsten keine Gemälde; die Bildhauer haben anscheinend häufig die Totenmaske kopiert. Johann wurde ungefähr zwanzig Jahre nach seinem Tode so dargestellt, wie man sich diesen maßlosen, zynischen und rätselhaften Mann vorstellen konnte.
Man kann sagen, daß die Plantagenet durch Johanns Gefräßigkeit gerettet wurden, denn sein Glück hatte ihn ziemlich verlassen. Jetzt konnte sich das Land auf seinen fünfjährigen Sohn Heinrich III. (1216–1272) konzentrieren, der in der Eile mit einem Diadem gekrönt wurde. In einer bereits frühen patriotischen Bewegung wurden die Franzosen aus dem Land gejagt. Die nächsten vierzig Jahre verliefen vergleichsweise ruhig und erhielten weniger durch die Politik als durch Handel, Bettelorden und Philosophie sowie das erste Aufkommen gotischer Baukunst an Bedeutung. Das Verhältnis zwischen König und Magnaten verschärfte sich dann abermals und führte zum Bruch Heinrichs mit seinem Schwager Simon de Montfort in den Baronenkriegen, nachdem Simon versucht hatte, durch eine Versammlung, der auch Händler und kleine Landeigentümer angehören sollten, seinen Einfluß zu erweitern. Es war ein mutiger Schritt, solche Bürger zu berücksichtigen, die, wenn auch frühere Könige ihnen bereits einen Platz in lokalen Regierungen zugebilligt hatten, nun nach Adel und Klerus den dritten Stand repräsentierten. Der Triumph des Grafen Simon währte jedoch nur kurze Zeit, und es ist nur einer Reihe späterer Ereignisse zu verdanken, daß die Engländer 1965 den 700jährigen Geburtstag ihres Parlaments feiern konnten.
Die Minderjährigkeit Heinrichs III. stellte ebenso wie die Abwesenheit Richards und der Amtsmißbrauch Johanns einen Prüfstein für den Verwaltungsapparat dar. Heinrich selbst zeigte als König nur mittelmäßige Fähigkeiten. Er war scharfsichtig, aber ziellos, in seiner Jugend wurde er von Ratgebern, im Alter von seinem Sohn unterstützt. Obwohl er gegen Frankreich in den Krieg zog, war er dennoch kein Soldat; deshalb war es für ihn günstig, daß er nicht über ein weites Reich wachen mußte. Mit der Ernennung seines Sohnes Eduard zum Thronfolger und der Entscheidung für den »Bekenner« als Schutzheiligen schmeichelte er den englischen Traditionen, obgleich er und seine Familie im Herzen international eingestellt blieben. Seine Schwester heiratete den glanzvollen Kaiser Friedrich II., sein jüngerer Bruder Richard, ein Kreuzfahrer, unternahm in späterer Zeit den Versuch, Deutschland nach einer umstrittenen Wahl als Römischer König zu regieren. Heinrich selbst zeigte sich als zärtlicher Ehemann Eleonores von der Provence. Auch in bezug auf sein Aussehen kann er als echter Plantagenet bezeichnet werden: Er war im allgemeinen gut gebaut, hatte aber ein schlaffes Augenlid. Er war wißbegierig, leicht reizbar und launisch und hatte einen hohen, fast melancholischen Sinn für Gerechtigkeit.
Heinrichs Neigungen sind uns bis in alle Einzelheiten bekannt, da man über die Aufzeichnungen seiner Ausgaben verfügt. Er war nicht selbstkritisch genug gewesen, um einen guten Menschen abzugeben. Wenigstens war er – im Gegensatz zu seinem Vater und Großvater – ein frommer Mensch. Sein Leben lang war er von der Kunst begeistert, für die er viel Zeit opferte, die seine Vorfahren wahrscheinlich eher für lockere Vergnügungen oder Staatsgeschäfte verwendet hätten. Heinrich liebte Hofbanketts, Gottesdienste in schönem Rahmen und lange Diskussionen über die Ausschmückung seiner Paläste. Ihm verdanken wir den Wiederaufbau des Altarraumes und des Ostschiffs der Abtei von Westminster, der höchsten Kirche Englands, bei der die Einflüsse französischer Gotik am deutlichsten sind; die Westminster-Abtei war Teil eines Klosters und überlebte die Reformation lediglich deshalb, weil sie den Reliquienschrein barg. Wenn man den bedauernden Worten eines Zeitgenossen Glauben schenken will, übertrieb der launische und verschwenderische König in seiner Demut vor Gott leider sehr stark. Er war jedenfalls ein herzlicher, sensibler Mann und der erste König, der sich als echter Kunstkenner erwies; er war auch der erste, der ein glückliches Privatleben hatte. Streitigkeiten mit seinem unternehmungslustigen Bruder wurden jedesmal behoben. Dennoch liebte ihn sein willensstarker Erbe, den die dilettantische Regierungsweise seines Vaters bestimmt aufregte. Nach all den früheren Familienfehden war Heinrichs III. Regierungszeit für die politische Situation eine wohltuende Ausnahme. Es wäre ungerecht, wollte man es ihm verübeln, daß sein vergoldetes Bildnis auf seinem Grab in der Westminster-Abtei leicht idealisiert dargestellt ist.
Mit Eduard I. (1272–1307), »der besten Lanze der Welt«, wurde die Krone wieder zum Mittelpunkt des Geschehens. Eduard, ein Athlet und Soldat, der Simon de Montfort überwältigt hatte, kehrte in der Zeit, als seine Machtübernahme vollzogen werden mußte, von seinem Kreuzzug zurück. Es war ein Beweis für die Stärke der Monarchie, daß er nichts zu überstür-

Richard II. vor Heinrich Bolingbroke, der ihm nach seiner Rückkehr in Conway eine Falle gestellt hatte. Zu diesem Zeitpunkt war die Usurpation nur noch eine formale Frage.

zen brauchte und daß seine Regierungszeit wie seither üblich mit dem Tode des alten Königs begann und nicht erst ab seiner Krönung berechnet wurde. Obwohl er, wie Richard Löwenherz, Held der Troubadours geworden war, verhielt sich Eduard nicht wie ein leichtsinniger Abenteurer, sondern wie ein Geschäftsmann, Verwalter und Gesetzgeber, der sich dafür einsetzte, daß alles geregelt vor sich ging. Die großen Gesetzbücher, in denen er Rechte und Gewohnheiten zusammenfassen ließ, markierten einen Wendepunkt, denn die Feudalmacht wurde nun von einem neuen Staatssystem abgelöst, das auf den Hoheitsrechten des Königs gründete. In Frankreich konnte er seinen Besitz erfolgreich verteidigen. Wales fügte er durch die Ermordung des letzten einheimischen Prinzen eine tiefe Wunde zu, die lange nicht heilen sollte. Außerdem ließ er dort riesige Schlösser erbauen, die uns heute noch beeindrucken, und führte den Titel eines »Prinz von Wales« ein, den der älteste Sohn des jeweiligen englischen Monarchen innehaben sollte. Schottland erhielt einen neuen Vasallenkönig; die Lage dort hätte vielleicht ruhig sein können, wenn Eduard seinen Machtanspruch nicht so hart durchgesetzt hätte. Die schmeichelnden Beinamen, die man ihm gab, z. B. »Englischer Justinian« und »Bändiger der Schotten«, werden heute in Zweifel gezogen. Denn seine Gesetze waren nicht so revolutionär, wie sie einmal erschienen, und Schottland war bei seinem Tod ein Unruheherd. Trotz allem war er ein König, der das Land prägte. Eduard I. und Heinrich II. können als die erfolgreichsten Vertreter ihrer Dynastie angesehen werden.

Die Laufbahn Eduards I. hat den Menschen selbst nicht voll zur Geltung kommen lassen. Wir wissen, daß er eine Menschenmenge immer mit Kopf und Schultern überragte, was ihm den Beinamen »Langbein« einbrachte, daß er eine gute Reichweite fürs Fechten und kräftige Beine fürs Reiten hatte und daß die Jagd sein Hauptvergnügen war. Er war ein überzeugter, wenn auch konventioneller Christ, Vater eines unehelichen Kindes, aber seiner ersten Königin sehr zugetan; seine Begeisterung für Kreuzzüge und das Rittertum, mit der er bewußt den Mythos um König Artus und die Ritter der Tafelrunde heraufbeschwor, mutet fast altmodisch an. »Die beste Lanze der Welt« bedeutete, daß er besser als ein guter Kämpfer war. Er muß ritterliche Tugenden verkörpert haben, die genauso schwer zu definieren sind wie die des späteren englischen »Gentleman«. Eduard vereinte in sich den alten Geist der Plantagenet mit der Frömmigkeit seines Vaters, was ein gutes Erfolgsrezept darstellte. Seine Tatkraft verband sich aber mit einem hitzigen Temperament. Der König, der einmal so in Rage gewesen sein soll, daß er Schmuck ins Feuer warf, wurde mit zunehmendem Alter immer eigensinniger und grimmiger. Durch den Widerstand der Schotten in Rage gebracht, versuchte er noch in den letzten Monaten seines Lebens, die schottische Grenze zu erreichen und gab dabei niemals auf. Er befahl, daß seine Gebeine bei der Armee bleiben sollten, die den Rachezug unternahm. Er liegt inmitten der goldverzierten Gräber seiner Familiengruft unter einer schlichten Platte aus reinem Marmor begraben.

Der Tod Eduards I. trat fast genau in der Mitte des Zeitalters der Plantagenet-Könige ein. Diese hatten sich eine Ecke Frankreichs bewahrt und in England viele Stürme überstanden. Fünf Regierungen hatten einen Zeitraum von 150 Jahren ausgefüllt; lediglich Richard war eines schrecklichen und unnatürlichen Todes gestorben, und die Linie war nicht unterbrochen worden. Diese Tatsachen konnten sehr gut einem Vergleich mit den schlauen Kapetingern in Frankreich standhalten, bei denen seit dem 12. Jahrhundert die Erbfolge vom Vater auf den Sohn ununterbrochen eingetreten war. Dieser historische Augenblick sollte jedoch der Höhepunkt der Geschichte des Herrscherhauses sein. Neun Plantagenet-Könige sollten noch folgen, von denen aber vier ermordet und einer, der letzte, in einer Schlacht niedergemetzelt werden sollten. An ihrem Thron sollte immer heftiger gerüttelt werden, bis ihre Familie dann im 15. Jahrhundert von unvergleichbaren Unglücksfällen heimgesucht werden sollte. Währenddessen starb jeder französische König trotz der durch die Engländer erlittenen Niederlagen in seinem eigenen Bett.

Einer der Gründe für den tragischen Verlauf der Geschichte der Plantagenet ist bei Eduard II. (1307 bis 1327) zu suchen, der nach seinem walisischen Geburtsort als »Eduard von Caernarvon« bekannt wurde. In der Schlacht von Bannockburn brachte ihm Robert Bruce eine vernichtende Niederlage bei, wodurch eine Wende im Kampf der Schotten um ihre Unabhängigkeit sowie in der blinden Favoritenherrschaft Eduards eintrat und das Ende seiner Herrschaft eingeleitet wurde. Zu seiner Zeit wurde er,wie Johann auch, als unwürdig für das Königsamt angesehen. Ein Großteil der Schuld trifft dabei höchstwahrscheinlich seinen Vater, der sich als herrischer Gesetzgeber und ohne Verständnis für den Sohn gezeigt hatte. Was den äußeren Eindruck anbelangt, so war Eduard II. mit den königlichen Eigenschaften seiner Familie ausgestattet, denn er wuchs als freundlicher und beliebter Mensch auf, stand dabei aber immer im Schatten seines Vaters. Sein liebster Freund, der Gascogner Piers Gaveston, wurde jedoch des Landes verwiesen. Von dem Augenblick an, wo ihn Eduard als neuer König wieder zurückholte, bevor er die französische Prinzessin Isabella ehelichte, war klar, daß die Sorge um

Eine andere Szene aus der Tragödie Richards II.: seine Auslieferung an die Bürger von London. Er wurde zur Abdankung gezwungen, in Westminster Hall schuldig gesprochen (1399) und starb im darauffolgenden Jahr.

Der Triumph der Plantagenet: die Hochzeit Heinrichs V. mit Katharina von Valois. Durch den Vertrag von Troyes wurde Heinrich Regent von Frankreich; beim Tode des französischen Königs sollte die Krone ihm und seinen Erben zufallen.

England für ihn erst nach seinem Privatleben rangieren sollte. Bei den Krönungsfeierlichkeiten spielte Gaveston eine glanzvolle Rolle. Ihm wird nachgesagt, daß ihm sogar einige der Hochzeitsgeschenke zufielen und er sich über die Adligen lustig machte, die der Meinung waren, sie seien die wahren Ratgeber der Krone. Höchstwahrscheinlich wurde der anmaßende Fremde später von einer kleinen Gruppe, den sogenannten »Lords Ordainers« unter der Führung von Thomas von Lancaster, dem leiblichen Vetter des Königs, umgebracht. Eduard war, wie ein Bischof mit Bedauern nach Rom meldete, faul und hatte für den Krieg nichts übrig. Sein Verhalten gegenüber den Schotten war nachlässig. Nachdem sein Ansehen im Anschluß an die Schlacht von Bannockburn Schaden erlitten hatte, erreichte er dessen Wiederherstellung erst wieder, als er sich der Führung gemäßigter Kräfte überließ. Aber auch daraus sollte er nichts lernen, denn er war einsam, verletzbar und ohne Urteilsvermögen. So wählte er sich nach Lancasters Fall von neuem Günstlinge, Vater und Sohn, die beide Hugh Despenser hießen und nur darauf aus waren, Reichtümer anzuhäufen.

Es gibt trotz all der späteren Sticheleien keinen Beweis dafür, daß Eduard homosexuell war. Die Zuneigung für Gaveston kann die Bewunderung eines schwachen, liebevollen, unsicheren Mannes für einen Menschen gewesen sein, der es glänzend verstand, sich über die ganze Welt lustig zu machen. Nach der Schlacht von Bannockburn wurde ein Bote des Königs eingesperrt, weil er die spöttische Bemerkung gemacht hatte, man könne von einem König, der seine Zeit mit »Löcher graben und anderen Ungehörigkeiten« verschwende, wohl keine Siege erwarten. Wahrscheinlich war dies aber nur ein Hinweis auf die Neigung des Königs, niedere Tätigkeiten auszuführen. Der geschwätzige Bote hatte die wahre Schwäche seines Herrn aufgedeckt, die darin lag, daß er vor seiner eigenen Klasse zurückschreckte. Viele Monarchen späterer Zeit suchten Entspannung bei einfachen Beschäftigungen. Ludwig XVI. hämmerte in Versailles auf einem Amboß herum, und der häusliche Georg III. wurde auf gutmütige Art »Bauer Georg« genannt. Im 14. Jahrhundert brachte sich jedoch ein König in Gefahr, wenn sein Verhalten so eklatant von seiner Rolle abwich. Nichts verdeutlichte den Wert königlichen Benehmens mehr als das Schicksal des Eigenbrötlers Eduard II.

Eduards Ende lieferte den Stoff für eine düstere Geschichte und wurde von dem Stückeschreiber der Tudor, Christopher Marlowe, voll ausgeschlachtet. Die von ihrem Ehemann ignorierte Königin hatte sich zurückgezogen, um mit ihrem Bruder, dem französischen König, die Situation zu beobachten. Sie wurde aber die Geliebte von Eduards Feind, Roger Mortimer, der einer der wenigen war, denen es gelang, als Gefangener aus dem Londoner Tower zu entweichen. Nachdem Isabella ihrem ältesten Sohn Eduard die Macht gesichert hatte, fühlte sie sich unabhängig genug, die Günstlinge ihres Mannes öffentlich zu verurteilen. Als sie im Herbst 1326 an Land ging, war ein Großteil Englands auf ihrer Seite. Der Anhang des Königs schmolz dahin, es kam zu Lynchaktionen, zur Jagd auf Eduard und die Despensers und zu einem blutigen Racheakt der »Wölfin von Frankreich«. Im Namen des Königs trat das Parlament zusammen und erklärte Eduard für regierungsunfähig. Er selbst wurde außerhalb Londons gefangengesetzt, in schwarze Kleidung gesteckt und fast ohnmächtig einer Gruppe ausgeliefert, die ihn damit zur Unterwerfung brachte, daß sie ihm die Vernichtung seiner gesamten Familie androhte. Da er zu robust war, um durch allmähliches Siechtum den Tod zu finden, wurde er einige Monate später in einem Kerker des Berkeley Castle ermordet. Die Berichte von Bauern über nächtliche Schreie und die Tatsache, daß sein Körper Wundmale aufwies, lassen die Vermutung zu, daß er durch einen rotglühenden Schürhaken gestorben ist. Isabella offenbarte einen gewissen Zynismus, als sie für ihn ein glanzvolles Begräbnis in der Abtei von Gloucester, der heutigen Kathedrale, anordnete. Dort findet man die in Alabaster gehauene Grabfigur Eduards, deren Gesicht Trauer und Bestürzung ausdrückt; sie ist von reichem Zierwerk umgeben, das die Pracht widerspiegelt, deren er beraubt worden war.

In der Revolution von 1326/27 wurde in England zum ersten Male ein gesalbter König abgesetzt. Diese Tatsache gereichte keinem der Beteiligten zur Ehre, weder den hilflosen Freunden Eduards noch dem meineidigen Adel noch der gleichgültigen Königin und ihrem Liebhaber oder dem duldenden Sohn. Im Jahre 1330 ergriff Eduard III. im Alter von nahezu 18 Jahren die Macht; er verwies seine Mutter des Hofes und verschloß sich ihrer Fürbitte um Mortimers Leben; dennoch unternahm er keine durchgreifenden Maßnahmen gegen die wirklichen Mörder seines Vaters. Positiv für die Plantagenet war, daß sich ihre Linie fortsetzte. Es war die Tatsache, daß Eduard II. König war, die ihn zu gefährlich gemacht hatte, um sein Weiterleben zu dulden (denn es hatte bereits

Heinrich V. auf einem zeitgenössischen Porträt. Mit dem Sieg von Azincourt und dem Vertrag von Troyes erfüllten sich die alten Träume und die kontinentalen Bestrebungen der Plantagenet. Doch sein Erfolg sollte nur von kurzer Dauer sein.

zwei Versuche gegeben, ihn zu retten), und an seinem Grab wurde von Wundern erzählt. Noch war die den König schützende Göttlichkeit erst einmal angegriffen worden, doch es sollte nicht das letzte Mal gewesen sein.

Eine Zeitlang konnte Eduard III. (1327–1377), dessen Regierung in einem solchen Sumpf begann, sein Haus und England selbst zu neuen Ruhmeshöhen führen. Mit dem rechtlichen Anspruch seiner Mutter, deren Brüder kinderlos gestorben waren, auf den französischen Thron, weigerte sich der junge König, die Valois, eine Nebenlinie der Kapetinger, anzuerkennen und ging mit seiner Forderung nach der französischen Krone weit über die seiner Vorfahren hinaus. Der darauffolgende Hundertjährige Krieg brachte ihm zu Anfang unerwartete Triumphe ein, denn die Mittel Englands betrugen nur ein Drittel derjenigen Frankreichs und machten die Unterstützung durch das Volk erforderlich. Die aufsehenerregendsten Siege wurden in Crécy und Poitiers errungen, die vor allem auf die Überlegenheit der englischen Bogenschützen zurückzuführen waren; durch Plünderung gelangte man dann zu großem Vermögen. Ein schreckliches Blutbad im Moor von Poitiers endete mit der Gefangennahme des französischen Königs; dieser Schachzug brachte den Plantagenet zwar nicht seine Krone ein, aber dafür Aquitanien und zusätzliche Gebiete, die sie zum ersten Male als souveräner Staat erhielten. Trotz der schweren Besteuerung und dem Wüten der großen Pest verblaßte der Glanz erst, als Eduard bereits ein hohes Alter erreicht hatte und die Franzosen das von ihm eroberte Gebiet langsam wieder zurückholten. Erst dann kam auch der Friede im Landesinnern wieder in Gefahr.

Das Geheimnis des Erfolgs Eduards III. lag darin, daß er in seinem Leben die Ideale des Adels verkörperte. Dieser konnte einem so prachtvollen, extravaganten und wagemutigen Monarchen voller Übereinstimmung folgen. Es kümmerte sie dabei wenig, daß in England alles dem Krieg geopfert wurde oder daß Tausende in Frankreich ihr Leben lassen mußten, die von Geburt aus keine ritterliche Behandlung zu erwarten hatten. Die berühmteste Geschichte über Eduards Wutanfälle erzählt von seinem Schwur, sechs Bürger von Calais aufzuhängen, nachdem die Stadt ihren hartnäckigen Widerstand aufgegeben hatte. Aber auch diese Willkür konnte seinem guten Ruf keinen Abbruch tun. Er spielte seine Galanterie zu seinem eigenen Vorteil aus: Bei einem Ball aus Anlaß der Einnahme der Stadt hob er ein blaues Strumpfband, das eine Schöne des Hofes verloren hatte, auf und brachte die kichernden Anwesenden mit den Worten »Honi soit que mal y pense« zum Schweigen. Dieses wurde der Wahlspruch seines ritterlichen Hosenbandordens (Garter of the Knight). Eduard wußte, wie er ganz Europa blenden konnte, indem er diesen ältesten und heute noch exklusiven Ritterorden gründete, hochgeborenen (und ihm nützlichen) Kriegsgefangenen mit Höflichkeit begegnete, das Schloß von Windsor wiederaufbaute, wo die Feste des Ordens dann stattfanden, und indem er mit St. Georg einen neuen Heiligen schuf, dessen scharlachrotes Kreuz die Nationalflagge ziert.

Eduards ältester Sohn und Namensvetter, der nach der Farbe seiner Rüstung »Schwarzer Prinz« genannt wurde, war seinem Vater sehr ähnlich. Er, der Sieger von Poitiers und in den Augen der Franzosen die »Blüte des Rittertums«, vereinte in sich die Eigenschaften eines heldenhaften, eleganten und notorisch verschwenderischen Mannes. Der Prinz hatte einen sehr stark ausgeprägten Willen und ertrug es nicht, wenn man, sobald er krank war, seine Pläne durchkreuzte. Nachdem die Stadt Limoges von England abgefallen war, ließ er sich auf einer Tragbahre zu ihrer Belagerung dorthin bringen und alle Einwohner, Männer, Frauen und Kinder, niedermetzeln. Obwohl sie ärmere Soldaten waren, lebten seine Brüder auf großem Fuße. Johann von Gaunt, Herzog von Lancaster, der dritte Sohn, heiratete eine Prinzessin aus Kastilien und bewarb sich vergebens um ihr Reich.

Die gesamte Familie war der Königin, der molligen und freundlichen Philippa von Hennegau, deren Fürbitte die Bürger von Calais gerettet hatte, zu großem Dank verpflichtet. Ihr heißblütiger Gatte hätte sich wahrscheinlich aufgrund seiner unglücklichen Jugend zu einem unausgeglichenen Menschen entwickelt, wenn sie nicht sein Temperament gezügelt hätte. Obwohl er ihr oftmals untreu war, hielt seine Liebe zu ihr dennoch 40 Jahre lang; nach ihrem Tode verschlechterte sich der physische und psychische Zustand des Königs zusehends. Wie seine berühmten Vorfahren Heinrich II. und Eduard I. war Eduard III. zu lange an der Regierung, um glücklich zu sterben. Er wurde von Altersschwäche heimgesucht und von korrupten Höflingen ausgebeutet, während die Adelsfraktionen ihre Intrigen spannen und der Schwarze Prinz, der wahrscheinlich an Krebs litt, im Sterben lag. Der König folgte seinem Erben binnen weniger Monate. Als er starb, stahl ihm seine Mätresse die Ringe von den Fingern. Dem Prinzen wurde in Canterbury eine stereotype Grabfigur gewidmet, die ihn in voller Rüstung darstellt. Sein Vater fand seine letzte Ruhestätte in Westminster neben dem lebendigen Porträt Philippas; sein bronzenes Antlitz zeigt ihn als alten und müden Mann mit langem Bart, aber edlen Gesichtszügen und weist somit auf »den tapfersten Prinzen . . . seit Julius Cäsar oder Artus« hin.

Viele Plantagenet offenbarten als Erwachsene ganz andere Eigenschaften als ihre Väter hatten. Ihr Aussehen und ihre emotionale Reaktionsweise blieben gleich, während ihre politischen Fähigkeiten von Johann bis Eduard III. stets schwankten. Sie zeigten sich nur eine Generation lang als stabil; mit der Thronbesteigung des 10jährigen Sohnes des Schwarzen Prinzen, Richard II. (1377–1399), gerieten sie jedoch wieder ins Schwanken. Richard, der im Schatten eines Helden aufgewachsen war, sehnte sich nach einem Friedensschluß mit Frankreich. Er war kein Feigling, sondern bewies sehr schnell den vom Großvater ererbten Instinkt für königliches Verhalten, indem er während des Bauernaufstandes den empörten Mob zu besänftigen wußte. Er setzte sein Herz daran, England und Irland zu behaupten und zeigte sich als hervorragender Förderer der Kunst. Die von ihm vertretene intelligente, wenn auch eigennützige politische Linie zeigte ihn ganz als Vorläufer der Tudor. Er brachte aber die Magnaten gegen sich auf und stieß alle, deren Stolz und finanzieller Gewinn von einem Krieg herrührten, vor den Kopf. Seine Politik wurde durch schlechtes Urteilsvermögen zunichte gemacht, denn der König vertraute nur dem Rat einiger Freunde, die jedoch sehr schnell von einer Magnatengruppe, den sogenannten *Lords Appellant,* entmachtet wurden. Als Richard schließlich wieder die Macht erlangt hatte, nahm er Rache und regierte als absoluter Herrscher, wodurch er für alle gefährlich wurde.

Der glanzvolle und überempfindliche Richard II. war als Monarch unvergleichlich selbstbewußt. Seine Anschaffungen, die er am Hofe machte, hatten denkwürdigen Charakter und reichten von Taschentüchern und Eßgabeln, die wahrscheinlich von dem von ihm bewunderten kultivierten französischen Hof stammten, bis hin zur Banketthalle in Westminster. Von ihm stammt die erste königliche Signatur; ebenfalls von ihm stammen die ersten gemalten Porträts, die ihn mit Krone und Schmuck, kastanienbraunem Haar und blassem, ästhetischem Antlitz in rot- oder gelbgoldener Rüstung, kniend, wie er es gerne tat, oder mit unergründlichem Blick auf dem Thron sitzend zeigen. Es ist schwer, das Leid, das ihm widerfahren ist, darzustellen. Er mußte die Schikanen seiner Onkel ertragen, die durch das Schicksal Eduards II. alarmiert waren, und seinen jungen Freund, Robert de Vere, mittellos auf dem Festland sterben lassen. Auch seinen alten Vertrauten Sir Simon Burley konnte er nicht retten, der ihm schon während der Krönungsfeierlichkeiten beigestanden hatte, als er als Junge ohnmächtig geworden war. Richard klammerte sich an seine erste Frau, Anne von Böhmen, und ließ einen Flügel des Palastes, in dem sie starb, abreißen. An ihrem Begräbnis griff er sogar einen unverschämten Adligen tätlich an. Auch in seinem höchsten Triumph fühlte er keinen Frieden in sich. Richard II. war groß gewachsen, aber von fast zarter Statur und für Turnierkämpfe ungeeignet. Vielleicht war Neid der Beweggrund für den verhängnisvollen Fehler, den er mit der Verbannung seines Vetters Henry Bolingbroke, dem Sohn Johanns von Gaunt, und dem Einzug des Herzogtums Lancaster nach dem Tode seines Onkels beging.

Die Arroganz, die Richard in den letzten Monaten seines Lebens an den Tag legte, läßt die Vermutung zu, daß er nicht mehr voll zurechnungsfähig war. Sorglos machte er sich nach Irland auf und ermöglichte es somit seinem Vetter, den Besitz der Lancaster und anschließend auch die Krone für sich zu erstreiten. Richard, der im Stich gelassen und wahrscheinlich auch hintergangen worden war, gab in Wales auf und wurde nach London gebracht, wo eine Versammlung Anklage gegen ihn erhob und dabei von aufrührerischen Kräften noch angespornt wurde. Der kinderlose König wurde zur Abdankung gezwungen und später als Förster verkleidet aus dem Tower hinweggeschafft. Wie im Jahre 1327 bei Eduard II., so gab es auch in seinem Fall Befreiungsversuche, die innerhalb weniger Wochen dazu führten, daß Richard auf mysteriöse Art und Weise im Schloß von Pontefract in der Grafschaft von Yorkshire zu Tode kam. Der Leichnam wurde später in ein schon zu seinen Lebzeiten hergerichtetes Grab in Westminster verlegt, wo Richard und Anne als in Bronze gearbeitetes Paar, von neuem Händchen haltend, dargestellt sind.

Die Tatsache, daß Richards II. Ruhm verblaßt ist, sollte uns nicht darüber hinwegtäuschen, daß er gefährlicher war als jeder andere unglückliche König. Man könnte argumentieren, daß seine Beseitigung langfristig für England nur Positives gebracht hat; für die Plantagenet bedeutete es aber das Ende. Die Kontinuität war unterbrochen, der Thron ging an den Erben eines dritten Sohnes weiter. Die Nachfolgeschaft des zweiten Sohnes Eduards III. bestand 1399 lediglich aus einer Tochter; deren Linie, die sich mit den männlichen Nachkommen eines vierten Sohnes, des Herzogs von York, verband, sollte aber später ihren einwandfreien Thronanspruch behaupten können. Der Usurpator wollte jegliche Unruhe vermeiden und verkündete deshalb, der Ahne der Lancasters, Edmund Crouchback, sei der ältere und nicht der jüngere Bruder Eduards I. gewesen. Mit dieser Ungültigkeitserklärung aller Regentschaften der letzten Zeit hätte er seine Familie noch mehr in Verruf gebracht, wenn ihm überhaupt jemand Glauben geschenkt hätte. Richards Absetzung konnte nicht damit entschuldigt werden, daß er sich den Lancasters gegenüber schlecht verhalten und einen seiner Onkel, einen Lord Appellant, ermordet hatte. Der Welt größter Dramatiker sollte die Ereignisse von 1399 als Bruch mit der natürlichen, gottgegebenen Ordnung darstellen, für den Krone und Adel in den restlichen Jahren des Mittelalters mit ihrem Blut bezahlen mußten. Shakespeares historischer Zyklus macht deutlich, wie die Dynastie sich allmählich dem Abgrund näherte. Wohl kein anderes Land ist in der Lage, einen vergleichbaren Dramenstoff zu liefern.

Heinrich IV. (1399–1413), dessen Königstitel so fragwürdig war, begehrte für sich die von Richard genährte Aura göttlicher Majestät. Heiliges Öl, das angeblich die Jungfrau Maria an Becket ausgehändigt haben soll, wurde bei der aufwendigen Krönung verwendet. Innerhalb weniger Monate kam es jedoch schon fast zur Gefangennahme der neuen Königsfamilie durch Rebellen im Schloß von Windsor. Auf Raubzüge der Franzosen in Wales folgten Aufstände, und die Percies, der Earl von Northumberland und sein Sohn Henry Hotspur, die den Lancasters zum Thron verholfen hatten, gaben ihrer Enttäuschung über den neuen König durch starken Widerstand Ausdruck. Heinrich IV. war nie frei von Verleumdungen, Verschwörungen und bewaffneten Ausbrüchen. Er konnte sich glücklich schätzen, keinen direkten Rivalen zu haben und war klug genug, sich die Gunst des Klerus durch die Verfolgung des antikirchlichen Lollardentums zu verschaffen.

Er verbrauchte sich selbst in seiner Regierung, die nichts weiter als eine Verteidigungsoperation war. Nach einer abenteuerlichen Jugend gab Heinrich nun eine ziemlich ausdruckslose Figur ab. Er wirkte viel älter als sein Vetter, obgleich sie im Abstand von nur drei Monaten geboren waren. Während Richard sich für die visuellen Künste begeistert hatte, studierte der neue König Philosophie und suchte Trost bei der Musik. Heinrich offenbarte manchmal den seiner Familie eigenen Hang zum Eigensinn, aber im allgemeinen war er verschlossen, resolut und vorsichtig. So orthodox wie er in jeder Beziehung war, hätte er in besseren Zeiten sicherlich einen vorsichtig taktierenden und verantwortungsvollen Herrscher abgegeben. Seine Gesundheit erfreute die Moralisten, denn Richards schlauer und robuster Thronrivale starb als Neurotiker. Fünf Jahre nach der Usurpation soll er einen Anfall erlitten haben und später bei psychischen Belastungen noch häufiger davon heimgesucht worden sein. Der König hatte ein entsprechend frommes Ende: Er hatte vernommen, er werde leben, bis er Jerusalem gesehen hätte, brach aber beim Gebet zusammen und beendete sein Leben in einem der Räume der Abtei von Westminster, der in Anlehnung an seine Ausschmückung das Jerusalem-Zimmer genannt wird. Sogar das Grabbildnis Heinrichs in Canterbury ist konventionell, obwohl es ihn der Wirklichkeit entsprechend mit groben Gesichtszügen und als Mann im mittleren Alter darstellt.

Heinrich V. (1413–1422), der seinem Vater folgte, war der letzte heroische König. Für das Haus Lancaster bedeutete seine Regierungszeit einen verspäteten Neubeginn, als sich die drohenden Schatten allmählich auflösten. Sie war wegen ihres stürmischen Nachspiels und dem Gedanken daran, wie es ohne ihn weitergegangen wäre, um so bedeutender. Der Schlüssel zu seinem Erfolg waren das Wiederaufleben des Hun-

1431 wird Heinrich VI., der König von England, in Notre-Dame zum König von Frankreich gekrönt. Bereits zwei Jahre früher, am 17. Juli 1429, hatte Jeanne d'Arc in Reims den Dauphin Karl VII. von Frankreich weihen lassen.

dertjährigen Krieges und die französischen Lehen. Auf seinen Sieg über das ihm hoch überlegene französische Heer bei Azincourt folgte die schonungslose Einnahme der Normandie, die Eduard III. versagt geblieben war und nun nach 200 Jahren den Plantagenet zurückgebracht wurde. Mit Burgund als Bündnispartner zwang Heinrich den geistesschwachen alten König von Frankreich, ihm die Hand seiner Tochter zu geben und seinen Sohn zu enterben. Heinrich hob immer wieder hervor, daß der von ihm geführte Krieg der Beendigung aller Kriege dienen sollte und schien damit eine Rechtfertigung für diesen traurigen und bekannten Anspruch in Frankeich zu suchen. Es war ihm mehr als anderen gelungen, die Ambitionen seines Hauses auf dem Festland in die Tat umzusetzen.
Heinrich V. war seines Ruhmes würdig. Eduard III. und seine Söhne führten ein prunkvolles und oberflächliches Leben. Heinrich war ein berechnender Hasardeur, schnell im Denken und in der Tat, so als hätte er gewußt, daß sein Leben nur kurz dauern würde. Er nahm Risiken in Kauf, die jedoch Risiken eines Mannes waren, der sich in der Nähe Gottes wähnte. Das Porträt Heinrichs stellt das angespannte Gesicht eines bigotten, ja fast fanatischen Menschen dar, das eine Abgestumpftheit widerspiegelt, die nicht nur dem sich in seiner Epoche manifestierenden Nachlassen ritterlicher Tugenden zugeschrieben werden kann. Als Prinz beobachtete er die Verbrennung von Lollarden; dabei hatte er einmal einen verkohlten Ketzer, der immer noch keine Reue zeigte, ein zweites Mal in die Flammen gestoßen. Bei der Belagerung Harfleurs verweigerte er den von der Garnison aus der Stadt getiebenen alten und jungen Menschen den Durchgang und ließ sie zu Tausenden in der Januarkälte zugrunde gehen. Vieles an seiner Persönlichkeit war bemerkenswert, so sein männliches Auftreten, seine Entschlußkraft, sein diplomatisches Geschick und sein Urteilsvermögen; er hatte aber nur wenig Liebenswertes an sich. Es war vielleicht sein Glück, im Alter von erst 35 Jahren an Ruhr zu sterben, und zwar in dem Augenblick, als er sich darauf vorbereitete, dem Widerstand der Franzosen den Gnadenstoß zu versetzen. Er erhielt ein Heldenbegräbnis und ein Grabbildnis, das wie sein neugewonnenes Reich wegen seines hohen Wertes Plünderer auf sich zog.
Der Sieger von Azincourt starb kurz vor seinem französischen Schwiegervater und hinterließ seinen Sohn Heinrich VI. (1422–1461, 1470–1471), der als einziger im Babyalter König von England wurde und gleichzeitig auch über Frankreich herrschen sollte. Das

Eduard IV., der erste König aus dem Hause York, war auch der erste König der Plantagenet, der eine gebürtige Engländerin zur Königin machte. Er war eine bedeutende Persönlichkeit; trotzdem standen die Plantagenet bereits kurz vor ihrem Untergang.

Glück war ihnen noch eine Zeitlang unter Heinrichs V. Bruder Johann, dem Herzog von Bedford, hold, bis es nach der durch Jeanne d'Arc bewirkten Aufhebung der Belagerung von Orléans ins Gegenteil umschlug. Von nun an vollzog sich der alte Kampf der Dynastie in Wirklichkeit nur noch auf nationaler Ebene, wo er den Angreifern wunderbare Triumphe einbringen sollte. Die Träume des Hauses Plantagenet bewirkten in der Realität, daß sich auf beiden Seiten ein patriotisches Gefühl herausbildete, was sich bereits in der wachsenden Anwendung des Englischen als offizielle Sprache unter Eduard III. niedergeschlagen hatte. Deshalb war eine Vereinigung beider Kronen von vornherein zum Scheitern verurteilt. In den Jahren nach 1430 drängten die Franzosen unerbittlich ans Meer vor, bis es ihnen 1453 nach 300 Jahren gelang, Bordeaux einzunehmen. Von Heinrichs II. Reich auf dem Kontinent war alles verloren; Calais blieb der einzige Brückenkopf der Engländer und erinnerte noch an die alte Besessenheit ihrer Regenten auf kontinentale Ländereien.

Niederlagen auf dem Festland waren immer Anlaß für Unruhe im eigenen Land. Heinrich V. hatte einige Verschwörungen aufgedeckt, bevor er durch seine Siege dagegen gefeit war. Während der langen Minderjährigkeit seines Nachfolgers mußte Bedford ebenfalls zweimal nach England eilen, um den inneren Frieden wiederherzustellen. Der große Ruhm des Vorfahren hätte die Familie noch retten können, wenn dieser herausragende König nicht einen außergewöhnlich passiven Nachfolger gehabt hätte. Heinrich VI. war mit einem schwachen Willen ausgestattet; er war der einzige Plantagenet, der von seiner Frau beherrscht wurde. Da sich der Regent erfolglos abmühte und seine Ratgeber allmählich die Oberhand gewannen, konzentrierten sich alle Hoffnungen auf Richard von York als mutmaßlichen Nachfolger. Der Thron hätte reibungslos an den vitalen Herzog übergehen können, denn die Nachfolge des unglückseligen Hauses Lancaster war nicht gesichert. Die Onkel Heinrichs starben alle kinderlos, und seine eigene unpopuläre Ehe mit Margarete von Anjou schien ebenfalls unfruchtbar zu sein. Als der König auf unerklärliche Weise plötzlich zusammenbrach und dabei sogar sein Gedächtnis verlor, war Yorks Stunde offensichtlich gekommen. Margarete schenkte aber dann doch noch einem Sohn das Leben. Auch Heinrich gelangte wieder so weit in Besitz seiner geistigen Fähigkeiten, daß York sich zurückziehen mußte. Von dieser Zeit an existierten nun zwei fortdauernde Linien, die in gegenseitiger Furcht lebten und England unaufhaltsam dem Rosenkrieg entgegenbrachten. Dem Haus Lancaster, dessen späteres Symbol die rote Rose war, erging es dabei schlechter, obwohl Margarete wie eine Löwin für ihr einziges Kind kämpfte. Sie konnte wenigstens sicherstellen, daß York wie auch Johann von Gaunt lediglich Vater eines Königs wurde. Herzog Richard, der den Namen Plantagenet zusammen mit der weißen Rose des Hauses York zur Schau trug, wurde ermordet; anschließend wurde ihm zur allgemeinen Belustigung eine Krone aus Papier aufgesetzt.

»Der König war von Natur aus ein Narr und sollte noch oft einen Stecken mit einem Vogel am Ende in die Hand nehmen und sich wie ein Narr aufführen.« So lautete ein allgemein bekannter Spruch, als Heinrich VI. 20 Jahre alt wurde; zwar kein totaler Einfaltspinsel, so gibt es doch keinen Herrscher, der mehr enttäuscht hat als er. Er litt wie Eduard II. und Richard II. unter dem Vergleich mit seinem Vater und hatte wahrscheinlich das Blut der Valois, denn es ist kaum vorstellbar, daß die Plantagenet einen so sanftmütigen Sproß hervorzubringen vermochten. Heinrich verurteilte seine weltlich eingestellten Höflinge, trug selbst einfache, dunkle Kleidung, entsetzte sich über tanzende Mädchen und wollte niemals an der Spitze einer Armee kämpfen. Als er mündig war, fand er sich von Machtspekulanten umgeben, die sein Ohr für sich gewinnen wollten. Seine Gutmütigkeit und Schwäche, die das politische Geschehen lähmten und die Schatzkammern leerten, entsprangen seiner abso-

Richard III., der Usurpator, der vielleicht zu sehr von dem Bild geprägt ist, das Shakespeare von ihm entwarf. Er war der letzte Plantagenet, der die Krone trug. Die Häuser York und Lancaster mit ihren Rivalitäten hatten das Glück der Plantagenet stark belastet – Richard zerstörte es endgültig.

luten Gleichgültigkeit gegenüber allem Weltlichen. Ein Geistlicher erzählte später, daß der König einen Seufzer der Erleichterung ausstieß, wenn Staatsangelegenheiten unterbrochen wurden. Heinrich gab öffentlich seiner Verwunderung darüber Ausdruck, daß irgend jemand seinen Thronanspruch in Frage stellen sollte; möglicherweise lag seine einzige Stärke in seiner Frömmigkeit, die einen persönlichen Angriff unmöglich machte. Er blieb bis an sein Ende ein Sonderling, während sich alle anderen königlichen Versager doch noch auf irgendeine Weise behauptet hatten. Die einzige Freude des geplagten Heinrich waren fromme Gaben und kirchliche Gebäude. Das von ihm gegründete Eton-College, dessen Schüler er bezeichnenderweise vor den Untugenden seines eigenen Hofes warnte, und das königliche College in Cambridge entwickelten sich zu den vornehmsten Schulen im Lande.

Mit seinen Leiden wie auch Schwächen blieb Heinrich VI. alleine. Er war die Schachfigur, die bald von der einen, bald von der anderen Gruppe ergattert wurde. Frau und Kind hatten ihn verlassen und waren nach Frankreich gegangen. Als einziger König wurde er sowohl in Westminster als auch in Paris gekrönt, und als einziger verbrachte er viele Jahre im Gefängnis, nachdem ihn die triumphierenden Anhänger der York-Linie im Norden überrumpelt hatten. Kein anderer hatte, so wie er, eine zweite Regierungsphase, die sechs Monate dauerte und dem schwachsinnigen Heinrich, einem »gekrönten Schaf«, in den Jahren 1470 bis 1471 zugestanden wurde. Vor ihm gab es auch keinen König, der wie er in London und dort im Tower selbst ermordet worden war. Sein Tod erfolgte gleich nach der Festnahme und Hinrichtung seines einzigen Sohnes, Prinz Eduards, mit dem das Haus Lancaster ausstarb. Es war das erste Mal, daß Vater und Sohn gemeinsam beseitigt wurden, was aber als unvermeidlich erscheinen mußte, da ihr Anspruch von einer rivalisierenden Nebenlinie abgewiesen worden war.

Heinrichs Mißerfolge waren die genaue Kehrseite dessen, was Yorks Sohn Eduard IV. (1461–1483) vollbrachte. Die Niederlage Margaretes gab den Ausschlag dafür, daß Eduard im Alter von 19 Jahren den Thron bestieg. Sein Streit mit seinem bedeutendsten Anhänger, dem Earl von Warwick (»der Königsmacher«), endete damit, daß Eduard sich wütend auf den Kontinent absetzte und Heinrich wieder für kurze Zeit das Amt innehaben durfte. Der zurückgekehrte Eduard löschte Warwick und das Haus Lancaster aus. Er regierte dann ohne direkten Rivalen mit Ausnahme des jungen Heinrich Tudor, der als Abkömmling der Mätresse von Johann von Gaunt über die Beauforts einen nur geringen Thronanspruch anzumelden hatte. Eduard IV. konnte, ebenso wie Heinrich V., darauf verzichten, die Auseinandersetzung mit Frankreich wiederaufleben zu lassen, nur um sich größerer Unterstützung im Lande sicher zu sein. Er hätte sich dazu mit einigen Erfolgsaussichten entschließen können, da zu dieser Zeit zwischen Frankreich und dem Burgund Uneinigkeit herrschte. Somit hätte er einen weiteren, der Tradition entsprechenden König abgegeben, was durch die Tatsache, daß er in der von England besetzten Normandie geboren worden war, eigentlich naheliegend gewesen wäre. Statt dessen eröffnete er den Kampf, stimmte aber dann einer hohen Abfindungssumme zu, die ihm zu Hause den Rücken stärkte und dazu verhalf, daß er als Vorläufer der Tudor Bedeutung gewinnen sollte.

Im Jahre 1461 hatte der genügsamste der Plantagenet dem weltlichsten den Weg frei geräumt. Eduard IV. war das genaue Gegenteil von Heinrich, ein hochgewachsener und stattlicher Prinz mit Geschmack und Charme. Er vereinte in sich die Eigenschaften eines geschäftigen Führers, abgebrühten Soldaten, scharfsichtigen Administrators und eines hartnäckigen Geschäftsmannes, außerdem verfügte er über ein außergewöhnlich gutes Gedächtnis, einen Blick fürs Detail und über ein feinsinniges diplomatisches Geschick. England hatte wieder einen machthungrigen König. Neben all seinen positiven Eigenschaften hatte Eduard auch harte und gemeine Züge. Das zeigte sich bei seinem Hang zum Amoralischen, als er Opfergaben aus Heiligtümern entfernen ließ und die Folter praktizierte. Er liebte den Luxus und brachte sich durch seine Schwäche für Frauen in Gefahr. Eine geheim geschlossene Ehe mit Elisabeth Woodville machte ihn zum ersten Plantagenet-Herrscher mit einer Königin, die in England geboren war, weswegen er andererseits aber auch fast alles verlor, nachdem der gekränkte Warwick davon erfahren hatte. Während der Kämpfe um die Wiedereinsetzung Heinrichs fand Elisabeth in Westminster Zuflucht, wo sie einen Erben gebar. Nach dem endgültigen Sieg ihres Gatten schlossen sich ihnen die Woodvilles an. Ihr Einfluß war nie zuvor so groß wie zu dem Zeitpunkt, als der König wegen einer Blinddarmentzündung oder infolge seines ausschweifenden Lebenswandels im Alter von 43 Jahren starb.

Eduard IV. schien mit den beiden Söhnen, die er hinterließ, seiner Dynastie neues Leben zu verleihen. Innerhalb von weniger als 30 Monaten nach seinem Tode waren jedoch die beiden letzten Regierungen der Plantagenet schon vorbei. Diese schnell eintretende Katastrophe war von Eduard selbst eingeleitet worden. Er hatte sich von den Woodvilles gegen seinen nächsten Bruder, den Herzog von Clarence, aufbringen und zum Geschwistermord verleiten lassen. Clarence war eine sehr wankelmütige Person und hatte sich 1470 Warwick angeschlossen. Durch seinen Tod wurden die Woodvilles dann aber gezwungen, sich mit Richard, dem Herzog von Gloucester und jüngstem Bruder des Königs, auseinanderzusetzen. Die unpopuläre Eheschließung Eduards konnte nämlich aufgrund einer in frühester Jugend geschlossenen Verlobung angezweifelt werden.

Sein ältester Sohn wurde als Eduard V. gekrönt. Doch innerhalb weniger Wochen hatte Gloucester die Woodvilles gefangengenommen, den Hof in London eingeschüchtert und Zweifel an der Legitimität des Thronanspruchs Eduards verbreitet. Ein besonderes Argument, das auf die alte Herzogin von York ein schlechtes Licht warf, besagte, daß der letzte König selbst ein Bastard gewesen sei. Diese Verleumdungen waren Ursache für die Aufspaltung des Hauses York. Die Prinzen, Eduard V. und dessen Bruder, wurden in den Tower gesteckt und verschwanden somit aus den Augen der Öffentlichkeit, und Gloucester bemächtigte sich der Krone.

Richard III. (1483–1485) wurde von den Tudor als der sprichwörtlich böse Onkel dargestellt. Später war das angespannte und empfindsame Gesicht des letzten Plantagenet-Königs Anregung für romantische Versuche, seine Ehre noch zu retten. Richard war in der Tat nicht der böswillige Bucklige Shakespeares, obwohl er weniger genial war als sein ältester Bruder. Er hatte Eduard immer voller Loyalität gedient und hatte wahrscheinlich auch keine Mitschuld am Tode von Clarence. Während sich die meisten Prinzen vorzugsweise in Südengland aufhielten, gewann Richard

Bosworth, 22. August 1485: Vorne sieht man den vom Pferd gestürzten Richard III., der seine Krone festhält. Der Sieger der Schlacht, der dann Elisabeth von York, die Tochter Eduards IV., heiratete, wurde König (Heinrich VII.).

schon früh Erfahrungen und Popularität im Norden. Mit der Zeit wäre er bestimmt ein tatkräftiger, hart arbeitender Regent geworden. Aber die Zeit war ihm nicht vergönnt, denn seine Usurpation erregte solches Mißtrauen, daß seine Machtstellung schon sehr bald ins Wanken geriet. Weder das Niederschlagen eines verfrühten Aufstandes noch die sorgfältig vorbereitete Neubestattung Heinrichs VI. vermochten seinen Untergang aufzuhalten. Die Aufmerksamkeit richtete sich auf den in der Bretagne emporgekommenen Heinrich Tudor; Richard war zu einer abwartenden Haltung gezwungen. Sein Ende war gekommen, als er von Nottingham, dem Mittelpunkt seines Reiches, loszog, um in Bosworth die erheblich kleinere Armee Heinrich Tudors anzugreifen und dabei verraten wurde. Richard hätte eine Flucht in Betracht ziehen können, aber vielleicht war er sich der Tatsache bewußt, daß er es sich nicht leisten konnte, zu fliehen. Also kämpfte er so lange weiter, bis er getötet wurde. Nach dem Kampf warf man ihn nackt über ein Pferd, legte ihm eine Schlinge um den Hals und zeigte ihn so zwei Tage lang der Öffentlichkeit, bevor er in Leicester von Franziskanermönchen beigesetzt wurde. Niemand weiß, wo er liegt, denn er wurde, wie seine Neffen auch, in ein anonymes Grab geworfen und bei der Auflösung der Klöster wahrscheinlich in den Fluß gekippt.

Die Plantagenet hatten durch ihre eigenen Rivalitäten ihren Untergang schon lange selbst eingeleitet. Die Eifersucht der Mitglieder des Hauses York in seinem höchsten Triumph beschleunigte das Ende, und Richard III. zerstörte die Familie endgültig. Es war das erste und letzte Mal, daß ein untadeliger König abgesetzt wurde, nur aufgrund der Tatsache, daß er jemandem im Wege stand. Das Land benötigte keinen erwachsenen Regenten, denn es hatte mit drei minderjährigen Königen in weitaus schlimmeren Zeiten als 1483 auch überlebt. Richard hätte sich die Woodvilles vom Halse halten können, wenn er als Protektor regiert hätte. Aufgrund seiner Machtgier leitete er das Ende der Dynastie ein; nachdem er sein einziges Kind verloren hatte, hätte er den Sohn seiner Schwester, den Earl von Lincoln, als Erben anerkennen müssen.

Der blutbefleckte Name der Plantagenet stand jedoch in so großen Ehren, daß die Tudor es nicht wagten, ihn zu übergehen. Einer der ersten Schritte, die Heinrich VII. Tudor (1485–1509) als König unternahm, war seine Eheschließung mit Elisabeth von York, der Tochter Eduards IV., mit der er die im Mittelalter dominierende Linie mit der seinen und auch der heutigen Königsfamilie in Verbindung brachte. Gefährlich konnten ihm nun noch diejenigen werden, die vorgaben, die toten Prinzen zu sein, sowie Lincoln und andere Adlige, die mütterlicherseits von den Plantagenet abstammten, die aber alle im Laufe der folgenden fünfzig Jahre eliminiert wurden. Eine weitere drohende Gefahr mußte ausgeräumt werden: der Sohn Clarences, der zwar durch die Verdammung des Herzogs als Thronfolger ausfiel, was jedoch jederzeit für nichtig hätte erklärt werden können; dieser überlebte als der letzte legitime Nachkomme in männlicher Linie von Gottfried dem Schönen, Graf von Anjou.

Es gibt nur wenige Geschichten, die trauriger sind als das Leben von Eduard Plantagenet, dem Earl von Warwick. Seine Mutter und sein jüngerer Bruder starben, als er noch im Babyalter war – sie sollen vergiftet worden sein –, sein Vater, als er drei Jahre alt war. Allein seine bloße Existenz stellte für Richard III. und Heinrich VII. eine Gefahr dar. Er lebte unter ständiger Kontrolle und wurde schließlich von Richard auf dem Lande gefangengesetzt und im Alter von 10 Jahren, direkt nach der Schlacht von Bosworth, im Tower eingesperrt. Zwei Jahre später wurde er für einen Tag freigelassen, weil Heinrich die Gerüchte um seine Person zerstreuen wollte und ihn zu diesem Zwecke durch die Straßen gehen und eine Messe in der St.-Paul-Kathedrale hören ließ, wo er mit mehreren Adligen reden durfte. Anschließend mußte er für weitere zwölf Jahre in den Kerker, bis eine Verschwörung zu seiner Rettung und das Drängen ausländischer Verbündeter eine öffentliche Hinrichtung ratsam erscheinen ließen. Am 19. November 1499, genau einhundert Jahre und sieben Wochen nach der Absetzung Richards II., wurde Warwick in Westminster Hall abgeurteilt. Die Zeitgenossen sahen darin keinen großen Verlust. Eine Woche später wurde er auf dem Tower-Hill, dem Platz innerhalb der Festung, enthauptet. Er war für schuldig befunden worden, einen Fluchtversuch geplant zu haben. Seine tatsächliche Schuld bestand aber einzig und allein darin, daß er von Geburt aus der rechtmäßige König gewesen war.

Die Geschichte Englands im Mittelalter war vom Anfang bis zum Ende durch die Plantagenet geprägt. Ihr Königtum, das Umwälzungen in neuerer Zeit ersparte, ist Ausdruck ihrer privaten und öffentlichen Tatkraft, die ihresgleichen sucht. Von außen betrachtet waren sie eine vornehme Königsfamilie, was heute noch durch die traurig-stolzen Gesichter und prachtvollen Gewänder in Stein und Alabaster, aus Holz und Metall sowie auf Gemälden und in Glasmalereien dokumentiert ist. Nur wenige von ihnen waren als Individuen angenehme Menschen, denn sie hatten durchweg einen starken Willen und taten nie etwas Halbes. Obgleich fast alle das angevinische Temperament geerbt hatten, war der bemerkenswerteste Zug an ihnen ihre Widersprüchlichkeit, durch die die englische Politik in eine Berg-und-Tal-Fahrt ausartete. Ihr Ehrgeiz hielt ganz Europa in Atem, denn sie hatten ein Reich gewonnen, es wieder eingebüßt und kämpften von neuem darum, es zu erringen. In England selbst blieben sie immer von den Magnaten abhängig und erkannten, daß die Anerkennung, die sie diesen in zunehmendem Maße zugestehen mußten, dazu führte, daß sich daraus ein eigenständiger Machtfaktor entwickelte. Das Parlament, das einem klugen König zu unschätzbarem Wert gereichen konnte, schwächte die Stellung desjenigen, der es überging. Seltsamerweise brachten die Fehler ihnen später Anerkennung, denn sie erbten England als ein unter Familien aufgeteiltes Land und hinterließen es als Inselstaat. Ihre Kriege prägten das Nationalbewußtsein und ließen die königlichen Krieger im Lichte nationaler Kämpfer erscheinen. Die erste Aufteilung der Verantwortlichkeit in ihrem Lande hatte zur Folge, daß der König in Zukunft nicht mehr alleine für die Regierung einzustehen hatte. Wie sehr sie sich auch darüber ärgerten, so ist der Fortbestand der Monarchie in England gerade dieser Tatsache zu verdanken.

Die Habsburger

Diese Familie mit ihrer tausendjährigen Geschichte stand mehr als 600 Jahre im Rampenlicht des europäischen Geschichtsablaufs.

»Als gegen Ende des 13. Jahrhunderts der erste Habsburger in Wien einzog, da sagten die Wiener: ›Das kann sich nicht halten‹«, so erzählte einmal der österreichische Dichter Alexander Lernet Holenia und fügte hinzu: »Und tatsächlich – 1918 war alles vorbei!« Die in dem Ausspruch so bravourös zusammengefaßten fast sechshundertfünfzig Jahre werden auch von Gebildeten oft für den korrekten Rahmen habsburgischer Familien- und Herrschafts-Geschichte gehalten; man muß indes auch dann weiter zurückgehen, wenn man den phantastischen Stammbäumen mittelalterlicher Genealogen keinen Glauben schenkt, die die Habsburger von dem römischen Geschlecht der Colonnas und damit von Julius Cäsar abstammen ließen oder, unter Umgehung der Römer, ihren fränkisch-trojanischen Ursprung nachzuweisen versuchten.

Man muß weiter zurückgehen und etwa dreihundert Jahre einbeziehen. Um die Mitte des 10. Jahrhunderts ist von einem »Guntram dem Reichen« die Rede, der, soferne er mit jenem Graf Guntram identisch ist, der einmal von Otto I. dem Sachsenkaiser bestraft worden war (und alles spricht eigentlich für diese Identität), als erster belegbarer »Habsburger« gelten könnte. Die Habsburger stammten demzufolge von den Herzögen des Elsaß und Lothringens, den Etichonen ab – eine Theorie, die das schließliche Einmünden der Habsburger in das lothringische Fürstenhaus nicht als Erlöschen, sondern als späte, fast mystische Wiedervereinigung interpretieren ließe.

Da hatten denn auch die Cäsaren und Trojaner endgültig ausgespielt. Erst im elften Jahrhundert nahm indes die Familie den Namen »Habsburg« an, er wurde von der 1020 erbauten Habichtsburg oder Habsburg hergeleitet, die am Zusammenschluß von Aare und Reuß, im heutigen Aargau, damals an der burgundischen Grenze, gelegen war. Noch einmal taucht dann der Beiname »der Reiche« auf, Albert der Reiche, Graf von Zürich. Im zwölften Jahrhundert taten sich die Habsburger durch ihre Unterstützung des großen, auf Sizilien geborenen Hohenstaufen Friedrich II. hervor, der Rudolf von Habsburg aus der Taufe gehoben hat. Es waren also keinesfalls arme Grafen, wie die Legende es haben will. Die Habsburger gehörten zu den Mächtigen und Reichen des alten Europa – nur jener Strahl des Ungewöhnlichen und Einmaligen, der die Geschichte der Familie erhellt, seitdem Friedrich von Zollern im Namen der rheinischen Kurfürsten im Feldlager von Basel Rudolf von Habsburg die Königskrone anbot, jener Strahl hat damals noch nicht geleuchtet. Und die Eigenschaften, die einem später für die Dynastie so charakteristisch erscheinen sollten, körperliche, wie etwa die herabhängende Unterlippe, die eine polnische Prinzessin in die Familie gebracht, geistige, wie etwa das Grüblerische mit Abzweigungen ins Düstere, Melancholische, jener Hauch von Zweifel und Skepsis, die die eigenartige Machtaura des Hauses erträglich machen, das menschlich Verwundbare, das selbst die hohe Stilisierung nicht verdeckt, der Sinn für Pracht, der von persönlicher Schlichtheit, ja Kargheit kontrastiert wird, all das ist ebenfalls späteren Datums. Die frühen Habsburger muß man sich als tatkräftige, nüchterne Männer vorstellen, die ihre Besitzungen hervorragend verwalteten, moderne Methoden der Administration einführten und das Kriegshandwerk in all seinen Einzelheiten kannten. Es war nicht zuletzt diese Ausgeglichenheit, der Mangel an hochfahrenden Plänen, die rechtschaffene Vertrautheit mit Leben, Verwaltung und Politik, die ihnen zwar den Tadel Dantes eintrug, aber die deutschen Fürsten bewog, einen Habsburger zu ihrem König zu wählen.

Die Staufferschen Weltherrschaftspläne waren in Blut und Tränen untergegangen, mit Außenseitern wie Richard von Cornwall und Alfons von Kastilien hatte man kein Glück gehabt, verständlich also, daß man sich nun einem wohlhabenden Haus zuwandte, das sicherlich seine Kraft nicht in politischen Träumereien und unnötigen Kämpfen verzetteln würde. Hätte es die deutschen Fürsten mißtrauisch gemacht, daß Rudolf von Habsburg (1273–1291) nach der Krönung in Aachen wie verwandelt schien? »Ich bin nicht der,

Der Einzug Rudolfs von Habsburg in Basel im Jahre 1273. Er trug als erster seines Hauses die Kaiserkrone. Von großer Bedeutung war auch sein Sieg über König Ottokar von Böhmen.

den ihr voreinst gekannt«, läßt Grillparzer ihn sagen. Wie auch immer, die Auseinandersetzungen, die Rudolf mit dem Böhmenkönig Ottokar, selbst ein halber Staufe, zu bestehen hatte, haben sicherlich nicht zu den »unnützen Kriegen« gezählt, noch zweifelten sie deshalb an seinem Vorsatz, sich aus einem »unersättlichen Kriegsmann« in einen »Schirmherrn des Friedens« zu verwandeln. Sie wußten vielmehr, daß Rudolf, hätte er den Konflikt um jeden Preis vermieden, ein König von Ottos Gnaden geblieben wäre. Es ging um Österreich, das Ottokar, obwohl er mit der Schwester des letzten Babenbergers verheiratet gewesen, zu Unrecht in Besitz genommen hatte. Ehe er sein Heer versammelt hatte, zeigte er sich nachgiebig – aber 1278 rückte er mit einer zahlenmäßig überlegenen Streitmacht gegen Wien vor. Rudolf überquerte die Donau und schlug die verdutzten Böhmen, bevor sie Zeit hatten sich zu sammeln oder an einen Gegenangriff zu denken. Ottokar wurde von den Kriegsknechten erschlagen. Die Schlacht bei Dürnkrut zählt zu den entscheidenden der Geschichte. Wäre nämlich Ottokar siegreich geblieben, so hätte dieser Triumph

Kaiser Maximilian I. mit seiner Gemahlin Maria von Burgund, seinem Sohn Philipp dem Schönen (hinter Maria von Burgund) und seinen Enkeln (vorne). Das Bild malte Bernhard Strigel.

der böhmischen Waffen das Ende der Institution des deutschen Königs wie eines Kaisers des Heiligen Römischen Reiches bedeutet, die »schreckliche, kaiserlose Zeit« wäre in eine neue Phase getreten. Ein slawisch-österreich-magyarisches Großreich wäre den uneinigen deutschen Fürsten dominierend gegenübergetreten, die ganze europäische Geschichte hätte einen anderen Verlauf genommen. So aber blieb das alte System der deutschen Libertät mit zahlreichen Gleichgewichtslagern und Freiheitsräumen erhalten, zwanzig Habsburger sollten im Lauf der kommenden Jahrhunderte die beiden Würden bekleiden. Zunächst war allerdings der Weg zur Größe und geschichtlicher Bedeutung weder einfach noch geradlinig. Rudolf, der im Jahr 1291, im Alter von dreiundsiebzig Jahren, starb, hatte es nicht vermocht, seinem Sohn Albrecht die deutsche Krone zu sichern; sie ging an Adolf von Nassau (1292–1298), erst nach dessen Absetzung und Tod in der Ritterschlacht bei Göllhein – die Krone hatte ihm keinen Segen gebracht – wurde Albrecht König (1298–1308). Hatte er bis dahin durch die Niederwerfung der Aufstände in Österreich seine Stellung im Osten gestärkt, so kam es in der Schweiz zu einer Schwächung der habsburgischen Position, die sich im Lauf der Jahrzehnte als irreparabel erweisen sollte. Als König verfolgte er ein großes Konzept, das Adam Wandruszka in seinem Werk über die Habsburger folgendermaßen kennzeichnet: »Umfassung des Reichskörpers durch eine starke habsburgische Hausmacht, wie bereits im Südwesten und Südosten so auch im Nordwesten und Nordosten, politische Entmachtung der Kurfürsten und damit Schaffung eines starken erblichen deutschen Königstums der Habsburger.«
Das war natürlich ein radikales Fernziel, und indem er es anstrebte, hätte sich auch Albrecht einer Reihe von geschriebenen und ungeschriebenen Regeln unterworfen, war doch auch er ein Kind des Systems der deutschen Libertät. Aber am 1. Mai 1308 wurde der König, im Angesicht der Habsburg, von seinem eigenen Neffen Johann Parricida ermordet – Schiller hat diese Figur in seinem »Wilhelm Tell« eingeführt, um den Unterschied zwischen einem gerechtfertigten Tyrannenmord und Mord aus anderen Motiven hervorzuheben. Dieses Konzept war immerhin so deutlich geworden, daß nach Albrechts Tod, dem die charismatische Wirkung Rudolfs gefehlt hatte, über hundert Jahre kein Habsburger sich der ungeschmälerten Königsmacht erfreuen sollte.
Der Gedanke, daß die Königskrone in Wirklichkeit dem Hause Habsburg zustünde, diese mystische unerschütterliche Überzeugung, wurde jedoch in diesen Jahrzehnten niemals preisgegeben, ja alle Entschlüsse, Maßnahmen und Veränderungen lassen sich auch im Hinblick auf dieses Ziel verstehen. Maßnahmen zur Sicherung des Erworbenen, zur Stärkung der finanziellen Position, zur Förderung der produktiven Kräfte des Landes durch neue oder verbesserte Zunftordnung und Erteilung von Privilegien, Maßnahmen zur Ausweitung des Kammergutes, Maßnahmen des weiteren, die, wie die Hausordnung des Jahres 1355, die Kräfte der Familie zusammenhalten sollten, damit sie jeden Augenblick auf ein Ziel gerichtet werden könnten, »daß der Älteste von ihnen wie der Jüngste sei und der Jüngste gleich den Ältesten, daß sie miteinader herzlich, tugendlich und brüderlich leben . . .«. Man wird in der Annahme nicht fehlgehen, daß in dieser Anordnung Albrechts des Lahmen oder auch des Weisen die Erinnerung an das schreckliche Ende seines Vaters mitschwang, ebenso aber auch, daß in ihr bereits der Begriff des »Hauses Österreich«, der »Casa d'Austria«, vorgeformt war, ein Wort, das für eine Familie, für eine Dynastie, für ein Konglomerat von Reichen, für kaiserliche Herrschaft und dann wieder ganz einfach für eine Familie stand.
Muß man erwähnen, daß es weniger anerkennenswerte und einleuchtende Mittel gab, den Zusammenhang des Hauses zu fördern und seinen Ruhm zu erhöhen? Etwa die Fälschung des großen Österreichischen Freiheitsbriefes unter Rudolf dem Stifter, aus dem sich die Titel »Pfalzerzherzog«, »Erzjägermeister« wie auch das Recht auf den Titel »Erzherzog« ergab. Solche Fälschungen hat es im Mittelalter öfters gegeben, was bisher fehlt, ist eine psychologische Durchleuchtung des Vorgangs. War einem so redlichen und im wesentlichen geradlinigen Mann wie Rudolf dem Stifter ein glatter Betrug zuzutrauen? Haben sich da nicht die Schreiber etwas einfallen lassen, Mitglieder des Hauses und alte Kampfgefährten das ihre dazugetan, so daß Unterlagen entstanden, an denen man zweifelte und an die man doch glauben wollte, die man schließlich ein wenig umstilisierte und ergänzte, um jener Kränkung, jener Ungerechtigkeit zu steuern, daß Karl IV. einen nicht ins Kurfürstenkolleg aufgenommen hatte? Spricht nicht für eine Deutung dieser Art, daß zunächst der Herzogstitel nur von jener Linie geführt wurde, die Kärnten besaß, das auf einen alten Herzogstitel Anspruch hatte? Von Ernst dem Eisernen etwa, dem Vater Friedrichs III., der den gefälschten Freiheitsbrief schließlich bestätigte und so zum Reichsrecht erhob. Alles gewiß ein wenig abstrus, paßte aber in diese Zeit und war sicherlich nicht abstruser als der häufige Diebstahl oder Raub geschätzter Reliquien, deren Wunderkraft man sich auf diese Weise zu erschließen hoffte.
Die Chronik der kaiser- und königslosen Zeit des Hauses Habsburg wäre nicht vollständig, vergäße man jenes Spiel »Wer hat das längere Haus«, das damals begonnen hat und in dem lateinischen Vers »bella gerant alii, tu felix Austria nube« seinen Ausdruck findet, ein Vers, der eher als ein in die Vergangenheit projizierter Ratschlag gelten könnte denn als Notierung einer geschichtlichen Wahrheit: Die meisten solcher Erwerbungen mußten kriegerisch bestätigt werden. Für die Kinder in der alten Monarchie waren die vielen Einfach- und Doppelheiraten von damals und später, die zahlreichen Erbverträge, vor allem dann, wenn sie sich auf das Gebiet der Doppelmonarchie bezogen, ein rechtes Schreckgespenst, mußte man sie doch im Gedächtnis bewahren, wenn man bei den Prüfungen bestehen wollte. Vielleicht hätte es genügt zu sagen, daß in diesem Jahrhundert ein Reich zusammengefügt wurde, das von Böhmen bis zur Adria reichte, daß sich damals ein noch größeres, Böhmen und Ungarn umfassendes abzuzeichnen begann und daß für die Legitimität territorialen Erwerbes nicht so sehr das Schwert als die beiden Liegestätten Bett und Gruft maßgeblich waren.
Die Wahl Friedrichs III. (1452–1493) zum Kaiser des Heiligen Römischen Reiches – nur ein Jahr lang hatte Albrecht die Königskrone getragen, dann starb er auf einem Feldzug gegen die Türken – kam nicht von ungefähr. Es war von langer Hand vorbereitet und abgesprochen, daß die Kaiserwürde Habsburg zufallen solle: Der Sohn Ernsts des Eisernen und der Cimburgis von Lasowien (von dieser schönen Frau stammt die etwas herunterhängende, weiche Unterlippe, die sich so hartnäckig erhalten sollte) erntete also das, was andere gesät hatten. Immerhin muß es ihn mit Stolz erfüllt haben, daß der Glanz zurückgekehrt und

Das Reich, das Karl erbte, war das größte der Welt: Sein Großvater Maximilian war mit der Erbin von Burgund, sein Vater Philipp der Schöne mit der Erbin des spanischen Throns verheiratet gewesen. Dieses Bild Bernaert van Orleys zeigt ein Porträt des jungen Karl.

seinem Haus wieder die größte Aufgabe der Christenheit anvertraut worden war. Er zog nach Rom und war der erste Habsburger und der letzte Kaiser, der dort gekrönt werden sollte.
Aber der Glanz erwies sich als welk, die Figur blieb von Skepsis, Zweifel und Untätigkeit geprägt. Jakob Burckhardt ist dem Kaiser ritterlich beigestanden: »Viel Gift über Friedrich III. ist bloß moderner Nationalliberalismus.« In unseren Tagen hat ihn Edward Crankshaw medizinisch zu entlasten gesucht. Nur ein Mann mit ungewöhnlich niedrigem Blutdruck hätte all die Niederlagen und Demütigungen überleben können, die einen lebhafteren Mann umgebracht hätten. Es gehört zum Pech dieses geduldigen, zähen, nachdenklichen Kaisers, daß ihm eine Gestalt gegenüberstand, die wie ein Sturmwind durch die Lande fuhr, der alles zu gelingen schien: der Ungarkönig Mathias Corwinus, der Friedrich selbst aus seiner Wiener Residenz vertrieb – verspottet mußte der Kaiser nach Tirol fliehen, die Transportwagen wurden geplündert.
Was uns an dieser Gestalt so außerordentlich beeindruckt, ist, daß sie, im guten wie im bösen, so österreichisch erscheint. Da ist der Gleichmut und das Phlegma, die Skepsis gegenüber der Aktion, die immer mehr zerstört als aufrichtet, der Zweifel an gewaltsamen Lösungen, der so lange währt, bis selbst solche Lösungen aufoktroyiert werden, schließlich die Neigung, sich eher an Niederlagen als an Siege zu erinnern. »Das Panier von Österreich ist nicht siegreich, und meine Vorfahren haben darunter drei Niederlagen erlitten«, sagte er, auf Morgarten, Mühldorf und Sempach anspielend. Er war an Kunst und Literatur interessiert, am Detail, an der Lebensführung, ein »Haferlgucker« wie er im Buch steht, sicher zum Leidwesen seiner Frau, der schönen Eleonore von Portugal, die sich – an die licht- und meerumspülten Paläste Portugals gewohnt – ohnedies schwer an die rauhen österreichischen Winter und die nicht immer behaglichen Residenzen des Landes gewöhnt haben mag. Er war von mystischer Frömmigkeit, stets an Geheimwissenschaften und Geheimnissen interessiert, liebte es, Rätsel aufzugeben und sie ironisch zu verbrämen; sicher hätte es ihm Vergnügen bereitet festzustellen, daß die Welt an einem solchen Rätsel noch immer herumrätselt: den berühmten Buchstaben AEIOU!
Die banale Deutung, zu der er selbst beigetragen hat, lautet: »Austriae est imperare orbi universo«, zu deutsch: alles Erdreich ist Österreich untertan! Gab es einen einzigen Tag im Leben dieses Kaisers, daß er Anlaß zu dieser Feststellung hatte? Alphons Lhotsky, der sich in einem Aufsatz mit dieser Frage befaßt, legt 86 historisch belegte Deutungen vor und sagt abschließend: »Es ist sehr wahrscheinlich, daß er die mit den Vokalen gekennzeichneten Gegenstände mit seiner eigenen Person in magische Beziehung setzen, sie vielleicht auch gegen Zerstörung schützen wollte ... Kaiser Friedrichs AEIOU ist also bestenfalls eine buchstabenmagische oder zahlenmystische Spielerei«, und Feuchtmüller führt aus, daß die fünf Vokale erst nach der Pilgerfahrt ins Heilige Land aufgetaucht sind, bringt die Vokale mit dem Gottesnamen Jehowas in Verbindung und sagt: »... daher ist nicht zu verwundern ..., daß Friedrich III. seine Monumente mit dem kosmischen Zeichen des verschlüsselten Gottesnamens versiegelte«.
Wir haben uns etwas ausführlicher mit diesem Problem beschäftigt, weil es zeigt, wie vielschichtig die Geheimnisse dieses Lebens sind, dessen letzter irdischer Triumph das Überleben war. Hier geht die Quantität ganz offenbar in Qualität über. Elias Canetti hat in unseren Tagen darauf hingewiesen, daß das Überleben der eigentliche Triumph unseres Daseins ist, die raffinierteste Form der Passivität, des Unterschlüpfens, Sich-Kleinmachens, Sich-Duckens, Verbergens, Hinnehmens, Ertragens, Überdauerns – nur die letzte Preisgabe muß man sich versagen, darf

Margarethe von Österreich, die Tochter Kaiser Maximilians. Auf diesem Bild Bernaert van Orleys ist Margarethe in Trauerkleidung: Sie trauert um den Verlust ihres Gemahls Juan von Aragonien, der wahrscheinlich an Typhus und nicht, wie behauptet wurde, an einem Übermaß an Liebe starb.

Karl V., gemalt von Tizian, nach der Schlacht von Mühlberg (1547) – ein überwältigender, aber noch nicht endgültiger Sieg des Kaisers über die protestantischen Fürsten.

nichts von dem, was wesentlich erscheint, aufgeben oder verraten. Das aber hat Friedrich III. in dem halben Jahrhundert seiner Herrschaft nicht getan.

Auch wenn man sich all dies vor Augen hält, muß man verstehen, daß es den Zeitgenossen anders vorgekommen sein mag, ja daß sie sich fragten, ob es mit der großen Zeit des Hauses nicht zu Ende gehe und es wieder in die schwäbisch-alemannische Dimension zurückzugleiten drohe. Aber mit dem Sohn des Kaisers, mit Maximilian I. (1493–1519), wurde alles mit einem Schlag anders: Das Zeitalter der »Linientrennung« war zu Ende, alle Besitzungen waren in seiner Hand vereint. Durch das burgundische Erbe war man überdies der kulturellen und politischen Hauptentwicklung des Abendlandes wieder aufs engste verbunden. Ist ein größerer Gegensatz vorstellbar als der zwischen dem Vater Friedrich und dem Sohn Maximilian – übrigens ein neuer Name, nach den habsburgischen und babenbergischen des Hauses, vorgeschlagen von dem ungarisch-kroatischen Magnaten Nikolaus von Ujlak in Erinnerung an Maximilian von Cilli und als Hinweis auf die Aufgabe der Türkenbekämpfung gedacht.

Sind der Tatendurst, die Lebhaftigkeit des Wesens, die Phantasie, die Liebenswürdigkeit, die ihm die Herzen am burgundischen Hof, vor allem das Herz Marias gewann, sind all die hinreißenden Eigenschaften, die man im modernen Management unter »dynamische Persönlichkeit« zusammenfaßt, auf die polnische Großmutter zurückzuführen oder auf Eleonore von Portugal, deren Schönheit und Temperament die Büste in Wiener Neustadt noch heute erstaunlich lebendig macht? Haben sich diese Anlagen mit dem verbunden, was in Rudolf von Habsburg und dann in Rudolf dem Stifter auffallend war?

Um die Chronik nachzutragen: Vierzehn Jahre war Maximilian alt, als er in Trier seinem künftigen Schwiegervater, Karl dem Kühnen, Herzog von Burgund, gegenübertrat; schon damals verhandelte dieser mit Friedrich III. über die Heirat Maximilians sowie über die Verleihung der Königswürde an den Herrscher von Burgund. Friedrich brach damals die Verhandlungen schroff und unvermittelt ab, die Gründe sind bis heute nicht bekannt, und Karl wandte sich dem Kampf mit seinem Erzfeind, dem kaltblütigen, verschlagenen Ludwig XI. zu; er unterlag, wurde in der Schlacht bei Nancy getötet, sein Leichnam von Wölfen zerrissen. Doch das Verlöbnis zwischen Maria, der Tochter und Erbin, und Maximilian hielt wie durch ein Wunder, es wurde nichts aus dem französischen Plan, sie mit dem neunjährigen Dauphin zu verheiraten. Burgund, französisches Lehen mit der Hauptstadt Dijon, Reichslehen mit Besançon, die Franche-Comté mit Dôle, Flandern, Brabant und Luxemburg, hörte auf, eine selbständige Macht zu sein, wurde ein Teil der habsburgischen, das auf diese Weise für den Verlust der Schweizer Besitzungen reichlich entschädigt wurde.

Aber mit den burgundischen Besitzungen erbten die Habsburger etwas anderes, das die europäische Geschichte bestimmen sollte, bis Marie-Antoinette ihre unheilvolle Reise nach Versailles antreten würde: die Feindschaft mit Frankreich, mit den Valois und Bourbonen. Hält man sich vor Augen, daß die natürliche Kraft Frankreichs im Zunehmen war, daß die Einkünfte des französischen Königs die des deutschen Kaisers um ein Mehrfaches übertrafen, daß Abrundung und Ausweitung nur dort möglich schien, wo Habsburg stand, so erblickt man in diesem Konflikt von persönlichen und dynastischen Zufällen und Gegebenheiten abgesehen etwas zwangsläufig Unvermeidliches. Ebensowenig konnte Habsburg zurückweichen, ohne seine Position zu kompromittieren; angesichts des erstarkten Frankreich, des Zuwachses an militärischer und wirtschaftlicher Macht des Landes, der Vereinheitlichung seines Systems brauchten die deutschen Fürsten zum erstenmal keinen schwachen, sondern einen starken König. Gab er dort nach, wo seine eigenen Interessen auf dem Spiel standen, war das kein Beweis von Stärke, gab er dort nach, wo es um Reichsinteressen ging, wäre es ein Beweis gewesen, daß er seine Stärke nicht im allgemeinen Interesse einzusetzen bereit war.

Wie der Zeitgeist mit den Zufällen der Geschichte fertig wird, wie sich die Entwicklung auch große Erscheinungen unterordnet, ist seit eh und je ein Thema der Historiker und Philosophen. Verfolgt man längere Zeit die großen Linien der Politik, so ist es unterhaltsam zu sehen, wie die Scharniere funktionieren, welche Mittel den Veränderungen dienten, wie diese Mittel strapaziert wurden, bis das, was zunächst menschlich anmutet, ins Unmenschliche umschlägt. Sehen wir uns das im einzelnen an! Wir haben bereits erwähnt, daß Maximilian Maria von Burgund heiratete. Es waren zwei schöne junge Menschen, das, was Staatsräson ersonnen, konnte menschlich nachvollzogen werden – kein Wunder, daß Maria nicht daran dachte, den stattlichen, anziehenden Prinzen für den neunjährigen Dauphin einzutauschen. Sie gebar ihrem Mann zwei Kinder, Philippe und Margarete, starb jedoch bereits mit fünfundzwanzig Jahren, als sie auf einer Jagd in der Nähe von Brügge verunglückte. Der französische König hoffte sich in der nächsten Generation schadlos zu halten.

Er entführte Margarete, verheiratete sie mit dem Dauphin, der bald König wurde, und ließ sie in dem etwas düsteren Schloß Amboise als Königin erziehen. Inzwischen hatte sich Maximilian mit der noch minderjährigen Anne von Bretagne verlobt, aber nach dem Tode Ludwigs XI. fand man das in Versailles bedenklich, wenn nicht alarmierend. Die Regentin, die ältere Schwester des Dauphin, sandte ihren Bruder nach Rennes, damit er sich der dreizehnjährigen Anne versichere. Maximilian versuchte seiner Braut zu Hilfe zu kommen, aber für diese ritterliche Aufgabe stellten die deutschen Fürsten weder Geld noch Kriegsvolk zur Verfügung; Anne und die Bretagne gingen verloren. Ärgerlich war nur, daß Karl VIII., der sich auf der Stelle mit Anne vermählte, bereits verheiratet war, nämlich mit der auf Schloß Amboise auf ihn wartenden Margarete, der Tochter Maximilians, dem man eben die Braut weggeschnappt hatte.

Aber der Papst zieh den französischen König nicht

der Bigamie, die Angelegenheit, von der ganz Europa wußte, wurde irgendwie stillschweigend geregelt. Nicht, daß die Franzosen jetzt Margarete herausgegeben hätten, dafür war das junge Mädchen, das sich stolz als Habsburgerin fühlte, ein zu wertvolles Faustpfand. Erst nach endlosen Verhandlungen kam sie frei, wurde, wieder in Abwesenheit, mit Juan von Aragon vermählt. Als das Schiff, das sie zu ihrem Gatten bringen sollte, in einen Sturm geriet, verfaßte sie einen hübschen Zweizeiler, dessen Witz leider verlorengeht, wenn man ihn aus dem Französischen in eine andere Sprache übersetzt:

»Ci-git Margot, la gente demoïselle
Qui eut deux maris, et qui mourut pucelle«.

Dem hier beklagten Übelstand konnte bald abgeholfen werden, wieder folgte die Liebe der Staatsräson. Die beiden jungen Leute fanden das allergrößte Gefallen aneinander, ja so heftig und leidenschaftlich war ihre Zuneigung, daß man der Königin riet, für Maßhalten einzutreten, was sie mit folgenden Worten verweigerte: »Was Gott zusammengetan hat, soll der Mensch nicht trennen.« Aber wenige Monate darauf

Allegorisches Gemälde von Frans Franken: Die Abdankung Karls V., der bei seinem Rückzug von der Macht die Dominien der Habsburger in zwei Teile, zwischen seinem Sohn und seinem Bruder, aufteilte.

war der Infant tot. Wir wissen heute, daß er an Schwindsucht gelitten haben muß und daß in einer Phase dieser Krankheit ein erhöhtes erotisches Bedürfnis keine Seltenheit ist, kurzum, daß er keinesfalls an einem Übermaß an Liebe, dem die Natur ohnedies einen Riegel vorschiebt, gestorben ist. Auf die Familie hat indes das Ende des jungen Prinzen einen tiefen, dauernden Eindruck gemacht.

Die heiter gestimmte Religiosität und unbeschwerte Sinnlichkeit früherer Herrscher wich nun einer düsteren, bedrückten Stimmung; während noch Maximilian unbekümmert festgehalten hatte: »Ich habe den Damen den Hof gemacht und große Gunst geerntet, ich habe sehr viel und herzlich gelacht . . .«, machte sich nun puritanische Besorgtheit breit. Wir besitzen Briefe, in denen junge Prinzen von ihren Vätern vor den Freuden des Geschlechts gewarnt und zum Maßhalten ermahnt werden. Das Asketische in der persönlichen Lebenshaltung, das vom äußeren Prunk seltsam kontrastiert wird und sich von Karl V. bis zu Franz Joseph verfolgen läßt, hat hier seinen Ursprung. Natürlich war dieser Sinneswandel in den Stimmungsumschwung eingebettet, der ganz allgemein sich vom heiteren frühen Mittelalter zum späten vollzogen hat; das Auftreten der Syphilis in Europa, von dessen entsetzlichen Früherscheinungen der Bericht Ulrich von Huttens Zeugnis legt, hat die Lebensangst und Geschlechtsfurcht noch verstärkt, aus der der Fanatismus der Glaubenskriege gespeist wurde. In der Familie Habsburg aber hatte dieser Umschwung seinen besonderen Ursprung.

Doch zurück zu den Heiratsprojekten und Plänen! Da galt es zunächst für den frühverwitweten Maximilian eine Frau zu finden, die den Ruhm und die Größe des Hauses zu vermehren imstande war. Die Wahl Maximilians blieb umstritten: Es war die Tochter des Herzogs von Mailand. Sein Großvater, ein bäuerlicher Condottiere, hatte die Viscontis vertrieben, der Familie haftete der Geruch des Parvenühaften, Neureichen an. Immerhin waren es Parvenüs von Ge-

schmack; Leonardo da Vinci wurde mit der Aufgabe betraut, die in Mailand *per procuratorem* stattfindende Hochzeit auszustatten, und immerhin waren es Neureiche von solidem Reichtum. Bianca Maria brachte 300 000 Golddukaten mit in die Ehe, Maultierladungen von Gold, Silber, Juwelen und Gewändern zogen über den Brenner. Die beiden Gemahlinnen des Kaisers sind in Innsbruck, auf dem Relief am »Goldenen Dachl«, miteinander abgebildet.
In der Aufzählung wurde vergessen zu erwähnen, daß Maximilians Bindung mit Spanien doppelt besiegelt worden war. Margarete hatte ihren Juan erhalten, Philipp seine Juana, beides Kinder Ferdinands und Isabellas, die die »katholischen« heißen, weil unter ihnen Aragon und Kastilien vereint wurden. Juana ist in die europäische Geschichte als »Johanna die Wahnsinnige« eingegangen. Das Jugendbild zeigt ein ernstes, verschlossenes, hübsches Mädchen; etwas Störrisches spricht aus den Zügen, das sich später zur Besessenheit, schließlich zum Wahnsinn steigerte. Und Margarete? Natürlich fungierte sie nach dem Tode Juans von neuem in der habsburgischen Heiratspolitik und wurde Philibert von Savoyen angetraut. Zwar war auch diese Ehe glücklich, jedoch starb Philibert ebenfalls bereits nach wenigen Jahren. Wie überspitzt die Heiratspolitik aber werden konnte und zu welcher Travestie normaler menschlicher Beziehungen es dabei kam, zeigen die Beziehungen Habsburgs zu Ungarn. Maximilian hatte mit dem Ungarnkönig Wladislaw II. einen Vertrag abgeschlossen, demzufolge die Länder der Stephanskrone an Habsburg fallen sollten, wenn es keinen männlichen Erben gäbe. Das allein schien aber keinesfalls auszureichen, mußte folglich zusätzlich durch Altar, Tisch und Bett abgesichert werden. Zunächst gab der Kaiser seine Enkelin Maria einem ungeborenen Kind zur Braut. Das Kind wurde glücklicherweise ein Knabe, die Mutter starb bei der Geburt, doch das Kind wurde am Leben erhalten, indem man es in die geöffneten Leiber frisch getöteter Tiere steckte; dieser Knabe war der Erbprinz Ludwig. Das allein reichte auch noch nicht aus. So entwarf man einen doppelten Ehekontrakt: Ludwig, wie schon gehabt, mit Maria, und seine Schwester Anna mit einem der Enkel des Kaisers, Karl oder Ferdinand. Karl war jedoch schon vergeben, Ferdinand in Spanien festgehalten, wo er zum Thronfolger erzogen wurde, so daß schließlich der Kaiser selbst in die Bresche springen mußte. Er kniete im Stephansdom neben der kleinen ungarischen Prinzessin, die der fast Sechzigjährige ehelichen wollte, falls der Enkel sich versagte. Daneyen tauschten die neunjährigen Kinder Maria und Ludwig die Ringe. Der Enkel versagte sich schließlich doch nicht, so daß die Minderjährige doch nicht mit dem fast Sechzigjährigen ins Ehebett mußte.

Allegorische Darstellung der Ländergewinne des Hauses Habsburg durch geschickte Heiratspolitik, die sich vor allem nach der Maxime richtete:
BELLA GERANT ALII! TU, FELIX AUSTRIA, NUBE!
(Kriegführen lasse die anderen! du, glückliches Österreich, heirate!)

Dort, wo es sich um erwachsene, vernünftige, willensstarke Menschen handelte, die ein Gefühl für Würde entwickelt hatten, war Einspruch indes durchaus möglich. Als man Margarete, die Witwe Juans wie des Savoyers, neuerlich in die Heiratsprojekte des Hauses einbezog, verwahrte sie sich entschieden dagegen. Sie erklärte, dem Haus lieber dadurch dienen zu wollen, daß sie die Kaiserenkel Karl und Ferdinand, die später selbst die Krone tragen würden, in ihrem Haus in Mecheln erziehen wollte – es war ein zukunftsträchtiges Haus, in dem auch noch die künftigen Königinnen von Dänemark, Portugal und Ungarn aufwuchsen. Auch Maximilian selbst, der in späten Jahren die Papstkrone erstrebte und sich Margarete gegenüber schon als »künftiger Papst« bezeichnete, war sich des Unwürdigen einer allzu großen Verstrickung in irdische Versuchungen, seien sie nun ehelicher oder nichtehelicher Natur, bewußt geworden. So schrieb er seiner Tochter: »Da Wir aus verschiedenen Gründen es nicht für gut finden, zu heiraten, haben Wir beschlossen, niemals wieder an der Seite eines nackten Weibes zu liegen . . .«
Ist es pedantisch, nochmals kurz die Genealogie zusammenzufassen, auf die es in diesem Jahrhundert soviel angekommen war? Von Kaiser Friedrich mit Eleonore von Portugal angefangen, zu dessen Sohn Maximilian, der Maria von Burgund ehelichte, zu deren Sohn Philipp dem Schönen, verheiratet mit Johanna der Wahnsinnigen, die das spanische Erbe einbrachte, und deren Kinder, dem späteren Karl V. und dem österreichischen Ferdinand, Karl wieder mit einer portugiesischen Prinzessin verheiratet.
Es ist die Zeit Karls V. (1519–1556), die Habsburg im Zenit seiner Macht zeigte, es ist vor allem die Figur dieses Kaisers, an die man immer wieder nostalgisch zurückdenkt, der immer neue Studien, Analysen und Prachtbände gewidmet werden; es ist die Weite dieses Reiches, aus der man Trost schöpft, die Kraft der kaiserlichen Vision, die einen bewegt, wie die Bereitschaft dafür, jedes Opfer zu bringen, die Klarheit und Schönheit zeitgenössischer Darstellung. Der Kaiser selbst ist von Holbein d. J. wie von Tizian gemalt worden, die das Auge immer von neuem entzücken.

Philipp II. mit seiner zweiten Frau, der englischen Königin Maria I. Tudor. Philipp heiratete später noch die Tochter Heinrichs II., des Königs von Frankreich, und schließlich seine Nichte Anna Maria, die Tochter Kaiser Maximilians II.

Die Schlacht von Lepanto (7. Oktober 1571) zwischen der türkischen und der Flotte der christlichen Länder. Die Christen standen unter dem Kommando eines Habsburgers: Don Juan d'Austria, einem illegitimen Sohn Kaiser Karls V. und Stiefbruder König Philipps II.

Das Merkwürdige dabei ist nun, daß Karl V., der 1554 Kastilien, Aragon und Sizilien übergab und zwei Jahre später den Kurfürsten seinen Rücktritt erklärte, sich von der Macht wenn nicht als Gescheiterter, so doch als ein Resignierender trennte, als ein Resignierender, der erkannt hat, daß die gestellte Aufgabe nicht zu lösen ist. Sie bestand, in aller Knappheit formuliert, aus drei Komponenten: erstens der Bewahrung der Einheit der Christenheit durch ein starkes Königtum des Hauses Habsburg, zweitens der Abwehr der Bedrohung, die dem Reich durch den französischen König Franz I. erwachsen war und drittens der Sicherung des Abendlandes gegen die Osmanen, die auf dem Land- und Seeweg die Abwehrbereitschaft der christlichen Fürsten erprobten. Das Tragische war nun, daß der Kaiser auf all diesen Gebieten die spektakulärsten Erfolge erzielte, daß diese aber auf die Dauer wenig dazu beigetragen haben, die aufgeworfenen Probleme wirklich zu lösen. Zunächst triumphierten die kaiserlichen Waffen 1525 bei Pavia über die französischen, Franz I. wurde gefangengenommen und nach Madrid gebracht, wo er acht Monate lang bleiben mußte.

Zwei Jahre später zog das Heer von Pavia, an dessen Spitze sich der Connétable de Bourbon, ein Halbbruder Franz' I., gesetzt hatte, vor Rom, eroberte die Stadt im Namen des Kaisers und plünderte sie im berühmten *Sacco di Roma.* War es auch die Tat meuternder Landsknechte gewesen, der Papst war doch in die Gewalt des Kaisers geraten, er war von ihm abhängig, krönte ihn 1530 in Bologna ... aber die Zeit, da man die Glaubensspaltung in Deutschland hätte verhindern können, verstrich ungenutzt.

Weitere zwei Jahre später stießen die Türken neuerlich auf Wien vor, aber diesmal kam Karl seinem Bruder Ferdinand mit einem Aufgebot aus vielen Nationen zu Hilfe und vertrieb die Eindringlinge. Das folgende Abkommen, in dem sich Ferdinand verpflichtete, einen Tribut von 30 000 Dukaten an den Sultan zu zahlen, schaffte jedoch keinen dauernden Frieden. Für amphibische Unternehmungen an der nordafrikanischen Küste – Goletta und Algier – opferte der Kaiser Württemberg, das die Stellung seines Hauses in Deutschland entscheidend gefestigt und verbreitet hätte. Im Jahre 1547 jedoch erringt der Kaiser über die im Schmalkaldischen Bund vereinten protestantischen Fürsten einen vollständigen Sieg, der sein höchstpersönliches Werk war: er hatte die Armee ohne Rast an die Elbe gehetzt, dort selbst ausgekundschaftet, seine Truppe angefeuert und von jener Furt erfahren, die es den Reitern ermöglichen würde, ans andere Ufer zu gelangen. Er ist es, der seine Umgebung mit Siegeszuversicht erfüllt und den zaudernden Kriegsfachmann, den Herzog von Alba, mit sich reißt. Aber nutzte es dem Kaiser, daß sich die meisten seiner deutschen Gegner nun in seiner Hand befanden?

Er behandelte sie der Form nach mit verletzender Härte, den sächsischen Kurfürsten ließ er über die Worte »Gnädigster Herr und Kaiser ...« nicht hinauskommen, den Landgrafen von Hessen hielt er in unbehaglicher Haft, dem Pfalzgrafen las er, über ihn hinwegblickend, die Rüge in französischer Sprache vor, und als der Gedemütigte sein Knie beugte, half er ihm weder sich aufzurichten noch gab er ihm die Hand. Ebenso erging es dem Württemberger; da der alte, gichtkranke Mann nicht mehr recht knien konnte, mußten seine Räte die Abbitte kniend herunterlesen. An der deutschen Situation veränderte er indes wenig: die historischen Fürstentümer blieben erhalten, der Pfalzgraf behielt die Kurwürde, Kursachsen erhielt in Moritz von Sachsen einen neuen Herrn, die Haft seines Schwiegervaters, des Landgrafen von Hessen, dauerte nicht allzu lange. Und wie um zu beweisen, daß nicht persönliche Beziehungen, sondern Funktion und Würde eines Fürsten sein Handeln bestimmen, das sich in einem bestimmten System vollzieht, verhielt sich Moritz von Sachsen, als er Kurfürst geworden war, durchaus kurfürstlich, das heißt den Interessen dieser Gruppe entsprechend: er wechselte die Seite, verbündete sich mit den Kollegen, gegen die er bisher gekämpft. Im Frühjahr 1552 wandte er sich mit seiner Streitmacht gegen Innsbruck. Dort war Kaiser Karl V., der König von Spanien, Sizilien, Neapel, Jerusalem, König der Balearen, der Kanarischen und indischen Inseln sowie des Festlandes jenseits der Ozeane, Erzherzog von Österreich, Herzog von Burgund und Brabant, Steiermark, Kärnten und Krain, Luxemburg, Limburg, Athen und Patras, Graf von Habsburg, Flandern und Tirol, Pfalzgraf von Burgund, Hennegau, Pfirt und Rousillon, Landgraf in Elsaß, Fürst in Schwaben, Herr in Asien und Afrika trotz all dieser Titel ohne eine ihn schützende Heeresmacht recht hilflos. Deshalb floh er eilends über den Brenner nach Süden, während Moritz von Sachsen zwar die Ehrenburger Klause stürmen ließ (wie um zu zeigen, daß es ihm ernst sei), ansonsten aber gar nicht darauf aus war, sich des Gesalbten zu bemächtigen (»Hab keinen Käfig für solch einen Vogel«). Er nahm vielmehr über dessen Bruder Ferdinand, mit dem er die Beziehungen nie hatte abbrechen lassen, Verhandlungen mit dem Kaiser auf. Alles wie gesagt recht kurfürstlich.

Die Mißerfolge Karls V. lagen also zunächst in der Schwierigkeit, Siege und Politik zu koordinieren. Nach Pavia entglitt ihm Franz I. Er konnte nicht daran gehindert werden, gegebene Zusagen zu brechen und der Klammer aus Spanien und dem Reich die französisch-osmanische Klammer entgegenzusetzen. Nach dem Sieg über den Papst gelang es nicht, eine Reform der Kirche in Gang zu bringen, und nach Mühldorf wurde zwar eine Reichsreform in Angriff genommen, die eine gemeinsame Außenpolitik und über die »Bundesumlage« ein modernes Steuerwesen institutionalisieren sollte. Die Mittel jedoch, mit denen dies angestrebt wurde, waren die alten Mittel der Überredung, die Macht des Siegers schien belanglos. Aber es gab andere, tiefere Ursachen.

Vor allem hätte die Politik des Kaisers nur dann Erfolge zeitigen können, wenn er imstande gewesen wäre, in Deutschland die Glaubensspaltung zu verhindern oder die Gegensätze so zu mildern, daß sie ohne politische Brisanz geblieben wären. Ansätze dazu hat es gegeben, der Kaiser war viel eher ein Reformator als ein Gegenreformator. Er und seine Ratgeber standen unter dem Einfluß des Erasmus von Rotterdam, dieses hellen Lichtes, dessen letzter Widerschein noch auf der Bürgerkriegslandschaft von morgen lag. Der Kaiser hat den Protestanten heimliche Winke zukommen lassen, hat lange Zeit nach der Devise des Erasmus gehandelt, »daß man die Lutheraner tragen müsse wie eine Plage der Zeit ... daß Häresien überwunden werden müssen wie eine Krankheit«.

Der Schmalkaldische Bund, das Organ der protestantischen Fürsten, war zunächst kein Verband von Rebellen, der Bundestag fand öffentlich statt, die Haltung des Bundes gegenüber Türken und Franzosen war loyal, und man delegierte Gesandte zum Kaiser, um mit ihm bestehende Beschwerden zu besprechen. Als aber die römische Reform ausblieb, begann sich

Diese beiden Figuren gehören zu jener Gruppe, die Pompeo Leoni für das Zenotaph Philipps II. im Escorial angefertigt hat. Sie zeigen die erste Frau Philipps, Maria von Portugal, und seinen Sohn Don Carlos, den er möglicherweise töten ließ.

der religiöse Affekt vom politischen und der politische vom religiösen her aufzuladen. Die Protestantischen fürchteten, daß die wachsende Macht des Kaisers dazu mißbraucht werden könnte, sie religiös zu nötigen, und trafen Abwehrmaßnahmen. Der Kaiser, der davon erfuhr, nahm wieder an, daß die religiöse Gemeinschaft politisch ausgespielt werden sollte. Nicht einmal der Papst war von dieser religiös-politischen Dialektik ausgenommen: Als sich im Konflikt mit den Schmalkalden die ersten Erfolge abzeichneten, rief der Papst seine Hilfstruppen zurück, woraus man nur schließen kann, daß ihm selbst das Schisma in Deutschland lieber war als ein allzu mächtiger Kaiser. Karl V. äußerte sich damals recht heftig über den Träger der Tiara, indem er doppelsinnig sagte: »Jungen Leuten möge man die Franzosenkrankheit verzeihen, bei Greisen sei sie unerträglich«.

Zu alldem kam ein anderes: Die Strömungen und Kräfte, die sich in Europa bemerkbar machten, begünstigten die Errichtung und Ausgestaltung einer Weltmonarchie keinesfalls. Friedrich Heer bemerkt über die Vorgänger Karls V.: »Das Reich Friedrichs I. ruht, einem mächtigen Fossil, einem aus karolingisch-ottonischer Vorzeit herstammenden erratischen Urblock gleichend, im Strom, im vielfältigen Kräftespiel einer bereits ganz anders gearteten Welt.« Und Hubertus Prinz zu Löwenstein stellt in seinem Traktat zur deutschen Geschichte fest: »Als der Kaiser aus Spanien herbeieilte, um in Aachen die Weltenkrone zu empfangen, stand die Sonne der Einheit schon tief am Abendhimmel.«

Karl V. hat mit seinem Bruder lange um eine Teilung des habsburgischen Besitzes verhandelt, dem ein Mann keinesfalls mehr gerecht werden konnte. Karl sprach noch von »unserem Haus«, Ferdinand bereits von »unseren Häusern«. Der erste Teilungsvertrag wurde in Worms geschlossen; schon im folgenden Jahr aber kam man in Brüssel zu einer anderen, für Ferdinand günstigeren Lösung. Ferdinand erhielt die althabsburgischen Besitzungen von Elsaß bis Ungarn, während Karl neben den spanischen Reichen und den italienischen Fürstentümern noch das burgundische Erbe einhandelte. Diese Lösung stärkte Ferdinand und ermöglichte es ihm, seine Ansprüche an Böhmen und Ungarn mit Nachdruck zu vertreten. »Dieser Brüssler Vertrag von 1522«, schreibt Adam Wandruszka, »hat für die habsburgische und die europäische Geschichte die größte Bedeutung ... damit war bereits entschieden, daß sich das habsburgische Gesamthaus ... in eine spanische und eine deutsche Linie aufspalten würde und nicht in eine burgundische und eine ungarische, was wohl die letzte Folge der Durchführung des in Worms vereinbarten ersten Teilungsvertrages gewesen wäre.«

Für uns ergibt sich in diesem Zusammenhang die Frage, wie die habsburgischen Herrscher ihren Aufgaben in Gebieten gerecht werden konnten, die zwar nicht ohne dynastische Vernunft, aber ohne Rücksicht auf ihre Einwohner, ihre Sitten, Gewohnheiten und geschichtlichen Erinnerungen, verteilt worden waren. Nun schwebte die Dynastie einerseits über den Nationen, hat sich aber mit keiner von ihnen jemals vollständig identifiziert. Andererseits zeigte sie eine außerordentliche Begabung, sich den Landessitten anzupassen, die Landesheiligen zu den ihren zu machen, wie die Römer die Götter fremder Völker in ihre Tempel aufgenommen hatten, und an den Freuden und Festen der Bevölkerung teilzunehmen. Unterstützt wurden sie dabei durch eine außerordentliche Sprachbegabung. Wie Karl V. zunächst flämisch, französisch und natürlich lateinisch sprach, dann das Spanische und zum Schluß das Deutsche erlernte, so wird Maximilian II. die Kenntnis des Lateinischen und Deutschen, der romanischen Sprachen, aber auch des Tschechischen und Ungarischen nachgerühmt. Sprachbegabung, Sprachpflege und -disziplin haben sich bis heute erhalten. Der gegenwärtige Chef des Hauses – in seinem Paß steht trocken Dr. Otto Habsburg vermerkt, da ein Doppelname der Republik Unbehagen einflößt – kann sich mit allen Einwohnern der ehemaligen Monarchie in ihrem Idiom unterhalten. Graf Berchtold, Außenminister bei Ausbruch des Ersten Weltkrieges, aber wußte zu erzählen, daß sich die Kaiserin Elisabeth mit ihm nur ungarisch unterhalten habe, da er staatspolitisch diesem Reichsteil zugerechnet worden war.

Wenn gesagt wurde, daß sich die Dynastie mit keiner Nation je vollständig identifiziert hat, so gibt es davon eine Beinahe-Ausnahme: die späten spanischen Habsburger, bei denen sich die nationale Prägkraft doch sehr mächtig erwiesen hat. Bei Philipp II. (1556 bis 1598), dem Sohn Karls V., war dies noch nicht der Fall. Er war der einflußreichste und mächtigste Fürst im damaligen Europa und hatte mit Friedrich III. gemein, daß er, in einer Regierungszeit, die fast bis zur Jahrhundertwende währte, die meisten seiner Freunde und Gegner überlebte, vor allem auch Kaiser Ferdinand, der 1564 starb, wie auch dessen Sohn, Maximilian II., der 1576 das Zeitliche segnete. Die Tatsache, daß Spanien früher als andere Länder die Organisation eines Nationalstaates erhielt, der zentralistisch gelenkt wurde und in den dauernd gewaltige Mittel aus den amerikanischen Kolonien strömten, verlieh dem Land in Europa eine merkliche Überlegenheit.

Überall wurden spanische Waffen, spanische Diplomatie und spanisches Geld tätig. Hinter dieser Aktivität stand stets der König, stand Philipp II., von den einen als Heiliger verehrt, von den anderen als Monstrum gescholten, von Schiller in *Don Carlos* immerhin mit Respekt behandelt – es ist in der Tat nicht ganz einfach, zu einem gerechten, fairen Urteil zu gelangen. In diesem Leben gibt es auch Geheimnisse, die nie geklärt werden konnten: Starb sein unglückseliger Sohn im Kerker an »seinen eigenen Exzessen« oder hat ihn der Vater töten lassen? An Größe, an Würde hat es ihm nicht gemangelt, Frömmigkeit war im hohen Maße vorhanden – er hätte lieber mancherlei Tortur ertragen, als einen Tag auf die Beichte zu verzichten. Was aber beichtete er, wie war dieses Zwiegespräch mit Gott beschaffen? Gestand er ein, daß er Menschen töten, Länder verwüsten ließ? Führte er für sich an, daß er dem Drängen seiner engli-

Kaiser Rudolf II. bei der Wassertrinkkur. 1607 wurde er wegen seines Geisteszustandes als Familienoberhaupt abgesetzt. Sein Nachfolger war sein Bruder Matthias. Rudolf war ein Freund der Künste und der Wissenschaften, einschließlich der Alchemie und der Astrologie.

schen Gattin, Ketzer zu verbrennen, nicht nachgegeben hatte? Fügte er sich dem Willen Gottes, wenn er den Untergang der Armada, die spanische Invasionstruppen nach England hätte bringen sollen, gelassen hinnahm? »Ich habe meine Schiffe gegen Menschen ausgesandt und nicht gegen Wasser und Winde.«

Man hat gesagt, daß er den von Karl V. geprägten Stil von Leben und Regieren weiterentwickelt habe. Das Ansehen des spanischen Hofes war so groß, daß Kaiser Maximilian II. (1564–1576) seine Söhne Rudolf und Ernst dorthin sandte, wie man heute begabte junge Männer auf eine der großen Universitäten des Landes schicken würde. Aber als die Erzherzöge zurückkamen, zeigte sich, daß sich die beiden Höfe auseinandergelebt hatten, daß das spanische Lebensgefühl dem österreichischen nicht adäquat war. Viel Unheil ist aus dem Versuch entstanden, diese Lebensform, diesen Frömmigkeitsstil anderen Ländern aufzunötigen. Der venezianische Gesandte am Kaiserhof, ein kluger, genauer Beobachter, hat den Unterschied bei dem Übergang vom Äußerlichen zum Innerlichen festgehalten: »Es haben auch diese Fürsten von ihrer Erziehung in Spanien etwas mitgebracht ... und zwar einen gewissen Stolz, sei es im Schreiten, sei es in jeder anderer ihrer Gebärden, der sie, ich möchte nicht verhaßt sagen, um dieses unerfreuliche Wort zu vermeiden, aber jedenfalls viel weniger beliebt macht, als sie sein könnten. Denn das widerspricht in jeder Hinsicht dem hiesigen Landesbrauch, der beim Fürsten eine gewisse familiäre Redeweise verlangt ... und als sie aus Spanien gekommen waren, bemerkte dies Seine Majestät und machte sie darauf aufmerksam und befahl ihnen, ihr Verhalten zu ändern ... und da es nichts oder nur wenig half, mußte er eines Tages, um ihr Ansehen zu retten, lachend sagen, daß sie es auch mit ihm so machten, wobei er darlegen wollte, daß sie es nicht aus Hochmut täten ...« Aber es war nicht der »hiesige Landesbrauch«, der sich durchsetzte, der spanisch-habsburgische Stil blieb bis zu Leopold I. und Karl VI. prägend. Erst Maria Theresia hat sich wieder der Warmherzigkeit und Unmittelbarkeit eines Maximilian I. und II. erinnert.

Wie immer man nun im einzelnen über Philipp II. denken mag, die Größe und Eindringlichkeit dieser Herrscherpersönlichkeit wird einem erst richtig bewußt, wenn man sieht, wie Spaniens Macht und Größe unter seinen Nachfolgern verfiel. Das hatte gewiß eine Reihe allgemeiner Gründe: die anderen europäischen Staaten wurden stärker, ihre Wirtschaftskraft wuchs, der Zustrom von Gold und Silber aus den Kolonien war kein reiner Segen, und als die englische Seemacht erstarkte, wurden die Verbindungen unsicher. Aber die Schwäche der Nachfolger Philipps II., ihre Abhängigkeit von Günstlingen, wie dem

Das berühmte Velazquez-Bild LAS MENIÑAS zeigt in der Mitte die Infantin Margaretha Theresia, die Schwester Karls II., des letzten Habsburgers der spanischen Linie und spätere Gemahlin ihres Onkels, des Kaisers Leopold I.

Karl VI. und seine Frau Elisabeth Christine von Braunschweig-Wolfenbüttel. Er sollte eigentlich den spanischen Thron besteigen, der dann jedoch dem Enkel Ludwigs XIV. von Frankreich zufiel; beim Tode seines Bruders Joseph I. wurde er Kaiser.

Herzog von Lerma und dem Grafen Olivares – selbst Erscheinungen von Mittelmaß, die sich Philipp II. vom Leib gehalten hätte –, beschleunigten den Abstieg. Weder gelang es, den wieder zum Leben erwachten Konflikt mit Frankreich zu vermeiden, noch durchzusetzen, daß die spanischen Subsidien, die nach Wien gingen, so verwendet wurden, wie es Madrid für wünschenswert hielt.

Über Inzucht und Degeneration wird oft etwas leichtfertig gesprochen. Aus der Tierzucht ist bekannt, daß dieses Mittel zur Herauszüchtung hervorragender Eigenschaften unentbehrlich ist; auch aus dem Pharaonenreich ist über die nachteiligen Folgen der Geschwisterehen nichts bekannt geworden. Wenn man jedoch die rund hundert Jahre betrachtet, die die Habsburger noch in Spanien herrschen sollten, so gelangt man doch zu der Ansicht, daß die häufigen Heiraten nah Verwandter zu einer ungünstigen Auslese geführt haben. Zu den letzten Plänen dieser Art gehörte die Vermählung von Ferdinands Tochter Maria Anna mit dem verwitweten König Philipp IV. (1621 bis 1665). Der Kaiser hatte auf eine Doppelhochzeit gehofft, sein Sohn, der Erzherzog Ferdinand, sollte Philipps älteste Tochter Maria Theresia ehelichen. In der Verständigung zwischen beiden Häusern muß es allerdings einen Kurzschluß gegeben haben, denn dem Erzherzog-Thronfolger, der mit seiner Schwester bis Rovereto gekommen war – die Stadt markiert die Grenze zwischen den von Wien und Madrid verwalteten Besitzungen –, wurde dort bedeutet, daß die Hand der Infantin anders vergeben worden war. Der glückliche Bräutigam war Ludwig XIV., dessen Mutter wieder eine spanische Habsburgerin war. Es war eine Zurückweisung mit weltpolitischer Bedeutung, denn aus der Ehe mit dem Sonnenkönig sind jene Ansprüche entstanden, die zum Spanischen Erbfolgekrieg geführt haben. Hunderttausende junger Europäer blieben auf den Schlachtfeldern. Frankreich schien im Augenblick siegreich, aber die Opfer, Entbehrungen und Lasten, die es zu tragen hatte, brachten es dem Tag der Revolution näher.

Die österreichischen Habsburger hatten bis zu Ende des 17. Jahrhunderts mit zwei gewaltigen Problemen zu tun: äußerlich mit der Bedrohung durch die »Hohe Pforte«, die gewaltigen muselmanischen Heere des Sultans, innerlich mit der Glaubensspaltung, im eigenen Land wie im übrigen Deutschland. Grob gesehen hingen dabei die beiden Phänomene so zusammen, daß die Neigung, sich mit den Protestanten zu vertragen und ihnen Rechte zuzusichern, größer wurde, wenn die Gefahrenzeichen aus dem Osten sich mehrten. Diese Neigung nahm jedoch schnell wieder ab, wenn die Hohe Pforte friedlicher erschien. Sieht man genauer hin, war die Lage allerdings viel differenzierter, änderte sich von Herrscher zu Herrscher.

Ferdinand I. (1556–1564) war zwar persönlich streng

Die Verleihung des Maria-Theresia-Militärordens am Hofe von Wien. Der Orden war 1757 ins Leben gerufen worden, um einen Sieg des österreichischen Heeres im Siebenjährigen Krieg zu feiern.

katholisch, blieb aber den Lutherischen gegenüber tolerant und war stets um einen Ausgleich bemüht. Mit seinem Sohn hatte der Kaiser Schwierigkeiten; sie beruhten zum Teil auf dem Teilungsvertrag, in dem ein wechselnder Besitz der Kaiserwürde zwischen der spanischen und österreichischen Linie vorgesehen war. Maximilian wäre also leer ausgegangen. Dagegen lehnte er sich auf, aber auch die deutschen Fürsten waren keinesfalls bereit, einen »Spanier« zum Kaiser zu machen, zum anderen Teil gab es vieles im Protestantismus, das Maximilian anziehend fand. Es kam zu Auseinandersetzungen mit dem Vater, Maximilian gab schließlich nach, leistete 1562 einen Eid, als Katholik zu leben und zu sterben. Im selben Jahr wurde er in Frankfurt zum römischen König gewählt; bereits zwei Jahre später starb Ferdinand und Maximilian wurde Kaiser.

Er regierte zwölf Jahre und blieb mit vielen Protestanten befreundet. Mit seiner Frau, der Cousine Maria aus Madrid, vertrug er sich nicht allzu gut. Sie sah streng aus, hatte eine etwas große Nase, trug die Haare zurückgekämmt, schenkte aber ihrem Mann vier Söhne, von denen zwei die Kaiserkrone tragen sollten. Als er sich in Regensburg zum Sterben bettete, kam es zu einer schaurigen Szene: Er weigerte sich, einen Priester kommen zu lassen, wollte die Letzte Ölung nicht empfangen. Nicht nur die ungeliebte Gattin, auch seine Schwester, der jüngere Sohn, der päpstliche Nuntius und der spanische Gesandte rangen um das, was sie für sein »Seelenheil« hielten. Der Kaiser indes blieb standhaft, sein Priester, sagte er, sei im Himmel.

Der Starrsinn des Kaisers, der einmal gesagt hatte, »man kann religiöse Fragen nicht mit Feuer und Schwert lösen, sondern nur durch das Wort Gottes, christliche Verständigungsbereitschaft und Gerechtigkeit«, war sicherlich darauf zurückzuführen, daß er gesehen hatte, wie katholische Monarchen, die ohne ihren Beichtvater keinen Schritt tun wollten, unter Umständen zu handeln bereit waren. Da gab es etwa die Nachricht von der Pariser Bartholomäusnacht, die so schrecklich war, daß der Kaiser sie zunächst nicht glauben wollte. Er war darüber um so bestürzter, als seine eigene Tochter mit Karl IX. von Frankreich verheiratet war. Noch tiefer dürfte ihn das Schicksal von Don Carlos getroffen haben, den Sohn Philipps II., den der Vater einkerkern und, wie manche andeuteten, ermorden ließ. Don Carlos war mit der Lieblingstochter Maximilians, der schönen Erzherzogin Anna, verlobt gewesen. Es muß den Kaiser in tiefe Gewissenskonflikte gestürzt haben, als der Vater des unglücklichen Bräutigams, der vielleicht auch sein Mör-

Maria Theresia in Trauer um ihren verstorbenen Gemahl, Franz von Lothringen. Mit ihr auf dem Bild befinden sich vier ihrer sechzehn Kinder, darunter die beiden späteren Kaiser Joseph II. und Leopold II. Von ihren Töchtern wurde Marie-Antoinette Königin von Frankreich und Maria Karoline Königin von Neapel.

der war, nun anstelle des Sohnes um die Hand des einundzwanzigjährigen Mädchens anhielt; schließlich willigte er ein und die Heirat fand 1570 statt. Als jedoch der Kaiser sechs Jahre später auf dem Totenbett lag, fand der angesammelte Abscheu vor der Verquickung geistlicher und weltlicher Macht, von Bigotterie und Skrupellosigkeit, noch einmal vehementen Ausdruck, indem er sich weigerte, einen Priester zu sich zu rufen.
Daß einem Kaiser wie Maximilian II. ein Rudolf II. folgen mußte, zählt zu den großen Tragödien der europäischen Geschichte. Der Herrscher, in dem sich zweimal das Blut Johannas der Wahnsinnigen vereinte – sein Vater war als Sohn Ferdinands I. ihr Enkel, seine Mutter als Tochter Karls V. ihre Enkelin –, war unentschlossen, aber eigensinnig, intolerant, jedoch ineffektiv, mehr am Uhrwerk des Kosmos interessiert als an dem der Politik. Indem er die Dinge treiben ließ, förderte er die Polarisierung seiner Länder. Der protestantischen Union stand die katholische Liga gegenüber; es war lediglich eine Frage der Zeit, wann es zu dem großen Zusammenstoß kommen würde.
Zur selben Zeit führte Heinrich IV. von Frankreich, der ehemalige Heinrich von Navarra, der Welt vor, wie rasch ein Land unter toleranter Herrschaft, unter einer Politik, wie sie auch Maximilian II. betrieben hatte, aufblühen, an Stärke und Kraft gewinnen konnte. Das Edikt von Nantes gab den Hugenotten die alten Rechte zurück und sicherte die Glaubensfreiheit im Land. Heinrichs großer Plan, sich mit den Protestanten in Deutschland zu verbinden und in Europa ein neues Frankenreich zu gründen, dieser Plan, von dem der Meistbetroffene auf der Prager Burg kaum richtig Kenntnis genommen hatte, wurde nur deshalb nicht ausgeführt, weil Heinrich 1610 dem Mordanschlag Ravaillacs zum Opfer fiel.
Dabei war Rudolf II. (1576–1612) keine uninteressante Erscheinung. Prag, wo er residierte, wurde zu einem Zentrum kultureller und geistiger Bestrebungen. Der Kaiser war ein Sammler hohen Ranges. Die heute in Wien hängenden Breughels und Correggios zeugen von seinem Kunstsinn; sein Interesse für die Wissenschaft ist ebenso bekannt wie seine Leidenschaft für die Alchemie, was gewiß von seinem Aberglauben herrührte. Immerhin hat er nicht nur Tycho Brahe aus Dänemark nach Prag berufen, sondern auch den Protestanten Kepler als seinen Assistenten geduldet. Aber weder die Kunstgeschichte noch die Astronomie – von der Astrologie gar nicht zu reden – sind Zeichen herrscherlicher Aktivität. Rudolf II. schloß sich immer mehr von der Welt ab, in der sich immer klarer die Katastrophen abzuzeichnen begannen, die zu verhindern seine Aufgabe gewesen wäre. Er schloß sich ganz in der kaiserlichen Burg über der Moldau ein,

Der Wiener Hof bei der Hochzeit des ältesten Sohnes Maria Theresias, dem späteren Kaiser Joseph II. Als der aufgeklärte Kaiser starb (1790), war in Ungarn und Holland die Revolution in vollem Gange.

Eine Begegnung der »aufgeklärten Despoten«: Joseph II. und Katharina II. von Rußland. Dem rationalistischen Reformismus des Kaisers fehlte die Toleranz, mit der seine Mutter ihr außergewöhnliches Temperament zügeln konnte.

die Grenzen zwischen Realität und Irrealem begannen so weit zu verschwimmen, bis sogar exotische Tiere die riesigen Säle des Hradschins bevölkerten. Der Bruder des Kaisers, Mathias (1612–1619), hatte schon seit einigen Jahren die Herrschaft geführt. Als Rudolf II. 1612 starb, folgte er ihm in der Kaiserwürde. Er war toleranter als sein Vorgänger, aber was im Augenblick die Situation noch hätte retten können, war Toleranz mit Festigkeit, Toleranz mit Nachdruck und Klugheit, während Mathias es nur fertigbrachte, »auf halben Wegen und zu halber Tat mit halben Mitteln zauderhaft zu streben«, wie Grillparzer es formuliert hat.

Und wie so häufig in der Geschichte: Nach einer Zeit unsicherer Führung, steten Zögerns und gebrochenen Willens wird dem Mann konträrer Eigenschaften, zähen Wollens und fanatischer Entschlossenheit zunächst kaum Widerstand entgegengesetzt. Ein solcher Mann war der steirische Ferdinand, zu dessen Gunsten Mathias als König von Böhmen und Ungarn abgedankt hatte, um ihm für die Wahl zum König und Kaiser eine günstige Ausgangsposition zu schaffen. Ferdinand war von hohem Wuchs, hatte rotblondes Haar und ein gewinnendes Wesen. In der Steiermark hatte er die Protestanten vertrieben, die man auf mehr als die Hälfte der Bevölkerung schätzte, auch in Böhmen und Ungarn griff er hart durch. Aber wieder zeigte es sich, daß der Erfolg eines Mannes dieser Art auf den charismatischen Wirkungsbereich beschränkt bleibt, daß er die Allianz der peripheren Mächte nicht verhindern kann, dem endlosen, qualvollen Ermattungskampf nicht entgehen kann. Die peripheren Mächte hießen in diesem Fall Frankreich und Schweden, der qualvolle Ermattungskampf war der Dreißigjährige Krieg, genauer eine ganze Serie von Kriegen, Feldzügen, Kampagnen, von Pausen und neuen Versuchen, von Hungersnöten und Seuchen, die die Bevölkerung Deutschlands auf einen Bruchteil ihres früheren Standes reduzierte, ganz Europa um ein Jahrhundert zurückwarf.

Begonnen hatte diese Tragödie mit einem strahlenden Sieg. Am 8. November 1620 vernichtete der kaiserliche Feldherr Tilly das Heer des »Winterkönigs«, der dem Kaiser die Krone Böhmens hatte nehmen wollen; die Blüte des böhmischen Adels fand ihren Untergang. Man weiß zu berichten, daß Kaiser Ferdinand II. (1619–1637) lange gezögert haben soll, das Todesurteil zu unterschreiben. Schweiß sei ihm auf der Stirne gestanden, er hätte das Pergament von sich geschoben, sich erst mit seinen Beichtvätern besprechen wollen. Dann wurde die Hinrichtung auf dem Altstädterring vollzogen, die Köpfe der Anführer der nationalen Bewegung über dem hohen Tor der Karlsbrücke aufgespießt. So schrecklich das auch gewesen sein mag, das viel Schrecklichere sollte erst noch folgen. Die Geschichtsschreibung und Publizistik des 20. Jahrhunderts hat für das Haus Habsburg zunächst wenig Sympathie an den Tag gelegt; kaum berücksichtigt wurde die Tatsache, daß die Habsburger ein übernationales Geschlecht waren, daß sie kein Volk seiner Eigenart berauben wollten, daß sie den lokalen Traditionen mit Sympathie gegenüberstanden, sich der Sprache und Grammatik der ihnen anvertrauten Völker und Volksstämme annahmen. Erst im letzten Jahrzehnt ist eine Revision dieses Urteils eingeleitet worden, hat man sich, vor allem in Italien, um eine gerechtere Bewertung bemüht. Merkwürdigerweise hat man sich in der klischeehaften Verurteilung kaum je auf das berufen, was sich in Böhmen in den Monaten und Jahren nach der Schlacht am Weißen Berg abgespielt hat. Es hat zum Schlimmsten gehört, was in dieser Chronik von 650 Jahren zu berichten ist. Nach und nach wurde der ganze alte böhmische Adel, die ganze Führungsschicht dieses Landes, enteignet, oft genug auch liquidiert, kaum ein tschechischer Name überlebte. In den Händen einiger Besatzungsfamilien, nicht zuletzt der Liechtensteins, häufte sich ein unermeßlicher Reichtum. Einzelheiten sind in der grandiosen Wallenstein-Biographie Golo Manns nachzulesen.

Wallenstein, ein katholischer, ursprünglich utraquistischer Adeliger, war einer der Nutznießer dieser Neuverteilung. Er war reich genug, ein eigenes Heer aufzustellen, wurde engagiert, entlassen, neuerlich engagiert und schließlich wegen des dringenden Verdachtes hochverräterischer Verhandlungen ermordet. Die Führung des kaiserlichen Heeres ging nun auf einen spanischen Infanten über, der sich als tapfer und äußerst fähig erwies. Ferdinand II. starb bereits 1637, elf Jahre vor dem Westfälischen Frieden. Es blieb ihm erspart zu sehen, wie der Krieg immer mehr entartete, wie Söldnerheere von Gier und Furcht getrieben durch die Lande zogen, wie das Puffersystem der Bauernschaft zusammenbrach, wie die übergeordneten Prinzipien untergingen und sich jeder nur von den Gedanken leiten ließ, ein Stückchen ausgemergelten Landes oder eine verwüstete Stadt dazuzubekommen. Alle großen Ziele, für die Habsburg in den Krieg gezogen war, erwiesen sich als undurchführbar, die Teilung Deutschlands war nur härter und endgültiger geworden. Zum Schluß war der Kampf nur noch um den eigenen Besitz geführt worden, um das zu behalten, was ursprünglich ohnedies niemand hatte haben wollen.

Was blieb, war immerhin die Genugtuung, daß in den Erbländern der rechte Glaube triumphiert hatte, der in den folgenden Jahren die *Pietas Austriaca*, die habsburgisch-österreichische Frömmigkeit mit ihren Prozessionen, Dreifaltigkeitssäulen, Marienbildern, Hauskronen, Kaiserzimmern, Marterln und Beichtstühlen hervorbringen sollte. Doch diese Genugtuung allein hätte nicht genügt, das Gefühl von Leere und

Das Unglück der Habsburgerinnen in Frankreich: Marie-Antoinette, Tochter Maria Theresias, Frau des Dauphin und spätere Königin von Frankreich, starb am 16. Oktober 1793 unter dem Fallbeil.

Vergeblichkeit zu überwinden, den weltpolitischen Katzenjammer, den der Westfälische Frieden zurückgelassen hatte, zu beenden. Das Schicksal hatte für das Haus eine heroische Prüfung aufgespart, einen Kampf, der notwendig, unabweisbar und unvermeidlich war und aus dem man gestärkt und mit völlig neuem Lebensgefühl hervorgehen sollte.
Held dieser Auseinandersetzung war ein kleiner, häßlicher Mann mit schlechten Knochen und schadhaften Zähnen, musikalisch begabt, schüchtern und ursprünglich zum Diener Gottes ausersehen ... nein, gemeint ist nicht Prinz Eugen von Savoyen, sondern Kaiser Leopold I. (1657–1705). Er war zwei Jahre jünger als sein großer Gegenspieler Ludwig XIV., wurde 1658 zum Kaiser gewählt, heiratete zuerst die jüngere Tochter Philipps IV., Margarita Terese, die mit 22 Jahren im Kindbett starb, dann eine österreichische Erzherzogin und schließlich eine deutsche Prinzessin, Eleonore von Pfalz-Neuburg, die zwei künftigen Kaisern, Joseph und Karl, das Leben schenkte. Die türkische Gefahr hatte sich schon seit langem angekündigt; Kundschafterberichte machten klar, daß der Sultan ein gewaltiges Heer versammelt habe, nur wollte man lange Zeit nicht glauben, daß es Wien gelte. Man wies die böse Kunde mit den Worten von sich: »So schlimm wird's nicht sein«, so daß man die Befestigungen der Stadt schließlich im letzten Augenblick erneuern mußte. Im Jahre 1683 war es dann so-

Klemens Fürst von Metternich, geboren 1773, gestorben 1859. Der große österreichische Diplomat und Staatsmann leitete ab 1814 den Wiener Kongreß, der die Neuordnung Europas und die Erhaltung des europäischen Friedens anstrebte.

weit. Ein osmanisches Heer von über 250 000 Mann zog über den Balkan, brach in die Theißebene ein und stand im Juli vor den Toren Wiens.

Ein Teil der ungarischen Magnaten hatte sich mit den Türken günstig arrangiert. Ins türkische Zeltlager vor Wien waren nicht nur der König von Siebenbürgen, sondern auch die Draskovich, Nadastys und Eszterhazys gekommen, um dem Großwesir den Gewandsaum küssen zu dürfen. Für den Landwirt und den Handwerker Niederösterreichs, für den gefangenen Soldaten, den Fuhrwerker und Händler bedeuteten die Eindringlinge nichts als Grauen und Untergang. Das war nicht die etwas aufgebauschte Furcht vor den fremden Soldaten, wir wissen aus türkischen Quellen, etwa aus dem Tagebuch des türkischen Zeremonienmeisters, der die Belagerung mitgemacht hatte, wie es da zuging, daß Tausende Gefangene geköpft und erschlagen wurden, daß man auch die, denen man Pardon fest versprochen hatte, niedermetzelte. »Der kommandierende Pascha setzte sich auf einen roten Teppich inmitten der Ruinen am Hauptplatz von Berchtoldsdorf und verlangte, daß ihm die Kirchenschlüssel zusammen mit dem Lösegeld von einer blonden Jungfrau, die eine weiße Fahne und einen Blumenkranz zu tragen habe, überbracht werden müßten. Die siebzehnjährige Tochter des Bürgermeisters wurde auserwählt ... als die Dorfbewohner ins Freie traten, wurden sie entwaffnet und festgenommen. Die Männer wurden an Ort und Stelle niedergemacht. Der Pascha behielt sich das Vergnügen vor, das unglückliche junge Mädchen eigenhändig zu töten ...«

Leopold widerstand der Versuchung, sich an die Spitze seines Heeres zu stellen, von dessen Führung er nicht allzuviel verstanden hätte. Er flüchtete nach Innsbruck, dann nach Passau, berief einen Reichstag nach Regensburg ein, war unermüdlich und einfallsreich tätig, Hilfe für die belagerte Stadt zu organisieren. Die deutschen Fürsten, die allmählich aus dem Alptraum des Dreißigjährigen Krieges erwachten, stellten Truppen auf, der König von Polen brach von Krakau aus mit einer eigenen Armee auf, Freiwillige aus ganz Europa meldeten sich in Passau, so daß eine eigene Uniform für fremde Prinzen entworfen wurde. Für einen von ihnen, der aus dem Haus Savoyen stammte und mit Vornamen Eugenio hieß, war sie allerdings zu teuer ... Das Entsatzheer kam gerade im letzten Augenblick. Am 12. September fluteten die Truppen über die Hänge des Wienerwaldes, den die Türken nicht besetzt hatten, die Überlegenheit des armierten christlichen Einzelkämpfers machte sich bemerkbar, das türkische Heer wandte sich zur Flucht, ließ die seidenen Zelte, die Gärten, Konkubinen und exotischen Tiere zurück. Der kleine Savoyer aber hatte seine Feuertaufe erfahren. Nur vierzehn Jahre später hat er, nun vierunddreißig Jahre alt, als kaiserlicher Generalissimus bei Zenta ein großes Türkenheer vernichtet, das er beim Übergang über die Theiß stellen konnte. Weitere siebzehn Jahre später hat er nicht nur Belgrad eingenommen, sondern das türkische Entsatzheer in die Flucht geschlagen. Eine Waffentat, an die noch heute das Lied vom edlen Ritter erinnert: »Er ließ schlagen eine Brucken/Das man kunt hinüberruckn/Mit d'r Armee wohl für die Stadt!«

Diese drei Daten, 1683, 1697 und 1717 ragen wie Bergspitzen über die Niederungen des Türkenkrieges mit seinen Grenzscharmützeln, Tributzahlungen und Flußgefechten, dem Leben in der Militärgrenze, den Kundschaftern, Gefangenen und kleineren Gefechten. Zu den ersten beiden Siegen trug Kaiser Leopold wesentlich bei; er war es, der die Bedeutung Eugens erkannte, ihn zum Oberbefehlshaber machte, ihm freie Hand gab. Der Kaiser starb 1705; ihm folgte Kaiser Joseph I. (1705–1711), der aber nur 6 Jahre regierte und 1711 an der Cholera starb. Dann nahm Karl VI. (1711–1740) den Thron ein, unter ihm also wurde der Sieg von Belgrad erfochten. Damit war die Türkengefahr endgültig gebannt, die Länder atmeten auf. Die uralte Vorstellung, daß aus dem Osten und Südosten plötzlich barbarische Heere auftauchen könnten, um mordend, plündernd, sengend und ohne Pardon das Herz Europas zu erreichen, schien für immer gebannt. Ein Alptraum vieler Namen, wie Hunnen, Awaren, Mongolen und Türken schien ausgeträumt. Mit dem Genie des Savoyers aber hatte sich Österreich, in dem, wie Musil einmal festgestellt hat, »Genie und geniale Unternehmungslust an Privatpersonen als Herausforderung und Anmaßung empfunden wird«, ganz gut arrangiert, ja der Prinz war zur Symbolfigur des neuen, überschwenglichen, formen-

Das Unglück der Habsburgerinnen in Frankreich: Marie Luise auf einem Bild von G. B. Borghesi. Die Tochter Kaiser Franz' I. und Gemahlin Napoleons I. endete als Herzogin von Parma und Piacenza.

reichen, ausdrucksstarken, zum Himmel strebenden, aber der Erde verbundenen, alles umfassenden Lebensgefühls geworden. Und gerade jetzt waren große Architekten aufgetaucht, die im Dienst des Kaisers Stadt und Umgebung bereicherten und veränderten, die Paläste des Savoyers erbauten: Johann Bernhard Fischer von Erlach, der Erbauer der Karlskirche, Lukas von Hildebrandt, der das Belvedere konzipierte, Jakob Brandtauer, der das gewaltige Stift Melk am Steilhang der Donau errichtete.

Wir haben bisher nichts von den Kämpfen und großen Schlachten berichtet, die während der Türkenkriege gegen den Vetter Ludwig, den Sonnenkönig, geführt werden mußten. Wie wir schon erwähnt haben, war auch er ein halber Habsburger. Der große Sieg von Höchstädt (die Engländer sprechen von Blenheim) wurde beispielsweise sieben Jahre nach Zenta und dreizehn Jahre vor Belgrad errungen, Malplaquet fand zwölf Jahre nach Zenta und acht Jahre vor Belgrad statt, aber auch die Siege, die der Savoyer in Italien über die französischen Marschälle Catinat, Villeroy und Vendôme errang oder das große Treffen vor Turin gäben spannenden Erzählstoff. Was uns hier aber im besonderen interessiert, ist der Einfluß äußerer Ereignisse auf die Habsburger. Allerdings nicht diese äußeren Ereignisse an sich, sondern es ist unsere Aufgabe zu zeigen, wie diese Ereignisse Mitglieder des Hauses formten und veränderten und wie diese Veränderungen in einem *Feedback*-Verfahren wiederum die Geschehnisse beeinflußten. Wir haben schon erwähnt, daß Kaiser Leopold 1705 starb, daß dann Joseph I. für sechs Jahre regierte, dem wieder Karl VI. auf dem Thron folgte, der ursprünglich nur für die spanische Krone vorgesehen war. In den meisten Geschichtswerken wird auch heute noch angeführt, daß der Tod Josephs I. dafür verantwortlich war, daß England die große Allianz verließ, die es mit dem Kaiser gegen Frankreich eingegangen war. Dieser Wechsel wird sogar immer wieder als Beispiel für die Politik des *Balance of Power* angeführt. Zieht man jedoch englische Quellen zu Rate, so entdeckt man bald, daß der langwährende Krieg schon viel früher Gegner auf den Plan gerufen hatte, ja daß die Intrigen, die zu dem Ausscheiden Englands führten, schon zu einem Zeitpunkt fast abgeschlossen waren, da die Gesundheit des mit 33 Jahren Verstorbenen noch keinerlei Anlaß zur Besorgnis gab.

Karl VI., der schon im Äußeren mehr an die spanischen Habsburger nach Philipp II. erinnerte, hatte sein Herz an den spanischen Thron verloren. Auch die Friedensschlüsse von Utrecht und Rastatt konnten ihn nicht überzeugen, daß die Partie verloren war. Er residierte in Wien wie ein emigrierter spanischer Monarch, legte Wert auf das spanische Zeremoniell, umgab sich mit spanischen Beratern, über deren Einfluß natürlich Klage geführt wurde. Entspannung fand er nur in der Musik und auf der Jagd. Hier aber war er vom Unglück verfolgt: Er erschoß versehentlich den Fürsten Schwarzenberg. Als Denkmal seines spanischen Heimwehs begann er schließlich Klosterneuburg zu einer Klosterresidenz nach Art des Escorials auszubauen. Das Unternehmen wurde nicht vollendet, aber noch heute zeugen die Kaiserkrone und der Erzherzoghut in den Kuppeln vom kaiserlichen Bauwillen.

Merkwürdig karg mutet einen an, was der Monarch zum Tode Prinz Eugens in sein Tagebuch eingetragen hat: »Um halb 9 Nachricht, Prinz Eugen von Savoyen, der seit 83 in meines Hauses Dienst, im Feld seit 97 in Kommando Aktionen große Dienste getan, 1703 Kriegspräsident worden, mir seit 1711 in allem dient, im Bett tot gefunden worden, nach langer Krankheit. Gott sei der Seele gnädig. In seinem 73. Jahr.« In dieser Eintragung – man muß sie schon genau lesen, um festzustellen, daß es sich nicht um einen verläßlichen Kammerdiener gehandelt hat – finden sich noch die knappen Worte »Jetzt sehen alles recht einrichten, bessere Ordnung«, die darauf schließen lassen, daß der Savoyer schon lange als lästiges Monument empfunden wurde und daß der Kaiser annahm, ohne ihn die Staatsgeschäfte besser führen zu können. Darin täuschte er sich freilich; so greisenhaft Eugen zum

Schluß auch gewesen sein mag, so leicht er bei Besprechungen einzunicken pflegte, sein dringender Ratschlag, daß angesichts der Raubgesinnung der europäischen Fürsten die »Pragmatische Sanktion« nicht mehr wert sein würde als die Armee, die zu ihrer Verteidigung bereitstünde, erwies sich als völlig richtig. Die Pragmatische Sanktion sollte der Tochter Karls VI., Maria Theresia, die Herrschaft über alle habsburgischen Besitzungen sichern. Fast alle europäischen Fürsten hatten diese Erbregelung mitunterschrieben. Aber die Armee, die Eugen aufzustellen begonnen hatte, wurde aufgelöst, wobei der Verfall der benötigten Truppe nur als Teil eines größeren Prozesses verstanden werden kann, eines Prozesses nachlassender Willenskraft, versiegender staatspolitischer Potenz. Alle Energie wurde auf jene rechtlich-gedanklich-diplomatischen Spielereien verwendet,

Dieses Bild von Peter Krafft zeigt Kaiser Franz I. bei seiner Ankunft in Wien nach seiner Rückkehr aus Paris (1814). Als Franz II. war er der letzte Kaiser des Heiligen Römischen Reiches.

die die Pragmatische Sanktion vor allem durch die Zustimmung Preußens und Frankreichs absichern sollten. Jedoch alle Opfer, die Preisgabe der Ostindischen Handelskompanie, die Teilnahme an zwei unglücklichen Kriegen und vorweggenommene Gebietsabtretungen, erwiesen sich als völlig nutzlos.

Maria Theresia (1740–1780) war dreiundzwanzig Jahre alt, als sie ein Reich übernahm, dessen Zusammenhalt die letzten Regierungsjahre ihres Vaters ernsthaft in Frage stellten. Welches sind die Jahre, in denen eine Frau am schönsten ist, den größten Zauber entwickelt? Wir besitzen ein Bild Maria Theresias, das sie vor ihrer Thronbesteigung zeigt: Es sind junge, liebenswürdige, ein wenig schüchterne Züge, sie scheint die Welt zu fragen, was sie für sie bereit halte, und sich vor der Antwort ein klein wenig zu fürchten; noch sind diese Züge nicht vom Glanz einer erfüllten Frau erhellt. Sie war die letzte der althabsburgischen Herrscher; mit ihr wurde ein halbes Jahrtausend abgeschlossen. Doch sie war die erste Herrscherin eines neuen Österreichs, das aufblühen und sich entwickeln sollte, indem die Beziehungen zwischen Volk und Herrscher herzlicher und unmittelbarer wurden, eines Österreichs der Reformen und Neugestaltung, das die letzten Züge des Mittelalters abschüttelte. Ihre Mutter, Prinzessin Elisabeth-Christine von Braunschweig-Lüneburg-Wolfenbüttel, war eine Welfin, auch die Großmutter aus dem Hause Pfalz-Neuburg war eine deutsche Prinzessin gewesen. Die lange Linie interfamiliärer Heiraten war damit endlich unterbrochen. Es läßt sich denken, daß die ungeheure Lebens- und Schaffenskraft der Kaiserin – sechzehn Kinder, der völlige Umbau eines Staates, der ohne ihre Mitarbeit nie möglich gewesen wäre, ein reges Familienleben, Anteil an der Erziehung der Kinder, mit denen sie auch im späteren Leben in engem brieflichen Kontakt bleibt – auch auf diese Blutauffrischung zurückzuführen war. Die Kaiserin war also nicht nur mit den Bourbonen, sondern auch mit den meisten deutschen Fürstenhäusern verwandt. Es hat ihr wenig genutzt.

Erste Seite der »Pragmatischen Sanktion«, mit der Karl VI. die Herrschaft seiner Tochter Maria Theresia über alle habsburgischen Besitzungen sichern wollte.

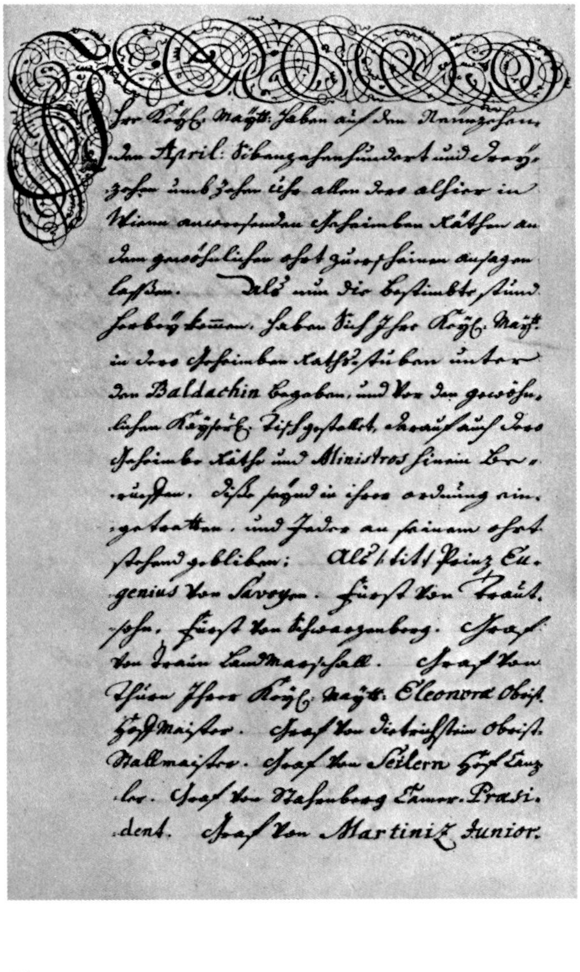
Ihro Königl. Maytt: haben auf den Neunzehen
den April: sibenzehenhundert und dreÿ
zehen umb zehen uhr allen dero alhier in
Wienn anwesenden geheimben Räthen an
den gewöhnlichen Hof zuruffen ansagen
laßen. Als nun die bestimbte Stund
herbeÿkommen, haben sich Ihro Königl. Maytt.
in dero geheimben Rathsstuben unter
den Baldachin begeben, und von der gewöhn-
lichen Königlichen Tischgestellet, darauf auf dero
geheimbe Räthe und Ministros seinen Ver-
rufen. dieselbe jegend in ihrer ordnung ein-
getretten. und Jeder an seinem Orth
stehend geblieben: Als titl Prinz Eu-
genius von Savoyen. Fürst von Trautt-
sohn. Fürst von Schwarzenberg. Graf
von Traun Landmarschall. Graf von
Thun Ihro Königl. Maytt. Eleonora Obrist
Hofmaister. Graf von Dietrichstein Obrist
Stallmaister. Graf von Seilern Hofkanz-
ler. Graf von Starhemberg Camer-Prasi-
dent. Graf von Martinitz Junior.

Der erste Angriff kam von unerwarteter Seite, von dem kaum vier Jahre älteren räuberischen Friedrich von Preußen, für den sich Prinz Eugen eingesetzt hatte und der jahrelang mit von der kaiserlichen Unterstützung gelebt hatte. Offenbar hatte der Preußenkönig angenommen, daß er gegenüber der jungen Frau, die sich selbst dem Grafen Khevenhüller »als eine von der ganzen Welt verlassene Königin« bezeichnet hatte und ihre Räte anfahren mußte, »die arme Königin nicht noch mehr zu decouragieren, sondern ihr zu helfen und zu raten« leichtes Spiel haben würde. Aber sie besaß in hohem Maße den in ihrer Familie traditionellen Starrsinn im Unglück.
Sie verwickelte Friedrich in endlose Kriege, in denen sein Ende mehr als einmal nahe schien, setzte seinem Herrscherbild kalt, skrupellos ironisch das ihre entgegen. »Die Welt ist jetzt so leichtfertig, so wenig wohlwollend. Alles wird ins Lächerliche gezogen ... unsere Deutschen verlieren hierdurch die besten Eigenschaften, die sie besaßen: ein wenig schwerfällig und rauh zu sein, aber gerade, wahrhaftig und fleißig. Ich für meine Person liebe all das nicht, was man Ironie nennt. Niemals wird irgend jemand durch sie gebessert, wohl aber geärgert, und ich halte sie unvereinbar mit der Liebe des Nächsten.« Dabei konnte sie, wenn es nötig war, auch Härte zeigen. So schrieb sie nach dem Verlust von Prag an den Fürsten Kinsky: »Alle meine Heere ... sollen eher vernichtet werden, als daß ich etwas abtrete. Der kritische Augenblick ist endlich da; schonet das Land nicht, um es zu erhalten. Helft dazu, daß der Soldat zufrieden gestellt werde und nichts entbehrt ... Ihr werdet sagen, daß ich grausam sei. Es ist wahr; ich weiß aber auch, daß alle die Grausamkeiten, welche ich jetzt begehen lasse, um mir das Land zu erhalten, daß ich sie alle hundertfältig zu vergüten im Stande sein werde. Das will ich tun, aber jetzt verschließe ich mein Herz dem Mitleid.«
Was wäre geschehen, wenn der Kaiserin die sinn- und nutzlosen Kriege, ausgelöst durch die Raubgier des Preußenkönigs, durch die wittelsbacherische Sehnsucht nach der Kaiserwürde und die französische Hoffnung, einen Teil der habsburgischen Liquidationsmasse zu bekommen, erspart geblieben wäre? Kriege, die letzten Endes nur kontinentale Nebenschauplätze der großen Konfrontation zwischen England und Frankreich um die Seeherrschaft und die neuen Weltreiche gewesen sind. Die Kaiserin war schon 31 Jahre alt, als sie in Aachen den Frieden unterschrieb. Die folgenden acht Jahre verwandte sie darauf, die notwendigen Reformen einzuleiten. Die Armee wurde reformiert und ein Berufsheer geschaffen, eine zentrale Bürokratie stand der Kaiserin zur Seite, die Steuerfreiheit des Adels wurde aufgehoben, das Bildungswesen auf eine neue Grundlage gestellt. Als all dies in Angriff genommen war, zählte die Kaiserin neununddreißig Jahre, ein neuer Waffengang begann, an dem sie nicht ganz unschuldig war. Als der »Siebenjährige Krieg« zu Ende ging, war die Kaiserin sechsundvierzig; zwei Jahre darauf starb ihr Gemahl, Franz von Lothringen, den Maria Theresia über alles geliebt hatte. Mit anderen Worten: Die eigentlich schöpferischen Jahre, die eigentlich schöpferische Kraft dieser außerordentlich begabten Frau wurden weitgehend vom Krieg absorbiert. Nach dem Tod ihres Mannes meinte sie nun zu nichts mehr gut zu sein. Es folgten jedoch noch fünfzehn Jahre, die mit lebhafter Tätigkeit ausgefüllt waren.
Sie waren jedoch auch erfüllt mit Konflikten und Spannungen zwischen der Kaiserin und ihrem Mitre-

Leopold II., Großherzog von Toskana, kommt seinen gefährdeten Untertanen während des Arno-Hochwassers von 1844 zu Hilfe. Dieser Habsburger war ein Enkel Kaiser Leopolds II., der als Peter Leopold I. Großherzog von Toskana gewesen war.

genten, dem späteren Kaiser Joseph II. (1765–1790). Hätten sich diese Spannungen auch ergeben, wenn die Kaiserin ihr Reformwerk in einer ruhigen Zeit hätte beginnen können, wenn es nicht durch drei lange Kriege unterbrochen worden wäre? Mußte Joseph nicht fühlen, daß die Zeit, die ihm selbst verblieb, immer knapper wurde? In der Tat sollten es nur zehn Jahre sein, in denen er allein herrschen konnte (1780 bis 1790), während seiner Mutter vierzig zur Verfügung standen! Ist also seine Ungeduld ganz unerklärlich? Und ist nicht auch sein Bild, das Soldatisch-Bürokratische seines Lebensstils, das arrogant Aufklärerisch-Ironische, die Freude an Pointen, mochten sie auch mitleidslos sein, vom großen Gegenspieler, von Friedrich von Preußen, geprägt? War all dies nicht ein frühes Beispiel dessen, was wir heute »Konvergenztheorie« nennen würden, derzufolge antagonistische Systeme, indem sie sich gegenüberstehen und ihre Kräfte messen, einander ähnlich und immer ähnlicher werden? So mußte die Kaiserin in dem geliebten Sohn Züge des »bösen Menschen« und »häßlichen Nachbarn« entdecken. Es war natürlich auch ein Konflikt der Temperamente. Die Kaiserin war sehr konservativ, menschlich, impulsiv, bereit, auch Fehler zuzugeben. Als die Engländer, damals noch Bundesgenossen, ihr vorwarfen, die ihr zugegangenen Subsidien für den Bau von Schönbrunn auszugeben, antwortete sie guten Gewissens, das sei nicht wahr, die Subsidien dienten dem Krieg, für Schönbrunn borge sie von den Juden. Viele Jahre später wollte sie dieselben Juden, bei denen sie so fleißig geborgt hatte, aus Österreich vertreiben, düsteren Einflüsterungen Folge leistend. Schließlich aber akzeptierte sie den Rat aufgeklärter Freunde, der Plan wurde widerrufen.

An Joseph schrieb sie aus gegebenem Anlaß einen Brief in tiefer Sorge, in dem auch das Schlüsselwort »ironisch« wieder vorkommt: »Glaubst Du Dir in solcher Weise brauchbare Leute zu erhalten? Ich fürchte, Du wirst in die Hände von Schurken fallen ... am meisten war ich betroffen zu sehen, daß Du keineswegs in der ersten Aufregung gehandelt. Vierundzwanzig Stunden, nachdem Du die Depesche empfingst, also nach reiflicher Überlegung, erfreust Du Dich daran, den Dolch ins Herz zu stoßen, mit ironischen Worten und viel zu übertriebenen Worten gegen Leute, welche Du selbst als die besten ansiehst und die zu erhalten Du bemüht warst ... denn es ist weder der Kaiser noch der Mitregent, von welchem diese beißenden, ironischen, ja böswilligen Züge ausgehen, sondern auch von dem Herzen Josephs, und das ist, was mich beunruhigt, das ist, was das Unglück Deines Lebens bilden und das der Monarchie und unser Aller nach sich ziehen wird.«

Die Monarchie sollte noch 150 Jahre währen, trotz der unsinnigen und erfolglosen militärischen Abenteuer, in die sich Joseph II. verwickelte. Eine eminente Gefahr erwuchs ihr jedoch aus der großen Bewegung, die Frankreich erschütterte, als ein Jahr vor dem Tod Kaiser Josephs die Bastille erstürmt wurde.

Drei habsburgische Kaiser hatten sich mit dem Phänomen der Französischen Revolution auseinanderzusetzen: Joseph II., sein Nachfolger Leopold II. und Franz II. Es wird im allgemeinen angenommen, sie seien von Anfang an erbitterte Gegner dieser Bewegung gewesen, was für die beiden erstgenannten sicherlich nicht stimmt. Joseph II. war ein leidenschaftlicher Aufklärer, der ebenso vorbehaltlos an die Vernunft glaubte wie die Männer des Konvents in Paris, der erste »Seeleningenieur« auf einem Thron, dessen Schwierigkeiten daraus erwuchsen, daß seine harten Maßnahmen im Namen der Ratio härter ins Leben der Untertanen eingriffen, als es das Gottesgnadentum gewagt hätte – weder vor Bestattungsbräuchen noch vor mönchischem Leben machte der Kaiser halt. Als er starb, waren Ungarn und die Niederlande in hellem Aufruhr. Sein Nachfolger, Leopold II. (1790 bis 1792), vertrat im wesentlichen keine anderen Auffassungen, nur daß er über sehr viel mehr Anpassungsfähigkeit, Fingerspitzengefühl und Takt verfügte. Er hatte von seinem Vater, Franz I., die Toskana geerbt – der dafür auf sein Stammland Lothringen verzichtet hatte. Hier hatte er gezeigt, wie man mit Vorsicht, Klugheit und Umsicht ein an sich armes Land weiterentwickeln und hochbringen kann. Der Palazzo Pitti wurde in der Tat das Zentrum fortschrittlicher Entwicklung. Aus den Anweisungen, die er für die Erziehung seiner Kinder niedergeschrieben hat, stammen folgende Worte: »Man entwickle in ihnen das Gefühl für die Armen und lasse sie nie die Reichen den Armen vorziehen.« Oder: »Die Fürsten müssen sich immer bewußt sein, daß sie Menschen sind; daß sie ihre Stellung nur einer Übereinkunft zwischen anderen Menschen verdanken, daß sie ihrerseits alle ihre Pflichten und Aufgaben erfüllen müssen, was die anderen Menschen mit Recht von ihnen erwarten ...«

Solche Worte zeugen von einem entwickelten sozialen Empfinden und einer radikal veränderten Auffassung der Stellung des Herrschers. Er wird nun als höchster Diener des Gemeinwesens verstanden, wie Friedrich von Preußen es postuliert hatte; dessen Leben allerdings mutet in vielem wie eine Travestie dieses Gedankens an. Der endgültige Bruch trat wohl erst in dem Augenblick ein, da Leopold um das Leben seiner armen Schwester Marie-Antoinette bangen mußte, die infolge der Umkehr der Bündnispolitik mit Ludwig XVI. verheiratet worden war. Er versuchte vergeblich, sie zu retten, wobei bestimmte Möglichkeiten nicht ausgeschöpft wurden. Marie-Antoinette, die stets ein Sorgenkind gewesen war, hat in den letzten Stunden eine Größe an den Tag gelegt, die die Fehler und Leichtfertigkeit ihres Wesens ausglich.
Franz II. (1792–1835) war der älteste Sohn Leopolds II., der sechzehn Kinder hatte. Er zählte zu jenen langregierenden Herrschern, die allein durch ihr zähes Leben über glänzendere Widersacher triumphieren. Nicht allein dadurch war er Friedrich III. ähnlich, er teilte mit ihm das phlegmatische Temperament sowie das Interesse für die Küche. Ob auch ihn ein sehr niederer Blutdruck befähigte, Niederlagen aller Art zu ertragen, wissen wir nicht. Niederlagen gab es jedenfalls genug: Aus den Wirren der Revolution erwuchs die Gestalt Napoleons. Die Heere des *Ancien régime* wurden besiegt, der Korse zog in Schönbrunn ein.
Nach dem Frieden von Preßburg 1806 legte Franz die Krone des Heiligen Römischen Reiches nieder und gründete ein Österreichisches Kaiserreich. Den alten Titel nahm er auch dann nicht wieder auf, als Napoleon besiegt war. Auch Franz II. war, ebenso wie sein großer Staatskanzler Metternich, in vielem von der Aufklärung geprägt. So war sein Sinn für das Geheimnis und die Imponderabilien der Macht verkümmert. Er begriff nicht, welche Macht der Wirkung die Krone des Reiches noch immer besaß; er erfaßte nicht, daß man so ein Vakuum schuf, das eines Tages ausgefüllt werden würde. Als er zum Kongreß nach Aachen kam und einen Teil der Reise auf dem Rhein zurücklegte, kamen Bauern aus den entlegensten Dörfern, um »ihren Kaiser«, den »guten Kaiser Franz«, zu sehen – eine Anhänglichkeit, die diesem kaum verständlich gewesen sein dürfte.
Was der Gestalt Franz' II., stoisch, bürokratisch, wortkarg, aber zu trockenem Humor durchaus fähig, noch mehr von ihrer Helligkeit nimmt, war die Tatsache, daß er zwei völlig anders veranlagte und außerordent-

Franz Joseph I. und seine Gemahlin Elisabeth von Bayern auf der Jagd. Das Bild stammt von Adam. Franz Joseph wurde durch die Abdankung seines Onkels Ferdinand I. als Achtzehnjähriger Kaiser.

lich befähigte Brüder hatte. Erzherzog Karl war eine der wenigen großen strategischen Begabungen, die das Haus hervorgebracht hatte. Er war der erste Besieger Napoleons und hat in seinem Werk »Grundsätze der Strategie« eine Kriegslehre dargelegt, von der Wandruszka meint, sie sei vielleicht der späteren Strategie von Clausewitz an innerer Ausgewogenheit überlegen gewesen. Neben dieser Figur, die in ihrem Ernst, ihrer Klugheit, ihrer Pflichtauffassung und Selbstdisziplin ein klassisches Maß an Größe besitzt, erscheint die Gestalt des dreizehnten Kindes Leopolds II., des Erzherzogs Johann, farbiger, beschwingter, musischer und in ihren Fehlern wie Vorzügen vielleicht auch liebenswerter. Er war der Erzherzog der Alpen und des Lodens, der Mann der Ausseer Postmeisterstochter Anna Plochl, ein tüchtiger Soldat und phantasiereicher Politiker. Daß er als Reichsverweser in der Paulskirche die freiheitlichen Kräfte nicht zusammenfassen, mit Macht ausstatten und auf ein großes Ziel lenken konnte, gehört zu den Tragödien unserer Geschichte.

Auf den »guten Kaiser Franz« folgte 1835 sein Sohn Ferdinand I. (1835–1848) mit dem Beinamen »der Gütige«. Gütig war er, liebenswürdig und gefällig ebenfalls, aber er litt an Epilepsie und war kein Geistesriese. Wieder hatte die Neigung der Habsburger zu interfamiliärer Verbindung ein Opfer gefordert: Seine Mutter war ein doppeltes Geschwisterkind ihres Gatten, da ihr Vater – hier wird es ein wenig kompliziert –, ihr Vater, also Ferdinand von Neapel-Sizilien, der Bruder von Franz' Mutter, ihre Mutter aber die Schwester von Franz' Vater gewesen war. Ob Ferdinand nur geistig minderbemittelt oder in der Tat schwachsinnig war, ist nicht restlos geklärt. Den trockenen Humor, den vor ihm Franz II. in so hohem Maß besessen, läßt auch er nicht ganz vermissen. Als ihn nach seiner Abdankung in Prag die Nachricht von der italienischen Niederlage erreicht hatte, soll er nur gesagt haben: »Dös hätt' i aa troffn.« Was indes die Situation nach 1835 unhaltbar machte, Reformen verhinderte und den emotionellen Staudruck bis 1848 immer weiter ansteigen ließ, waren nicht so sehr Charakter oder Geisteseigenschaften Ferdinands. Vielmehr war es eine letztwillige Verfügung Kaiser Franz', der in den von ihm bestellten Staatsrat den Grafen Kolowrat bestellte, einen Mann, demgegenüber Metternich, mit dem er obendrein verfeindet war, noch als liberal gelten konnte.

Die Frau, die es durchsetzte, daß der achtzehnjährige Franz Joseph Kaiser wurde, die dafür darauf verzichtete, selbst Kaiserin zu werden, was sie sich gewünscht haben muß, war Sophie von Bayern, die Gemahlin des Erzherzogs Franz Karl. Der Jugend war es zugute zu halten, daß sie mit den Mißgriffen vergangener Zeit nicht belastet war, daß man ihr einen völlig neuen Anfang zutrauen konnte. Wer wollte sein Herz verschließen, wenn es obendrein ein schöner, tapferer Prinz war? Kaiser Franz Joseph (1848–1916) hat, was die Länge seiner Regierung anbelangt, alle anderen Monarchen der Dynastie in den Schatten gestellt, Friedrich III. ebenso wie Franz II. Auf 68 Jahre Regentschaft hatte es bis dahin niemand gebracht. Doch die Zählebigkeit bedeutet diesmal keinen Triumph, die düsteren Wolken wollten sich nicht zerstreuen, sie zeigten vielmehr an, daß das Ende der Dynastie nahe schien. Zwar überlebte der Kaiser viele seiner Widersacher, aber immer neue, hartnäckigere, bösartigere stellten sich ein.

Die Epoche begann mit dem militärischen Triumph der kaiserlichen Waffen, die Revolutionen in Prag, Österreich, Ungarn und Italien wurden von Windisch-Graetz, Jellacic und Radetzky niedergeworfen, nur in Ungarn bedurfte man der russischen Waffenhilfe. Es waren die letzten Siege der Dynastie, und es muß einen Mann, der sich so sehr der Armee verbunden gefühlt hat, tief bedrückt haben, daß alle späteren Waffengänge verlorengingen. Gewiß hat sich die Armee auch später tapfer geschlagen: daß sie bei Königgrätz trotz technischer Überlegenheit der preußischen Armee den Zusammenhang nicht verlor und sich mit der erfolgreichen Südarmee vereinen konnte, zählt ebenso zu ihren Ruhmesblättern wie zahlreiche erfolgreiche Aktionen im Ersten Weltkrieg. Nur den Sieg, also die endgültige Entscheidung, haben sie nicht gebracht. Dabei wurden dem Kaiser seine militärischen Aufgaben durch die Pflichten, die er als konstitutioneller Monarch übernommen hatte, und

Festlicher Aufbruch ins Unglück: Auf einem Gemälde von Dell'Acqua sehen wir die Abreise Erzherzog Ferdinand Maximilians mit seiner Gemahlin Charlotte nach Mexiko (1864).

die er sehr ernst nahm, erschwert. Der Reichsrat konnte sich ganz offensichtlich eine Auseinandersetzung mit Preußen nicht vorstellen, und letztlich gab es für Hinterladergewehre, die ja nicht in Preußen, sondern in England hergestellt wurden, einfach kein Geld. Später hat der Kaiser, der ganz vom traditionellen Kriegsbild beherrscht war, auch technische Möglichkeiten, die von Bedeutung hätten sein können, nicht wahrgenommen.

Während er auf dem einen Gebiet, dem seine ganze Sorge, Wachsamkeit und Aufmerksamkeit galt, ohne Erfolg blieb, war das, was sich sonst in diesen 68 Jahren abspielte, veränderte und erneuerte, erstaunlich genug. Die technische Revolution, von der Eisenbahn bis zum Automobil, vollzog sich in Österreich vielleicht nicht mit jener Dynamik wie anderswo, dafür etwas menschlicher, vernünftiger. Die österreichische Industrie konnte sich nie mit letzter Sicherheit zwischen Freihandel und Schutzzoll entscheiden, wobei sie ersteres aus ideologischen, letzteres aus praktischen Gründen wollte. Immerhin lockerten sich alte Bindungen, entstand Bewegung und Unruhe, die bald vom Nationalen her durchsäuert wurde. Die weitverbreitete Meinung, daß die Doppelmonarchie an dem mangelnden Willen, das Nationalitätenproblem zu lösen, gescheitert ist, daß nur die Dynastie über den Nationen stand und davon absah, irgendeinem Volk seine Eigenart zu nehmen, das allein konnte nicht genügen. Übersehen wird bei dieser Deutung der Vorgänge das eigentlich Entscheidende: Die Völker, die mehr Unabhängigkeit verlangten, konnten sich diese Unabhängigkeit nur in dem ihnen vertrauten historischen Rahmen vorstellen. Die Böhmen also im Rahmen der böhmischen Königskrone, die Ungarn im Rahmen der Stephanskrone und der Gebiete, die ihnen, wie von Gott bestimmt, dazuzugehören schienen. Aber während die Habsburger den einzelnen Völkern ihre Sprachen, Sitten und Traditionen belassen hatten, waren etwa die Madjaren eifrig bestrebt, die Kroaten zu madjarisieren, den kroatischen Adel nach Ungarn zu ziehen, seine Namen und Denkungsart zu verändern. Der Nationalitätenkonflikt war also wegen des inneren Widerspruches so unlösbar und nicht, weil es den Habsburgern an gutem Willen gefehlt hätte. Gewiß hat der Thronfolger Franz Ferdinand mit dem »Trialismus« eine Lösung angestrebt, die gerech-

ter, vernünftiger gewesen wäre als der bestehende Reichsbau. Die Frage bleibt nur, wie es jemals hätte möglich werden können, für diese Lösung die Zustimmung Budapests zu erhalten!
Aber während sich die Nationen im Reichsrat stritten, während Studenten demonstrierten, der Sprachenstreit um sich griff und es nur mit Mühe gelang, die Armee und ihre Dienstsprache, Deutsch, herauszuhalten, begegneten sich die Nationen im friedlichen geistigen Gespräch. Sie tauschten zum erstenmal Erfahrungen aus und waren infolge des gehobenen Bildungsniveaus erstmals imstande, miteinander in Verbindung zu treten. Das Ergebnis war erstaunlich. Was sich in Wien um die Jahrhundertwende abspielte, kann nur als Explosion von Talent und Begabung bezeichnet werden, mit deren Erbe wir im Grunde noch immer beschäftigt sind. Die Brillanz der Polen, dic intellektuelle Schärfe der Ungarn, die in jahrhundertelanger Isolation hochgezüchtete spekulative Fähigkeit des Ostjudentums, die Formbegabung der Romanen sowie die Poesie und Bildhaftigkeit der Slawen, all das ist sich hier begegnet. Freuds Vorfahren kamen aus Mähren, doch die Familie läßt sich nach einem Ort in Galizien zurückverfolgen, der auch in Agnons Stammbaum aufscheint; Josef Roth stammt aus Polen, Rilke und Kafka waren in Prag zu Hause, Italo Svevo in Triest, Wittgenstein in Wien, Trakl in Salzburg. In Hofmannsthal aber scheint sich viel Blut der alten Monarchie vereint zu haben: jüdisches von dem einen Großvater, lombardisches von jener aus Mailand stammenden Patrizierstochter, von der Seite der Mutter aber: niederösterreichische Dignatare, Bauern, Wirte, Handwerker. Würde man all das Außerordentliche aneinanderstellen, es ergäbe sich eine erstaunliche Reihe, die von Schnitzler, Beer, Hofmann, Mahler, Schiele, Klimt und Kokoschka, Semmelweiß, Musil, Adler, Markus, Meier, Wagner von Jauregg und Karl Kraus angeführt würde.
Denkt man heute an jene Zeit zurück, so verblaßt die gewaltige Turbulenz, es ist die Zeit der Achtbarkeit des geordneten Daseins, der gesicherten Werte. Das Leben des Kaisers selbst jedoch mit seinen vielen Tragödien und Heimsuchungen paßt nicht in dieses Schema. Der Sohn und Thronfolger beging Selbstmord, der Bruder wurde in Mexiko erschossen, die Frau in Genf erstochen, der nächste Thronfolger in Sarajewo ermordet. Ihm blieb wahrlich nichts erspart. Trotzdem hört die Nostalgie meist dort auf, wo es nicht um die Zeit, sondern um die Person des Kaisers geht.
Spricht man jemanden auf Franz Joseph an, so wird man meist nach kurzem Nachdenken hören, daß er humorlos war, ein trockener Bürokrat, pflichtgetreu, aber phantasielos, ein langweiliger, verständnisloser Gatte, ein Vater, der seinem Sohn, dem Thronfolger, keinerlei Einblicke gewährt hat und daß er sich den zweiten Thronfolger, Franz Ferdinand Este, vom Leibe hielt und von den Staatsgeschäften ausschloß. In all dem ist allerdings nur ein klein wenig, aber nicht allzuviel Wahrheit. Merkwürdig ist zunächst, daß er für humorlos gehalten wird, daß dieses Klischee immer wiederkehrt. Aus vielen seiner Aktennotizen spricht eher jener trockene Witz, den auch Franz II. besessen hat. Auch jener unauffällige Rippenstoß, mit dem er den an seiner Schulter eingeschlafenen Adjutanten wachrüttelte, spricht nicht für Verständnislosigkeit. Sicherlich aber war er ein Bürokrat. Wenn er auch mit dem Feldmarschall Erzherzog Albrecht, der in dieser Zeit noch einmal die Vorstellung von der »einzigartigen Stellung der Dynastie« herausgearbeitet hat, viele Ansichten teilte, so hat er doch das »Königtum als Beamterei« aufgefaßt. In einem Fragebogen hat er sich sogar einmal als »unabhängiger Beamter« bezeichnet, übrigens ebenfalls kein Zeichen für Humorlosigkeit. Gewiß war das Vater-Sohn-Problem auch in diesem Fall kein einfaches. Rudolf war ungestüm, leidenschaftlich, fühlte sich von liberalen Gedanken angezogen, schrieb Artikel für Zeitungen, die allerdings nicht unter seinem Namen erschienen ... Wie hätte der Kaiser, der ganz andere Ansichten hatte, ihn da heranziehen, in was ihm Einblicke gewähren sollen? War die freundschaftliche Distanz, die Rudolf jede nur erdenkliche Freiheit ließ, da nicht das

Linke Seite: Der Gobelinsaal in Schloß Schönbrunn, der kaiserlichen Residenz. Dort fanden auch die großen Hofbälle statt. Schönbrunn wurde von dem Architekten Fischer von Erlach erbaut.

Franz Joseph bei einem Hofball zu Beginn des Jahrhunderts. Die außergewöhnlich lange Regierungszeit dieses klugen, aber glücklosen Kaisers endete während des Ersten Weltkrieges.

Erben, die niemals regieren sollten: Erzherzog Rudolf, der Sohn Franz Josephs, mit seiner Frau, Stephanie von Belgien. Rudolf beging Selbstmord in Mayerling.

Erzherzog Franz Ferdinand mit seiner Frau Sophie Chotek. Er fiel, kurz nachdem dieses Foto aufgenommen wurde, in Sarajewo einem Attentat zum Opfer.

beste? Über die Hintergründe dieses Selbstmordes wissen wir noch immer nicht Bescheid, das Drama dieses Don Carlos des 19. Jahrhunderts bleibt ungelöst. Kaiserin Elisabeth hatte bei einem Brünner Notar eine Schatulle deponiert, die laut Verfügung erst Jahre nach dem Zweiten Weltkrieg geöffnet werden durfte. Die Schatulle wurde geöffnet, doch die tschechischen Behörden ließen wissen, sie sei – leer gewesen! Wir müssen's glauben. Woran wir uns also halten können, sind die nach dem Zweiten Weltkrieg auf einem Schutthaufen in Berlin gefundenen Polizeiakten. Sie machen die Tragödie nur furchtbarer – etwa durch dem Umstand, daß der Doppelselbstmord nicht Zug um Zug erfolgte, sondern daß der Kronprinz noch Stunden lebte, nachdem Mary Vetsera schon tot war. Gibt es einen Hinweis, daß die Tragödie durch irgend etwas, das der Vater hätte tun können, zu verhindern gewesen wäre? Liegt nicht mehr Schuld bei der Kaiserin, die Rudolf eine Brüskierung in England nicht vergeben hat, ihn seither nur mehr äußerst selten gesehen hat?
Damit sind wir schon beim Kaiser als Ehemann. Gewiß mag er viel versäumt, seiner Gemahlin nicht oft genug Vorwürfe gemacht haben. Die Briefe aber zeigen noch eine andere Seite: Er war doch auch ein großer Liebender, einer, der immer von neuem warb, beschwor, bat . . . nur, daß es ihm nichts half, weil sich nichts als so schwer erwies wie die eigene Frau für sich zu gewinnen. Was aber Franz Ferdinand Este anbelangt, diesen eigenwilligen, herrischen, in manchem großartigen Habsburger, so hat ihm Franz Joseph immerhin das Belvedere zugewiesen. Dort residierte er wie ein zweiter Herrscher, unterhielt seine Militärkanzlei und konnte sich über alle Belange der Armee informieren. Überhaupt hatte er dort die Möglichkeit, einen Kreis unabhängiger Menschen um sich zu versammeln, um im Gespräch mit ihnen seine eigenen Ansichten zu konkretisieren.
Daß der Kaiser gegen die geplante Hochzeit des Thronfolgers mit der nicht-ebenbürtigen Gräfin Chotek Widerstand leistete, läßt sich nicht leugnen; aber schließlich hat er doch nachgegeben. Es war politisch sicherlich ein Fehler, daß man zu dem Begräbnis des in Sarajewo mit seiner Gattin Ermordeten nicht die Staatsoberhäupter Europas einlud, sondern die Sache lieber in aller Stille erledigte. Der Sarg der nichtebenbürtigen Gattin wurde etwas tiefer aufgebahrt, um auch so den Unterschied hervorzuheben. Diese und andere infame Einzelheiten gehen wohl eher auf das Konto des Fürsten Montenuovo, ebenfalls Abkömmling einer nicht standesgemäßen Verbindung. Und die Phantasie, der Weitblick? Sah Franz Joseph nicht das Ende voraus, bangte er nicht um das Schicksal der Dynastie, betäubte er nicht die ewig quälende Frage in der sich immer erneuernden Arbeit?
Kaiser Karl I. (1916–1918) war zu spät an die Macht gekommen, die Dinge waren im vollen Gang. Er hat noch das eine oder andere versucht, konnte sie aber kaum beeinflussen. Das wird ihm zugute gehalten. Selbst der späte Versuch, den Frieden durch Vermittlung des Prinzen Sixtus von Bourbon Parma zu erreichen, wurde von den Deutschnationalen mehr seiner Frau, der Prinzessin Zita von Bourbon Parma, angelastet als ihm. Mit Sicherheit läßt sich jedoch sagen, daß

Das Attentat von Sarajewo, bei dem im Juni 1914 der österreichische Thronfolger, Erzherzog Franz Ferdinand, und seine Frau den Tod fanden (zeitgenössische Darstellung nach der Skizze eines Augenzeugen).

alle seine Handlungen von einer gewissen Würde und Menschlichkeit getragen wurden. Er war darauf bedacht, kein unnützes Blut zu vergießen und dort keine Härte zu zeigen, wo mit Härte nichts mehr zu richten war. Es ist etwas Rührendes um diese Erscheinung, so unverkennbar war der gute Wille, das Bestreben, den Menschen zu dienen ... verstockte Monarchisten finden nur etwas an ihm auszusetzen: er hätte ein Regiment um sich sammeln, marschieren und schießen lassen sollen, alles wäre zu retten gewesen. Solches hört man immer in Augenblicken der Zeitenwende. Im November 1918, 640 Jahre nachdem Rudolf seine Fahne in Wien gezeigt hatte, legte Kaiser Karl I. die Krone nieder und entließ die Völker aus der Monarchie. Daß es ihm nicht an Unternehmungslust und Mut fehlte, zeigt der mißglückte Versuch einer Restauration in Ungarn. In Raten ging nun der Angsttraum des tschechischen Historikers Palacky in Erfüllung. Die Nachfolgestaaten wurden zu einer Karikatur der alten Monarchie, nur in der Tschechoslowakei etablierte sich eine lebensfähige Demokratie, der zuerst Hitler, dann Stalin und schließlich der Nachfolger Stalins ein Ende bereiteten. Österreich, dessen Name so lange mit dem Haus Habsburg identisch gewesen war, nahm auf unschöne Weise von seiner alten Dynastie Abschied. Man wird verständlich finden, daß die junge Republik sich vom Herrscherhaus distanzieren mußte. Es ist bedauerlich, daß sie es nicht mit der Gelassenheit von Weimar tun konnte. Aber daß sie von jenen Mitgliedern des Hauses, die die Heimat nicht verlassen und ihr Eigentum nicht verlieren wollten, nicht nur den Verzicht auf herrscherliche Ansprüche forderte, sondern darüber hinaus verlangte, sich von ihrem Haus loszusagen, ist unverzeihlich. Die Engländer hatten den Kaiser nach Madeira verbracht. Er lebte dort nur einige Jahre, die nicht frei von materiellen Sorgen waren. 1922 fühlte er die ersten Anzeichen der tödlichen Krankheit. Als es zu Ende ging, dachte er zunächst, den Kindern den Anblick eines ums Leben ringenden Mannes zu ersparen. Dann ließ er doch den ältesten Sohn zu sich kommen: »Er soll sehen, wie ein Kaiser stirbt.«

Intermezzo I

Die Langlebigkeit der gekrönten Häupter

Den Herrschern ergeht es nicht anders als den gewöhnlichen Sterblichen: wie der Rest der Menschheit befolgen auch sie die Gesetze der Demographie und der Statistik. Bekanntlich erhöhte sich die durchschnittliche Lebensdauer in den letzten Jahrhunderten dank der verbesserten Lebensbedingungen und der Fortschritte auf dem Gebiet der Medizin. Dies trifft auch für die Herrscher zu; sie bilden keine Ausnahme. Und in der Tat: von den zehn langlebigsten Herrschern aus den hier vorgestellten Dynastien lebten acht in den letzten drei Jahrhunderten und nur zwei in der Zeit davor. Doch diese beiden nehmen lediglich den siebten bzw. achten Platz in dieser Rangliste ein. Es waren das 18. und das 19. Jahrhundert, die die längsten Regierungszeiten auf den Thronen erlebten. Das 20. Jahrhundert dagegen weist nur eine kleine Anzahl langlebiger Souveräne auf. Das liegt allerdings weniger an biologischen Umwälzungen als an den historischen Bedingungen: In unserem Jahrhundert vermehrten sich die Gelegenheiten, eine Herrschaft zu beenden, ohne den natürlichen Tod des Herrschers abwarten zu müssen.

Unter den zehn am längsten lebenden Königen der europäischen Geschichte finden wir nicht weniger als drei Mitglieder des Hauses Bourbon von Frankreich: Ludwig XIV., seinen Enkel Philipp von Anjou (unter dem Namen Philipp V. König von Spanien und Begründer der spanischen Linie des Hauses Bourbon) und seinen Urenkel Ludwig XV. Ja, Ludwig XIV. war der Monarch, der seinen Thron am längsten besetzt hielt: von 1643 bis 1715, also 72 Jahre lang. Selbstverständlich war Ludwig XIV. dadurch sehr im Vorteil, daß er als erst Fünfjähriger den Thron bestieg.

Auf dem zweiten Platz finden wir den österreichischen Kaiser Franz Joseph, der von 1848 bis 1916 (68 Jahre lang) regierte. Doch im Unterschied zu Ludwig XIV. konnte Franz Joseph nicht von einer frühzeitigen Thronbesteigung profitieren: Er wurde erst bei Vollendung seines 18. Lebensjahres gekrönt. Man muß ferner beachten, daß die lange Herrschaft Ludwigs XIV. in die Zeit der größten Blüte seines Hauses fiel, während die Regierungszeit Franz Josephs mit dem langsamen, aber unaufhaltsamen Niedergang des Hauses Habsburg verknüpft ist: Sie ist angefüllt mit Niederlagen (der sardisch-französische Krieg von 1859, der Krieg gegen Preußen von 1866, der Erste Weltkrieg) und endet kurz vor dem endgültigen Zusammenbruch des Herrscherhauses.

Viktoria aus dem Hause Hannover-Windsor herrschte über England von 1837 bis 1901, 64 Jahre lang. Wie Ludwig XIV. erlebte auch sie, wie ihre Regentschaft mit einer Periode großer nationaler Blüte zusammenfiel: die Zeit der industriellen Revolution, als das Viktorianische England Herrin der Meere und Herrscherin der Welt war. Der Name der Königin bleibt mit dem einer gesamten Epoche, eines Stiles und einer ganzen Kultur verbunden. – Viel glanzloser verlief die Regentschaft ihres Großvaters Georgs III., die nur wenig kürzer dauerte, nämlich 60 Jahre (1760–1820).

Es folgen sieben Herrscher, die mehr als ein halbes Jahrhundert regierten: Ludwig XV. (der Urenkel Ludwigs XIV.), der 59 Jahre lang König von Frankreich war (1715–1774), Peter II. von Braganza, Kaiser von Brasilien von 1831–1889 (58 Jahre), die beiden Wittelsbacher Heinrich der Reiche von Niederbayern (1393–1450) und Maximilian I. (1594–1651), die je 57 Jahre lang regierten, der Wittelsbacher Ludwig der Bayer (1294–1347) mit 53 Jahren und die beiden Mitglieder des Hauses Plantagenet: Heinrich III. (1216 bis 1272, d. h. eine Regierungszeit von 56 Jahren) und Eduard III. (1327–1377, also 50 Jahre). Es folgt eine Reihe von Monarchen, die mehr als 40 Jahre lang regierten: die beiden Wittelsbacher Ludwig der Kelheimer (1183–1231, 48 Jahre) und Max Emanuel (1679 bis 1726, 47 Jahre), Philipp V. (spanische Linie des Hauses Bourbon), Friedrich II. (Haus Hohenzollern) und Viktor Emanuel III. von Savoyen – beide regierten 46 Jahre; Elisabeth I. Tudor: 45 Jahre; Ludwig IX. (Kapetinger) und Johann V. (Haus Braganza): beide 44 Jahre; Karl Emanuel III. von Savoyen und Friedrich Wilhelm III. von Hohenzollern: je 43 Jahre, und Karl VI. (Valois): 42 Jahre; ebenso 42 Jahre lang regierte Wilhelm IV. aus dem Hause Wittelsbach (1508–1550); je 41 Jahre regierten die drei Wittelsbacher Ludwig der Strenge (1253–1294), Herzog Ernst von München (1397–1438) und Albrecht IV. (1467 bis 1508).

Dauer und Prestige

Die Bedeutung eines Herrscherhauses scheint vor allem mit seiner Dauer in Zusammenhang zu stehen. Doch wenn man einige Daten analysiert, die die großen Familien Europas betreffen, so stellt man fest, daß diese Annahme falsch ist. Zweifellos ragt aus allen das Haus Habsburg heraus: Es ist nicht nur das am längsten existierende Herrscherhaus mit ungefähr einem Jahrtausend belegter Geschichte; es verstand es auch am längsten, seine Macht aufrechtzuerhalten. Nachdem sie mit Rudolf I. (1273–1291) und Albrecht I. (1298–1308) für kurze Zeit die Krone des Heiligen Römischen Reiches innegehabt hatten, bemächtigten sich die Habsburger mit Albrecht V. 1437 ihrer tatsächlich und gaben sie nicht wieder aus der Hand. Ohne Bruch gingen sie später vom Titel des Kaisers des Heiligen Römischen Reiches zu dem Titel eines Kaisers von Österreich (1806) bzw. von Österreich-Ungarn (1862) über und wurden erst 1918, also nach Beendigung des Ersten Weltkrieges und nach 481 Jahren ununterbrochener Herrschaft, vom Thron gestürzt. Die österreichischen Habsburger regierten insgesamt 509 Jahre lang, die spanische Linie des Hauses Habsburg 184 Jahre. Die Dynastie kann sich also einer Regierungszeit von 693 Jahren Dauer rühmen – beinahe sieben Jahrhunderte. Sieht man jedoch von den Habsburgern ab, dann gilt die Gleichsetzung »Dauer ist gleich Prestige« nicht mehr. Oftmals ist die Geschichte der langlebigen Dynastien von geringer Bedeutung, während mit dem Namen der kurzlebigen Herrscherhäuser die aufregendsten Momente der europäischen Geschichte verbunden sind. Eines der am längsten regierenden Herrscherhäuser waren die Wittelsbacher, die mehr als sieben Jahrhunderte (738 Jahre) die Macht in ihren Händen hielten; zwei Mitglieder des Hauses trugen die deutsche Kaiserkrone.

Das Geschlecht der Kapetinger herrschte 341 Jahre lang: von Hugo Capet (987–996) bis zu Karl IV. dem Schönen (1322–1328), erlebten keinen Augenblick besonderen Glanzes. Das Haus Plantagenet überdauerte 331 Jahre: von Heinrich II. (1154–1189) bis zu Richard III. (1483–1485). Die Geschichte dieses Hauses endete unrühmlich, und zwar mit dem Sieg der Franzosen im Hundertjährigen Krieg. Im Verlauf des Bürgerkrieges, der unter dem Namen »Rosenkrieg« bekannt ist, hatte sich das Herrscherhaus zerfleischt. – Die Stuart regierten länger als drei Jahrhunderte: 306 Jahre, doch ganze 232 Jahre lang blieb die Dynastie auf das Territorium des kleinen und armen Königreichs Schottland beschränkt – lediglich während der letzten 85 Jahre übten sie, angefangen mit Jakob I. (1603–1625) bis zu Jakob II. (1685–1688), die Herrschaft über das bedeutendere England aus. Doch auch diese kurze Periode wurde durch die Hinrichtung Karls I. auf dramatische Art und Weise getrübt. – Die Romanow regierten fast genauso lange, nämlich 304 Jahre – angefangen bei Michael III. (1613–1645) bis hin zu Nikolaus II. (1894–1917). Ihr Name jedoch ist mit dem Auftritt Rußlands und mit der Entstehung eines mächtigen Reiches auf der europäischen Bühne verbunden. – Die Braganza vegetierten immerhin 337 Jahre lang am Rand Europas dahin (von Johann IV., 1640–1656, bis zu Emanuel II., 1908–1910), und zwar in Portugal und von 1822 bis 1889 auch in Brasilien. – Das Haus Hannover-Windsor hingegen setzt seine 263jährige Herrschaft mit der glorreichen Epoche des imperialen England, der Herrscherin über die Weltmeere, gleich: Sie begann mit Georg I., 1714–1727, und überlebte bis heute. Die gegenwärtige Monarchin ist Elisabeth II. – Die Valois, deren Herrschaft 261 Jahre dauerte – von Philipp VI. (1328–1350) bis zu Heinrich III. (1574–1589) – sind die Sieger des Hundertjährigen Krieges. Sie sind die Schöpfer der modernen französischen Nation: Unter ihrer Herrschaft wurde ein mächtiger militärischer Apparat aufgebaut, der imstande war, der Herausforderung durch das kaiserliche Heer der Habsburger zu trotzen. – Von den europäischen Herrscherhäusern, die in diesem Buch berücksichtigt werden, erfreuten sich weitere vier einer mehr als 200jährigen Regierungszeit: die spanischen Bourbonen herrschten 231 Jahre lang: von Philipp V. (1700–1746) bis zu Alfons XIII. (1886 bis 1931). Das Haus Savoyen, zunächst mit der Krone von Sardinien (von Viktor Amadeus II., 1720–1739, bis Viktor Emanuel II., 1849–1861) und später dann mit dem Thron von Italien (von Viktor Emanuel II., 1861–1878, bis Humbert II., 1946); – die französischen Bourbonen: von Heinrich IV. (1589–1610) bis zu Ludwig XVI. (1774–1792) und nach der dramatischen Unterbrechung durch die Revolution wieder von Ludwig XVIII. (1814–1824) bis zu Karl X. (1824–1830) und schließlich die Hohenzollern mit 217 Regierungsjahren; sie herrschten zunächst von 1701–1871 über Preußen und dann, von 1871 bis 1918, über das Deutsche Reich.

Die »kleineren« Herrscherfamilien jedoch, die nur für kurze Zeit in die Höhen der Geschichte emporgehoben wurden – für hundert Jahre oder nur ein paar Jahrzehnte –, erlebten äußerst glanzvolle Blütezeiten: das Haus Tudor, das 118 Jahre lang über England herrschte, und zwar von 1485 bis 1603; die Hohenstaufen, die von 1138 bis 1254, also 116 Jahre lang die Kaiserkrone trugen. Länger als all diese »kleineren« Dynastien regierten die Bourbonen von Neapel (126 Jahre), allerdings in einer der finstersten Epochen der süditalienischen Geschichte. Zuletzt dann die Bonaparte, die zweimal für kurze Dauer die europäische Bühne betraten: mit Napoleon I. und seinen Brüdern zu Beginn des 19. Jahrhunderts und später, von 1851 bis 1870, mit Napoleon III. Ihre geschichtlichen Leistungen stehen denen der größeren europäischen Dynastien nicht nach.

Kronen, Kronen und nochmals Kronen

Auch wenn die Bonaparte die Familie sind, die die geringste Anzahl von Regierungsjahren aufweisen kann, halten sie doch einen Rekord hinsichtlich der Anzahl ihrer Kronen. Sie herrschten ja – wenn auch gleichzeitig – über nicht weniger als sechs verschiedene Staaten: Napoleon I. trug die Krone eines Kaisers der Franzosen (1804–1814 und noch einmal 1815) und die eines Königs von Italien (1805–1814), während seine Brüder Joseph, Ludwig und Jérôme die übrigen vier Kronen miteinander teilten: Joseph erhielt zunächst das Königreich Neapel (1806–1808) und später das von Spanien (1808–1813). Ludwig wurde König von Holland (1808–1810) und Jérôme König von Westfalen (1807–1813). Für die Zeit von 1852 bis 1870 erhielt dann wieder ein Bonaparte die französische Krone: Napoleon III.

Die Frage nach der weiteren Rangfolge ist nicht einfach, da man darüber streiten kann, wie man zwischen Kronen, hinter denen eine tatsächliche Macht stand, und bloßen Titeln unterscheidet – »legitimistischen« Folgen von Situationen, die von der Geschichte überrollt wurden. Der letzte der Stuart beispielsweise hinterließ dem Haus Savoyen seine Ansprüche auf die englische Krone, obwohl die Stuart diese aber bereits längst verloren hatten. – In der Rangfolge kommt dann also das Haus Savoyen, das zu verschiedenen Zeiten seiner Geschichte als Dynastie viele Kronen trug: Könige von Sardinien und später dann von Italien, waren seine Mitglieder auch Könige von Sizilien und Spanien (ganz zu schweigen von den Kronen Albaniens, Kroatiens und des Kaiserreiches Äthiopien). Die Krone von Sizilien erhielt Viktor Amadeus II. mit dem Frieden von Utrecht im Jahre 1713, d. h. nach der Beendigung des Spanischen Erbfolgekrieges. Viktor Amadeus, der sich zunächst mit Frankreich verbündet hatte, machte 1703 eine plötzliche Kehrtwende und unterschrieb einen Bündnisvertrag mit Österreich, das ihm eine ansehnliche Entschädigung in Aussicht stellte. Nach Beendigung des Konflikts wurde ihm statt der erhofften Lombardei die Insel Sizilien angeboten, die er sieben Jahre später an Österreich abtreten mußte. Statt dessen bekam er Sardinien zugesprochen. Auf dem Thron Spaniens saß mit wenig Begeisterung der zweitälteste Sohn Viktor Emanuels II., Amadeus – doch das nur zwei Jahre lang. 1871 hatte er den Thron anstelle von Leopold von Hohenzollern-Sigmaringen bestiegen, dessen Kandidatur den Krieg zwischen Frankreich und Preußen auslöste. 1873 entschloß er sich zur Abdankung, nachdem es zu zahlreichen Aufständen auf seiten des Klerus, der Republikaner und der Karlisten gekommen war und er bereits mehrere Attentate überlebt hatte.

Die anderen Dynastien, die auf ihrer Aktivseite mehr als eine Krone zu verbuchen haben, sind die Habsburger, die die Kronen des Heiligen Römischen Reiches, des Kaiserreiches Österreich (später Österreich-Ungarn) und Spaniens trugen (in der Zeit von 1580 bis 1640 noch die von Portugal); die Stuart, die Herrscher des »kostbaren Kleeblatts«: England, Schottland und Irland; die Bourbonen, die über Frankreich, Spanien und das Königreich Neapel herrschten; die Hohenzollern, die zunächst preußische Könige und später deutsche Kaiser waren; die Braganza, die außer Portugal auch Brasilien regierten; schließlich die Familie Hannover-Windsor, die neben der englischen Krone bis 1866 auch die des Kurfürstentums und späteren Königreichs Hannover trugen.

Karl V., der dritte Valois auf dem Thron von Frankreich, beim Ritterschlag Du Guesclins, dem militärischen Führer, der für den Herrscher den ersten Sieg über die englischen Invasoren errungen hatte.

Die Valois

Unter den Valois begann sich das französische Nationalgefühl herauszubilden. Sie führten Kriege gegen die Engländer, in Italien und gegen die Habsburger.

Die Dynastie der Valois ist eine jüngere Linie der Kapetinger. Sie hat Frankreich 261 Jahre lang, von 1328 bis 1589, regiert, oftmals unter dramatischen Umständen. Ihr Aufstieg begann mit dem Hundertjährigen Krieg, und ihr Niedergang vollzog sich während religiöser Kämpfe, bei denen die nationale Einheit auf dem Spiele stand. Dennoch hat diese Dynastie Beträchtliches geleistet, denn sie sicherte Frankreich so bedeutende Gebiete wie das Burgund, die Provence und die Bretagne.
Philipp IV. der Schöne hinterließ drei Söhne, die jedoch alle starben. Der älteste von ihnen, Ludwig X., hatte mit seiner Gemahlin Margarete von Burgund eine Tochter, über deren Legitimität Zweifel bestanden. Nach seinem Tod gebar seine zweite Frau, Clementia von Ungarn, einen Sohn, Johann I., der jedoch nur fünf Tage am Leben blieb. Gemäß dem seit drei Jahrhunderten geltenden Recht der Devolution wäre die Krone nun der Tochter Ludwigs X., Margarete von Burgund, zugefallen. Man wählte jedoch zum König den bereits zum Regenten bestimmten Bruder Ludwigs X., Philipp, aufgrund des von den Legisten aufgestellten Salischen Gesetzes, das die Frauen von der Thronfolge ausschloß. Da Philipp V. nur Töchter hinterließ, fiel die Krone an seinen Bruder Karl IV. den Schönen, der 1328 starb.
Der englische König Eduard III., ein Enkel Philipps des Schönen, erhob nun Anspruch auf den französischen Thron, doch die Legisten gaben einem Neffen Philipps des Schönen, einem Sohn Karls von Valois, den Vorzug. Karl von Valois, Sohn und Bruder eines Königs, wurde auch Vater eines Königs. Er selbst war vom Papst zum König von Valencia und Aragon, zum Grafen von Barcelona und später zum Kaiser von Konstantinopel eingesetzt worden. Wenn er auch diese Ämter nicht wahrnehmen konnte, so hatte er doch entscheidenden Anteil an der Regierung, besonders zur Zeit Ludwigs X., als er den Oberintendanten Enguerrand de Martigny aufhängen ließ. Bis zu seinem Tod im Jahre 1325 übte er beträchtlichen Einfluß auf die Staatsgeschäfte aus und ebnete damit nach dem Ableben Karls IV. seinem Sohn Philipp den Weg zur Regentschaft und später zum Thron Frankreichs, nachdem die Königin nach dem Tod ihres Gatten einer Tochter das Leben geschenkt hatte.
Im Jahre 1328 gab Philipp von Valois sein glanzvolles Debüt als König Philipp VI. (1328–1350). Frankreich nahm in Europa eine Vorrangstellung ein und sah seine Position durch die Übersiedelung des Papsttums nach Avignon noch gestärkt. Aufsehenerregende Ereignisse, die das Prestige des Königs noch vermehrten, bildeten den Auftakt der Regierung: der Sieg über die flandrischen Städte bei Cassel am 13. August 1328, der Lehnseid des englischen Königs im Jahre 1331 und 1334 die Ernennung Philipps zum Oberbefehlshaber eines Kreuzzuges.
Philipp beabsichtigte, die englischen Besitzungen im Südosten Frankreichs unter seine Herrschaft zu bringen und sorgte dort für einige Unruhe; gleichzeitig verstärkte er seine Flotte, um eine Landung in England zu wagen. Das Projekt scheiterte, die französische Flotte wurde am 24. Juni 1340 bei Sluys zerstört. Von nun an beherrschten die Engländer das Feld. Sie landeten bei Saint-Vaast la Hougue und marschierten nach Paris. Philipp VI. unterbrach seine Angriffe gegen Guyenne und stellte sich ihnen entgegen. Bei Crécy wurde er 1346 vernichtend geschlagen. Am Abend der Niederlage soll er an den Toren einer Burg Einlaß begehrt und gesagt haben: »Öffnet das Tor, hier ist der unglückliche König von Frankreich!«
Der Fall von Calais mit der berühmten Episode der »Bürger von Calais« bedeutete das Ende der Feindseligkeiten; im Jahre 1347 wurde der Waffenstillstand unterzeichnet. Im selben Jahr annektierte Philipp VI. von Valois die Dauphiné, unter dem Vorbehalt, daß der Erbe des französischen Thrones den Titel Dau-

Folgende Doppelseite: Paris zu Beginn der Herrschaft Karls VI., des wahnsinnigen Königs. Das Tor (rechts) gehört zur Rue Saint Jacques; in der Mitte sind die Türme von Notre-Dame zu sehen.

phin tragen sollte. Zwei Jahre später erwarb er Montpellier. Trotz dieses erheblichen Gebietszuwachses ließ Philipp VI. bei seinem Tode im Jahre 1350 Frankreich in einer kritischen Situation zurück.
Der zweite König aus dem Hause Valois, Johann II. (1350–1364), war ein unbedeutender Mensch mit niedriger Stirn, stumpfsinnigem Gesichtsausdruck und hervorquellenden Augen. Zu Beginn seiner Regierung befand Frankreich sich in einer schwierigen Lage, denn die Schwarze Pest hatte die Hälfte der Bevölkerung hinweggerafft, und der Waffenstillstand mit England erlosch 1351. Der Atem des Verrats schien zu jener Zeit über das Land zu wehen. Der König mußte seinen Connétable, den Grafen von Eu, enthaupten lassen, weil er Guînes den Engländern ausgeliefert hatte. Darauf führte er Krieg gegen seinen Schwiegersohn, den Enkel Ludwigs X.
Im Süden war der Krieg ohne eine Kriegserklärung wieder aufgeflammt; das Languedoc wurde von Toulouse bis Nîmes durch einen Einfall des Schwarzen Prinzen, den Sohn Eduards III., verwüstet. Der König sah sich gezwungen, zur Verteidigung des Landes Truppen auszuheben und ersuchte die Generalstände um Kredite. Dabei hatte er den Vorsteher der Kaufmannschaft von Paris, Étienne Marcel, zum Gegner, der eine Kontrolle der Steuern durch die Generalstände forderte. In Ermangelung der nötigen Mittel zog Johann II. mit einer unzureichenden Truppenstärke in den Krieg. Bei Poitiers traf er auf die Truppen des Schwarzen Prinzen. Nach heldenhafter Verteidigung – die Überlieferung berichtet, wie sein Sohn Philipp der Kühne ihm zurief: »Vater, gebt acht zur Rechten, Vater, gebt acht zur Linken!« – wurde er vernichtend geschlagen und von den Engländern gefangengenommen.
Seine Gefangenschaft stürzte die Regierung in eine Krise. Der Dauphin Karl V. übernahm die Regentschaft und berief die Generalstände ein. Unter dem Einfluß Étienne Marcels stellten diese sich gegen ihn und verabschiedeten die Große Ordonnanz, die eine Reform der Monarchie auf ständisch-demokratischer Grundlage vorsah. Vor den Augen des Dauphins wurden seine wichtigsten Ratgeber, die Marschälle der Champagne und der Normandie, ermordet, während Étienne Marcel sich zum Beschützer aufwarf und das Haupt des jungen Prinzen mit seiner Kappe bedeckte. Der Dauphin war klug genug, Paris zu verlassen und die Verteidigung des Königtums anderweitig zu organisieren. Étienne Marcel bat die Engländer um Beistand und wurde daraufhin von seinen Anhängern ermordet.
Während der Sohn Johanns II. des Guten siegreich in die Hauptstadt zurückkehrte, handelte sein Vater als Gefangener in London das Abkommen von Brétigny aus, das ihm zwar seine Freiheit zurückgab, gleichzeitig aber das Königreich regelrecht zerstückelte. Das Schicksal schien dieses Opfer durch den Erwerb Burgunds, das den Nachkommen Roberts des Frommen als Lehen übergeben wurde, wieder aufzuwiegen. Johann der Gute überließ dieses Gebiet seinem Sohn Philipp dem Kühnen als Apanage und beschwor damit für die Folgezeit eine große Gefahr herauf. Als Johann der Gute das geforderte Lösegeld nicht aufbringen konnte und seine als Geiseln zurückgelassenen Söhne entflohen waren, begab er sich als Gefangener nach London zurück, wo er 1364 starb, weniger an den Leiden einer recht milden Gefangenschaft als vielmehr an exzessivem Genuß.
Karl V. (1364–1380) stellte die durch seinen Vater und Großvater so stark beeinträchtigte Ordnung fast

Jeanne d'Arc auf dem Marsch nach Chinon, wo sie den Dauphin (Karl VII.) dazu überredete, Frankreich zu befreien. Der Vater des Dauphin, Karl VI., hatte Land und Krone den Engländern überlassen.

vollständig wieder her. Er behielt nicht nur die Sondersteuern bei, welche zur Aufbringung des Lösegeldes für König Johann eingeführt worden waren – die *maltôte,* eine Abgabe auf alle Verkäufe, und die *gabelle,* die Salzsteuer –, sondern fügte noch eine neue Steuer hinzu, die *fouage,* eine Vorgängerin der Grundsteuer. Gestützt auf solcherart wohlgeordnete Finanzen, konnte er eine reguläre Armee aufstellen und die Marine wiederaufbauen. Dabei stand ihm in der Person des Connétable Du Guesclin ein militärischer Führer von außergewöhnlichem Format zur Seite.
Du Guesclin hatte mit seinem Sieg bei Cocherel im Jahre 1365 das Seinegebiet unter seine Kontrolle gebracht. Darauf versuchte er, dem Hause Montfort die Bretagne streitig zu machen, geriet jedoch in Gefangenschaft. Nachdem er seine Freiheit wiedererlangt hatte, befreite er Frankreich von den großen Compagnien, indem er sie in den Dienst Heinrichs von Trastamara stellte, eines illegitimen Sohnes des Königs von Kastilien, der gegen seinen mit England verbündeten Halbbruder Peter den Grausamen Krieg führte. Indirekt bedeutete dies eine Wiederaufnahme des Kampfes gegen Eduard III., wenn auch auf ausländischem Boden. Als Du Guesclin in der Schlacht von Najera (3. April 1367) gefangengenommen wurde, beteiligte sich ganz Frankreich an der Aufbringung des Lösegeldes für ihn. Mit Unterstützung des Königs versuchte er dann, die Provence zu erobern, um das Languedoc mit der Dauphiné zu verbinden.
Er konnte diesen Plan nicht verwirklichen, doch erzielte er andere ansehnliche Erfolge und eroberte mit seinem Sieg bei Pontvallain den Westen zurück. Mit der von Admiral Jean de Vienne wiederaufgebauten und befehligten Flotte konnte er auch die Normandie wieder in französischen Besitz bringen. Der König leistete ihm beständigen Beistand und bediente sich mancher List und auch vereinzelter Grausamkeiten, um sein Gebiet unter Kontrolle zu bringen und seine Autorität zu festigen. Insgesamt war das Werk Karls

Jeanne d'Arc vor dem Dauphin. Als sie in Chinon ankam, erkannte das Mädchen aus Domrémy den Dauphin, obwohl er sich absichtlich inmitten einer Schar von Höflingen verborgen hatte.

Die Belagerung von Orléans. Die Einnahme der Stadt (1429) durch ein von Jeanne d'Arc geführtes Heer machte noch im Lauf desselben Jahres die Weihe Karls VII. in der Kathedrale von Reims möglich.

V. so bedeutend, daß es als »die erste Rückeroberung« in die Geschichte eingegangen ist.
Leider standen Diplomatie und Finanzpolitik Karls V. in einem unheilvollen Gegensatz zu seinen unbestreitbaren militärischen Erfolgen. In der Absicht, die geplante Verbindung zwischen der Tochter des Grafen von Flandern und dem Sohn Eduards III. zu verhindern, veranlaßte er die Heirat dieser Prinzessin mit seinem Bruder Philipp dem Kühnen, Herzog von Burgund. Um die Zustimmung beider Parteien zu erlangen, mußte er die von Philipp dem Schönen eroberten Gebiete, insbesondere Lille und Douai, zurückerstatten. Der König hatte geglaubt, Flandern durch die Verbindung mit Burgund französisch machen zu können. Das Gegenteil trat jedoch ein: Burgund öffnete sich dem flandrischen Einfluß, seine Herzöge zogen es vor, in Brügge zu leben anstatt in Dijon. So ergaben sich aus der burgundischen Heirat für Frankreich Probleme, an denen es ein Jahrhundert später fast zugrunde gegangen wäre.
In der Religionspolitik zeigte sich Karl V. ebenso ungeschickt. Frankreich hatte durch die Übersiedelung des Papsttums nach Avignon einen bedeutenden Prestigezuwachs erfahren. Unter dem Einfluß der heiligen Katharina von Siena jedoch erwogen die Päpste eine Rückkehr nach Rom. Auf dem 1378 in Rom zusammengetretenen Konzil wurde Kardinal Pignano im Konklave als Urban VI. zum Papst gewählt. Karl V. ergriff Partei für die französischen Kardinäle und betrieb die Wahl eines Gegenpapstes, Robert von Genf, der sich Klemens VII. nannte. Ohne die Unterstützung des Königs vermochte der Gegenpapst nichts, mit seiner Unterstützung aber schien er die Oberhand zu gewinnen. Die katholische Kirche spaltete sich in zwei Lager, bis das Konzil zu Konstanz im Jahre 1415 die Einheit wiederherstellte. So trug Karl V. einen großen Teil der Verantwortung für das große abendländische Schisma, wenngleich er in dieser peinlichen Angelegenheit in gutem Glauben gehandelt zu haben scheint.

Ein letzter Aspekt mag das Bild Karls V. abrunden. Dieser König, der ein Budget aufgestellt und der Krone stabile Einnahmequellen verschafft hatte, geriet gegen Ende seines kurzen Lebens in Zweifel über die Rechtmäßigkeit der von ihm eingeführten Steuern. Aus diesen Skrupeln heraus schaffte er sie vor seinem Tode wieder ab und hinterließ dadurch eine um so schwierigere Lage, als sein Nachfolger erst zwölf Jahre alt war, was die mit einer Regentschaft ohnehin verbundenen Risiken noch erhöhte. Trotz dieser – wenig bekannten – Fehlhandlungen blieb sein Ruf ungeschmälert, wohl zum Teil dank der Lobpreisungen der Geschichtsschreiber und mehr noch deshalb, weil er der Anarchie ein Ende gesetzt hatte, die er bei seinem Regierungsantritt vorgefunden hatte und die nach seinem Tode wieder Raum griff. Dadurch genießt die Zeit des inneren Friedens unter seiner Regierung ein übertrieben erscheinendes Renommé.
Die Regierung Karls VI. währte 42 Jahre (1380–1422) und bedeutete eine der düstersten Perioden in der Geschichte Frankreichs, so daß man sich fragen muß, wie das Land den Erschütterungen jener dramatischen Epoche standhalten konnte. Karl V. war verwitwet und hatte die Regentschaft seinem eigenen Bruder, dem Herzog von Anjou, übertragen. Dieser sah sich jedoch gezwungen, seine Befugnisse mit seinen Brüdern, den Herzögen von Burgund und Berry, und schließlich noch mit dem Herzog von Bourbon, einem Bruder der verstorbenen Königin, zu teilen. Diese Oligarchie riß alle Regierungsämter an sich. Sie führte die Steuern wieder ein und provozierte damit Erhebungen in den Provinzen und den Aufstand der Maillotins in Paris. Ein Angriff der Flamen wurde am 27. November 1382 bei Roobeke niedergeschlagen.
Dieser Erfolg schien die Stellung des jungen Königs zu festigen. Dennoch stand er unter dem dominierenden Einfluß seines Onkels Philipp von Burgund und ließ sich von ihm zu einem Feldzug gegen den Süden Deutschlands überreden. Das Ergebnis war die Heirat Karls VI. mit Isabeau von Bayern, die als Königin

Porträt Karls VII. auf dem berühmten Bild von Jean Fouquet. Nach seiner Krönung zu Reims herrschte er 33 Jahre lang. Bei seinem Tod war das französische Befreiungswerk so weit vollendet, daß den Engländern nur noch Calais blieb.

Frankreichs dem Land schadete wie keine andere. Die Ehe begann indessen glücklich. Der König, um sich dem übermächtigen Einfluß seiner Onkel, die sich mit Racheplänen gegen England trugen, zu entziehen, zog es vor, mit Richard II. ein Abkommen zu schließen. Er entließ seine Onkel, schickte sie auf ihre Ländereien und rief die früheren Minister Karls V. zurück, die man spöttisch die »Knirpse« nannte. Von der Last der Regierungsgeschäfte befreit, stürzte der König sich unter dem Einfluß seines Bruders, des Herzogs von Orléans, in ein ausschweifendes Leben.
Im Jahre 1393 übernahm Karl VI. die Führung einer Strafexpedition gegen den Herzog der Bretagne. Als er an einem glühend heißen Sommertag den Wald von Le Mans durchquerte, sprang plötzlich ein zerlumpter Mann aus dem Dickicht, fiel dem König in die Zügel und rief: »König, du bist verraten!« Der Monarch war durch diesen Zwischenfall sichtlich aus der Fassung gebracht. Man setzte den Weg fort, da ließ ein Page eine Lanze auf einen Helm fallen. Der König schreckte auf, und mit dem Ausruf: »Faßt die Verräter!« tötete er vier Männer aus seinem Gefolge. Durch einen Sonnenstich hatte er seinen Verstand verloren und kehrte nur noch sporadisch für kurze Perioden zu klarem Bewußtsein zurück. Seine Onkel übernahmen wieder die Macht. Im darauffolgenden Jahr geschah es, daß auf einem Ball vier Maskierte mit ihren Wergperücken Feuer fingen. Die Schreie dieses »Balls der lebenden Fackeln« lösten bei dem König, dessen Zustand sich bereits gebessert hatte, einen neuen Anfall des Wahnsinns aus, von dem er sich nie mehr erholte.
Seine Politik des guten Einvernehmens wurde fortgeführt, und man verheiratete seine Tochter mit Richard II. Doch als dieser bald darauf durch seinen Cousin Lancaster entthront wurde, stellte dies die französische Politik wieder in Frage. Zusätzliche Schwierigkeiten ergaben sich aus den italienischen Ambitionen des mit Valentina Visconti verheirateten Herzogs von Orléans, der sich mit Philipp von Burgund in die Regentschaft teilte. Nach dessen Tod im Jahre 1404 konnte der neue Herzog, Johann ohne Furcht, keine Einigung mit seinem Cousin erzielen und ließ ihn am 23. November 1407 ermorden. Im Einvernehmen mit Königin Isabeau von Bayern machte er sich zum eigentlichen Herrn der Regierung und führte damit die Spaltung Frankreichs in zwei Lager herbei, die sogenannte Armagnac-Partei auf der einen und die Bourgignons unter Johann ohne Furcht auf der anderen Seite. Mehrere Jahre hindurch wütete in Frankreich der Bürgerkrieg, und der Thronfolger des Hauses Lancaster, Heinrich V., profitierte von dieser Lage, um die seit Du Guesclin unterbrochenen Kämpfe wiederaufzunehmen. Er landete am 12. August 1415 bei Sainte-Adresse und fügte am 25. Oktober 1415 den französischen Truppen bei Azincourt eine vernichtende Niederlage zu.
Die Partei Armagnacs organisierte den Widerstand gegen den Eroberer, wurde jedoch geschlagen und von den Bourgignons niedergemetzelt. Der Dauphin Karl beantwortete diesen Schlag mit der Ermordung Johanns ohne Furcht am 18. September 1419 in Montereau. Das Verbrechen war umsonst geschehen, denn

Goldmedaille mit dem Bildnis Ludwigs XII. Wie sein Vorgänger Karl VIII. und sein Nachfolger Franz I. setzte er bei dem ehrgeizigen Versuch, Gebiete in Italien zu erobern, die Krone aufs Spiel.

Agnes Sorel, die berühmte Favoritin Karls VII. DAME DE BEAUTÉ *(so genannt nach dem Schloß Beauté, das ihr der König geschenkt hatte), im Volk auch als* BEAUTÉ DU DIABLE *bekannt, war die erste der vielen offiziell gehaltenen Mätressen der Könige.*

Karl VI. überließ unter dem Einfluß Isabeaus von Bayern seine Machtbefugnisse dem Sohn des Ermordeten, Philipp dem Guten. Dieser handelte mit den Engländern den Vertrag von Arras aus, dem der Vertrag von Troyes vom 22. Mai 1420 vorausgegangen war. Durch diesen gelangte Frankreich unter die Herrschaft des englischen Königs, denn die Tochter Karls VI. mußte ihn heiraten und nach dem Tod ihres Vaters die Thronfolge antreten. Der Dauphin Karl versuchte dieser Enteignung, deren Opfer er war, Widerstand entgegenzusetzen. Er hob Truppen aus, schlug die Engländer 1421 bei Baugé und machte Bourges zu seiner Hauptstadt. König Heinrich V. und König Karl VI. starben im Abstand von drei Monaten. Nach dem Ableben Karls VI. wurde der Sohn des englischen Monarchen, der erst einjährige Heinrich VI., zum König von Frankreich proklamiert, anstelle des legitimen Thronerben, des Dauphin, der den Namen Karl VII. annahm. Der neue König Karl VII. (1422–1461) befand sich in einer außerordentlich unglücklichen Lage. Alles deutete darauf hin, daß er sein Königreich nicht würde zurückerobern können, wenn nicht ein Wunder geschähe, ein in der Geschichte einmaliges Ereignis. Und dieses Wunder hieß Jeanne d'Arc.

Jeanne d'Arc war die Tochter eines lothringischen Hirten. Sie war in dem Dorf Domrémy geboren und hütete dort die Schafe, als sie himmlische Stimmen vernahm, die ihr geboten, das Königreich zu retten. Sie gelangte in das königliche Schloß in Chinon und erkannte den Dauphin, der sich absichtlich in der Schar seiner Höflinge verborgen hatte. Dieses Erkennen war in den Augen Karls VII. ihre Legitimation. Er glaubte fest an ihre Sendung, unterzog sie einer Prüfung durch eine Gruppe von Theologen und unterstellte ihr eine Armee, mit der sie am 8. Mai 1429 Orléans befreite. Die moralische Wirkung dieses Erfolges war gewaltig und ermöglichte es dem jungen Mädchen, am 17. Juli den König zur Krönung nach Reims zu führen.

Sie betrachtete nun ihre Mission als erfüllt, doch hatte sie dabei nicht mit den politischen Verhältnissen gerechnet. In der Umgebung des Königs existierte noch immer die Partei der Bourgignons, der wenig daran gelegen war, die legitime Monarchie triumphieren zu sehen. Man zwang Jeanne d'Arc zu weiteren militärischen Operationen. Nach einigen kleineren Siegen fiel sie schließlich in die Hände der Bourgignons, die sie den Engländern auslieferten. Der Prozeß gegen Jeanne d'Arc ist eines der bewegendsten Kapitel der Geschichte. Sie verteidigte sich ehrenvoll, wurde aber dennoch zu lebenslänglicher Haft verurteilt. Darauf wurde sie, da sie das Männergewand, das sie vor den Schmähungen der englischen Soldaten schützte, nicht ablegte, vom Bischof von Beauvais, Pierre Cauchon, der ihren Prozeß geleitet hatte, zur rückfälligen Ketzerin erklärt und in Rouen auf dem Scheiterhaufen verbrannt. Nachdem sie gestorben war, trat ein Augenblick der Bestürzung ein; die Engländer sagten: »Wir sind verloren, wir haben eine Heilige verbrannt.« In Wirklichkeit hatte sie die Partie gewonnen, doch es dauerte lange Jahre, bis ihr Sieg anerkannt wurde. Karl VII. hatte sie ihrem Schicksal überlassen und rehabilitierte sie erst 1457.

Nach dem Tode Jeanne d'Arcs verfolgten die Engländer ihr Ziel hartnäckig weiter; Heinrich VI. wurde 1431 in Rouen zum König gekrönt. Der Herzog von Burgund suchte zu einer Einigung zu gelangen und handelte in Chinon einen Waffenstillstand aus. Es begannen Friedensgespräche, aber die Engländer stellten so hohe Forderungen, daß Karl VII. sie zurückwies und den Kampf wiederaufnahm. Am 13. April 1436 eroberte der Connétable Graf von Richemont Paris zurück, darauf begann die Rückeroberung Guyennes, und im Jahre 1444 mußten die Engländer einen Waffenstillstand erbitten. Drei Jahre danach nahmen sie in der Normandie die Feindseligkeiten von neuem auf, wurden aber 1450 bei Formigny von Karl VII. geschlagen. Nach diesem Sieg begab Karl sich nach Guyenne. Am 16. Juli 1453 kam es schließlich bei Castillon zur Entscheidungsschlacht. Dies war auch das Jahr der Eroberung Konstantinopels durch die Türken; es gilt als der Beginn der Neuzeit.

Die letzten Jahre seiner Regierung widmete Karl VII. der Aufgabe, die Ordnung in seinem Reich wiederherzustellen. Bei seinem Regierungsantritt hatte er das Land zugrunde gerichtet, verwüstet und ausgehungert vorgefunden. Als er es 1461 seinem Sohn übergab, war es im großen und ganzen wiederhergestellt und besaß einen festen administrativen und fi-

nanziellen Rahmen. Karl VII. hatte sich mit einer Gruppe fähiger Ratgeber umgeben, aus deren Mitte der Name Jacques Cœur in die Geschichte eingegangen ist; ähnlich bekannt wurde seine berühmte Mätresse Agnes Sorel, die Dame de Beauté.
Die Reform des Militärs mußte mit Vorrang in Angriff genommen werden. Mit den Ordonnanzen von 1439 und der Reform von 1445 schuf Karl VII. ein stehendes Heer. Die Ordonnanzkompanien stellten bereits ein Berufsheer dar, einen frühen Vorläufer der königlichen Gendarmerie. Karl VII. ergänzte sie durch eine Infanterie, das Corps der Bogenschützen, und ließ von den Brüdern Bureau und dem Hochmeister Bessonneau eine Artillerie aufstellen, die sich zur schlagkräftigsten in Europa entwickelte. Der Unterhalt eines stehenden Heeres machte eine Finanzreform unumgänglich. Die indirekten Steuern wurden zur ständigen Einrichtung. Zusätzlich wurden neue Steuern eingeführt, die *aydes,* eine Auflage auf Verbrauchsgegenstände, die Salzsteuer *gabelle* und eine Kopfsteuer, die *taille.* Sie bilden die Grundlage des modernen Systems. Gleichzeitig mit diesen Neuerungen wurde eine Reform der Verwaltung durchgeführt. Mit der Großen Ordonnanz von Montils lez Tours 1454 errichtete Karl VII. die Provinzialparlamente. Um zu erreichen, daß die Inhaber der neu geschaffenen Ämter diese ehrenamtlich und auf Dauer ausüben, wurden sie in den Adelsstand erhoben, was den Widerstand des Geburtsadels auf den Plan rief. Die Erhebung dieses Adels, die sogenannte *Praguerie,* wurde großenteils durch den Dauphin, den künftigen Ludwig XI., angeführt, der sich nicht selten als ein rebellischer Sohn zeigte, und darin vom Herzog von Burgund, Philipp dem Guten, ermutigt wurde.
»Mein burgundischer Cousin nährt einen Fuchs, der seine Hühner auffressen wird«, erklärte Karl VII. philosophisch. Der König hatte mancherlei Grund zur Bitterkeit über seinen ihm gegenüber so ungerechten Sohn, denn er hatte in der Tat Frankreich befreit und wiederaufgebaut. Doch die englische Gefahr hatte er nicht vollständig gebannt und noch weniger die burgundische Gefahr. So hinterließ er seinem undankbaren Nachfolger bei seinem Tode im Jahre 1461 eine schwere Aufgabe.
Ludwig XI. (1461–1483) ist die interessanteste Gestalt unter den Königen aus dem Hause Valois. Über ihn sind harte Urteile gefällt worden, doch die Kritik ist berechtigt. Er war ein gewalttätiger, rachsüchtiger und grausamer Mensch, seinen Unternehmungen fehlte jedes Maß. Doch durch seine Beharrlichkeit erzielte er große Erfolge. Er gehört zu den Herrschern, die Frankreich den größten Gebietszuwachs verschafft haben. Zunächst maß Ludwig XI. den religiösen Belangen große Bedeutung bei. Er mißbilligte das Vorgehen seines Vaters, des Urhebers der Pragmatischen Sanktion von Bourges, mit der 1438 die französischen Bistümer durch Wahl besetzt wurden, und erreichte durch ein Konkordat mit Sixtus IV., daß er die Bischöfe selbst bestimmte. Er entließ alle Ratgeber seines Vaters und ersetzte sie durch Leute von niederer Herkunft wie seinen Barbier Olivier le Daim, seinen Arzt Coicxtier und La Balue, den er zum Bischof und Kardinal machte, bevor er ihn später in einen eisernen Käfig sperrte.
Er begann die Steuern zu erhöhen, um seine Schulden bei Philipp dem Guten, Herzog von Burgund, zu bezahlen, den er dazu gebracht hatte, ihm die Städte der Picardie zu verkaufen. Diese Maßnahmen machten ihn so unbeliebt, daß die großen Vasallen sich unter Führung seines eigenen Bruders, des Herzogs von

Der vieleckige Turm im Hof von Schloß Blois an der Loire. Er gehört zu dem Seitenteil des Gebäudes, das Franz I. errichten ließ. In diesem berühmten Schloß starb Katharina von Medici.

Berry, und mit der Unterstützung des burgundischen Thronerben, Karls des Kühnen, gegen ihn verbündeten. Nach einer unentschiedenen Schlacht bei Montlhéry wurde Ludwig XI. zum Einlenken gezwungen und erhielt mit den Verträgen von Conflans und Saint-Maur die Auflage, Karl dem Kühnen die von seinem Vater erworbenen Städte entschädigungslos zurückzugeben. Um dies zu umgehen, berief er 1468 die Generalstände ein. Da sie ihre Zustimmung zu den Verträgen verweigerten, begannen die Konflikte mit dem Herzog von Burgund von neuem. Der König inszenierte in Lüttich einen Aufstand gegen ihn, schlug aber gleichzeitig, um ihn in Sicherheit zu wiegen, eine Konferenz in Péronne vor. Während dieser Konferenz erfuhr Karl der Kühne von dem Aufstand in Lüttich. Um Ludwig XI. für seinen Verrat zu bestrafen, nahm er ihn gefangen und zwang ihn, ihm bei der Niederschlagung des Aufstandes zu helfen. Aus dieser starken Position heraus begann der Herzog von Burgund mit der Ausführung der umstrittenen Verträge.
Ludwig XI. ging empfindlich geschwächt aus diesem Abenteuer hervor; wäre er zu diesem Zeitpunkt gestorben, so hätte sich seine Regierung ebenso verheerend ausgewirkt wie die Karls VII. Doch er war nicht der Mann, sich entmutigen zu lassen. Die 1470 in Tours zusammengetretenen Generalstände sprachen sich erneut gegen die Durchführung der Verträge aus. Er machte sich den Streit um die englische Thronfolge zunutze und erkaufte die Dienste Warwicks, des Königsmachers. Das Manöver scheiterte jedoch, als Eduard IV., der Sohn Heinrichs VI., wieder auf den englischen Thron gelangte und sich anschickte, seinem Schwager Karl dem Kühnen in seinem geplanten Krieg gegen Frankreich beizustehen.
Das Glück wollte es, daß Ludwig XI., als Karl der Kühne durch die Belagerung der Stadt Neuß abgelenkt war, von dieser Situation profitieren konnte, um Eduard IV. ein finanzielles Arrangement vorzuschlagen. Dieser erklärte sich bereit, gegen eine Entschädigung und eine Rente am 29. August 1475 den Vertrag von Picquigny zu unterzeichnen, der das eigentliche Ende des Hundertjährigen Krieges bedeutete. Nachdem somit der englische König ausgeschaltet war, knüpfte Ludwig XI. die Fäden einer Koalition gegen den Herzog von Burgund, der dadurch in eine Zwangslage geriet und erstmals seine Angriffe gegen Osten richtete. Er wurde bei Grandson (2. März 1476) und Murten (2. Juni 1476) von den Schweizern geschlagen und erlitt nach seinem Angriff auf Lothringen eine dritte Niederlage in der Schlacht bei Nancy (5. Januar 1477), in der er den Tod fand.
Da Karl der Kühne keinen Sohn hinterließ, fiel Burgund an Frankreich zurück; Ludwig XI. triumphierte. Unglücklicherweise wollte er seinen Erfolg noch weiter treiben und erhob Anspruch auf das Erbteil der Tochter des Verstorbenen, Maria von Burgund. Die Folge war ein fünfjähriger Krieg, der mit einem Vergleich endete, demzufolge die Tochter Marias von Burgund mit dem Dauphin Karl verlobt werden sollte. Dies war ein langfristiges Vorhaben, das erst nach dem Tode des Königs realisiert werden konnte. Ludwig XI. blieb nicht mehr die Zeit, die Konsequenzen dieser Transaktion abzusehen. Selbst wenn er sie vorausgeahnt hätte, so wären sie durch seine Erfolge zu Ende seiner Regierung überlagert worden, denn der Annexion Burgunds und der Option auf den Artois fügte er noch weitere umfangreiche Gebietserwerbungen hinzu.
Der Herzog von Berry, ein Bruder des Königs, hatte

Franz I. mit seiner zweiten Frau Eleonore von Österreich, der älteren Schwester Karls V. Die Heirat war Bestandteil des Friedens von Madrid, der Franz I. aufgezwungen wurde.

seine Apanage, die Champagne, gegen Guyenne tauschen müssen. Dieses ausgedehnte Gebiet fiel an die Krone zurück, als der Fürst starb, ohne einen Erben zu hinterlassen. Durch den Tod König Renés, des letzten Erben des von Johann dem Guten abstammenden Hauses Anjou, fiel außer Maine und Anjou auch die Provence an Frankreich. Damit konnte der französische König endgültig im Mittelmeerraum Fuß fassen. Diese enorme Erweiterung der Krondomäne war definitiv, denn das Beispiel Burgunds hatte den Herrschern Frankreichs endlich vor Augen geführt, welche Gefahr mit der Ausgabe von Apanagen verbunden war.
Im Innern war Ludwig XI. auf die Stärkung der von Karl VII. geschaffenen Institutionen bedacht. Durch seine Versammlungen der Generalstände stand er in ständigem Kontakt mit dem Volk und verfügte damit über eine Quelle persönlicher Macht, die es ihm ermöglichte, die Steuern zu erhöhen und ein stehendes Heer mit einer starken Artillerie zu unterhalten. Sein Ende verlief in düsterer Trostlosigkeit, denn er hatte offenkundig große Angst vor dem Tode. Die letzten Jahre seines Lebens vergrub er sich mit seinem Beichtvater Saint-François de Paul in frommer Andacht in seinem Schloß in Plessis-lez-Tours.
Obwohl sein Sohn das für den Thron vorgeschriebene Alter der Volljährigkeit erreicht hatte, hatte Ludwig XI. Vorsorge für eine Regentschaft getroffen, die er seiner Tochter Anna von Beaujeu, der Tochter eines seiner Cousins aus dem Hause Bourbon, übertrug.

Porträt Franz' I. auf einem Gemälde von Jean Clouet. Franz wurde mit 20 Jahren König. Der hochgewachsene Mann genoß wegen seiner anfänglichen, aber nicht dauerhaften Erfolge großes Ansehen.

Die Schlacht von Pavia (1525). Franz I. wurde vom Connétable von Bourbon besiegt, der in den Diensten Karls V. stand: »Mir blieb von allem nur noch die Ehre und das unversehrte Leben«, schrieb er an seine Mutter.

Eine Regentschaft war gerechtfertigt durch die verzögerte geistige Entwicklung des neuen Königs, dessen Pubertät verspätet und unter Schwierigkeiten eintrat. Diese Regentschaft hätte die Dinge erleichtern können, in Wirklichkeit aber verschlimmerte sie die Lage nur. Der Herzog von Orléans, Oberhaupt der jüngeren Linie und Gatte Johannas von Frankreich, der Schwester Annas von Beaujeu, war unzufrieden mit seiner untergeordneten Stellung als Generalleutnant des Reiches. In der Absicht, die Macht an sich zu reißen, berief er die Landstände von Languedoil zusammen. Die Versammlung brachte zahlreiche Unstimmigkeiten ans Tageslicht. Die Beaujeus mußten einlenken, stellten aber nach der Auflösung der Versammlung ihre Autorität so weit wieder her, daß sie den Versuch wagen konnten, den Herzog von Orléans gefangenzunehmen. Er entfloh jedoch und inszenierte zusammen mit dem Herzog der Bretagne eine Revolte, die bei Saint-Aubin du Cormier niedergeschlagen wurde (14. Juli 1488). Er geriet in eine qualvolle Gefangenschaft, wurde aber von Karl VIII. (1483–1498) nach dessen Regierungsantritt wieder befreit und mit Anna von Beaujeu versöhnt.

Ludwig von Orléans bot seine Dienste bei der Vermittlung der Heirat Karls VIII. mit der Erbtochter der Bretagne, Herzogin Anna, an. Sie war jedoch bereits Maximilian von Österreich versprochen, mit dessen Tochter wiederum der König verlobt war. Um die geplanten Verbindungen aufzuheben, war Karl VIII. gezwungen, den Artois und die Franche-Comté an das Reich abzutreten. Man ging jedoch davon aus, daß der Besitz der Bretagne dieses Opfer rechtfertige und verfügte, um allen Eventualitäten vorzubeugen, in einer Klausel, daß die Herzogin der Bretagne, falls Karl VIII. kinderlos sterben sollte, seinen Nachfolger heiraten solle.

Der König schien sehr verliebt in seine bretonische Königin, obwohl sie auf einem Bein hinkte: Dennoch liebäugelte er mit dem Gedanken eines Kreuzzuges, denn die übermäßige Lektüre von Ritterromanen hatte ihm ein wenig den Kopf verdreht. Zur Durchführung seines Planes gedachte er sich eine Ausgangsbasis in Italien zu schaffen, zumal da ihn auch der Herzog von Orléans darin bestärkte, der gewisse Rechte über das von dem Usurpator Ludovico il Moro beherrschte Mailand besaß.

An der Spitze einer 30 000 Mann starken Armee überquerte Karl VIII. die Alpen. Damit begann ein abenteuerliches Unternehmen, das sich über ein halbes Jahrhundert hinziehen sollte. Es war dies kein Krieg, sondern mehr ein Triumphzug, insbesondere in Florenz, wo Savonarola den französischen König als Befreier empfing. In Rom verweigerte Papst Alexander VI. Borgia zunächst den Durchzug der französischen Truppen, gab aber schließlich nach. Der König zog weiter bis über Neapel hinaus, wo er die Rechte des Hauses Anjou geltend machte. So weit in den Süden der Halbinsel vorgedrungen, erkannte er erst spät, daß sich Europa in seinem Rücken gegen ihn verbündete. Ludovico il Moro, mittlerweile zum Schwiegervater Maximilians avanciert, suchte den König von Frankreich in dem von ihm eroberten Gebiet einzuschließen.

Karl VIII. trat eilends den Rückzug an, und es gelang ihm, am 6. Juli 1495, bei Fornovo den Sperrgürtel der Verbündeten zu durchbrechen. Nach diesem erfolglosen Feldzug kehrte er über die Alpen zurück und begann, berauscht von der italienischen Kunst, neue Eroberungspläne für Italien zu schmieden. Es blieb ihm jedoch nicht mehr die Zeit, sie zu verwirklichen. Auf dem Wege zu einem Ballspiel im Burggraben von Amboise stieß er gegen den Rahmen einer niedrigen Tür und starb 1498 nach einem kurzen Todeskampf im Alter von 28 Jahren. Die Krone fiel an seinen Cousin und Schwager, den Herzog von Orléans, einen Schwiegersohn Ludwigs XI.

Ludwig XII. (1498–1515) befand sich in einer peinlichen Lage, denn er hatte eben wieder begonnen, gegen Karl VIII. zu konspirieren. Er glaubte deshalb bei der Ankunft des königlichen Boten im Schloß Montils lez Blois, wo er sich verschanzt hatte, man käme, um ihn gefangenzunehmen. Als er erfuhr, daß er den französischen Thron besteigen solle – was für einen Seitenverwandten immerhin nicht ganz unproblematisch war –, bewies er Geistesgegenwart und sprach die berühmten Worte: »Es ziemt sich nicht für einen König von Frankreich, die Schmähungen eines Herzogs von Orléans zu rächen«. Dies gewann ihm mit einem Schlag die Sympathien all seiner Gegner und begründete seine Popularität. Sie erwies sich als so beständig, daß sie auch dann nicht beeinträchtigt wurde, als er einen Scheidungsprozeß gegen seine Gattin, die überaus fromme und äußerst häßliche Johanna von Frankreich, anstrengte. Nachdem er die Annullierung der Ehe wegen Nichtvollzugs erreicht hatte, heiratete er die Witwe Karls VIII., um den Besitz der Bretagne zu sichern.

Ludwig XII. nahm die Italienpolitik seines Vorgängers wieder auf und entsandte eine 24 000 Mann starke Armee unter dem Befehl Trivulces, die Mailand eroberte und Ludovico il Moro vertrieb. Dann begab er sich in eigener Person nach Mailand, um seine Eroberung in Besitz zu nehmen. Ludovico il Moro versuchte Mailand wieder in seine Gewalt zu bringen, wurde jedoch von Trivulce geschlagen und verbrachte den Rest seines Lebens als Gefangener des Königs in der Festung Lys Saint-Georges in Berry. Nachdem Mailand annektiert war, nahm Ludwig XII. die Eroberung des Königreichs Neapel in Angriff; sein Plan wurde jedoch durch einen Verrat des Königs von Aragonien vereitelt. Da befiel Ludwig XII. eine lebensgefährliche Krankheit. Königin Anna unterzeichnete in dieser Zeit den Vertrag von Blois, durch den sie ihre Tochter mit dem späteren Karl V. verheiratete, eine Wahnsinnstat, die einer Isabeau von Bayern würdig gewesen wäre. Ludwig XII. erholte sich wieder und ließ den Vertrag am 14. Mai 1506 von den Generalständen in Tours für nichtig erklären. Diese gaben ihrer Zufriedenheit dadurch Ausdruck, daß sie dem König den Beinamen »Père du Peuple«, Vater des Volkes, verliehen. Dies war wohl die einzige Zeit in der Geschichte, in der Frankreich sich mit seiner Regierung einverstanden erklärte. Die Generalstände ließen nicht nur die Ehe Claudias von Frankreich, der Tochter Ludwigs XII. und Annas von Bretagne annullieren, sondern bekundeten darüber hinaus den Wunsch, sie mit dem Herzog von Angoulême zu verloben, einem Cousin des Königs und Thronanwärter für den Fall, daß der Monarch ohne männliche Nachkommen sterben sollte. Damit war das Problem der Thronfolge gelöst, und der König konnte, gestützt auf die Zustimmung des Volkes, seine italienischen Pläne wiederaufgreifen.

Um dem Kaiser die Stirn zu bieten, entsandte er Trivulce zur Unterstützung der Venezianer, doch diese verrieten ihn. Daraufhin löste er das Bündnis und schloß mit Papst Julius II., dem Nachfolger Alexanders VI. Borgia, die Liga von Cambrai (10. Dezember 1508). Diese Allianz war zunächst erfolgreich, und Ludwig XII. brachte den Venezianern bei Agnadel die vernichtende Niederlage vom 14. Mai 1509 bei.

Julius II., über die Erfolge des französischen Königs beunruhigt, wechselte daraufhin auf die Gegenseite über, schloß sich in der »heiligen Liga« mit Venedig zusammen und bot das französische Reich dem englischen König Heinrich VII. Tudor an. Ludwig XII. blieb keine andere Wahl, als gegen den Papst Krieg zu führen. Der legendäre Feldzug stand unter dem Oberbefehl Gastons de Foix. Nach der Eroberung von Brescia und Bologna kam Gaston de Foix bei der Belagerung Ravennas 1517 ums Leben. Das Blatt wendete sich, die unter La Trémouille entsandten Hilfstruppen wurden am 6. Juni 1513 bei Novara vernichtet.

Mailand war verloren; es galt nun, über die Alpen zurückzukehren. Der Tod Julius' II. ermöglichte es dem französischen König, einen Waffenstillstand zu schließen und sich einem Invasionsversuch der Engländer entgegenzustellen, die in Calais gelandet waren und Guines erobert hatten. Mittlerweile war Königin Anna gestorben, und Ludwig XII. heiratete, um die Einigung mit dem König von England vollständig zu machen, dessen siebzehnjährige Schwester Maria. Er war in sie so feurig verliebt, daß er zweieinhalb Monate nach der Hochzeit starb (1. Januar 1515). Damit fiel die Krone an seinen Schwiegersohn Franz von Valois-Angoulême, der den Namen Franz I. annahm.

König Franz I. (1515–1547) genoß großes Ansehen. Er verdankte es seiner hünenhaften Gestalt, seinen Erfolgen zu Beginn seiner Regierung und mehr noch seiner Neigung zur Kunst und seiner Vorliebe für die Wissenschaften. In der Umgebung des zwanzigjährigen Königs gab es zwei Ratgeber, die teilweise die Leitung der Staatsgeschäfte übernahmen: seine Mutter, Luise von Savoyen, und sein Minister Duprat, der erste Präsident des Pariser Parlaments und spätere Kanzler und Kardinal.

Um der von Karl V., dem Erben der österreichischen und spanischen Krone, ausgehenden Gefahr zu begegnen, wurde eine schlagkräftige Armee zur Wiedereroberung Mailands ausgerüstet. Zum Connétable wurde der Herzog von Bourbon, ein Schwiegersohn des Hauses Beaujeu, ernannt. Man überquerte die Alpen über den Larche-Paß. Der glänzende Sieg bei Marignano (13.–14. September 1515) entschied über das Schicksal des Feldzuges, der so viel zur Legende um den König beitrug, die berichtet, wie der König auf einer Lafette schlief und wie er sich von Bayard zum Ritter schlagen ließ.

Der Erfolg von Marignano hatte sehr weitreichende Folgen. Deren erste war ein dauernder, niemals wieder in Frage gestellter Friede mit der Schweiz; die zweite Folge war der Abschluß eines Konkordats mit Leo X., das bis zur Einführung der Zivilkonstitution des Klerus im Jahre 1790 in Kraft blieb. Der Kirchenbesitz wurde der Verfügungsgewalt der Krone unterstellt, die damit die Möglichkeit erhielt, Bischöfe ihrer

Die prächtige zweiläufige Wendeltreppe von Schloß Chambord, erbaut unter der Herrschaft Franz' I. Man sagt, daß Leonardo da Vinci am Entwurf dieses großartigen Renaissancebaus mitgewirkt habe.

Wahl einzusetzen, was schon nach kurzer Zeit zu Mißbräuchen führte. Ein weiterer, 1517 in Cambrai unterzeichneter Vertrag ergänzte diese Bestimmungen dadurch, daß Karl V. und Heinrich VIII. von England ihre jeweiligen Besitzungen garantierten. Es sah damals so aus, als sei man zum Prinzip des europäischen Gleichgewichts vorgedrungen, in Wirklichkeit aber stand man vor einer neuen Erschütterung.

Der Tod Maximilians und Ferdinands von Aragon machte Karl V., ähnlich Karl dem Großen, zum mächtigsten Herrscher des Abendlandes. Um der Gefahr einer Umklammerung Frankreichs zu begegnen, beschloß Franz I., mit dem deutschen König in Konkurrenz zu treten und sich ebenfalls um die begehrte Kaiserkrone zu bewerben. Diese Geste, eine der bedeutungsvollsten in der Geschichte Frankreichs, entschied über deren weiteren Verlauf. Franz' I. Kampf um die Kaiserkrone wurde jedoch mit wenig Geschick geführt, so daß es Karl V. ein leichtes war, seinen zahlreichen Königstiteln noch den eines Kaisers hinzuzufügen.

Zünglein an der Waage war künftig der englische König; er war in der Lage, durch seine Unterstützung zugunsten seines Verbündeten den Ausschlag zu geben. »Herr ist der, den ich unterstütze«, erklärte er stolz. Eine Zusammenkunft 1520 zwischen Heinrich VIII. und Franz I. führte nicht zu der von Franz I. erhofften Einigung, und der englische König wandte sich Karl V. zu. Damit war Frankreich eingekreist und mußte nun gegen seine beiden gefährlichsten Gegner Krieg führen. Da wurde der König von seinem Connétable de Bourbon, der sich wegen einer Erbschaftsangelegenheit im Unrecht fühlte, verraten. Diese Revolte, die letzte der Feudalzeit, öffnete den Verbündeten das Zentrum Frankreichs.

Bayard konnte die Invasion im Norden aufhalten und eilte dann Bonnivet zu Hilfe. Er starb an den Ufern der Sesia vor den Augen des Connétable de Bourbon. Dieser fiel in der Provence ein, in dem Augenblick, als Franz I. über den Mont Genèvre die Alpen überquert hatte. Eine Kehrtwendung in Richtung Genua hätte nun genügt, um de Bourbon einzukreisen, aber der König versteifte sich auf die Belagerung Pavias. Bourbon griff ihn an und brachte ihm eine vernichtende Niederlage bei. Franz I. wurde gefangengenommen. »Von allem, was ich besaß«, so schrieb er an Luise von Savoyen, »ist mir nur die Ehre geblieben und das nackte Leben.«

Der König befand sich in der gleichen Lage wie Johann der Gute nach der Schlacht bei Poitiers. Aus seiner Madrider Gefangenschaft heraus fand er die Möglichkeit, mit Sultan Suleiman dem Prächtigen zu paktieren. Suleiman griff Karl V. im Rücken an und begann 1529 mit der Belagerung Wiens. Zuvor aber wurde der verhängnisvolle Madrider Friede geschlossen, durch den Karl V. Burgund erhielt und Franz I. gezwungen wurde, seine Söhne als Geiseln in Madrid zurückzulassen. Nach Frankreich zurückgekehrt, ließ Franz I. sich durch eine Notablenversammlung von seinem Versprechen entbinden und fand in Europa genügend Rückhalt, um den von Suleiman bedrohten Karl V. zu einem Kompromißfrieden, dem Damenfrieden von 1529, zu zwingen.

Der weitere Verlauf der Regierung Franz' I. ist nur im Zusammenhang mit dem Phänomen der Reformation zu verstehen. Der Mönch Martin Luther zog gegen den Ablaßhandel zu Felde. Er wurde vom Papst mit dem Kirchenbann belegt, Karl V. verhängte die Reichsacht über ihn, und doch gewann Luther einen Großteil der deutschen Fürsten zu seinen Anhängern,

die sich in Schmalkalden gegen den Kaiser zusammenschlossen. Franz I. bot ihnen seine Unterstützung an. Dies war vom Standpunkt der französischen Interessen aus folgerichtig, führte aber gleichzeitig dazu, daß der Kaiser zum eigentlichen Verteidiger des katholischen Glaubens wurde. Unter Franz I. verursachte die Reformation jedoch keine ernsthaften Unruhen in Frankreich. England dagegen neigte dem Schisma zu, wenn auch auf eine besondere Art, die eine Verbindung zum Luthertum ausschloß.
Der Krieg gegen Karl V. zog sich, von Perioden des Waffenstillstands unterbrochen, über die letzten zehn Jahre der Regierung Franz' I. hin. Die Eroberung von Savoyen, Bugey, Bresse und Piemont beantwortete Karl V. mit einem Angriff auf die Provence, der das Land verwüstete. In Nizza wurde ein Waffenstillstand geschlossen, und 1538 kam es vor den Mauern von Aigues-Mortes zu einer Begegnung zwischen Franz I. und Karl V.
Die Einigkeit war jedoch nur von kurzer Dauer, denn Karl V. bestimmte seinen Bruder zum römischen König, was auf eine Tendenz zur Erblichkeit der Kaiserwürde hinauslief. Karl V. tat sich wiederum mit Heinrich VIII. zusammen, und Frankreich wurde erneut von allen Seiten angegriffen. Der Graf von Enghien errang 1543 einen Sieg bei Ceresole d'Alba in Italien, konnte damit allerdings die Gefahr eines Zusammentreffens der englischen und der kaiserlichen Truppen in Paris nicht abwenden. Da bewirkte Franz I. einmal mehr, daß Suleiman Karl V. im Rücken attackierte, so daß dieser es vorzog zu verhandeln. Im Frieden von Crépy verzichtete Frankreich auf seine Eroberungen in Italien und Karl V. auf seine Ansprüche auf Burgund, und im Frieden von Ardres 1546 trat Heinrich VIII. Boulogne gegen eine hohe Entschädigung an Frankreich ab.
Die Regierung Franz' I. ist jedoch mit diesen militärischen Aspekten allein nicht hinreichend charakterisiert: seine politischen und künstlerischen Aktivitäten müssen ebenfalls Erwähnung finden. Was seine politischen Unternehmungen betrifft, so ist vor allem die Heirat des Dauphin mit einer Nichte des Papstes Klemens VII. hervorzuheben, jener Katharina von Medici, die während nahezu eines halben Jahrhunderts die französische Politik lenken sollte. Im Innern schuf Franz I. fruchtbare Neuerungen: die Zentralisierung der Rechtsprechung durch die Ordonnanz von Villers-Cotteret im Jahre 1539, die obligatorische Ver-

wendung der französischen Sprache im amtlichen Schriftverkehr sowie die Gründung des Collège de France. Die noch verbliebenen Feudalherren wurden zu einfachen Adligen. Die Beschlagnahme der Güter des Connétable de Bourbon setzte dem Apanagensystem ein Ende und fügte das nationale Territorium zu einer Einheit zusammen.
Franz I. war auch Wegbereiter einer Politik der Eroberung ferner Länder. Von dem von ihm gegründeten Hafen Le Havre aus starteten die Pioniere zur Entdeckung Nordamerikas: Verrazano, der in New York landete, Jacques Ango, der Pionier Westindiens, und Jacques Cartier, der Erforscher Kanadas.
Zur größten Prachtentfaltung unter Franz I. kam es auf dem Gebiet der Künste. Dieser prunkliebende König, zu dessen Mätressen so glänzende Gestalten wie Madame de Chateaubriant und die Herzogin von Etampes gehörten, war es, der die italienische Kunst des Quattrocento in Frankreich einführte. Er holte Leonardo da Vinci nach Amboise und erwarb von ihm das Porträt der Mona Lisa. Blois, Chambord und Chaumont legen Zeugnis ab von seinen Neuerungen im Baustil der Schlösser. Eng verbunden mit dem Namen des Herrschers sind die der großen Baumeister Primaticcio, Serlio und Bernabei sowie der Name des Bildhauers Jean Goujon. So bleibt aus dieser politisch so kontrastreichen Regierung das Bild eines glänzenden Fürsten, der ein Freund der Künste und Wissenschaften war.
Die Persönlichkeit Heinrichs II. (1547–1559) unterschied sich in vielerlei Weise von der seines Vaters; seine Jugend war von seiner Madrider Gefangen-

Links: Heinrich II. auf einem Bild François Clouets. Dieser Sohn Franz' I. war in Madrid als Geisel gehalten worden. Die traurige Jugendzeit in Unfreiheit hatte ihre Spuren auf seinem Gesicht hinterlassen.

Mitte: Das Schlafgemach Heinrichs II. auf Schloß Anet. Dieses Schloß wurde für Diana von Poitiers erbaut, mit der der König bald nach seiner Hochzeit mit Katharina von Medici ein Liebesverhältnis einging.

Rechts: Diana von Poitiers als Jagdgöttin Diana auf einem Bild von Primaticcio. Der König stand stark unter dem Einfluß dieser um 20 Jahre älteren Mätresse, die ihn auch in den Kampf gegen die Protestanten trieb.

Heinrich II. wurde bei diesem Turnier tödlich verwundet. Es wurde am 29. Juni 1559 – kurz nach dem Frieden von Câteau-Cambrésis – anläßlich der Hochzeit seiner Tochter Elisabeth mit Philipp II. von Spanien abgehalten.

schaft überschattet gewesen. Obwohl seiner Gattin Katharina von Medici wenig zugetan, hatte er nichtsdestoweniger sechs Kinder mit ihr. Er stand unter dem dominierenden Einfluß einer um zwanzig Jahre älteren Favoritin, der berühmten Diana von Poitiers, die eine bedeutende politische Rolle spielte und ihren Liebhaber in den Kampf gegen die Protestanten trieb. Zu dieser Bevormundung durch eine Mätresse gesellte sich die durch einen Minister, den Connétable de Montmorency, der zu großem Einfluß gelangte und darin von seinen Neffen, den Brüdern Chatillon, bestärkt wurde. Der ältere von ihnen wurde später als Admiral Coligny bekannt.

Karl V. hatte den Schmalkaldischen Bund besiegt und trat nun als Verfechter der Einigung Europas auf. Heinrich II. bot ihm Widerstand nach dem Prinzip, man müsse »insgeheim dafür sorgen, daß sich die deutschen Angelegenheiten so schwierig wie möglich gestalten«. So wurde das Bündnis mit den Türken fortgesetzt, die protestantischen Fürsten erhielten Zusicherungen, und der Vertrag mit den Schweizer Kantonen wurde erneuert. Mit der Unterstützung Moritz' von Sachsen nahm Heinrich II. Toul, Metz, Verdun und die Drei Bistümer als »Reichsvikar« in Besitz.

Er übertrug Katharina von Medici die Regentschaft und machte sich nach Deutschland auf, um »seine Pferde im Rhein trinken zu lassen«. Er besetzte Nancy und schien zeitweilig über den Kaiser zu triumphieren, doch sein Erfolg währte nicht lange. Karl V. begann Metz zu belagern, die Stadt wurde jedoch durch den Widerstand François' von Guise gerettet.

In Italien und im Süden Frankreichs ging der Kampf weiter. Durch Vermittlung Englands akzeptierte Heinrich II. 1555 einen Waffenstillstand in Vaucelles, durch den er Piemont erhielt und den Besitz der Drei Bistümer behauptete. Doch auch dies war nur ein zweifelhafter Erfolg. Karl V. zog sich im Kloster San Geronimo de Yuste von der Welt zurück und überließ Böhmen und Ungarn seinem Bruder und Spanien seinem Sohn Philipp II.

Von Papst Paul IV., der dem Einfluß des Kaisers in Italien zu begegnen suchte, ließ Heinrich II. sich zu einem Bündnis überreden, und der Krieg flammte von neuem auf. Es kam zu einer empfindlichen Niederlage Montmorencys bei Saint-Quentin (10. August 1557), die beinahe den Einzug Philipps II. in Paris zur Folge gehabt hätte. Der Friede von Câteau-Cambrésis (2. April 1559) setzte den Feindseligkeiten ein Ende. Heinrich II. konnte Calais behaupten, mußte aber endgültig auf die Vereinigung seiner Eroberun-

Margarethe von Angoulême, die Schwester Franz' I. Sie war Schriftstellerin und Patronin der Künstler und Literaten. Sie war die Gemahlin Heinrichs II., des Königs von Navarra. Ihre Tochter Johanna war die Mutter Heinrichs IV. von Bourbon.

gen in Italien verzichten. Um das Bündnis zu besiegeln, gab er Philipp II. seine Tochter Elisabeth zur Frau.
Der Friedensschluß wurde beschleunigt durch die Furcht vor religiösen Unruhen im Innern. Heinrich II. feierte den Friedensschluß mit einer Reihe von Festlichkeiten an seinem Hof und nahm selbst an den Kampfspielen teil. Während eines Turniers mit Montgomery wurde er durch einen Lanzenstoß gegen das Visier seines Helmes verwundet. Nach einem neun Tage währenden Koma starb Heinrich II. im Alter von 41 Jahren und hinterließ die Krone Franz II., einem kränklichen Kind von sechzehn Jahren. Diese vorzeitige Thronfolge gab das Land einem traurigen Schicksal preis.
Die dreißig Jahre (1559–1589), in denen die drei Söhne Heinrichs II. regierten, bedeuteten den Untergang der Dynastie und standen unter dem beherrschenden Einfluß der Königin Katharina von Medici. Diese außergewöhnliche Frau war politisch mit allen Wassern gewaschen und dennoch keine große Politikerin. Ihre schwankende Haltung löste wahre Dramen aus.
Über Franz II. (1559–1560), ihren ältesten Sohn, gibt es wenig zu berichten, es sei denn, daß er der Gatte Maria Stuarts war und daß seine sinnliche Abhängigkeit von ihr sein Ende beschleunigte. Unter seiner Regierung, die nur achtzehn Monate währte, kam es zur protestantischen Verschwörung von Amboise, die in einem Blutbad endete.
Zeitweise lag die Macht in Händen der Herzöge von Guise, deren Nichte die Königin war. Sie bildeten eine katholische Partei, der sich die protestantische Partei unter Coligny und Chatillon und mehr noch die der Bourbonen entgegenstellten. Dies von dem Augenblick an, da Anton von Bourbon, ein Bruder Condés und durch seine Heirat mit Jeanne d'Albret König von Navarra, zum Thronanwärter für den Fall des Aussterbens des Geschlechts Valois wurde.
Die Regierung Karls IX. (1560–1574) begann zu einem Zeitpunkt, da der König noch ein kränkliches Kind war. Sie stand von Anfang an unter dem Zeichen der Konfrontation zwischen Katholiken und Protestanten. Michel de l'Hôpital, der Kanzler Katharinas von Medici, versuchte vergebens, mit dem Kolloquium von Poissy eine Einigung herbeizuführen. Immerhin wurde den Protestanten durch das Edikt von Saint-Germain vom 17. Januar 1562 die Freiheit der Religionsausübung zugestanden.
Der Friede währte indessen nicht lange. Bereits Anfang März 1562 kam es zwischen dem Gefolge des Herzogs von Guise und den Protestanten beim Passieren des Marktfleckens Wassy zu einem blutigen Zusammenstoß. Daraufhin brachen die Bürgerkriege aus. Sie wurden von der Geschichtsschreibung in acht verschiedene kriegerische Auseinandersetzungen unterteilt, bei denen es sich keineswegs um die einzelnen Phasen ein und desselben von blutigen Höhepunkten gekennzeichneten Kampfes handelt. Die erste Episode begann mit dem Sieg des Herzogs von Guise über Condé und Coligny bei Dreux und führte zur Ermordung des Herzogs von Guise und dem Tod Antons von Bourbon. Nachdem damit beide Parteien ihre Führer verloren hatten, schloß man 1564 in Troyes Frieden.
Karl IX., mittlerweile volljährig geworden, unternahm eine achtzehn Monate währende Reise durch alle Provinzen Frankreichs, auf der ihn Heinrich von Navarra, der Sohn Antons von Bourbon, begleitete. Bei seiner Rückkehr flammte der Bürgerkrieg erneut auf. Diese zweite Episode endete mit der Schlacht bei Saint-Denis, in der der Connétable de Montmorency den Tod fand.
Es folgte eine dritte Episode, während der sich der Herzog von Anjou, ein jüngerer Bruder Karls IX. (der künftige Heinrich III.), in den Schlachten von Jarnac und Montcontour als hervorragender Krieger erwies. Mit dem Frieden von Saint-Germain 1570 schien eine allgemeine Versöhnung eingetreten zu sein. Karl IX. machte den Protestanten umfangreiche Konzessionen und wählte ihren Führer, Admiral Coligny, zu seinem Ratgeber. Es wurde entschieden, daß Heinrich von Navarra die Schwester des Königs, Prinzessin Margarete, heiraten solle. Am Hochzeitstag, dem denkwürdigen 19. August 1572, kam es zu einem Streit zwischen Katharina von Medici und Coligny, worauf die Guisen versuchten, den Admiral zu ermorden.
Katharina von Medici, die den Einfluß Colignys fürchtete, überzeugte ihren schwachen Sohn davon, daß eine protestantische Verschwörung seinen Sturz vorbereitet habe; sie drängte ihn, die Protestanten niedermetzeln zu lassen. Nach einigem Zögern sprach

Der goldene Paradeschild Karls IX. Er war der zweite der drei Söhne Heinrichs II. und der Katharina von Medici, die einander auf den Thron von Frankreich folgten – die letzten Könige der Valois.

der König die berühmten Worte: »Tötet sie alle, damit keiner übrigbleibt, der mir die Tat vorwerfen kann!« Noch heute ist das Andenken Karls IX. von diesem Blutbad, der sogenannten Bartholomäusnacht, überschattet. Die Folge davon war, daß der Bürgerkrieg zum viertenmal wieder ausbrach.
Der König sollte das Ende des Krieges nicht mehr erleben, denn er starb zu Beginn des Jahres 1574 an einer Lungenentzündung. Er hinterließ nur ein uneheliches Kind, den Grafen von Auvergne, Sohn seiner Mätresse Marie Touchet. So fiel die Krone an seinen Bruder, den Herzog von Anjou, der sich bei der Wahl zum polnischen König gegen den Zaren Iwan den Schrecklichen durchgesetzt hatte. Er verließ eilends seine Hauptstadt Krakau und bestieg als Heinrich III. (1574–1589) den französischen Thron. Wenige Könige in der Geschichte waren so umstritten wie er. Er legte ein auffälliges Benehmen an den Tag, das ihm die Bezeichnung »Prinz von Sodom« eintrug, und umgab sich mit einer Gruppe schöner Männer, die man die *Mignons* nannte. Dennoch lebte er in gutem Einvernehmen mit seiner Gattin Luise von Vaudémont.
Der neue König befand sich in einer schwierigen Situation, die er jedoch immer wieder mit Takt und Entschlossenheit meisterte. Das Land lag im Bürgerkrieg; es drohte eine Invasion von seiten einer Gruppe von Condé gedungener alter Kämpfer. Sie wurden jedoch bei Dormans von Heinrich von Guise, dem Sohn des Herzogs von Guise, geschlagen; von da an wurde der Herzog von Guise zu einem mächtigen Rivalen des Königs. Mit dem Edikt von Beaulieu 1576 gewährte Heinrich III. den Protestanten freie Religionsausübung. Der Herzog von Guise gründete daraufhin eine katholische Partei, die Liga, und Heinrich III. war so klug, deren Führung zu übernehmen.
Dessenungeachtet kam es zu drei aufeinanderfolgenden Kriegen, deren Einzelheiten dahingestellt sein mögen. Worauf es ankam, war die Tatsache, daß durch den Tod des Herzogs von Alençon, des jüngsten Sohnes Heinrichs II., der Führer der Protestanten, Heinrich von Navarra, zum Thronanwärter für den Fall des Ablebens Heinrichs III. wurde. Als sein Anspruch jedoch wegen seiner Religionszugehörigkeit angefochten wurde, verdoppelte dies den Ehrgeiz Heinrichs von Guise, der als angeblicher Nachfahre der Karolinger den Thron an sich zu bringen hoffte.
Daraus entstand der achte Religionskrieg. Bei Coutras erzielte Heinrich von Navarra, ein fähiger Kriegsherr, am 15. Oktober 1587 den ersten großen Sieg der Protestanten über die Katholiken. Heinrich von Guise wiederum gelang es, bei Vimory und Auneau zweimal die Invasion der alten Kämpfer aufzuhalten. Dies machte ihn so populär, daß die Liga Paris unter ihre Herrschaft bringen konnte. Daraufhin untersagte Heinrich III. dem Herzog von Guise das Betreten der Hauptstadt. Doch dieser widersetzte sich dem Verbot. In Paris wurden Barrikaden errichtet, und Heinrich III. mußte sein Heil in der Flucht suchen (12. Mai 1588). In Blois traten die Generalstände zusammen. Als der König dort von dem mit dem Herzog von Guise sympathisierenden Adel heftig angegriffen wurde, zögerte er nicht länger und ließ den Herzog am 23. Dezember 1588 ermorden. Wenige Tage danach starb auch Katharina von Medici.

Der Dominikaner Jacques Clément ermordet Heinrich III. Vor seinem Tode designierte der letzte Valois Heinrich von Navarra zum König, unter der Bedingung, zum katholischen Glauben überzutreten.

Die von der Liga aufgestellten Armeen zogen gegen den König zu Felde, der nun keine andere Lösung sah, als sich mit Heinrich von Navarra zu versöhnen; dies war die einzige Möglichkeit, den Fortbestand der Dynastie zu sichern. Am 16. April 1589 kam es in Plessis-lez-Tours zu einer Zusammenkunft. Der König von Frankreich und der König von Navarra vereinigten ihre Truppen und begannen in Saint-Cloud mit der Belagerung von Paris.
Die Liga sah sich verloren. Sie entsandte den geisteskranken Dominikaner Jacques Clément mit einer im vorhinein erteilten Absolution versehen zu Heinrich III. Er stieß dem König ein Messer in den Leib und wurde daraufhin aus dem Fenster geworfen, so daß das Geheimnis um seine Tat nie ganz enthüllt werden konnte. Bevor er am 2. August 1589 starb, ließ der König Heinrich von Navarra zu sich rufen und beschwor ihn ein letztesmal, zum katholischen Glauben überzutreten. Er sprach zu ihm: »Mein Bruder, ich fühle, es ist an Euch, das Recht in Anspruch zu nehmen, für das ich tätig gewesen bin, um Euch zu erhalten, was Gott Euch gegeben hat.«
Über dieser eindrucksvollen Geste, die den Fortbestand der Dynastie sicherte, starb Heinrich III. Mit ihm erlosch das Geschlecht der Valois, zumindest in seiner legitimen Linie. Denn erst im Jahre 1650 starb der Graf von Auvergne, ein illegitimer Sohn Karls IX. Er hatte gegen Ende seines Lebens Françoise Mareuil geheiratet, die 1708 hochbetagt zur Patin des jungen Belloy wurde. Dieser las im Alter von hundert Jahren bei der Krönung Napoleons die Messe. So empfing der Kaiser der Franzosen den Segen von dem Patenkind der Schwiegertochter Karls IX.

Dieses Fresko von Pinturicchio zeigt die Gesandtschaft des Enea Silvio Piccolomini (des späteren Papst Pius II.) am Hof Jakobs I. Stuart, dem König von Schottland. Die Stuart bestiegen den schottischen Thron im Jahre 1371.

Die Stuart

**Eine vom Unglück verfolgte Dynastie,
für welche die Engländer mit ihrer traditionellen Vorliebe für die Verlierer
trotz allem eine besondere Sympathie hegen.**

Die Stuart (oder »Stewart«) bekleideten, wie aus ihrem Namen ersichtlich, ursprünglich im Mittelalter bei den schottischen Königen das erbliche Amt der *High Stewarts* (Reichshofmeister). Im Jahre 1315 heiratete Walter, der sechste Stewart, Majorie, die Tochter des Königs Robert Bruce, dem Helden der schottischen Unabhängigkeitskriege gegen England. Diese schenkte ihm einen Sohn, der ebenfalls auf den Namen Robert getauft wurde. Als der Sohn von Bruce, König David II., im Jahre 1371 kinderlos starb, bestieg sein Stewart-Neffe als Robert II. den Thron. Die ersten hundert Jahre der Dynastie waren durch Krieg und Unsicherheit gekennzeichnet. Schottland war ein schwaches, wildes und rückständiges Land und wegen seiner Feudalabhängigkeit von England stark behindert; die Institutionen der Regierung hatten lediglich rudimentären Charakter, so daß der König als Sprecher einer rechtlosen und streitsüchtigen Aristokratie gerade noch geduldet wurde. Es ist bedeutsam, daß von den ersten fünf Stuart-Königen, die alle den Namen »Jakob« trugen und in den Jahren von 1406 bis 1542 regierten, alle als Kinder auf den Thron kamen und nur ein einziger von ihnen in seinem Bett starb. Der zu frühe Tod Jakobs V. im Jahre 1542 läutete die bis dahin längste Minderjährigkeitenregentschaft ein, denn seine Tochter Maria war damals erst eine Woche alt. Als man ihm die Nachricht von der Geburt seiner Tochter übermittelte, wandte er sich ab und faßte die Geschichte seiner Familie mit folgenden bitteren Worten zusammen: »Sie begann mit einem Kind und wird mit einem Kind zu Ende gehen.«

In Wirklichkeit wurde Maria, die Königin von Schottland (1542–1567), eine der berühmtesten Stuart. Ihr Name wurde der Inbegriff für Liebesabenteuer und Liebesaffären. Sie hatte eine französische Mutter (Maria von Guise) und wurde am französischen Hof großgezogen. Nach Edinburgh kehrte sie erst im Jahre 1561 zurück, nachdem sie bereits eine Ehe mit König Franz II. von Frankreich, der im Jahr zuvor gestorben war, hinter sich hatte. Als damit der französische Thron in weite Ferne gerückt war, winkte ihr gleichzeitig der von England, denn Königin Elisabeth, das letzte überlebende Kind Heinrichs VIII., hatte verlauten lassen, sie wolle niemals heiraten. Auf diese Weise kam Maria als Enkelin der ältesten Schwester Heinrichs VIII., die Margarete hieß und mit König Jakob IV. von Schottland verheiratet gewesen war, in der Erbrangfolge der nächste Platz zu.

Unglücklicherweise gelang es ihr aufgrund ihres überzeugten Katholizismus nicht, sich in Schottland eine Machtgrundlage zu schaffen. In dem Strudel schottischer Politik bediente sie sich zuerst ihres weiblichen Charmes und mit Hilfe von Eheversprechen, um die Adligen ihres Landes gegeneinander auszuspielen. Sie warf diese Waffe aber über Bord, sobald sie sich 1565 für Lord Darnley entschieden hatte. Sie gebar ihm im darauffolgenden Jahr einen Sohn; ihre Ehe aber ging auf spektakuläre Weise auseinander. Als Darnley 1567 auf mysteriöse Art und Weise umgebracht wurde, fiel der erste Verdacht auf sie. Ihre anschließende Flucht mit James Hepburn, dem Earl von Bothwell, der als widerwärtiger Abenteurer galt, wurde als eine für die Krone unwürdige Tat eingestuft, worauf Maria mit Hilfe eines überraschenden Staatsstreiches durch ihren einjährigen Sohn ersetzt wurde, der als König Jakob VI. (1567–1625) zum König von Schottland ernannt wurde. 1568 gelang es ihr, dem Gewahrsam zu entkommen und nach England zu reisen, wo sie sich lediglich eine dauernde Gefangennahme einhandelte. Königin Elisabeth war nur zu froh, die Thronerbin unter ihrer Kontrolle zu haben, die zu gefährlich war, um freigelassen zu werden; außerdem lastete auf Maria immer noch der noch nicht entkräftete Verdacht, Mörderin ihres Ehegatten zu sein. Ihr Glaube war natürlich Anlaß dafür, daß wegen ihr etliche Katholikenaufstände gegen Elisabeth angezettelt wurden. Im Jahre 1587 beugte sich die Königin schließlich dem Druck ihres Parlamentes und ihrer Minister und ließ Maria hinrichten.

Zu diesem Zeitpunkt war Jakob VI. 21 Jahre alt und hatte bereits fünf Jahre lang unter ziemlich unsicheren Verhältnissen regiert. Er verschwendete wenig

Gedanken an seine Mutter, von der er nichts weiter als ihren Ruf als »päpstliche Hure« kannte. Vielmehr schloß er mit Elisabeth eine Übereinkunft, wonach sein Thronrecht abgesichert wurde; in den Jahren nach 1590 begann er, Schottland sein eigenes Regierungssystem aufzuzwingen, denn er gedachte nicht, den Fehler seiner Mutter zu wiederholen. Er schaffte es, trotz der erschreckenden Verarmung der Krone und dem Fehlen einer könglichen Armee, einen triumphalen Erfolg für sich zu verbuchen. Mit List, Tücke und diplomatischem Geschick setzte er sich gegen den Adel durch, einen Adel allerdings, der durch mörderische, generationenlange Auseinandersetzungen geschwächt war. Schließlich gelang es ihm sogar, diesen Adel zu seinem Werkzeug zu machen. Gleichzeitig forderte er die mittleren Klassen dazu auf, ihre Unabhängigkeit zu demonstrieren. Er stellte die parlamentarische Kontrolle sicher und erweiterte die Teilnahme des Parlaments an der Regierung. Es gelang ihm sogar, die oppositionelle und unabhängige presbyterianische »Kirk« in den Griff zu bekommen. Schließlich sicherte er 1589 noch die Erbfolge durch seine Heirat mit Anna von Dänemark, obwohl zu diesem Zeitpunkt seine sexuellen Neigungen bereits anders orientiert waren; er zeugte drei vielversprechende Kinder, von denen das jüngste, der spätere Karl I., im Jahre 1600 geboren wurde. In der damaligen Zeit besaß er bereits den Titel des größten Königs Schottlands seit Robert Bruce, und 1603 feierte er seine Triumphe mit einem neuen Buch, *The True Law of Free Monarchies,* in dem er sehr umfassend die damals moderne Doktrin von dem göttlichen Königsrecht darlegte; denn dieser bemerkenswerte Mann war auch ein bedeutender Gelehrter und erfahrener Autor, dem mehrere Bücher, religiöse Traktate und Gedichtbände zugeschrieben werden können. Der Tod Elisabeths machte seine sofortige Anwesenheit in London erforderlich und brachte ihm den englischen Thron ein.

Leider gelang es Jakob VI. von Schottland nicht, den gleichen Erfolg auch als Jakob I. von England (1603 bis 1625) zu erzielen. Seine Vorgängerin brachte ihm kein Glück. Denn noch als alte Frau hatte Elisabeth Glanz und Macht auf ihre Umgebung ausgestrahlt. Sie hatte »Stil« und zeigte in ihren Anschauungen, ihren Worten und Taten diese undefinierbare Geradlinigkeit, die allen Tudor und Stuart – mit Ausnahme von Jakob I. – gemein war. Er hingegen war ungeschlacht, schwerfällig und ohne Würde. Seine gewöhnlichen Gesichtszüge, die auf seinen Porträts zutage treten, lassen so etwas wie fragende Ängstlichkeit spüren. Eine angeborene Schwäche in den Beinen machte es ihm nahezu unmöglich, würdevoll zu schreiten oder gar zu stehen. Seine plumpe Vertraulichkeit wirkte an einem Hof, der die geheimnisumwobene Majestät der alten Königin gewohnt war, beinahe schockierend. Der französische Botschafter machte dazu folgende Bemerkung: »Wenn er sich der Sprache eines Königs bedienen will, hat er den Ton eines Tyrannen, und wenn er leutselig wird, ist er gleich vulgär.« Es war doppeltes Pech, daß seine erste Aufgabe darin bestand, den spektakulären Kriegsapparat, an dessen Spitze Elisabeth solche Erfolge erzielt hatte, zu demontieren. Der Friede mit Spanien war lebensnotwendig, brachte aber Jakob keinerlei Vorteil ein; sein Lieblingsmotto *beati pacifici* wurde von einem Volk, das noch seinen Träumen von Kriegsabenteuern nachhing, schlecht aufgenommen.

Die von ihm mitgebrachte, in Schottland erfolgreiche Verfahrensweise konnte hier keine Anwendung fin-

Maria Stuart, Königin von Schottland, bei ihrer Rückkehr nach Edinburgh. Sie war nach Rizzios Ermordung geflüchtet. Im Strudel schottischer Politik bediente sich die überzeugte Katholikin ihres weiblichen Charmes und

der Hilfe von Eheversprechen, um in Schottland eine gesicherte Machtgrundlage zu schaffen. Durch ihre unglücklichen Liebschaften und ihr Ende auf dem Schafott erlangte sie als rührende historische Gestalt Berühmtheit.

den. Es gelang ihm nicht, die Kompliziertheit und Komplexität der englischen Verwaltung zu durchdringen. Er war in starkem Maße von der Unterstützung Robert Cecils, dem Earl von Salisbury, abhängig, der schon unter Elisabeth wichtigster Minister gewesen war. Nach seinem Tode konnte er keinen geeigneten Ersatz mehr finden. Die Politik in Schottland war die Politik einer kleinen Gruppe; Jakob war auf Diskussionen eingestellt, deren Teilnehmer er gut kannte und bei denen er genügend Zeit zur Verfügung hatte. Heutzutage würde er einen erstklassigen Schlichter in der Industrie abgeben. Damals sah er sich jedoch außerstande, ein Organ wie das House of Commons in den Griff zu bekommen, zu dem ihm der direkte Zugang versagt war. Er war ebenfalls bestürzt darüber, daß der englische Hochadel – obwohl wohlhabend genug – im Verhältnis zu den schottischen Adligen zahlenmäßig viel geringer und fast ohne Einfluß war. Auf der anderen Seite brachten ihm die Commons Mißtrauen entgegen, weil er seit 50 Jahren der erste männliche Regent war und sich öffentlich zum göttlichen Königsrecht bekannt hatte, so daß sie als Reaktion darauf betont auf ihre Rechte und Privilegien bedacht waren. Bei einem Versuch, mit ihnen ins Gespräch zu kommen, nahm Jakob Zuflucht zu langen, pedantischen und herablassenden Reden und ließ, als keinerlei Zustimmung zu spüren war, seiner Gereiztheit freien Lauf. Das Ergebnis war, daß er dem Parlament niemals die Erhöhung der königlichen Einkünfte abringen konnte, die durch die steigende Inflation dringlich geworden war. Die Notwendigkeit einer Erhöhung wurde durch Jakobs Extravaganz noch verstärkt sowie durch seine rührenden Versuche, mit anderen Monarchen an Aufwand konkurrieren zu wollen, wozu vor allem die seine Regierungszeit charakterisierenden Werke von Inigo Jones gehörten. Seine Unfähigkeit, mit Geld umzugehen, war sprichwörtlich; so war das Parlament nicht bestrebt, seinen aufsehenerregenden Neigungen nachzugeben; überdies kannte man seine Motive noch nicht genau. Nach einer langen Reihe erfolgloser Verhandlungen trennte man sich 1610 in offener Feindschaft.
Von diesem Augenblick an ging es mit der Regierung, an deren Spitze ein bankrotter und alternder König stand, unaufhaltsam bergab. Diese Entwicklung endete mit Ereignissen, deren erschütternde Wirkung noch lange widerhallen sollte; dazu gehörte das »Addled Parliament« von 1614, das, wie sein Name besagt, ein »unfruchtbares« Parlament war, was Jakob zu der Bemerkung veranlaßte: »Ich bin überrascht, daß meine Vorfahren die Existenz einer solchen Institution gefördert haben«; außerdem zählten hierzu der große Skandal im Jahre 1616, in den sein wegen Mord und Hexerei beschuldigter Günstling, der Earl von Somerset, verwickelt war, sowie 1618 die Exekution von Sir Walter Raleigh, dem großen Volkshelden der Elisabethanischen Zeit, der geopfert werden mußte, um die spanische Regierung zufriedenzustellen.
Es gab aber noch andere Ereignisse, die ihn in Mißkredit brachten. Bis zu diesem Zeitpunkt hatte man die offensichtlichen, homosexuellen Neigungen Jakobs im allgemeinen übergangen; seine Liebhaber waren zwar kostspielig und habgierig, sie hatten aber, im Gegensatz zu denen von Elisabeth, keinerlei Einfluß auf die Staatsgeschäfte. Dies änderte sich jedoch schnell, als der sympathische und ehrgeizige junge Emporkömmling George Villiers, der in rascher Folge Graf, Marquis und schließlich Herzog von Buckingham wurde, 1616 die große Liebe des alternden Königs wurde. Die Tatsache, daß ihm die Regie-

rungskontrolle voll und ganz übertragen wurde, wirkte sich auf die herrschenden Klassen, insbesondere auf den Adel, sehr befremdend aus. Wider alle Erwartungen konnte er auch bei dem jungen Prinzen Karl seinen Einfluß geltend machen, wodurch der Fortbestand seiner Machtposition gesichert schien. Der vernarrte Jakob verteidigte sich auf die für ihn typische Art und Weise mit den Worten: »Jesus Christus tat das gleiche, und deshalb kann man mir auch keinen Vorwurf machen. Christus hatte seinen Johannes und ich habe meinen George.«

Buckingham nahm die erste sich ihm bietende Gelegenheit wahr, um die verherrlichte Kriegssituation der Regierungszeit Elisabeths wiederherzustellen. Er scheiterte dabei aber an den inzwischen nach 1620 gewandelten Verhältnissen, woran letztendlich auch Karl I. zugrunde ging. 1618 lehnte sich Böhmen gegen das Haus Habsburg auf, und der Schwiegersohn Jakobs, der Kurfürst von der Pfalz, nahm unklugerweise die ihm angebotene Krone an und wurde infolgedessen 1620 von dem spanischen und kaiserlichen Heer wieder seines Amtes entsetzt. Das Volk verlangte im Namen der beliebten Prinzessin Elisabeth und ihres Gatten ein Eingreifen in den Krieg, doch das im Jahre 1621 einberufene Parlament verweigerte die dafür notwendigen Mittel. Statt dessen brachte es eine Anklage gegen den Lordkanzler Francis Bacon vor und verstrickte den König in eine heftige Auseinandersetzung über die Redefreiheit. Einem allerletzten »Beschwichtigungs«versuch des Königs wurde stattgegeben, so daß Karl mit Buckingham nach Spanien reisen konnte, um eine Eheallianz auszuhandeln. Sie kehrten jedoch zutiefst gedemütigt und ohne spanische Prinzessin zurück. Mit Hilfe eines neuen, chauvinistisch eingestellten (obgleich immer noch sparsamen) Parlaments, das 1624 zusammentrat, setzten sie sich dann über die von Jakob vertretene Friedenspolitik hinweg und stürzten die Nation in den Krieg.

Jakob starb 1625 als ein enttäuschter und desillusionierter Mann. Sogar sein auf staatsmännischem Denken basierender Plan, Schottland und England zu vereinigen, war abgelehnt worden. Das Ausmaß seiner unheilvollen Regierungszeit wird allerdings oftmals übertrieben. Er war ein nachgiebiger Mann und zeigte viel Geschick bei der Entschärfung gefährlicher Situationen. So war es ihm, dank seiner Begabung für Verhandlungen in kleinem Kreise, bei der 1604 nach Hampton Court einberufenen Konferenz gelungen, das Problem des Puritanismus zu regeln , das für seinen Sohn unlösbar erschien. Obwohl sein Verhältnis zum Parlament niemals als gut bezeichnet werden konnte, vermied er bis 1621 jede direkte Konfrontation.

Karl I. (1625–1649) war offensichtlich das absolute Gegenstück seines Vaters. Graziös in seinen Bewegungen, maßvoll in seinen Worten, freundlich und elegant besaß er in höchster Vollendung jenen »Stil«, den Jakob niemals sein eigen nennen konnte. Sein Auftreten war würdevoll, wenn auch etwas gestelzt, und er war bei seinen Vergnügungen zurückhaltend. Man erzählte von ihm, daß »er niemals eine Frau vergewaltigt, niemals einen Mann geschlagen oder ein böses Wort gesagt hat«. Er lieferte den Menschen seiner Zeit ein einzigartiges Beispiel, denn sein Name war niemals auch nur entfernt mit einem sexuellen Skandal in Berührung gekommen. Die Atmosphäre in Whitehall änderte sich von einem Tag auf den anderen völlig; fortan sollte sich das höfische Leben zwar immer noch kostspielig, doch jedenfalls nüchterner und anständiger gestalten.

Aber Karl hatte sich auf einen Krieg mit Spanien eingelassen, der vom Parlament willkommen geheißen, aber nicht finanziert wurde, und den Buckingham, als selbsternannter Kriegsführer, ohne sichtbaren Erfolg durchführte. Buckinghams erste Aktion war ein katastrophal endender Feldzug gegen Cadiz im Jahre 1625; danach wandte er sich diplomatischen Verhandlungen zu, mit dem Erfolg, daß England kurz darauf auch mit Frankreich in Krieg lebte. Dies hatte negative Auswirkungen auf das Privatleben des Königs, der inzwischen mit Henrietta Maria, der Schwester König Ludwigs XIII., eine Ehe eingegangen war.

Auch das Parlament merkte sehr bald, daß er anders als sein Vater war. Es mangelte ihm an Flexibilität und Sinn für Humor, er war sehr leicht aufgebracht und nur schwer abzulenken. Er teilte Jakobs Glauben an das gottgegebene Thronrecht von Königen und ließ sich auf keinen Kompromiß ein. Das House of Commons verfolgte ihm gegenüber von Anbeginn an eine wachsame Obstruktionspolitik, und das gegenseitige Verhältnis wurde sehr bald von solch schneidender Schärfe bestimmt wie in keiner vorherigen Regierungsphase. Karl zog daraus den voreiligen Schluß, daß ein Komplott zur Einschränkung seiner Autorität bewußt geplant sei. Die Commons wiederum befürchteten, er werde die erstbeste Gelegenheit wahrnehmen und ganz auf sie verzichten. Das Parlament von 1625 wurde plötzlich aufgelöst; das Parlament von 1626 erlitt das gleiche Schicksal, als es Anklage gegen Buckingham erhob. Karl stürzte nun in eine offene Konfrontation mit der gesamten herrschenden Klasse, weil er vom hohen und niedrigen Adel Vermögenssteuern *(forced loans)* erhob und diejenigen, die sich dagegen auflehnten, einsperren ließ. Buckinghams militärische Mißerfolge machten die Früchte dieser Politik zunichte; 1628 wurde der König von einem neuen Parlament zur Billigung der »Petition of Right« gezwungen, durch die das Steuererhebungsrecht auf das Parlament übertragen wurde. Die Ermordung Buckinghams im August 1628 besserte das Verhältnis etwas, 1629 fand jedoch eine neue, grundlegende Auseinandersetzung statt, die mit der stürmischen Auflösung des Parlaments endete, das sich dieses Mal jedoch eindeutig als Angreifer gezeigt hatte.

Karl machte nun seine Drohungen wahr: Er kürzte die Ausgaben, indem er England vom Kriegsgeschehen herauszog und schickte sich an, ohne Parlament zu regieren. Seine Art zu regieren war wahrscheinlich unpopulär, er stieß dabei jedoch auf keine offene Opposition; er und William Laud, sein neuer Erzbischof von Canterbury, arbeiteten zusammen, um den Puritanismus zu unterdrücken und der Kirche die starre Ordnung der anglikanischen Einheitskirche aufzuzwingen. (Es gereichte Karl einmal zum Ruhme und zu seinem Unglück, daß er der erste englische Monarch war, der in der Kirche von England gekrönt wurde.) England schien, wenn auch weniger vorsätzlich, in die gleiche Richtung zu steuern wie Frankreich unter Kardinal Richelieu. Viele sahen darin eine Absicht, aber Karl unternahm keinen Versuch, ein Heer zusammenzustellen, wenn auch die Flotte mit Hilfe einer viel umstrittenen neuen Steuer, der Tonnen- bzw. Schiffssteuer, neu ausgerüstet wurde. Diese Steuer wurde von seinen Gegnern ohne Erfolg vor Gericht angefochten. Mittlerweile hatte Karl seine innere Gelassenheit wieder zurückgewonnen, denn der Tod Buckinghams führte zur Versöhnung mit Henrietta Maria. Man nimmt sogar an, daß die Ehe zuvor nicht einmal vollzogen worden war; der zukünftige Karl II. wurde nämlich 1630, Prinzessin Maria (die spätere

Jakob I. von England (VI. von Schottland) wohnt der Predigt in Saint Paul's, London, bei. Jakob bestieg 1603, nach dem Tod Elisabeths I. Tudor, den englischen Thron und behielt ihn bis zu seinem Tode 1625.

Prinzessin von Oranien und Mutter Wilhelms III.) 1631 und der zukünftige Jakob II. 1633 geboren. Die herausfordernde Ergebenheit der Königin gegenüber Rom fügte jedoch dem Ruf des Königs Schaden zu, die Kluft zwischen Hof und Volk wurde in Ermangelung der Parlamente immer größer, und für Buckingham konnte kein adäquater Ersatz gefunden werden. Auch bei Hofe legte Karl ein zurückhaltendes, fast priesterliches Verhalten zutage, ging ganz in seiner Eheglückseligkeit auf und umgab sich mit der undurchdringbaren Mauer der Etikette. Mit seinen loyalsten Dienern verband ihn so gut wie nichts: den Earl von Strafford schickte er nach Irland, und Erzbischof Laud schrieb später mit Bedauern über seinen Herrn folgende Zeilen: »Er war eine milder und wohlwollender Prinz, der nicht wußte, wie man groß ist oder wird.« Bemerkenswerterweise lassen die Porträts des berühmten Van Dyck aus den Jahren nach 1630 eine heraufziehende Tragödie vorausahnen, die beim letzten Porträt von 1648 völlig fehlt. Als man 1637 Bernini ein Van-Dyck-Gemälde als Vorlage für eine Büste sandte, tat dieser folgenden Ausspruch: »Niemals zuvor erblickte ich einen so unglücklichen Gesichtsausdruck.«

Der Mißerfolg hatte sich über Nacht eingestellt. Der Versuch, den lange Zeit unter englischer Verwaltung in Ruhe ausharrenden, presbyterianischen Schotten die anglikanische Liturgie zu oktroyieren, provozierte 1638 einen Volksaufstand, zu dessen Niederschlagung ihm Geld und Männer fehlten. Das »Lange Parlament«, das 1640 selbst zusammentrat, nahm die sich ihm unerwartet bietende Chance wahr: Strafford wurde aufs Schafott geschickt, Laud in den Tower geworfen, Episkopalismus und Dogmatismus wurden eingeschränkt und der puritanische Glaube gleichgestellt. Dann erließ es eine Flut von Gesetzen, die die Macht des Königs beschnitten und ihm u. a. die Auflösung des Parlaments unmöglich machten. Theoretisch waren ein Kompromiß oder ein Friedensschluß zwischen beiden Parteien noch denkbar; verständlicherweise verlegten sich beide aber mehr denn je auf Mittel der »politischen Verschwörung«. Der König wurde für den irischen Aufstand im November 1641 verantwortlich gemacht, und keine der beiden Seiten wollte der anderen das Vertrauen zur Aushebung eines zur Unterdrückung der Revolte notwendigen Heeres aussprechen. Karl bestätigte die schlimmsten Befürchtungen des Parlaments; er unternahm einen Staatsstreichsversuch, der fehlschlug, und mußte infolgedessen im Jahre 1642 aus London fliehen. Nachdem beide Seiten eine Reihe von Erklärungen abgegeben hatten und keine Einigung erzielt werden konnte, brach im August desselben Jahres der Bürgerkrieg aus.

Seltsamerweise wuchsen von diesem Augenblick an Karls Popularität und moralische Autorität stetig an. Er lieferte einen harten Kampf, so daß das Parlament sich von neuem mit den Schotten verbünden und später sogar eine kostspielige Berufsarmee, die »New Model Army«, an deren Spitze Oliver Cromwell stand, aufstellen mußte. Auf die Niederlage des königlichen Heeres im Jahre 1646 folgte eine Serie umfangreicher Verhandlungen zwischen Karl auf der einen und dem Parlament, der Armee und den Schotten auf der anderen Seite. Die Gesprächsteilnehmer fanden ihren Argwohn gegen ihn in reichem Maße bestätigt. Das ernüchterte Volk aber sah in ihm immer stärker den unglückseligen, aber würdigen neutralen Herrscher, der von machtlüsternen Intriganten umzingelt war. Da Karl die Wiedereinführung der presbyterianischen Kirche versprach und die parlamentarische Kontrolle der Staatspolitik beibehalten wollte, konnte er die Schotten für sich gewinnen. Sie marschierten 1648 in England ein, wurden jedoch kurz darauf bei Preston von Cromwell vernichtend geschlagen. Das nutzlose Blutvergießen dieses zweiten Bürgerkrieges brachte das Militär gegen Karl auf. Die Armee besetzte London und zwang das Parlament, den König wegen Hochverrats unter Anklage zu stellen. Karl verzichtete auf seine Verteidigung, wurde für schuldig erklärt und am 30. Januar 1649 enthauptet. In England wurde die Republik ausgerufen.

Diese im höchsten Grade törichte Handlung sollte dazu verhelfen, Karl zum Märtyrer zu machen, und so geschah es auch. Sein größtes Opfer, das er der anglikanischen Kirche und für Recht und Ordnung in seinem Lande erbrachte, sollte Generationen überdauernde Konsequenzen haben. Bei seiner Hinrichtung wurden viele Tränen vergossen. Er hatte sich innerlich mit dem Todesurteil, auf das ihn seine eigene Politik zugesteuert hatte, abgefunden und gab ein bewunderungswürdiges Beispiel ab. Seine Erhabenheit, Nachsicht und Würde waren so überwältigend, daß seine Anhänger sich zu dem blasphemischen Vergleich zwischen ihm und dem Heiland hinreißen ließen. Die eiserne Herrschaft der Armee verstärkte nur noch die royalistische Gesinnung des Volkes, und als Cromwells Einfluß 1658 nachließ, war es nur noch eine Frage der Zeit, bis Karls Sohn im Triumph auf den Thron zurückgerufen wurde. Die Wiederherstellung der Monarchie und Kirche erfolgte im Jahre 1660.

Karl II. (1660–1685) hatte von allen englischen Königen die umfassendste Ausbildung genossen. Da er 1645, im Alter von 15 Jahren, Befehlshaber im Westen gewesen war, floh er gegen Ende des ersten Bürgerkrieges aufs Festland, wo er ab 1649 das Amt eines im Exil lebenden Königs ausübte. Die durch den Tod Karls I. aufgebrachten Schotten luden ihn nach Edinburgh ein, von wo aus der 22jährige mit einer Armee nach England zog. Nach seiner Niederlage bei Worcester lebte er sechs Wochen lang auf der Flucht und unter dem einfachen Volke, bis er sich nach Frankreich absetzen konnte.

Das Exil erhöhte seine psychische und physische Widerstandsfähigkeit und ließ ihn gefühllos und zynisch werden. Es blieb ihm auch nur wenig Zeit zum Lernen, und trotz seiner Mitgliedschaft in der 1662 gegründeten *Royal Society* war seine Verstandeskraft nur mittelmäßig. Er besaß jedoch eine praktische Veranlagung für den Umgang mit Menschen jeder Art und jeden Alters; wie sein Großvater Jakob I. wußte er sich bei Verhandlungen sehr gut durchzusetzen, und er war der einzige, der Ludwig XIV. von Frankreich zu überlisten imstande war.

Nicht wissenschaftlich betriebene Vererbungslehre ist zwar ein riskantes Unternehmen, doch ist kaum zu übersehen, daß er auch vieles von seinem anderen Großvater, von Heinrich IV. von Frankreich, abbekommen hatte, wie z. B. seine praktischen Fähigkeiten, seinen gewinnenden Charme, seinen Zynismus und den ihm angeborenen Leichtsinn. Auch äußerlich war er Heinrich ähnlich: ein großer Mann mit dunklem, lockigem Haar, dunklen Augen und einer leicht schwingenden Gangart, zudem ein guter Athlet, der noch gegen Ende seines Lebens sein eigenes Pferd beim Sieg von Newmarket ritt. Er war nicht schön wie Karl I., der dem im 17. Jahrhundert vorherrschenden Ideal männlicher Schönheit entsprach und starke weibliche Züge hatte, wirkte dafür aber auf Frauen

Karl I. auf einem Bild von Van Dyck. Erzbischof Laud schrieb über ihn: »Er war ein sanfter und gütiger Fürst, der es nicht verstand, groß zu sein oder zu scheinen.« Karl I. wurde als einziger König von England hingerichtet.

sehr anziehend und sie auf ihn. Alle seine Eroberungen wird man niemals genau festhalten können. *The Complete Peerage* nennt jedenfalls vierzehn bekannte, nicht eheliche Kinder, von denen James Croft, der spätere Herzog von Monmouth, 1649 den Anfang machte. Bei seiner Rückkehr im Jahre 1660 stellte er sein Verhältnis mit Elisabeth, der Gräfin von Castlemaine, offen zur Schau. Sein Interesse fürs Theater führte schon sehr bald dazu, daß die jungen Schauspielerinnen, allen voran die berühmte Nell Gwynne, in Scharen in sein Bett kamen. Erst weit nach 1670 begann mit der Französin Louise de Kéronalle, Herzogin von Portsmouth, für ihn so etwas wie ein häusliches Zusammenleben.
Kurz gesagt: Er hatte in ausgeprägtem Maße besagten »Stil« und war außerdem ein fähiger geistreicher und vornehmer Mann. Er wurde jedoch niemals voll respektiert, was ganz im Gegensatz zu seinem unpopulären Vater gewesen war. Obgleich er als eines der erfolgreichsten Mitglieder der Dynastie zu nennen ist, wurde er von niemandem als ganz großer König eingeschätzt. Die seinen Charakter prägende Oberflächlichkeit und die nach der eisigen Art Karls I. geschätzte Ungezwungenheit schlugen viel zu leicht in Frivolität um. Als der Dichter Rochester einige freche Zeilen folgendermaßen schloß:

> »Hier liegt ein hübscher, witziger Prinz, auf dessen Wort sich niemand verläßt. Er sagte niemals etwas Dummes, und tat auch niemals etwas Gescheites«,

antwortete Karl ganz gelassen: »Das ist richtig. Meine Worte stammen vor mir selbst, meine Taten von meinen Ministern.« Einige Historiker haben den Gedanken angefochten, daß er ein Lebemann war, aber Beinamen wie »der fröhliche Monarch« blieben doch hängen.

Die Enthauptung Karls I. in Whitehall am 30. Januar 1649. Die würdevolle Haltung des Königs angesichts des Todes versetzte seine Anhänger in Begeisterung und rief auch bei seinen Gegnern Bewunderung hervor.

Whitehall, 29. Mai 1660: Karl II. restaurierte das Haus Stuart. Er herrschte 25 Jahre lang. Sein Nachfolger war sein Bruder Jakob II., dem er in einem kritischen Augenblick gesagt hatte: »Man wird mich nicht töten, um dich zum König zu machen.«

Karl II. war nicht nur leichtfertig, sondern auch verschlagen; man brachte ihm ebensowenig Vertrauen entgegen wie seinem Vater. Betrachtet man seine Regierungszeit als Ganzes, erkennt man keine positive, langfristige Politik, sondern nur eine Reihe von glänzenden, kurzfristig improvisierten Schachzügen. Oftmals äußerte er sich dahingehend, daß er nicht mehr »auf Reisen« gehen wolle, und seine Lebenseinstellung kann mit dem Begriff »überleben wollen« charakterisiert werden. Ein entschlossener und konsequenter Mann hätte den überwältigenden Meinungsumschwung im Jahre 1660 zugunsten der Monarchie ausgenutzt, um wieder einen Teil des von Karl I. nach 1640 verlorenen Bodens zurückzugewinnen und vielleicht einem dem kontinentalen Vorbild ähnelnden absolutistischen Regierungssystem näherzukommen. Statt dessen verplemperte Karl alle seine Vorteile und versuchte anschließend, sie durch einen Krieg gegen Holland wiedereinzubringen, was aber 1667 mit einer demütigenden Niederlage und leeren Staatskassen endete. Auch nach der Pest von 1665 und dem Großen Feuer 1666 in London änderte sich nichts. Ungerechterweise wurden solche Naturkatastrophen selbstverständlich der Regierung angelastet. Etwas später schlug Karl einen anderen Kurs ein und unterzeichnete 1670 den berüchtigten Geheimvertrag von Dover und schloß sich Frankreich bei einem weiteren Angriff auf Holland an, der aber wieder fehlschlug.

In der Zwischenzeit hatte er im Parlament die Bildung einer Opposition bewirkt, die 1661 noch nicht vorhanden gewesen war. Karl stand in dem starken Verdacht, wie sein Vater dem Katholizismus zuzuneigen. Sein Wohlwollen gegenüber den Katholiken war eklatant; er hatte außerdem eine katholische Frau, Katharina von Braganza, geheiratet.

Als noch schlimmer aber erwies sich die Tatsache, daß Katharina unfruchtbar war, wodurch die Krone seinem unpopulären Bruder Jakob, dem Herzog von York, zufallen würde. Im Jahre 1673 beschloß das mißtrauisch gewordene Parlament die Testakte, die

Dieses Bild von Duncan zeigt den »Jungen Thronanwärter« Karl Eduard Stuart beim Einzug in Edinburgh 1745 nach der Schlacht von Prestonpans. Er bemühte sich sehr darum, die Stuart wieder auf den Thron zu bringen.

die Teilnahme von Katholiken am öffentlichen Leben ausschloß. Der erste, der sein Amt niederlegen mußte, war Jakob selbst. Zu diesem Zeitpunkt flog Karls geheime Politikführung auf. Die durch den Beitritt vieler ehemaliger Sympathisanten und Bediensteten Karls gestärkte Oppositionspartei zwang ihn zum Ausscheiden aus dem Krieg; in den darauffolgenden sechs Jahren lebte er von der Hand in den Mund und spielte mit Hilfe einer überraffinierten und letztendlich aber erfolglosen Außenpolitik Frankreich gegen Holland aus. Sein Erster Minister, Lord Danby, hatte unterdessen in England selbst damit zu kämpfen, das Parlament unter Kontrolle zu halten und die Nation für den König wiederzugewinnen, der die unglaubwürdige Rolle des Verteidigers des anglikanischen Glaubens eingenommen hatte. Danbys größter Schachzug war die Verheiratung der ältesten Tochter Jakobs, der Prinzessin Maria, mit Wilhelm III. von Oranien im Jahre 1677, woraus sich noch unvorhersehbare Folgen ergeben sollten.
In den Jahren 1678 und 1679 stand das Ende der Monarchie wieder ganz nahe bevor. Parlament und Volk wurden von einer aus Denunzianten bestehenden Gruppe in Panik versetzt, die das Gerücht eines Jesuitenkomplotts (*Popish Plot)* mit der Ermordung Karls und der Inthronisierung seines Bruders in die Welt setzten. Danby wurde in den Tower gesteckt, Jakob zur Flucht ins Exil gezwungen; innerhalb von zwei Jahren traten drei gesetzeswidrige Parlamente zusammen, die sich alle für den Ausschluß des Herzogs von der Thronfolge aussprachen. Der illegitime Sohn des Königs, Monmouth, wurde als Nachfolger angeboten, und England stand von neuem vor einem Bürgerkrieg.
Glücklicherweise herrschte zu diesem Zeitpunkt in Europa Frieden. Karl war für diese Krise, die durch taktisches Geschick und Improvisationstalent gemeistert werden mußte, der richtige Mann. Er ließ sich nicht aus der Fassung bringen: »Sie werden mich niemals töten, um Dich zum König zu machen«, teilte er Jakob mit. Er gab seinen Gegnern genügend Handlungsfreiheit, und sie drehten sich selbst einen Strick daraus. Die Zügellosigkeit und Verantwortungslosigkeit der Partei der *Exclusionists* oder *Whigs,* die sich für den Ausschluß Jakobs von der Erbfolge einsetzten, stellten für das Volk, das in jenem Jahrhundert bereits einen Bürgerkrieg erlebt hatte, eine Warnung dar. Unter Führung der Kirche schlossen sich die konservativen Kräfte der Monarchie an, ohne sich daran zu stören, ob sie katholisch ausgerichtet war oder nicht. Die dadurch ausgelöste Reaktionswelle überschwemmte die Führer der Whigs, deren Marionette Monmouth ins Exil flüchten mußte. Nach 1681 kam das Parlament nicht mehr zusammen.
Karl hatte nun zum zweiten Male die Chance, die Macht der Monarchie zu festigen; blinder Royalismus war nun an der Tagesordnung, und durch das stetige Anwachsen des Überseehandels stiegen auch die Einkünfte der Krone. Es war typisch für Karl, daß er solche Initiativen lieber seinem Bruder Jakob überließ, der inzwischen ein starker Verbündeter der anglikanischen Kirche geworden war und einer aufstrebenden Karriere entgegensah. Karl führte sein Leben in Frieden abseits in Newmarket oder Windsor in Gesellschaft einer kleinen, auserwählten Gruppe von »Jasagern« und der Schar seiner Mätressen, die inzwischen auch nicht mehr jung waren. Es ist eine Ironie des Schicksals und fast schade, daß einer der besten Erzähler der Epoche nun seine Zuhörer mit immer den gleichen Geschichten langweilen sollte. Karl II. starb im Februar 1685 an einer Koronarthrombose und konvertierte noch im allerletzten Augenblick zum katholischen Glauben.
Jakob II. (1685–1688) hatte sich in den Jahren nach 1650 in den französischen und spanischen Armeen hervorragend bewährt und fuhr nach der Restauration gemeinsam mit anderen Heerführern seines Alters zur See. In den Kriegen, die sein Bruder gegen Holland führte, stand er bei mehreren schweren, aber nicht entscheidenden Schlachten an der Spitze der englischen Flotte. Ein Großteil seiner Unbeweglichkeit, Naivität und politischen Schwerfälligkeit läßt sich dadurch erklären, daß der ehemalige Berufssoldat erst in mittleren Jahren in die Politik ging; daraus läßt sich ebenfalls sein Beharren auf absolutem Gehorsam und seine Unduldsamkeit gegenüber Kritikern oder Gegnern erklären.
Was die Regierungsgeschäfte anbelangte, so hatte er schon eine lange Lehrzeit hinter sich. Während der Regierung seines Bruders war er die meiste Zeit über in allen entscheidungsbefugten Räten vertreten. Unglücklicherweise zog er aus dieser seiner Erfahrung die falschen Schlüsse. Er war der Meinung, daß die Flexibilität seines Bruders die Monarchie in große Gefahr gebracht hätte, und er fühlte sich durch die *Exclusion Crisis,* die seinen Ausschluß bezweckte, in seinem soldatischen Glauben bestärkt, daß Angriff das beste Mittel der Verteidigung und Nachgeben ein Zeichen von Schwäche wäre.
Für einen gutmütig-derben, offenen, kraftstrotzenden Mann hatte er seltsamerweise einen schwer erfaßbaren Charakter. Er hatte den »Stil« der Stuart, die würdevolle Haltung und viel Geschmack in seiner Bekleidung; als junger Mann war er sehr schön und sah nach damaliger Auffassung besser aus als Karl. Am liebsten ließ er sich natürlich in voller Rüstung malen. Wie sein Bruder, so strahlte er ebenfalls eine hohe erotische Anziehungskraft aus, legte aber gleichzeitig das Verhalten eines Puritaners an den Tag. Karl machte einmal die Bemerkung, Jakobs Mätressen seien so häßlich, daß sie wohl eine Strafe sein müßten. Als König setzte er am Hofe sehr harte moralische Grundsätze und Anstandsformen durch, er selbst mußte jedoch zu einem härenen Hemd und Selbstgeißelung Zuflucht nehmen, um sich selbst in Schranken zu halten. Jakobs II. berühmteste Geliebte war Arabella Churchill, die Schwester des Herzogs von Marlborough. Sie schenkte ihm einen populären Sohn, nämlich James Fitzjames, der Herzog von Berwick und später französischer Feldherr wurde. Seine erste Ehe mit Anna Hyde, der Tochter des Grafen von Clarendon, wurde nur geschlossen, weil sie schwanger geworden war; es war typisch für ihn, daß er die Einwände seiner Mutter beiseite schob und »das Richtige tat«. Sie gebar ihm zwei Töchter, Maria und Anna, die beide Königinnen von England wurden.
Seine Konversion zum katholischen Glauben im Jahre 1668 geschah völlig unerwartet, denn bisher war sein Interesse an jedweder Religion minimal gewesen. Mit seinem neuen Glauben geriet er niemals ins Wanken, aber seine Versuche, andere zu dem gleichen Schritt zu bewegen, kamen seltsamerweise nicht über den Ansatz hinaus und können als schüchtern bezeichnet werden. Er hatte nur wenige katholische Freunde, und eine seiner Schwächen als katholischer König beruhte darin, daß er zu der englischen katholischen Glaubensgemeinschaft so gut wie keine Beziehung unterhielt; seine Vorliebe für die »Gesellschaft Jesu« bot jedoch die Gewähr dafür, daß er katholisch blieb. Auf der anderen Seite fehlte ihm wiederum jeg-

liches Wissen über den europäischen Katholizismus, und er nahm die bis in die heutige Zeit bei den englischen Katholiken vorhandene »Belagerungsmentalität« an.
Seine erste Ehe vermittelte ihm einen engen Kontakt zu der anglikanischen, oberen Gesellschaft, den er auch aufrecht erhielt. Trotz seiner Konversion ließ er der anglikanischen Kirche auch weiterhin starke Unterstützung angedeihen; viele beurteilten seine politisch-religiöse Haltung als ehrlicher und glaubwürdiger als die seines Bruders. In der Zeit nach dem großen Jesuitenkomplott wurde er ein Sammelpunkt der Reaktion und ebenfalls Vertreter der anglikanischen Interessen. Nach dem Tode seiner ersten Gattin heiratete er Maria von Modena, eine italienische Katholikin; aber diese Ehe blieb kinderlos. 1685 war er 52 Jahre alt und für die damaligen Verhältnisse ein alter Mann; seine beiden Töchter waren streng protestantisch erzogen worden und wurden ebenfalls mit Protestanten verheiratet: Maria mit Wilhelm von Oranien und Anna mit Prinz Georg von Dänemark. Da er lediglich eine kurze und, wie man vermutete, konservativ-anglikanisch geprägte Regierungszeit vor sich zu haben schien, wurde seine Thronbesteigung allgemein willkommen geheißen. Das von ihm sofort einberufene Parlament gewährte ihm nicht zuletzt deshalb das bis dahin beispiellose Einkommen von 2 Millionen Pfund im Jahr. Es ist Ironie des Schicksals, daß ausgerechnet Jakob der erste Stuart-König war, der keine großen Geldschwierigkeiten hatte.
Aber die Pechsträhne setzte umgehend ein. Der Sohn Karls II., Monmouth, initiierte noch im gleichen Sommer im Westen einen Aufstand, der schnell niedergeschlagen wurde. Jakob tat seine Absicht kund, die von ihm ausgehobene, 20 000 Mann starke Armee beizubehalten und die von ihm ungeachtet der Testakte bevollmächtigten katholischen Offiziere weiterhin in Dienst zu halten. Diese Entscheidung führte im November zu einer direkten Konfrontation mit dem Parlament, das daraufhin nicht mehr zusammentrat. Anschließend begann er einen Streit mit seinen Hauptverbündeten, den Führern der anglikanischen Kirche, suspendierte im Jahre 1686 Bischof Compton von London vom Amt und entließ Anfang 1687 alle seine anglikanischen Minister, darunter auch seinen Schwager Lawrence Hyde, Graf von Rochester, und Henry Hyde, Graf von Clarendon. In der Zwischenzeit ließ er ungeachtet des Gesetzes der katholischen Priesterschaft jede nur mögliche Unterstützung angedeihen und erklärte im April 1687 die Strafgesetze durch öffentliche Proklamation für nichtig.
Seine wahren Ziele können nur vermutet werden, es ist jedoch nicht verwunderlich, daß viele Engländer mit dem Beispiel Ludwigs XIV. und anderer europäischer Monarchen vor Augen der Auffassung waren, Jakob würde auf einen durch das Militär abgesicherten, katholischen Despotismus zuarbeiten. Das Ausmaß der Krise wurde noch größer, als die Königin 1687 schwanger wurde und am 10. Juni 1688 einem Sohn das Leben schenkte, der auf den Namen Jakob Eduard getauft wurde und die Aussicht auf eine ewig währende katholische Dynastie hervorrief. Jakob wählte diesen Augenblick, um dem Erzbischof von Canterbury und sechs seiner Bischöfe wegen staatsgefährdender Handlungen den Prozeß zu machen: ein ungeschickter Schachzug, der nach ihrem Freispruch zu einem Fiasko führte. Am 30. Juni sandten sieben, unter der Bezeichnung »Die unsterblichen Sieben« bekannte, führende englische Politiker an Wilhelm von Oranien die Aufforderung, einzugreifen, der darauf am 5. November mit seinem Heer in England landete. Wilhelm war Gatte der präsumptiven Thronerbin, wenn man, was in zunehmendem Maße auch geschah, den Anspruch von Jakobs Sohn überging; zudem war er durch seine Mutter, Maria von Oranien, ein Enkel Karls I. In diesem Augenblick aber bestand seine Aufgabe darin, ein neues Parlament zu versammeln und über die Geburt des Kindes Jakob Eduard Ermittlungen anzustellen. Wenn Jakob sich einer Auseinandersetzung gestellt hätte, hätte er seinen Thron wahrscheinlich retten können. In dieser Krise schmolz jedoch seine physische Courage jäh dahin. Aus Angst vor seiner Ermordung sann er oftmals über das Schicksal Eduards II., Richards II. und Heinrichs IV. nach, und seltsamerweise sollte dieser wenig gelehrte Mann von seinem Interesse an der Geschichte hintergangen werden. Er löste seine Truppen ohne Kampf auf und floh zu seiner Frau und seinem Sohn nach Frankreich.
Der plötzliche Abgang Jakobs hinterließ eine Lücke, die vor allem im Hinblick auf einen von neuem wütenden Krieg in Europa geschlossen werden mußte. Im Januar entschied ein in aller Eile zusammengekommenes Parlament nach einigem Zögern, daß Jakobs Abdankung eine natürliche Folge der Ereignisse sei. Unter Nichtberücksichtigung der Ansprüche seines Sohnes wurde die Krone nun Wilhelm und Maria angeboten. Die »Nachgeschichte« Jakobs war traurig und unerwartet lang. Im Jahre 1689 kam er nach Irland, wurde aber 1690 von Wilhelm in der Schlacht an der Boyne besiegt, wo seine Entschlußlosigkeit von neuem deutlich wurde, und kehrte anschließend nach Frankreich zurück. Im Jahre 1692 erhielt er das Kommando über eine französische Flotte, die gegen England geschickt werden sollte, aber bereits vor dem Start von Admiral Russell zerstört wurde. Jakob, der von Land aus zusah, soll dabei die Tapferkeit »seiner« englischen Matrosen gelobt haben. Im Anschluß daran unterlag er immer stärker dem Einfluß seiner Gattin und widmete einen Großteil seiner Zeit pietistischen Sitzungen. Er starb im Jahre 1701 im Alter von 68 Jahren.
Maria II. (1689–1694) war keine typische Vertreterin der Stuart-Familie; sie war würdevoll und liebreizend, gleichzeitig aber anständig, fügsam, ohne Unternehmungsgeist und keusch. Sie lebte im Schatten ihres Ehemannes, Wilhelms III. (1688–1702), und war damit auch völlig einverstanden. Als Frau des Statthalters der Niederlande stand es ihr nicht zu, an der Politik oder der Regierung teilzuhaben, und als sie den englischen Thron bestieg, war es für die nötigen Lektionen schon zu spät. Sie übte ihre Regentschaft in der Zeit aus, als Wilhelm auf dem Kontinent weilte, stützte sich dabei aber voll und ganz auf die von ihm ernannten Minister. Es gelang ihr zwar, die unumschränkte und herzliche Zuneigung des englischen Volkes für sich zu gewinnen, doch ihre Regierungszeit war alles andere als glücklich. Ihre Kinderlosigkeit bedrückte sie sehr stark und sie war tief beunruhigt darüber, daß ihr Verhältnis zu ihrem Vater Konsequenzen nach sich ziehen könnte. Die letzten Lebensjahre Marias waren überschattet durch einen Streit mit ihrer Schwester Anna. Beide Seiten machten dabei Fehler; hier zeigte sie zum ersten und letzten Mal, daß sie das Temperament der Stuart hatte. Sie starb 1694 im Alter von 32 Jahren an Pocken, was die ganze Nation – ungeachtet ihrer verschiedenen Einstellungen – in tiefe Trauer stürzte.
Wie ihre Schwester war auch Anna (1702–1714) keine echte Stuart. Ihre Persönlichkeit hatte aggressive und

königliche Züge; ihr unansehnliches und plumpes Äußeres versetzte jedoch alle Porträtmaler in Verzweiflung. Sie hatte einen beschränkten Verstand, und ein Sehfehler hinderte sie daran, sich durch Lesen fortzubilden. Ihr Gatte, Georg von Dänemark, war noch ungebildeter; er war das Ziel gefeierter Aphorismen Karls II.

Anna blieb am Hofe Karls II. und am Hofe Jakobs II. ganz im Hintergrund und fühlte sich abgestoßen von der Frivolität ihres Onkels und der Religion ihres Vaters, da sie selbst auf Karls Anordnung hin als strenggläubige Anglikanerin erzogen worden war. Da ihr von ihrem Gatten keine Zuneigung entgegengebracht wurde, konzentrierte sich ihr gesamtes Privatleben auf ihre leidenschaftliche Freundschaft mit Sarah, der Ehefrau von John Churchill, dem späteren Herzog von Marlborough. Da Marlborough 1692 in Ungnade gefallen war, verhärtete sich auch der Streit mit ihrer Schwester Maria; sie fand es jedoch gleichermaßen demütigend, daß König Wilhelm sich wie seine Vorgänger weigerte, ihrem Gatten – auch nur formal – einen Posten anzuvertrauen. Sie bereute es, daß sie sich während der »Glorreichen Revolution« einverstanden erklärt hatte, daß im Falle eines frühen Todes Marias deren Ehemann als König weiterregieren sollte. So kam sie erst 1702 als enttäuschte, frustrierte und verdrossene Frau auf den Thron. Ihre Enttäuschung war um so größer, seit ihr letztes überlebendes Kind Wilhelm, der Herzog von Gloucester, 1700 gestorben war und das Parlament dem von Elisabeth, der Tochter Jakobs I., abstammenden Haus Hannover die Erbfolge zugeschrieben hatte.

Der Spanische Erbfolgekrieg war ganz plötzlich ausgebrochen. Während dadurch ihr Land einerseits mit militärischem Ruhm (Blenheim, Vigo, Ramillies, Oudenarde, Gibraltar usw.) bedacht wurde, wurde gleichzeitig aber auch ihre Handlungsfreiheit eingeschränkt. Heutzutage neigen die Historiker dazu, die von ihr im politischen Leben gespielte Rolle mit mehr Ernsthaftigkeit zu betrachten; so sind sie der Auffassung, daß sie sicherlich keine müßige Herrscherin gewesen ist, sondern ihren eigenen Willen sehr wohl durchzusetzen vermochte. Es mangelte ihr jedoch an der Hingabe zum Detail, sie wußte mit Dokumenten, die allmählich eine wesentliche Voraussetzung für die Ausübung von Macht wurden, nichts anzufangen und wurde außerdem in zunehmendem Maße von glänzenden, achtunggebietenden Ministern in den Hintergrund gedrängt, die genausogut einen erfolgreichen männlichen Regenten ausgestochen hätten: dazu gehörten Marlborough selbst, der unbestritten größte Kapitän seiner Epoche, Godolphin, ihr Lordschatzmeister, Robert Harley, der Earl von Oxford, und Henry St. John, der lebhafte Lord Bolingbroke, um nur die prominentesten zu nennen.

Die wenigen Entscheidungen aber, die sie selbst traf, waren für die Zukunft von großer Bedeutung. Als sich zeigte, daß der Krieg bereits zu lange währte und das Volk den Frieden unbedingt brauchte, war sie imstande, ihre ein ganzes Leben währende Freundschaft mit den Marlboroughs zu brechen und Harley in den Sattel zu heben, der den Vertrag von Utrecht aushandelte. Sie haßte das Haus Hannover, wich aber nicht von ihrer Überzeugung ab, daß die protestantische Nachfolge verteidigt werden mußte. Als sie 1714 ohne Freunde und allein auf ihrem Sterbebett lag, überreichte sie den weißen Stab des Lordschatzkanzlers nicht an Jacobite Bolingbroke, sondern an den Herzog von Shrewsbury, von dem sie wußte, daß er Georg I. als Thronfolger einführen würde. Sie hatte stets nach dem von der großen Königin Elisabeth gewählten Motto *semper eadem* gelebt und sich dessen würdig erwiesen.

Fortan sollte der Anspruch der Stuart auf den Thron von einer Reihe im Exil lebender Könige bewahrt werden, deren Glaubwürdigkeit im Laufe des 18. Jahrhunderts immer mehr abnahm. Als Herrscher sind sie nur schwer zu beurteilen, weil sie niemals mehr als eine rein formelle Exekutivmacht besaßen. Jakob Eduard, »Jakob III.« oder »Der Alte Thronanwärter«, verließ England als Baby. Es ist erstaunlich, daß er Sprache und auch Lebensart seines Geburtslandes in etwa beibehielt. Er war ein hübscher, charmanter Mann und zeigte die für die Stuart typischen Schwächen eines eigensinnigen und gleichzeitig streng-frommen Menschen. Wenn er 1714 gewillt gewesen wäre, zum Protestantismus zu konvertieren, hätte er sicherlich die Krone zurückgewinnen können oder sie wenigstens ernstlich in Gefahr gebracht. So tauchte er jedoch nur kurz während der 1715 stattfindenen Rebellion in Schottland auf, wo er wegen seiner Unentschlossenheit und seines sofortigen Rückzugs einen schlechten Eindruck hinterließ. Unter dem Einfluß seiner aus Polen stammenden Frau Clementina Sobieska wurde er noch bigotter. Auch sein nach 1719 gefaßter Entschluß, sich in Rom niederzulassen, trug wenig zur Lösung seiner Sache bei. Er starb im Jahre 1766, und seine Regierungszeit war ironischerweise die längste, die ein englischer Monarch vorweisen kann.

Karl Eduard, »Karl III.« oder »Der Junge Thronanwärter«, war ein junger, vielversprechender Mann: intelligent, charmant, begabt und von großem Unternehmungsgeist. Alle diese Qualitäten wurden deutlich, als er 1745 in Schottland landete und das ganze Land erfolgreich einnehmen konnte. Er drang sogar nach England vor und kam bis nach Derby. Als »Bonnie Prince Charlie« ging er in die Legende, in Lieder und Romane ein. Im wirklichen Leben gelang es ihm jedoch nicht, der reichen und mächtigen Personalunion zwischen Hannover und England Widerstand zu leisten. Nachdem seine Armee vom Herzog von Cumberland bei Culloden im Jahre 1756 völlig vernichtet worden war, kehrte er in das von diesem Zeitpunkt an lebenslängliche Exil zurück. Sein Charakter wurde verdorben, sein Hang zur Flasche wurde zur Sucht, und seine letzte Enttäuschung war das Versagen bei der Zeugung eines Erben. Er unternahm keinen weiteren Versuch, den Thron zurückzuholen und starb 1788. Sein Bruder Heinrich, der Herzog von York, und dem Titel nach Heinrich IX., trat in den geistlichen Stand der römisch-katholischen Kirche. Mit ihm wurde die Linie der Stuart ausgelöscht, obwohl die Herzöge von Savoyen und ihre Nachkommen heute noch über Henriette-Anna, die jüngste Tochter Karls I., einen formaljuristischen Anspruch zu haben glauben. Der Kardinal von York wurde durch den Einfall Napoleons aus Rom vertrieben und von Georg III. finanziell unterstützt. Als Dank dafür vermachte er bei seinem Tode 1807 seine Dokumente und die englischen Kronjuwelen dem Prinzregenten.

Die Stuart waren eine vom Schicksal benachteiligte und auf vielen Gebieten unfähige Familie. Sie haben aber heute noch einen Platz im Herzen des englischen Volkes, das Verlierern gegenüber schon immer freundlich gesonnen war, insbesondere, wenn diese so romantisch und attraktiv wie die Stuart waren. Heute noch existiert eine blühende Gesellschaft, *The Royal Stuart Society* (Die Königliche Stuart-Gesellschaft), die ihr Andenken in Ehren hält.

Die Tudor

Die Regentschaft der Tudor über England währte drei Generationen lang. Obwohl sie nur ein knappes Jahrhundert an der Macht waren, brachten sie ihrem Land Ruhm und Ehren.

»King Harry of the golden crown, our loved one, conquers. Poets are in better heart, that the world prospers and little Richard is killed.« *

Auf diese Weise begrüßte ein walisischer Barde den Sieg von Bosworth im Jahre 1485: Der letzte Plantagenet-König war wegen seiner Vergehen niedergestreckt und seine verstümmelte Leiche auf Anordnung Heinrich Tudors nackt zur Schau gestellt und in ein anonymes Grab geworfen worden. Nur wenige hatten den Tod Richards III. vorausahnen können. Das von Heinrich angeführte Heer war von Karl VII. von Frankreich ausgehoben worden, der die Gelegenheit wahrnehmen wollte, einige bei ihm im Exil lebende, lästig gewordene Engländer loszuwerden und damit gleichzeitig Richard III. zu provozieren. Nach der Landung in Südwales hatte die kleine Streitmacht aus Frankreich nur wenig Unterstützung vorgefunden; ihr Vormarsch auf London war wohl auch eher von dem Wunsch ihres Anführers, dem französischen Förderer zu gefallen, denn von der Hoffnung auf Erfolg getragen. Heinrichs Verwandte und deren Anhänger stellten sich erst dann auf seine Seite, als er durch seinen Sieg König geworden war und ihm ganz England zujubelte. Heinrich VII. hatte viel aufs Spiel gesetzt, er sollte niemals wieder ein so hohes Risiko eingehen; die Fähigkeiten aber, die er bei der Vorbereitung und Leitung des Feldzuges bewiesen hatte, waren kein einmaliger Zufall, sondern sollten hinfort seine Regierungsweise bestimmen.

Die Themse und die London Bridge auf einer Karte aus dem Jahre 1616. Auf dem Dach des Brückentores sieht man die aufgespießten Köpfe der Hingerichteten.

* »Unser geliebter König Harry (Heinrich) der goldenen Krone hat gesiegt. Alle Dichter sind nun überzeugt, daß die Welt vorwärtsschreitet und der böse Richard ist nicht mehr.«

Heinrich VII. (1485–1509) war ein Usurpator. Trotz der in seinem Auftrag zu einem späteren Zeitpunkt konstruierten Thronansprüche hatte er kein Anrecht auf die Krone, derer er sich mit Gewalt bemächtigt hatte. Sein Großvater Owen ap Mereddydd (Meridith) ap Tudur (Theodor) stammte von einer weniger bedeutenden walisischen Familie ab, für die Heinrich V. Interesse gezeigt hatte; durch das Wohlwollen des Königs hatte er einen Posten am königlichen Hof vermittelt bekommen. Nach dem Tode Heinrichs V. nahm dessen Witwe, Katharina von Valois, Owen zum Ehemann und hatte mit ihm mehrere Kinder. Der älteste Sohn, Edmund, wurde dem Wunsch seines Halbbruders Heinrich VI. gemäß mit der reichen Erbin Margarete Beaufort verheiratet, deren Familie Ansprüche auf die Thronfolge anzumelden hatte, die aber ihren Vorfahren wegen mangelnder Königswürde abgesprochen worden waren. Margarete gebar Heinrich Tudor am 28. Januar 1457 im Schloß von Pembroke – drei Monate nach dem frühzeitigen Tod ihres Gatten – im Alter von nur dreizehn Jahren; die Geburt war sehr schwer gewesen, so daß das Baby nur durch Kaiserschnitt in die Welt gesetzt werden konnte. Sie sollte noch 52 Jahre lang leben und sich zweimal wiederverheiraten. Heinrich sollte jedoch ihr einziges Kind bleiben. Heute ist bekannt, daß eine frühe Mutterschaft nicht nur für die Mutter selbst negative Konsequenzen haben, sondern auch die Gesundheit und die Zeugungsfähigkeit des Kindes beeinträchtigen können. Da diese Folgen bis in die zweite und dritte Generation Auswirkungen haben können, liefert der Hergang der Geburt Heinrichs vielleicht eine Erklärung für die Unfähigkeit seiner Dynastie, die Erbfolge zu sichern. Obwohl Heinrich seine frühe Kindheit offensichtlich bei seiner Mutter verbrachte, wurde seine Erziehung im Jahre 1462 einem Grafen anvertraut, der ihn sieben Jahre lang betreute; im Anschluß daran wurde er von seinem väterlichen Onkel Jasper, dem Earl von Pembroke, aufgezogen. Seine englischen königlichen Enkel sollten ebenfalls als Waisen groß werden. Diese gemeinsame Erfahrung

Heinrich VIII. im Jahre 1542 – Ausschnitt aus einem Gemälde von Hans Holbein dem Jüngeren. Zu diesem Zeitpunkt war der zweite Tudorkönig 51 Jahre alt, seit 33 Jahren auf dem Thron und bereits fünfmal verheiratet.

ist vielleicht mit ein Grund dafür, daß er und seine Familie, ganz im Gegensatz zu den Plantagenet, unfähig waren, anderen Menschen Zuneigung entgegenzubringen. Den politischen Interessen seines Onkels Pembroke hatten sie es zuzuschreiben, daß beide dreizehn Jahre lang im Exil leben mußten, so daß die Versuche der letzten Plantagenet, »den einzigen und letzten Sproß der Brut Heinrichs VI.« gefangenzunehmen, fehlschlugen. Aus diesem Exil kehrte er dann 1485 zurück.

Wenn Heinrich VII. den Anspruch auf die Krone von seiner Abstammung her abgeleitet hatte, so war nicht er selbst, sondern seine Mutter der eigentliche Thronfolger. Sie, die für seine Rückkehr eine Verschwörung angezettelt hatte, wurde belohnt und erhielt in der neuen Regierung den einer Königinmutter entsprechenden Status; obwohl man ihr Ehrerbietung entgegenbrachte, hatte sie dennoch nur geringen Einfluß. Auf zwei Gebieten jedoch – in religiösen und Bildungsfragen – hatte sie freie Hand; ein Großteil ihrer Berühmtheit ist auf ihre Anstrengungen in diesen Bereichen zurückzuführen. In einem Zeitalter, in dem die Unzufriedenheit mit der katholischen Kirche immer stärker anschwoll und das orthodoxe Christentum immer mehr in Zweifel gezogen wurde, lebte sie ihren Zeitgenossen Frömmigkeit vor. Sie hatte erkannt, daß die Wissenschaft Dienerin des Glaubens sein konnte und förderte insbesondere die Vertreter humanistischer Lehren durch Geschenke, Ämter und die Einrichtung von Colleges an der Universität von Cambridge. Heinrich VII. vertraute ihrer Obhut einige der Erben großer Besitztümer an, und Magnatenfamilien baten sie um Überwachung der Erziehung ihrer Söhne. Sie war nicht die erste in England, die den Wert des Lernens zu schätzen wußte. Ihr Erziehungsdrang trug jedoch dazu bei, daß das Land mit den Veränderungen auf dem Festland Schritt halten konnte, und versetzte die Engländer in die Lage, ihren kontinentalen Verbündeten als Gleichgestellte gegenübertreten zu können. Die Fürsorge, die sie ihren Projekten und Schützlingen angedeihen ließ, war für sie vielleicht Kompensation für die mangelnde Zuneigung zwischen ihr und ihrem Sohn: ihr Verhältnis war korrekt, aber ohne jede Zuneigung. Für Margarete Beaufort wird er »mein eigener süßer und liebster König und meine einzige Freude auf Erden« gewesen sein, aber Zeichen von Liebe, die aus den Worten und Taten weniger erhabener Menschen ersichtlich sind, können bei ihnen nicht festgestellt werden, wenn man die von ihnen erbrachten stereotypen Zärtlichkeiten außer acht läßt. In diesem Zusammenhang ist von Bedeutung, daß ihre Grabstätte – die im neuen Stil der Renaissance ausgeführt wurde – von ihren Testamentsvollstreckern und nicht von ihrem Sohn bezahlt wurde, obwohl sie in seiner Nähe in der von ihm errichteten, herrlichen Kapelle in Westminster beigesetzt ist.

Heinrich VII. war ein schlanker, gut gebauter und starker Mann von überdurchschnittlicher Größe. Sein Gesicht war blaß, und seine Haarfarbe war – wie die der ganzen Dynastie – rot. Auch aus seiner walisischen Abstammung schlug er Kapital: Er führte das rote Drachenbanner und nahm den roten Drachen in seinen Schild auf. Damit wollte er den Eindruck erwecken, er sei Erbe des britischen Heldenkönigs Artus und gekommen, um das goldene Zeitalter wiederherzustellen. Diesem Plan entspricht auch, daß er seinen Erstgeborenen Arthur nannte; solche Anspielungen trugen allerdings nur wenig zur Stärkung seiner Stellung bei.

Bevor Heinrich in London einmarschierte, nahm er den zehnjährigen Neffen und Erben Richards III., Eduard Plantagenet, den Earl von Warwick, gefangen und warf ihn in den Tower. Gleichzeitig befreite er seine zukünftige Braut, Elisabeth von York, eine der Nichten Richards III. und älteste Tochter Eduards IV., aus der Gefangenschaft. Obwohl ihr Anspruch auf die Krone zweifelhaft war, bestand Heinrich auf seinem erklärten Ziel. Da das Paar entfernt verwandt war, wurde für ihre Eheschließung der päpstliche Dispens erforderlich; bevor dieser jedoch vorlag, war Heinrich bereits gekrönt und berief sein erstes Parlament ein. So war er bereits bei der Hochzeit König durch Sieg, Sakrament und von Rechts wegen. Nun bestand keine Veranlassung mehr für die Behauptung, sein Amt wäre auf den besseren Anspruch seiner Ehefrau zurückzuführen. Die Heirat sollte mithelfen, die Spaltungen innerhalb des Königreichs zu beseitigen. Die dadurch symbolisierten Liebesbande schlugen sich für kurze Zeit auch in der Wirklichkeit nieder; das von dem Herrscherhaus angenommene Wappenbild aus einer roten (Lancaster) und einer weißen (York) Rose sollte auf Dauer daran erinnern. Die Geburt des Sohnes Arthur ließ aus der Geste handfeste Realität werden, was sich insbesondere daran zeigte, daß diejenigen, die sich im Jahre 1487 mit Waffengewalt gegen ihn auflehnten, ohne Chance waren, sich durchzusetzen.

Heinrich wollte den Frieden wahren und ein Wiederaufleben der Spaltung des Reiches verhindern, die seine Vorgänger in den Ruin geführt hatte. Dabei bewies er bessere Führungsqualitäten als sie, und seine Familie sollte darin seinem Vorbild folgen. Rivalisierenden Thronanwärtern wurde mit Großzügigkeit begegnet, solange sie dies nicht als Schwäche auslegten und sich gegen ihn verschworen. Es bestand nicht der

Ein allegorisches Bild von Hans Ewort, auf dem ein großer Teil der Geschichte der Tudor abzulesen ist. Auf dem Thron Heinrich VIII. Links vom König Eduard (VI.) mit der Rose der Lancaster. Rechts vom König seine Tochter Maria mit ihrem Gemahl Philipp II. von Spanien und einem klassisch gerüsteten Krieger, der den Krieg symbolisieren soll. Im rechten Teil des Bildes Elisabeth mit den weiblichen Symbolfiguren für Frieden und Wohlstand.

geringste Zweifel, wer die Autorität innehatte. Er und seine Familie waren die Herrscher und erwarteten Gehorsam. Diese Haltung schlug jedoch nicht in Tyrannei um, da die Krone nicht über die Mittel verfügte, ohne Unterstützung ihrer Untertanen handeln zu können. Die Entscheidungen der Tudor stimmten mit den Forderungen derjenigen überein, auf denen ihre Macht beruhte, und ließ diese – trotz gegenteiliger Behauptungen – nur selten unberücksichtigt. Die Dynastie besaß die Eigenschaft, sich mit den Interessen einer bestimmten Gruppe ihrer Untertanen zu identifizieren, und diese Fähigkeit wurde zuerst bei ihrem Begründer offenbar.

Bei seiner Thronbesteigung war Heinrich VII. auf sein Amt völlig unvorbereitet. Als Junge hatte er eine so große Lernbegabung gezeigt, die seine Erzieher immer wieder erstaunt hatte. Seine Ausbildung wurde jedoch durch die Flucht seines Onkels auf den Kontinent abgebrochen, so daß in späteren Zeiten nur festgestellt werden konnte, daß er »nicht bar jeglicher Bildung« war. Er beherrschte auch mehrere Sprachen. Im Exil hatte er die Armut erlebt und die Seichtheit von Versprechungen kennengelernt. Er hatte zwar seine Zähigkeit unter Beweis gestellt, an organisatorischer Erfahrung aber gebrach es ihm völlig. Deshalb stimmt es nicht verwunderlich, daß er zu Anfang einige Leistungen seiner Vorgänger nicht richtig einzuschätzen vermochte, obwohl er diejenigen in seinem Dienst behielt, die für jene Neuerungen verantwortlich waren. Dieses Manko war ihm bewußt, und er bemühte sich, es durch Fleiß auszuräumen. Sein bemerkenswertes Gedächtnis war ihm bei dem Vorsitz in seinem Rat eine große Hilfe, so daß ein prüfender Blick auf die wichtigsten Staatsdokumente genügte, um sie dann sofort korrigieren und unterzeichnen zu können. Vieles von dem, was er fälschlicherweise über Bord geworfen hatte, wurde, als er von seinem Wert überzeugt war, wiedereingeführt. Mit der Zeit wurden auch die nach seiner Thronbesteigung unterbrochenen Reformen von neuem aufgenommen.

Um 1500 ließen sowohl seine Gesundheit als auch seine Regierungsfähigkeit nach, wodurch sein Rückzug von der alltäglichen Verwaltungsarbeit beschleunigt wurde; er hatte aber seine Leute gut ausgewählt: »Keiner wagte es, die Oberhand über ihn zu gewinnen.« Seine Regierung folgte auch weiterhin bis zu seinem Tode den von ihm bestimmten Richtlinien. Sein innen- wie auch außenpolitisches Ziel war es, sein Haus und damit seinen Staat zu schützen, und darin war er erfolgreich. Er starb nicht mittellos – eine bemerkenswerte Leistung, die dreihundert Jahre lang keinem anderen englischen König gelungen war – und hinterließ Heinrich VIII. ein kleines Vermögen. Seinen größten Triumph aber konnte er auf dem Gebiet der Diplomatie verzeichnen. Als Usurpator war er von seinen Landsleuten nur kühl empfangen worden, bei seinem Tode jedoch hatte er das Ansehen eines Mannes, den man nicht gerne gehen läßt. Dies alles hatte er erreicht, obwohl er nur in den Krieg gezogen war, wenn es unerläßlich erschien. Das Ehebündnis, das er zwischen seiner Tochter Margarete und Jakob IV. von Schottland zustande brachte, sollte sich als entscheidend erweisen, da nach dem Aussterben der Tudorlinie der Erbe der englischen Krone von ihm kommen sollte.

Der Hof Heinrichs VII. lebte bescheidener als die Höfe auf dem Festland, was nicht auf Geiz, sondern einzig darauf zurückzuführen war, daß England kein wohlhabender Staat war. Heinrich VII. war umgänglich, liebenswert und gastfreundlich und vergaß trotz seiner Leidenschaft für Tennis und Kartenspiele nicht, »daß er seine königliche Majestät wahren«

mußte. Er ließ seinen Lieblingspalast in Richmond »nach der neuesten Art mit allen Annehmlichkeiten« umbauen. Sein Behagen am guten Leben schloß jedoch nicht aus, daß er ernsthaften religiösen Überzeugungen nachhing. Er duldete die Ordensregeln der Franziskaner und leistete der Heiligsprechung seines Onkels Heinrich VI. Vorschub, indem er die Kapelle der Jungfrau in der Westminster-Abtei so umgestalten ließ, daß das zukünftige Heiligengrab dort untergebracht werden konnte. Letztlich aber wurde nicht Heinrich VI. dort neu beigesetzt, sondern die Kapelle – das schönste Denkmal Heinrichs VII. – diente als seine eigene letzte Ruhestätte.

Der Nachfolger Heinrichs VII. war nicht sein erstgeborener Sohn. Der frühreife und hoffnungsvolle Prinz Arthur war mit einer Tochter des Königs von Aragonien verehelicht worden und zur Vorbereitung auf sein Erbe an die Spitze des für die Verwaltung von Wales zuständigen Rates gestellt worden. Im Jahre 1502 starb er dort völlig unerwartet ohne direkte Nachkommen und hinterließ damit seinen einzigen überlebenden Bruder, einen elfjährigen Jungen, als Thronfolger. Prinz Heinrich war im Schatten Arthurs aufgewachsen, besaß aber dennoch ebenfalls eine rasche Auffassungsgabe. Obwohl Erasmus von Rotterdam Zweifel an seiner Begabung anmeldete, war er als Erwachsener doch in der Lage, sich fließend in Latein und Französisch auszudrücken und konnte etwas Italienisch und vielleicht sogar Spanisch. Noch lange nach Beendigung seiner offiziellen Ausbildungszeit zeigte er Interesse an der wieder modernen griechischen Sprache und ließ sich sogar darin unterrichten. Er war begierig, mehr über theologische Probleme zu erfahren und zeigte eine Vorliebe für Mathematik und Astronomie. Zudem war er noch ein begabter und begeisterter Musiker, Tänzer und Komponist, dessen Werke zum Teil heute noch aufgeführt und gern gehört werden.

Heinrich VIII. nimmt in Gegenwart Katharinas von Aragonien an einem Turnier teil. Die Tochter des spanischen Königs war die erste Frau Heinrichs und Witwe des älteren Bruders des Königs. Dies konnte als Inzest gelten, und daher führte Heinrich VIII. diesen Umstand vordergründig ins Feld, als er sich von ihr scheiden lassen wollte. Darüber kam es jedoch zum Bruch mit Rom.

Er glänzte auch als Sportsmann, sowohl in den vom Hof inszenierten Kriegsspielen als auch in den aristokratischen Fertigkeiten des Reitens, Jagens und der Falknerei. Außerdem war er ein noch leidenschaftlicherer Karten- und Tennisspieler als sein Vater, wobei es bei ihm um noch höhere Einsätze ging. Als stark und gut gebauter, freundlicher Mann verkörperte er den von Castiglione beschriebenen Höfling der Renaissance. Bei seiner Thronbesteigung im Jahre 1509 war er nicht besser vorbereitet, als es sein Vater 24 Jahre zuvor gewesen war: Nach dem Tode Arthurs hatte er nicht die gleiche wirksame Schulung durchgemacht, sondern durfte sich dem am Hof üblichen Zeitvertreib hingeben. Er sollte die Jagd nach Vergnügungen niemals aufgeben!

Die Thronbesteigung Heinrichs VIII. (1509–1547) war unbestritten. Die Ratgeber seines Vaters blieben fast ausnahmslos weiter im Amt, um nun im Namen des neuen Königs zu regieren. Das Schicksal der beiden Männer, die er aus dem königlichen Rat entfernte, war das erste Anzeichen für die Undankbarkeit, die er seinen Mitmenschen gegenüber offenbaren sollte. Richard Empson und Edmund Dudley, die als Vollstrecker der Steuerpolitik seines Vaters wenig Popularität besaßen, wurden geopfert, weil er sich dadurch zusätzliche Anerkennung versprach: Sie hatten ihre Dienste lange genug geleistet, und ihr neuer Herrscher hatte keine Verwendung mehr für sie. Das gleiche Los sollte 1529 Kardinal Wolsey und 1540 Thomas Cromwell ereilen; wenn nicht des Königs eigener Tod dazwischengekommen wäre, hätte im Jahre 1547 auch der Herzog von Norfolk daran glauben müssen. Die Regierungsgeschäfte wurden anderen anvertraut, und bis 1540 überließ er sie völlig einem einzigen Minister, zuerst Wolsey und später Cromwell. Dieses Schema hätte er wahrscheinlich auch nach ihnen noch beibehalten, wenn er nochmals eine so hervorragende Persönlichkeit, die sich vom König nicht einschüchtern ließ, gefunden hätte; aber seine damaligen Ratgeber waren entweder mit ihm alt geworden oder waren seine Söhne. Er war kaum davon zu überzeugen, für die tägliche Verwaltungsarbeit Interesse aufzubringen, und es geschah nicht selten, daß Staatspapiere tagelang ohne seine Unterschrift blieben. In den Jahren nach 1540 wurde es so schwierig, seine Unterschrift zu bekommen, daß ein Stempel als Ersatz angeschafft wurde. Gelegentlich widmete er bestimmten Problemen seine ganze Aufmerksamkeit, seine Begei-

sterung aber ließ dann doch sehr schnell wieder nach. Was Temperament und Aussehen anbelangt, ähnelte er eher seinem Großvater mütterlicherseits, Eduard IV., als seinem Vater. Heinrich VIII. war von Natur aus träge und unzuverlässig und nur selten gewissenhaft, flößte aber trotz seines mangelhaften Wesens Respekt ein, und seine Untertanen bewahrten ihm ein rührendes Andenken.

Sein Vater hatte England zwar Frieden beschert, da er aber unerschütterlich daran festhielt, Krieg zu vermeiden, war das Land ohne Ruhm geblieben. Heinrich VIII. wollte dieses Versäumnis wiedergutmachen und durch die Demonstration militärischer Tüchtigkeit hervorheben, daß er seinem friedfertigen Vater überlegen war. Der Wiedereintritt Englands in die Auseinandersetzungen auf dem Festland diente dieser Absicht. Nachdem dieser Schritt einmal unternommen war, konnte er sein Reich nicht mehr aus den internationalen Verstrickungen heraushalten, so daß sich seine Kassen aufgrund häufiger Kriege immer mehr leerten. Sein Eindringen in Schottland hatte zur Folge, daß seine Untertanen stark belastet wurden, was sich für seine Nachfolger als schicksalsschweres Erbe erwies. Die enormen Ausgaben und spärlichen Erfolge seiner frühen militärischen Unternehmungen hielten ihn nicht davon ab, sich 1519 der Wahl zum Kaiser des Heiligen Römischen Reiches zu stellen oder persönliche Rivalitäten mit Karl V., der ihn bei der Kaiserwahl besiegt hatte, und mit Franz I. von Frankreich auszufechten. Er wollte seine Rivalen auf jedem Gebiet übertrumpfen. Die prunkvolle Ausgestaltung seines Zusammentreffens mit Franz im Jahre 1520 zeigte seine Lebensweise; sowohl er wie auch sein Hof unterwarfen sich jedem Wechsel in der Mode.

Ende der zwanziger Jahre des 16. Jahrhunderts konnte Heirich VIII. nicht länger über einen gravierenden Mangel, nämlich das Ausbleiben eines männlichen Erben zur Sicherung der Nachfolge und des Fortbestandes der Dynastie, hinwegtäuschen. Im Jahre 1509 hatte er mit päpstlicher Genehmigung die Witwe seines älteren Bruders, Katharina von Aragonien, geheiratet, die ungefähr fünf Jahre älter war als er. Obwohl sie ihm mehrere Kinder schenkte, überlebte nur eine Tochter Maria die Kindheit; es gab Fehlgeburten und nach 1518 keine weiteren Schwangerschaften mehr. Für Katharina bedeutete dies ein Unglück, für Heinrich VIII. war es eine Katastrophe. Ein Sohn wurde als unerläßlich erachtet; nach 1525 wurde ersichtlich, daß ihn nur eine neue Ehefrau gebären konnte. Bevor dies möglich wurde, mußte Heinrichs VIII. Ehe formal aufgelöst werden, indem entweder Katharina in einem Kloster verschwand oder die Scheidung durchgeführt wurde. Obwohl Katharina fromm war, wollte sie sich keinem Orden anschließen. Eine Scheidung war zwar im 16. Jahrhundert nicht üblich, aber für einflußreiche Familien bei Angabe schwerwiegender Gründe möglich; auf diese Weise war z. B. auch die Großmutter Heinrichs VIII. von ihrem ersten Ehemann getrennt worden, bevor sie Edmund Tudor heiratete.

Die Gründe Heinrichs VIII. wären zweifellos als für eine Scheidung ausreichend anerkannt worden, wäre er nicht in die inneren Auseinandersetzungen Italiens hineingezogen worden und hätte er sich nicht von dem Neffen Katharinas, Kaiser Karl V., entfremdet, in dessen Lager seit 1527 der Papst stand. Als alle Petitionen und gutes Zureden keinen Erfolg zeitigten, versuchte es der König mit Drohungen. Die Unzufriedenheit mit der Kirche in England erreichte ihren Höhepunkt mit dem Fall des Kardinals Wolsey, der das Opfer seiner eigenen »vielen Worte ohne Taten« geworden war. Der König hatte sich schon früher als Gegner von Reformen gezeigt und hatte für sein Buch gegen den Protestantismus von einem dankbaren Papst den Titel *Defensor Fidei* verliehen bekommen. Im Jahre 1529 beliebte es ihm aber, den offenen Protest seiner Untertanen gegen die Kirche zu tolerieren, denn er erhoffte sich damit ein Nachgeben seitens des Papstes und des Kaisers. Ihre weitere Weigerung sollte dazu führen, daß der Katholizismus und die kirchlichen Orden in England zerschlagen wurden. Diese Maßnahmen hatte der König noch keineswegs in Erwägung gezogen, als er das Scheidungsverfahren einleitete. Die Chance, von Anna Boleyn einen Erben zu erhalten, hatte den König dazu gezwungen; nach der Annullierung seiner ersten Ehe durch Erzbischof Cranmer heiratete er Anna. Diese Trotzhandlung verpflichtete Heinrich VIII. nicht nur seiner zweiten Königin, sondern auch den religiösen Hoffnungen vieler seiner Untertanen, so daß unter Leitung von Thomas Cromwell die so lange ersehnten Veränderungen endlich Realität wurden. Der englische Klerus hatte die Überlegenheit des Königs mit Vorbehalten bereits anerkannt, Cromwell zwang sie aber noch anzuerkennen, daß »dieses Königreich England ein Reich ist . . ., das von einem Oberhaupt und König regiert wird«. Annas Kind war ein auf den Namen Elisabeth getauftes Mädchen, aber die Enttäuschung über ihre Geburt machte deutlich, daß die alte Ordnung zu Lebzeiten Heinrichs VIII. nicht wiederhergestellt werden würde, ihr Fortbestehen aber verhinderte, daß sich der reformierte Glaube in England durchsetzen konnte.

Die große Liebe Heinrichs VIII. für Anna, die ihn zu Anfang sogar dazu angetrieben hatte, ihr fast täglich zu schreiben – was für einen so faulen Mann bestimmt eine Leistung war –, ließ empfindlich nach, als auf Prinzessin Elisabeth kein Sohn folgte. Eine Fehlgeburt, Indiskretionen und des Königs Liebschaft mit einer ihrer Hofdamen beendeten ihre dreijährige Vormachtstellung und brachten sie in den Tower und aufs Schafott. Durch die Tatsache, daß Katharina einige Monate später eines natürlichen Todes starb, war der Weg zu einer legalen, dritten Eheschließung des Königs mit Jane Seymour freigeräumt, die zwar den langersehnten Sohn gebar, aber bei der Entbindung selbst starb. Die Ankunft von Prinz Eduard versetzte den inzwischen schon sehr korpulenten König in große Freude und war Anlaß, eine Wiederverheiratung hinauszuschieben. Da er aber vermeiden wollte, daß sich die ganzen Hoffnungen seines Königreiches auf einen einzigen, gebrechlichen Knaben konzentrieren sollten, entschloß er sich zu einer vierten Ehe. Im Jahre 1540 heiratete er die protestantische Anna von Kleve, um sein Reformationswerk zu festigen. Doch eine beiderseitig vorhandene Antipathie und der Fall Cromwells, der auf diese Verbindung gedrängt hatte, brachten ihre Trennung herbei. Im gleichen Jahr noch folgte Catharina Howard, eine junge Cousine Anna Boleyns, die ebenfalls wegen unsinniger Indiskretionen das gleiche Schicksal zu erleiden hatte. 1543 heiratete er schließlich die Witwe Katharina Parr, die bereits zwei Ehemänner überlebt hatte und nach dem König noch eine vierte Ehe eingehen sollte.

Diese letzten drei Verbindungen blieben alle kinderlos. Aufgrund dieser Tatsache war Heinrich VIII. gezwungen, sich immer mehr auf das Gesetz zu stützen, um zu verhindern, daß bei seinem Tode die Nachfolge angefochten würde. Die Unfähigkeit des Königs, weitere gesunde Kinder zu zeugen – wobei die Ursache, eine gekränkte Gottheit, Vererbung oder Krankheit, ungeklärt bleibt –, wurde für diejenigen, in denen noch Blut der Plantagenet floß, zum Verhängnis. Königliche Abstammung war gewöhnlich Grund dafür, stolz zu sein, Heinrich jedoch sah darin eine drohende Gefahr für seinen und den Thron seiner Familie. Angeblich verschwörerische Aktivitäten waren Veranlassung dafür, daß diese entfernten Verwandten als Verräter sterben oder auch ins Exil fliehen mußten, weder ihre Unbeteiligtheit noch ihr Alter konnte sie vor blinder Rachsucht des Königs schützen. Andere, die nicht mit ihm verwandt waren, wie z. B. Sir Thomas More, Bischof Fisher und die Kartäusermönche, starben ebenfalls als Opfer dieser Raserei, aber nicht etwa, weil ihre Anschauungen dem König verhaßt waren, sondern weil sie möglicherweise die Thronfolge in Gefahr bringen konnten. Das Problem zermürbte Heinrich VIII. und verfolgte ihn stetig. Sein Bestreben, es zu lösen, führte dazu, daß sein ganzes Reich grundlegend verändert wurde, sollte aber auf lange Sicht in seinem Hauptziel scheitern.

Heinrich VIII. starb am 28. Januar 1547 und wurde von seinem Sohn, dem neunjährigen Eduard VI., abgelöst. Der Tod Heinrichs wurde drei Tage lang geheimgehalten, weil unter dem Testament, das Heinrich einen Monat zuvor abgeändert hatte, höchstwahrscheinlich die Unterschrift fehlte. Er hatte es mit dem Gedanken abgefertigt, Richtlinien für die Regierung Englands während der Unmündigkeit seines Sohnes vorzugeben, vermutlich jedoch hatten sich seine Vorschläge noch vor seinem Tode als nicht realisierbar erwiesen. Ein Hauptpunkt befaßte sich mit der Einsetzung des Protektorats unter dem Herzog von Somerset, der ein Onkel Eduards VI. mütterlicherseits war: Die mehr konservativen Ratgeber seines Vaters wurden dabei ausgeschlossen, wodurch die Einrichtung einer protestantischen Kirche in England möglich wurde. Trotz seiner Exkommunikation und der von ihm bewirkten Veränderungen war Heinrich VIII. im Herzen ein Katholik geblieben; die Entscheidung aber, die er kurz vor seinem Tode getroffen hatte, sollte den Lauf der Dinge in den folgenden sechs Jahren zugunsten des Protestantismus bestimmen.

Eduard VI. (1547–1553) wurde als das »höchste Geschenk« Gottes begrüßt. Unter seiner Regierung sollte die »wahre Religion« zum Durchbruch kommen: Die Messe wurde abgeschafft, Gottesdienste mußten künftig in Englisch abgehalten werden. Seine Anhänger verglichen ihn mit dem biblischen Ebenbild Josua, unter dessen Herrschaft das Wort Gottes in Israel aufrechterhalten wurde. Wie Josua, so starb auch er, bevor er die Verantwortung als König ausüben konnte, und die Reformen, die in ihrer beider Namen eingeleitet worden waren, stießen auf Widerstand. Die Durchsetzung des Protestantismus trug mit bei zu der Unzufriedenheit, die durch soziale Unruhen und Inflation bereits Nahrung erhalten hatte. Das Vermächtnis des Krieges mit Schottland lenkte von der fälligen Berücksichtigung dieser innenpolitischen Probleme ab, bis es 1550 zum Friedensschluß kam. Zu diesem Zeitpunkt war die Schwindsucht des Königs bereits ausgebrochen, und die Ungewißheit über die Zukunft lähmte jeden Lösungsversuch.

Die Erziehung Eduards VI. war zwei hervorragenden Lehrern, Richard Cox und John Cheke, anvertraut worden. Ihr Ziel war es, einen in der christlichen Lehre gebildeten Prinzen auf den Thron zu setzen, was sie bei ihrem frühreifen Schüler auch erreichten. Im Jahre 1547 hatte er bereits fundierte französische, griechische und lateinische Sprachkenntnisse: »Beim Lernen von Sprachen, der Schriften, Philosophie und aller freien Wissenschaften« zeigte er vorbildliche Leistungen und war zudem außergewöhnlich musikalisch. Bei seiner Thronbesteigung wurde sein Unterricht nicht unterbrochen, sondern nur allmählich dahingehend abgeändert, daß er der Vorbereitung auf die Machtergreifung diente. Unter ihrer Anleitung fertigte er ab 1549 täglich ein Protokoll der Ereignisse und gab zu zeitgenössischen Problemen sein Urteil ab. Da er gemeinsam mit einer Gruppe von Söhnen adliger Familien erzogen wurde, lebte er nicht ohne Gesellschaft, er schloß aber nur mit einem einzigen, Barnaby Fitzpatrick, Freundschaft. Der Rat befürchtete, daß aus dem Schulzimmer heraus ein Favoritentum erwachsen würde. Aus diesem Grund entschloß man sich dazu, Fitzpatrick auf den Kontinent zu schicken. Eduard VI. hat anscheinend die von seiner Stellung ausgehende Isolation und die in einer Parteinahme ruhende Gefahr verspürt. Als seine Onkel, der Lord Admiral Seymour und der Protektor Somerset, hingerichtet wurden, grämte er sich nicht, weil er damit seine Ratgeber hätte beleidigen können. Diese Einstellung ist ersichtlich aus seinem knappen Tagebucheintrag vom 22. Januar 1552: »Der Herzog von Somerset wurde auf dem Tower Hill zwischen 8 und 9 Uhr vormittags geköpft.« Seine Einsamkeit machte ihn verwundbar; als der Lord Admiral Seymour nach politischem Einfluß trachtete, versuchte er das Vertrauen seines Neffen durch Geschenke und Zuneigung zu erringen. Freunden gegenüber war Eduard höflich, ein ausländischer Arzt aber stellte fest, daß »er die Haltung eines alten Mannes hatte«. Diese Charakterisierung findet ihre Bestätigung durch Porträts aus seinen beiden letzten Jahren, die ihn mit zusammengepreßten Lippen und Schatten unter den Augen zeigen.

Das Problem, für Eduard eine passende Frau zu finden, beschäftigte seine Ratgeber, bis seine Krankheit nicht mehr zu übersehen war. Zuerst stützte man die Hoffnung auf eine Ehe mit seiner Verwandten Maria, der Königin von Schottland, wodurch zwei Königreiche zusammengebracht werden sollten, so wie sein Großvater zwei Dynastien zu vereinen wußte. Später wurde noch eine französische Prinzessin in Betracht gezogen. Die Verschlechterung seines Gesundheitszustandes wurde 1552 auffällig, so daß auch seine Tagebuchaufzeichnungen mit dem November dieses Jahres enden. Sein Tod stellte für die Zukunft des Protestantismus und vor allem auch für die des Herzogs von Northumberland, der Somerset als Minister abgelöst hatte, eine große Gefahr dar. Um die Protestantisierung zu retten, mußte der Thronanspruch der Prinzessin Maria übergangen werden; um die Macht Northumberlands aufrechtzuerhalten, mußte die eigenwillige Prinzessin Elisabeth ebenfalls als Nachfolgerin ausfallen. Die Lösung des Problems war einfach: Eduard VI. übte das alte Recht englischer Könige aus, ihren Nachfolger selbst zu bestimmen, und entschied sich, von dem Minister beraten, für eine Cousine, Lady Jane Grey, mit der Northumberland sofort seinen Sohn Guildford verheiratete. Am 6. Juli 1553 starb Eduard VI. im Alter von 15 Jahren; Northumberland erklärte daraufhin seine gleichaltrige Schwiegertochter zur Königin.

Lady Jane Grey hatte nur ein kurzes, abenteuerliches Leben; es dauerte ganze 17 Jahre lang: von 1537 bis 1554. Sie war die Enkelin von Maria, der jüngeren Schwester Heinrichs VIII., die kurze Zeit mit Ludwig XII. von Frankreich und danach mit einem Mann ihrer eigenen Wahl, dem Herzog von Suffolk, verheira-

Maria I., genannt »die Katholische« oder auch »die Blutige«. Sie entstammte der Ehe Heinrichs VIII. mit Katharina von Aragonien und war von 1553 bis 1558 Königin von England. 1554 heiratete sie den Sohn Karls V., Philipp II.

tet gewesen war. Obwohl vom Namen her eine Grey, war Jane in bezug auf Aussehen und Temperament eine Tudor. Als Thronerbin war sie in dem Bewußtsein erzogen worden, niemandem untertan zu sein. Während ihrer Kindheit wurde sie viel getadelt und geschlagen, ihre Zuflucht und ihr einziger Trost war die Gesellschaft ihres Privatlehrers. Sie wuchs auf mit nichts als Verachtung für ihr Milieu im Herzen und war eine mustergültige Schülerin und Protestantin. Einmal traf sie Roger Ascham an, als sie Plato las »mit soviel Begeisterung, wie wenn es sich um eine lustige Erzählung Boccaccios gehandelt hätte«. Im Alter von 13 Jahren sprach sie fließend Griechisch, Hebräisch und Latein sowie mehrere moderne Sprachen und korrespondierte mit den bedeutendsten Theologen Englands wie auch des Kontinents.
Die Thronbesteigung Janes beschwor eine Krise herauf, denn Prinzessin Maria war entschlossen, ihren auf dem Testament Heinrichs VIII. beruhenden Anspruch geltend zu machen. Northumberland machte den Versuch, das Land in Janes Namen zu vereinigen; da die meisten Leute aber seinem Vorhaben mißtrauten, hielten sie sich absichtlich zurück und warteten lieber den Ausgang seiner Bemühungen ab. Um das Problem zu beseitigen, versuchte Northumberland Maria gefangenzunehmen; sie konnte sich ihm aber entziehen. Als ein Umschwung zugunsten der Popularität Marias eintrat, landete nicht sie, sondern Northumberland als Gefangener im Tower. Am 19. Juli 1553 wurde Maria I. in London zur Königin proklamiert (1553–1558). Sie setzte sich über die Tatsache hinweg, daß England dreizehn Tage lang in Janes Namen regiert worden war. Obgleich Jane zum Tode verurteilt wurde, ließ sie die Königin erst ein Jahr später hinrichten, nachdem sich ihr Vater an einer Rebellion beteiligt hatte.
1553 war Maria 37 Jahre alt und noch immer unverheiratet. Sie war dünn und schmächtig; ihr Gesicht zeigte schon die ersten Falten, hatte aber dennoch einen jugendlichen Ausdruck. Ihre grauen Augen waren so kurzsichtig, daß sie Bücher oder Schriften nur entziffern konnte, wenn sie sie ganz dicht vor das Gesicht hielt. Dieses Gebrechen ist vermutlich auch die Ursache dafür, daß sie auf ihren Porträts gewöhnlich mit starrem Blick und ohne Lächeln dargestellt ist. Sie hatte Unterricht in Französisch, Griechisch und Latein erhalten, sprach etwas Italienisch und konnte die spanische Sprache verstehen. Von ihrem Vater hatte sie die Musikalität geerbt. Trotz Krankheit war ihre Kindheit glücklich verlaufen; die Trennung ihres Vaters von Katharina von Aragonien aber stürzte sie in Verzweiflung und Einsamkeit. Nachdem sie 1534 zum Bastard erklärt worden war, wurde ihr das Thronfolgerecht zehn Jahre später wieder zurückgegeben, als sie nach ihrem Halbbruder nächste Erbin war. Obgleich diese Anerkennung einige Vorteile brachte, war damit ihr Leidensweg noch nicht beendet. Ihr katholischer Glaube hielt sie davor zurück, die Reformationen Heinrichs und Eduards zu billigen. Sie gelangte mehr und mehr zu der Überzeugung, daß nur ihr Vetter, Kaiser Karl V., England »wieder in Ordnung« bringen könnte. Sie sah es als ihre Pflicht an, einen Sohn in die Welt zu setzen und den Katholizismus wiedereinzuführen. Beide Ziele waren in ihren Gedanken mit der Person Karls V. verbunden, und sie war davon überzeugt, daß sie Karls Sohn Philipp heiraten mußte. Weder ihre Berater noch ihr Volk begrüßten diese Verbindung, so daß als Alternative eine Ehe mit einem Engländer vorgetragen wurde; doch sie war jedoch weder bereit, die letzten beiden Erben der Plantagenet, den Earl von Devon und Reginald, den späteren Kardinal Pole, oder irgendeinen anderen in Betracht zu ziehen. Die aus diesem Entschluß resultierenden Meinungsverschiedenheiten wurden bis zu ihrem Tode nicht mehr behoben. Obgleich sie sich durchwegs als gewissenhafte Regentin erwies, versäumte sie es, sich in der Regierung eine Position zu verschaffen, nachdem ihr die Krone und die Ehe gesichert erschienen. Als sie bei einem Aufstand im Jahre 1554 den nach London eindringenden Rebellen unerschrocken standhielt, rettete sie damit die Situation; ansonsten zeigte sie aber als Monarchin nur selten Führungsqualitäten. Die Meinung ihrer Zeitgenossen, sie sei »eine gute Frau, aber ein

Dieses Gemälde von R. Peake zeigt Elisabeth I. auf einem Tragesessel. Die große Königin bestieg im Alter von 25 Jahren den Thron, als ihre Schwester 1558 starb; sie regierte dann für den Rest des Jahrhunderts.

schlechter Prinz«, wurde ihr gerecht. Die Leistung ihrer Regentschaft beschänkte sich auf die Sanierung von Verwaltung und Staatsfinanzen, die aber schon vor 1553 in Angriff genommen worden war.
Während Philipp in England weilte, waren Maria und er »niemals getrennt oder sich aus den Augen«; ihre Ehe aber blieb kinderlos: 1555 hatte sie eine Fehlgeburt, und zwei Jahre später erwiesen sich ihre Hoffnungen auf eine Schwangerschaft als verfrüht. Obwohl Philipp niemals zum König gekrönt wurde, war er dennoch gefürchtet, denn er nahm innerhalb der Regierung eine Führungsrolle ein, fachte Auseinandersetzungen an und erstattete seinem Vater über alle Vorgänge Bericht. Als er 1556 den spanischen Thron bestieg, wurde England in einen für die Spanier vorteilhaften Krieg verwickelt, der Maria kaum etwas einbrachte, jedoch Calais kostete, den letzten Stützpunkt des Plantagenet-Reiches in Frankreich. Die Wiedereinführung des katholischen Glaubens traf auf Widerstand, dennoch wurden die Maßnahmen, die England wieder dem Gehorsam des Papstes unterstellen sollten, von übereifrigen Untertanen durchgesetzt, und zwar ohne daß – wie sowohl von Maria als auch von Kardinal Pole befürwortet – den Andersgläubigen mit Toleranz begegnet wurde. Obgleich die Verfolgung hier harmloser war als auf dem Kontinent, schreckte die Verbrennung von Protestanten doch viele Glaubenssympathisanten ab und richtete bezüglich der Entwicklung des Katholizismus großen Schaden an. Die Ernennung ihrer protestantischen Halbschwester als Thronfolgerin vor ihrem Tod am 17. November 1558 stellte ein Eingeständnis ihres Scheiterns dar, war aber gleichzeitig auch eine letzte Demonstration ihres Willens, weil damit – in Bestätigung der Absichten ihres Vaters – Maria, die Königin von Schottland, ausgeschlossen wurde, die viele als nächste Königin von England sehen wollten. Wie groß auch ihre Fehler gewesen sein mögen, Maria Tudor rettete den Thron für ihre nächste Anverwandte und verzögerte damit die Vereinigung der beiden Kronen um weitere 45 Jahre.
Bei ihrer Thronbesteigung war Elisabeth I. (1558 bis 1603) 25 Jahre alt. Von ihrer Erscheinung her glich sie mehr Heinrich VII. als ihrem Vater. Nach der Hinrichtung ihrer Mutter im Jahre 1536 hatte ihr Heinrich VIII. die Legitimität abgesprochen; acht Jahre später aber, als er freundlicher und praktischer eingestellt war, sprach er sie ihr von neuem zu und akzeptierte sie als einen seiner Erben. Die Tatsache, daß sie Thronanwärterin war, hatte die junge Prinzessin in den Mittelpunkt der Hoffnungen und Pläne anderer gestellt. Obwohl nicht nachgewiesen wurde, daß sie selbst daran beteiligt war, wurde sie im Jahre 1554 für einige Zeit in den Tower gesteckt und nach ihrer Freilassung streng überwacht. Als Kind hatte sie ihre Lehrer durch ihre schnelle Auffassungsgabe sowie durch Lerneifer und -freude hoch erfreut.
Sehr bald sprach sie sowohl Französisch, Griechisch, Italienisch und Latein wie auch Englisch fließend und konnte Spanisch verstehen. Wie ihr Vater, war auch sie musikalisch und tanzte leidenschaftlich gern. Sie teilte seine Begeisterung fürs Reiten, die Jagd und das Kartenspiel und liebte, im Gegensatz zu ihm, auch Schach. Sie war als Protestantin großgeworden, und nichts hatte ihren Glauben erschüttert. Elisabeth erbte einen Krieg, und sie sollte auch ihrem Nachfolger einen ungelösten Konflikt hinterlassen. Die Unkosten, die der Unterhalt des Heeres und der Kriegsflotte mit sich brachte, machten es ihr nicht nur unmöglich, neue Paläste zu errichten, sondern zwangen sie

Elisabeth I. führt den Vorsitz im Parlament. Die letzte Vertreterin des Hauses Tudor war während ihrer langen Regierungszeit eine populäre Königin. Ihr Ruhm wuchs, als man ihre Ära als das »Goldene Zeitalter« bezeichnete.

dazu, sich auf andere zu stützen, wenn sie ihr Vergnügen haben wollte. Ihre königlichen Vorfahren hatten Rundreisen durch das Land nur gelegentlich unternommen, Elisabeth aber führte solche Unternehmungen fast jeden Sommer durch. Jene aber, die aufgrund ihres Standes oder ihres Reichtums dazu ausersehen waren, sie zu unterhalten, scheuten keine Ausgaben. Die Häuser, die vor Elisabeths Ankunft neu gegründet wurden, nahmen einen fast legendären Charakter an, wie ihre Nachkömmlinge Burghley, Kirby, Longleat, Wollaton, Hardwick und Montacute zeigen. Die außergewöhnlich hohe finanzielle Belastung hielt sie nicht davor zurück, in Aktiengesellschaften *(jointstock Companies)* Geld zu investieren, so daß sie an vielen gewagten Unternehmungen beteiligt war, u. a. auch an der Weltumsegelung von Sir Francis Drake in den Jahren 1577 und 1580. Allerdings finanzierte sie keine Pläne, die möglicherweise keinen Gewinn abwerfen hätten können; so trug sie auch nichts zur Besiedelung Nordamerikas bei.
Es gab Jahre, in denen England ohne Krieg lebte und wo auch keine Engländer an irgendeinem anderen Ort in Europa, Afrika oder Amerika kämpften. Die sogenannten Friedenszeiten bargen jedoch immer die Gefahr neu ausbrechender Feindschaften in sich. Diese waren ursprünglich nicht auf die Politik Englands zurückzuführen, sondern darauf, daß Königin Maria in den Streit zwischen Frankreich und Spanien eingegriffen hatte, wodurch das Land die Auswirkungen dieser Rivalität im gesamten restlichen Jahrhundert zu spüren bekam. Der unrühmliche Feldzug von 1557 hatte England Ausgaben abverlangt, die es schwer verkraften konnte; der Verlust von Calais im Jahre 1558 hatte dem Ansehen Englands einen harten Schlag versetzt, obwohl das Land damit gleichzeitig von einem immer mehr zur Belastung gewordenen Außenposten befreit wurde.
Elisabeth erkannte den Irrsinn dieses Krieges und war offensichtlich dazu entschlossen, den Fehler ihrer Halbschwester nicht zu wiederholen; die Entscheidung lag jedoch nicht immer bei ihr allein: Die internationale Lage machte manchmal ein Eingreifen Englands erforderlich, das sie höchst ungern durchführte. Um sie zu provozieren, schoben die Franzosen den Anspruch Marias, der Königin von Schottland, auf den englischen Thron vor und setzten sich für eine Ehe der schottischen Königin mit ihrem in England geborenen Cousin Henry, Lord Darnley, ein. Dadurch sollte ihr Anspruch gestärkt werden, den sie dem englischen Gesetz zufolge als Ausländerin nicht hatte. Maria zeigte sich in ihrem Amt als Königin von Schottland unfähig und wandte sich 1568 hilfesuchend an Elisabeth, weil sie ihren eigenen Thron wieder zurückgewinnen wollte. Dies lag aber keineswegs im Interesse Elisabeths; sie setzte deshalb ihre Rivalin 19 Jahre lang in England gefangen. Obwohl bekannt war, daß Maria eine unzulängliche Regentin war und Ehebruch begangen hatte, war sie doch Ausgangspunkt eines Verschwörungsnetzes mit dem Ziel, Elisabeth zu töten. Bevor Elisabeth sich aber den Namen einer Königinmörderin erwarb, wollte sie Maria jedoch lieber so lange wie möglich am Leben lassen. Der Aufstand der Niederländer gegen die Oberherrschaft der Spanier zog schließlich Elisabeth in den Krieg mit Spanien hinein, obwohl sie die angebotene Krone abgelehnt hatte. Ihr ehemaliger Schwager Philipp reagierte darauf, indem er einen Überfall vorbereitete und den Thronanspruch der schottischen Königin unterstützte. Im Jahre 1587 mußte Maria dann hingerichtet werden. Ein Jahr später, 1588, schickte Philipp die *Armada*, die England erobern sollte. Dieser Drohung gab Elisabeth jedoch nicht nach, sondern zeigte als Reaktion das zweifellos beeindruckendste Beispiel ihrer Führungsqualität:
»Ich habe mich immer so verhalten, daß ich unter der Führung Gottes mit fester Kraft und Vertrauen auf die loyalen Herzen und den guten Willen meiner Untertanen gesetzt habe. Und deshalb befinde ich mich heute unter euch, nicht zu meiner Erholung oder zu meinem Vergnügen, sondern weil ich entschlossen bin, in der Hitze des Gefechtes mit euch zu leben oder zu sterben; um für meinen Gott und für mein Königreich und für mein Volk meine Ehre und mein Blut auch im Staub hinzugeben. Ich weiß, daß ich den Körper einer schwachen und kraftlosen Frau habe, aber ich besitze Herz und Leib eines Königs und eines Königs von England! Und ich empfinde tiefste Abscheu darüber, daß Parma oder Spanien oder irgendein europäischer Prinz es wagen sollte, in die Grenze meines Königreiches einzufallen.«
Die Armada war zu diesem Zeitpunkt, als sie sich mit diesen Worten in Tilbury an die Truppen wandte, bereits besiegt, was aber noch nicht bekannt war. Die Gefahr war gebannt; da es ihr aber an den notwendigen Mitteln fehlte, konnte Elisabeth den Krieg nicht erfolgreich zu Ende bringen. Zweifellos war das eine Schwäche, was aber ihre wahre Leistung nicht schmälern sollte: Sie hatte sich gegen eine große Übermacht als Königin durchgesetzt, ihr Land und ihren Thron gerettet und beides intakt an ihren Nachfolger übergeben.
Elisabeths Handhabung der religiösen Probleme, ihre Heiratspolitik und die Regelung der Nachfolge müssen vor dem Hintergrund des Krieges beurteilt werden. Der Ungewißheit im Bereich der Religion mußte im England des Jahres 1558 volle Beachtung geschenkt werden. Unter Maria Tudor waren die Messe wiedereingeführt, die englische Sprache aus dem Gottesdienst verbannt und einige Ordenshäuser neu gegründet worden. Diese Veränderungen wurden von einigen zwar als reaktionär eingestuft, wären jedoch akzeptiert worden, wenn sie nicht mit einem stark intoleranten Verhalten einher gegangen wären, durch das viele hervorragende Persönlichkeiten dazu gezwungen wurden, auf dem Festland Sicherheit, Nächstenliebe und Glaubensbrüder zu finden. Männer verschiedener Überzeugungen beobachteten nun die Handlungsweise Elisabeths. Die Tatsache, daß sie einen Gottesdienst ohne Abendmahlszwang wünschte, wurde von den Protestanten positiv bewertet; sie waren aber enttäuscht darüber, daß sie offentsichtlich nur dazu bereit war, der Kirche den Status quo vom Januar 1547 zurückzugeben. Im Parlament wurde deutlich gemacht, daß weitere Schritte erforderlich seien, und Elisabeth stimmte der Wiedereinführung von fast allen unter Eduards VI. Regierung durchgesetzten Veränderungen zu. Nachdem das Parlament seine Stimme erhoben und sie sich zu Konzessionen bereit erklärt hatte, mußte das Problem in Angriff genommen werden, was sie auch mit viel Verständnis und der Unterstützung von Erzbischof Parker tat, der ihre Abneigung von Extremen teilte. Als »Haupt der Kirche von England« machte sie sich frei von dem Appell der Katholiken und den Forderungen der Protestanten und nahm Modifizierungen vor, die trotz ihrer Entstehungsgeschichte niemanden zufriedenzustellen vermochten. Ein Aufstand im Jahre 1569, ihre Exkommunikation 1570, auf die zuerst Drohungen und dann Kriege von seiten katholischer Staaten erfolgten, führten dazu, daß die freundliche Einstellung,

die sie anfänglich gegenüber ihren katholischen Untertanen zutage legte, ins Gegenteil umschlug. Dieser Umschwung wurde um so deutlicher, nachdem diese sich von nachfolgenden Päpsten zur Rebellion anstacheln ließen und gegenüber spionageverdächtigen Priestern eine beinahe an Verrat grenzende Haltung einnahmen. Die gleichen Ereignisse brachten die Protestanten zu der Überzeugung, daß sie der Religionsregelung zustimmen mußten. Das Überleben der Königin und Englands selbst war der Durchsetzung der anglikanischen Kirche zu verdanken. Was als Experiment begonnen hatte, wurde fest eingeführt, und die Tatsache, daß mit Maß erneuert worden war, stellte den Eckpfeiler der Leistung Elisabeths dar.
Nachdem der Earl von Devon 1556 und Kardinal Pole 1558 ohne Nachkommen gestorben waren, war der Thronanspruch der Plantagenet erloschen. Ihr Tod machte der seit 1485 auf der Dynastie lastenden Bedrohung ein Ende, das Problem der Nachfolge aber war nach wie vor gegenwärtig. Um Streit zu vermeiden und um ihrer Familie die Krone zu erhalten, war eine Eheschließung Elisabeths erforderlich geworden. Sie blieb jedoch trotz der Bitten ihrer Ratgeber und dem Drängen vieler sich als Bräutigam anbietender Kandidaten unverheiratet. Vor ihrer Machtergreifung hatte sie mehrere vorteilhafte Angebote abgelehnt, weil sie höchstwahrscheinlich die Gefahren eines negativ beurteilten, kontinentalen Ehebundes erkannt hatte. Die Heirat von Königin Maria war für sie ein warnendes Beispiel. Es ist nicht auszuschließen, daß die Vernachlässigung des Kindes Elisabeth oder die späteren Erfahrungen, die sie durch die unzweideutigen Annäherungsversuche des Lord Admiral Seymour gemacht hatte, dazu führten, daß ihr jede enge Beziehung zu einem Manne verachtenswert erschien. Die Art und Weise aber, wie sie im Bereich der Diplomatie mit ihrer Heirat Politik machte, läßt die Vermutung zu, daß sie ihr ganzes Gefühl auf die Erhaltung ihres Königreiches konzentrierte. Zu ihren Bewerbern zählten neben ihrem Schwager ein schwedischer Prinz, zwei kaiserliche Erzherzöge, ein deutscher Herzog, zwei französische Prinzen, ein schottischer Graf und mehrere ihrer eigenen Untertanen. Sie offenbarte jedoch nur gegenüber einem von ihnen, nämlich Robert Dudley, ein Zeichen echter Zuneigung; da er aber sehr ehrgeizig und außerdem der Sohn des Herzogs von Northumberland war, waren seine Absichten fraglich. Der Tod seiner von ihm vernachlässigten Frau, die unter mysteriösen Umständen starb, machten ihn noch unglaubwürdiger. Die Hochzeit mit Dudley hätte ihren Thron in Gefahr gebracht. Als Entschädigung für das entgangene Königsamt schenkte sie ihm dafür die Grafschaft Leicester. Trotz der Gerüchte über ihre intime Beziehung wußte sie die Bedeutung ihrer Jungfräulichkeit bei Verhandlungen über eine Eheschließung zu schätzen; sie hätte es für charakterlos erachtet, wenn sie alles der Liebe wegen aufs Spiel gesetzt hätte.
Die Tatsache, daß Elisabeth sich dem Zwang zur Notwendigkeit beugte, wurde ihr hoch angerechnet. Angesichts der zahlreichen Feinde Englands wurde ihre Standfestigkeit zum Symbol. Sie war allein mit England verheiratet. Elisabeths Verhältnis zu ihren Untertanen wurde als Liebesbeziehung aufgefaßt: In ihren Augen blieb »Gloriana« ewig jung; um die tiefen Spuren, die Krankheit und Alter hinterlassen hatten, zu überdecken, bediente sie sich der Kleider, Schmuck und Kosmetika. Sie förderte den »Gloriana«-Kult und trug damit dazu bei, daß die Künste einen gewaltigen Auftrieb nahmen und England an die europäische Kulturfront rückte: In der Architektur gab es Robert Smythson, in der Musik die Madrigalschreiber John Dowland, Thomas Tallis, Orland Gibbons, Thomas Morley und William Byrd, in der Malerei die Miniaturisten Nicholas Hilliard und Isaac Oliver, in der Dichtkunst Sir Philip Sydney und Edmund Spenser und in der Schauspielkunst Christopher Marlowe, Thomas Kyd und vor allem William Shakespeare. Auch wenn ihre Religionsregelung die Anbetung der Muttergottes untersagte, fand England in ihr die *jungfräuliche* Königin. Ihr zu Ehren erhielt die erste englische Kolonie in Amerika den Namen Virginia. Obwohl sie sich die Ehefreuden selbst versagt hatte, nahm sie es anderen, die sie genossen, übel; diejenigen, die sie ohne ihre Zustimmung wahrnahmen, ließ sie ihr Mißfallen deutlich spüren. Die heimlichen Ehen der Schwestern von Lady Jane Grey und das Verhalten ihrer anderen englischen Verwandten ließen diese als Erben ausscheiden und führten dazu, daß der Sohn der schottischen Königin Maria, der Protestant Jakob VI., 1603 als alleiniger Nachfolger in Frage kam.
Über die während ihrer Regierungszeit auftretenden Probleme von mannigfaltiger Natur waren Elisabeths Ratgeber nur selten einer Meinung. Nicht zuletzt deshalb traf sie die Entscheidungen – manchmal nach Winkelzügen und oft gegen den Willen ihres Rates – immer selbst. Es war ihr Glück, daß sie in Sir William Cecil, dem späteren Lord Burghley, einen scharfsinnigen Staatsmann und gleichgesinnten Geist gefunden hatte. Sie schenkte jedoch auch ihm so selten ihr Vertrauen, daß sogar er für gewöhnlich ihre Absichten nicht genau kannte. Der Tod Burghleys im Jahre 1598 setzte einer 40jährigen Partnerschaft ein Ende, und sein Platz blieb dann auch leer. In den ihr noch verbleibenden Jahren gab Elisabeth das Beispiel »einer Dame, die von der Zeit überrascht worden war«, wie sie einmal nicht zu Unrecht charakterisiert worden war. Sie hatte sich zwar immer noch fest in der Hand, ihre Erschöpfung zeichnete sich aber immer deutlicher ab. Obgleich sie auch in früheren Zeiten Fehler begangen hatte, hatte keiner so verheerende Auswirkungen wie der, als sie Robert Devereux, den Earl von Essex, zu ihrem Günstling erwählte, was mit dessen Hinrichtung im Jahre 1601 endete. Der weniger attraktive Robert Cecil, der bucklige Sohn Burghleys, blieb dann unangefochten an der Spitze ihres Rates. Er war es auch, der Jakob VI. von Schottland nach dem Tode der Königin am 24. März 1603 willkommen hieß.
Elisabeth wurde wie die meisten Mitglieder der Dynastie im Familienmausoleum, der Kapelle Heinrichs VII. in der Westminster-Abtei, beigesetzt. Obwohl viele ihrer Zeitgenossen darüber geklagt hatten, daß »Ihre Majestät alles nur halb tat«, wurde ihr Wert im Vergleich zu ihrem Nachfolger aus dem Hause Stuart erst richtig deutlich; im 17. Jahrhundert wurde ihr Andenken als das letzte Glied einer begabten Familie immer höher in Ehren gehalten.

»Die glücklichste Stunde« in der Regierungszeit Elisabeths schlug, als die Marine 1588 den Invasionsversuch der Spanier vereitelte. Spanien, damals unter der Herrschaft Philipps II., war zu jener Zeit die größte Macht in Europa.

Die Bourbonen in Frankreich

Eine Seitenlinie der Kapetinger identifizierte sich ungefähr 200 Jahre lang mit Frankreich und verhalf dem Land zur Größe.

Die Bourbonen sind eine jüngere Linie der Kapetinger. Das Geschlecht geht zurück auf Robert von Clermont, den sechsten Sohn Ludwigs des Heiligen. Der seit nahezu zehn Generationen von der Hauptlinie getrennte Zweig wurde zur Zeit der Renaissance von Karl, Herzog von Vendôme, repräsentiert. Dieser hatte vier Kinder: Anton, Herzog von Bourbon, Gatte der Jeanne d'Albret und Vater Heinrichs von Navarra, François, Graf von Enghien, Karl, Kardinal von Bourbon, und Ludwig, Prinz von Condé. Nach dem Tode des von dem Mönch Jacques Clément ermordeten Heinrich III. wurde Heinrich von Navarra König von Frankreich.

Aus der Tatsache, daß Heinrich von Navarra Protestant war und deshalb nicht zum König gesalbt werden konnte, ergaben sich große Probleme. Sie wurden in der Folge eines fünf Jahre währenden Bürgerkrieges gelöst, der Frankreich an den Rand des Abgrunds brachte. Dank seiner Geschicklichkeit und seiner persönlichen Qualitäten behielt Heinrich IV. schließlich die Oberhand. Das Bild Heinrichs IV. (1589–1610) wurde aufs äußerste stilisiert. Er war eine schillernde Gestalt, ein Haudegen und großer Liebhaber der Frauen, aber auch ein Mensch mit ausgezeichnetem politischen Instinkt und profunder Menschenkenntnis, der sich seine Popularität zu erhalten wußte. Er war der Erneuerer des ausgebluteten Frankreich, stellte die Einheit wieder her und führte das Land zu seinem verlorenen Wohlstand zurück. Heinrich IV. hatte eine bewegte Jugend hinter sich. Man zwang ihn zur Heirat mit Margarete von Valois, einer Schwester der letzten Könige des Hauses Valois, doch ließ er sie zugunsten verschiedener Mätressen im Stich. Viel Zeit widmete er der Kriegführung; seine Fähigkeiten auf diesem Gebiet hatte er mit seinem Sieg in der Schlacht bei Coutras unter Beweis gestellt. In dem Bestreben, die nationale Einheit wiederherzustellen, erklärte er sich später zu einer Versöhnung mit Heinrich III. bereit; dieser bestimmte ihn bei seinem Tode zum Thronfolger.

Aus demselben Wunsch nach Einheit heraus unternahm Heinrich IV. den Versuch, das Königreich in seiner Gesamtheit zurückzuerobern, gegen den Widerstand der Liga und gegen Ansprüche von seiten des Auslandes. Um sich der Unterstützung Elisabeths von England zu versichern, befreite er die Küste des Ärmelkanals in der Schlacht von Arques (21. September 1589) und brachte dadurch Dieppe unter seine Herrschaft. Nachdem so die Verbindung mit England gesichert war, marschierte er nach Paris. Freien Zugang dorthin erkämpfte er sich mit seinem Sieg bei Ivry (13./14. Februar 1590) und begann dann mit der Belagerung der Hauptstadt, die jedoch von Alexander Farnese, Herzog von Parma, befreit wurde. Paris stand unter der Herrschaft der Liga, die den Kardinal von Bourbon, einen Onkel Heinrichs von Navarra, als Karl X. zum König proklamiert hatte. Nach dessen Tod im Jahre 1590 aber konnte niemand mehr dem Mann aus Béarn die Krone streitig machen.

Dennoch zogen sich die Kämpfe über weitere vier Jahre hin. In Paris führte die Liga ein Schreckensregiment, und die Franzosen begannen ein Auseinanderfallen ihres Gebietes zu befürchten. Im Jahre 1593 berief die Liga die Generalstände ein. Heinrich IV. benützte die Gelegenheit, seine Rechte geltend zu machen, und erklärte sich bereit, zum Katholizismus überzutreten. Er ließ sich in der katholischen Glaubenslehre unterweisen. Am 25. Juli 1593 schwor er in der Basilika von Saint-Denis seinem Glauben ab, und am 15. Februar 1594 wurde er in der Kathedrale von Chartres gesalbt. »Paris ist eine Messe wert« – mit diesen Worten hat die volkstümliche Geschichte die Ereignisse zusammengefaßt. Am 22. März 1594 öffnete die Hauptstadt ihm auf Befehl des Gouverneurs Brissac ihre Tore. Der Fall von Paris bedeutete indessen noch nicht das Ende der Feindseligkeiten mit Spanien. Der König besiegte die Spanier in Fontaine-Française (5. Juni 1595), doch erst am 2. Mai 1598 kam auf der Grundlage des Friedens von Câteau-Cambrésis der Friede von Vervins zustande.

In jenes Jahr 1598, in dem die Kämpfe ein Ende fanden, fällt auch der bedeutsamste Akt der Regierung

Im Gefolge Ludwigs XII. von Frankreich sieht man auf dem Schimmel Karl III., den Herzog von Bourbon, den späteren Connétable von Frankreich und schließlich General im Dienste Karls V. Durch die Heirat mit einer Cousine vereinigte er die Ländereien (fast ein eigener Staat in Zentralfrankreich) der beiden Linien seiner Familie, die von einem Sohn Ludwigs des Heiligen abstammte, aber er starb, ohne Erben zu hinterlassen.

Heinrichs IV.: die Verkündung des Edikts von Nantes, mit dem das Problem des Protestantismus auf französischem Boden gelöst wurde. Vorausgegangen war die Versöhnung mit dem Heiligen Stuhl. Die Befriedung der Konfessionen war jedoch nicht ohne langwierige Auseinandersetzungen vonstatten gegangen. Um sein Ziel zu erreichen, mußte Heinrich IV. den Protestanten »Sicherheitsplätze« zugestehen, die einen regelrechten Staat im Staate bildeten. Aber Heinrich IV. wünschte Gehorsam, und er fand die richtigen Worte, sich ihn zu verschaffen.

Noch war die Frage der Erbfolge nicht geregelt. Heinrich IV. lebte mit seiner Mätresse, Gabrielle d'Estrées, zusammen, der er die Ehe versprochen hatte. Sie starb jedoch unerwartet im Jahre 1599. Daraufhin verlangte der König die Annullierung seiner Ehe mit »Königin Margot« und heiratete Maria von Medici, eine Nichte des Großherzogs der Toskana. Diese Vernunftehe hinderte ihn nicht, sich mit einer weiteren Mätresse, Henriette d'Entragues, der Tochter Marie Touchets, zu verbinden. Aus dieser Liaison, die sich mit vielen anderen kreuzte, entstanden für ihn große Unannehmlichkeiten. Doch diese bedauerliche Vorworrenheit seines Privatlebens, das ihm den Beinamen »Vert Galant« eintrug, hinderte ihn nicht, den Wiederaufbau des Staates zu Ende zu führen. In dieser Aufgabe unterstützte ihn in bewunderungswürdiger Weise Maximilien de Béthune, Herzog von Sully. Dieser fand bei seiner Ernennung zum Oberintendanten der Finanzen im Jahre 1597 – ihm unterstanden darüber hinaus noch andere ministerielle Ressorts – die Staatskasse leer und stand vor einem Berg von Schulden. Er betrieb die Tilgung der Staatsschuld und eine progressive Erhöhung der Steuern, deren Aufkommen um fünfzig Prozent stieg. Sein Hauptanliegen war die Reform der Landwirtschaft. »Ackerbau und Viehzucht«, so sagte er, »sind die zwei Brüste, die Frankreich nähren; sie sind seine wahren peruanischen Bergwerke und Schätze.« Mit Hilfe des Agronomen Olivier de Serres gelang es ihm, die landwirtschaftliche Produktion den Bedürfnissen der Nation anzupassen. Daneben betrieb er eine bemerkenswerte Kolonialpolitik und schuf insbesondere in Kanada mit Samuel Champlain solide Grundlagen der Kolonisierung. Der äußere Friede wurde mehrmals bedroht, vor allem in den Beziehungen zu Savoyen. Sully übernahm die Regelung dieser Angelegenheit, und mit dem Vertrag von Lyon annektierte Frankreich 1601 die Gebiete Bresse und Bugey.

Unterdessen sank die Beliebtheit Heinrichs IV. rasch; Frankreich erfreute sich eines vermehrten Wohlstandes und begriff nicht, was es Heinrichs politischer Klugheit verdankte. Man kritisierte sein Privatleben und ereiferte sich darüber, daß er sich in die junge Charlotte de Montmorency verliebte, die er mit dem Prinzen von Condé verheiratet hatte. Dieses Abenteuer überschnitt sich mit einem politischen Ereignis von größter Bedeutung: dem Tod des Fürsten von Kleve und Jülich zu Beginn des Jahres 1610. Kaiser Rudolf bemächtigte sich dieser Gebiete, die eine vorgeschobene Bastion gegen die Ostmark bildeten. Heinrich IV. aber gedachte diese Annexion nicht hinzunehmen und rüstete zu einem Krieg, indem er an drei Fronten Armeen aufstellte. Bevor er sich an der Spitze der Truppen nach den Niederlanden in Marsch setzte, entschloß er sich, die Regentschaft in die Hände Marias von Medici zu legen und ließ sie am 13. Mai 1610 salben.

Über die Absichten des Königs kursierten die verschiedensten Gerüchte, und allenthalben war die Rede von einem möglichen Mordanschlag gegen ihn. Fanatische Mönche prangerten das Verhalten des Königs an und beschuldigten ihn, den Krieg um der schönen Augen Charlottes von Montmorency willen zu führen und die Belange der Protestanten zu begünstigen. Von solchen Reden aufgestachelt, machte sich in Angoulême ein Schulmeister namens Ravaillac, einen Dolch in der Tasche, in kleinen Etappen auf den Weg nach Paris.

Am 14. Mai, einen Tag bevor er in den Krieg zu ziehen gedachte, begab sich Heinrich IV. zum Arsenal, um Sully einen Besuch abzustatten. In der Rue de la Ferronnerie geriet sein Wagen in einen möglicherweise von langer Hand vorbereiteten Stau. Ravaillac, welcher der Kutsche des Königs gefolgt war, sprang auf die Radnabe und stieß dem König seinen Dolch zweimal in die Brust. Der König war auf der Stelle tot. Der festgenommene Ravaillac wurde nach einem überstürzten Gerichtsverfahren gevierteilt, womit zugleich die Aufdeckung einer Komplizenschaft ausgeschaltet wurde, die aus heutiger Sicht möglich erscheint und wahrscheinlich in den Reihen ehemaliger

Rom zur Zeit des Sacco di Roma (1527). Karl III. von Bourbon starb bei der Belagerung der Stadt. Zu dieser Zeit war der Titel schon auf Karl, den Herzog von Vendôme und Großvater Heinrichs IV., übertragen worden.

Mitglieder der Liga zu suchen gewesen wäre. Zu seinen Lebzeiten heftig kritisiert, war Heinrich IV. nach seinem Tode der am meisten betrauerte von allen Königen Frankreichs.

Die Regentschaft nach dem Tode Heinrichs IV. war eine Zeit voller Unruhe. Bereits 1611 setzte Maria von Medici Sully ab und übertrug die Leitung der Regierung ihrem Günstling Concini, dem Gatten ihrer Hofdame Eleonora Galigai. Concini wurde zum Marquis d'Ancre und Marschall von Frankreich erhoben. Er war ein habgieriger Mann, dem es jedoch nicht an staatsmännischer Begabung gebrach. Er rettete Frankreichs Ehre durch die Besetzung der Stadt Jülich und vermittelte die Heirat Ludwigs XIII. (1610 bis 1643) mit Anna von Österreich.

Er hatte jedoch die Prinzen und die Großen des Reiches gegen sich und mußte ihnen kostspielige Zugeständnisse machen, so insbesondere die Einberufung der Generalstände. Diese, die letzten vor 1789, tagten im Jahre 1614. Sie waren gekennzeichnet durch die Uneinigkeit der drei Stände untereinander und durch Bestrebungen zur Errichtung einer konstitutionellen Monarchie, endeten aber dennoch mit einem Triumph der königlichen Macht. Während dieser Tagung trat ein Repräsentant des Klerus hervor, Armand du Plessis de Richelieu, der zu einem harten Kurs riet. So entließ Concini die Minister Heinrichs IV., warf Condé in die Bastille und verwies den Hochadel in seine Grenzen.

Diese Maßnahmen trafen jedoch auf ein unerwartetes Hindernis. Der junge König, inzwischen erwachsen geworden, haßte Concini ebenso wie seine Mutter, Maria von Medici. Ermutigt von seinem Günstling Charles d'Albert de Luynes, befahl er dem Gardeoffizier Vitry, Concini zu verhaften und wenn nötig zu töten, was prompt ausgeführt wurde. »Jetzt bin ich König«, erklärte Ludwig XIII. Luynes wurde Leiter der Regierung, Herzog, Pair und Connétable. Er setzte die Minister Heinrichs IV. wieder ein und entließ Richelieu. Doch der neue Favorit geriet in Konflikt mit Maria von Medici, was zum Ausbruch eines Bürgerkrieges führte. Richelieu, der die Partei der Königinmutter ergriffen hatte, stellte mit dem Vertrag von Ponts-de-Cé (August 1620) den Frieden wieder her.

In der Außenpolitik war sehr rasch eine äußerst bedrohliche Situation entstanden. Kaiser Ferdinand von Steiermark war durch die konfessionellen Auseinandersetzungen in Böhmen in Schwierigkeiten geraten und ersuchte den König von Frankreich um Unterstützung. Dieser versuchte vergeblich zu vermitteln. Als der Kaiser Böhmen schließlich in der Schlacht am Weißen Berge (8. November 1620) besiegte, wurde er zu einer Gefahr für die französische Politik.

Auch innenpolitisch ergaben sich Probleme aus einer protestantischen Erhebung unter Führung des Herzogs von Rohan, dem Schwiegersohn Sullys. Im Frieden von Montpellier (18. Oktober 1622) mußte der König den Status der Protestanten garantieren. Luy-

nes fiel nach seiner Niederlage bei Montauban einer Fleckfiebererkrankung zum Opfer. Alle diese Ereignisse führten zu einer Periode der Unsicherheit, die Richelieus Aufstieg begünstigte. Er erlangte die Stellung eines Ministers und entledigte sich dann aller anderen Minister, die ihm im Wege waren. Von diesem Zeitpunkt an war er achtzehn Jahre hindurch der eigentliche Herrscher Frankreichs. Richelieus Wirken stellt einen in der Geschichte Frankreichs einmaligen Fall dar: die Diktatur eines Ersten Ministers mit der – wenn auch zum Teil zögernden – Billigung des Königs. Es war eine große Zeit, eine jener Perioden unveränderter politischer Kontinuität, die noch lange auf die Folgezeit einwirkt. Richelieu war eine stattliche Erscheinung, ein Mann mit der Physiognomie eines Grandseigneurs; sein Gesicht strahlte Intelligenz aus, doch sein Blick war unerbittlich hart. Er wirkte listig und einschüchternd; gleichzeitig übte er eine große Anziehungskraft aus.

Verglichen mit ihm geriet der König ein wenig ins Hintertreffen, doch die Art, wie er Richelieus Politik im allgemeinen unterstützte, läßt auf eine fast vollständige Einigkeit zwischen ihnen schließen. Richelieu selbst faßte sein politisches Programm in seinem »Politischen Testament« in drei Punkten zusammen: Er wollte die Hugenotten vernichten, den Stolz des Hochadels brechen und die Stellung des Königs in der Außenpolitik stärken. Kaum jemals wurde ein Programm mit größerer Klugheit und mehr Erfolg in die Tat umgesetzt.

Das Hugenottenproblem wurde als erstes gelöst. Die Protestanten standen über den Hafen La Rochelle mit England in Verbindung und waren in der Lage, im Westen Frankreichs einen unabhängigen Staat zu errichten. Um dieser Gefahr zu begegnen, belagerte Richelieu La Rochelle und nahm die Stadt schließlich ein (Oktober 1627 bis Oktober 1628). Hierauf richtete er sein Augenmerk auf das Languedoc. Er unterwarf Privas (27. Mai 1629) und Montauban (20. August 1629). Zwischen diesen beiden Erfolgen veranlaßte er Ludwig XIII. zur Unterzeichnung des Gnadenedikts von Alès, das die im Edikt von Nantes garantierten Rechte der Protestanten auf religiösem Gebiet zwar bestätigte, diese aber zugleich aller politischen und militärischen Privilegien beraubte. Hier erzielte Richelieu einen raschen und vollständigen Sieg. Die Aufgabe, den Hochadel unter den Willen der Krone zu beugen, war weniger leicht durchzuführen und nahm die gesamte Dauer der Regierung Ludwigs XIII. ein. Urheber fast aller Intrigen, die im wesentlichen darauf abzielten, den Kardinal zu beseitigen, war Gaston d'Orléans, der Bruder Ludwigs XIII.

Richelieus erstes Opfer wurde im Jahre 1626 der Graf von Chalais. Marschall d'Ornano wurde in die Bastille geworfen und der Graf von Montmorency-Bouteville wurde am 22. Juni 1627 hingerichtet, nachdem er gegen das durch ein Edikt verordnete Verbot des Duells verstoßen hatte. Das erlauchteste Opfer war die Königinmutter Maria von Medici. Sie nutzte eine Krankheit ihres Sohnes und forderte die Absetzung des Kardinals. Sie hatte ihr Ziel schon beinahe erreicht, da kam Richelieu ihr im letzten Moment zuvor, stellte sie vor Gericht und schickte sie in die Verbannung. Dieser Tag wurde bekannt als der »Tag der Geprellten« (10. November 1630). Gaston d'Orléans mußte sich in Sicherheit bringen, der Herzog von Guise wurde verbannt, Bassompierre kam in die Bastille und Marillac endete unter dem Beil des Henkers. Als Antwort auf diese Willkürakte schloß Gaston d'Orléans ein Bündnis mit dem Gouverneur des Languedoc, Henri de Montmorency. Dieser löste eine Erhebung der gesamten Provinz von der Rhône bis zur Garonne aus. Er wurde jedoch bei Castelnaudary geschlagen und 1632 im Hof des Kapitols in Toulouse hingerichtet, ohne daß Ludwig XIII. sich hätte bewegen lassen, ihn zu begnadigen.

Unter all den Verschwörungen bleibt jene zu erwähnen, die Gaston d'Orléans auf dem Umweg über den Marquis de Cinq-Mars anstiftete. In diesem Fall kam ein Verrat hinzu, denn es war beabsichtigt, den Kardinal an die Spanier auszuliefern. Die Rache war fürchterlich. Richelieu, der zu jener Zeit bereits im Sterben lag, ließ Cinq-Mars hinrichten, obwohl er ein Günstling des Königs war. Nicht anders erging es dem Freund des Verschwörers, de Thou, der das Komplott nicht angezeigt hatte. Über diesen erschreckenden Aspekten im Leben Richelieus darf man seine großen Verdienste nicht übersehen. »Manchmal«, so sagte er, »tadelt das Volk, was ihm am meisten frommt oder gar unentbehrlich ist.« So strebte er beständig voran. Er zwang den König zur Ausschaltung des Parlaments und förderte die Wissenschaften durch die Gründung der Académie Française im Jahre 1635.

Richelieus Meisterwerk aber war seine Außenpolitik. Er griff durch Mittelsmänner in den Dreißigjährigen Krieg ein, bekämpfte die deutsche Einigung, aus der die Habsburger ihren Nutzen zogen, und verlangte die Absetzung des Feldherrn Wallenstein; mit dem Führer der protestantischen Bewegung, dem schwedischen König Gustav Adolf, schloß er ein Bündnis. Dieser fiel in der Schlacht bei Lützen (16. November 1632), Wallenstein wurde ermordet. 1635 schließlich setzte Richelieu alles auf eine Karte und veranlaßte Ludwig XIII., Spanien den Krieg zu erklären. Dieser verlief anfangs wenig erfolgreich. Der Feind fiel in Frankreich ein und drang bis Corbie vor (1636), doch der Gegenschlag ließ nicht auf sich warten. Arras fiel nach langer Belagerung (1640), und am Rhein errang Turenne die ersten Erfolge seiner Laufbahn.

Auf seinem Totenbett gegen Ende des Jahres 1642 antwortete Richelieu dem Geistlichen von Saint-Eustache auf dessen Frage, ob er seinen Feinden verziehen habe: »Ich hatte nie andere Feinde als Staatsfeinde.« Kurze Zeit nach dem Tode des großen Ministers starb auch Ludwig XIII. (14. Mai 1643). Der König führte eine vorbildliche Ehe, die indessen mehr als zwanzig Jahre hindurch kinderlos blieb. Er gelobte, Frankreich der Heiligen Jungfrau zu weihen, sollte er doch noch Nachkommen haben. Das Wunder geschah: Königin Anna von Österreich schenkte zwei Kindern das Leben, dem späteren König Ludwig XIV., der 1638 geboren wurde, und dem 1640 geborenen Philipp, Herzog von Orléans.

Vor seinem Tode traf Ludwig XIII. Vorkehrungen, um die Befugnisse der zur Regentin bestimmten Königin so weit wie möglich einzuschränken. Die Leitung der Regierung lag in Händen des Kardinals Jules Mazarin, eines früheren Sekretärs Richelieus. Mazarin, seiner Abstammung nach Italiener, wurde einer der größten Staatsmänner Frankreichs. Die Königin ließ sich vom Parlament weitreichende Vollmachten übertragen und regierte, von Mazarin unterstützt, mit harter Hand.

Das Kriegsglück wendete sich zugunsten Frankreichs. Fünf Tage nach dem Tod Ludwigs XIII. gelang es dem Herzog von Enghien bei Rocroi, die Spanier vernichtend zu schlagen. Die endgültige Entscheidung fiel sechs Jahre später mit dem Sieg von Lens (August 1648), welcher den Kaiser zum Verhandeln zwang. Im Oktober 1648 wurde in Münster und Osnabrück der

Heinrich IV. betrachtet das Bildnis Marias von Medici. Er war der erste Bourbone auf dem französischen Thron. Das hier abgebildete Gemälde gehört zu einer ganzen Serie von Bildern, die Rubens zur Verherrlichung des Lebens der Königin gemalt hat.

Ball am Hofe Heinrichs IV. Das Bild stammt von Caulery. Vom ersten Bourbonenkönig heißt es, er habe sich um sein von Religionskriegen zerrissenes Land verdient gemacht und ihm Einheit und Wohlstand gebracht.

Westfälische Friede unterzeichnet. Bis zur Französischen Revolution bildete er die Charta Europas. Deutschland wurde in 343 Fürstentümer aufgesplittert; Frankreich erhielt dabei die Oberherrschaft über das Elsaß, was auf eine Vollendung des französischen Sechsecks hoffen ließ.

Dies war die Krönung des Werkes Richelieus. Sie vollzog sich in einem Klima des Bürgerkriegs in Frankreich. Die Finanzpolitik Mazarins, der Widerstand des Parlaments, die Rebellion des Hochadels – all das trug dazu bei, daß die Lage im Innern immer gespannter wurde. Die Königin, Mazarin und der junge König mußten Paris verlassen und nach Rueil und später nach Saint-Germain übersiedeln. Paris wurde von Condé belagert, während Turenne versuchte, die Armee gegen den König aufzuwiegeln. Doch er fand keine Gefolgschaft, so daß die Erhebung, die sogenannte *Fronde*, scheiterte. Der Friede war jedoch nur von kurzer Dauer. Mazarin ließ Condé verhaften; daraufhin schaltete sich Gaston d'Orléans ein und ließ Mazarin verbannen. Dieser flüchtete nach Deutschland. Frankreich stürzte in ein heilloses Chaos; Condé wandte sich an die Spanier um Hilfe und setzte sich in Bordeaux fest.

Da ließ die Königin Ludwig XIV. (1643–1715) für volljährig erklären und rief Mazarin zurück. Dieser sah sich nach seiner Rückkehr mit Condé konfrontiert, der Paris besetzt hielt. Turenne trat wieder in die Dienste der Krone, erlitt jedoch an der Porte Saint-Antoine eine Niederlage. Am 4. Juli 1652 wurde das Parlament von Truppen der Fronde belagert, das Rathaus wurde in Brand gesteckt. Schließlich kehrte wieder Ruhe ein. Ludwig XIV. versprach eine Amnestie, doch dessenungeachtet kam es zu härtesten Repressalien. Der Bürgerkrieg, die »Prinzenfronde«, hatte das Land zugrunde gerichtet, und es dauerte viele Jahre, bis es seinen früheren Wohlstand wiedererlangte.

Von 1653 bis 1661 übte Mazarin mit Billigung Ludwigs XIV. eine regelrechte Diktatur aus. Er zögerte nicht, sich, um die Spanier zu besiegen, mit Cromwell zu verbünden, obwohl dieser ein Königsmörder und Protestant war. Die Kämpfe zogen sich bis in das Jahr 1658 hin, als Condé von Turenne in der Dünenschlacht nahe Dünkirchen geschlagen wurde. Im Py-

renäenfrieden (1659) fielen das Roussillon, das Artois und einzelne feste Plätze in Flandern an Frankreich. Ludwig XIV. heiratete Maria Theresia, Infantin von Spanien und Tochter Philipps IV.
Als Mazarin 1661 starb, teilte der König dem Staatsrat mit, daß er von nun an selbst zu regieren gedenke, was er unter großer Prachtentfaltung auch 54 Jahre lang tat. »Wer als Untertan geboren ist, hat unterschiedslos zu gehorchen. Der, der den Menschen Könige gab, hat gewollt, daß sie sie respektieren wie ihre Offiziere. Allein dem Monarchen gebührt es, nach dem Wesen der Dinge zu fragen, denn nur im Gehorsam findet der Untertan seinen Frieden.«
Der König war ein Mann von kleinem Wuchs, der sich mit hohen Absätzen und gewaltigen Perücken künstlich größer zu machen suchte. Er besaß einen harten Blick, eine Adlernase, ein fettes, fliehendes Kinn, doch insgesamt bot er ein Bild majestätischer Größe, das seine Zeitgenossen so tief beeindruckte, daß sie ihn den »Sonnenkönig« nannten und seine Prinzipien in den Worten »Der Staat bin ich« zusammenfaßten.
Ludwig XIV. war ein schlechter Gatte. Seine Liaisonen waren berühmt; unter seinen Mätressen fanden sich Namen wie Louise de la Vallière, Athénais de Montespan, Angélique de Fontanges. Mit fast fünfundvierzig Jahren schließlich verlor er sein Herz an die Erzieherin seiner illegitimen Kinder, Françoise d'Aubigné, die Witwe des Dichters Scarron. Heimlich schloß er mit ihr eine Ehe und machte sie zur Marquise de Maintenon. Sie war ihm eine gute Ratgeberin und spielte in den letzten dreißig Jahren der Regierung Ludwigs XIV. eine bedeutende politische Rolle.
Ludwigs Selbstregierung begann damit, daß er den Einfluß der *nouveaux riches* einschränkte, die an die Stelle des von Richelieus ausgeschalteten Feudaladels getreten waren. Der Prozeß gegen den Oberintendanten Fouquet war für diese Phase charakteristisch. Jede allzu selbständige Regung, besonders im Palais Royal, stieß auf den Widerstand des Königs. Aus purem Geltungsbedürfnis beleidigte er schließlich mit einer Reihe von Bosheiten nacheinander den Heiligen Stuhl, die Türkei und das Kaiserreich. Er unterwarf den Adel und zerstörte damit allmählich die Struktur des Landes. In der Finanzpolitik wie in der Leitung des Militärwesens bewies er großes Geschick, unterstützt von zwei Ministern, Colbert und Louvois.
Für Colbert, den Sohn eines Tuchhändlers aus Reims, hatte die Wirtschaft Vorrang vor der Politik. Es gelang ihm zwar, innerhalb von zehn Jahren den Ausgleich des Haushalts herbeizuführen, aber zugleich richtete er durch eine Senkung der Agrarpreise die Bauern zugrunde. Immerhin war sein Prinzip des Ausgleichs der Zahlungsbilanz neu. Mit Nachdruck förderte er die Industrie: Er unterstützte die Manufakturen Saint-Gobain, Savonnerie und Gobelins, gründete große Handelsgesellschaften und betrieb die französische Kolonisierung in Louisiana und Santo Domingo. Zugleich war er ein großer Marineminister,

Gabrielle d'Estrées (rechts) mit ihrer Schwester auf einem zeitgenössischen französischen Bild. Sie war die berühmteste Mätresse Heinrichs IV., der wegen seiner zahllosen Abenteuer VERT GALANT hieß.

Dieses Gemälde von Philippe de Champaigne zeigt Ludwig XIII., wie ihn die Siegesgöttin Viktoria krönt. Die Gestalt des Sohnes Heinrichs IV. wurde von Kardinal Richelieu in den Schatten gedrängt.

ein kluger Gesetzgeber und der Gründer der Akademie der Naturwissenschaften und der Akademie der Inschriften und schönen Wissenschaften. An seiner Seite baute Louvois ein Heer auf, das lange Zeit ungeschlagen blieb, während Vauban die Grenzen mit einem uneinnehmbaren Festungsgürtel umgab.

Da Ludwig XIV. über solch fähige Männer verfügte, konnte es nicht ausbleiben, daß er Eroberungskriege begann. Nach dem Tode des spanischen Königs Philipp IV. machte er Ansprüche auf die bis dahin noch nicht ausbezahlte Mitgift seiner Gattin geltend und erklärte Spanien den Krieg. Dieser Krieg, der sogenannte Devolutionskrieg, begann mit einer Offensive in Flandern. Belgien wurde zwischen Mai und November 1667 besetzt. Doch die Reaktion Europas blieb nicht aus. Es kam zu einer Koalition zwischen England, den Niederlanden und Schweden gegen den französischen König.

Zum Zeitpunkt des Abschlusses dieser Allianz griff Condé die Franche-Comté, eine Bastion der Spanier, an und eroberte sie innerhalb von zwei Wochen. Ludwig XIV. ließ Spanien die Wahl zwischen Flandern und der Franche-Comté. Diese und darüber hinaus auch Lille, Douai und Armentières wurden im Aachener Frieden (2. Mai 1669) von Spanien an Frankreich abgetreten. Ludwig XIV. aber verwendete vier Jahre auf die Vorbereitung eines Rachefeldzuges gegen die Niederlande, deren Haltung seinen Unwillen erregte. Er trieb die Niederlande diplomatisch in die Isolierung, indem er Schweden und England neutralisierte (Vertrag von Douvres, 1670).

Der berühmte Übergang über den Rhein durch die Furt von Tolhuys bildete den Auftakt zu einem großangelegten Angriff des Königs gegen die Niederlande. Ludwig XIV. hätte nun ohne weiteres bis Amsterdam vorstoßen können, doch er versteifte sich auf eine Belagerung. Die Folge war, daß die Niederländer in einer eindrucksvollen nationalen Einigungsbewegung zusammenfanden, die Macht in die Hände Wilhelms von Oranien legten und die Dämme an der Küste öffneten. Durch ihren Widerstand erreichten sie, daß ein Teil Europas sich gegen Ludwig XIV. zusammenschloß.

Der Krieg zog sich über sechs Jahre hin. Höhepunkte waren 1674 der Sieg Condés bei Seneffe, der Sieg Turennes 1675 bei Türkheim und die Erfolge der Seestreitkräfte unter Duquesne. Den Sieg Frankreichs besiegelte 1678 der Friede von Nimwegen, durch den der Besitz der Franche-Comté bestätigt und Valenciennes, Maubeuge und Cambrai Frankreich zugesprochen wurden. Doch der Triumph des Königs war nicht vollständig. Die Niederlande blieben intakt und behaupteten ihr Recht, an den sogenannten Barriereplätzen in den Spanischen Niederlanden Garnisonen zu unterhalten.

Um seine Eroberungspolitik fortführen zu können, verzichtete Ludwig XIV. nun auf Kriege und ging zu einem System friedlicher Annexionen über, durch das er Montbéliard, Sarrebourg, Pont à Mousson und Casal in seinen Besitz brachte. Den Höhepunkt dieser Politik bildete die Annexion der freien Stadt Straßburg im Jahre 1681. Zu diesem Zeitpunkt konnte Ludwig XIV. mit Stolz auf die ersten zwanzig Jahre seiner selbständigen Regierung zurückblicken. Das Sechseck war nahezu vollendet. Lothringen würde, da es bereits von französischem Gebiet umschlossen war, mit großer Wahrscheinlichkeit an Frankreich fallen, und die Grenzen im Norden und Osten entsprachen weitgehend dem, was die Kapetinger erstrebt hatten.

Die königliche Administration war von Grund auf reformiert worden, die Machtbefugnisse der Krone wurden von den Intendanten in souveräner Weise wahrgenommen, der materielle Wohlstand hatte seinen Höhepunkt erreicht. Auch das Geistesleben und die Künste standen unter dem beherrschenden Einfluß der königlichen Macht. Zu keiner anderen Zeit hat es in Frankreich eine solche Fülle genialer Männer gegeben. Corneille, Descartes, Pascal, Racine, Molière, La Rochefoucauld, Retz, La Bruyère, La Fontaine, Bossuet und Boileau standen im vollen Glanz ihres Wirkens. Der französische Klassizismus erlangte Weltgeltung, die französische Sprache wurde endgültig zur Sprache der Gebildeten, und die französische Literatur begeisterte Europa. Auch in der bildenden Kunst manifestierte sich die Vorrangstellung Frankreichs. Seit der Renaissance war Italien auf diesem Gebiet tonangebend gewesen; Ludwig XIV. hatte sogar Bernini aus Rom kommen lassen, um ihn mit der Vollendung des Louvre und der Erweiterung des Schlosses in Versailles zu beauftragen. Dann aber entsann sich der König jener Künstler, die in Vaux für Fouquet gearbeitet hatten, und nahm sie in seine Dienste. Herausragend ist hier der Name Le Nôtres, des Schöpfers der französischen Gartenbaukunst, durch die Originalität seiner Entwürfe. In seinem Umkreis errichtete eine Gruppe von Künstlern Bauwerke, die Frankreich zu einer führenden Rolle auf dem Gebiet der Baukunst verhalfen. Den Höhepunkt dieser Entwicklung bilden die Bauten von Mansart, Le Vau, d'Orbay, Libéral Bruant und Hardouin-Mansart. Hier sind zu nennen: das Schloß von Maisons, die Place Vendôme, die Terrasse von Saint-Germain, das Collège des Quatre Nations, der Invalidendom, das Val de Grâce, vor allem aber das Schloß von Versailles, das bedeutendste Bauwerk aus der Regierungszeit Ludwigs XIV., das von den Malern Le Brun,

Mignard und Van der Meulen und den Bildhauern Coysevox, Girardon, Tuby und Pierre Puget ausgeschmückt wurde.

Im Jahre 1682 wurde die Regierung endgültig in die neue Hauptstadt Versailles verlegt. Das märchenhafte Schloß wurde Sitz der französischen Monarchie, und dort fand sie später auch ihr Grab. Die Übersiedelung nach Versailles bildete in der Tat den Wendepunkt der Regierung Ludwigs XIV. Er ist gekennzeichnet durch den Tod der Königin Maria Theresia und die Heirat mit Madame de Maintenon, den Waffenstillstand von Regensburg, ein auf zweihundert Jahre angelegtes Friedensangebot an Österreich, das noch unter dem Eindruck der Belagerung Wiens stand und von Jan Sobieski aus der türkischen Gefahr befreit worden war. Mit dem Waffenstillstand von Regensburg hätten Ruhe und Frieden für den Rest der Regierung Ludwigs XIV. gesichert werden können, aber durch seine Religionspolitik setzte er alles wieder aufs Spiel. Hier ergaben sich Schwierigkeiten unterschiedlichster Art.

Zunächst kam es zu immer neuen Konflikten mit dem Heiligen Stuhl. Die Übergriffe der Geistlichkeit auf die weltliche Macht waren Ludwig XIV. als einem absoluten Herrscher ein Dorn im Auge. Als die Kirchenversammlung des Jahres 1682 die Existenz der gallikanischen Kirche sanktionierte, wurde der König stillschweigend exkommuniziert. Mehrere Jahre hindurch blieben die französischen Bistümer vakant, bis französische Truppen das Comtat besetzten. Als Papst Innozenz XII. schließlich die Streitigkeiten beilegte, mußte Ludwig XIV. nachgeben.

Turnier anläßlich der Hochzeit Ludwigs XIII. mit Anna von Österreich (1612). Als Witwe regierte die Königin durch die Person Mazarins. Dieser, ein gebürtiger Italiener, gilt als einer der größten Staatsmänner Frankreichs.

Bei anderen Schwierigkeiten lagen die Dinge gerade umgekehrt. In der Überzeugung, den Interessen des Katholizismus zu dienen, traf der König die folgenschwerste Entscheidung seiner Regierung: Am 18. Oktober 1685 unterzeichnete er in Fontainebleau die Aufhebung des Ediktes von Nantes. Ludwigs Machtwille duldete keinerlei Widerspruch. Untertanen aber, die nicht der Staatskirche angehörten, leisteten seiner Meinung nach Widerstand. So hatte er zunächst die den Protestanten im Edikt von Nantes zugestandenen Sonderrechte empfindlich eingeschränkt; später, nach dem Frieden von Nimwegen, glaubte er sich stark genug, die Protestanten zu zwingen, ihrem Glauben abzuschwören. Es wurden Zwangsmaßnahmen von großer Grausamkeit eingeleitet, darunter die berühmten »Dragonaden«. Um dem König zu schmeicheln, suchten einige seiner Minister ihn davon zu überzeugen, daß die Protestanten in Massen zum katholischen Glauben übergetreten seien und nur noch eine verschwindende Minderheit übriggeblieben sei.
Madame de Maintenon, ursprünglich selbst Protestantin, stand ganz auf seiten Ludwigs XIV. und drängte ihren königlichen Gatten zur Revokation. Die Folgen seiner Entscheidung waren verheerend. Dieser Akt der Ungerechtigkeit und Intoleranz führte zu einem Massenexodus von nahezu einer halben Million Menschen, die sich im protestantischen Ausland ansiedelten. Im Innern organisierte sich der Widerstand. Die protestantische Religion wurde heimlich, »in der Wüste«, ausgeübt, in der Bastion der Sevennen. Es kam sogar zu dem bewaffneten Aufstand der Kamisarden, der das Languedoc zwischen 1702 und 1705 in einen blutigen Bürgerkrieg stürzte. Sehr viel schwerwiegender jedoch waren die unmittelbaren Folgen der Revokation. Sie war eine der Ursachen eines neunjährigen Krieges in Europa, des Pfälzischen Erbfolgekrieges.
Die Augsburger Allianz konstituierte sich 1686. Ihr gehörten Brandenburg, der Kaiser, Venedig, Moskau und Polen an, später kamen noch Spanien, Schweden, Bayern und die Niederlande hinzu. Ludwig XIV. versuchte zu verhandeln und bot das Erbe seiner Schwägerin, Liselotte von der Pfalz, gegen die Aufrechterhaltung des Regensburger Waffenstillstandes. In einem Präventivschlag verwüstete Louvois die Pfalz, und Ludwig XIV. besetzte das linke Rheinufer. Die strategische Lage Frankreichs schien außerordentlich günstig, verschlechterte sich aber rasch nach dem Ausbruch der Revolution in England, in deren Gefolge Wilhelm von Oranien auf den englischen Thron gelangte und England der Augsburger Allianz beitrat. In diesem Krieg, der an vielen Fronten gleichzeitig geführt wurde, traten einige große französische Heerführer hervor: Catinat, der Sieger von La Marsaille (4. Oktober 1693), und der Marschall de Luxembourg, der bei Neerwinden siegte (29. Juli 1693). Zur See zeichnete sich Tourville aus, doch mußte Frankreich im Seekrieg verheerende Niederlagen hinnehmen, die dem Ansehen seiner Streitkräfte auf lange Zeit großen Schaden zufügten. Im Frieden von Rijswijk 1697 mußte Frankreich, nachdem es knapp einer Invasion entgangen war, die Legitimität Wilhelms von Oranien anerkennen. Die Barriereplätze wurden verstärkt. Von all seinen administrativen Annexionen blieb Frankreich nur Straßburg.
Doch schon drohte sich in Europa ein neuer Konflikt zu entzünden. König Karl II. von Spanien, ein Monarch, der trotz seiner schwachen Gesundheit fünfunddreißig Jahre lang regiert hatte, starb am 1. November 1700 und hinterließ seine sämtlichen Thronrechte einem Enkel Ludwigs XIV., dem Herzog von Anjou. Der König akzeptierte die Thronfolge, war sich aber darüber im klaren, daß eine Reaktion der europäischen Staaten nicht ausbleiben würde, wenn man ihnen keine Zugeständnisse machte. Ludwig XIV. war alt geworden und verspürte nicht die geringste Lust, einen Krieg zu führen. Die finanzielle Lage hatte sich verschlechtert; das Geld wurde mehrmals eingeschmolzen. Es mußte eine Personalsteuer eingeführt werden, die Kopfsteuer, welche vor allem die privilegierten Stände belastete. Die Verschuldung hatte bedenklich zugenommen.
Wohl oder übel mußte der König den Kampf aufnehmen. Zu Anfang errangen Villars und Berwick glänzende Erfolge. Villars stieß bis Ulm vor und siegte bei Höchstädt (20. September 1703), wurde jedoch im darauffolgenden Jahr am selben Ort von Marlborough und Prinz Eugen geschlagen. Die französischen Truppen waren gezwungen, den Rückzug anzutreten. Sie wurden in die Defensive gedrängt und wären beinahe unterlegen, als Marschall de Villeroy von Marlborough vernichtend geschlagen wurde (23. Mai 1706). Zur See standen die Dinge nicht besser. Der Graf von Toulouse, Großadmiral und illegitimer Sohn Ludwigs XIV., wurde bei Velez Malaga geschlagen. Die Engländer nützten diesen Sieg, um Gibraltar zu besetzen und darauf die französische Flotte im Hafen von Toulon zu blockieren, die sich 1707 schließlich selbst versenkte.
Im Norden bedrohte Prinz Eugen die Grenzen und nahm Lille ein. Mit dem unentschiedenen Ausgang der blutigen Schlacht bei Malplaquet (11. September 1709) gelang es Villars, die Offensive aufzuhalten. Die Lage verschlechterte sich zunehmend. 1712 eroberte Prinz Eugen Quesnoi und schloß Landrecies ein, die letzte Festung vor Paris.
Da befahl Ludwig XIV. Villars, eine letzte Schlacht zu wagen und versicherte ihm, er werde »sein Alter vergessen und an der Spitze seiner Truppen den Staat retten oder untergehen«. Die Lage besserte sich, als Villars einen triumphalen Sieg bei Denain erzielte (18. Juli 1712) und dadurch den Einfall in die Pfalz ermöglichte. In den Friedensverträgen von Utrecht und Rastatt (1713/1714) wurden Frankreich weitreichende Konzessionen abverlangt. Die Krone Frankreichs wurde endgültig von der Spaniens getrennt.
Daraus wiederum entstanden Probleme hinsichtlich der Thronfolge. In der düsteren Periode gegen Ende seiner Regierung waren Ludwig XIV. nacheinander sein Sohn, der Grand Dauphin (1711), sein Enkel, der Herzog von Burgund, welcher 1712 Dauphin geworden war, und der letzte Thronanwärter, der Herzog der Bretagne, gestorben. Zur Sicherung des Fortbestandes der Dynastie blieb nur ein im Jahre 1710 geborenes Kind, der spätere Ludwig XV. Um einer möglichen Vakanz vorzubeugen und seinem Neffen, dem Herzog von Orléans, den Zugang zum Thron zu verwehren, entschloß sich Ludwig XIV. zu einem ver-

Henri Testelins Gemälde zeigt Ludwig XIV. im Alter von zehn Jahren. Erst dreizehn Jahre später, nämlich 1661, beim Tode Mazarins, begann die persönliche Herrschaft des späteren Sonnenkönigs.

Folgende Doppelseite: Versailles im Jahr 1668 (gemalt von Pierre Patel). Dem Schloß, dem prunkvollen Mittelpunkt der französischen Monarchie und des französischen Staates, fehlten zu diesem Zeitpunkt noch die beiden Seitentrakte.

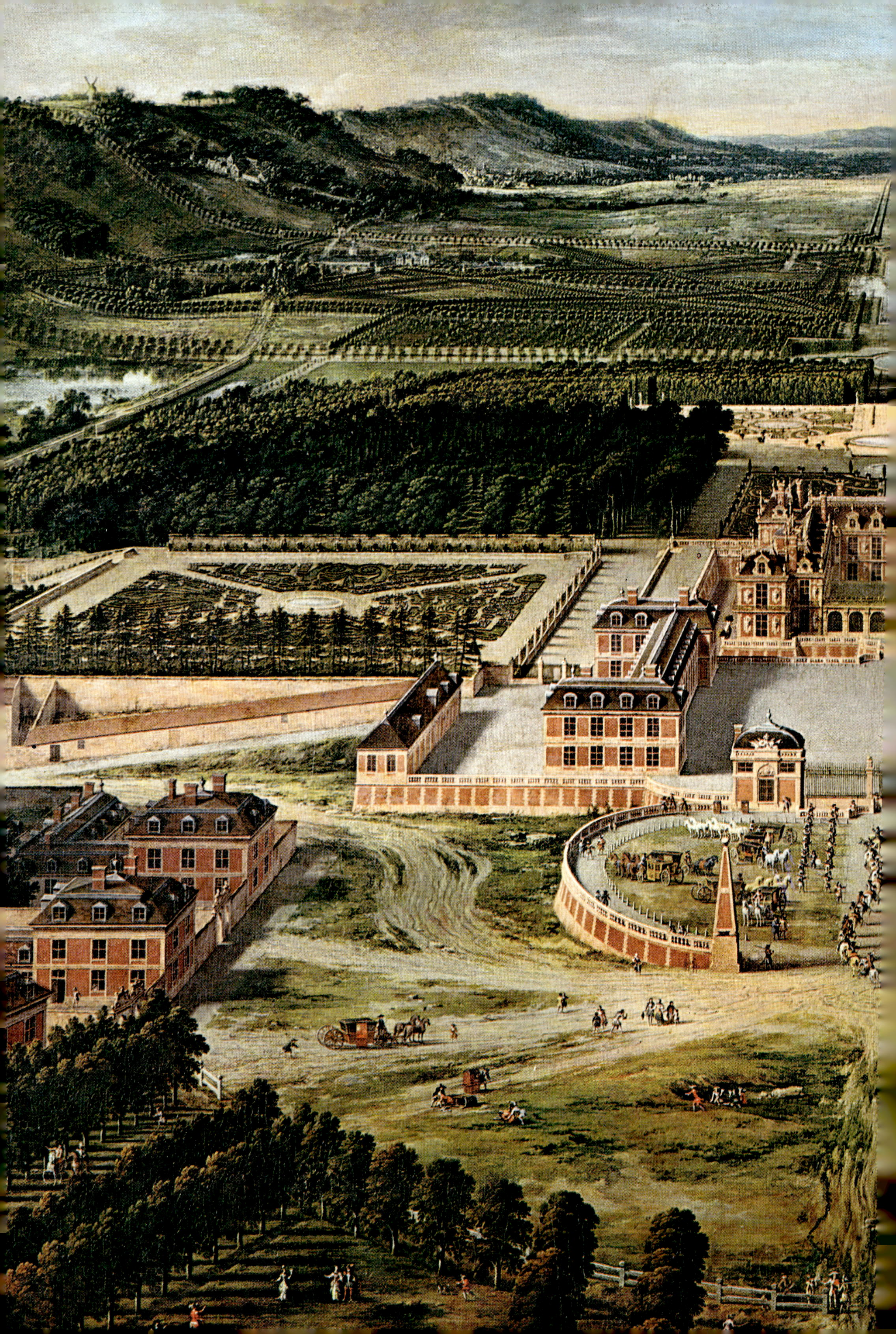

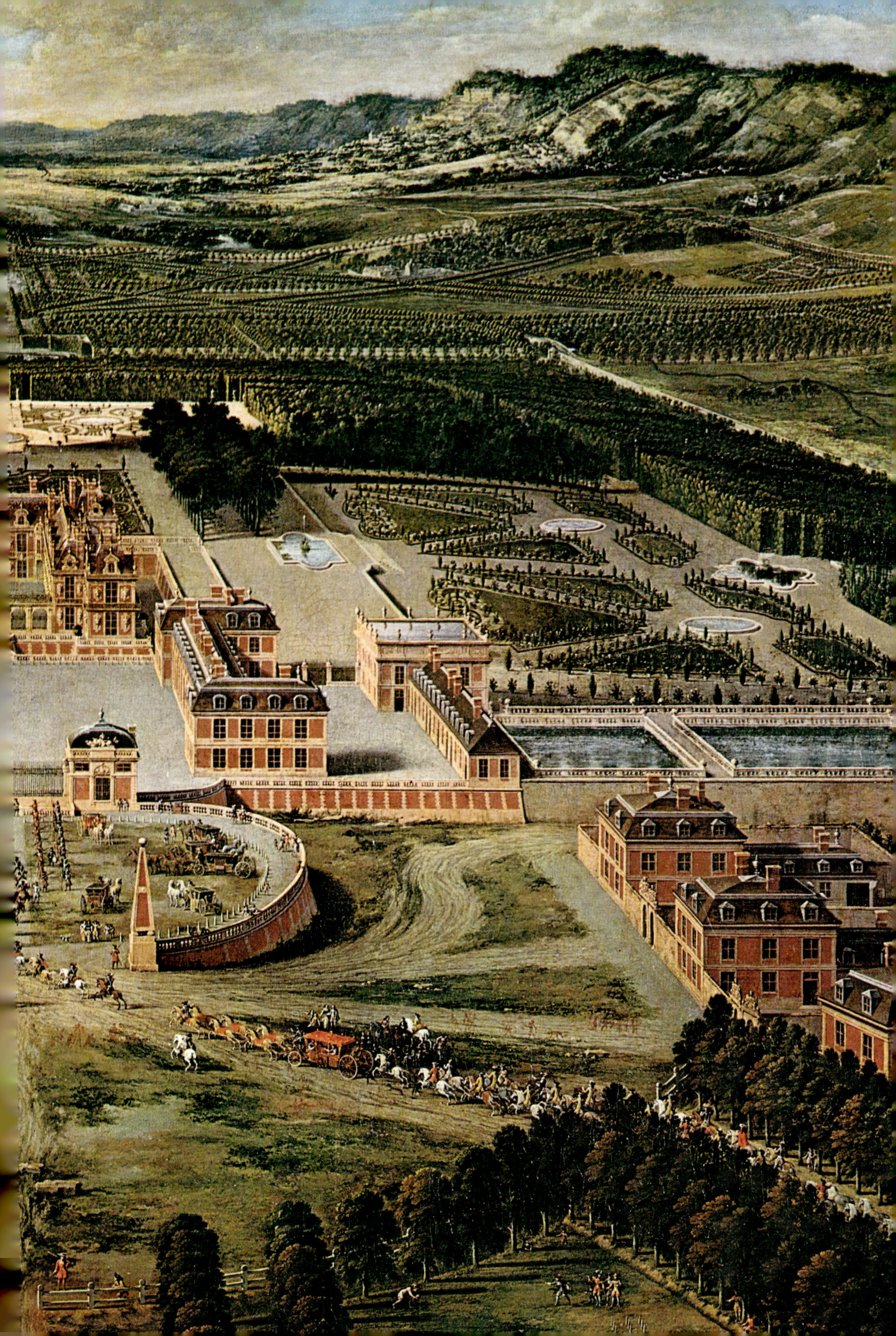

Die Lustbarkeiten am Hofe von Versailles: Ludwig XIV. spielt mit Verwandten Billard. 1682 ließ sich das Königshaus endgültig in der phantastischen Residenz nieder, die aus einem ursprünglich kleinen Jagdschlößchen nahe Paris erwuchs. Dieser Prachtbau sollte auch sein Grab werden.

zweifelten Schritt und schloß seine illegitimen Söhne in die Thronfolge ein (Juli 1714).
Im darauffolgenden Jahr machte der König, da er sich unwohl fühlte, sein Testament. Er verlangte nach den Sterbesakramenten, segnete seinen Urenkel und erteilte alle erdenklichen Ratschläge für die Zukunft, über die er sichtlich in Sorge war. Er starb am 1. September 1715, und es begann eine weitere Regentschaft, da Ludwig XV. (1715–1774) noch minderjährig war. Um Ludwig XIV. zu beurteilen, mag man sich an die Worte Voltaires erinnern: »Niemals wird man seinen Namen ohne Respekt aussprechen und ohne mit diesem Namen den Gedanken an ein ewig denkwürdiges Jahrhundert zu verbinden.«
Der Verfall des Staates unter der Regierung Ludwigs XIV. mußte zwangsläufig zu einer Reaktion führen. Sie war das Werk Philipps d'Orléans, eines Neffen des Königs. Er war ein Mann von überragender Intelligenz, umfassender Bildung und liberaler Gesinnung. Seine außergewöhnlichen Gaben wurden vielfach verkannt, da ihm infolge seines ausschweifenden Lebenswandels ein schlechter Ruf voranging. Sogleich nach dem Tode Ludwigs XIV. erkühnte er sich, vom Parlament die Annullierung des Testamentes des großen Königs zu fordern. Seinem Wunsch wurde entsprochen, doch er lieferte sich damit auf Gedeih und Verderb den Mitgliedern des Parlaments aus.
Er ersetzte die Minister durch kleine Räte, die dem Regentschaftsrat unterstanden. Im Grunde ging es dabei um die Rache des Hochadels an der neuen Aristokratie bürgerlichen Ursprungs, auf die Ludwig XIV. sich gestützt hatte. Die Folgen dieser Veränderung erwiesen sich als ungünstig, und der Herzog Noailles sah sich als Leiter der Staatsfinanzen rasch überfordert. In der Wirtschaftspolitik folgte der Regent den Empfehlungen des schottischen Bankiers John Law, der mit seinen wirtschaftstheoretischen Konzeptionen seiner Zeit weit voraus war. Law trat für eine Ablösung des Münzgeldes durch Papiergeld ein, um damit die beschleunigte Abwicklung von Zahlungen zu ermöglichen. Er untermauerte sein System durch die Gründung von Handelskompanien, deren Aktien binnen kurzem schwindelnde Höhen erreichten. Bei der ersten Dividendenausschüttung jedoch brach das System zusammen, und es kam zu einem vollständigen Bankrott.
In der Außenpolitik schloß der Regent eine Allianz mit England, welche durch Abkommen mit Österreich und den Niederlanden erweitert wurde. Diese Koalition war das Werk des Außenministers, des intriganten Kardinals Dubois. Sie mündete in einem völlig unsinnigen Krieg gegen Spanien. Er endete nach kurzer Zeit mit einer Versöhnung zwischen Frankreich und Philipp V. und einer französisch-englischen, auf Spanien gestützten Entente, die Frankreichs Position gegenüber Österreich stärken sollte.

Auf diesem Bild, das Largillière zugeschrieben wird, sitzt Ludwig XIV. mit dem Rücken zu seinem Sohn, dem Grand Dauphin. Daneben die Gemahlin des Grand Dauphin, Maria Anna Christine von Bayern; im Bild rechts Ludwigs Enkelsohn, der Herzog von Burgund.

Die recht beachtliche Bilanz dieser Kehrtwendung war ein zwanzigjähriger Friede mit England, in dessen Gefolge das Freimaurertum in Frankreich seinen Einzug hielt.

Das Alter Ludwigs XV. beendete die Regentschaft. Im Jahre 1723 wurde der König für großjährig erklärt. Der Regent wurde Erster Minister, erlag jedoch unmittelbar danach einem Herzschlag. An seine Stelle trat der Herzog von Bourbon. Seine erste Amtshandlung bestand darin, Ludwig XV. mit Maria Leszczyńska, der Tochter des entthronten Königs von Polen, zu verheiraten. Die Ehe war zu Anfang glücklich, doch bald begann Ludwig XV. seine Gemahlin zu betrügen. Zwei Drittel seiner Regierungszeit standen unter dem dominierenden Einfluß seiner Mätressen.

Dies ist jedoch nur ein Aspekt im Wesen eines der umstrittensten Könige der Geschichte. Im Grunde war Ludwig XV. ein schüchterner Mensch, der aber sehr hart sein konnte, wenn es um das Wohl des Staates ging. Ungeachtet einer gewissen Indolenz kümmerte er sich mit großem Einsatz um die Regierungsgeschäfte und hielt sich über alles auf dem laufenden, wobei ihm zunächst sein Erzieher und später seine Mätressen zur Seite standen. Seine selbständige Regierung begann im Grunde erst 1743.

Vom Tode des Herzogs von Bourbon im Jahre 1726 bis zum Jahr 1743 lag die Leitung des Staates in Händen des Kardinals Fleury, Bischof von Fréjus und früherer Erzieher des Königs. Er war ein kluger und umsichtiger alter Mann von dreiundsiebzig Jahren, der alles in allem Erhebliches leistete. In der Religionspolitik zeigte er sich als Gegner des Jansenismus, dessen Einfluß er 1729 mit dem Konzil von Embrun schließlich ausschalten konnte. Er betrieb eine Finanzpolitik von beachtlichem Format. Den Wert des Louisdor setzte er auf zwanzig Livres fest und sicherte damit die Stabilität der Währung für den Rest des Jahrhunderts; außerdem führte er die *ferme générale* wieder ein, durch welche die Steuern nach einem regelmäßig alle sechs Jahre ansteigenden Pauschalbetrag erhoben wurden.

Zusammen mit dem Oberintendanten Orry gründete Fleury die Straßenbauverwaltung. Er war darüber hinaus ein hervorragender Kolonialpolitiker; die Ausdehnung des französischen Handels auf die Karibik und Louisiana war ihm zu verdanken. In der Außenpolitik war er bestrebt, den Frieden um jeden Preis zu erhalten, doch konnte er einen Krieg nicht vermeiden, als Stanislaus Leszczyński, der Vater der französischen Königin, sich um den polnischen Thron bewarb. Stanislaus wurde zum König von Polen gewählt, konnte aber den Thron nicht besteigen, da August III. von Sachsen ebenfalls Anspruch darauf erhob. Zur Rettung nationaler Ehre erklärte Frankreich Österreich den Krieg. England blieb neutral, unter der Bedingung, daß Belgien nicht angegriffen würde. Nach einer erfolglosen Intervention in Danzig verlagerte sich der Kriegsschauplatz nach Italien, wo Villars Mailand eroberte. Nach seinem Tod setzte sich der Vormarsch der französischen Truppen im Trentino fort, während Berwick in Deutschland rasch vorrückte. 1735 wurde ein Waffenstillstand geschlossen, dem 1738 der Wiener Frieden folgte. Damit hatte die Regierung Ludwigs XV. ihren Höhepunkt erreicht. Die wichtigste Bestimmung des Friedensvertrages besagte, daß der Herzog von Lothringen sein Herzogtum gegen die Toskana tauschen und Stanislaus Leszczyński Herzog von Lothringen werden sollte. Nach seinem Tode sollte das Gebiet an Frankreich zurückfallen. Damit war das Sechseck nahezu vollendet. In einem Streit, der zwischen Österreich und der Türkei ausgebrochen war, unterstützte Fleury die Türkei und gewann so den traditionellen Verbündeten im Osten zurück.

Mittlerweile schrieb man das Jahr 1740, jenes Jahr, das den großen Wendepunkt in der europäischen Politik des achtzehnten Jahrhunderts brachte. Nach dem Tode des Kaisers Karl VI. trat aufgrund der Pragmatischen Sanktion Maria Theresia die Thronfolge an. In Preußen folgte Friedrich II. seinem Vater Friedrich Wilhelm I. auf den Thron, während in Rußland Elisabeth, die Tochter Peters des Großen, Zarin wurde. Unmittelbar nach seinem Regierungsantritt marschierte Friedrich II. als Unterpfand seines Festhaltens an der Pragmatischen Sanktion in Schlesien ein. In Frankreich konstituierte sich eine antiösterreichische Partei unter Führung des Marschalls de Belle-Isle, eines Enkels von Fouquet. Der Kurfürst von Bayern wurde zum Kaiser gewählt. Frankreich unterstützte ihn trotz der Bemühungen Fleurys, einen Krieg zu verhindern.

Belle-Isle eroberte Prag mit einem glänzenden Sieg, war jedoch nicht in der Lage, bis Wien vorzudringen. Maria Theresia verhandelte mit Friedrich II. und überließ ihm Schlesien. Fleury, bereits vom Alter geschwächt, suchte mit wenig Geschick zu einer Übereinkunft mit Maria Theresia zu gelangen, deren Politik er mißbilligte. Wenig später starb er (29. Januar 1743).

Ludwig XV. verkündete, daß er keinen Ersten Minister benötige und sich mit einem einfachen Rat begnügen werde. Er befand sich zu jener Zeit in einer seelischen Krise und machte seine ersten Erfahrungen mit dem weiblichen Geschlecht in Gestalt der Schwestern de Nesle, deren schönste er zur Herzogin von Châteauroux erhob. Die Franzosen mußten Prag verlassen, die Truppen verblieben jedoch in Deutschland. Marschall de Noailles wurde in Dettingen geschlagen; Moritz von Sachsen verteidigte das bedrohte Elsaß. Beunruhigt über diesen Defensiverfolg, schloß Friedrich II. ein Abkommen mit Frankreich. Daraufhin erfolgte eine Kriegserklärung Englands.

Zu Beginn stand der Feldzug mit der Einnahme von Menen, Ypern und Veurne unter einem günstigen Stern, doch die Österreicher reagierten mit einem Gegenschlag in Saverne. Der König überließ Belgien der Obhut Moritz' von Sachsen und begab sich nach Metz, wo er so schwer erkrankte, daß man um sein Leben fürchtete. Er verlangte nach den Sterbesakramenten, legte die Beichte ab und schickte die Herzogin von Châteauroux fort. Ganz Frankreich betete für

Der Sonnenkönig als Kulturmäzen: Ludwig XIV. wohnt der Gründung der Akademie der Wissenschaften bei, die auf Betreiben Colberts ins Leben gerufen wurde. Colbert gehörte zu jenen Männern, die dem Land zu seiner Blüte vehalfen.

die Genesung des Monarchen; in dieser Zeit erhielt er den Beinamen Bien-Aimé, der Vielgeliebte. Er erholte sich wieder und griff mit Lowendals Unterstützung Freiburg im Breisgau an. Am 20. Januar 1745 starb in München der Kaiser. Franz von Lothringen, der Gemahl Maria Theresias von Österreich, wurde zu seinem Nachfolger gewählt. Dadurch wäre ein Kompromißfrieden möglich gewesen, wenn der preußische König Friedrich II. die Feindseligkeiten nicht wiederaufgenommen hätte.

In jenem Jahr 1745 nahm sich Ludwig XV. eine offizielle Mätresse, eine Bürgerliche mit Namen Jeanne le Normant d'Etioles, geborene Poisson, die später als Marquise de Pompadour Berühmtheit erlangte. Diese Verbindung erregte den heftigen Unwillen der Aristokratie, doch war sie von großer Bedeutung, denn die Favoritin, eine Frau von seltener Begabung, förderte die Kunst und Wissenschaften und spielte eine wichtige politische Rolle.

Der Feldzug wurde in Belgien fortgesetzt. Höhepunkt war der Erfolg Moritz von Sachsens in Fontenoy (11. Mai 1745); bei dieser Schlacht fiel der berühmte Satz: »Meine Herren Franzosen, schießen Sie als erste!« Zur gleichen Zeit schloß Friedrich II. einen Separatfrieden mit Österreich und zwang Frankreich dadurch, den Krieg allein weiterzuführen. Am 20. Februar 1746 nahm Moritz von Sachsen Brüssel ein. Man hätte nun verhandeln können, wenn nicht bei Culloden der Kronprätendent Stuart durch den Herzog von Cumberland vernichtend geschlagen worden wäre (16. April 1746). Durch diesen Erfolg im Innern ermutigt, nahm England die Offensive in Belgien wieder auf. Moritz von Sachsen eroberte Antwerpen und errang 1746 triumphale Erfolge in Raucoux und 1747 in Lawfeld. Krönung seines Feldzuges war die Einnahme von Maastricht im Frühjahr 1748. In den Kolonialgebieten verlief der Krieg weniger glücklich. In Westindien siegten die Engländer über Dupleix und La Bourdonnais, und auch in Kanada waren sie erfolgreich.

Hinzu kam, daß sich der Aachener Friede als überaus enttäuschend erwies. Es zeigte sich, daß Frankreich »dem König von Preußen in die Hände gearbeitet hatte«. Ludwig XV. hatte den Frieden »als König und nicht als Kaufmann« geschlossen – in Frankreich entstand damals die Redewendung »dumm wie der Friede«. In der Tat wurden die eroberten Gebiete nach und nach zurückgegeben.

In Frankreich herrschte Wohlstand, französisches Territorium war von den Kämpfen verschont geblieben. Die Schlösser wurden ausgeschmückt, die Place de la Concorde und die Ecole Militaire waren im Entwurf fertiggestellt. Es traten jedoch finanzielle Schwierigkeiten auf, die ein umsichtiger Minister, Machault d'Arnouville, vergeblich damit zu bekämpfen suchte, daß er durch die Einführung einer Einkommenssteuer von fünf Prozent, der Zwanzigste genannt, die Steuergleichheit verordnete. Der Klerus fand eine Möglichkeit, sich geschickt dem Zwanzigsten zu entziehen und machte damit die Steuergleichheit zunichte. Der König mußte nachgeben, da er aufgrund seines Lebenswandels ohnehin ein gespanntes Verhältnis zur Kirche hatte.

Wachsbild Ludwigs XIV. »Sein Name wird niemals ohne Ehrerbietung ausgesprochen werden. Mit diesem Namen wird man immer den Gedanken an ein unvergeßliches Jahrhundert verknüpfen« (Voltaire).

Nach dem Aachener Frieden verschlechterte sich die Lage zunehmend. England verfolgte noch immer die Absicht, sich der französischen Kolonien zu bemächtigen. Ludwig XV. sah die Gefahr kommen und versuchte sie abzuwenden. Da mit Spanien keine Allianz zustande kam, ließ er durch seinen Außenminister, den Kardinal de Bernis, Verhandlungen über ein Bündnis mit Österreich führen. Preußen wiederum unterzeichnete ein Abkommen mit England. Dieses Hin und Her, das sogenannte *renversement des Alliances,* bildete den Anlaß eines weiteren verheerenden Kampfes, des Siebenjährigen Krieges.

Er begann erfolgreich mit der Einnahme Menorcas und der Besetzung Hannovers durch Marschall de Richelieu. Doch dann wendete sich das Kriegsglück, und Friedrich II. erlangte mit seinen Siegen über die französische Armee bei Roßbach (5. November 1757) und über die russische Armee bei Leuthen (5. Dezember 1757) die Oberhand. In Europa ging der Krieg unter wechselvollen Kämpfen bis 1763 weiter. Die eigentlichen Katastrophen aber ereigneten sich anderswo mit dem Verlust Kanadas, wo sich Montcalm auszeichnete, der 1758 bei der Belagerung Quebecs fiel, und dem Verlust der westindischen Besitzungen, als Lally-Tollendal geschlagen wurde. Im Seekrieg kam es zu den Niederlagen bei Lagos (1757) und in der Bucht von Quiberon (1759).

Das Fehlen einer Flotte wurde immer empfindlicher spürbar. Ihr Aufbau wurde schließlich ermöglicht durch den Bourbonischen Hausvertrag, ein Bündnis aller Bourbonen Europas, das durch Vermittlung des größten Ministers der Epoche, des Herzogs von Choiseuil, im Jahre 1762 zustande kam. Mit dem Tod der Zarin Elisabeth trat eine Wende ein. Ihr Nachfolger Peter III., ein mittelmäßiger Monarch und großer Bewunderer Preußens, trat in Verhandlungen mit Preußen ein. Nun war es an der Zeit, Frieden zu schließen. Im Frieden von Hubertusburg verzichtete Maria Theresia auf Schlesien, während Frankreich gezwungen wurde, den verhängnisvollen Pariser Frieden zu unterzeichnen (1763), der den Verlust Kanadas und der westindischen Besitzungen besiegelte. Zwar trug sich Ludwig XV. und mit ihm Choiseuil mit dem Gedanken an Vergeltung und begann mit der Erneuerung der Seestreitkräfte, doch erschienen ihm die politischen Probleme vorrangig. Die letzten Jahre seiner Regierung waren von dem Versuch bestimmt, das Parlament auszuschalten und die absolute Macht wiederherzustellen.

Dieser Versuch fiel zusammen mit einer letzten flüchtigen Neigung des Königs, als er eine Frau von zweifelhafter Tugend, die Gräfin Du Barry, zur Geliebten nahm. Ihre politische Bedeutung scheint einzig darin bestanden zu haben, Choiseuils Entlassung durchzusetzen, nachdem er soeben die Erwerbung Korsikas gesichert hatte. Der Kampf mit den Parlamenten verschärfte sich. In der sogenannten Flagellationssitzung hatte der König sich als der alleinige Inhaber der Staatsgewalt bezeichnet, ein Gedanke, der dem Geist eines Jahrhunderts zuwiderlief, in dem die Idee der konstitutionellen Monarchie die Gemüter vieler Zeitgenossen bewegte.

Im Jahre 1768 hatte Ludwig XV. den Präsidenten Maupeou zum Kanzler berufen. Dieser wurde unterstützt von dem Generalkontrolleur der Finanzen, Abbé de Terray, mit dem er nach dem Sturz Choiseuils unter Hinzuziehung des Herzogs von Aiguillon das sogenannte Triumvirat bildete. Am 20. Januar 1771 ließ Maupeou auf Geheiß des Königs die Mitglieder des Parlaments auffordern, einen Erlaß des

Königs in die Register einzutragen, demzufolge alle Macht beim König lag. Als sie sich weigerten, wurde das Parlament aufgelöst und seine Mitglieder wurden in die Verbannung geschickt. Am 10. Februar 1771 gründete der König einen neuen Gerichtshof, dessen Mitglieder ernannt und besoldet werden sollten. Die Rechtsprechung sollte unentgeltlich sein, die Vergütungen, welche ihre Vertreter bis dahin erhalten hatten, sollten abgeschafft werden.
Terrays Finanzpolitik erwies sich als zufriedenstellend, die Besteuerung wurde gerechter. Die Außenpolitik Aiguillons hingegen geriet durch die erste polnische Teilung stark in Mißkredit. Sie bedeutete eine blutige Niederlage der persönlichen Politik Ludwigs XV. in der Polenfrage, einer Politik, die »das Geheimnis des Königs« genannt wurde.
Ludwig XV. war gealtert und lebte in ständiger Angst vor dem Tode. Die Thronfolge bereitete ihm Sorge, da sein Sohn 1765 gestorben und der Dauphin, der Herzog von Berry, jung und unerfahren und mit einer leichtsinnigen Prinzessin verheiratet war: der Erzherzogin Marie-Antoinette von Österreich, Tochter der Kaiserin Maria Theresia. Am 27. April 1774 erkrankte Ludwig XV. während eines längeren Intimaufenthalts mit Madame Dubarry im Trianon. Man brachte ihn nach Versailles, wo die Ärzte Pocken diagnostizierten. Der König rang zehn Tage lang mit dem Tode. Er schickte Madame Dubarry fort, empfing die Sterbesakramente und starb am 10. Mai 1774 nach unmenschlichen, standhaft ertragenen Leiden.
Die Regierung Ludwigs XVI. (1774–1792), die sich für die Dynastie der Bourbonen so verhängnisvoll auswirken sollte, begann unter günstigen Vorzeichen. Man kann sogar sagen, daß die ersten neun Jahre in einer stetigen Aufwärtsentwicklung glanzvoll verliefen. Sie gipfelte 1783 im Frieden von Versailles. Danach ging es bergab; die Monarchie erlitt Rückschlag auf Rückschlag, bis sie im Jahre 1793 auf dem Schafott endete.
Der zwanzigjährige König, der Nachfolger Ludwigs XV., vereinigte in seiner Person die Unsicherheit und Trägheit der Leszczyński mit der germanischen Schwerblütigkeit seiner Mutter Maria Josepha von Sachsen. Er war ein ungeschlachter junger Mann mit aufgedunsenem Gesicht und vorquellenden, kurzsichtigen Augen. Er war überaus gebildet und ein begei-

Jeanne le Normant d'Etioles, geborene Poisson. Diese Bürgerliche mit den außergewöhnlichen Qualitäten ist bekannter unter ihrem späteren Namen Marquise de Pompadour. Ludwig XV. ging 1745 ein Liebesverhältnis mit ihr ein. Hier sieht man sie zusammen mit ihrem Bruder auf einem Gemälde von A. Roslin.

sterter Liebhaber der Jagd wie auch handwerklicher Tätigkeiten. Gleichzeitig aber war er geistig träge und unentschlossen, es fehlte ihm an Intuition und mehr noch an Charakter. Überdies hinderte ihn eine leichte körperliche Mißbildung über mehrere Jahre am Vollzug seiner Ehe. Die Königin Marie-Antoinette litt darunter. Sie war eine würdevolle junge Frau von steifen Manieren, voll Hochmut und beißender Ironie. Als Gattin isoliert, versuchte sie sich ein Privatleben zu schaffen und zog damit Verleumdung und Unbeliebtheit auf sich.

Ludwig XVI. befand sich für zu jung zum Regieren und berief als Berater einen ehemaligen Minister Ludwigs XV., den Grafen Maurepas, der sehr rasch die Autorität eines Ersten Ministers erlangte. Er schaltete den Herzog von Aiguillon aus, und als er darauf das Parlament wiedereinsetzen wollte, zogen auch Maupeou und Terray sich zurück. Es bedeutete ein äußerst gewagtes Unternehmen, zum früheren Stand der Dinge zurückzukehren, und in der Tat sollte die Monarchie an diesem Rückschritt zugrunde gehen. Nichtsdestoweniger hatte Maurepas sich mit fähigen Männern umgeben: Malesherbes als Minister des königlichen Hauses, Miromesnil als Großsiegelbewahrer, Vergennes als Minister des Äußeren und Turgot als Generalkontrolleur der Finanzen. Die beiden letzteren spielten eine wichtige Rolle. Vergennes stellte alsbald fest, daß Frankreichs Ansehen in Europa durch den Pariser Frieden gelitten hatte und daß es bald völlig in Mißkredit geraten würde, wenn es sich aus allen potentiellen Konflikten heraushielte. Die letzten dreizehn Jahre seines Lebens verwendete er darauf, seiner Außenpolitik zum Erfolg zu verhelfen. Turgots Karriere dagegen war nur von kurzer Dauer. Reformfreudig wie er war, regte er eine Grundsteuer an, die *subvention territoriale,* und schaffte die staatlichen Frondienste sowie die Folter ab. Seine Glanzleistung war die Freigabe des Getreidehandels, doch leider wendete sich diese Entscheidung gegen ihn und führte zu Schwierigkeiten, die man den »Mehlkrieg« nannte. Turgot fiel in Ungnade; bei seinem Abgang wagte er gegenüber Ludwig XVI. den berühmt gewordenen Ausspruch: »Vergessen Sie nicht, Sire, daß es Schwäche war, die den Kopf Karls I. auf den Richtblock gebracht hat!« (12. Mai 1776).

An Turgots Stelle trat der Genfer Finanzier Jacques Necker, der als Ausländer und Protestant nicht dem Staatsrat angehörte, was ihn aber nicht hinderte, ge-

Ludwig XV., der Urenkel des Sonnenkönigs (auf einem Gemälde von F. H. Drouais). Er wurde mit fünf Jahren König, mit dreizehn volljährig und regierte 59 Jahre lang, ohne jedoch denselben Ruhm zu erlangen wie sein Urgroßvater.

wagte Reformen in Angriff zu nehmen. Wahrscheinlich wäre es ihm gelungen, die Staatsfinanzen zu sanieren, wenn Frankreich sich nicht an den Kosten des amerikanischen Unabhängigkeitskrieges hätte beteiligen müssen. Dieser Krieg war das beherrschende Ereignis in der ersten Zeit der Regierung Ludwigs XVI.

In den dreizehn englischen Kolonien Nordamerikas war es über die Steuerfrage zu Auseinandersetzungen mit England gekommen. Nach der *Boston Tea Party* (1773) spitzte die Lage sich zu und nahm eine tragische Entwicklung, als es bei Lexington zu einem blutigen Zusammenstoß kam (19. April 1775). In der Gewißheit, allein nicht bestehen zu können, wandten sich die Amerikaner um Beistand an Frankreich. Wenig später erklärten sie ihre Unabhängigkeit (4. Juli 1776) und konstituierten sich als Vereinigte Staaten von Nordamerika. Ein junger Franzose, der Marquis de Lafayette, verpflichtete sich gegenüber dem amerikanischen Gesandten in Frankreich, Benjamin Franklin, schriftlich, sich den amerikanischen Truppen anzuschließen; er realisierte sein Vorhaben im Frühjahr 1777. Ludwig XVI. erteilte ihm eine öffentliche Rüge, insgeheim aber billigten er und Vergennes sein Vorgehen, weil es ihren politischen Absichten entgegenkam. Eine Unterstützung Amerikas bot gleichzeitig die Möglichkeit einer Revanche an England, und ein Erfolg konnte die Folgen des Pariser Friedens wiedergutmachen.

Nach dem Sieg der Amerikaner bei Saratoga (Oktober 1777) entschloß Frankreich sich zum Kriegseintritt. Ungeachtet der Krise, die das Problem der bayerischen Thronfolge in Europa heraufbeschworen hatte, wurde der Bündnisvertrag mit Amerika am 6. Februar 1778 in Paris unterzeichnet. Daraufhin kam es zum Krieg mit England. Nach wechselvollen Kämpfen wurde schließlich 1780 durch die Entsendung eines Expeditionskorps unter Rochambeau nach Amerika eine Entscheidung herbeigeführt. Rochambeau stand in gutem Einvernehmen mit Washington, dem Oberbefehlshaber der amerikanischen Truppen. 1781 entsandte Marschall de Castries, der Marineminister, die von Rochambeau angeforderte Verstärkung mit der Flotte des Admirals de Grasse in die Vereinigten Staaten und mit der des Bailli de Suffren nach Westindien. Der Sieg bei Yorktown (16. Oktober 1781) war das Signal des Erfolges in Amerika.

Doch der Krieg war kostspielig; die finanzielle Lage wurde immer besorgniserregender. Necker wagte einen unerhörten Schritt und veröffentlichte den *Compte rendu*, eine Darlegung der Staatsfinanzen, worin er den Bürgern Frankreichs die Geheimnisse des Staatshaushalts enthüllte und den Anteil der Ausgaben und Pensionen des Hofes an den Gesamtausgaben offenlegte. Die Wirkung war beträchtlich; Necker mußte zurücktreten, seine Popularität aber war in einem Maße gestiegen, daß der König nicht umhin konnte, ihn zurückzuberufen, als die Finanzlage unhaltbar geworden war.

Mit dem Vertrag von Versailles (3. September 1783) wurde die Unabhängigkeit der Vereinigten Staaten proklamiert. Für Frankreich war dies ein großer Erfolg, der allerdings keinerlei materielle Vorteile nach sich zog, ausgenommen den Erwerb der Insel Tobago und die Rückgabe von Louisiana, die jedoch nur auf dem Papier erfolgte.

Während durch Vergennes' Außenpolitik Frankreich seine Vorrangstellung wiedererlangt hatte, wurde das Land im Innern von einer politischen Krise erschüttert, die auf verschiedene Ursachen zurückging. Zum Teil hatte die Unruhe ihren Grund in der Sozialstruktur Frankreichs, die die Bevölkerung in verschiedene Klassen mit ungleichen Rechten spaltete. Die hohen Ämter in Kirche und Armee waren dem Adel vorbehalten, was viele verbitterte. Durch den Kontakt mit der amerikanischen Demokratie hatte sich der Freiheitsgedanke gefährlich ausgebreitet. Der Hof war in Skandale verwickelt, aus denen insbesondere der Bankrott des Prinzen Rohan-Guéménée und die Halsbandaffäre der Königin herausragten.

Vergennes war gealtert, seine Entschlußkraft in politischen Dingen hatte nachgelassen. 1786 unterzeichnete er ein Handelsabkommen mit England, das sich als wenig vorteilhaft für die französische Industrie erwies. 1785 verweigerte er der Türkei und 1786 den Niederlanden seine Unterstützung. All diese Anzeichen der Schwäche hatten ihre tiefere Ursache in der finanziellen Krise, die jede Realisierung von Projekten vereitelte. Der Generalkontrolleur Calonne, seit 1783 im Amt, war sich durchaus darüber im klaren, was zu tun sei, doch verlor er allein drei Jahre damit, sich das Wohlwollen des Hofes zu erwerben, um seine Pläne durchführen zu können. Im August 1786 legte er dem König ein Finanzreformprogramm vor, in dem er aufzeigte, daß es, da die Staatsschuldenverwaltung die Hälfte des Budgets verschlang, erforderlich sei, eine umfangreiche Anleihe aufzunehmen. Sie sollte den nötigen Spielraum schaffen, damit ein Programm neuer Steuern erarbeitet werden konnte. Um solche ihm revolutionär erscheinenden Gedanken durchzusetzen, berief der König Anfang 1787 eine Notablenversammlung ein, in der die von Calonne vorgeschlagenen Reformen als unvereinbar mit den Privilegien der Notabeln abgelehnt wurden. Calonne mußte zurücktreten und wurde durch den Erzbischof von Toulouse, Kardinal Loménie de Brienne, ersetzt. Dieser konnte eine Abstimmung über die neuen Steuern herbeiführen. Doch das Parlament lehnte sie ab, wie die Notabeln es erwartet hatten, und verlangte die Einberufung der Generalstände.

Ludwig XVI. widersetzte sich dieser Forderung und verlegte das Parlament nach Troyes. Brienne verhandelte mit den Mitgliedern des Parlaments und erhielt die Zusicherung, daß die Anleihe gewährt würde. Als Gegenleistung versprach er die Einberufung der Generalstände. Dies war lediglich eine List, doch die Aristokratie geriet darüber in Aufruhr und machte Anstalten zu einer Erhebung unter Führung des Herzogs von Orléans, des Oberhauptes der jüngeren Linie der Bourbonen. Er protestierte gegen die Eintragung der königlichen Erlasse in die Register des Parlaments und erhielt darauf von Ludwig XVI. folgende Antwort: »Es ist legal, weil ich es will.« Dieser Ausspruch war letzter Ausdruck des Absolutismus; danach gerieten die Dinge sehr rasch aus dem Lot.

Ludwig XVI. war sich mit Loménie de Brienne darin einig, daß man nicht nachgeben dürfe. Die Parlamente, die er zu Beginn seiner Regierung wiedereingesetzt hatte, wurden nun ausgeschaltet. Als das Parlament in Paris sich dagegen zur Wehr setzte, beurlaubte er seine Mitglieder und ersetzte sie durch einen neugeschaffenen Kassationsgerichtshof. Er konnte jedoch seinen Willen nicht für lange durchsetzen. Er sah sich gezwungen, Loménie de Brienne durch den Erlaß vom 8. August 1788 mit der Einberufung der Generalstände für das Jahr 1789 zu beauftragen. Überdies mußte er den Rücktritt des Ersten Ministers annehmen, als dieser sich außerstande sah, die Ende August 1788 fälligen Zahlungen zu leisten. Necker wurde zurückberufen, eine Entscheidung, die die Kredit-

Dieses Bild Ludwigs XVI. stammt von J. S. Duplessis. Ludwig war ein gebildeter Mann, ein Liebhaber der Jagd und Freund des Handwerks. Er war jedoch kein Mann von schneller Auffassungsgabe, sondern war eher unschlüssig und wenig charakterfest. Zudem hatte er das Unglück, mit der Revolution konfrontiert zu werden.

situation für kurze Zeit konsolidierte. Necker war ausschließlich darauf bedacht, die laufenden Angelegenheiten bis zum Zusammentreten der Generalstände zu erledigen. In einer neuerlichen Sitzung der Notablenversammlung wurde über den Wahlmodus zu den Generalständen entschieden. Ludwig XVI. verweigerte seine Zustimmung und verfügte im Einvernehmen mit Necker eine Verdoppelung der Abgeordnetenzahl des Dritten Standes, ohne jedoch zu präzisieren, ob nach Köpfen oder nach Ständen abgestimmt werden sollte.
In dieser Atmosphäre der Unsicherheit traten die Generalstände am 5. Mai 1789 in Versailles zusammen. Die von Ludwig XVI. gewährte Konsultation hätte vielleicht die Monarchie retten können, doch zur allgemeinen Überraschung sollte sie das Schicksal der Nation ändern. Die von den Wahlausschüssen vorgelegten Beschwerdehefte stimmten nur in drei Punkten vollständig überein: Notwendigkeit der Zustimmung der Nation in Fragen von Anleihen und Steuern, Garantie der Unverletzlichkeit des Eigentums, Respektierung der individuellen Freiheit. Diese Forderungen waren nur vernünftig, und Ludwig XVI. konnte sie unbedenklich akzeptieren. Es hätte nun genügt, wenn er zu diesen Punkten seine Zustimmung gegeben hätte und über die nötigen Kredite hätte abstimmen lassen, um die zur Sanierung der Staatsfinanzen dringend benötigte Anleihe und die zu ihrer Tilgung erforderlichen Steuern zu ermöglichen.
Unglücklicherweise äußerten sich der König und Necker nur vage und überließen im übrigen die Generalstände sich selbst. Die drei Stände prüften jeder für sich ihre Möglichkeiten und Kompetenzen, bis schließlich der Dritte Stand die Initiative zu gemeinsamem Handeln ergriff. Als jedoch die beiden privilegierten Stände nicht auf den an sie gerichteten Appell eingingen, erklärte sich der Dritte Stand auf Antrag des Abbé Sieyès am 17. Juni zur Nationalversammlung. Ludwig XVI. sah darin einen Akt der Rebellion und kündigte für den 23. Juni eine Kronsitzung an. Am 20. Juni leisteten die im Jeu de Paume in Versailles versammelten Abgeordneten des Dritten Standes den feierlichen Schwur, nicht eher auseinanderzugehen, als bis sie dem Land eine Verfassung gegeben hätten.
Die Sitzung am 23. Juni begann stürmisch. Der König befahl den Ständen, die Versammlung aufzulösen, erklärte die von der Nationalversammlung gefaßten Beschlüsse für nichtig und gewährte als einzige Konzession seine Zustimmung zu einer Abstimmung der Vertreter des Dritten Standes über die Steuern. Dann ließ er den Abgeordneten des Dritten Standes mitteilen, daß sie den Saal zu verlassen hätten. Als der Marquis de Dreux-Brézé den königlichen Befehl ausführen wollte, schleuderte der Marquis de Mirabeau ihm die berühmten Worte entgegen: »Sagen Sie jenen, die Sie geschickt haben, daß wir hier sind, weil das Volk es will und daß wir nur der Gewalt der Bajonette weichen werden.« Ludwig XVI. schreckte vor der Anwendung von Gewalt zurück. Am 27. Juni 1789 befahl er den drei Ständen, gemeinsam zu tagen. Dies war de facto der Beginn der konstitutionellen Monarchie. Die Versammlung der drei Stände gab sich den Namen Konstituante und machte sich daran, dem französischen Volk eine Verfassung zu geben.
Ludwigs Zurückweichen versetzte den Hof in Alarmstimmung. Zur Beruhigung seiner Umgebung zog er um Paris Truppen zusammen, in der Hoffnung, auf diese Weise die Auflösung der Versammlung zu erreichen. Er entließ Necker und beauftragte den Baron de Breteuil mit dem Aufbau eines Kriegsministeriums. In Paris kam es zu Aufständen; die Bastille, Symbol der Willkür, wurde von bewaffneten Horden belagert und schließlich erstürmt, der Festungskommandant Launay wurde niedergemetzelt (14. Juli 1789). Ludwig XVI. fand sich mit der Situation ab. Er schickte die am meisten gefährdeten Personen ins Exil, rief Necker zurück und nahm in Paris aus den Händen des Bürgermeisters Bailly und Lafayettes, der zum Kommandanten der Nationalgarde ernannt worden war, die blau-weiß-rote Kokarde entgegen.
In den beiden folgenden Monaten ließ Ludwig XVI. nach langem Zögern Truppen nach Versailles kommen und versetzte damit die Öffentlichkeit in Auf-

14. Juli 1789: Sturm auf die Bastille. Zwei Jahre zuvor hatte Ludwig XVI. in bezug auf die Eintragung eines Gesetzes gesagt: »Es ist legal, weil ich es will.« Das war das letzte Wort des Absolutismus.

ruhr. Am 5. und 6. Oktober stürmten aus Paris gekommene Aufständische das Schloß von Versailles. Der König und die Königin mußten sich, um einer Gefangennahme zu entgehen, nach Paris begeben. Sie wurden in den Tuilerien untergebracht und einer ständigen strengen Überwachung unterstellt. Finstere Intrigen bestimmten von da an das Leben Ludwigs XVI. Mirabeau riet ihm, Paris zu verlassen und die Nationalversammlung aufzulösen. Diese aber blieb wachsam und aktiv, entschlossen, ihre Aufgabe zu Ende zu führen.

Auf der Suche nach neuen Geldquellen beantragte Talleyrand die Einziehung der Kirchengüter und ließ im Gegenwert Papiergeld, die Assignaten, in Umlauf setzen. Man hob die religiösen Klostergemeinschaften auf und erarbeitete die Zivilkonstitution des Klerus. Am 14. Juli 1790, dem Fest der Föderation, schien eine gewisse Beruhigung eingetreten. Ludwig XVI. legte den Eid auf die Verfassung ab, wenn auch unter geheimen Vorbehalten. Insbesondere weigerte er sich, die Zivilkonstitution des Klerus anzuerkennen. Auf der anderen Seite beauftragte er den Baron de Breteuil mit einem Teil der emigrierten Aristokratie Absprachen zu treffen, in der vagen Absicht, mit Hilfe der europäischen Fürsten die absolute Monarchie in Frankreich wiederherzustellen. Die Versammlung hatte bereits ein solches Doppelspiel erwartet. Sie schaltete sich ein und zwang den König die Kommunion zu Ostern aus der Hand eines konstitutionellen Priesters zu empfangen. Ludwig XVI. gab zum Schein nach, bereitete aber insgeheim seine Flucht vor, die in der Nacht vom 20. auf den 21. Juni 1791 erfolgte. In Paris löste dies allgemeine Bestürzung aus, denn es handelte sich um einen Präzedenzfall, da man annahm, der König wolle ins Ausland fliehen. Lafayette ergriff die Initiative: er erklärte, der König sei entführt worden und erließ einen Haftbefehl gegen ihn. Ludwig XVI. wurde bei Varennes aufgehalten, nach Paris zurückgebracht und aller seiner Rechte beraubt. Die Verfassunggebende Versammlung revidierte diese Entscheidung jedoch und setzte den König mit geringfügig erweiterten Befugnissen wieder ein, unter

dem Vorbehalt, daß er den Eid auf die Verfassung leiste. Dies geschah am 14. September 1791. Die Verfassunggebende Versammlung löste sich auf; an ihre Stelle trat ein Gremium in völlig neuer Zusammensetzung, die Gesetzgebende Versammlung. Diese jedoch geriet alsbald mit dem König in Konflikt über den Kampf gegen die Priester und Emigranten. Diese hatten sich unter Führung des Grafen der Provence und des Grafen von Artois, beides jüngere Brüder Ludwigs XVI., in Koblenz niedergelassen und wiegelten mit ihrem gefährlichen Intrigenspiel Europa gegen Frankreich auf. Gegen sie wurden die schärfsten Maßnahmen ergriffen. Ludwig XVI. war gezwungen, bis zum äußersten zu gehen; er erklärte am 20. April 1792 dem König von Böhmen und Ungarn, Franz II., einem Neffen Marie-Antoinettes, den Krieg.
Die Kämpfe begannen mit Rückschlägen, bis die Koalition sich organisierte und den Oberbefehl über die Truppen dem Herzog von Braunschweig übertrug. Ludwig XVI. hatte unterdessen auch weiterhin mit den größten Schwierigkeiten im Innern zu kämpfen. Um zu erreichen, daß der König sein Veto gegen den Erlaß über die Verbannung oppositioneller Geistlicher zurücknahm, drang die Menge am 20. Juni 1792 in die Tuilerien ein. Der König trat ihr unerschrocken und in würdevoller Haltung entgegen und konnte damit seine Lage ein wenig verbessern. Die Leidenschaften flammten jedoch erneut auf, als der Herzog von Braunschweig ein Manifest erließ, in dem er Paris mit völliger Vernichtung bedrohte, für den Fall, daß man sich an der königlichen Familie vergreife. Am 10. August 1792 wurden auf Betreiben der Pariser Kommune die Tuilerien gestürmt. Ludwig XVI. lehnte es ab, sich zu verteidigen. Er vertraute sich dem guten Willen der Versammlung an, die ihn der Kommune auslieferte. Der König und die Seinen wurden im Temple interniert. Die Gesetzgebende Versammlung löste sich auf, und das Land wählte einen Nationalkonvent, dessen erste Maßnahme darin bestand, die Monarchie abzuschaffen (20. September 1792). Am selben Tag gelang es General Dumouriez, einem früheren Minister Ludwigs XVI., und General Kellermann bei Valmy, den Vormarsch der Truppen des Herzogs von Braunschweig aufzuhalten und sie zum Rückzug zu zwingen.
Für den Konvent erschien es nur folgerichtig, den König wegen Hochverrats vor Gericht zu stellen. Die Sache war jedoch fraglich, da die Verfassung die Unantastbarkeit des Königs garantierte. Dennoch entschloß man sich zu diesem Schritt, als in einem Versteck der Tuilerien, dem »eisernen Schrank«, Dokumente gefunden wurden, die geheime Verbindungen des Königs zu den Emigranten unwiderlegbar bewiesen. Die Verteidigung des Königs übernahmen Malesherbes, Tronche und de Séze. Dieser erinnerte die Mitglieder des Konvents daran, daß »die Geschichte das Urteil über ihr Urteil sprechen werde«. Im Januar 1793 schritt der Konvent zur Abstimmung. Mit einer verschwindend geringen Mehrheit (bei einer bestimmten Zählweise in einer der drei Abstimmungsphasen ergaben sich lediglich 361 gegen 360 Stimmen für die Hinrichtung des Königs) wurde der König zum Tode verurteilt.
Am 21. Januar 1793 wurde Ludwig XVI., der eine würdevolle Haltung bewahrte, zur Place de la Concorde geführt, wo man die Guillotine aufgerichtet hatte. Ehe das Beil niederfiel, rief er aus: »Franzosen, ich sterbe unschuldig, und ich bete zu Gott, daß mein Blut nicht über mein Volk kommen möge.« Sein Beichtvater sprach ihm Mut zu und sagte: »Sohn Ludwigs des Heiligen, fahrt auf zum Himmel!« Die Königin Marie-Antoinette folgte ihm wenig später nach; sie wurde am 16. Oktober 1793 ebenfalls enthauptet.
Ludwig XVI. hinterließ einen achtjährigen Sohn, der seine Gefangenschaft im Temple geteilt und mit dessen Erziehung der Konvent einen unwissenden, wenn auch nicht böswilligen Proletarier, den Schuhmacher Simon, betraut hatte. Obwohl der Konvent das Königtum offiziell abgeschafft hatte, blieb die Legitimi-

Abschied Ludwigs XVI. von seiner Familie. Die Szene malte J. J. Hauer. »Denkt daran, Sire«, hatte Turgot 17 Jahre zuvor gesagt, »daß es die Schwäche war, die das Haupt Karls I. auf den Richtblock brachte.«

tät dieses Gremiums, dessen Mitglieder mit nur zehn Prozent der Stimmen gewählt worden waren, in einem Maße zweifelhaft, daß Ludwig XVII. (1793 bis 1795) dennoch den Fortbestand der Monarchie repräsentierte. Diese Kontinuität aber ist bis heute von Geheimnissen umhüllt. Nach allgemeiner Auffassung starb der junge König am 8. Juni 1795 im Temple. Dies ist das offizielle Datum seines Todes, und es scheint den Tatsachen zu entsprechen. Doch nach seinem Tode tauchten mehr als hundert Abenteurer auf, von d'Hervagault bis Naundorf, die behaupteten, der Sohn Ludwigs XVI. zu sein, daß Zweifel aufkamen. Einige Leute glauben noch heute an den Fortbestand der Dynastie. Es spricht einiges für die Annahme, daß der junge König bereits vor dem offiziellen Todesdatum seinem schwachen und durch falsche Behandlung noch verschlechterten Gesundheitszustand erlegen ist und daß man ein skrofulöses Kind unterschob, das man lebendig einmauerte, um den Austausch geheimzuhalten.

Nach Bekanntwerden des Todes Ludwigs XVI. hatte der Graf der Provence, der sich in Hamm in Westfalen niedergelassen hatte, sich selbst zum Regenten ernannt. Er erfüllte seine Aufgabe, so gut dies vom Exil aus möglich war. In Verona erfuhr er vom Tod seines Neffen und nahm darauf als Ludwig XVIII. (1814 bis 1824) den Königstitel an. Neunzehn Jahre lang behauptete er dieses Königtum im luftleeren Raum, in-

21. Januar 1793: Von der Tribüne der Guillotine herab zeigt Scharfrichter Sanson der Menge das Haupt Ludwigs XVI. Der König wurde vom Konvent mit einer knappen Stimmenmehrheit verurteilt.

Ludwig XVIII. auf dem Balkon der Tuilerien. Das Gemälde stammt von L. Ducis. Der Bruder Ludwigs XVI. pochte 19 Jahre vergebens auf seine Thronrechte. Er war der letzte Bourbone, der den Thron bis zu seinem Tode innehatte.

dem er seinen Hof nacheinander von Blankenburg zum Herzog von Braunschweig, nach Mitau in Kurland, nach Warschau, dann von neuem nach Mitau und schließlich nach England verlegte, wo er zuerst auf Schloß Gosfield und danach auf Schloß Hartwell residierte. Sein Kabinett stand von 1793 bis 1800 unter der Leitung des Marschalls de Castries, dessen Nachfolger Saint-Priest und schließlich die Günstlinge d'Avaray und Blacas wurden. 1804 lancierte der König im Einvernehmen mit seinem Hof von Schloß Kalmar in Schweden aus einen Protest gegen Napoleons Erhebung zur Kaiserwürde. Da dieses Manifest vom 2. Dezember 1804, dem Tag der Kaiserkrönung Napoleons, datierte, stieß es bei den europäischen Fürsten auf völliges Desinteresse.

Nach Napoleons Sturz im Jahre 1814 standen dem König mit einemmal wieder alle Möglichkeiten offen. Während sein Bruder, der Graf von Artois, nach Paris zurückkehrte, verließ Ludwig XVIII. Hartwell unter königlichen Ehren und landete am 24. April 1814 in Calais. Am 2. Mai empfing er in Saint-Quen die Abgesandten des kaiserlichen Senats und erklärte ihnen, er werde kraft göttlichen Rechtes den Thron besteigen, sei aber bereit, seinem Volk eine seinen Wünschen entsprechende konstitutionelle Charte zu geben. Während man an die Ausarbeitung der Charte ging, verhandelte Ludwig XVIII. mit den Alliierten über den Pariser Frieden. Frankreich konnte im großen und ganzen die Grenzen von 1792 behaupten und erhielt zusätzlich das Comtat Venaissin, Savoyen und die Queich-Linie mit Landau. Es hatte keinerlei Kriegsentschädigungen zu leisten, und auch eine militärische Besatzung blieb ihm erspart. Nach dem Abschluß des Friedensvertrages verkündete Ludwig XVIII. die Charte. Er ernannte die Mitglieder der Kammer der Pairs, die sich zu einem Teil aus dem einstigen Senat des Kaiserreichs zusammensetzte; auch Napoleons Abgeordnetenkammer behielt er bei. Die finanzielle Lage bot keinen Anlaß zu größerer Besorgnis und konnte vom Finanzminister, Baron Louis, mit einem Minimum an Abgaben ausgeglichen werden. Die wachsende Unzufriedenheit hatte andere

Ursachen: viele Offiziere waren auf Halbsold gesetzt, und das Personal in der Verwaltung war reduziert worden, was aber keineswegs ausschloß, daß für den mehr oder weniger ruinierten alten Adel und die Emigranten neue Stellen geschaffen wurden. Ludwig XVIII. war so sehr von schwerwiegenden Problemen in Anspruch genommen, insbesondere was die Neuordnung Europas auf dem Wiener Kongreß betraf, wo Talleyrand die französischen Interessen vertrat, daß er dazu neigte, Dinge, die ihm als Detailfragen erschienen, zu vernachlässigen. Während dank der Bemühungen Talleyrands Frankreich auf dem besten Wege war, seine einstige Stellung in Europa wiederzuerlangen, verbreitete sich zur allgemeinen Überraschung die Nachricht, daß Napoleon die Insel Elba verlassen habe, im Golf von Juan gelandet sei und in diesem Augenblick nach Paris marschiere. »Der Adler in den Nationalfarben wird Kirchturm auf Kirchturm erobern, bis zu den Türmen von Notre-Dame.«
Alles spielte sich so ab, wie der Kaiser es erwartet hatte. Vor seinem triumphalen Einzug in Paris hatte der König in der Nacht vom 19. März 1815 die Tuilerien in Richtung Belgien verlassen. Ludwig XVIII. errichtete eine provisorische Regierung in Gent und harrte der Dinge, die da kommen sollten. Die Ereignisse überstürzten sich. Am 18. Juni wurde Napoleon bei Waterloo geschlagen, wenige Tage später mußte er abdanken.
Nun kehrte Ludwig XVIII. eilends nach Paris zurück. Um wieder auf den Thron zu gelangen, mußte er weitreichende Zugeständnisse machen. Frankreich wurde von einer royalistischen Gegenrevolution, dem sogenannten »weißen Terror«, erschüttert. Auf der anderen Seite mußte Ludwig XVIII. mit aller Strenge gegen jene vorgehen, die ihn während Napoleons Herrschaft der Hundert Tage verraten hatten. Es gab großangelegte Säuberungen in der Verwaltung, die Kammer der Pairs wurde umorganisiert, in deren Verlauf es zu einer Reihe aufsehenerregender Hinrichtungen kam, insbesondere der des Marschalls Ney.
Für seine Verhandlungen mit den Alliierten bedurfte Ludwig XVIII. der Unterstützung des Zaren Alexander. Aus diesem Grund entließ er Talleyrand und Fouchet trotz ihrer Verdienste um die Rückkehr zur Monarchie und übertrug das Ministerium einem Freund des russischen Monarchen, dem Herzog von Richelieu. Bevor dieser sein Amt antrat, hatten Wahlen stattgefunden, nach einem durch den obligatorischen Wahlzensus stark eingeschränkten Wahlmodus. Die gewählte Kammer war ultraroyalistisch, so daß Ludwig XVIII. sie die »unauffindbare Kammer« nannte. Er geriet alsbald in Konflikt mit dieser Kammer, da sie sich royalistischer gab als der König selbst. Nach kurzer Zeit mußte er sie wieder auflösen.
Richelieus großes Anliegen bestand darin, für Frankreich die Folgen des zweiten Pariser Friedens abzumildern: die schweren Gebietsverluste, insbesondere die Abtretung Savoyens, und vor allem eine dreijährige Besatzung durch fremde Truppen; darüber hinaus waren hohe Kriegsentschädigungen zu leisten. In seinen Verhandlungen mit den Alliierten erreichte Richelieu Schritt für Schritt eine Reduzierung der Besatzungskosten und auf dem Aachener Kongreß im Jahre 1818 schließlich die vollständige Räumung französischen Gebietes von fremder Besatzung. Dieser Kongreß war Teil eines Systems, »Heilige Allianz« genannt, das die großen Nationen Europas zur Überwachung der französischen Politik ins Leben gerufen hatten.
Richelieu wurde abgelöst durch den Polizeiminister, den Grafen Decazes, einen Günstling Ludwigs XVIII. Decazes, ein liberal gesinnter Mann, vertrat die Ansicht, daß die einzige Chance der Monarchie im Liberalismus bestünde und ließ nichts unversucht, um den König davon zu überzeugen. Dieser lag in ständigem Streit mit seinem Bruder, dem Grafen von Artois, der noch immer am *Ancien régime* festhielt und jeden Kompromiß ablehnte. Wahrscheinlich wäre es Decazes gelungen, seine Pläne zu verwirklichen, da er auf weitgehende Unterstützung von seiten des Königs rechnen konnte, doch da stellte ein dramatisches Ereignis alles wieder in Frage: Der Herzog von Berry, ein Sohn des Grafen von Artois, wurde beim Verlassen der Oper von dem Fanatiker Louvel ermordet. Eine vom Grafen von Artois geschürte Hofintrige versuchte, Decazes die Schuld an dem Verbrechen in die Schuhe zu schieben, so daß Ludwig XVIII. sich blutenden Herzens entschließen mußte, seinen Günstling zu opfern. Er verlieh ihm die Herzogwürde und entsandte ihn als Botschafter nach London. Richelieu wurde zurückberufen, machte jedoch seine Rückkehr von der Zusicherung des Grafen von Artois abhängig, daß dieser seine Politik unterstützen werde.
Am 28. September 1820 wurde ein posthumer Sohn des Herzogs von Berry geboren. Er erhielt den Titel Herzog von Bordeaux, und die bewegte Nation übertrug ihm das Schloß Chambord. Mit einemmal schien die Dynastie wieder an Bedeutung gewonnen zu haben. Die Opposition ruhte indessen nicht, wie zahlreiche Verschwörungen im Innern zeigten. Es handelte sich dabei um eine liberale Bewegung, die im Grunde das Ziel verfolgte, eine Republik, wahrscheinlich unter Führung Lafayettes, zu errichten. In dem Bestreben, diesen oppositionellen Kräften entgegenzuwirken, kehrte Ludwig XVIII. unter dem Einfluß des Grafen von Artois zu einer ultraroyalistischen Politik zurück. Richelieu mußte den Führer der Ultras, den Grafen von Villèle, in sein Kabinett aufnehmen. Dieser verdrängte Richelieu, nachdem der Graf von Artois ihn hatte fallenlassen.
Villèle, ein Pazifist aus Veranlagung und Überzeugung, sah sich bald zu einem Krieg gezwungen. Der spanische König Ferdinand VII. unterstützte, nachdem er mit seinen Cortes in Konflikt geraten war, eine aufständische Junta, um auf diese Weise die absolute Monarchie wiederherzustellen. Der Außenminister, Mathieu de Montmorency, war so unklug, der in Seo de Urgel stationierten Junta Waffen zu liefern. Anschließend setzte er sich auf dem Kongreß der Heiligen Allianz in Verona für eine militärische Intervention in Spanien ein. Eine solche Intervention war nicht nach Villèles Geschmack, doch mußte er sich dem Willen des Königs beugen. Dieser ernannte überdies Chateaubriand zum Nachfolger Montmorencys.
Dieser berühmteste Schriftsteller der Epoche betrachtete den Krieg gegen Spanien als seine persönliche Angelegenheit. Die vom Herzog von Angoulême, dem Sohn des Grafen von Artois, geleitete Expedition, war im Grunde nicht mehr als ein militärischer Spaziergang. Er endete mit der Trocadero-Schlacht (31. August 1823), die den Zugang nach Cadiz öffnete, wo Ferdinand VII. sich scheinbar als Gefangener der Cortes aufhielt. Diesen Erfolg nutzte Ludwig XVIII., um allgemeine Wahlen anzuordnen, die am 26. Februar und 6. März 1824 stattfanden. Trotz oberflächlicher Vorbereitung ergaben sie eine so überwältigende Mehrheit, daß Ludwig XVIII. erklärte: »Dies ist die wiedergefundene Kammer.«

Er konnte indessen nicht lange von der durch die Wahlen entstandenen günstigen Lage profitieren. In den letzten Monaten seiner Regierung ließen seine Fähigkeiten mehr und mehr nach und erreichten einen Tiefpunkt mit der plötzlichen Absetzung Chateaubriands, der daraufhin zu einem gefährlichen Gegner wurde. Am 16. September 1824 starb Ludwig XVIII. am Brand. Er war der letzte Bourbonenkönig, der den Thron bis zu seinem Tode innehatte. Rückblickend betrachtet hat er Erhebliches geleistet, und es ist zu bedauern, daß er nicht länger gelebt hat, um das Erreichte absichern zu können. Aus dem ausgebluteten Frankreich machte er ein reiches Land, das er zu seiner Vorrangstellung in Europa zurückführte. Vielleicht aber hat er nicht hinreichend für eine Zukunft vorgesorgt, in der sich die Dinge durch die Unfähigkeit seines Bruders und Nachfolgers, Karl X. (1824–1830), sehr bald tragisch entwickeln sollten.
Der neue König war ein liebenswürdiger und anziehender, wenn auch nur mäßig intelligenter Mensch. Er hatte sich nie mit der Umwälzung von 1789 abgefunden, und es war nicht anzunehmen, daß er mit siebenundsechzig Jahren seine Einstellung ändern werde. Seine Regierung stand aufgrund seiner wohlwollenden, anmutigen und leutseligen Haltung unter günstigen Vorzeichen, und seine erste Amtshandlung war die Einführung der Pressefreiheit. Doch der Burgfrieden war nur von kurzer Dauer.
Durch seine als reaktionär verurteilten Gesetze brachte er die öffentliche Meinung gegen sich auf. Seine noch am wenigsten angreifbare Neuerung, die »Emigrantenmilliarde«, war eine juristische Maßnahme mit dem Ziel, die Auseinandersetzungen zwischen den Eigentümern verstaatlichter Güter und deren früheren Besitzern beizulegen. Sie war jedoch gekoppelt mit einer Konvertierung der Zinslast, die die kleinen Eigentümer verstimmte. Zwei weitere Gesetze über das Erstgeburtsrecht und das Delikt der Gotteslästerung konnten gar nicht erst in Kraft treten. Um die öffentliche Kritik an seiner Politik mundtot zu machen, führte Karl X. die Zensur wieder ein. Dann verkündete er die Auflösung der wiedergefundenen Kammer, was eine knappere Mehrheit und den Rücktritt Villèles zur Folge hatte. Sein Nachfolger wurde der Graf von Martignac, ein liebenswürdiger Mann, der über die Schwierigkeit seiner Aufgabe keinerlei Illusionen hegte.
Karl X. war davon überzeugt, daß die konstitutionelle Monarchie nicht funktionieren könne. So kehrte er kurzerhand der Realität den Rücken und berief als Minister einen seiner treuesten Freunde, den Prinzen Jules de Polignac, ein wahres Relikt aus dem *Ancien régime*. Polignac hatte sich mit Leib und Seele dem König verschrieben und war entschlossen, ihm in allem zu gehorchen. Im Einvernehmen mit dem Monarchen organisierte er eine Expedition zur Eroberung Algeriens und zur Absicherung der französischen Erfolge in der Schlacht von Navarino 1827 und der Morea-Expedition 1828, durch die Griechenland vom ottomanischen Joch befreit worden war. Er glaubte, ein weiterer Sieg könne die Basis für die von Karl X. angestrebte Politik schaffen.
Unglücklicherweise hielt der König aus allzugroßem Vertrauen in das Gelingen seiner Pläne am 19. März 1830 eine Thronrede von seltener Ungeschicklichkeit, in der er den Abgeordneten rundheraus die Auflösung der Kammer androhte, für den Fall, daß sie ihm nicht blind gehorchten. Die Reaktion der Kammer erfolgte unmittelbar darauf mit der Verabschiedung eines Tadelsantrages, der Berufung der 221. Der König antwortete darauf mit der angedrohten Auflösung der Kammer. Die Neuwahlen begannen im Juni und brachten für die Regierung zunächst äußerst ungünstige Ergebnisse, doch durch die Nachricht von der Eroberung Algiers erfuhr Karl X. eine erneute Bestätigung.
Nach Beendigung der Wahlen präsentierte sich eine Kammer mit 220 oppositionellen gegenüber 150 regierungstreuen Abgeordneten, so daß es geraten schien, sich der Mehrheit zu beugen und mit der Opposition zu regieren. Dies war jedoch nicht im Sinne Karls X., und am 25. Juli 1830 erließ er vier Verordnungen, mit denen er die neugewählte und noch nicht einmal zusammengetretene Kammer wieder auflöste, das Wahlrecht änderte, Neuwahlen für den Monat September anberaumte und die Pressefreiheit abschaffte.
Dies war, obwohl Karl X. sich auf Artikel 14 der Charte berief, ein offenkundiger Verstoß gegen diese, der den Anlaß zum Ausbruch der Revolution in Paris bildete. Es wurden Barrikaden errichtet; Marschall Marmont versuchte vergebens, die Ordnung wiederherzustellen. Polignac erfaßte den Ernst der Lage zu spät, die Abgeordneten stellten sich auf die Seite des Volkes. Man schwankte zwischen Monarchie und Republik. Karl X., endlich davon in Kenntnis gesetzt, nahm die Verordnungen zurück und berief den bei der Opposition wohlangesehenen Grafen von Mortemart ins Ministerium. Doch es war bereits zu spät.
Im Rathaus wartete man nur darauf, Lafayette zum Präsidenten der Republik auszurufen. Lafayette lehnte ab und erklärte unter Hinweis auf das Oberhaupt der jüngeren Linie der Bourbonen, den Herzog von Orléans, den er vom Balkon des Rathauses dem Volk präsentierte: »Dies ist die beste aller Republiken.« Karl X. blieb nichts anderes übrig, als ins Exil zu gehen. Er zog sich zunächst nach England zurück und dann nach Österreich, wo er im November 1836 in Goritz mit 79 Jahren starb, ein Alter, das kein anderes Mitglied des Hauses Bourbon je erreicht hatte.
Es erscheint logisch, Ludwig Philipp I. (1830–1848) der Dynastie der Bourbonen zuzurechnen. Er entstammte dem jüngeren Zweig, der durch Philipp von Orléans, den Bruder Ludwigs XV., seit mehr als einem Jahrhundert von der Hauptlinie getrennt war. Der König rangierte in der Erbfolge unmittelbar hinter dem Herzog von Angoulême und dem Herzog von Bordeaux, da die spanische Linie seit dem Frieden von Utrecht keine Thronansprüche mehr besaß.
Das Bemerkenswerte an der Thronbesteigung Ludwig Philipps war, daß mit ihm das Königtum wieder, wie in seinen Anfängen, durch Wahl bestimmt wurde. Im Grunde – und von diesem Gedanken hatte Thiers, der eigentliche Verantwortliche für Ludwig Philipps Thronerhebung, sich leiten lassen – war es darum gegangen, wie 1688 in England einen alten, überlebten Zweig der Dynastie durch einen jüngeren und dynamischeren abzulösen, der eher in der Lage wäre, den aktuellen Problemen gewachsen zu sein. Was die Urheber dieses Wechsels dabei nicht voraussahen, war die Tatsache, daß sie damit die französischen Royalisten in zwei Lager spalteten, die sich als so unbeugsam erwiesen, daß die Monarchie in Frankreich dadurch unmöglich gemacht wurde. So weit sah jedoch niemand in die Zukunft, als im August 1830 Ludwig Philipp zum König eingesetzt wurde. Dies geschah durch eine Abstimmung der Kammer, in der er die Stimmen von 219 der 253 Abgeordneten aus der Zahl der 428 Abgeordneten der Nationalversammlung auf sich vereinen konnte, sowie durch die Billigung der

Pairskammer mit einer Minderheit zu seinen Gunsten.
Am 9. August 1830 nahm der Herzog von Orléans seine Wahl zum König an und nannte sich zum Zeichen seines Bruchs mit den Bourbonen Ludwig Philipp I. Bei seinem Regierungsantritt sah er sich mit erheblichen Schwierigkeiten konfrontiert. Er mußte die Minister Karls X. zur Rechenschaft ziehen und verurteilte sie zu lebenslangen Haftstrafen. Er mußte sich Lafayettes, des allzu einflußreichen Kommandanten der Nationalgarde, entledigen, und er mußte Laffitte unschädlich machen, einen Wortführer des zu großen Reformen entschlossenen bürgerlichen Liberalismus, vor denen der konservativ eingestellte Monarch zurückschreckte. Der König bewies einige Klugheit, als er die Annexion Belgiens ablehnte, das er allerdings durch die Heirat einer seiner Töchter mit dem neuen belgischen König, Leopold von Sachsen, indirekt doch noch unter seine Herrschaft brachte.
In Paris kam es zu immer neuen Unruhen: die Plünderung des erzbischöflichen Palais, die Affäre der Rue Transnonain und die Affäre um das Kloster Saint-Merry. Erst nachdem Ludwig Philipp mit Casimir Périer eine energische Persönlichkeit zum Staatsratspräsidenten berufen hatte, begann er wirklich zu regieren. Périer stärkte Frankreichs Stellung gegenüber dem Ausland durch die Entsendung französischer Truppen nach Portugal und in die Marken und durch eine militärische Intervention in Belgien (Eroberung Antwerpens im Jahre 1831). Auf der anderen Seite stand Périer der Arbeiterfrage weitgehend verständnislos gegenüber (Affäre von Lyon, 1831). Zu Großem berufen, konnte der Präsident des Staatsrates seine Gaben nicht mehr entfalten, da er im Jahre 1832 der Cholera zum Opfer fiel.

Die Krönung Karls X. in Reims – ein Bild von François Gérard. Karl X. war von der Julirevolution, die die Krone Ludwig Philipp von Orléans übertrug, verjagt worden. Bei seinem Tod war er 79 Jahre alt – älter als alle anderen Bourbonen.

Der König hatte ihn gefürchtet und war erleichtert, die auf seinen Tod folgenden vier Jahre durch geschicktes Lavieren hinbringen zu können. Die Schwierigkeiten des parlamentarischen Systems waren ihm nur allzu bewußt, als daß er nicht den Wunsch gehabt hätte, sich von ihnen fernzuhalten. In dieser Beziehung erinnert sein Verhalten an das Karls X. 1836 kam es durch Adolphe Thiers erneut zu Auseinandersetzungen mit der Partei des bürgerlichen Liberalismus, die jedoch dank der Geschicklichkeit des Königs rasch beigelegt wurden. Ludwig Philipp mißbilligte Thiers' kriegerische Absichten und berief mit dem Grafen Molé einen Mann zum Ministerpräsidenten, der sich seiner höchsten Wertschätzung erfreute. Molé sah sich genötigt, einem bonapartistischen Putschversuch entgegenzutreten, mit dem der Prätendent Louis Napoleon sich der Garnison Straßburg zu bemächtigen suchte. Ludwig Philipp begnügte sich damit, ihn nach Amerika zu schicken.

Molé konnte seine Stellung nahezu drei Jahre behaupten, wenn auch nicht ohne Schwierigkeiten, besonders als er sich mit einer Koalition konfrontiert sah, zu der sich Thiers, Guizot und Odilon Barrot zusammengeschlossen hatten. Molé konnte sich nicht durchsetzen; sein Rücktritt löste eine schwere Krise aus, die in einer von Blanqui angezettelten Erhebung mündete. Nach einem kurzen Zwischenspiel unter Marschall Soult sah Ludwig Philipp sich gezwungen, die Führung erneut in Thiers' Hände zu legen.

Eine durch die Orientfrage heraufbeschworene europäische Krise weckte Thiers' Kriegsgelüste von neuem. Ludwig Philipp nahm dies zum Anlaß, sich seiner zu entledigen. Thiers hatte indessen die Überführung der sterblichen Überreste Napoleons in den Invalidendom beschlossen. Am Tage der Feierlichkeiten 1840 kam es zu einem neuerlichen Putschversuch des bonapartistischen Prätendenten in Boulogne. Diesmal mußte sich Louis Napoleon vor der Kammer der Pairs verantworten, die ihn zu lebenslänglicher Haft verurteilte. Er wurde in die Festung Ham gebracht, entfloh aber unter spektakulären Umständen 1846.

Unterdessen war das zweite Jahrzehnt der Regierung Ludwig Philipps angebrochen. Der König war des parlamentarischen Systems überdrüssig geworden und erstarrte in einer Politik der Stagnation. Er verließ sich in allem auf den Minister Guizot, der sein volles Vertrauen genoß. Diese Unbeweglichkeit hinderte ihn jedoch nicht daran, umfangreiche militärische Operationen in Algerien durchzuführen. Nach der Einnahme Constantines im Jahre 1837 machte er Marschall Bugeaud zum Oberbefehlshaber der Truppen. Dieser eroberte während mehr als sieben Jahren fast das gesamte algerische Territorium. Die Eroberung Algeriens ist das große Verdienst der Regierung Ludwig Philipps.

Darüber hinaus stand seine Regierung im Zeichen des technischen und industriellen Fortschritts, insbesondere was den Bau der ersten Eisenbahnen, die Ausbreitung des Telegraphen und den Ausbau der Gemeindestraßen betrifft. Hinzu kam die Weiterentwicklung des Grundschulwesens mit der Einführung der Schulpflicht im Jahre 1833. In der Außenpolitik konnte Guizot mit dem Abschluß der Meerengenkonvention, einer mit der Orientfrage zusammenhängenden Regelung, die der russischen Flotte das Verlassen des Schwarzen Meeres untersagte, einen bedeutenden Erfolg verbuchen.

Von da an jedoch schien die Regierung unter einem ungünstigen Stern zu stehen. Am 13. Juli 1842 kam der Thronerbe, der Herzog von Orléans, bei einem Verkehrsunfall in Neuilly ums Leben. Wegen des hohen Alters des Königs war es unumgänglich, die Frage einer Regentschaft zu regeln. Das Gesetz über die Regentschaft war heftig umstritten; Hauptgegner in den Auseinandersetzungen waren die Herzogin von Orléans, geborene Mecklenburg-Strelitz, und der Herzog von Nemours, ein jüngerer Sohn des Königs, der sich schließlich durchsetzen konnte. Diese Streitigkeiten machte sich der Graf von Chambord zunutze, um ebenfalls Ansprüche auf den Thron anzumelden. Zum großen Ärger Ludwig Philipps empfing er die legitimistischen Royalisten am Londoner Belgrade Square unter dem Vorsitz Chateaubriands. Königin Viktoria mißbilligte das Vorgehen des Grafen von Chambord, denn sie war eine Freundin Ludwig Philipps und Verfechterin der *Entente Cordiale*. Diese wurde jedoch später von Ludwig Philipp selbst während des Hin und Hers um die spanischen Heiraten aufgekündigt, als der Herzog von Montpensier, der jüngste Sohn des Königs, die Schwester Königin Isabellas von Spanien heiratete.

Das Regime wurde zu jener Zeit von einer Reihe von Skandalen heimgesucht, die es in seinen Grundfesten erschütterten, nachdem es bereits zu einem Kampf um die Erweiterung des Wahlsystems gekommen war. Eine zum Teil von Lamartine angeführte Bewegung, die Bankettkampagne, brachte eine wachsende Opposition zum Vorschein. Für diese Opposition bedeutete es eine weitere Herausforderung, als Ludwig Philipp sich Ende Dezember 1847 in einer starrsinnigen und ungeschickten Thronrede nicht weniger hochmütig als Ludwig XIV. als den alleinigen Vertreter der politischen Wahrheit bezeichnete. Ein nichtiger Anlaß genügt, um die Unruhen zum Ausbruch zu bringen; das Verbot eines Banketts in Paris war der Funke, der das Feuer der Revolution entzündete. Guizot mußte unter dem Druck der Straße zurücktreten.

Vergebens versuchte der König, Molé und danach Thiers ins Ministerium zu berufen. Paris wurde von der Rebellion überschwemmt; am 24. Februar 1848 drohten die Tuilerien in die Hände der Aufständischen zu fallen. Da beugte sich Ludwig Philipp dem Druck der Umstände, unterzeichnete die Abdankungsurkunde und floh kläglich ins Ausland. Seine Schwiegertochter und sein Sohn, der Herzog von Nemours, versuchten vergeblich, die Regentschaft durchzusetzen. Die Abgeordnetenkammer, vor der sie ihre Sache vertraten, wurde von einer Horde Aufständischer hinweggefegt. Noch am Abend desselben Tages wurde im Rathaus die Republik ausgerufen. Ludwig Philipp ließ sich auf Schloß Claremont in England nieder, wo er zweieinhalb Jahre später starb. Die konstitutionelle Monarchie war mit ebensoviel Getöse zusammengebrochen wie das Königtum von Gottes Gnaden im Jahre 1830.

Der Sturz Ludwig Philipps hatte den Weg für den legitimen Thronerben der Bourbonen, Heinrich V., Graf von Chambord freigemacht. Er verstand es jedoch nicht, die Gelegenheit zu nutzen, obwohl die Royalisten in der Kammer der Zweiten Republik über eine überwältigende Mehrheit verfügten. So wurde der bonapartistische Prätendent zum Präsidenten der Republik gewählt. 1852 wurde er Kaiser und blieb es bis zu seinem Sturz nach der Niederlage von Sedan im September 1870.

Unbegreiflicherweise hatte der Graf von Chambord den Royalisten untersagt, unter der Regierung Louis Napoleons öffentliche Ämter anzunehmen. Daraufhin verloren sie auch noch ihre letzten Stellungen und sanken für eine ganze Generation in völlige politische

Bedeutungslosigkeit zurück. Nach dem Sturz des Kaiserreichs fand sich in der am 8. Februar 1871 gewählten Kammer eine royalistische Mehrheit von nahezu zwei Dritteln. Ziel dieser Mehrheit war es, in der Person des Grafen von Chambord, der als Heinrich V. den Thron besteigen sollte, die Monarchie wiederherzustellen.
In einem von Chambord aus erlassenen Manifest erklärte der Thronanwärter unklugerweise, er werde die Krone nur unter dem weißen Lilienbanner annehmen. Diese Forderung erschien in einem Maße überspitzt, daß man die ganze Angelegenheit fallen ließ. Zwei Jahre später, am 24. Mai 1873, führte ein vom Herzog von Broglie gesteuertes parlamentarisches Manöver den Sturz Thiers' herbei. Sein Nachfolger wurde Marschall Mac-Mahon, der sich lediglich als Regenten betrachtete und jederzeit bereit war, seinen Platz für den Grafen von Chambord zu räumen.
Dieser bereitete seinen Anhängern eine schwere Enttäuschung, als er sich zwar mit dem Grafen von Paris, einem Enkel Ludwig Philipps, versöhnte und damit den Fortbestand der Dynastie sicherte, dann aber ungeachtet aller Bitten sein Manifest erneuerte und weiterhin die weiße Fahne forderte. Dies entmutigte die Royalisten so sehr, daß sie erwogen, die Amtszeit Marschall Mac-Mahons bis zum Tode des Grafen von Chambord zu verlängern. Als der Prinz davon erfuhr, entschloß er sich zu einem seltsamen Schritt: Er kam heimlich nach Versailles und bat Mac-Mahon um eine Unterredung, mit dem Hintergedanken, jener könne ihn mit in die Nationalversammlung nehmen und ihn dort allen zum Trotz zum König ausrufen lassen. Mac-Mahon lehnte ab, da er durch seinen Eid als Präsident gebunden war. Er erreichte eine Verlängerung seiner Amtszeit um sieben Jahre. Der Graf von Chambord kehrte zurück in seine Einsamkeit nach Frohsdorf in Österreich, wo er seit 1842 gelebt hatte.
Auf seinem Totenbett im Jahre 1883 empfing er zwar die Prinzen von Orléans, doch bestimmte er den Grafen von Paris nicht ausdrücklich zum Thronfolger. Allem Anschein nach konnte er es, angesichts der Schwächung des monarchistischen Gedankens in Frankreich im Verlauf des neunzehnten Jahrhunderts, nicht über sich bringen, in einer den Wechselfällen der Versammlungen und Wahlen unterworfenen konstitutionellen Monarchie König zu werden.
Mit dem Grafen von Chambord erlosch die direkte Linie der Bourbonen. Der Zweig Orléans, nunmehr die älteste Linie, repräsentiert noch heute die Kontinuität eines großen Hauses, das sich Frankreichs im tiefsten Elend annahm und das Land zur vollen Entfaltung seiner Größe und seines Erfolges zu führen wußte. Die betrüblichen Ereignisse der Folgezeit vermögen nicht, jenes glorreiche Kapitel in der Geschichte der Menschheit auszulöschen, an das so prachtvolle Bauten erinnern wie die Place des Vosges, die Place Vendôme, der Invalidendom, die Place de la Concorde, die Ecole Militaire, das Panthéon, das Palais de Compiègne, und, alles beherrschend, der strahlende Glanz Versailles' und der beiden Trianons.

Der Graf von Chambord vereitelte die Restauration der Bourbonenmonarchie, die schon in greifbare Nähe gerückt schien. Er forderte, die Trikolore durch die weiße Fahne zu ersetzen.

Intermezzo II

»Ce que dure une rose ...«

So wie es Herrscher gab, die vierzig, fünfzig oder mehr Jahre auf einem Thron blieben, so gab es auch solche mit Negativrekorden; manche mußten sogar nach nicht einmal einem Jahr wieder zurücktreten. Eduard VIII. bestieg nach seinem Vater Georg V. den englischen Thron im Januar 1936 und gab ihn schon im Dezember desselben Jahres auf. Anlaß für seine Abdankung war sein Entschluß, Wallis Simpson, eine reiche geschiedene Amerikanerin, zu heiraten. Sein Vorhaben stieß beim Premierminister Stanley Baldwin und beim Episkopat auf starken Widerstand. Die öffentliche Meinung in England war geteilt: viele waren für die Heirat, aber andere stellten sich dagegen. Schließlich faßte Eduard den Entschluß, abzudanken und den Thron seinem Bruder Georg VI. zu überlassen.

Zar Peter III. regierte nur während sechs Monaten des Jahres 1762: Er bestieg den Thron im Januar und wurde im Juni durch eine Palastrevolution gestürzt, die seine Gemahlin, Prinzessin Sophie Auguste von Anhalt-Zerbst (die spätere Katharina II.), und ihr Günstling Orlow angezettelt hatten. Der Zar wurde gefangengenommen und starb im Juli desselben Jahres unter mysteriösen Umständen. Es ist nicht ausgeschlossen, daß er auf Befehl seiner Gemahlin ermordet wurde.

Ein ebenso tragisches Schicksal traf den Kind-König Eduard V., der mit knapp 13 Jahren seinem Vater Eduard IV. auf den englischen Thron folgte. Er entstammte dem Hause York, der jüngeren Linie der Plantagenet. Seine Krönung erfolgte am 9. April 1483. Wenige Tage danach fiel er in die Hand seines Onkels Richard Gloucester. Der ließ ihn zum illegitimen Kind erklären und sperrte ihn zusammen mit seinem Bruder Richard in den Tower von London. Am 25. Juni rief ein straff geführtes Parlament Richard Gloucester zum König von England aus. Eduard wurde in den Verliesen des Tower umgebracht.

Humbert II. von Savoyen, der letzte König von Italien, der auch unter dem Namen »Maikönig« bekannt ist, regierte vom 8. Mai bis zum 2. Juni 1946 – ganze 26 Tage lang. Er hatte den Thron bestiegen, weil Viktor Emanuel III. beschlossen hatte, zu seinen Gunsten abzudanken. Mit dieser Geste, mit einem »neuen Gesicht«, hoffte der greise König, die italienische Monarchie retten zu können, die durch den Faschismus schwer kompromittiert war. Über die Zukunft der Monarchie sollte der Gründungs-Volksentscheid vom 2. Juni 1946 entscheiden. Doch das Manöver scheiterte: Am 2. Juni siegte die Republik; Humbert II. ging ins Exil, nachdem er vergeblich versucht hatte, die Gültigkeit dieses Verdikts anzufechten.

Von noch kürzerer Dauer war die Regentschaft der Jane Grey, der Großnichte Heinrichs VIII. Tudor. 1551 gelang es John Dudley, dem Herzog von Northumberland, Eduard VI. davon zu überzeugen, Jane Grey als Thronerbin zu designieren. Sie war eine Cousine zweiten Grades des Königs. Der Thron wäre eigentlich an Maria, die Schwester Eduards, gefallen, hätte man sie nicht 1544 für illegitim erklärt, da sie der Ehe Heinrichs VIII. mit Katharina von Aragonien entstammte. So bestieg also Jane Grey nach dem Tod Eduards den Thron; ihre Regierungszeit dauerte nur wenige Tage. Maria, die vom Volke stark unterstützt wurde, stürzte sie vom Thron und ließ sie, zusammen mit ihren Anhängern, hinrichten.

Eine äußerst kurze Regentschaft ist die Johanns I. aus der Familie der Kapetinger. Er war 1316 für fünf Tage König – sein ganzes Leben lang, das nur fünf Tage dauerte.

Ein Mitglied des Hauses Wittelsbach war sogar König, ohne auch nur einen Tag lang zu regieren: Otto I., der Bruder des »Märchenkönigs« Ludwig II. Otto mußte wegen geistiger Umnachtung in der Abgeschiedenheit eines kleinen Schlößchens leben und wurde von allen Regierungsangelegenheiten ferngehalten.

Herrscher, die bei Kampfhandlungen in Gefangenschaft gerieten

Frankreich hält einen wenig beneidenswerten Rekord: Es verfügt über die höchste Anzahl von Monarchen, die die Schmach erlitten, auf dem Schlachtfeld vom Feind gefangengenommen zu werden. Dieses Schicksal wurde drei Königen (zwei Valois und einem Bonaparte) zuteil. Der erste dieser Könige war Johann der Gute, der von 1350 bis 1364 als König über Frankreich herrschte. In seine Regierungszeit fielen die Anfänge des Hundertjährigen Krieges, in welchem sich die englischen Truppen in der Offensive befanden, ferner die Volkserhebung von Paris, der Ausbruch der »Jacquerie« (Bauernaufstand von 1356) und die Ausbreitung der Pest. Die Schlacht von Poitiers im Jahre 1356 endete mit einer fürchterlichen Niederlage für die Franzosen. Johann wurde gefangengenommen und nach London gebracht, wo man ihn bis 1360 einkerkerte.

Weniger als 200 Jahre später ereilte Franz I. im Verlauf des lange andauernden Kampfes zwischen Frankreich und dem Reich Karls V. dasselbe Schicksal. Drei Jahre nach Ausbruch der Feindseligkeiten, im Jahre 1524, beschloß Franz I., sich persönlich nach Italien, dem Kriegsschauplatz, zu begeben. Er stellte sich an die Spitze einer starken Truppe. Doch am 24. Februar 1525 wurde sein Heer bei Pavia von den Truppen der Kaiserlichen überrannt. Der Zufall wollte es, daß der König der Franzosen von einem Franzosen geschlagen wurde: von Karl von Bourbon, der gemeinsam mit dem Marchese von Pescara die kaiserlichen Truppen befehligte. Karl von Bourbon, einer der mächtigsten Adligen Frankreichs, hatte 1523 eine Verschwörung gegen den Herrscher inszeniert, weil er über die Beschlagnahme einiger Ländereien, die seiner Familie gehörten, aufgebracht war. Die Verschwörung war aufgedeckt worden, und er war aus Frankreich geflohen. Dann trat er in die Dienste des Kaisers. Franz I. wurde fast ein Jahr lang festgehalten: Seine Freiheit, die er am 14. Januar 1526 wieder erhielt, mußte er mit seiner Unterschrift unter einen demütigenden Friedensvertrag bezahlen.

Napoleon III. Bonaparte, ein Neffe des großen Napoleon – dessen strategische Fähigkeiten er allerdings nicht geerbt hatte –, war seit 1852 Kaiser der Franzosen, als er im Verlauf des Französisch-Preußischen Krieges von 1870 besiegt und gefangengenommen wurde. Die Preußen unternahmen einen Blitzangriff, der die französische Armee in zwei Teile aufbrach. Am 2. September 1870, knapp einen Monat nach Ausbruch des Krieges, geriet der Kaiser bei Sedan zusammen mit seinem 120 000-Mann-Heer in Gefangenschaft, als er versuchte, Bazaines Armee zu erreichen, die in Metz von den Preußen bedrängt wurde. Diese Niederlage kostete Napoleon III. die Krone: 48 Stunden nach der Katastrophe von Sedan, am 4. September, wurde die Republik ausgerufen.

Herrscher, die ermordet wurden ...

Der Königsmord kennt viele Varianten: es gibt das Gift, den Dolch, die Bombe, die Pistole. Doch es scheint, als ob es gewisse Konstanten, gewisse Regeln gäbe, die von der Geschichte diktiert würden. So hielt man sich z. B. in den Jahrhunderten des Mittelalters fast immer daran, einen König erst dann umzubringen, wenn er bereits entthront oder in irgendein Verlies gesperrt war. In späterer Zeit – zur Zeit der Religionskriege – waren es die Dolche fanatischer Glaubensstreiter, die den Herrschern das Leben nahmen. Im letzten Abschnitt des vergangenen Jahrhunderts wurden reaktionäre Monarchen durch Anarchistenhand getötet.
Es scheint dann so, als ob zu bestimmten Zeiten oder an bestimmten Orten der normale Fluß der dynastischen Erbfolge durch Wirbel und Strudel aufgehalten wurde, die eine schier unglaubliche Zahl von gekrönten Häuptern mit sich rissen. Einer dieser Orte ist England in den Jahren zwischen 1300 und 1500. Eduard II. Plantagenet, der seit 1307 auf dem englischen Thron saß, fiel im Jahre 1327 in Ungnade, weil seine unheilvolle Politik es Schottland erlaubt hatte, seine nationale Unabhängigkeit zu erringen. Eduard wurde vom Parlament gezwungen, zugunsten seines Sohnes Eduard III. abzudanken. Er wurde gefangengesetzt und nach wenigen Monaten umgebracht. Ähnliches widerfuhr seinem Urenkel Richard II. im Jahr 1399: Wieder war es das Parlament, das ihn im geheimen Einverständnis mit Heinrich von Lancaster (aus der jüngeren Linie der Plantagenet) absetzte. Er wurde ins Schloß von Pontefract gesperrt, wo er das gleiche Schicksal wie sein Vorfahr erlitt. Doch bald nach der Besteigung des Throns durch Heinrich IV. von Lancaster brach ein äußerst blutiger Bürgerkrieg aus, in dem sich die »Zwei Rosen« gegenüberstanden: die rote Rose der Lancaster und die weiße der York. In den 30 Jahren, die der Krieg dauerte (1455–1485), lösten vier Herrscher einander ab: drei von ihnen wurden ermordet. Heinrich VI. von Lancaster (König von 1422 bis 1461 und von 1470 bis 1471) wurde von seinem Rivalen Eduard von York in den Tower von London geworfen und dort auf sein Geheiß ermordet. Eduard V., der Sohn Eduards von York, der 1483, mit 13 Jahren, seinem Vater auf den Thron folgte, wurde von seinem Onkel Richard von Gloucester abgesetzt und aus dem Weg geräumt. Dieser ließ sich unter dem Namen Richard III. (1483– 1485) zum König krönen, wurde aber seinerseits am 24. August 1485 in der Schlacht von Bosworth von Heinrich Tudor, dem späteren König Heinrich VII., getötet.
Weiter im Norden, in Schottland, dem Land des Nebels, fielen die Könige aus dem Hause Stuart einem Schicksal zum Opfer, das sich in gewisser Weise mit dem der englischen Herrscher vergleichen läßt: Jakob I. (König im Jahr 1406 und später dann von 1424 bis 1437) wurde auf Veranlassung der beiden Edelleute Sir Robert Stewart und Sir Robert Graham ermordet. Jakob II. (1437–1460) fiel beim Sturm auf eine englische Festung. Jakob III. (1460–1488) wurde bei einer Adelsrevolte umgebracht. Jakob IV. (1488 bis 1513) schließlich starb in der Schlacht von Flodden, am 13. September 1513, im Kampf gegen die Engländer. Am Ende der traurigen Reihe dieser unglücklichen Dynastie steht Maria Stuart (1542–1567), die, von der Opposition des Adels überwältigt, im Jahr 1568 nach England flüchten mußte, wo Elisabeth sie für lange Jahre gefangenhielt. Schließlich klagte diese sie an, an einer Verschwörung teilgenommen zu haben, und ließ sie zum Tode verurteilen. Die unglückliche Maria wurde im Februar 1587 enthauptet.
Zwei französische Könige wurden innerhalb von 20 Jahren durch Dolchstöße getötet. Heinrich III., der letzte Valois, wurde am 2. August 1589 vom Mönch Jacques Clément umgebracht, der sich für den Tod des Heinrich Guise rächen wollte, der ein paar Jahre zuvor auf Befehl des Königs ermordet worden war. Auf Heinrich III. folgte Heinrich IV., der Begründer der Dynastie der Bourbonen. Sein Leben endete unter der Hand eines ehemaligen Mönches: François Ravaillac (14. Mai 1610). Wahrscheinlich ist es mehr als nur ein Zufall, daß diese Morde genau in jene Zeit fallen, in der die Jesuiten darüber diskutierten, ob der Königsmord eine legitime Waffe des Volkes gegen die Ketzerei der Könige sei.
Das Haus Romanow weist einen beachtlichen Hang zur Palastrevolution auf. Zwei dieser Komplotte nahmen ein tragisches Ende: 1762 setzte Katharina II. ihren Gemahl Peter III. ab und ließ ihn wahrscheinlich umbringen. Zar Paul I. wurde in der Nacht vom 11. zum 12. März 1801 von einigen Offizieren der kaiserlichen Garde getötet. Zar Alexander II. starb ebenfalls aus politischen Gründen, wenn auch ganz anderer Art: Am 13. März 1881 wurde der Monarch, der zuvor bereits zwei Attentaten entgangen war, von einer von Nihilisten gelegten Bombe getötet.
Einen ähnlich gewaltsamen Tod erlitt Humbert I. von Savoyen, den vier Pistolenschüsse eines Anarchisten, Gaetano Bresci, niederstreckten, als er am 29. Juli 1900, von einem Turnwettbewerb in Monza kommend, aus seiner Kutsche stieg. Bresci erklärte später, er hätte das Blutbad rächen wollen, das General Bava-Beccaris im Jahre 1898 in Mailand angerichtet hatte.
Auch das Haus Wittelsbach blieb von Gewalttaten nicht verschont: Im Jahre 1231 wurde Herzog Ludwig, der Sohn Ottos von Wittelsbach, von einem Unbekannten auf der Donaubrücke zu Kelheim ermordet. Ebenfalls ermordet wurden vermutlich auch Ludwig der Brandenburger und dessen Sohn Meinhard, Sohn und Enkel Ludwigs des Bayern. Auf rätselhafte Weise kam auch König Ludwig II. im Juni 1886 im Starnberger See ums Leben.

Monarchen, die hingerichtet wurden

Nur drei Herrscher sind es, die, statt in der Schlacht oder durch die Hand von Rivalen, Verwandten oder Verschwörern zu sterben, bei einem Prozeß zum Tode verurteilt wurden. Die drei Hinrichtungen fallen zeitlich mit den drei größten Revolutionen der modernen europäischen Geschichte zusammen: der Englischen, der Französischen und der Russischen Revolution. Karl I. Stuart, der im Bürgerkrieg von Oliver Cromwell besiegt wurde, enthauptete man am 9. Februar 1649; Ludwig XVI. wurde am 21. Januar 1793 guillotiniert; Nikolaus II., der letzte russische Zar, wurde am 16. Juli 1918 in Jekaterinburg erschossen.

Diese zeitgenössische Bildtafel stellt Michael Romanow hoch zu Roß dar. Er war sechzehn Jahre alt, als er von einer Versammlung zum Zaren gewählt wurde (1613). Michael war der erste Vertreter des Hauses Romanow, das 304 Jahre, bis zur Revolution 1917, über Rußland herrschte.

Die Romanow

304 Jahre herrschten sie über ein Land,
das anfangs für Europa ein abgelegenes Randgebiet war,
doch im Verlauf der Geschichte eine Großmacht wurde.

Rußland erlebte zwischen 1590 und 1613 eine der schwersten Krisen seiner Geschichte, die »Zeit der Wirren«. Die alte Dynastie war mit Feodor I., einem Sohn Iwans des Schrecklichen, erloschen. Ihm folgten kurz nacheinander drei Usurpatoren: Boris Godunow, der »falsche Dimitrij« und der Bojar Tschouiskij. Die Kämpfe zwischen den Parteien führten zum Bürgerkrieg; Smolensk stand unter schwedischer und Moskau unter polnischer Herrschaft, Schweden und Polen verwüsteten das zerrissene Land. Der Adel übte Verrat, seine Gegner saßen im Gefängnis. Um Rußland zu retten, bedurfte es eines legitimen Zaren. Aus der Tiefe seines Kerkers heraus richtete der Patriarch Hermogenes seinen Appell an die großen Städte: »Rettet das Heilige Rußland!« Seinem Ruf folgten Kosmas Minimus, ein Metzger und Schöffe in Nischnij Nowgorod, und Prinz Pojarski, der Kommandeur von Jaroslawl. Der Plebejer und der Aristokrat, beides Männer, denen es nicht an Mut und Ausdauer gebrach, riefen patriotische Milizen ins Leben. »Das ganze Land stand auf«, wie die Annalen berichten, die russische Erde, durch ihre Söhne verkörpert. Die Polen wurden aus dem Kreml vertrieben. Unmittelbar darauf trat eine Nationalversammlung, *Zemskij Sobor* genannt, zusammen, und 500 Abgeordnete jeglicher Herkunft, die es sich zur Aufgabe gesetzt hatten, eine Verbindung zwischen der neuen und der alten Dynastie zu schaffen, wählten Michael Feodorowitsch Romanow zum Zaren, einen Großneffen des verstorbenen Zaren Feodor. Aufgrund dieser (wenn auch nur entfernten) Verwandtschaft mit dem früheren Herrscherhaus erschien der Sechzehnjährige in den Augen des Volkes als der einzige »natürliche« Zar. Der erste Romanow, von den Abgeordneten des gesamten Landes legal gewählt, konnte auf ihre Unterstützung zählen, um mit ihnen am Werk des Wiederaufbaus und des Friedens zu arbeiten. Die Romanow regierten über das russische Reich von dem Tage an, da man den ersten ihres Geschlechts im Kloster Ipatiew in Kaluga aufsuchte, um ihm die antike Tiara anzutragen, bis zu der Nacht, da der letzte von ihnen in Haus Ipatiew in Jekaterinburg ermordet wurde: vom 13. März 1613 bis zum 19. März 1917 – 304 Jahre und 6 Tage . . .

Die Eltern Michaels I. waren beide von dem mißgünstigen Boris Godunow gezwungen worden, in ein Kloster einzutreten. Später war Feodor Romanow (»der ehrwürdige Vater Filaret«) von den Polen gefangengenommen worden. Sein Sohn wuchs in Einsamkeit und Unwissenheit auf. Sanftmütig und gefügig, war er auf seine hohe Berufung in keiner Weise vorbereitet und verließ sich in allem auf den Rat der Abgeordneten. Unter ihrer Ägide unterzeichnete er 1618 den Friedensvertrag mit Schweden und den Vertrag mit Polen, der die Rückkehr seines Vaters ermöglichte. Filaret wurde Patriarch und Mitregent. Er war der geborene Staatsmann und konnte mit seiner Kompetenz die Unfähigkeit seines Sohnes ausgleichen. Er verbesserte die Verwaltung, erhöhte die Steuern, betrieb die Kolonisierung Sibiriens und öffnete dem Ausland die Tore. Engländer, Deutsche und Holländer trieben Handel mit Rußland und bauten Fabriken und Hüttenwerke. So begann die westliche Infiltration. Filaret starb im Jahre 1623. Niemals hatte er es für erforderlich gehalten, die Nationalversammlung einzuberufen. Sein Sohn Michael I. (1613–1645) war anders geartet; der Titel »Selbstherrscher« bedeutete in seinem Falle nur, daß er als Zar Garant der nationalen Einheit war. Spätere Romanow erst sollten dem Wort die Bedeutung absoluter Macht verleihen. Michael begann, die »Menschen des ganzen Landes« wieder zu vereinen. Kein russischer Monarch nach ihm hat mit soviel Hochachtung und Ernst den Rat seines Sobor eingeholt, und niemals mehr haben die Vertreter der Nation ihre Meinung so frei und vertrauensvoll ausgesprochen. Als Michael I. neunundvierzigjährig starb (1645), hatte er jedoch lediglich die Hälfte seiner Neuerungspläne verwirklicht. Der Friedensvertrag mit Schweden hatte Rußland seines Zugangs zur Ostsee und damit des einen seiner »Lungenflügel« beraubt, so daß ihm lediglich der im Winter zugefrorene Hafen von Archangelsk verblieb. Das

Land drohte zu ersticken... Michael I. hinterließ einen Sohn, den die Nationalversammlung »zum Thronfolger wählte« – eine reine Formalität, da sich in dieser Hinsicht keinerlei Probleme ergaben.
Alexej I. (1645–1676) zählte zu diesem Zeitpunkt siebzehn Jahre. Im Gegensatz zu seinem Vater war er durch seinen Erzieher, den Bojaren Morosow, einen energischen und überaus gebildeten Mann, auf sein Regierungsamt gut vorbereitet. Der junge Zar zeigte sich allem Neuen gegenüber aufgeschlossen und lebte gleichzeitig in frommer Unterwerfung unter die strengen Vorschriften der orthodoxen Kirche. So war er der letzte russische Monarch, der dem überkommenen Bild des gottesfürchtigen Herrschers treu geblieben war. Paradoxerweise bereitete es ihm Vergnügen, mit den »ketzerischen« Fremden Umgang zu pflegen. Als ein Freund des Fortschritts und zugleich Bewahrer des alten Rußland stand er zwischen Vergangenheit und Zukunft.
Alexej war ein konzilianter, gutmütiger und vertrauensvoller Mensch, der den Beinamen »der Friedfertige« wohl verdiente, doch eben diese Eigenschaften ließen ihn die Augen vor den Lastern seiner Freunde verschließen. Davon profitierte Morosow, um sich zu höchsten Würden zu erheben und mit einer Handvoll Vertrauter das Land auszusaugen. Er war durchtrieben, habgierig und unermeßlich reich; seine Forderungen überstiegen jedes Maß. »Der Staat bläht sich auf, und das Volk verkümmert.« Schließlich entlud sich der Volkszorn in einem Aufstand, bei dem man die Köpfe der ungetreuen Beamten forderte. Alexej geriet in Schrecken und überlieferte die schuldigen Bojaren dem Henker, verschonte jedoch seinen Günstling. Immerhin aber waren ihm die Augen aufgegangen über den Zustand des Landes mit seinen vielfältigen Mißbräuchen und überalterten Strukturen. Er berief endlich den *Sobor* ein, um ein neues Gesetzbuch zu erarbeiten, mit dem dasjenige Iwans III. modernisiert und zum Teil ersetzt werden sollte. Die Schaffung dieses Gesetzbuches, des sogenannten *Uloschenije,* im Jahre 1649 war ein Markstein in der russischen Geschichte des 17. Jahrhunderts; es besaß bis zur Mitte des 19. Jahrhunderts Gültigkeit. Dennoch brachte es vor allem eine Stärkung der Staatsgewalt, und wenn man darin liest, daß »jeder Bewohner des Moskauer Staates, vom größten bis zum geringsten, einer Rechtsprechung untersteht, die gleiches Recht für alle vorsieht«, so wurde dadurch das unmenschliche Gesetz über die Leibeigenschaft noch lange nicht aufgewogen, das den leibeigenen Bauern sein ganzes Leben an seinen Herrn band, mitsamt seiner Familie, von der er jederzeit getrennt werden konnte, wenn er verkauft oder getauscht wurde.
Die Regierung Alexejs I. war zwanzig Jahre hindurch von Kriegen und Volkserhebungen bestimmt. Die Feindseligkeiten richteten sich gegen Polen und gingen um den Besitz der Ukraine, die Unruhen im Innern hatten wirtschaftliche Ursachen. Nachdem der Zar Kupfergeld hatte prägen lassen, das er zum Wert des Silbergeldes in Umlauf setzte, brach die Kupferrebellion aus. Die Preise stiegen, die Bauern stellten ihre Getreidelieferungen ein, es kam zu Hungersnot und bewaffnetem Aufstand. Schließlich wurde das minderwertige Geld zurückgezogen. Bald kam es noch schlimmer. Stepan Rasin, ein Kosake, hatte sich im Süden des Landes zum Anführer großer Horden Unzufriedener gemacht, die sich aus Gesetzlosen und Deserteuren zusammensetzten, aus entflohenen Leibeigenen und sogar Bürgern der Dörfer und Vorstädte, welche von der Last der Steuern erdrückt wurden. Rasin erklärte sich zum Wortführer der Unterdrückten, er versprach, die Bojaren, Krautjunker und Priester zu vernichten und Steuern und Knechtschaft abzuschaffen. An der Wolga stahl er vierzig Schiffe des Zaren und eroberte drei Städte. Erst nach vier Jahren – und auch dann nur durch Verrat – gelang es, seiner Herr zu werden; er wurde 1671 auf dem Roten Platz enthauptet; die herausfordernde Kühnheit aber, mit der er seinen »Kreuzzug« geführt hatte, machte ihn zum Volkshelden und zum Symbol des Elends des russischen Volkes.
Angesichts seiner mit wechselndem Erfolg geführten Kriege und der schlechten wirtschaftlichen Lage seines Landes wußte Alexej sich nicht zwischen Fortschritt und Beharrung zu entscheiden und schwankte

Dieses Gemälde von Abraham Storck erinnert an die Flottenschau, die anläßlich des Besuches Peters des Großen in Amsterdam abgehalten wurde. Der Zar befindet sich an Bord des kleinen Schiffes mit der russischen Flagge.

beständig zwischen »Progressisten« und »Traditionalisten« hin und her. Schließlich gab er den letzteren nach und verbannte alle Ausländer in die »Ausländervorstadt«, die *Njemetskaja Sloboda,* vor den Toren Moskaus, ging aber dann nur um so regelmäßiger im Haus des mit einer Schottin verheirateten Bojaren Matwejew ein und aus. Er begegnete dort dessen Mündel Natalja Naryschkin, einem Mädchen, das westlichem Gedankengut anhing und sich nach westlichem Geschmack kleidete, an Diskussionen teilnahm und mehrere Sprachen beherrschte. Zar Alexej verliebte sich in sie und heiratete sie nach dem Tode seiner ersten Frau, Maria Miloslawskij, die ihr Leben damit zugebracht hatte, zu beten und Kinder zu gebären. Natalja führte im Kreml gewagte Neuerungen ein: Die Zarin lebte nicht länger in strenger Zurückgezogenheit, es fanden fröhliche, von aller steifen Etikette befreite Soireen statt, man las ausländische Zeitungen, es gab Theateraufführungen profaner Stücke mit deutschen und französischen Schauspielern. Im privaten Rahmen kleidete der Zar sich im deutschen Stil. Natalja war die Botschafterin des Westens . . .

Diese Fortschrittsfreudigkeit veranlaßte Alexej I., die von seinem Freund und Berater, dem Patriarchen Nikon, vorangetriebenen Kirchenreformen gutzuheißen. Dieser kluge, gelehrte und gebieterische Mann überzeugte den Zaren vom »Primat der geistlichen über die weltliche Macht« und ließ sich unbegrenzte Machtbefugnisse übertragen. Es kam der Tag, da der Zar der Herrschsucht Nikons überdrüssig wurde, doch in der Zwischenzeit hatte der Reformator bereits Kirche und Staat in den Grundfesten erschüttert. Sein Anliegen bestand darin, »die Texte zu korrigieren und die Riten zu reformieren«. Die Mehrzahl der Gläubigen und der Geistlichkeit jedoch hielt jede Veränderung für Teufelswerk; einen Teil des Ritus, einen Bibelvers zu ändern oder abzuschaffen, hieße, sich der Verdammnis anheimzugeben! Obwohl Nikon nicht an die Dogmen rührte und nur die im Laufe der Zeit verfälschte ursprüngliche Reinheit der Schrift wiederherstellen wollte, spaltete das Große Schisma *(Raskol)* das Land in zwei Lager. Die »Altgläubigen« unter dem Hirtenstab des Protopopen Awwakum und die überzeugten »Nikonianer« bezichtigten sich ge-

Ausschnitt aus einem Bild von Hersent: Peter der Große nimmt bei seinem Besuch am französischen Hofe mit einer ungezwungenen Geste Ludwig XV., den kleinen König von Frankreich, auf seinen Arm.

genseitig der Ketzerei. Alexej unterwarf beide der weltlichen Gewalt, und die Schismatiker *(Raskolniki)* wanderten zu Tausenden auf den Scheiterhaufen. Die einen wie die anderen, Verfolger wie Verfolgte, kämpften für ihre Wahrheit, für den wahren Glauben, einen grausamen und fruchtlosen Kampf, der Rußland verwüstete und dessen Folgen noch durch Jahrhunderte spürbar waren. Als Alexej I. am 30. Januar 1676 im Alter von 47 Jahren starb, standen sich an seinem Sterbelager die Kinder Maria Miloslawskijs und Natalia Naryschkin mit ihrem Sohn gegenüber ...

Feodor III. (1676–1682) war der legitime Thronfolger. Er war ein höchst geistvoller und überaus sanftmütiger Jüngling von sechzehn Jahren, der dem herausragenden Theologen und Dichter Simon de Plotzk eine umfassende Bildung verdankte. Doch eine Krankheit zehrte an ihm, so daß er weder die Kraft noch die Zeit besaß, seine zahlreichen Pläne zu verwirklichen. Er gründete indessen in Moskau die erste slawisch-griechisch-lateinische Akademie, »um dort junge Leute, deren Stand es gestattet, die Weisheit zu lehren und ihren Geist auszubilden«, und er schaffte eine archaische Institution ab, derzufolge die Anciennität einer Bojarenfamilie und das Erstgeburtsrecht ihrer Mitglieder den Vorrang vor persönlichen Verdiensten besaßen. Feodor starb 1782. Das große Spiel um die Thronfolge der Romanow begann.

Zwei Prinzen aus zwei Familien standen sich nun als Thronerben gegenüber: Peter, der Sohn Nataljas, ein fröhlicher Hüne von großer Kraft und Schönheit, der bereits mit zehn Jahren älter erschien als der zweite Bewerber, sein sechzehnjähriger Halbbruder Iwan. Prinzessin Sophie, die älteste Tochter Maria Miloslawskijs, eine burschikose, tüchtige Person, die sich wenig um Konventionen bekümmerte, bestimmte dagegen Iwan zum »natürlichen Thronerben«, was theoretisch auch einleuchtend war. Das Volk aber, die Geistlichkeit und der Adel entschieden sich ohne Zögern für Peter und strömten zum Kreml, um ihrem »Zaren Peter« zuzujubeln. Wutentbrannt mobilisierte Sophie die Moskauer Garnison, die Strelitzen, und machte sie glauben, die Naryschkin hätten Iwan ermordet. Als Natalja mit den beiden Prinzen an der Hand auf der Bildfläche erschien, war es bereits zu spät. Die Soldaten metzelten vor ihren Augen Peters gesamte Verwandtschaft nieder. Da ersann Sophie einen Kompromiß, demzufolge Iwan V. »erster Zar« (1682 bis 1689) und Peter I. »zweiter Zar« (1682) werden sollten. Ein höchst sonderbares Arrangement! Sophie ernannte sich zur Regentin, mit der geheimen Absicht, binnen kurzem selbst zu regieren. Sie verbannte Iwan, nachdem sie ihn verheiratet hatte, in den Kolomenskoje-Palast vor den Toren Moskaus und Peter mit seiner Mutter in das Dorf Preobraschenskoje nahe der Hauptstadt. Ein glückliches Exil! Peter hatte dort Gelegenheit, im Buch des Lebens zu studieren. In nächster Nähe lag die »Ausländervorstadt«, deren ständiger Gast er wurde. Er machte dort die Bekanntschaft von »Westlern« und ließ sich von ihnen in die wichtigsten Geheimnisse einweihen, die er im Hinblick auf seine künftige Regierung – an der er keinen Augenblick zweifelte – kennen mußte. Als seine Lehrmeister betrachtete er den Genfer Lefort, den Holländer Timmerman und den Schotten Patrick Gordon, drei auf vielerlei Gebieten bewanderte Gelehrte. Er stellte aus Knaben zusammengesetzte Bataillone auf, aus denen später die Eliteregimenter der Leibgarde hervorgingen. Im Kreml erregten diese »kindlichen Launen« nur den Spott der Regentin, die sich bereits auf ihre Krönung zur Zarin vorbereitete. Peter bereitete ihr keine Sorge. Sie sah nicht, wie er heranwuchs und sich mehr und mehr behauptete. Sie ahnte nicht, daß sein von Muskelzucken verunstaltetes Gesicht ihren Halbbruder stets an das Unrecht erinnerte, das sie ihm im Jahre 1682 angetan hatte. Sieben Jahre waren seitdem vergangen! Eines Tages aber forderte er sie heraus: Er erschien in Moskau, zeigte sich überall, informierte sich über alles und ließ sich auf der Straße zujubeln. Sophie, die ihr Manifest zur Thronbesteigung bereits vorbereitet hatte, geriet in Panik. Sollte er ihr doch gefährlich werden? »Besser, er selbst geht zugrunde, als daß wir durch ihn zugrunde gehen!« Sie erteilte einer Abteilung der Strelitzen den Befehl, Preobraschenskoje in Brand zu stecken und Peter mit seiner Mutter zu töten, falls sie versuchen sollten zu fliehen. An jenem Abend lag das Schicksal Peters I. und damit ganz Rußlands in den Händen eines unbekannten Arkebusiers namens Sucharew, der, von Mitleid bewegt, in das Dorf lief, den Zaren aus dem Schlaf weckte und vor der drohenden Gefahr warnte. Peter floh, nur mit seinem Hemd bekleidet, und verbarg sich in einem Wald. Man brachte ihm Kleider und ein Pferd. Im Morgengrauen er-

Die Krone, die Peter der Große bei seiner Thronerhebung trug. Sie ist äußerst kostbar: Unter dem Kreuz befindet sich ein ungeschliffener Riesenrubin. Diese Krone wurde zusammen mit der Krone für seinen Halbbruder Iwan V. speziell für diesen Anlaß angefertigt.

reichte er das Troiza-Kloster, die Hochburg der russischen Orthodoxie. Ohnmächtig sank er in die Arme des Abtes. Der nächtliche Reiter hatte große Angst ausgestanden; schon bald aber sollte er der »eherne Reiter« werden. Er kehrte zu klarem Bewußtsein zurück. Wie jeder Mensch mit einer außergewöhnlichen Berufung wußte auch er, wann seine Stunde gekommen war. Sein »Spielregiment«, aus dem mittlerweile richtige Soldaten geworden waren, stieß zu ihm. Die Strelitzen unterwarfen sich, er verzieh ihnen und eroberte später mit ihrer Hilfe die Festung Asow. Die Geistlichkeit und der Patriarch Joachim anerkannten ihn als Alleinherrscher. Niemand fragte mehr nach dem armen Iwan V. Seiner machthungrigen Halbschwester Sophie aber befahl Peter, sich in ein Kloster zurückzuziehen.
Indessen fühlte der Zar sich noch nicht hinreichend auf die Regierung vorbereitet. Er übertrug seiner Mutter und dem Patriarchen die Regentschaft und zog aus, um in die Lehre zu gehen. Das Meer lockte ihn! Seine Obsession war die Öffnung Rußlands nach Norden und Süden, seine Passion war die Seefahrt. Er ließ seine erste Flottille bauen und auf dem Pereslawl-See erproben. Archangelsk erhielt eine Werft, und er ließ dort sein erstes Schlachtschiff bauen. 1695 griff er die Festung Asow an, doch das Unternehmen scheiterte. Eine harte Lektion! Er mußte in aller Eile 30 Schiffe und 1000 Barkassen bauen ... Ein Jahr später errang er einen Triumph, der in ganz Europa widerhallte; dies um so mehr, als Peter I. durch den Tod Iwans V. 1696 zum Alleinherrscher über das russische Reich geworden war.
An Peter dem Großen (1682–1725) war alles gewaltig: seine Körpergröße, seine Pläne, seine Arbeitskraft, seine Vergnügungssucht. Er amüsierte sich in der Ausländervorstadt mit seinen Freunden, Ausländern und Russen wie Alexander Menschikow, einem ehemaligen Konditor. Seine Mutter hatte ihn mit Eudoxia Lopuchina verheiratet, einer äußerst sittenstrengen Frau, von der er einen Sohn mit Namen Alexej hatte. Er kümmerte sich weder um sie noch um das Kind, sondern vergnügte sich mit seiner Mätresse Anna Mons, der Tochter eines deutschen Goldschmieds. Die Frauen, der Alkohol und seine Freunde bestimmten sein Leben und zugleich das Werk, das er für Rußland, »seine größte Liebe«, zu vollbringen hatte. Es galt, das Reich zu verändern und es der westlichen Zivilisation zu öffnen. So organisierte er im Jahre 1697 die »Große Gesandtschaft«, eine Studienreise ins Ausland, mit einem Gefolge von zweihundert Personen, die »das Geheimnis der Macht anderer Staaten« ergründen sollten, das er selbst zu durchdringen wünschte, um alle Dinge persönlich lenken zu können. Niemals zuvor hatte ein russisch-orthodoxer Zar sein Land verlassen und sich zu den »Ungläubigen« begeben. In konservativen Kreisen herrschte höchste Entrüstung über diese Reise, doch Peter kümmerte sich nicht darum. In Preußen machte er sich mit den Geheimnissen der Artillerie vertraut, in Holland arbeitete er unter dem Namen »Meister Peter« auf den Schiffswerften, und auch in England lernte er noch hinzu. Nach Ablauf eines Jahres hatte er einen umfangreichen Schatz an praktischen Kenntnissen angesammelt und trat, begleitet von zahlreichen Spezialisten, die Rückreise an. In Wien wurde er von Kaiser Leopold freundlich empfangen. Er stand eben im Begriff, nach Venedig weiterzureisen, als er die Nachricht erhielt, daß die Strelitzen, von Sophie heimlich aus Asow zurückberufen, sich gegen ihn erhoben hatten. Zum drittenmal hatte die Ex-Regentin versucht, ihren Bruder zu vernichten!
Obwohl Gordon die Erhebung bereits niedergeschlagen hatte, leitete der Zar nach seiner Rückkehr grausame Vergeltungsmaßnahmen ein und wohnte den Verhören und Hinrichtungen selbst bei. Das Massaker der Strelitzen ist eines der blutigsten Kapitel in der Geschichte der Romanow. Peter hatte schon von Kindheit an viel Grausamkeit gesehen und viel Groll in sich angesammelt! All die Leichen auf dem Roten Platz rächten in seinen Augen seine Verwandten, die 1682 auf demselben Platz in Stücke geteilt worden waren. Haß erzeugt Haß. Als sein Sohn Alexej im Namen eines rückständigen, überalterten Rußland gegen ihn konspirierte, ließ er ihn, »um der inneren Ordnung und Sicherheit des Reiches willen«, erbarmungslos töten. Dies war die grausame, unbarmherzige Seite seines Wesens. Ein Gegengewicht bildete sein Glaube an die Zukunft seines Volkes, dem er sein Leben weihte, ohne seine Kräfte zu schonen. Welcher andere Romanow hätte am Vorabend der Schlacht bei Poltawa die Worte gesprochen: »Soldaten! Glaubt nicht, daß ihr für Peter kämpft; ihr kämpft für die Nation, die ihm anvertraut ist. Was ihn anbelangt, so sollt ihr wissen, daß sein Leben ihm

Die Kaiserliche Residenz von Zarskoje Selo (heute Puschkin). Der Bau wurde zur Zeit Katharinas I. begonnen und unter Elisabeth in den Jahren 1749 bis 1756 von Rastrelli umgebaut.

nichts bedeutet, wenn nur Rußland lebt!« In dieser Schlacht besiegte er Karl XII. von Schweden, den größten Heerführer der damaligen Zeit. Endlich konnte »Rußland mit dem einen seiner Lungenflügel, der Ostsee, atmen« und besaß ein Fenster nach Europa: »Gran finestrone per cui la Russia guarda in Europe«, wie Algarotti schrieb. Es war ein einzigartiger, vollständiger Sieg, der den Westen in einem Maße verblüffte, daß man die zwanzig Jahre des Nordischen Krieges darüber vergaß.

Mitten im Kriege begehrte und entführte er die Mätresse Menschikows, seines Vertrauten, Ministers und Faktotums, eines listenreichen Schelms. Martha Skawronski, eine junge litauische Magd und Protestantin, war eine wohlbeleibte, großzügige und scharfsinnige Frau. Sie folgte dem Zaren auf all seinen Feldzügen, schlief auf bloßer Erde und teilte mit ihm Siege und Niederlagen. Nur sie wußte ihn zu beruhigen, wenn Gesicht und Körper dieses Hünen unvermittelt von Krämpfen erschüttert wurden. Sie schenkte ihm vier Kinder, von denen jedoch nur Anna und Elisabeth am Leben blieben. Schließlich trat sie zum orthodoxen Glauben über und nahm den Namen Katharina an. Peter heiratete sie, obwohl Eudoxia, die er gezwungen hatte, in ein Kloster zu gehen, noch lebte. So machte er sich der Bigamie schuldig, doch welches Hindernis hätte ihn je aufzuhalten vermocht? Der »eherne Reiter« stürmte in rasendem Galopp vorwärts. Im Jahre 1717 begab er sich in der Absicht, eine Verbindung mit Frankreich herzustellen, nach Versailles und bot dem jungen Ludwig XV. die Hand seiner Tochter Elisabeth an; doch das Unternehmen scheiterte an der Ablehnung des Kardinals Dubois, der die Russen als Barbaren bezeichnete.

Die Russen sollten Barbaren sein? Zu einem großen Teil waren sie es. Und weil Peter der Große darunter litt, wurde er der große Neuerer. Er mußte in allen Bereichen Veränderungen einführen, er mußte Sitten, Gebräuche und Institutionen »verwestlichen« und einen neuen Menschen schaffen. Da ihm nichts rasch genug gehen konnte, war der Schock allzu heftig. Deshalb wurde dieser Schöpfergeist von vielen als ein »schlechtes Genie« bezeichnet, als ein schrankenloser Zerstörer. Und dennoch, während er sich Zukunftsvisionen hingab, gestaltete sein machtvoller Geist die Gegenwart. Die Gründung der neuen Hauptstadt seines Reiches im Jahre 1707, die man das »Palmyra des Nordens« nannte, war wohl die verwirrendste seiner Unternehmungen. Für ein neues Rußland wünschte er eine neue Stadt. Moskau war überaltert, rückständig, erstarrt, es mußte »in den Ruhestand versetzt werden«, denn über der Moskwa vermochte sich keine strahlende Morgenröte mehr zu erheben. Die mächtige Newa dagegen, die zwischen den Mauern der »Stadt des heiligen Petrus«, Sankt Petersburg, dahinströmte, ermöglichte den Austausch mit dem Westen.

Peter der Große starb allzu früh. Seiner anregenden, fordernden Gegenwart beraubt, waren die »jungen Adler«, die er sich herangezogen hatte, nur mehr un-

Peter III. (Peter von Holstein-Gottorp) mit seiner Frau und seinem Sohn Paul auf einem Gemälde von A. R. Lisiewska. Seine Gemahlin, die spätere Katharina II. die Große, war Sophie von Anhalt-Zerbst, eine deutsche Prinzessin.

Brillanten und rosa Topase in Gold- und Silberfassungen. Diese Brosche und Ohrgehänge sind eine für Katharina II. angefertigte Garnitur. – Die ehrgeizige deutsche Prinzessin hatte sich das Russische Reich erheiratet.

bedeutende Beamte oder aber Größenwahnsinnige, die nur ihren persönlichen Ehrgeiz und ihre kleinlichen Interessen im Auge hatten. Der Zar hatte sich bei der Rettung schiffbrüchiger Seeleute eine Erkältung zugezogen. Er, der niemals krank gewesen war, wurde innerhalb von drei Tagen dahingerafft. Sterbend wollte er seiner Tochter Anna sein Letzten Willen diktieren. Er seufzte: »Legt alles in die Hände von ...« und gab seinen Geist auf. Nach seinem Tod am 27. Januar 1725 geriet alles ins Wanken. Siebzehn Jahre hindurch wanderte das Zepter des Reiches, dessen »Erneuerung« noch bei weitem nicht vollendet war, von einer Frauenhand in die andere. Die Zeit der Selbstherrscherinnen brach an.

Als der Zarewitsch Alexej sich gegen seinen Vater erhob, hatte ihn dieser geopfert und daraufhin die Primogeniturordnung abgeschafft. Der neue Erlaß (eine weitere Revolution) sah vor, daß der Zar künftig »jede beliebige Person seiner Wahl zum Nachfolger bestimmen« und seine Entscheidung wieder rückgängig machen könne, falls er diesen für »unfähig und unwürdig« erachte. 1724 hatte er seine »Katharinuschka« für die »zahllosen bedeutenden Dienste«, die sie ihm erwiesen hatte, zur Kaiserin gekrönt und schriftlich zu seiner Nachfolgerin bestimmt. Er hatte dieses Schriftstück jedoch zerrissen, als Katharina ihn mit seinem Kammerherrn Mons betrog, dessen abgeschlagenes Haupt unter einem Glassturz eine Zeitlang die Tür zum Zimmer der Schuldigen zierte. Man konnte davon ausgehen, daß Peter sie nicht fur »wurdig« erachtet hätte. In wessen Hände sollte man »alles legen«? In die seines Enkels Peter, Alexejs Sohn? In die Annas, der Tochter Iwans V.? Die Ratgeber Peters des Großen und die Militärs waren der Ansicht, daß niemand außer Katharina dieses schwere Erbe antreten könne. Im Morgengrauen des 28. Januar ertönten unter den Fenstern des Winterpalais die Rufe der von Menschikow angeführten Garde: »Es lebe unser Mütterchen Katharina die Erste!« Die Regimenter Preobraschenskij und Semjoniwskij halfen der Witwe ihres Begründers, auf den Thron zu gelangen und waren von da an Schiedsrichter über die Macht. Wer die kaiserliche Garde hinter sich hatte, konnte seines Erfolges bei einem Staatsstreich oder einer Palastrevolution sicher sein ...

Katharina I. (1725–1727) war die erste Frau, die über ganz Rußland regierte. Ihrer unumschränkten Macht wegen wurde sie von den Diplomaten der damaligen Zeit »die mächtigste Frau der Welt« genannt. Sie war aufrichtig bemüht, das unvollendete Werk Peters weiterzuführen und sich darin von niemandem beirren zu lassen. Ihr Hang zum Alkohol aber – sie hatte sich in den Lagern der Feldzüge das Trinken angewöhnt –, ihre Schwärmerei für immer neue hochstehende Persönlichkeiten ihres Hofes und ihr unstetes Leben gaben Menschikow, inzwischen Fürst und Serenissimus, freie Hand. Er entmachtete den Senat und den Heiligen Synod und tyrannisierte den Obersten Rat, aus dem er den Schwiegersohn der Kaiserin, den Herzog von Holstein, ausschloß, der sich daraufhin mit seiner Gattin, Prinzessin Anna, in sein Herzogtum zurückzog. Gedemütigt und entmutigt, entschloß Katharina sich zu einem Bündnis mit Österreich, dem Feind Frankreichs. Von da an ließ sie sich gehen. Ihr aufgeschwemmter Leib verfiel, ihr Geist verdüsterte sich. Kaiser Karl VI. sah ihren Tod nahen und bestach Menschikow, um von ihr ein Testament zu erlangen, in dem sie den Sohn des Zarewitsch Alexej, der durch seine Mutter mit dem Hause Habsburg verwandt war, zu ihrem Nachfolger bestimmte. Und in der Tat unterzeichnete sie ein Schriftstück, das das Reich in die Hände eines zwölfjährigen Knaben legte. Immerhin setzte sie in einem letzten Augenblick der Klarheit ihre beiden Töchter nach ihrem Cousin an die zweite und dritte Stelle der Thronfolge. Bald darauf (1727) starb sie, nach zwei Jahren einer ruhmlosen Regierung. Ihre Tochter Elisabeth, die einst ihren Traum, Königin von Frankreich zu werden, hatte begraben müssen, konnte nicht ahnen, daß der König, der sie heute zurückwies, ihr morgen dazu verhelfen würde, Kaiserin zu werden.

So wurde Peter II. (1727–1730) von Menschikow, der sich als Diktator gebärdete, »eingesetzt«. Um seine Stellung zu stärken, verlobte Menschikow den jungen Zaren mit seiner Tochter Maria. In den Augen des alten Adels aber symbolisierte der Sohn des unglücklichen Alexej das Rußland der Zeit vor Peter I.... vor der »Sintflut«. Die Dolgorukij und die Galizyn, Fürsten aus altem Geschlecht, rissen die Macht an sich,

Katharina II. im Krönungsornat. Ein Biograph der »Semiramis des Nordens« bezifferte die Ausgaben für ihre Liebhaber mit 92 Millionen Rubel. Obwohl sie weder Russin noch eine Romanow war, gelang es ihr, Rußland zu einer Großmacht zu formen.

entledigten sich der »jungen Adler« und verbannten Menschikow mit seiner Familie nach Sibirien. Peter II. ließ sie gewähren. Leichtsinnig, launenhaft und schon frühzeitig einem ausschweifenden Leben verfallen, liebte er nur das Vergnügen und die Jagd und kümmerte sich nicht um sein Reich, um die Staatsgeschäfte und die Politik. Die »Oligarchen« verlegten den Hof nach Moskau zurück und unterstrichen damit die Rückwendung zur Vergangenheit. Hier endete das Werk dieser Bojaren, die ebenso inkompetent waren wie ihre Vorfahren und ebenso unfähig zu jeder Initiative wie ihr jugendlicher Herrscher. »Das Staatsschiff schien von einem betrunkenen oder eingeschlafenen Steuermann gelenkt zu werden«, wie ein Diplomat bemerkte. Der »Steuermann« ließ sich ebenso willenlos mit Katharina Dolgorukij verloben wie zuvor mit Maria Menschikow. Im Februar 1730, am Vorabend seiner Hochzeit, starb er im Alter von fünfzehn Jahren an den Pocken.

Die Thronfolge war offen; niemand beachtete das Testament Katharinas I. Anna von Holstein war im Kindbett gestorben. Ihr Sohn war noch ein Säugling, so daß man eine Regentschaft seines Vaters, eines Ausländers, hätte in Kauf nehmen müssen. Folglich wäre Elisabeth in Frage gekommen. Dagegen wiederum protestierten die Oligarchen mit dem Argument, sie habe zuviel Charakter. Sie wünschten die Macht unter sich aufzuteilen und wählten deshalb Anna, die Tochter Iwans V. und Witwe des Herzogs von Kurland. Sie war siebenunddreißig Jahre alt und lebte in bescheidenen Verhältnissen in Mitau mit ihrem Liebhaber Ernst Johann Bühren, der sich »Biron« nennen ließ. Die Fürsten gingen davon aus, daß die »dicke Anna« sich ihren Wünschen beugen werde und legten ihr eine Charta vor, die ihre Macht empfindlich einschränkte. Die staatlichen Körperschaften und die Armee erfuhren aber von diesem Manöver und warnten die Herzogin. Diese, eine träge und labile, nichtsdestoweniger aber listige Person, unterzeichnete das Dokument und erschien in Moskau, entschlossen, sich zu behaupten. Nach einer Reihe geheimer Intrigen empfing sie am 8. März 1730 in einer Audienz die »Vertreter des Volkes«, die sie »spontan« bestürmten, »wie ihre Vorfahren als Selbstherrscherin zu regieren«. Selbstverständlich schaltete die Garde sich ein und bedrohte jeden mit dem Tode, der es wagen sollte, ihrer Herrscherin Vorschriften zu machen. Anna zerriß die Charta und verkündete, daß sie »auf dem Erbwege« Kaiserin werde (was nicht ganz unrichtig war, denn sie war die Erbin der älteren Linie) und sich daher »den Gesetzen des Reiches beuge, das von jeher von einem absoluten Monarchen regiert worden sei«. Eine Bemerkung, die nicht ganz richtig war.

Von da an ließ Anna I. (1730–1740) zusammen mit ihrem Günstling und einer Unzahl Deutscher in allen Schlüsselpositionen, Rußland zehn Jahre lang leiden. Biron griff in allen Bereichen rücksichtslos durch – man nannte sein Regiment die *Bironschtschina* –, handelte dabei aber stets im Einvernehmen mit seiner kaiserlichen Geliebten. Sie waren ein unwürdiges Paar, das in Willkür, Despotismus, Proskriptionen und Exekutionen schwelgte und zugleich den Staatsschatz plünderte, um seinen maßlosen Aufwand bezahlen zu können. Zwischendurch zog man der polnischen Thronfolge wegen gegen Frankreich in den

Zar Alexander I. von Rußland, Kaiser Franz I. von Österreich und der preußische König Friedrich Wilhelm III. erhalten die Nachricht vom Sieg bei Leipzig. Die Szene hielt J. P. Krafft fest.

Krieg, und Marschall Münnich führte die russische Armee bis an die Ufer des Rheins. Durch dieses Ereignis gelangte der König von Frankreich zu der Auffassung, daß eine Wiederaufnahme der Beziehungen zwischen beiden Völkern ratsam sei, zumal die Zarin »germanischen« Ursprungs sei. Im Trianon schlug Elisabeths Stunde ... Ludwig XV. entsandte den prunkliebenden Marquis de la Chétardie nach Petersburg, um Kontakt mit ihr aufzunehmen. Dieser wurde alsbald gewahr, daß sie unter ständiger Überwachung isoliert lebte und daß »das Volk, welches unter dem Joch der Deutschen stöhnte, sie zärtlich liebte«. Unterdessen, im Oktober 1740, starb die Kaiserin.

Sie hinterließ den Thron einem wenige Monate alten Kind, dem Sohn ihrer Nichte Anna von Mecklenburg, die sie adoptiert und mit dem Prinzen von Braunschweig verheiratet hatte. Durch ihre Wahl »Iwans VI.« (1740–1741), des Enkels Iwans V., blieb die Krone der älteren Linie der Romanow erhalten. Biron wurde zum Regenten bestimmt. Damit wäre das Land auf lange Zeit der Gewalt dieses Tyrannen ausgeliefert gewesen, doch die Mutter des Zaren, die man un-

Alexander I. bestieg nach der Ermordung seines Vaters Paul I. den Thron. Er schickte seine Armee durch ganz Europa, um »es von dem Scheusal (Napoleon) zu befreien, das Unglück über die Welt brachte«. Im Jahre 1825 verschwand er unter mysteriösen Umständen.

ter Vormundschaft gestellt hatte, begehrte auf, spann ihre Intrigen, und noch ehe ein Monat verstrichen war, wurde der Regent von den Grenadieren der Garde gefangengenommen. Prinzessin Anna hatte gesiegt, wenn auch nicht für lange ... Elisabeth, die sich nunmehr frei bewegen konnte, zeigte sich, von der Bevölkerung umjubelt, in der Stadt und empfing in ihrem kleinen Sommerpalais Militärs aller Ränge. Auch der französische Gesandte konspirierte in ihrem Interesse.

Die Regentin war von ihren Spionen gewarnt worden; la Chétardie aber verfügte über seine eigenen Spione und setzte Elisabeth davon in Kenntnis, daß ihre Cousine sie in ein Kloster zu sperren beabsichtige. »Wählen Sie, Madame, zwischen dem Schleier und der Krone!« In der Nacht des 24. November begab sie sich bei klirrender Kälte zu den Kasernen der Garde und richtete an die Truppen die Frage, ob sie ihr zu der Krone verhelfen wollten, die ihr von Rechts wegen zustehe. »Das Unrecht, das man mir angetan hat, fällt auf die ganze Nation zurück.« Damit war alles gesagt: Volk und Herrscher bildeten eine Einheit, wie es auch bei ihrem Vater der Fall gewesen war. Die Soldaten riefen: »Es lebe unser Mütterchen Jelisaweta!« Und sie entgegnete: »Laßt uns ans Werk gehen und immer daran denken, unser Vaterland glücklich zu machen!« Ein phantastischer Staatsstreich, der ohne einen Schuß und ohne Blutvergießen gelang. Die Familie von Braunschweig wurde aus dem Schlaf geweckt und von einer Eskorte abgeführt.

Unter der Regierung Elisabeths I. (1741–1761) »fand Rußland zu sich selbst zurück«. Der Geistliche, der sie in der Himmelsfahrtskathedrale in Moskau salbte, richtete ernste Worte an sie: »Was wäre edelmütiger als die Gebrechlichkeit des weiblichen Geschlechts hintanzustellen und für unser aller Wohl geradewegs auf die Gefahr zuzugehen? Was wäre verdienstvoller, als sich dem Gegner zu stellen, jenem Nachtvogel, der das Nest des russischen Adlers eingenommen hat? Kann es etwas Bewundernswürdigeres geben, als die Zerstörer zu vertreiben, die Söhne Rußlands zu befreien und das Land zu seinem einstigen Ruhm zurückzuführen?«

Und wirklich fand Rußland unter ihrer Herrschaft zwanzig glückliche Jahre hindurch zu neuem Leben zurück. Sie betrieb eine Politik der Präsenz und der Größe: Sie schuf einen kultivierten Hof, der im Widerschein von Versailles erstrahlte, und sie nahm an allen wichtigen Ereignissen in Europa »mit hartnäckigem Scharfblick« teil. Schön, sinnenfroh, anziehend und vernarrt in Bälle und Toilette, war sie sich aufgrund ihres überschäumenden Naturells ebensosehr ihrer Aufgabe bewußt, wie begierig nach Zerstreuungen. Sie war fähig, einem Botschafter ebenso die Stirn zu bieten wie ein Menuett mit ihm zu tanzen. Wäre sie nicht mehr als ein Vogel mit schillerndem Gefieder gewesen, so hätten Ludwig XV., Friedrich II. und Maria Theresia ihre Außenpolitik gewiß nicht an den freundschaftlichen oder auch feindlichen Beziehungen zwischen ihnen und ihr ausgerichtet.

Wie Peter I. wollte sie ein gut russisches und zugleich gegenüber dem Westen aufgeschlossenes, ein unabhängiges, aber mit den anderen Nationen befreundetes Rußland. Eher enthusiastisch als überlegt, verstand sie es dennoch, sich in die Arbeit zu stürzen, wenn die Pflicht es verlangte, und ihre Mitarbeiter mit Bedacht zu wählen. Ihr bester Ratgeber war ihr Liebhaber Alexej Rasumowskij. Elisabeth liebte ihn sehr, doch er blieb dennoch zurückhaltend und uneigennützig.

War Elisabeth I. die legitime Nachfolgerin Annas I.? Rechtmäßiger Thronfolger wäre ohne Zweifel der Sohn ihrer älteren Schwester Anna, der junge Peter, gewesen oder aber Iwan VI., in dessen Adern zwar zu drei Vierteln deutsches Blut floß, der aber nichtsdestoweniger ein Enkel Iwans V. war. Wenn Elisabeth den jungen Zaren, den sie entthront hatte, zu lebenslanger Haft verurteilte, so deshalb, weil sie beunruhigt war. Wenn sie eilends ihren Neffen Peter von Holstein-Gottorp nach Rußland kommen ließ und ihn zu ihrem Nachfolger bestimmte, so deshalb, weil sie unsicher war. Wie sehr aber enttäuschte sie dieser junge Mann! Ungebildet, ungezogen und heimtückisch, wollte er weder von Rußland noch von der Krone oder vom orthodoxen Glauben etwas wissen. Sein alleiniges Interesse galt dem König von Preußen. Dies sollte der Enkel Peters des Großen sein? Elisabeth war niedergeschmettert; doch sie konnte nichts tun als diesen Wilden verheiraten.

Sophie von Anhalt-Zerbst, eine obskure, kleine, völlig mittellose deutsche Prinzessin, war von Ehrgeiz besessen. Sie träumte davon, Kaiserin von Rußland zu werden. Brillant, kultiviert, scharfsinnig und listig begehrte sie nicht mehr, als von der Kaiserin zu lernen. Diese war bemüht, sie zu formen und der zukünftigen Katharina der Großen den letzten Schliff zu geben. Die Undankbare revanchierte sich damit, daß sie später alles daransetzte, Elisabeth die Große in Vergessenheit geraten zu lassen. Sophie trat zum orthodoxen Glauben über und wurde »Großherzogin Katharina«. Sie faßte eine wachsende Neigung zu Rußland. Ihr Verlobter mißfiel ihr zwar, doch um eines Tages regieren zu können, war ihr kein Opfer zu groß.

Die Ehe wurde nicht vollzogen. Elisabeth beklagte sich bitter darüber, doch als echte Tochter ihres Vaters opferte sie schließlich die Moral der Staatsräson und führte Katharina, die reizvolle, enttäuschte Frau, dem schönsten Mann am Hofe, dem Grafen Sergej Saltykow, zu, während Peter sich gerade im rechten Augenblick einem »kleinen Eingriff« unterzog. Niemand wird daher je wissen, wer der Vater des kleinen Paul war, der 1754 geboren wurde. Manche sind sich der Vaterschaft Peters sicher; liest man aber in den Memoiren Katharinas II. zwischen den Zeilen, so stellen sich gewisse Zweifel ein ... Elisabeth, über die Frage der Thronfolge beruhigt, nahm das Kind mit in ihre Gemächer und kümmerte sich nicht mehr um Katharina. Diese stürzte sich mit ihrem neuen Liebhaber Stanislaus Poniatowski (dem späteren König von Polen), der ihr durch den englischen Botschafter vorgestellt worden war, in die Politik. Sie trat für England ein, während ihr Gatte zugunsten Preußens agierte und zu einer Art Geheimagent Friedrichs des Großen, einem Feind Rußlands, wurde. Unterdessen war die Kaiserin an der Seite Frankreichs und Österreichs in den Siebenjährigen Krieg eingetreten, ein uneigennütziger Schritt, der sich auf den Verlauf der Kämpfe überaus günstig auswirkte. Wie ihr Vater starb die Tochter Peters des Großen zum Schaden für ihr Reich allzu früh. Am Weihnachtstag 1761 erlag sie einem Schlaganfall. Wäre dieses Unglück nicht geschehen, so wäre die aufkeimende Macht des Hauses Brandenburg und des preußischen Staates wieder zunichte gemacht worden.

Ob Paul I. nun der Sohn Peters III. oder Saltykows war – Elisabeth war die letzte echte Romanow. Nach ihr regierte in Rußland die Familie Holstein-Gottorp mit einer Reihe von immer weniger russischen und, durch die mütterliche Linie, immer mehr deutschen Herrschern. Sie führten indessen den Namen Roma-

Nikolaus I. herrschte mit der Devise »Autokratie, Orthodoxie, Nationalismus« und behauptete, Rußland müsse »die Ordnung und die Autorität aufrechterhalten und diese Werte verteidigen, wo immer sie angegriffen« würden.

now, um so ihre geistige Herkunft und ihr mächtiges moralisches Erbe zu dokumentieren. Es ist nicht weiter verwunderlich, daß die Zaren, die nach Paul folgten, immer weniger eine Einheit mit der Nation bildeten und immer mehr auf die Durchsetzung des Prinzips der Selbstherrschaft bedacht waren als auf das Wohl ihrer Untertanen.
Die erste Regierungshandlung des neuen Kaisers, Peters III., bestand darin, mit Friedrich II., seinem »Idol« und »Meister«, ein Bündnis zu schließen, als die russische Armee bereits vor Berlin stand. Wieder erlebte Rußland eine »germanische Invasion«. Die Armee wurde nach preußischem Vorbild reorganisiert, der russische Adel stieß nur noch auf Hohn und Verachtung. Peter III., ein labiler, bösartiger Mensch, trat die Vergangenheit mit Füßen und lag fortwährend im Kampf mit seinen Untertanen und mit seiner Gemahlin. Er haßte Katharina und verstieß sie schließlich, um seine Mätresse Elisabeth Woronzow zu heiraten. Katharina aber wurde »von allen geliebt und geachtet, während ihr Gatte nur Haß und Verachtung hervorrief«. Die Regierung dieses mittelmäßigen kleinen Tyrannen sollte nur von kurzer Dauer sein. Wie Peter der Große und wie Elisabeth schlug die junge Kaiserin in dem Augenblick zu, als ihr Gegner, der sie wehrlos glaubte, es am wenigsten erwartete. Katharina war keineswegs wehrlos! Ihr dritter Liebhaber, Grigorij Orlow, und dessen Bruder Alexej waren Gardeoffiziere, außerdem hatte sie den Adel hinter sich. Sie hatte ihre Lektion bei Elisabeth gut gelernt, und am 28. Juni 1762 spielte sich die gleiche Szene ab wie Jahre zuvor: Die Truppen jubelten Katharina zu: »Es lebe unser Mütterchen Jekaterina!«
Katharina II. (1762–1796) wurde durch den Erzbischof zur »Monarchin und Selbstherrscherin« proklamiert. Es bereitete ihr Vergnügen, an der Spitze eines Armeeregiments nach Oranienburg zu galoppieren, um den Kaiser, der sich ihr zu Füßen warf, zur Abdankung zu zwingen. Sie stellte ihn auf dem kaiserlichen Landgut Ropscha unter Überwachung, wo er wenig später von Alexej Orlow erwürgt wurde. Dies war ein weiterer Mord durch einen Mittelsmann: Peter I. ließ seinen Sohn Alexej umbringen, Katharina II. ließ ihren Gatten töten, der eine »um der Sicherheit des Reiches willen«, die andere ihrer persönlichen Sicherheit willen. »Ein notwendiges Verbrechen«, wie Friedrich II. erklärte. Auch den unglücklichen Iwan VI. ließ Katharina töten, als man versuchte, ihn aus seinem Kerker, in dem er seit dreißig Jahren gefangen saß, zu befreien. Er störte sie ebenso wie Peter III. Der eine wie der andere waren Zaren von Geburt, während Katharina nur ein Eindringling war und allenfalls berechtigt gewesen wäre, während der Minderjährigkeit Pauls II. die Regentschaft zu führen. Niemals überließ sie den Thron ihrem Sohn; durch sie wurde er zu einem verbitterten, haßerfüllten Menschen. Aber weder ihr Verhalten ihrem Sohn gegenüber noch ihre Verbrechen gerieten ihr in den Augen Europas, für das sie immer die »Semiramis des Nordens« blieb, zum Nachteil.
Die Kaiserin, zu allem fähig, zum Besten wie zum Schlimmsten, war eine Frau von überragender Klugheit und Bildung. Sie war eine »Freundin der Aufklärung« und Philosophin, eine Opportunistin mit einem ausgeprägten, nahezu genialen politischen Instinkt. Die »Schiedsrichterin Europas«, die Kunstsammlerin, die Mäzenin war ebenso wie Peter I. von einem unstillbaren Wissensdurst erfüllt. Ihre »geistigen Kalküle« waren subtiler als die seinen, doch wie bei ihm brodelte es in ihr fortwährend von neuen Ideen. Sie

wußte jeden, der an ihrem gewaltigen Werk zum Ruhme der Nation mitzuarbeiten wünschte, »mit ihrem Feuer zu entflammen«. Sie besaß den Verstand eines Mannes; der Fürst von Ligne hatte sie einst Katharina der Große genannt. Ihr Wesen glich den Facetten eines kostbaren Diamanten. Sie hatte eine gewaltige Vielfalt von Interessen und damit ein weites Betätigungsfeld. Wie war es möglich, daß sie, selbst wenn man berücksichtigt, daß sie vierunddreißig Jahre hindurch täglich fünfzehn Stunden arbeitete, so vieles vollbrachte? Dazu noch ihr Liebesleben! Ihre Affären haben der »kleinen Geschichte« immer wieder Nahrung gegeben; sie hatte eine große Zahl von Liebhabern, die alle jung und schön waren und sie doch niemals von ihrer Aufgabe ablenkten. Im übrigen verzehrte sich das Feuer rasch. Der jeweilige Liebhaber erwies sich meist als dumm, faul oder launisch und wurde, reich beschenkt, verabschiedet. Eine Ausnahme bildete Potemkin, der mit seinem überlegenen Geist und seiner ungestümen Natur diese Phalanx von unbedarften Jünglingen weit in den Schatten stellte. Körperliche und geistige Bande und gemeinsame Ambitionen im Dienste Rußlands fesselten Katharina und Potemkin, ihren Liebhaber und (wie es heißt) morganatischen Gatten aneinander. Gemeinsam arbeiteten sie an der Erweiterung des Reiches, ein Bemühen, das sie mit den drei Teilungen Polens allzuweit trieben. Zwischen den vehement vertretenen Grundsätzen der Kaiserin und deren Realisierung bestand nicht selten ein krasser Gegensatz.
So tat sie nichts für die Aufhebung der Leibeigenschaft und inhaftierte trotz ihrer Versicherung, sie liebe »unabhängige Geister«, Radischtschew und Nowikow, zwei der geistvollsten Männer der Epoche, wegen ihrer satirischen Schriften. Die Französische Revolution hatte ihr den größten Schrecken ihres Lebens versetzt, nicht gerechnet den Aufstand Pugatschows von 1773–1775, der ihren Thron ernsthaft ins Wanken gebracht hatte. Und dennoch hat sie, die weder Russin noch eine Romanow war (sie war eine Holstein durch ihre Mutter), sich aber auf das Gedankengut ihres »großen Vorbildes«, Peters des Großen, stützte, Rußland durch ihre Eroberungen und ihre Diplomatie zu einer Großmacht werden lassen und ihm endgültig seinen Platz im europäischen Konzert zugewiesen. Sie verschaffte dem Land seinen »zweiten Lungenflügel«, das Schwarze Meer, fruchtbare Ebenen und neue Städte im Süden, was sie »das neue Rußland« nannte. Als Katharina am 7. November 1796 starb, ging ein Zeitalter zu Ende. Die neue Epoche folgte, mit Ausnahme der zwanzigjährigen Regierung Alexanders I., einer absteigenden Linie. Katharina hatte beabsichtigt, diesen Enkelsohn, den sie über alles liebte, zu ihrem Erben zu machen, doch sie starb, noch ehe sie das Manifest, mit dem Paul abgesetzt werden sollte, veröffentlichen konnte. Alexander wußte um die Existenz dieses brisanten Schriftstückes, wagte aber nichts zu unternehmen. So gelangte Paul im Alter von zweiundvierzig Jahren auf den Thron. Er hatte allzu lange gewartet!
Paul I. (1796–1801) war ein düsterer Mensch, der zu Wahnvorstellungen neigte. Die Regierung dieses grausamen Tyrannen mit seinen Deportationen, willkürlichen Hinrichtungen und unsinnigen Dekreten bedeutete ein finsteres Kapitel in der Geschichte Rußlands. Er wurde gehaßt und gefürchtet und fiel

Das Arbeitszimmer Alexanders II. im Petersburger Winterpalast. Sein autoritärer Reformismus war allzu vorsichtig und kam allzu spät und löste schließlich auf allen Seiten nur Unzufriedenheit aus.

schließlich einer Verschwörung zum Opfer. In seinem Palast, einer Festung, die er sich eigens zum Schutz gegen Attentate hatte erbauen lassen, wurde er 1801 auf grauenvolle Weise umgebracht.
Alexander I. (1801–1825) war über die Verschwörung unterrichtet, glaubte jedoch oder wollte glauben, daß die Verschwörer Paul I. ohne Blutvergießen zur Abdankung zwingen könnten. Die Gewissensbisse wegen dieser Nacht des Grauens sollten ihn nie wieder loslassen und waren der Anlaß seiner düsteren Stimmungen. Es fällt schwer, über diese schöne, charmante und unstete »Sphinx des Nordens« ein Urteil zu fällen. Er wirkte anziehend und beunruhigend. Er war zugleich ehrlich und falsch, hartnäckig und unentschlossen, verwegen und furchtsam. Und stets ließ er sich von Illusionen leiten! Anfangs war er von der Freude am Wiederaufbau Rußlands erfüllt und faßte berauschende Pläne. Bald aber gerieten seine »grandiosen« Reformen ins Stocken, und er versuchte sich in der Diplomatie. Um der schönen Augen Königin Luises willen schloß er ein für sein Reich verheerendes Bündnis mit Preußen und trat der Dritten Koalition bei. Dann kam die Katastrophe von Austerlitz; der Zar gefiel sich in der Rolle des Strategen und hörte nicht auf Kutusow. Weitere Niederlagen folgten bei Preußisch Eylau und Friedland 1807. Plötzlich aber schloß der Zar Freundschaft mit Napoleon, und es kam zu der spektakulären Umarmung von Tilsit. Diese überschwengliche *entente cordiale* mißfiel den Russen; der Zar aber glaubte, durch bedachtsames Handeln in der Gegenwart der Zukunft zu dienen. Auch dies war eine Illusion! In Erfurt wurde 1808 das russisch-französische Bündnis zwar bekräftigt, doch der Zar verhielt sich von nun an zurückhaltender, und die Beziehungen zwischen beiden Ländern wurden aus vielerlei Gründen von Monat zu Monat schlechter. Dann kam das Jahr 1812, das von Waffengeklirr widerhallte. Die Große Armee überschritt am 4. Juni den Njemen und eilte mit Riesenschritten vorwärts, während die Russen zurückwichen. Im September kam es zur Schlacht von Borodino. Moskau opferte sich, um das Vaterland zu retten; es brannte »wie ein Zündholz«. Alexander I. aber erklärte: »Der Brand Moskaus hat meine Seele erleuchtet!« Er wußte, daß das Schicksal der Welt von dem Duell der beiden Kaiser abhing. Napoleon machte ihm Friedensangebote, er aber ging nicht darauf ein und ließ sich nicht von seinem Ziel abbringen. Als die Truppen Napoleons Moskau verließen und – von Kutusow ihrer endgültigen Vernichtung entgegengetrieben – auf die Ufer der Beresina zueilten, unternahm Alexander noch einen weiteren Schritt. Sobald der Feind aus Rußland vertrieben war, schickte er seine Truppen quer durch Europa, um es »von dem Ungeheuer zu befreien, das die Welt ins Unglück gestürzt hat«. Er führte seine Verbündeten – Österreich, England und Preußen – von Sieg zu Sieg, bis er im Triumph in Paris einzog. Es folgte der Wiener Kongreß, der durch die Rückkehr Napoleons ein jähes Ende fand.
Für Alexander I. begann unter dem Einfluß einer exaltierten Frau, der Baronin von Krüdener, eine Zeit des Mystizismus. Es entstand die Idee einer »Heiligen Allianz«, »eines Werkes der Liebe, des Friedens und der Wahrheit«, das ganz seinen Träumen und Illusionen entsprach. Die Bevölkerung der verbündeten Nationen brauchte seinen Vorstellungen zufolge nur zu fordern, was ihr versprochen war, nämlich die Grundrechte und eine Verfassung, und der Gesegnete (nach russischer Bezeichnung) bzw. der Kaiser Europas (nach westlicher Bezeichnung) würde ebenso wie seine »gekrönten Brüder« Angst bekommen und »seine Legitimität verteidigen« müssen. Die Heilige Allianz wandelte sich zu einer Liga von Monarchen, die sich gegen deren Untertanen richtete. Als der Zar erschöpft nach Rußland zurückkehrte, hatte er alles Interesse daran verloren. Er hatte alles gegeben, hatte seinen Zenit erreicht, und nun war sein Stern im Sinken. Er überließ Rußland dem General Araktschejew, einer verabscheuungswürdigen Gestalt, die die Unterdrückung in allen Bereichen zum Dogma erhob. Der Zar selbst reiste von Kongreß zu Kongreß, von denen jeder angesichts der nationalen Volksbewegungen eine weitere reaktionäre Verhärtung bewirkte. Alexander I. geriet mehr und mehr unter den ultrakonservativen Einfluß Metternichs. In Troppau erreichte ihn die Nachricht von der Erhebung eines Garderegiments. Seine Zeit war abgelaufen. Er floh seine Hauptstadt und vergrub sich zusammen mit der kranken und lange vernachlässigten Kaiserin in dem Marktflecken Taganrog am Asowschen Meer. Zog er sich auf einer Fahrt über die Halbinsel Krim eine Lungenentzündung zu? (Er erwarb auf dieser Reise ein Landgut, was darauf schließen ließ, daß er abzudanken beabsichtigte. Diese Absicht teilte er auch seinen Vertrauten mit, die jedoch nicht daran glaubten.) Ging er als Einsiedler nach Sibirien oder als Mönch auf den Berg Athos, um dort seine Sünden zu büßen? Ein unlösbares Rätsel! Auch eine Durchsicht der »Beweise« für seinen »Tod« wie auch für seinen »Weggang« kann das Geheimnis nicht aufklären. Sagen wir also, daß er am 19. November 1825 »verschwand«.
Konstantin, der Thronanwärter, und sein jüngerer Bruder Nikolaus schoben sich gegenseitig die Krone ihres Bruders Alexander zu. Konstantin hatte schon vor langer Zeit auf den Thron verzichtet, wovon Nikolaus jedoch nicht unterrichtet war. Er zögerte und wich aus, erklärte sich aber schließlich bereit, die Regierung anzutreten. Da versuchte eine Gruppe junger Offiziere, die sich alle während der Napoleonischen Feldzüge durch ihren Heldenmut ausgezeichnet hatten, eine Erhebung der Garnison anzuzetteln und von dem neuen Zaren eine Verfassung, die Abschaffung der Leibeigenschaft und die Pressefreiheit zu fordern. Die Dekabristen scheiterten jedoch. Ihre Führer, entschlossene Patrioten, waren wirklichkeitsfremde Theoretiker und Amateure, die nichts über die Technik eines Staatsstreiches wußten. Man kann eine Revolution nicht improvisieren und von einem Tag auf den anderen beschließen! Der Aufstand des 14. Dezember 1825 auf dem Senatsplatz in Petersburg endete mit Hunderten von Verhaftungen, einem langen Prozeß, fünf Hinrichtungen und einhundertzwanzig Verurteilungen zu lebenslänglicher Verbannung, welche Rußland der besten seiner Söhne beraubte.
Nikolaus I. (1825–1855), ein schöner Mann mit eisigem Blick, konnte den Dekabristenaufstand weder vergessen noch verzeihen. »Ein schöner Auftakt für meine Regierung«, grollte er und schwor, daß ähnliches nie wieder vorkommen werde. Er machte Rußland zu einem bürokratisierten, stark militarisierten Polizeistaat, der von einem erbarmungslosen Absolutismus erdrückt wurde. Er schuf eine Armee, die in seinem persönlichen Dienst stand, die berüchtigte »Dritte Abteilung«, eine politische Polizei, mit ihrem Exekutivorgan, dem Gendarmeriekorps. Er begann eine Zeit der institutionalisierten Überwachung und Unterdrückung. Man nannte Nikolaus den »Gendarmen Europas«. Er erklärte: »Rußland muß Ordnung und Autorität aufrechterhalten und sie verteidigen, wo immer sie angegriffen werden.« Für Ludwig-Phi-

Der Thronfolger Nikolaus und seine zukünftige Gemahlin Alice von Hessen. Der letzte Zar bestieg den Thron 1894, nach dem Tode seines Vaters. Dieser war ums Leben gekommen, als der Zug des Kaisers auf der Krim entgleiste.

lipp, den er den »König der Barrikaden« nannte, hatte er nur Verachtung übrig. Als Polen sich erhob, um sich vom russischen Joch zu befreien, kam es zu dem Blutbad von 1830 und der berühmten Botschaft: »In Warschau herrscht Ordnung!« 1848 schwor Nikolaus, beunruhigt »über den Umsturz, der überall um sich greift«, ihn von den Grenzen seines Reiches fernzuhalten. Er eilte Franz Joseph zu Hilfe, um ihn bei der Niederwerfung der Revolution in Ungarn zu unterstützen. Weder die Polizei noch Verbannung und Zwangsarbeit aber vermochten den Freiheitsgedanken an seiner Entfaltung zu hindern. Die Arbeit des Widerstandes ging im geheimen weiter. Die studentische Jugend und die »Intelligenzia« verweigerten ihre Unterwerfung unter die dreifache Devise des Zaren: »Selbstherrschaft, Orthodoxie, Nationalismus«.
Von Nikolaus I. provoziert, brach der verhängnisvolle Krimkrieg aus, der aus Mangel an Weitsicht, Organisation und Kompetenz von vornherein verloren war. Die glorreichen Tage der Romanow gehörten der Vergangenheit an. Sewastopol, Alma, Malakow – die heldenhafte Verteidigung der Russen war umsonst. Der Zar war überzeugt, Frankreich werde sich »als unfähig erweisen«, England werde »nichts unternehmen« und Österreich werde an seiner Seite kämpfen. Doch er täuschte sich auf der ganzen Linie. Der Gendarm Europas, der unbezwingbare Selbstherrscher, trieb der Katastrophe entgegen. Als er am 2. März 1855 allem Anschein nach an einer Grippe starb, sprach man deshalb hinter vorgehaltener Hand von Gift und Selbstmord. Es wäre immerhin möglich, daß dieser Zar mit dem Haupt eines römischen Kaisers »als Römer sterben« wollte.
Alexander II. (1855–1881) trat das Erbe eines ausgebluteten Landes an. Seine erste Aufgabe bestand darin, den Krieg zu beenden. Dies gelang zwar, doch stellte der Pariser Friede für ihn ein wenig ruhmreiches Ergebnis dar. Er ließ die nach dreißig Jahren Sibirien noch lebenden Dekabristen frei und nahm dann ein gewaltiges Vorhaben in Angriff: die Aufhebung der Leibeigenschaft. »Es ist doch besser«, erklärte er, »wenn wir es von oben tun, statt daß es von unten geschieht.« Vier Jahre hindurch arbeiteten verschiedene Komitees an dieser gewaltigsten aller Reformen, bis schließlich am 19. Februar 1861 Alexander II., von nun an der »Zar-Befreier« genannt, das Emanzipationsdekret unterzeichnete. Der Zar aber war ungeachtet seiner stattlichen Erscheinung ein schwacher Mensch, der zwischen gegensätzlichen Einflüssen und Theorien hin- und herschwankte. Bald voller Begeisterung, bald zaghaft und mutlos, wollte er es mit niemandem verderben, so daß das Ergebnis nur eine halbe Reform war. Er verärgerte die Liberalen, die Intelligenz und die studentische Jugend, er enttäuschte und entmutigte die Bauern, und in den Köpfen begann es zu gären. Gegen »soviel Undankbarkeit« begehrte er auf und reagierte mit Massenverhaftungen und einer Verstärkung der Polizei.
Von da an war die Opposition zum offenen Kampf entschlossen. Die junge Generation der »Populisten« unter Führung von Tschenyschewskij, Bakunin und Lawrow griff dabei zu grausamen Mitteln wie Bomben, Dynamit, Zugentgleisungen und Feuerüberfällen; man versuchte sogar, das Winterpalais in die Luft zu sprengen. Alexander II. entging allen Attentaten, doch jene, die unterdessen zu Terroristen geworden waren und organisierte revolutionäre Gruppen gebildet hatten wie z. B. den »Volkswillen«, hatten seinen Tod beschlossen. Der Zar schwankte zwischen Wutanfällen und tiefer Niedergeschlagenheit und folgte schließlich seinem Minister Loris-Melikow, der für die »Diktatur des Herzens« eintrat. Am 1. März 1881, einem Sonntag, vertraute er seiner leidenschaftlich geliebten langjährigen Mätresse und nunmehr morganatischen Gattin, der Fürstin Ekaterina Dolgorukij, an, daß er einen Verfassungsentwurf ausarbeiten lasse. Dann begab er sich zu einer Parade. Auf dem Rückweg explodierte unter seinem Schlitten eine von dem Terroristen Ryssakow, einem Mitglied des »Revolutionären Exekutivkomitees« geworfene Bombe. Als der Zar ausstieg, riß eine zweite Bombe ihn in Stücke. Er lag im Schnee ausgestreckt, und niemand kam ihm zu Hilfe, bis schießlich eine an der Stelle vorübermarschierende Abteilung von Offiziersanwärtern ihn aufhob und halbtot ins Winterpalais zurückbrachte, wo er noch am selben Abend starb.
Man hat einmal gesagt, daß die Dinge »mit der Zwangsläufigkeit eines Shakespeareschen Dramas« abliefen. Alexander III. (1881–1894), ein engstirniger bärtiger Hüne, spielte dabei den vorletzten Akt. Der Charakter seiner Regierung war bereits im voraus in dem Manifest seiner Thronbesteigung enthalten. Er erklärte sich zum Selbstherrscher durch Gottes Berufung und versprach, seine autokratische Gewalt zum Wohle seiner Völker zu stärken. Alexander III. war ein guter Gatte und Vater, ein einfacher, bürgerlicher Mann, der einen tiefen Widerwillen gegen Ideen und Kultur hegte. Seit seiner Kindheit stand er unter dem beherrschenden Einfluß seines Erziehers Konstantin Pobedonoszew, des undurchsichtigen Oberprokurors des Heiligen Synod, und war zutiefst überzeugt von den Wohltaten eines unumschränkten nationalistischen Absolutismus nach dem Vorbild seines Großvaters Nikolaus I. Er billigte die Pogrome und russifizierte bis zum Übermaß die baltischen Länder, Finnland und Polen. In der Außenpolitik zeigte er sich aufgeschlossener und ließ sich von einem aufrichtigen Wunsch nach Frieden leiten. So schloß er trotz seiner Vorbehalte gegen das »republikanische, antikleriakle« Frankreich die russisch-französische Allianz zur Sicherung des Friedens in Europa. Die französische Flotte lief 1891 in Kronstadt ein. Peter I. wäre entzückt gewesen! »Alle Flotten werden uns ihren Besuch abstatten!« Katharina II. hätte gelächelt beim Anblick dieses despotischen Herrschers, der in Habachtstellung der Marseillaise lauschte. Die russische Flotte kam nach Toulon, russische Fürsten be-

»Ich möchte die Autokratie beibehalten, denn ich glaube, die repräsentative Demokratie würde das Volk, das mir von Gott anvertraut wurde, ins Verderben führen.« So schrieb Nikolaus II., der letzte Zar, in sein Tagebuch.

suchten Paris, die russische Anleihe wurde ein überwältigender Erfolg. Man hat Alexander III. mit einer Reihe wenig schmeichelhafter Spitznamen wie dem des »erlauchten Dummkopfes« bedacht; den ehrenvollen Beinamen »der Friedfertige« aber trägt er zu Recht. Er starb auf der Halbinsel Krim an den Verletzungen, die er sich 1894 bei einer Entgleisung des kaiserlichen Zuges zugezogen hatte.
Nikolaus II. (1894–1917) erscheint geradezu prädestiniert als Akteur für den Schlußakt der Monarchie. Er war ängstlich und unentschlossen, außerordentlich wohlerzogen zwar, aber ohne jegliche politische Erziehung. Bei seiner Thronbesteigung erklärte er: »Von den Staatsgeschäften verstehe ich nichts. Ich weiß nicht einmal, wie man mit den Ministern redet!« Mit großer Entschiedenheit aber nahm er das Leitmotiv seines Vaters, Großvaters und Urgroßvaters auf: »Ich gedenke, die Selbstherrschaft fortzuführen, denn ich bin der Überzeugung, daß das Repräsentativsystem für das Volk, das Gott mir gegeben hat, verderblich ist!« Inkompetent und apathisch, erlag er dem einschüchternden Einfluß seiner Onkel, seiner Gemahlin Alexandra Feodorowna, Prinzessin von Hessen-Darmstadt, und Rasputins. Kluge, überlegene Geister aber duldete er nicht in seiner Umgebung und entließ daher – zum Schaden Rußlands – einige seiner Minister, darunter den Grafen Witte.
Unter dem Druck der Großherzöge ließ er sich 1904 bis 1905 zu einem unsinnigen Krieg gegen Japan drängen, den er aufgrund derselben Mängel verlor, die schon im Krimkrieg ausschlaggebend gewesen waren. Das Jahr 1905 war ein ereignisreiches und zukunftsträchtiges Jahr. Das Jahrhundert war noch ebenso jung wie die Revolution; man kann sagen, daß am »Blutigen Sonntag«, dem 9. Januar, alles begann. Nikolaus II. ließ auf eine Menschenmenge von 150 000 Arbeitern, Frauen und Kindern schießen, die Fahnen, Ikonen und Bittschriften mit sich trugen und in Lobgesängen den Zaren priesen. Im Gegensatz zu den Dekabristen und den Revolutionären des »Volkswillens«, die alles gewollt hatten, wollten sie nur als Menschen behandelt werden und nicht wie Sklaven und Tiere leben. Von allen Seiten brachen Gewehrsalven los, es gab tausend Tote. Mit den friedlichen Bittstellern starb auch die Dynastie. Es war ein jäher Bruch, das Ende einer fast abergläubischen Untertanentreue, die nur einmal noch für kurze Zeit wiederauflebte, als am 10. Juli 1914 der Krieg erklärt wurde. Zehntausend Menschen strömten vor dem Winterpalais zusammen und jubelten dem Zaren zu, der sie bewegt segnete. Dies war die letzte Geste der Verbundenheit der Nation mit dem letzten ihrer Monarchen. Nikolaus II. aber zog aus dem Jahr 1905 keinerlei Lehren – weder aus dem Blutigen Sonntag noch aus der Ermordung seines Onkels, des Großherzogs Sergej, noch aus der Meuterei auf dem Panzerkreuzer *Potemkin*. Die revolutionäre Agitation wurde verstärkt, die Streiks nahmen zu und weiteten sich aus. Widerwillig ließ sich der Zar schließlich von seinen Ratgebern zur Schaffung eines Parlaments, der »Duma«, bewegen.
Niemand bestritt, daß die physisch und psychisch kranke Kaiserin einen unheilvollen Einfluß auf den Zaren ausübte. Niemand bestritt auch, daß seine Politik gewissermaßen ihren Ausgang im Kinderzimmer nahm, wo ein Scharlatan, der Mönch Rasputin, als Heiliger und Wundertäter auftrat. Er hatte die Kaiserin, die zu mystischen Vorstellungen neigte und begeistert an ihn glaubte, davon überzeugt, daß ihr einziger Sohn Alexej, der Thronerbe, ohne seine Hilfe sterben werde. Zehn Jahre hindurch beherrschte Rasputin die Monarchin und durch sie (oder auch direkt) den Kaiser. Auf diese Weise lenkte er im verborgenen die Politik des Reiches. Dann kam der Krieg, den Nikolaus gewiß nicht wollte. Es kamen die Niederlagen Rußlands. Als der Einfluß Rasputins weiter zunahm, wurde er 1916 von dem Fürsten Jussupow und dem Großherzog Dimitrij ermordet. Es kam der Februar 1917. Die Hauptstadt hungerte, von der Front trafen verheerende Nachrichten ein. Demonstrationen und deren gewaltsame Niederwerfung durch die Kosaken häuften sich, bis schließlich die Garderegimenter meuterten und »auf die andere Seite« überliefen. Die Revolution erfaßte die Hauptstadt. Fürst Lwow bildete eine provisorische Regierung; das Exekutivkomitee des Arbeiter- und Soldatenrates richtete sich im Smolnyj-Institut ein; der sozialistische Rechtsanwalt Kerenskij wurde Justizminister. Und der Zar? Er verstand nichts von alledem! Als der Präsident der Duma

Die Revolution von 1917: Ein Aquarell von Wladimirow. Eine Gruppe Soldaten schickt sich an, ein Bild des Zaren ins Feuer zu werfen. Der Zar und seine Familie wurden am 16. Juli 1918 in Jekaterinburg umgebracht.

ihm ins Hauptquartier telegraphierte: »Anarchie in der Hauptstadt!«, rief er aus: »Das ist absurd!« und löste die Duma auf. Dies war seine letzte Regierungshandlung. Am 2. März unterzeichnete er in einem Eisenbahnwagen die Abdankungsurkunde und kehrte nach Zarskoje-Selo zu den Seinen zurück. Sein Palast war verlassen, man ließ ihn im Stich. »Verrat, Feigheit, Betrug!« rief er aus, als ihm endlich die Augen aufgingen. Dann folgten seine Verbannung nach Tobolsk und schließlich das grauenvolle Massaker in Jekaterinburg (Swerdlowsk) am 16. Juli 1918, bei dem der Zar mit seiner Familie von den Bolschewisten erschossen wurde.

Man hat oft von dem »Fluch der Romanow« gesprochen, aber was bedeutet das? Ein Übel, das alle Romanow in sich trugen: die sakrosankte Idee des kaiserlichen »Ich«. In düsterem Konservatismus erzogen, pflegten sie fast alle den Kult der absoluten Macht. Jeder von ihnen oder fast jeder war davon überzeugt, das Beste für sein Land zu tun, wenn er es in dem starren Rahmen der Fortschrittsfeindlichkeit gefangenhielt. Die Selbstherrschaft war für sie ein von Gott anvertrautes Gut. Nach und nach aber wandelte sich das verehrte Bild des hieratischen Herrschers in der langen zobelbesetzten Goldrobe, die Krone aus Goldfiligran und kostbaren Steinen auf dem Haupt und in den Händen das edelsteinbesetzte Zepter und den Reichsapfel. Dieser Zar, eine Person eher als eine Persönlichkeit, vermochte sich in dieser Gestalt in einer ständig sich wandelnden Welt nicht zu behaupten. Die ersten Romanow hatten den Neuerungen des Westens aufgeschlossener gegenübergestanden, sie waren realistischer. Die letzten Romanow in ihrer Furcht vor jeder Veränderung waren dazu verurteilt, zu sein, was sie nicht sein konnten oder aber ihre Dynastie dem Untergang preiszugeben.

Die Braganza

Ein Zweig dieser alten Adelsfamilie kam in den Besitz der Krone,
als sich Portugal aufmachte,
die Fesseln der spanischen Herrschaft abzustreifen.

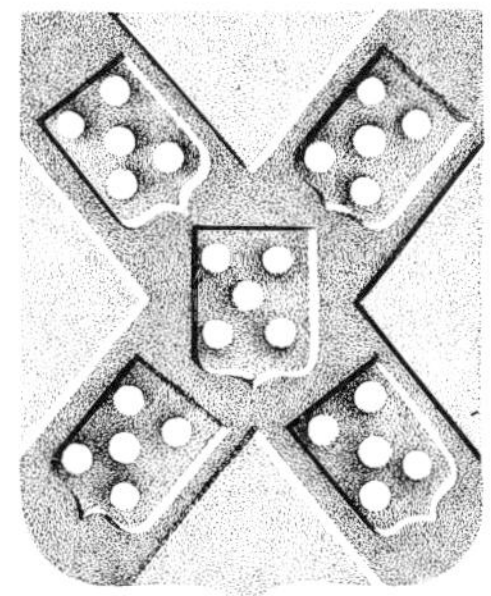

Als Stammväter der königlichen Familie der Braganza (portugiesisch: Bragança) gelten zwei illegitim Geborene: Johann I., ein unehelicher Sohn König Peters I., hatte vor seiner Thronbesteigung zwei uneheliche Kinder mit Inês Pires Esteves, nämlich Beatriz und Alfons. Johann legitimierte sie beide. Beatriz heiratete 1405 in England den Grafen von Arundel, blieb jedoch ohne Nachkommen. Alfons wurde Graf von Barcelos und später Herzog von Braganza. Einer seiner Nachkommen, der achte Herzog von Braganza, bestieg im Jahr 1640 den Thron von Portugal.
Doch ehe die Sprache auf diesen achten Herzog von Braganza kommt, wollen wir kurz jene 250 Jahre herzoglicher Geschichte skizzieren, die zwischen der Zeit Alfons' und dem Jahr 1640 liegen. Alfons I., der von 1377 bis 1461 lebte, ist eine sehr umstrittene Persönlichkeit. Hinsichtlich seines Prestiges und seiner Taten konnte er sich mit seinen Brüdern, den anderen illegitimen Söhnen seines Vaters, nicht messen. Diese bildeten einen illustren Kreis von Prinzen, die man die »glorreiche Generation« nannte. Alfons war zweimal verheiratet: zunächst mit Beatriz Pereira de Alvim, der Tochter des Connétable von Portugal, Nuno Álvares Pereira. Diese Heirat brachte dem Hause Braganza ein recht beträchtliches Vermögen ein, denn dem Connétable gehörte die Grafschaft Barcelos, der reichste Besitz des Landes. Der zweite Sohn aus seiner ersten Ehe war Ferdinand I., der zweite Herzog von Braganza; er lebte von 1403 bis 1478. Alfons kehrte von Tanger, wo er als Gouverneur gewirkt hatte, nach Portugal zurück, um seinen Onkel, den Infanten Peter, gegen den maßlosen Haß und Neid des ersten Herzogs von Braganza zu verteidigen. Doch er kam nicht rechtzeitig genug, um die Schlacht von Alfarrobeira zu verhindern, in deren Verlauf der vortreffliche Prinz getötet wurde. Seine Ernsthaftigkeit, sein integres Wesen und seine Besonnenheit veranlaßten König Alfons V., ihm die Regierung des Reiches zu übertragen, als der Arzila-Feldzug ihn in Anspruch nahm.
Der erstgeborene Sohn dieses Mannes war Ferdinand II., der dritte Herzog von Braganza. Sein Wesen und Schicksal unterschieden sich sehr von dem seines Vaters: Er wurde 1430 geboren, war stolz und glühend vor Ehrgeiz und zettelte zusammen mit seinen beiden Brüdern, seinem Cousin und Schwager, dem Herzog von Viseu, dem Bischof Garcia de Meneses und einigen anderen Schützlingen eine Verschwörung an. Das Komplott wurde jedoch aufgedeckt. König Johann II. zeigte bei der Bestrafung der Schuldigen kein Erbarmen: Ferdinand II., der Hauptangeklagte, wurde 1483 in Évora öffentlich enthauptet. Der vierte Herzog von Braganza war Jakob I., der von 1479 bis 1532 lebte. Er war der zweitälteste Sohn des Rebellen. Seine Kindheit hatte er in Kastilien verbracht, wohin er gleich nach der Hinrichtung seines Vaters geschickt worden war. Nach der Thronbesteigung Emanuels I. durfte er nach Portugal zurückkehren. Er erhielt seinen Titel, und man händigte ihm das beschlagnahmte Vermögen seines Vaters aus. Damals war er 17 Jahre alt und zeigte bereits Anzeichen von Geistesgestörtheit. Im Jahre 1500 wurde seine Ehe ausgehandelt, die dann 1502 geschlossen wurde: Seine Gemahlin war Leonor von Mendonça, eine Tochter des dritten Herzogs von Medina Sidónia. Nach zehnjähriger Ehe, als er bereits Vater zweier Kinder war, führten ihn seine völlig unbegründete, rasende Eifersucht und die Intrigen eines Domestiken dazu, einen Pagen töten zu lassen, gegen den er Verdacht hegte; die unschuldige Herzogin brachte er eigenhändig um. Er faßte den Entschluß, eine Expedition zur Eroberung von Azamor in Nordafrika zu organisieren – vielleicht in der Absicht, seine Untat zu vergessen, oder, weil ihn sein Geisteszustand immer rastloser gemacht hatte. Der König übertrug ihm den Oberbefehl über ein Schiffsgeschwader und über 15 000 Mann. Zu diesen Truppen kamen noch weitere 4000 Fußsoldaten und 500

Der Gefängnisturm des Stammschlosses der Familie Braganza in der Stadt Bragança. Diese kleine Stadt in der Nordostecke Portugals wurde 1442 von Alfons, dem leiblichen Sohn König Johanns I., zum Herzogtum erhoben.

Das Schloß und die Stadt Vila Viçosa, die Residenz der Könige von Portugal, auf einem Aquarell aus dem 17. Jahrhundert. Den heutigen Palast von Vila Viçosa ließ Jakob I., der vierte Herzog von Braganza, errichten; er lebte von 1479 bis 1532.

Ritter hinzu, die auf seine Kosten ausgerüstet wurden. Er ging bei Mozagan an Land, und aufgrund des geringen Widerstandes von seiten der Bevölkerung eroberte er den Ort, den er wehrlos und beinahe unbewohnt vorfand. Sein Sohn Theodosius I., der fünfte Herzog von Braganza, war ein gebildeter Mann: Er hatte den Unterricht des großen Humanisten Diogo de Sigeu genossen. Theodosius widmete sich der Malerei und Bildhauerei und war ein großer Freund dieser Künste. Konstantin, ein anderer Sohn Jakobs I., war in jungen Jahren Botschafter am Hofe Heinrichs II. von Frankreich. 1558 wurde er zum Gouverneur von Indien ernannt. Er eroberte Damão, Ceylon und die Insel Manar und brachte die Finanzen des indischen Staates wieder in Ordnung.

Sechster Herzog von Braganza war Johann I., der Sohn des Theodosius. Herzog Johann, geboren 1543, gestorben 1583, heiratete seine Cousine Katharina, die Tochter des Infanten Eduard (Duarte). Beim Tode König Sebastians und König Heinrichs gehörte Herzogin Katharina zu den Anwärtern auf den portugiesischen Thron. Doch Philipp II. von Spanien widersetzte sich dem entschieden. Unter Anwendung von Gewalt gelang es ihm, sich zum König von Portugal ausrufen zu lassen. Die Herzöge von Braganza fand er mit einer Summe von über 200 000 Cruzados ab, als ob Geld den Verlust eines Thrones je wiedergutmachen könnte . . .

Theodosius II., der siebte Herzog von Braganza, lebte von 1568 bis 1630; er war ein sehr gebildeter Mann, den gute Lehrer in Sprachen, in Mathematik und in Rhetorik ausgebildet hatten. Er war kaum elf Jahre alt, als er König Sebastian stellvertretend für seinen Vater Johann I., der sich geweigert hatte, nach Afrika begleitete. Dort nahm er an der Schlacht von Alcazar-Kebir teil, wo er nach der Niederlage des portugiesischen Heeres in Gefangenschaft geriet. Daß er freigelassen wurde, verdankte er der Großherzigkeit des Königs von Marokko. Er war ein strenger und zugleich frommer Mann: Dies mußte zu einigen Unstimmigkeiten mit seinem Sohn Johann führen, dem ersten Braganza, der den Thron von Portugal bestieg. Unter den Kindern Theodosius' II. ist neben Johann – auf den wir noch zurückkommen werden – auch der zweitälteste Sohn, Eduard, eine interessante Persönlichkeit. Trotz seiner überlieferten Tugenden war er ein recht glückloser Prinz. Er bereiste Spanien, Italien und verschiedene Gegenden des Kaiserreichs. Als sein Bruder König wurde, befand er sich in Deutschland, wo er als General in der Armee diente. Auf Er-

Alfons VI., der Sohn des ersten Braganzakönigs. Wegen der Siege seiner Generäle über die Spanier wurde er »der Sieger« genannt. In Wahrheit war er ein geistig nicht gesunder König, der den Thron schon bald seinem Bruder Peter II. überlassen mußte.

suchen des Königs von Spanien wurde er am 4. Februar 1641 in Regensburg festgenommen und nach Mailand gebracht, wo er sieben Jahre lang, d. h. bis zu seinem Tode, festgehalten wurde. Der spanische König hatte verhindern wollen, daß Eduard seine Erfahrung in den Dienst des neuen Königs von Portugal stellte.

Der bereits erwähnte Johann war am 18. März 1604 in Vila Viçosa, im Herzogspalast, zur Welt gekommen. Den Titel eines Herzogs von Barcelos trug er von Geburt an. 1630 war er mit dem Tode seines Vaters auch achter Herzog von Braganza, sechster Herzog von Guimarães und siebter Marquis von Vila Viçosa geworden. Er war der Erbe der reichsten Herzogsfamilie Portugals und eines der größten Adelshäuser in ganz Europa, das über riesige Ländereien und andere Besitzungen verfügte.

In Portugal machte sich eine große Unzufriedenheit mit der spanischen Herrschaft breit, und zwar sowohl unter dem Volke wie auch in den Reihen des Adels. Es gab versteckte Anzeichen für einen Aufstand. Die hervorragendsten Männer aus dem Adel organisierten ein Komplott gegen die spanischen Unterdrücker. Die Verschwörer boten dem Herzog von Braganza die Krone an, der sich zunächst natürlich etwas sträubte, sie anzunehmen. Seine Gemahlin, die Herzogin, war es, die ihm zur Annahme der Krone riet. So drang am 1. Dezember 1640 eine Gruppe von 40 Adligen in den Königspalast von Lissabon ein und tötete den Minister Philipps IV. (= Philipp III. von Spanien), den Verräter Miguel Vasconcelos. Die Vizekönigin und die Herzogin von Mantua nahmen sie gefangen und designierten den Herzog von Braganza als Johann IV. zum König von Portugal.

Unten: Johann IV., der achte Herzog von Braganza, hält in Lissabon seinen Einzug. Die Krone wurde ihm 1640 angetragen, als Portugal sich von der Herrschaft Spaniens unter Philipp IV. befreite. Johann war der erste König aus dem Hause Braganza.

Die größer werdende Unabhängigkeit Portugals führte zu einem Krieg zwischen Portugiesen und Spaniern, der sich über mehrere Jahre hinzog. Das ganze Volk erhob sich gegen Spanien, um sich von der Unterdrückung zu befreien, in die das Land 60 Jahre lang gezwungen war. Obwohl Spanien über eine organisierte Armee verfügte, konnte es nicht mit seiner gesamten Macht gegen Portugal vorgehen, da ihm die Revolution der Katalanen zu schaffen machte. Mittlerweile verzeichnete man in den obersten Schichten

der portugiesischen Gesellschaft bei jenen eine gewisse Unzufriedenheit, die durch gemeinsame Interessen mit der spanischen Krone verbunden waren. Dadurch wurde das innere Leben der Nation empfindlich gestört. Das Volk hatte ja zudem noch andere, echte Probleme, wie z. B. die Wahl des Premierministers. Man wählte Francisco de Lucena, der sich als ein sehr weiser Staatsmann erwies. Seine Gesetzgebung zielte darauf ab, die Bildung einer prokastilischen Partei zu vermeiden. So konnte allerdings nicht verhindert werden, daß viele Aristokraten nach Spanien flohen und daß der Erzbischof von Braga, Sebastião de Matos de Noronha, begann, potentielle Verschwörer um sich zu scharen. Seine Absicht war es, den König und die Monarchie zu stürzen und das Land dem Unterdrücker Philipp IV. auszuliefern. Zu dieser Verrätergruppe gehörten der Marquis von Vila Real, sein Sohn, der Herzog von Caminha, der Großinquisitor, der Graf von Castanheira, der Graf von Armamar, Agostinho Manuel und die Aristokraten ihrer Umgebung zusammen mit dem Stab der höheren Verwaltungsbeamten. Sogar der Graf von Vimioso sollte zur Revolte angestiftet werden, der doch König und Vaterland so treu ergeben war. Er besprach sich umgehend mit dem Premierminister und mit Johann II. persönlich, die sich zum sofortigen Durchgreifen entschlossen: Sie ließen die Verschwörer festnehmen, im Schnellverfahren aburteilen und enthaupten.
Johann IV. (1640–1656) war ein sehr besonnener Mann, der die verschiedenen Regierungsposten nur nach reiflicher Überlegung besetzte und die dafür geeignetsten Männer auswählte. Gewiß war er bei der Wahl der Diplomaten nicht weniger vorsichtig; denn sie sollten ihn an den Höfen Europas vertreten und um die politische Unterstützung durch Frankreich und England werben. In Frankreich hatte er eine große Stütze gefunden, da Richelieu mit der portugiesischen Separatistenbewegung sympathisierte. Mit seinem wachsenden Engagement im katalanischen Krieg zwang Richelieu König Philipp von Spanien, immer mehr Truppen in dieser Provinz einzusetzen. Damit wurde die spanische Präsenz an der Grenze zu Portugal geschwächt. Außerdem belieferte Frankreich Portugal mit Waffen und Munition, was eine wertvolle Hilfe darstellte. Der portugiesische General Matias de Albuquerque fiel in Andalusien ein, wo er einen Sieg über die spanische Armee davontragen konnte. Auf dieses kriegerische Unternehmen folgte eine zehnjährige Periode der Befriedung und der Waffenruhe. In Übersee versuchten die Portugiesen, einige der Besitzungen zurückzugewinnen, die die Spanier verloren hatten. So konnte Salvador Correira de Sá in Afrika Angola wieder erobern und das gesamte Territorium Brasiliens, das von den Holländern besetzt worden war.
Johann IV. war ein bedeutender Musiker und Komponist, dessen Werke noch heute von Kammer- bzw. Symphonieorchestern aufgeführt werden. Er war auch ein großer Bücherfreund und besaß eine wertvolle Bibliothek. Auf seine Initiative hin führte man in Portugal den Kult der Unbefleckten Jungfrau Maria ein, die er zur Patronin des Landes erklärte. Zum Zeichen der Verehrung ihrer Patronin trugen die portugiesi-

Salzstreuer aus einem Kolonialgebiet. Darauf erkennt man portugiesische Kriegsleute und über ihnen eine Karavelle. Unter der Herrschaft der Braganza wurde das große portugiesische Kolonialreich noch vergrößert.

Peter II. regierte anstelle seines Bruders, dessen Thron er usurpierte. 1683 wurde er zum König ausgerufen. Im Spanischen Erbfolgekrieg kamen seine Truppen bis Madrid.

Johann V., der Sohn Peters II. Unter seiner Herrschaft nahm die Kolonisierung Brasiliens durch Auswanderung und die Ausweitung des Zuckerrohranbaus beachtlichen Aufschwung.

schen Monarchen die Krone nicht auf ihrem Haupt; dic Kronc wurdc vielmehr auf einem Kissen neben dem König placiert.
König Johann IV. starb am 6. November 1656. Die Regentschaft übernahm seine Gemahlin, da der Sohn Alfons noch minderjährig war. Zudem machte sich seine geistige Unfähigkeit bereits deutlich bemerkbar. Aus seiner Ehe mit Königin Luisa de Gusmão hatte der König sieben Kinder gehabt. Der älteste Sohn, Theodosius III., war mit knapp 19 Jahren an Tuberkulose gestorben. Katharina, die Viertälteste, wurde Königin von England. Sie hatte eine sehr sorgfältige Bildung genossen. Ungeachtet der geringen Zuneigung ihres Gemahls spielte diese Prinzessin aus mehreren Gründen eine einflußreiche Rolle am englischen Hof. Sie heiratete am 21. Mai 1662 den jungen Karl Stuart in London. Als Mitgift brachte sie Tanger und Bombay sowie 2 Millionen Cruzados in die Ehe. Ihre Ehe war nicht glücklich; denn Karl II. führte einen liederlichen Lebenswandel. Nach vier Fehlgeburten blieb ihre Ehe kinderlos. Ihrem Einfluß ist es zu verdanken, daß in England das Teetrinken eingeführt wurde, das zu einem festen Bestandteil der englischen Lebensgewohnheiten wurde. Nach dem Tod ihres Gemahls weilte sie noch sieben Jahre in England. Als ihr Schwager Jakob II. entthront wurde, kehrte sie nach Portugal zurück, wo sie den Rest ihrer Tage verbrachte. Auf Wunsch ihres Bruders Peter II. übernahm sie zweimal die Herrschaft über Portugal.
Der sechste Sohn Johanns IV. war Alfons VI. (1656 bis 1667). Beim Tod seines Bruders Theodosius wurde er als Zehnjähriger 1653 zum Thronerben designiert und erhielt die Titel »Prinz von Brasilien« und »zehnter Herzog von Braganza«. Noch als Kind wurde er von einer schweren Krankheit befallen, die ihn für sein ganzes Leben zeichnete. Der Prinz bot einen traurigen Anblick: Er war geistig zurückgeblieben; eine Hand war gelähmt; ein Fuß war mißgebildet und ließ ihn hinken; er hatte einen Sprachfehler und anscheinend auch *impotentia coeundi et generandi.* Bisweilen wurde er von Anfällen gepackt, auf die Ohnmachten und Apathie folgten. Wegen seiner Minderjährigkeit wurde seine Mutter Königin Luise, die zugleich sein Vormund war, zur Regentin ernannt.
Der Prinz war ein völlig unfähiger Mensch, der jeder Art von Ausschweifungen frönte. Er bewegte sich in der Gesellschaft einiger Taugenichtse und umgab sich mit Leuten niederer Herkunft. Die Königin war bestrebt, den Exzessen des jungen Königs ein Ende zu bereiten. Der Graf von Castelo Melhor jedoch, der die Macht anstrebte und dabei vom Grafen von Atouguia und anderen Anhängern unterstützt wurde, bekam den König unter seinen Einfluß. Er brachte ihn so weit, daß er von der Königinmutter seine Mündigsprechung und die Übergabe der Regierungsgeschäfte verlangte. Seine Forderungen wurden erfüllt. Castelo Melhor wurde Premierminister und führte fünf Jahre lang die Regierung: vom 29. Juni 1662 bis 1667.
Der Graf von Castelo Melhor führte seinen eigenen Untergang herbei: Er hatte die Invalidität des Königs unterschätzt und seine Hochzeit mit Prinzessin Maria Francesca Isabella von Savoyen arrangiert. Sie war eine Tochter Karl Amadeus' von Savoyen, des Herzogs von Nemours. Der impotente König weigerte sich, seinen ehelichen Pflichten nachzukommen, erschien nicht zu den Hochzeitsfeierlichkeiten und zeigte sich völlig unbeeindruckt von der Schönheit der Prinzessin. Nach kurzer Zeit überwarf sich Castelo Melhor mit der Königin und dem Prinzen Peter, dem Bruder des Königs. Dieser stand an der Spitze jener, die mit den Zuständen unzufrieden waren. Er ließ schließlich seinen Bruder Alfons festnehmen und betrieb die Annullierung von Alfons' Ehe mit der Königin (die erwiesene Impotenz des Königs galt dabei als

Joseph I., genannt »der Reformer«. Diesen Beinamen verdankte er in erster Linie seinem Minister Sebastiao José de Carvalho e Melo, dem Marquis von Pombal. Der König selbst war eher schwach und von gleichgültiger Art.

Begründung). Er übernahm die Regierung und vermählte sich mit seiner früheren Schwägerin. Alfons VI. wurde »der Sieger« genannt, doch nicht wegen seiner Waffentaten – die es gar nicht gab –, sondern wegen der Siege, die seine Generäle über die spanische Armee errangen und mit deren Hilfe es gelang, Portugals Unabhängigkeit zu festigen. Damit wurden die Ansprüche Philipps IV. auf den portugiesischen Thron endgültig begraben. Verbannt und vom eigenen Bruder gefangengehalten starb Alfons am 12. September 1683 in Sintra.

Peter II., der jüngste Sohn Johanns IV., genannt »der Friedliche«, wurde am 26. April 1648 in Lissabon geboren. Dieser Prinz hatte eine recht bewegte Jugend hinter sich: Zusammen mit Gleichaltrigen hatte er nächtliche Streifzüge durch die Straßen Lissabons unternommen und dabei Schlägereien provoziert. König Johann IV., sein Vater, hatte eine Dynastie und einen Staat gegründet und ihm hinterlassen, so daß ihm die Bildung einer neuen prinzlichen Linie garantiert war, die der königlichen gleichkam. So verlieh er ihm den Titel »Herzog von Beja« und machte ihm diesen Ort zum Geschenk sowie das gesamte Vermögen, das man dem Marquis von Vila Real und seinem Sohn, dem Herzog von Caminha, konfisziert hatte. Er schenkte ihm auch die *lezírias* (Marschland) von Golegã, Borba, Mouchões und Silveira in der Gegend von Santarém sowie einige Dörfer im Norden Portugals. Aus all diesen Gütern wurde – unter der Bezeichnung Casa do Infantado – ein Riesenbesitztum geschaffen. Der Prinz kam als Fünfjähriger in diesen

Unten: Der Königspalast von Lissabon. Die Stadt wurde zur Zeit Johanns V. zum Patriarchensitz erhoben: Der König hatte aus dem Einkommen der Goldminen Brasiliens dem Papst riesige Schenkungen gemacht.

Die Universität von Coimbra. Seit 1537 hatte die Universität ihren Sitz endgültig in dieser Stadt. Der Marquis von Pombal reformierte sie, gab ihr eine liberale Orientierung und führte naturwissenschaftliche Studiengänge ein.

Besitz. Er zog nicht nur als Prinz und Regent (1667 bis 1683) seinen Nutzen daraus, sondern selbst als König (1683–1706). Später vermachte er es dann einem seiner Kinder. Zu den Besitzungen des Casa do Infantado gehörte das Landgut Queluz, das man dem Cristovão de Moura, dem Marquis von Castelo Rodrigo, konfisziert hatte. In der Folge ließ der Infant Peter (der spätere Peter III.) dort den prachtvollen Palast errichten, den man heute noch bestaunen kann.

Wie bereits erwähnt, hatte Prinz Peter den Thron seines Bruders usurpiert. Solange der Bruder lebte, blieb er nur Regent; nach dessen Tod aber wurde er zum König gekrönt. Während seiner Regierungszeit sah sich Portugal gezwungen, zusammen mit den Engländern und den Holländern einen Krieg gegen Spanien – oder vielmehr: gegen Philipp V. – zu führen. Die portugiesischen Truppen drangen bis Madrid vor: Trotzdem und trotz der Tatsache, daß die Portugiesen siegreich blieben, handelte es sich doch um einen ruhmlosen Krieg, der seinen Zweck verfehlt hatte. Die Unabhängigkeit hatte sich konsolidiert: Portugal war wieder frei geworden. Bis 1834 herrschten die portugiesischen Könige offiziell als absolute Monarchen, doch in Wirklichkeit waren es ihre Minister, die die Regierung lenkten.

Auf Peter II. folgte sein Sohn Johann V., »der Großherzige« (1706–1750), der von 1689 bis 1750 lebte. Schon als Prinz war er intelligent, sehr lebhaft und hatte bei den Jesuiten eine ausgezeichnete Bildung erhalten. Seine Fremdsprachenkenntnisse erlaubten es ihm, sich fließend auf Französisch, Italienisch und Spanisch zu unterhalten. Zudem widmete er sich dem Studium der Naturwissenschaften und der Mathematik. Wie sein Großvater Johann IV. war er außerdem noch ein großer Musikliebhaber. Er förderte die Musik mit Begeisterung, führte die italienische Oper in Portugal ein und unterstützte die Gründung von Musik- und Literaturakademien. Dank seiner Ratgeber gelang es ihm, im Land eine Verwaltung aufzubauen, die zur Entwicklung der Industrie beitrug. In der Verwaltung der überseeischen Besitzungen hingegen wurden die Interessen der Nation gewahrt. Vor allem in Brasilien geschah dies durch vermehrte Einwanderung, zu der Johann V. aufrief. Durch diese verstärkte Besiedlung wuchs Brasilien allmählich zu einem großen Reich. Man suchte nach Goldlagern, gleichzeitig wurde der *Sertão,* das Landesinnere, erforscht. Der Zuckerrohranbau wurde weiterentwickelt und der Export von Brasilienholz intensiviert.

Portugal verdankt Johann V. großartige Kunstdenkmäler und einen bedeutsamen Aufschwung auf dem Gebiet der Künste und der Industrie. Andererseits war sein religiöser Eifer ruinös; denn der Bau von Kirchen und Klöstern verschlang exorbitante Sum-

men. Die amourösen Abenteuer seiner turbulenten Jugend hatten ihn zu einem ausschweifenden Lebenswandel mit allerlei unerlaubten Liebesbeziehungen geführt. Ausgerechnet er, der ohne jeden Skrupel aus den Klöstern den Einzugsbereich für seinen Alkoven gemacht hatte, verbot dann als König den Liebeshändel mit Nonnen. Obwohl all dies Züge sind, die zu verurteilen sind, war er doch ein großer König, der den Absolutismus nach Art Ludwigs XIV. immer imitieren wollte.
Franz war ein jüngerer Brüder Johanns V. Er lebte von 1691 bis 1742. Obwohl er die Titel »Herzog von Beja« und »Herr der Casa do Infantado« führte, und obwohl er Oberprior von Crato war, erlangte dieser Prinz aufgrund seines üblen Charakters, seines sittenwidrigen Benehmens und seines stets liederlichen Lebens eine traurige Berühmtheit. Skrupellos und würdelos, wie er war, ging er so weit, danach zu trachten, den Bruder vom Thron zu stürzen. Er umschwärmte seine Schwägerin, die Königin, die eine recht energische Haltung einnehmen mußte, um sich gegen seine Zudringlichkeit zur Wehr zu setzen.
Ein anderer Bruder Johanns V., Anton, lebte von 1695 bis 1757; er war ein grausamer Mann, der an Kämpfen und Straßengefechten seinen Gefallen fand. Er war Anführer einer Bande von adligen Rowdies, mit denen er die friedlichen Straßen der Stadt unsicher machte. Er nahm Diebe und Räuber in Schutz und löste damit Skandale aus, die den Zorn des Volkes hervorriefen.
Emanuel, der von 1697 bis 1736 lebte, war unter den Brüdern Johanns V. der einzige, der ein gewisses Ansehen genoß. Aus Abenteuerlust und weil der König, sein Bruder, sich nicht mit dem Gedanken anfreundete, ihn so frei reisen zu lassen, wie Emanuel es am liebsten getan hätte, floh der Infant heimlich nach Holland. Von dort zog er weiter nach Österreich, wo er sich der von Prinz Eugen befehligten Armee anschloß. Im Lauf der Zeit erwies er sich als sachkundiger Soldat und als tapferer und heldenhafter Krieger. Wegen seiner Taten und seines Ansehens trug man ihm die polnische Krone an und später die eines Königreiches, das aus Sardinien und Korsika hätte gebildet werden sollen.
Nach Johann V. bestieg sein drittältester Sohn, Joseph I., den Thron von Portugal (1750–1777); er wurde 1714 geboren und starb 1777. Zu Lebzeiten seines Vaters trug er die Titel »Prinz von Brasilien« und »Herzog von Braganza«. Bei Beginn seiner Regentschaft übertrug er die Regierungsgeschäfte drei Staatssekretären, die sich in die Verwaltungsaufgaben teilten. Doch schon bald trat Sebastião José de Carvalho e Melo durch seine Aktivität, seine Tatkraft und seinen Unternehmungsgeist hervor. 1755, fünf Jahre nach der Thronbesteigung Josephs I., wurde Portugal von einer Katastrophe heimgesucht, die die ganze damalige Welt in Schrecken versetzte: das Erdbeben von Lissabon, durch das ein großer Teil der Stadt zerstört wurde. Es richtete im ganzen Land große Verwüstungen an. Da zeigte sich Carvalho e Melo als wahrer Staatsmann. König Joseph betraute ihn mit der Lösung aller Probleme, die sich aus dieser schwierigen Situation ergaben. Des Königs Vorliebe für seinen Minister erweckte in großen Teilen des Adels Neid. Unter der Führung des Herzogs von Aveiro begann der Adel, gegen den Minister und sogar gegen den König zu konspirieren. Ohne Zweifel waren Adel und Klerus unzufrieden, denn die Privilegien dieser beiden Stände waren beschnitten worden. Doch nur der Herzog von Aveiro wagte es, diesen Unmut in eine Verschwörung umzulenken. In der Nacht des 13. September 1758 wurde die Kutsche des Königs, der gerade von einem Stelldichein heimkehrte, von mehreren Arkebusenschüssen getroffen. Der König wurde verletzt. Mit voller Fahrt fuhr die Kutsche bis vor das Haus des Hofarztes. Sebastião José de Carvalho e Melo machte sich diesen Anschlag zunutze und baute seine Macht aus: Er eröffnete ein Verfahren, in dem eine große Anzahl von Adligen und die Jesuiten unter Anklage gestellt wurden. Der Prozeß endete mit dem Todesurteil über den Herzog von Aveiro, den Marquis und die Marquise von Távora und ihre Kinder, den Grafen Atouguia und einige ihrer Diener. Viele Adlige wurden ins Gefängnis geworfen. Die Societas Jesu schließlich wurde aufgelöst und ausgewiesen. Das gesamte Vermögen der zum Tode Verurteilten und der Jesuiten wurde konfisziert. Voller Vertrauen überließ der König von da an seinem Minister die ganze Macht und verlieh ihm den Titel »Graf von Oeiras« und später den eines »Marquis von Pombal«.
Alle großen Fortschritte der damaligen Zeit – die Ausgewogenheit der Außenpolitik, die Bildungsreform und der Aufschwung des Handels – waren Pombals Werk. Der König gewährte ihm in all diesen Punkten seine Unterstützung – nicht, wie viele behaupten, vollkommen blindlings, sondern weil er der Intelligenz und der Loyalität seines Ministers vertraute. Lissabon verdankt seinen Wiederaufbau ebenfalls dem Marquis von Pombal. Wegen dieser der Entwicklung des Landes dienenden Maßnahmen wurde König Joseph I. auch »der Reformer« genannt.
Wie alle Braganza war König Joseph ein großer Musikliebhaber. Die Königin teilte diese Leidenschaft. Er war mit Prinzessin Mariana Victória, der Tochter König Philipps V. von Spanien und der Königin Elisabeth Farnese, verheiratet. Aus dieser Ehe stammten vier Töchter. Die jüngste von ihnen, Maria Francisca Benedita, geboren 1746, gestorben 1829, heiratete ihren Neffen und Thronerben Joseph, der noch vor seiner Krönung starb. Nun erhielt die Krone sein Bruder – davon wird gleich die Rede sein. Maria Francisca war eine ausgezeichnete Pianistin und hinterließ ein umfangreiches Werk als Amateurmalerin. Als Witwe führte sie ein ziemlich zurückgezogenes Leben und gründete in Runa ein Heim für Kriegsinvaliden.
Die älteste Tochter Josephs I., Maria I., wurde sofort nach dem Tod ihres Vaters Königin von Portugal (1777–1816). Sie war am 17. Dezember 1734 in Lissabon zur Welt gekommen und starb in geistiger Umnachtung am 20. März 1816 in Rio de Janeiro. Wie ihre Schwestern war sie eine große Freundin der Musik und Malerei; doch tat sie sich in keiner dieser Künste sonderlich hervor. Sie war tiefreligiös, ja sogar bis zum Fanatismus, wofür sie auch sehr hart kritisiert wurde. Unter ihrer Regierung wurden mehrere Institutionen kultureller und militärischer Art ins Leben gerufen, wie zum Beispiel die Königliche Akademie der Wissenschaften, die Königliche Akademie für Befestigungsbau und das Königliche Observatorium. Auf Vorschlag des Polizeichefs Pina Manique gründete sie die »Casa Pia« in Lissabon. Dort sollten Waisenkinder und Mittellose erzogen werden. Der »Casa Pia« wurde später eine Zeichenschule angegliedert, aus der viele Künstler hervorgingen. In den überseeischen Besitzungen traf sie verschiedene Maßnahmen zur Abwehr gegen Angriffe von seiten der Franzosen, Holländer und Spanier.
Königin Maria I. heiratete ihren väterlichen Onkel Peter, der durch seine Heirat Prinz von Brasilien und

Maria I., die Tochter Josephs I., dem sie nach seinem Tod (1777) auf den Thron folgte. Sie heiratete ihren Onkel (den Bruder ihres Vaters Peter III., der auf dem Bild unten abgebildet ist). Wegen ihres Geisteszustandes legte sie ihr Amt nieder.

später Peter III. genannt wurde. Er war eine recht umstrittene Persönlichkeit. Er hatte, zumindest, was die Regierungsangelegenheiten anbelangte, wenig Einfluß auf die Königin. Die geistige Zerrüttung der Königin, deren Symptome bereits vorher in Erscheinung getreten waren, wurde nach dem Tod ihres Gemahls (1786) immer schlimmer. 1791 zeigte sich ihre Geistesgestörtheit ganz eindeutig und erreicht 1792 einen Höhepunkt. Die Königin mußte von der Ausübung ihrer Ämter entbunden werden. Die Regentschaft wurde an ihren Sohn Johann übertragen, der bis zum Tode seiner Mutter im Jahre 1816 als Regent fungierte. In die Zeit seiner Regentschaft fiel die europäische Kontinentalsperre, der sich Portugal entzog. Damit lieferte es Napoleon einen Vorwand zur Invasion des Landes. Die königliche Familie floh nach Brasilien, wo sie bis zum Jahre 1821 blieb. Am 3. Juli 1821 traf sie wieder in Lissabon ein.

Königin Maria I. hatte sechs Kinder. Ihr Erstgeborener, Joseph, der 1761 zur Welt kam, heiratete seine Tante mütterlicherseits, Maria Francisca Benedita. Er war außerordentlich intelligent und erhielt eine ausgezeichnete Erziehung durch gute Pädagogen, die das Vertrauen des Marquis von Pombal besaßen. Nach Pombals Wunsch sollte der Prinz den Platz seiner Mutter in der Thronfolge einnehmen, doch der Tod König Josephs I., seines Großvaters, machte diesen Plan zunichte. Der Prinz starb 1788 an den Pocken.

Der dritte Sohn Marias I. war Johann VI. Wie bereits erwähnt, wurde dieser Prinz wegen des Geisteszustandes seiner Mutter, der Königin, zum Regenten ernannt (1792–1816). Erst am 20. März 1816, beim Tode seiner Mutter, wurde Johann VI. (1816–1826) zum König ausgerufen. Zu diesem Zeitpunkt befand er sich mit der ganzen königlichen Familie in Brasilien. Er kehrte 1821 nach Portugal zurück, erreichte am 3. Juli Lissabon und fand das Land in einem Zustand politischer Wirrnisse vor. Portugal erschien schwer regierbar. Johann VI. vermählte sich mit der Infantin von Spanien, Carlota Joaquina, der Tochter Karls IV. Mit ihrem politischen Ehrgeiz und ihren Machtgelüsten stand sie der Arbeit des Königs oftmals im Wege. Sie verbündete sich gar mit ihrem jüngsten Sohn Michael (Dom Miguel) und organisierte richtiggehende Verschwörungen gegen ihren Gemahl, den König. Aufgrund der portugiesischen Revolution von 1820 mußte Johann VI. Brasilien verlassen. Er ließ dort seinen ältesten Sohn Peter als Regenten zurück. In Brasilien wurde mittlerweile eine verfassunggebende Versammlung gewählt. Doch Peter beschloß, selbständig zu werden und erklärte am 15. September 1822 die Unabhängigkeit des Landes und ließ sich – einen Monat später – zum Kaiser und ewigen Verteidiger Brasiliens ausrufen. Deshalb besaß Johann VI., der einmal König von Portugal und Brasilien gewesen war, bei seinem Tode nur noch den Titel »König von Portugal«. Sein Tod löste einen Nachfolgestreit aus, der schließlich zum Bürgerkrieg führte.

Peter IV. war das vierte der neun Kinder Johanns VI. Er wurde am 12. Oktober 1798 im Palast von Queluz geboren und starb am 24. September 1834 in seinem Geburtszimmer. Wie bereits gesagt wurde, ließ sich dieser Prinz noch zu Lebzeiten seines Vaters zum

Kaiser von Brasilien wählen. So erlangte Brasilien seine Unabhängigkeit. Als Johann VI. am 10. März 1826 starb, anerkannte der Staatsrat unter dem Vorsitz der Infantin Isabel Maria (des sechsten Kindes Johanns VI.) Peter als den Nachfolger seines Vaters. Doch dieser dankte zugunsten seiner Tochter Maria da Glória am 2. Mai desselben Jahres ab. Um die Frage der Thronfolgerechte bildeten sich sogleich zwei Parteien im Lande: Die eine stützte die Entscheidung des Staatsrates und hielt Peter für den rechtmäßigen Nachfolger Johanns VI., die andere Partei sprach ihm jedes Recht ab, da er seinem Vater die brasilianische Krone entrissen und dem Land die Herrschaft über diesen amerikanischen Staat entzogen hatte. Das zweite Lager kämpfte für die Kandidatur des Infanten Michael (er war das siebte Kind Johanns VI.), der damals im Exil in Österreich lebte. Peter wollte das Problem dadurch lösen, daß er seine Tochter Maria da Glória mit seinem Bruder Michael verheiratete. Die Hochzeit fand am 29. Oktober 1826 in Wien statt, nachdem Michael auf die Verfassung geschworen hatte, die Peter IV. den Portugiesen gewährt hatte. Die Prinzessin war kaum sieben Jahre, ihr Onkel Michael 24 Jahre alt.
So kehrte Michael nach Portugal zurück. Er traf am 22. Februar 1828 in Lissabon ein, um die Mission zu erfüllen, die ihm sein Bruder am 3. Juli 1827 mit seiner Ernennung zum Statthalter übertragen hatte. Leider hielt Michael I. (1828–1834) weder seinen Schwur noch sein Wort: Seine Unerfahrenheit, seine Unreife und seine unzureichende Erziehung ließen ihn auf den Rat seiner Mutter hören, deren Ehrgeiz keine Grenzen kannte. Der offen absolutistisch orientierte Adel setzte ihm zu. So stürzte er das Land in den Bürgerkrieg, nachdem er sich von den drei Ständen – Klerus, Adel und Volk – zum König ausrufen gelassen hatte, ganz so, wie die Tradition des Königreiches es vorschrieb. Peter IV. war mit der brasilianischen Innenpolitik beschäftigt. Seine Beliebtheit war geschwunden. Nach einer Reihe von feindseligen Massendemonstrationen merkte er, daß ihm der nötige Rückhalt fehlte: Er dankte am 7. April 1831 zugunsten seines Sohnes Peter ab.
In Portugal sah es schlimm aus: Die Liberalen emigrierten nach England, Brasilien und auf die Azoreninsel Terceira, wo sie unter der Führung des Grafen von Vila Flôr eine gegen den Absolutismus gerichtete Widerstandsbewegung ins Leben riefen. Peter IV. ließ seinen Sohn Peter in Brasilien zurück, der zum Kaiser proklamiert wurde, sowie seine Töchter Januária, Paula und Francisca Carolina, die unter den Schutz des José Bonifácio de Andrade e Silva gestellt wurden. Zusammen mit der Kaiserin und seinen beiden Töchtern Maria da Glória und Maria Amélia kam er nach Europa. Als Herzog von Braganza führte er die emigrierten Liberalen in Frankreich und England an, charterte einige Schiffe und schloß sich auf Terceira dem Grafen von Vila Flôr an. Dort, auf der Azoreninsel, rüstete er eine neue Expedition mit 50 Schiffen

Maria II., die Tochter Peters IV., wurde Königin, weil sich ihr Vater, der Thronerbe, zum Kaiser von Brasilien ausrufen ließ und dann auf seine Rechte auf die portugiesische Krone verzichtete.

Peter V. herrschte von 1855 bis 1861 über Portugal. Er stammte aus der dritten Ehe Königin Marias; sein Vater war Ferdinand II. von Portugal (Ferdinand von Sachsen-Coburg und Gotha).

und 7500 Mann aus und landete am 8. Juli 1832 in Mindelo, in der Nähe von Oporto. Er besetzte die Stadt und verschanzte sich darin. Von dort aus leistete er den Truppen seines Bruders Widerstand. Dann unternahm er einen Angriff, der erst am 16. Mai 1834 mit der Niederlage von Michaels Heer und der Unterzeichnung des Friedensschlusses von Évora-Monte endete. Michael wurde aus Portugal verbannt und ging ins Exil. Am 19. September 1834 wurde Prinzessin Maria da Glória für volljährig erklärt und unter dem Namen Maria II. zur Königin von Portugal gekrönt. Peter IV. starb einen Monat später.
Maria II. (1834–1853) war am 4. April 1819 in Rio de Janeiro zur Welt gekommen und starb am 15. November 1853 in Lissabon. Wie bereits erwähnt, wurde sie am 19. September 1834 für volljährig erklärt und zur Königin von Portugal proklamiert. Wegen der Abdankung ihres Vaters war sie praktisch allerdings schon seit ihrem achten Lebensjahr Königin. Infolge der Kämpfe zwischen politischen Gruppierungen und wegen des Bürgerkrieges zwischen den Miguelisten und den Liberalen war ihre Regierungszeit politisch sehr unruhig.
Wie bereits erwähnt, wurde Marias erste Ehe am 5. November 1826 in Wien geschlossen. Sie war sieben Jahre alt, als sie per procura mit ihrem Onkel Michael von Braganza vermählt wurde. Dieser brach sein Wort und erkannte die Ehe nicht an. Sie wurde

Als Peter V. starb, folgte ihm sein Bruder Ludwig I. auf dem Thron. Er heiratete Maria Pia von Savoyen, eine Tochter Viktor Emanuels II. (unten rechts auf einer zeitgenössischen Fotografie).

zahlreiche politische Schwierigkeiten stieß, die sich als Folgen der Parteienkämpfe darstellten. Er hatte mit zwei großen Problemen zu kämpfen: dem Antiklerikalismus und der Choleraepidemie. Seine Regierungszeit war sehr kurz. 1861 folgte ihm sein Bruder, der Infant Ludwig, auf den Thron. Auch er mußte sich mit zahllosen politischen Kämpfen und aufrührerischen Bewegungen auseinandersetzen. Er heiratete Maria Pia von Savoyen, die Tochter des italienischen Königs Viktor Emanuel II. von Savoyen. Sie war eine jener Königinnen, die das portugiesische Volk am meisten verehrte. Ludwig I. (1861–1889) war ein Mann der Kunst und der Literatur; aber seine musikalische Begabung konnte sich nicht mit der seiner Vorgänger aus dem Hause Braganza messen.
Karl I. (1889–1908) wurde gleich nach dem Tode seines Vaters Ludwig I. im Jahre 1889 zum König von Portugal gekrönt. Er war auf dem Gebiet der Wissenschaften und der Kunst sehr bewandert und war Autor mehrerer wissenschaftlicher Forschungsarbeiten, die sich insbesondere mit Ozeanographie und Ichthyologie befaßten. Auch als Maler mit einem unverwechselbaren persönlichen Stil machte er sich einen Namen. Seine Regierungszeit war sowohl innen- wie außenpolitisch sehr bewegt. Zur Zeit des englischen Ultimatums von 1890, das eine Folge der imperialistischen Afrikapolitik Englands war, kam es zu Parteikämpfen: Unter dem Einfluß der Karbonari entstand die republikanische Bewegung. Am 31. Januar 1891 kam es zur Revolution. Die Regierungszeit Karls I. endete tragisch: zusammen mit dem Kronprinzen Ludwig Philipp wurde er am 1. Februar des Jahres 1908 ermordet.
Emanuel II. (1908–1910) bestieg nach dem Tode seines Vaters und seines Bruders den Thron. Er, der Musik-, Literatur- und Bücherfreund, war nicht zum Herrscher erzogen worden. Der politische Ehrgeiz der verschiedenen Parteien, die ihre eigenen Interessen

am 1. Dezember 1834 vom Kardinal-Patriarch von Lissabon nach kanonischem Recht aufgelöst. Ihr zweiter Gemahl war Prinz August Napoleon von Beauharnais, der Sohn des Vizekönigs von Italien, Prinz Eugen Napoleon von Beauharnais. Diese Ehe wurde per procura am 5. November 1834 in München geschlossen und in persona dann am 28. Januar 1835 in Lissabon. Zwei Monate darauf erkrankte der Prinz plötzlich und starb. Sein Tod löste große Unruhe in Lissabon aus, und die Ruhe konnte nur unter Aufwendung großer Mühen wiederhergestellt werden.
Die Königin mußte die Staatsräson über ihre eigenen Gefühle stellen, ihren Schmerz unterdrücken und als soeben verwitwete Frau eine neue Ehe aushandeln. Ihr dritter Bräutigam war Prinz Ferdinand August von Sachsen-Coburg und Gotha, der Herzog von Sachsen. Diese Ehe wurde per procura am 1. Januar 1836 geschlossen und am 9. April desselben Jahres in Lissabon in persona. Nach seiner Hochzeit wurde der Prinz offiziell zum Mitregenten ernannt, und am 16. September 1837 erhielt er den Titel »Seine allerergebenste Majestät Prinzgemahl Ferdinand II. von Portugal«. Nach dem Tode der Königin und während der Minderjährigkeit des Prinzen Peter fungierte Ferdinand als Regent. 1862 wurde ihm der Thron von Griechenland und 1868 der von Spanien angeboten, doch er schlug beide aus. Am 10. Juni 1869 ging er eine morganatische Ehe mit der Sängerin Elisa Henzler ein.
Peter V. (1855–1861) folgte seiner Mutter Maria II. auf den Thron. Solange er nicht volljährig war, regierte sein Vater das Land. Erst am 16. September 1855 wurde er zum König gekrönt. Man nannte ihn »den Hoffnungsvollen«. Peter war ein sehr gebildeter Mann und besaß ein feines politisches Gefühl. Zudem war er sehr beliebt beim Volke, auch wenn er auf

Karl I. bestieg 1889 den Thron und wurde 1908 ermordet. Sein jüngster Sohn, Emanuel II., war der letzte König von Portugal. Als die Republik ausgerufen wurde, ging er am 5. Oktober 1910 ins Exil.

über die des Landes stellten, sorgte dafür, daß seine Regierungszeit kurz und politisch sehr bewegt war. Mit der Ausrufung der Republik am 5. Oktober 1910 ging seine Herrschaft und damit die Zeit der Monarchie in Portugal zu Ende. Als Emigrant in England lieferte der König bei mehreren Gelegenheiten Beweise für seinen Patriotismus. Er starb als Dreiundvierzigjähriger am 2. Juli 1932 an einem Luftröhrenödem. Er hinterließ keine Erben.

Um vom weiteren Schicksal der Familie zu berichten, müssen wir auf Michael (Dom Miguel), den Sohn Johanns VI., zurückkommen, der eine Zeitlang mit seiner Nichte Maria da Glória (Maria II.) verheiratet war. Die Anhänger des Absolutismus hatten ihn immer als ihren König betrachtet und beriefen sich auf die Legitimität seiner Thronansprüche (daher auch die Bezeichnung »Legitimisten«). Die portugiesischen Legitimisten betrachteten dann seinen Sohn Michael (II.) von Braganza als legitimen Thronanwärter. Dieser Michael stammte aus der zweiten Ehe Dom Miguels mit einer deutschen Prinzessin. Michael (II.) schlug die Soldatenlaufbahn ein und begann als Oberleutnant der österreichischen Dragoner bei der Besetzung Bosniens im Jahr 1876. Er rückte zum Oberstleutnant auf. Doch als 1916 Portugal Deutschland und Österreich den Krieg erklärte, nahm er seinen Abschied, um nicht gegen sein eigenes Land kämpfen zu müssen. Er bemühte sich um eine Aussöhnung mit König Emanuel II. Der König stand einer Aussöhnung positiv gegenüber, doch die Politiker beider Lager waren gegen einen Ausgleich. Am 31. Juli 1920 verzichtete er zugunsten seines Sohnes Eduard auf seine Rechte. Im Pariser Vertrag vom 17. April 1922 wurde Eduard von König Emanuel II. und den portugiesischen Monarchisten als Thronfolger anerkannt. Aus der Ehe mit seiner Cousine Maria Francisca von Orléans und Braganza stammen drei Söhne: Duarte-Pio, Miguel und Henrique, die alle zwischen 1945 und 1949 zur Welt kamen.

Wenden wir uns jetzt der brasilianischen Linie des Hauses Braganza zu. Peter II., geboren 1825, gestorben 1891, wurde im Alter von sechs Jahren, nach der Abdankung seines Vaters Peter I. (nach der Zählung der Könige von Portugal: Peter IV.), des Kaisers von Brasilien, zum König von Brasilien ausgerufen. Er wurde am 23. Juli 1840 auf Beschluß der Deputiertenkammer und der Kammer der Pairs im Alter von 15 Jahren für volljährig erklärt. Seine Krönung fand am 18. Juli 1841 statt. Während seiner Regierungszeit versetzten zahlreiche Aufstände Brasilien in Unruhe, bis es im Jahre 1849 dem General Lima e Silva, dem Herzog von Caixas, schließlich gelang, die öffentliche Ordnung wiederherzustellen. Ein weiterer Grund für politische Unruhe war der Krieg mit Paraguay, der von 1864 bis 1870 dauerte und aus dem Brasilien als Sieger hervorging. Am 13. Mai 1888 erließ der Kaiser ein Gesetz, das die Abschaffung der Sklaverei vorsah. Es kam zu tiefgreifenden Zwistigkeiten zwischen Zuckerrohrarbeitern und Vertretern der Zuckerindustrie. Ein republikanisch orientierter Militärputsch entthronte den Kaiser, der mit seiner Familie an Bord der *Alagoas* ins Exil ging und am 7. Dezember 1889 in Lissabon landete.

Seine Tochter Isabel, kaiserliche Prinzessin von Brasilien und als Nachfolgerin ihres Vaters Oberhaupt des brasilianischen Kaiserhauses, wurde »Befreierin« genannt, weil sie eine große Verfechterin der Sklavenbefreiung war. Sie war am 29. Juni 1846 geboren und starb am 14. November 1921 auf Château d'Eu in Frankreich. Sie hatte drei Söhne, die den Namen Braganza trugen, als ob es sich um eine Abstammung in männlicher Linie handelte; denn ihre Mutter war Thronfolgerin des brasilianischen Kaiserreiches und die rechtmäßige Repräsentantin der brasilianischen Linie des Hauses Braganza.

Ihr erstgeborener Sohn Peter verzichtete auf seine Rechte als Thronfolger, um die Gräfin Elisabeth Dobrzensky von Dobrzenicz zu ehelichen (seine drittälteste Tochter heiratete ihren Cousin Duarte von Braganza). Ihr zweiter Sohn Ludwig von Orléans und Braganza, kaiserlicher Prinz von Brasilien, diente als Emigrant zunächst in der österreichischen, später in der englischen Armee (während des Ersten Weltkrieges von 1914 bis 1918). Von der Front kehrte er mit einer Krankheit zurück, der er am 26. März 1920 erlag. Sein Sohn Peter (IV.) Heinrich (Pedro Henrique) von Orléans und Braganza ist das gegenwärtige Oberhaupt der brasilianischen Kaiserfamilie. Seiner Ehe mit Maria Elisabeth von Bayern entstammen acht Kinder.

Philipp V. auf einem Reiterbild von Jean Ranc. Philipp war ein Enkel des Sonnenkönigs. Als der letzte spanische Habsburger, König Karl II. von Spanien, ihn zum Erben ernannte, löste er damit den langen Spanischen Erbfolgekrieg aus.

Die Bourbonen in Spanien

Auf den spanischen Thron kehrte nunmehr jene Herrscherfamilie zurück, welche zwei Jahrhunderte lang das Land regierte, das sie ihren traditionellen Rivalen, den Habsburgern, entrissen hatte.

Die aus Frankreich stammende Bourbonendynastie saß seit 1594 auf dem französischen Thron. Die spanische Krone fiel ihr zu, da der letzte Habsburgermonarch, Karl II. von Spanien, es testamentarisch so verfügt hatte: Er starb im Jahre 1700, ohne Erben zu hinterlassen. Infolge mehrerer Heiratsallianzen mit Österreich und Frankreich – von besonderer Bedeutung war die Verbindung Maria Theresias, der Tochter König Philipps IV., mit Ludwig XIV. im Jahre 1659 – machten zwei völlig verschiedene Seiten ähnliche Ansprüche auf den spanischen Thron geltend: Zum einen Erzherzog Karl von Österreich, der Urenkel Philipps III., und der Herzog von Anjou, ein Enkel Ludwigs XIV. Karl II. entschied sich kurz vor seinem Tode für den Herzog von Anjou, der als Philipp V. (1700–1746) Spanien regieren sollte.
Das spanische Volk war seit Jahrhunderten monarchistisch gesinnt und hatte eine recht konkrete und genaue Vorstellung von der Figur des Königs, dem Repräsentanten einer Autorität, die von Gott ausging, dem Ursprung jeder Macht. Der König war das Oberhaupt des Staates, dessen Ziel es war, für das Wohlergehen der Gesellschaft zu sorgen. In diesem Sinne war der König sein erster Diener. Die Dynastie der Bourbonen etablierte eine Form monarchischen Absolutismus, die der Tradition des eigenen Landes fremd und weitgehend eine Spielart des französischen Absolutismus war, der in der Figur Ludwigs XIV. am deutlichsten verkörpert wurde.
Im 18. Jahrhundert erlebte Spanien einen aufgeklärten Absolutismus, eine Art »Revolution von oben«, ein autoritäres und paternalistisches Regime. Sein Geist tritt in der Devise »Alles für das Volk, aber ohne das Volk« klar zutage. Entsprechend den Grundsätzen der Aufklärung, des neuen, kritischen, rationalistischen und pragmatischen europäischen Denkens heißen die Ziele der Reformtätigkeit: Glück für den Untertan, Wohlstand für das Land.
Philipp V. kam am 19. Dezember 1683 als zweites Kind des Grand Dauphin und der Maria Anna Viktoria von Bayern in Versailles zur Welt. Am 24. November 1700 wurde er zum König von Spanien ausgerufen. Da Ludwig XIV. an einer Zusammenarbeit mit Savoyen interessiert war, handelte er die Ehe Philipps V. mit Maria Luisa Gabriella von Savoyen aus, der Tochter des Herzogs Viktor Amadeus von Savoyen. Aus dieser Verbindung gingen vier Kinder hervor, darunter zwei spätere Könige von Spanien: Ludwig I. und Ferdinand VI. In der Anfangsphase der Herrschaft Philipps V. lenkte der König von Frankreich die spanische Politik. Der Kampf mit Österreich, das von England unterstützt wurde, war der Preis, den Philipp V. für seine Krone zahlte.
Der Frieden von Utrecht prägte seiner gesamten Regierungszeit den Stempel auf: Europa anerkannte Philipp V. zwar, doch gleichzeitig gingen die italienischen Besitzungen verloren, die, wie die Niederlande, der österreichischen Kaiserkrone zufielen. Gibraltar und Menorca blieben in englischer Hand. Für England, das die österreichische Seite engagiert unterstützt hatte, bedeutete dieser Friedensschluß einen großen Triumph: Es hatte neue Gebiete hinzugewonnen und zudem auf dem amerikanischen Kontinent außerordentliche wirtschaftliche Vorteile eingehandelt. Die Tatsache, daß der Fels von Gibraltar noch immer in britischem Besitz ist, erinnert die Spanier bis heute schmerzlich an den Frieden von Utrecht.
Nach dem Tod seiner ersten Gemahlin heiratete Philipp V. Elisabeth Farnese, die Tochter des Prinzen von Parma. Damit begann im Jahr 1714 eine Zeit, in der der italienische Einfluß in Spanien deutlich zu spüren war. Versuche wurden unternommen, die schlimmen Auswirkungen des Friedens von Utrecht etwas zu lindern und die italienischen Besitzungen für die Kinder aus dieser zweiten Ehe zurückzugewinnen. So wurden die Interessen des Landes einem handfesten dynastischen Ehrgeiz geopfert. Die Außenpolitik Spaniens, das durch Verträge über Zusammenarbeit – die »Familienpakte« – an Frankreich gebunden war, hing stark vom europäischen Wechselspiel zwischen Krieg und Frieden ab. Kein Zweifel, diese Politik erreichte ihre gesteckten Ziele: Karl, der älteste Sohn

Elisabeth Farneses, sollte im Jahre 1735 den Thron von Neapel und Sizilien erhalten. Von den Herzogtümern Parma, Piacenza und Toskana, die ebenfalls einige Jahre lang in Karls Besitz waren, fielen die beiden erstgenannten sowie auch Guastalla durch den Frieden von Aachen 1748 an den Infanten Philipp, den zweiten Sohn Philipps V. und Elisabeth Farneses.
Zum zwanghaften Interesse für auswärtige Probleme – u. a. die Erfolge in Italien – gehört auch der niemals ganz aufgegebene Wunschtraum Philipps V., den Thron von Frankreich zu besteigen. Dies wurde um so deutlicher, als nach dem Tode des Herzogs von Orléans, der für den jungen und schwerkranken Ludwig XV. regiert hatte, die Frage der französischen Thronfolge offen war. Dieser hypothetische Anspruch Philipps V. auf den Thron von Frankreich mag seine unerwartete Entscheidung, zugunsten seines Sohnes Ludwig I. abzudanken, verständlicher erscheinen lassen. Begründet wurde dieser Entschluß mit den Depressionen des Monarchen. Doch die Regierung Ludwigs sollte nur zu einem kleinen Zwischenspiel in der Regierungszeit seines Vaters werden.
Ludwig I., der erste in Madrid geborene Bourbone, bestieg am 15. Januar 1724 im Alter von nicht einmal 17 Jahren den spanischen Thron. Er ehelichte Louise Isabelle von Orléans, die Tochter des französischen Regenten. Doch die Ehe scheiterte wegen des skandalösen Benehmens der Königin. Die Eltern Ludwigs hatten sich in den La-Granja-Palast zurückgezogen; doch das hinderte sie nicht daran, sich häufig in Regierungsangelegenheiten einzumischen. Am 19. August endete die kurze Regentschaft Ludwigs I.: Der junge König starb an den Pocken.
Philipp V. kehrte auf den Thron zurück. In diesem zweiten Abschnitt seiner Regierungszeit konsolidierte sich die vorteilhafte Lage in Italien; Spanien engagierte sich immer mehr in der europäischen Politik, wobei es sich an Frankreich orientierte. Der König hingegen wurde durch die starke Persönlichkeit der

Die Familie Philipps V. auf einem Bild von Van Loo. Der König war zweimal verheiratet: zunächst mit Marie Luise von Savoyen und später mit Elisabeth Farnese. Letzterer gelang es, Karl und Philipp, ihren beiden Söhnen, europäische Kronen zu verschaffen.

Königin zunehmend verdrängt. Allmählich geriet er in einen neurotischen Zustand von Vereinsamung und Schwermut, bis er sich schließlich völlig von den Staatsgeschäften zurückzog. Er starb am 9. Juli 1746 im Buen-Retiro-Palast zu Madrid.
In der Innenpolitik wurde unter der Herrschaft Philipps V. ein Zentralismus eingeführt, der in den Dekreten des »Neuen Planes« deutlich zutage trat. Dieser Zentralismus zwang den Gebieten der aragonesischen Krone die politisch-administrative Struktur Kastiliens auf. Auch das spanische Thronfolgerecht wurde abgeschafft. Statt dessen wurde das Salische Gesetz eingeführt, das in Frankreich galt und das weibliche Mitglieder des Königshauses von der Thronfolge ausschloß. Dieses Gesetz sollte noch Anlaß zu schweren dynastischen Konflikten geben. Während Gesellschaft und Kultur der Barockzeit Spaniens in ihren letzten Zügen lagen, ihren Schwanengesang erlebten, versuchte ein administrativer, wirtschaftlicher und kultureller Reformismus, dem Land einen neuen Impuls zu geben. Die Renaissance der Marine, die auf den atlantischen Routen fundamentale Bedeutung gewonnen hatte, eine gewisse wirtschaftliche Erholung, die Gründung kultureller Einrichtungen wie die Königliche Akademien für Sprache (1713) und für Geschichte (1738), die Errichtung prachtvoller Königsresidenzen (Aranjuez, La Granja, Riofrio) und als krönendes Bauwerk der Palacio Real in Madrid – all dies sind ohne Zweifel positive Ergebnisse der Regierung des ersten Bourbonen.
Die Regierungszeit Ferdinands VI. (1746–1759) steht in deutlichem Kontrast zu der seines Vaters. Während es unter der Herrschaft Philipps V. eine Reihe von Kriegen gegeben hatte, dominierte in der Regierungszeit Ferdinands VI. der Friede. Ferdinand war am 23. September 1713 in Madrid zur Welt gekommen und hatte später Barbara von Braganza, die Tochter Johanns V. von Portugal, zur Frau genommen. Damit kehrte er zur kastilischen Tradition zurück, Ehen mit Portugiesinnen zu schließen. Bis zum Tode Philipps V. hatten jedoch Ferdinand und Barbara nichts mit Politik zu tun.
Nachdem sein Vater gestorben und Elisabeth Farnese in den La-Granja-Palast verbannt war (von wo aus sie das politische Leben dennoch aufmerksam verfolgte), lebte der Reformismus der vorangegangenen Ära bis zum Frieden von Aachen weiter, in dem dann die italienischen Throne seinen Brüdern zugesprochen wurden. Zwischen der Kontinentalmacht Frankreich und der Seemacht England wurde nun eine ausgeglichene Politik des Friedens betrieben. Dieses Gleichgewicht stabilisierte sich allmählich und ermöglichte es Spanien, seine immer noch prekäre wirtschaftliche Situation zu meistern. Der Kampf gegen die starre Unbeweglichkeit des unveräußerlichen Besitzes bei der Suche nach einer Dynamisierung des Reichtums, die Auflösung der Kroneinkünfte aus den Händen der Gläubiger und die Idee eines neuen Steuersystems, das auf einer einzigen Steuer basieren sollte und auf eine wirksamere und sozial gerechte Steuerverteilung abzielte: All dies machte aus der Regierung Ferdinands VI. unbestreitbar einen Wegbereiter für die großen Reformen, die sein Bruder Karl III. in Angriff nehmen sollte.
Die Regentschaft Ferdinands VI. dauerte nur kurze Zeit. Aufgrund der Tatsache, daß er keinen männlichen Erben hinterließ, konnte sich die spanische Monarchie auch unter diesen nationalen Gesichtspunkten nicht konsolidieren. Die letzten Tage König Ferdinands VI. waren dramatisch: Der Tod seiner Gemahlin im Jahre 1758 hatte ihn am Boden zerstört. Ähnlich wie sein Vater verfiel er in geistige Umnachtung. Er zog sich auf das Schloß Villaviciosa von Odón zurück, wo er am 10. August 1759 starb.

Karl III., gemalt von A. R. Mengs. Der Sohn Elisabeth Farneses wurde beim Tode seines Halbbruders Ferdinand VI. König von Spanien (1759). Zuvor hatte er in Parma und Neapel regiert.

Sein Nachfolger auf dem spanischen Thron war kein junger, in Regierungsdingen unbewanderter Prinz, sondern es handelte sich um einen Mann von 44 Jahren, der bereits 24 Jahre lang die Königswürde bekleidet hatte: Ferdinands Bruder Karl, geboren am 20. Januar 1716 in Madrid, seit 1731 Erbe der Herzogtümer Parma und Piacenza und seit 1735 König von Neapel und Sizilien. Man kann die Regierung Karls III. (1759–1788) weder analysieren noch verstehen, wenn man diese lange Lehrzeit und Erfahrung nicht in Rechnung stellt.
Im Jahre 1738 vermählte er sich mit Maria Amalie von Sachsen, die 1760, kurz nach ihrer Ankunft in Spanien, starb. Der Monarch, der von seinen Zeitgenossen und seinen späteren Biographen und den Geschichtsschreibern mit größter Sympathie bedacht wurde, war eher eine achtbare denn eine anziehende Persönlichkeit. Obwohl er seine Rolle als absoluter Herrscher wie kein zweiter spanischer König spielte, ließen ihn die einfachen und menschlichen Züge seiner Persönlichkeit, sein ruhiges, heiteres und bedächtiges, deutlich paternalistisches und aufrichtig-frommes Wesen mehr als einen ehrsamen und gutgesonnenen Mann erscheinen, als jemanden, der die Probleme und die Menschen kannte, die ihn umgaben. Zudem besaß er die seltene Gabe, seine Mitarbeiter mit unfehlbarem Geschick auszuwählen.
In seiner Außenpolitik lassen sich zwei rote Fäden registrieren: Erstens Amerika: Dort kam es zu Reibungen mit den Briten wegen deren Interessen, und zweitens ging es um die spanische Präsenz in Italien; diese Präsenz rief den Argwohn und das Mißtrauen des Wiener Hofes auf den Plan. Seine Außenpolitik zielte sowohl auf ein Gleichgewicht in Europa als auch in Amerika ab: So erklärt sich die Politik des 3. Familienpaktes (1761), auf den sich die gesamten spanischen Aktivitäten dem Ausland gegenüber bis zur Regierungskrise unter Karl IV. – einer Auswirkung der Französischen Revolution – stützten. Die Zurückgewinnung der Insel Menorca 1782 ist ein großer Erfolg der Außenpolitik Karls III. Der Beitrag, den Spanien bei der Erringung der Unabhängigkeit der Vereinig-

Karl III. war ein begeisterter Jäger. Dieses Gemälde von Goya zeigt ihn im Jagdanzug. Er war der Meinung, daß mit seinen Untertanen das gleiche geschehe wie »mit Kindern, die weinen, wenn man sie waschen möchte«.

ten Staaten von Amerika geleistet hat, darf ebenfalls nicht übersehen werden.

Der Innenpolitik gab Karl III. persönlich oder durch seine hervorragenden Mitarbeiter Aranda, Floridablanca, Jovellanos, Campomanes und Olavide zahlreiche Impulse. Karl III. war der Prototyp des aufgeklärten Despoten, der sich einer wirtschaftlichen, administrativen und kulturellen Erneuerung seines Landes verschrieben hatte. Das seinen Traditionen verhaftete Volk registrierte dies alles mit Mißtrauen, wenn nicht gar mit Feindseligkeit. Nicht ohne Grund wiederholte der König immer wieder, daß es »seinen Untertanen so ergehe wie den Kindern, die weinen, wenn man sie waschen möchte«. Er autorisierte 13 spanische Häfen, mit 20 amerikanischen Häfen Handel zu treiben. Dies war eine echte Revolution auf dem Handelssektor; denn damit brach er das Monopol, das die Häfen von Sevilla und Cádiz über den Amerikahandel besessen hatten. Daher erklärt sich eine regionale Entwicklung, die in erster Linie in Katalonien sichtbar wurde. Diese Entwicklung brachte auch eine beträchtliche Binnenwanderung mit sich. Gleichzeitig drang man auf Wiederbesiedlungspläne, unter denen das Sierra-Morena-Projekt (1766) wohl das interessanteste ist: 13 neue Ortschaften für deutsche Kolonisten und Menschen aus anderen Teilen Spaniens.

Die Anstrengungen auf landwirtschaftlichem Gebiet waren beachtlich. Da die Landwirtschaft sehr stark besteuert wurde, brauchte sie einen Binnenmarkt, einen Bewässerungsplan sowie ein Programm zur Modernisierung der Anbauformen und -techniken. Die Agrarpolitik führte zum Kampf gegen die Vorrechte der Viehwirtschaft, gegen den unveräußerlichen Besitz der Kirche und des Adels, gegen Richtpreise und Monopole. Flüsse wurden kanalisiert und Talsperren errichtet, das Straßen- und Wegenetz wurde ausgebaut, Post- und Postkutschendienste wurden organisiert, um den überregionalen Verkehr zu beschleunigen.

Auch das vor sich hindösende Leben an den Universitäten – nur noch ein Schatten des ruhmreichen 16. Jahrhunderts –, wo sich Vorurteile und Ignoranz häuften, erfuhr mit der Einführung neuer Studienpläne einen ernsthaften Wandel. Trotz der harten Kritik breiter konservativer Schichten der Gesellschaft und ungeachtet des Mißtrauens der noch existierenden Inquisition wurden mit diesen neuen Plänen die angewandten und experimentellen Wissenschaften eingeführt.

Madrid, die Hauptstadt des Königreiches, fand in Karl III. ihren besten Bürgermeister. Die alte Villa de los Austrias wurde in eine moderne, gut geplante Stadt verwandelt. Madrid war das Schaufenster einer fruchtbaren Ära, die am 14. Dezember 1788 mit dem Tode des Königs endete. Sein Nachfolger Karl IV. (1788–1808) erbte von seinem Vater weder die unbestreitbare Befähigung zum Herrschen noch war die schwache und kraftlose Persönlichkeit der schwierigen Zeit seiner Regentschaft gewachsen.

»Jeden Tag, bei welchem Wetter auch immer, winters wie sommers, ging ich nach dem Frühstück und der Messe bis ein Uhr auf die Jagd, und sofort nach dem Essen ging ich, um bis Sonnenuntergang dasselbe zu tun. Abends erzählte mir Manuel, ob die Dinge gut oder schlecht standen, und dann ging ich zu Bett, um am folgenden Tag das gleiche zu beginnen ...« Soweit ein Brief Karls IV. an Napoleon. So beschrieb König Karl seinen Alltag und das Vertrauen, das er Manuel Godoy entgegenbrachte. Sein Bekenntnis konnte nicht aufrichtiger sein: Ein König, dessen Hauptbeschäftigung in der Jagd bestand, während die Staatsgeschäfte in den Händen seines Vertrauensmannes lagen. Karl war am 11. November 1748 in Portici (im Königreich Neapel) geboren und bestieg den Thron im Alter von 40 Jahren. Er war hochgewachsen, hatte ein ausdrucksloses Gesicht, trübe Augen, die vorspringende Nase der Bourbonen und den vorstehenden Oberkiefer, der auch für andere spanische Monarchen charakteristisch ist. Francisco Goya vermachte uns ein Bild von seiner Gestalt und seinem Geist: Dieses Gemälde erweckt eine gewisse Sympathie für den gutmütigen und schwachen Mann, den Freund des bequemen Lebens, der unverrückbaren Gewohnheiten – feindselig gegenüber jeder Regung, die sein eintöniges Dasein stören könnte. Es ist schwer, in diesem Bild den König zu erkennen – ja, nicht einmal der Staatsmann läßt sich darin erblicken. Sein Aussehen ist zu bürgerlich, seine Vergnügungen sind für einen König zu plebejisch, für einen Staatsmann andererseits fehlen ihm Scharfsinn und politi-

Karl III. diniert vor dem Hofstaat. Das Bild malte L. Paret y Alcázar. Karl III. ist das Musterbeispiel eines aufgeklärten absoluten Monarchen und Reformers. Er wurde eher respektiert als geliebt.

sches Fingerspitzengefühl. Ein Vergleich mit Ludwig XVI. von Frankreich bietet sich geradezu an.

Im Jahre 1765 hatte er seine Cousine Maria Luisa von Bourbon, die Tochter des Infanten Philipp von Parma, geheiratet. Sowohl sein Privatleben wie auch seine Regierungsgeschäfte litten unter der schäbigen Persönlichkeit der Königin, die Goya auf seinen Bildern mit beißender Ironie festhielt. Das Liebesverhältnis Maria Luisas mit Manuel Godoy, dem ehemaligen Leibwächter, der zum Herzog von Alcudia, Generalissimus und Príncipe de la Paz erhoben wurde, läßt sich heute nicht mehr leugnen. Doch jedenfalls rechtfertigten weder die Leidenschaft der Königin noch die Zuneigung, mit der Karl IV. an Godoy hing, die schwindelerregende Karriere Godoys. Mit Billigung des entgegenkommenden Königs artete diese Karriere in eine wahre Diktatur aus. Man darf in Godoy aber nicht nur den Liebhaber der Königin oder den ergebenen Freund des Königs sehen, sondern auch den neuen Mann auf der politischen Bühne, der, jung und tatkräftig, gegenüber den alten Ministern aus der Ära Karls III. eine frische Kraft darstellte.

Das Spanien Karls IV. konnte sich den Auswirkungen der revolutionären Entwicklung nicht entziehen, die Frankreich gerade erschütterte. Von den ersten Maßnahmen an, die der Graf von Floridablanca ergriff, um die revolutionäre Propaganda an der Grenze aufzuhalten, bis zur Invasion Napoleons im Jahr 1808, dem eigentlichen Beginn des modernen Spanien, muß die Zeit Karls IV. vor dem französischen Hintergrund betrachtet werden. Die Ereignisse in Frankreich weckten zunächst keine größeren Ängste und zogen lediglich einige Polizeimaßnahmen und eine verstärkte Wachsamkeit von seiten der Inquisition, der Wächterin der religiösen wie der politischen Orthodoxie, nach sich. Erst als Ludwig XVI. guillotiniert und die französische Republik ausgerufen wurde, schloß sich Spanien der Reaktion des legitimistischen Europa an.

Der Erste Koalitionskrieg – Vorgänger des Krieges von 1808 – endete mit dem Sonderfrieden von Basel, (1795), als nach dem Sturz Robespierres Frankreichs

Kehrtwende in die konservative Richtung den alarmierten Monarchien in Europa scheinbar günstigere Perspektiven eröffnete. Ein Jahr später wurde im Vertrag von Ildefonso die alte Allianz mit Frankreich wiederhergestellt. Die Regierung Godoys wurde zu einem Steinchen im europäischen Spiel Napoleons. So erklärt sich die spanische Teilnahme am Feldzug von 1805, in dem die spanisch-französische Flotte von der englischen bei Trafalgar besiegt wurde. Oder auch der Vertrag von Fontainebleau (1807), der es der Napoleonischen Armee gestattete, Spanien zu durchqueren, um das mit England verbündete Portugal anzugreifen. Diese Operation war durchaus im Sinn des habgierigen Godoy, der hoffte, nach einer vorgesehenen Teilung Portugals die Herrschaft über die im Süden des Landes gelegene Algarve ausüben zu können.
Die Intervention Napoleons, die in der Invasion von 1808 endete, vollzog sich scheinbar friedlich und im Rahmen des Bündnisses. Sie fiel mit einer schweren inneren Krise Spaniens zusammen: Die Opposition gegen Godoy setzte sich aus wichtigen Teilen des Adels und des Klerus zusammen und wurde von weiten Teilen des Volkes gestützt. Sie trat in Erscheinung, als durch die schwierige Situation draußen die ökonomischen Probleme im Inneren des Landes noch verschärft wurden. Die öffentliche Meinung machte Godoy für die Krise voll verantwortlich. Prinz Ferdinand, der Thronerbe, wurde zum Mittelpunkt der Opposition gegen die Regierung des Günstlings.
Eine erste Intrige gegen Godoy, die in den Gemächern des Prinzen eingefädelt worden war, wurde aufgedeckt und vereitelt. Doch der zweite Versuch – der Aufstand von Aranjuez – glückte: Der schwache König Karl IV. ließ Godoy absetzen und dankte gleichzeitig zugunsten seines Sohnes Ferdinand ab. Der neue König Ferdinand VII. traf am 24. März 1808 in Madrid ein. Bedeutsam ist, daß tags zuvor der Stellvertreter Napoleons, sein Schwager Murat, in der Hauptstadt Aufenthalt genommen hatte. Die französischen Soldaten ihrerseits, in denen das Volk mit Recht eher Invasoren als Zufallsverbündete erblickte, ließen eine gespannte Atmosphäre entstehen, die in die Nähe eines Volksaufruhrs rückte.
Die moderne Geschichte Spaniens beginnt mit dem 2. Mai 1808. Ein patriotischer Volksaufstand, der von Madrid ausging und ganz Spanien erfaßte, bildete den Anfang eines Unabhängigkeitskrieges. Dieser Krieg diente anderen europäischen Ländern, die den Heeren Napoleons Widerstand leisteten, als Vorbild. Die Krise der Bourbonendynastie fand ihren Höhepunkt: Der Kaiser lockte Karl IV., Ferdinand VII. und alle Mitglieder der Familie auf französischen Boden. Dort setzte er die Herausgabe der spanischen Krone durch, die er an seinen Bruder Joseph weiterreichte. Das spanische Volk akzeptierte die Abdankung von Bayonne jedoch nicht und richtete, in Abwesenheit seiner rechtmäßigen Monarchen, eine Regierung ein. So gab es in Spanien sechs Jahre lang zwei Regierungen: die eine war die des Eindringlings Joseph Bonaparte, die andere die patriotische revolutionäre Regierung – sie war ja von unten emporgekommen – der Juntas, die im Namen des »ersehnten« Ferdinand VII. regierte. So war der Unabhängigkeitskampf zugleich eine wirkliche nationale Revolution. Ihre Auswirkung spiegelte sich in der ersten spanischen Verfassung von 1812 wider, die das Prinzip nationaler Unabhängigkeit verkündete und die Machtbefugnisse der Monarchie beschnitt.

Im Mittelpunkt eines berühmten Goya-Gemäldes steht die Familie Karls IV., die hier im Ausschnitt abgebildet ist. Der König war ein schwacher Mann mit plebejischen Neigungen und stand völlig unter dem Einfluß seiner Frau und Cousine Maria Luisa von Bourbon sowie deren Liebhaber Godoy, den der schwache König doch noch absetzen ließ.

Ferdinand VII. (1814–1833) enttäuschte die in ihn gesetzten Hoffnungen. Er war weder der König, den Spanien brauchte, noch der Mann, für den sich so viele Spanier heldenhaft geschlagen hatten. Geboren am 14. Oktober 1784 im Escorial, war seine Kindheit von der verhaßten Gestalt Godoys beherrscht. Dadurch wurde sein Charakter geprägt. Seinen Eltern gegenüber empfand er Mißtrauen. Vor allem seiner Mutter zürnte er, deren Verhältnis mit Godoy ihm bekannt gewesen sein mußte.
Nachdem Napoleon besiegt und Ferdinands Thron zurückgewonnen war, erkannte der König das Werk der Cortes nicht an und schaffte durch das Dekret von Valencia (1814) die Verfassung wieder ab. Er führte den Absolutismus wieder ein, während die Verfassungsfreunde, unter denen sich viele Helden des Unabhängigkeitskrieges befanden, ins Gefängnis wanderten bzw. ins Exil gingen. Von diesem Zeitpunkt an bis zum Jahr 1833 beschrieb seine Regierung eine Pendelbewegung, die von einer sechsjährigen absolutistischen Periode über ein kurzes liberales Intermezzo von dreijähriger Dauer bis zu einem langen Jahrzehnt persönlicher Machtausübung reichte. Die insgesamt 16 absolutistischen Jahre bedeuteten die Vorherrschaft der unverfälschten, offenen und kompromißlosen Reaktion. »Die von Ferdinand VII. restaurierte Monarchie«, so schrieb ein spanischer Historiker, »akzeptierte nichts, wollte nichts begreifen und konnte für nichts dankbar sein.« Weder Großzügigkeit noch Toleranz waren Tugenden, die Ferdinand VII. auszeichneten.
Abgesehen von den drei kurzen liberalen Jahren, 1820 bis 1823, als er, gezwungen von einem militärischen Staatsstreich, einem *Pronunciamiento,* die Grenzen der Verfassung eher ertrug denn akzeptierte, bildete Ferdinand VII. Regierungen, in denen mittelmäßige Leute die Mehrheit bildeten. Diese hatten keine konkreten politischen Programme und verwalteten das Land eher als daß sie es regierten. Wenn sie auch auf wirtschaftlichem Gebiet die Reformpolitik nach der Tradition des 18. Jahrhunderts fortsetzten, so erwiesen sie sich doch auf kulturellem und politischem Sektor als Erzkonservative. Es sind farblose Regierungen, die es dem König ermöglichten, der unumstrittene Schiedsrichter zu sein. Die Existenz einer Parallelregierung, der *Camarilla,* aus Freunden und Vertrauten des Königs macht deutlich, wie sehr er selbst seinen eigenen Ministern mißtraute und welchen Gefallen er an kleinen Palastintrigen fand.
Zu der ideologischen Konfrontation des Landes kam nun noch das Problem der Thronfolge: Aus seinen ersten drei Ehen – mit Maria Antonia von Neapel, Isabella von Braganza und Marie Josephine Amalie von Sachsen – hatte der König keine Kinder. Aus seiner vierten Ehe mit seiner Nichte Maria Christina von Bourbon-Neapel gingen zwei Töchter hervor. Bisher jedoch galt immer noch das Salische Gesetz. Mit einer Pragmatischen Sanktion vom 29. März 1830 schaffte er dieses Gesetz ab und kehrte so zur Tradition der spanischen Erbfolge zurück. Sein Bruder Karl Maria Isidor war der Mittelpunkt eines Kreises von Ultrakonservativen, die für eine theokratisch orientierte Monarchie eintraten. Um ihn bildete sich eine Partei. Dies war der Beginn der Karlistenbewe-

Eine Skizze von Goya zu einem Reiterbild Ferdinands VII. Der »ersehnte« König, auf den die Spanier während der Napoleonischen Herrschaft und während des Unabhängigkeitskrieges vertrauensvoll geblickt hatten, enttäuschte jedoch.

gung, die mit viel Auf und Ab sogar die Schwelle des 20. Jahrhunderts überschritt und bis in unsere Gegenwart hineinlebt. In dieser unruhigen Situation organisierten sich die liberalen Kreise um Isabella, deren künftiger Thron mit der Hypothek des Liberalismus belastet wurde. Ferdinand VII. starb am 29. September 1833 und hinterließ den Thron einem dreijährigen Mädchen, zusammen mit einer Regentin, seiner Mutter Maria Christina. Das Land stand an der Schwelle eines Bürgerkrieges.

Die Entscheidung für die liberale Richtung – es gab bereits eine Spaltung in einen konservativ-gemäßigten und einen radikal-progressiven Liberalismus – war eine Frage des Überlebens für Maria Christina, die mit der bewaffneten Revolte in mehreren spanischen Regionen fertigwerden mußte (Erster Karlistenkrieg). Diese Regionen sahen im Bruder Ferdinands VII. nicht nur einen legitimen König, sondern auch einen Garanten ihrer Vorrechte, ihres religiösen Glaubens und ihrer politischen und sozialen Überzeugungen. Der Karlismus war nicht nur eine dynastische Frage. In seiner Devise »Gott, Vaterland, Privilegien, König« (»Dios, Patria, Fueros, Rey«) spiegelt sich seine theokratische, regionalistische, d. h. dezentralistische und absolutistische Orientierung wider.

Isabella II. (1833–1868) kam am 10. Oktober 1830 in Madrid zur Welt und wurde 1843, also im Alter von 13 Jahren, für volljährig erklärt. Ihre Regierung ist schwer zu analysieren, da sie in ihren Anfangsjahren von vielen getragen wurde, die politische Feinde ihres Vaters gewesen waren. Unter ihrer Regentschaft lösten ungefähr 60 Regierungen einander ab, waren zwei Verfassungen in Kraft – die liberale von 1837 und die gemäßigte von 1845 –, während die progressive von 1856 im Entstehen begriffen war.

Für eine Analyse dieses komplizierten Zeitabschnittes, in dem drei Kräfte auf die Regierung einwirkten – die Krone, die Armee und die politischen Parteien –, ist ein Verständnis der Persönlichkeit der Königin unerläßlich. In diesem Spiel ist sie eine Figur von fundamentaler Bedeutung. Die Persönlichkeit Isabellas II. war einfach und widersprüchlich zugleich. Sie war eine echte Spanierin, von einer sympathischen Offenheit, einem recht volkstümlichen Humor und einer unbestreitbaren Freigebigkeit und Toleranz. Für das hohe und anspruchsvolle Amt einer konstitutionellen Monarchin fehlten ihr jedoch die erforderliche Intelligenz und jedwede Vorsicht.

Die politischen Untugenden, die sich zu Zeiten ihres Vaters am Hofe breitgemacht hatten, blieben dort verwurzelt, ja, sie vermehrten sich sogar noch. Niemals, weder auf dem Thron noch später im Exil, konnte sie ohne Camarilla, d. h. ohne ihre Vertrauten bzw. ohne Hofintrigen, auskommen. Zudem fehlte ihr, was für eine Frau auf einem Thron von wesentlicher Bedeutung ist: die emotionale und politische Gesellschaft eines Mannes, der seine Rolle als Prinzgemahl mit Taktgefühl und Tatkraft zu spielen imstande ist. Die Wahl eines Gatten fiel schließlich auf einen in jeder Hinsicht nichtssagenden Mann: ihren Cousin Francesco d'Assisi von Bourbon. Er war weder ein guter Ehemann oder ein Liebhaber und noch weniger ein Herrscher. Seine Position benutzte er nur dazu, um der Intrige eines sektiererischen, absolutistisch und theokratisch orientierten Klerikalismus Tür und Tor zu öffnen. Dieser wollte jede Spur von Liberalismus in der Regierung ausmerzen. Er unterschied sich in keinem Punkt vom Klerikalismus der Karlisten. Zweifellos war Francesco d'Assisi mitschuldig an dem Prestigeverlust der Isabellinischen Monarchie.

Das klerikale Milieu machte Eindruck auf die beeinflußbare Isabella. Ihre tiefe Frömmigkeit und ihre Treue der Kirche gegenüber waren über jeden Zweifel erhaben, trotz der Unregelmäßigkeiten in ihrem Liebesleben, die sich aus dem totalen Scheitern ihrer Ehe erklärten. In dieser Atmosphäre am Hofe findet sich ein Grund dafür, daß ihr immer wieder verhängnisvolle Fehler unterliefen, die ihr letzten Endes den Thron kosten sollten, nämlich: die Hartnäckigkeit, mit der sie daran festhielt, zusammen mit dem konservativen Lager zu regieren – der gemäßigten Partei. Der dynastischen Linken jedoch – der progressiven Partei – versperrte sie systematisch den Weg zur Macht. Den Fortschrittlichen gelang es nur einmal, an die Macht zu kommen, aber auch nur durch die Revolution von 1854 – und auch dann nur für die kurze Dauer von zwei Jahren. Isabellas religiöses Gewissen fühlte sich bei der bürgerlichen, konservativen und klerikalen Regierung der Gemäßigten besser aufge-

Ferdinand VII. auf einem Bild von Luis la Cruz y Ríos. »Die von Ferdinand VII. restaurierte Monarchie akzeptierte nichts, wollte nichts begreifen und konnte für nichts dankbar sein.« Soweit ein Urteil über diese zwiespältige Persönlichkeit.

Dieses Gemälde von Franz Winterhalter stellt Königin Isabella II. dar. Ihr Vater Ferdinand VII., der keine Söhne hatte, schaffte das Salische Gesetz ab, damit Isabella den Thron besteigen konnte. So wurde der »Karlismus« ins Leben gerufen.

hoben als bei den Fortschrittlichen mit ihrem liberalen Programm, das auf Säkularisation der Kirchengüter abzielte und ausgesprochen antiklerikal war.
»Regime der Generäle« hat man die Regierung Isabellas II. auch genannt. Denn das Intervenieren der Armee auf der politischen Bühne, eines der konstanten Kennzeichen des 19. Jahrhunderts, machte aus dem Pronunciamiento (Putsch) das übliche Instrument, mit dem Regierungswechsel herbeizuführen waren. Drei Generäle erscheinen als Rückendeckung, als bewaffneter Arm der dynastischen Parteien: Nárvaez gehörte zu den Gemäßigten, O'Donnell zur Liberalen Union, Espartero zu den Progressiven. Isabella II. wurde das Opfer dieser Situation, die sie ja selbst mit heraufbeschworen hatte: Im September 1868 jagten sie ein Militärputsch und eine revolutionäre Bewegung vom Thron. Von 1868 bis zum 9. April 1904, als sie in ihrer Pariser Wohnung starb, durchlebte Isabella eine lange Zeit des Exils. Während dieser Zeit gab sie die Hoffnung nicht auf, eines Tages auf den Thron zurückkehren zu können. Deshalb unterstützte sie jeden Plan, der dieses Ziel anstrebte. Ihre politische Ahnungslosigkeit ging weder mit den Jahren noch mit ihren Mißerfolgen verloren...
Ihr Sohn Alfons XII. unterschied sich in einem wichtigen Punkt von seinen Vorgängern: in seiner umfassenden Bildung sowohl als Privatperson wie auch als König. Geboren am 28. November 1857 in Madrid, lernte Prinz Alfons schon mit elf Jahren die harte Schule des Exils kennen. Er war der erste König des modernen Spanien, dessen Erziehung sich früh dem Bereich höfischer Schmeicheleien entzog und in verschiedenen europäischen Ländern ergänzt wurde. Er kannte die Drangsal des Exils und die europäische Wirklichkeit: die Instabilität der französischen Politik nach dem Sieg der Preußen bei Sedan, die Bedeutung Deutschlands unter der Regierung Bismarcks und das politische Modell des englischen Konstitutionalismus.
In diesen Jahren wurden die Fäden der bourbonischen Restauration geknüpft. Der Mann, der die restaurative Bewegung leitete, war einer der berühmtesten Politiker des 19. Jahrhunderts: Antonio Cánovas. Seine Absicht war es, eine Monarchie einzurichten, die die monarchistische spanische Tradition mit den liberalen Errungenschaften der bürgerlichen Revolution verknüpfen sollte. Die restaurative Bewegung bot sich als ein Mittelweg zwischen Absolutismus und Revolution an.
In Prinz Alfons hatte Cánovas einen gelehrigen Schüler, der sich der Fehler des Regimes seiner Mutter bewußt war. Alfons war ein moderner Mann, der der Wirklichkeit gegenüber sehr aufgeschlossen war. Er wußte um seine Verantwortung seinem Land und Europa gegenüber und war bereit, der König der Versöhnung zu sein, den Cánovas' Programm voraussetzte. Katholisch wie seine Vorfahren, liberal wie ein Mann seines Jahrhunderts – so stellte er sich selbst den Spaniern vor, und zwar in einem Manifest, das er seinem Land von der Militärakademie von Sandhurst aus geschickt hatte. Am 29. Dezember 1874 rief ihn ein großer Teil der Armee zum König aus. Cánovas hatte gehofft, daß der Monarch auf einen Aufruf des Volkes durch die Cortes auf den Thron kommen würde, und nicht durch ein Pronunciamiento des Militärs. Doch er beugte sich den Tatsachen und zog seinen Nutzen aus dem Konsensus, der sich durch die Proklamation in Spanien ergab.
Während seiner zehnjährigen Regierung erwies sich Alfons XII. (1875–1885) als ein König, der bei weiten Kreisen in Europa Anklang fand – seine Sympathie für das Deutsche Reich und für Österreich-Ungarn war unverkennbar – und der gleichzeitig auch den Vorstellungen der Spanier von einem König entsprach. Hinzu kam, daß er sympathisch, volksnah, aufgeschlossen und unvoreingenommen war. Seine Heirat mit seiner Cousine Mercedes von Orléans im Jahre 1876, die sogar gegen den Willen Isabellas II. zustande kam, verlieh seiner anziehenden Persönlichkeit eine zusätzliche romantische Note. Der bereits kurz nach der Eheschließung erfolgte Tod der Königin Mercedes – sie starb nach sechsmonatiger Ehe – und die Auszehrung, die sein junges Leben langsam zerstörte, ergänzten die von Poesie umglänzte Figur des Königs, der nach seinem Tod in Romanzen und Volksliedern weiterleben sollte.
In zweiter Ehe war er mit Maria Christina von Habsburg, einer Nichte Kaiser Franz Josephs II., verheiratet (die Hochzeit fand am 29. November 1879 statt). Als der König am 25. November 1885 im El-Pardo-Palast starb, erwartete seine Witwe gerade ein Kind. Die politischen Führer, Cánovas und Sagasta, beschlossen, Maria Christina als Regentin zu stützen und so die politische Kontinuität zu wahren. Unter dem Schutz der flexiblen und vernünftigen Verfassung von 1876 und mit der Konsolidierung des friedlichen Übergangs von der einen regierenden Partei zur anderen, der konservativen Cánovas' zur liberalen Sagastas, hielt sich das System der Restauration. Sogar die Opposition – sowohl die Karlisten als auch die Republikaner – boten dem Regime, das »von einer Witwe und einem Waisen« vertreten wurde, einen Waffenstillstand an. Alfons XIII. (1886–1931) ist der einzige in der Geschichte Spaniens, der schon als König zur Welt kam; auch in der Geschichte des übrigen Europas finden sich solche Fälle nur schwerlich. Am 17. Mai 1886 feierte Spanien seine Geburt mit großen Freudenkundgebungen.
Die Kindheit Alfons' XIII., unter der Vormundschaft Maria Christinas – einem Vorbild an Würde und Klugheit als Regentin –, wurde durch drei Faktoren bestimmt: das Standesbewußtsein, das der König von klein auf hatte, eine harte militärische Erziehung, die darauf abzielte, ihn als Soldatenkönig eng an die Armee zu binden, und drittens eine religiöse Erziehung, in die auch seine Mutter persönlich eingriff, von deren frommen und strengen Lebenswandel jedermann wußte.
Zu diesem dreifachen Umstand tritt noch die Auswirkung eines tragischen Ereignisses hinzu – ein Schlüssel zum Verständnis Spaniens in unserem Jahrhundert: die Krise von 1898 (spanisch-nordamerikanischer Krieg mit dem Verlust von Cuba, Puerto Rico und den Philippinen), die das Land zutiefst erschütterte. Alfons XIII. blieb immer ein Mann der »Generation von '98«, d. h. er gehörte zu jenen, die die Demütigung Spaniens wie am eigenen Leib verspürten und sich für Spaniens Erneuerung aufopferten. Alfons XIII. teilte die Ideale einer Regeneration des Volkes, die in Spanien von der kulturellen, wirtschaftlichen und politischen Bewegung namens »Regenerationismus« *(regeneracionismo)* verbreitet wurden.
Belastet mit all dem, wurde er 1902 volljährig. Am 17. Mai schwor er vor den Cortes auf die Verfassung.
Vier Jahre später, am 31. Mai 1906, vermählte er sich mit einer der schönsten Prinzessinnen Europas, Victoria Eugénie (Ena) von Battenberg, einer Enkelin Königin Viktorias von England. Der Hochzeitstag wird durch ein anarchistisches Attentat auf das Brautpaar

in der Madrider Calle Mayor gestört. Es war nicht der erste und auch nicht der letzte Anschlag, den der König im Laufe seines Lebens überstehen mußte: Drei seiner Minister, Cánovas 1897, Canalejas 1912 und Dato 1921, wurden Opfer anarchistischer Mordanschläge.

Beleuchtet man die Regierung Alfons' XIII. näher, so muß man sie unter zwei verschiedenen Gesichtswinkeln betrachten: Im internationalen Kontext fiel die Regierungszeit Alfons' XIII. in ein Europa, das von Arbeiterbewegungen aufgerüttelt und vom Ersten Weltkrieg verwüstet war. Die innere Situation erlebte in der Ära Alfons' XIII. den Niedergang des politischen Systems, das ein Werk Cánovas' gewesen war. Dieser Niedergang spiegelt sich in einer raschen Aufsplitterung der großen Parteien, die abwechselnd an der Macht waren, während das Land einen bemerkenswerten demographischen und sozialen Wandel erlebte. Alfons XIII. hatte es innenpolitisch mit der Schwierigkeit zu tun, ein Regime zu stützen, das in Zersetzung begriffen war. Außenpolitisch war er mit einem Europa konfrontiert, das in zwei große Blöcke aufgespalten war.

Angesichts eines Europa im Kriegszustand blieb Alfons bei der Neutralität, für die sich seine Regierung entschieden hatte. Es wurde jedoch ein Konflikt nach Spanien hineingetragen, durch den die politisch interessierte Bevölkerung in zwei Lager geteilt wurde: in Deutschfreundliche und in Parteigänger der Alliierten. Diesen Konflikt erlebte der König auch innerhalb seiner eigenen Familie: seine Frau war Engländerin, seine Mutter Österreicherin. Die Regierung verhielt sich neutral, doch ihre Sympathie für die Alliierten war offenkundig. Winston Churchill schreibt darüber in seinen Memoiren: »Die Aristokratie war für Deutschland, der Mittelstand gegen Frankreich, und der König pflegte zu sagen: ›Nur ich und das Volk sind für die Alliierten‹.« Die Neutralität des Königs war jedoch keineswegs passiv, sie richtete sich vielmehr auf den humanitären Bereich: Er sorgte für die Verwundeten, die Kriegswaisen und Kriegsgefangenen.

In der Innenpolitik wollte Alfons XIII. wohl seine Rolle als konstitutioneller Monarch spielen, doch seine politische Umgebung erlaubte es ihm nicht. Er wiederum konnte der Versuchung nicht widerstehen, selbst zu regieren. Seine Impulsivität, sein Tatendrang und vor allem sein offenkundiges Interesse daran, ein Diener seines Staates zu sein, verleitete ihn zum Eingreifen in die Politik. Mehr als einmal vergaß er seine Rolle als Schlichter und Mäßiger und mischte sich in die Politik ein, doch ein Parteimann war er nie. Er war klug genug und sich seiner Pflichten gegenüber Spanien zu sehr bewußt, um in diesen Fehler zu verfallen. Nicht umsonst nannte ihn die öffentliche Meinung »den weisesten Politiker seiner Regierung«.

Daß er am Vorabend jener unglückseligen militärischen Operation in Marokko, die mit der Katastrophe von Annoual im Jahre 1921 endete, die Armee anspornte, wurde ihm von allen Seiten zum Vorwurf gemacht. Alle beschuldigten ihn, den Militärputsch des Generals Primo de Rivera toleriert zu haben, durch den die Verfassung außer Kraft gesetzt wurde und der 1923 den Weg zur Diktatur freimachte – auch wenn diese sieben Jahre für das Land unter anderem auch Wohlstand und Wiederaufbau bedeuteten. Niemand erinnerte sich daran, wie oft Alfons XIII. die verfassungsmäßige Legalität wahren wollte.

Er wurde immer mehr im Stich gelassen. Trotz seiner sprichwörtlichen Herzlichkeit eines typischen Madrileño, trotz seiner Volksverbundenheit, die seine ganze Familie auszeichnete, war er ein isolierter Mann, ein Einsamer. 1931 blieb er ganz sich selbst überlassen, als nach dem Sturz der Diktatur und nach einem vergeblichen Versuch zur Rückkehr zur konstitutionellen Normalität die Ergebnisse der Gemeindewahlen zeigten, welch starke Sympathien für ein republikanisches Regime unter der Bevölkerung in den spanischen Großstädten herrschten. Alfons XIII. wählte das Exil. Dann zog er zehn Jahre lang durch Europa – seine Stationen waren Frankreich, die Schweiz und Italien – und verfolgte aus der Ferne das wechselnde Glück der unstabilen spanischen Republik und den tragischen Verlauf des Bürgerkrieges. Vor allem trug er an seiner eigenen historischen Bürde. Da war noch der Schmerz über den Verlust seiner eigenen Angehörigen: 1934 starb sein jüngerer Sohn Gonzalo bei einem Unfall. Sein erstgeborener Sohn Alfons starb 1938 in Miami. Sein zweitältester Sohn Jaime war taubstumm; so verzichtete er im Januar 1941 zugunsten seines dritten Sohnes Juan auf die Krone. Einen Monat später, am 28. Februar 1941, starb er im Grand Hôtel von Rom.

Die beinahe vierzigjährige persönliche Herrschaft General Francos rückte die Möglichkeit einer Rückkehr der Monarchie in weite und ungewisse Ferne. Don Juan von Bourbon behielt die historischen Rechte der Dynastie und hielt an seinem Vorhaben fest, eine europäische und demokratisch orientierte Monarchie in Spanien einzurichten. Andererseits ließ er es – nach Erwägung aller Möglichkeiten – zu, daß die Erziehung seines erstgeborenen Sohnes Juan Carlos Francos Kontrolle unterstellt wurde. Der Karlismus, dessen letzter legitimer Vertreter, Don Alfonso Carlos, 1936 ohne Erben starb, band seine Ansprüche an die Linie Alfons' XIII. und versuchte, ein Anrecht auf die Franco-Nachfolge zu erwerben.

Während viele traditionelle Karlisten die zweifache Legitimität Don Juans von Bourbon anerkannten, unterstützten andere Don Javier de Parma und dann dessen Sohn Carlos Hugo, der mit Prinzessin Irene von Holland verheiratet ist. Dieser scheint nunmehr unter der paradox wirkenden Flagge eines karlistischen Sozialismus zu segeln. Alles in allem bleibt der spanische Karlismus eine Erinnerung an ein romantisches Ideal, das sich nicht verwirklichen ließ. Seine Bedeutung im Spanien von heute reicht nicht über den Bereich des Anekdotischen hinaus.

Prinz Juan Carlos von Bourbon kam am 5. Januar 1938 in Rom zur Welt und erhielt seine Ausbildung in Spanien an Militärakademien und an der Universität von Madrid. Er, der Enkel des letzten Königs, bestieg am 22. November 1975 den Thron – zwei Tage nach dem Tode Francos, ganz so, wie dieser es vorgesehen hatte. Die Monarchie, die im Gesetz der Nachfolge als »katholisch, sozial und repräsentativ« definiert wird, möchte eher an die geschichtliche Tradition Spaniens anknüpfen als an das monarchistische Modell eines konstitutionellen Liberalismus. Jedenfalls zeigt sie sich, in der Gestalt des jungen Monarchen, der sich seiner Pflichten dem spanischen Volk gegenüber bewußt ist, als eine mögliche Lösung, die von einer Mehrheit der öffentlichen Meinung befürwortet wird und die den Übergang zu einer demokratischen Staatsform vollziehen will. Es sind die ersten und schwierigen Schritte, mit denen versucht wird, das Risiko eines »gekrönten Francismus« zu umgehen. Am 14. Mai 1977 verzichtete Don Juan von Bourbon zugunsten seines Sohnes, König Juan Carlos von Spanien, auf die Thronrechte.

Alfons XIII. wurde schon als König geboren. 1931 zog er es vor, ins Exil zu gehen: »Um meiner Sachen willen darf kein einziger Tropfen spanischen Blutes vergossen werden.« Mit seinem Enkel Juan Carlos wurde 1975 die Monarchie in Spanien wiederhergestellt.

Die Hohenzollern

Durch die Kurfürsten von Brandenburg wurde der Randstaat Preußen zum wichtigsten Motor der deutschen Einigung.

Kurfürst Friedrich III. von Brandenburg und Herzog von Preußen, jener deutsche Landesfürst, der sich selbst zum »König in Preußen« krönte, war von Natur schwächlich und besaß einen krummen Rücken. Um den Halbbuckel zu verbergen, trug er eine riesige Allongeperücke. Es hieß, eine Amme habe den Säugling fallen lassen, so daß er als Kind schief ging und an einer Rückgratsschädigung litt, die sich nur langsam besserte. Auch der letzte Hohenzollern auf dem Thron, der deutsche Kaiser Wilhelm, wies seltsamerweise einen Geburtsfehler auf, der linke Arm war verkrüppelt. Friedrichs III. zweite Gemahlin, die schöne und geistreiche Sophie Charlotte aus dem welfischen Haus Braunschweig-Lüneburg, nannte ihn deshalb spöttisch, halb zärtlich »ihren Äsop« nach dem antiken Fabeldichter, der einen Buckel gehabt haben soll.
Friedrich III., geboren als Sohn des »Großen Kurfürsten« Friedrich Wilhelm und der Luise Henriette von Oranien aus dem Haus der niederländischen Generalstatthalter am 11. Juli 1657 in der ostpreußischen Hauptstadt Königsberg, war der elfte Kurfürst, seitdem Kaiser Sigismund 1415 dem Hohenzollernschen Burggrafen Friedrich VI. von Nürnberg die verwaiste Mark Brandenburg und die Kurwürde anvertraut hatte. Die Familie stammte aus Schwaben. Im Jahre 1061 wird zum ersten Mal ein Graf von Zollern urkundlich erwähnt. Um 1200 hatten die Hohenzollern (ein Name, der wahrscheinlich von Zollrechten abgeleitet ist) die Würde des kaiserlichen Burggrafen von Nürnberg erworben. 1363 erlangte sie den Rang von Reichsfürsten. Friedrich VI., als Kurfürst von Brandenburg Friedrich I. genannt, hatte Besitz in Ansbach und Bayreuth im Fränkischen. Friedrich I. war mit der schönen Else von Bayern, einer Wittelsbacherin, vermählt. In Anbetracht der Distanz, die das preußische und das bayrische Königshaus in den letzten Jahrzehnten der Monarchie im 20. Jahrhundert hielten, ist die Tatsache merkwürdig, daß die Stammutter aller brandenburgischen Hohenzollern eine Wittelsbacherin gewesen ist.

Schloß Charlottenburg in Berlin, gemalt von M. Roch. Es wurde von Friedrich III., dem Kurfürsten von Brandenburg, erbaut und war die Sommerresidenz seiner Gemahlin Sophie Charlotte.

Als der letzte Hochmeister des Deutschen Ritterordens, Albrecht von Hohenzollern aus dem fränkischen Seitenzweig, 1525 seinen Staat in Preußen in ein weltliches Herzogtum umwandelte und auf den Rat Luthers zum protestantischen Glauben übertrat, wurde der ehemalige Ordensbesitz Preußen – die spätere Provinz Ostpreußen – hohenzollerisch, allerdings mit der Einschränkung, daß der König von Polen die Oberlehnsherrschaft erhielt, eine Bindung, die mehr papiernen als tatsächlichen Wert hatte. Die herzogliche Linie Preußen verlosch bereits 1618 in der zweiten Generation in Geisteskrankheit. Preußen wurde in Personalunion mit Brandenburg vereinigt.
Die Hohenzollern in Berlin erschienen um 1600 als ein recht durchschnittliches Geschlecht. Dann taucht mit Friedrich Wilhelm, den schon die Zeitgenossen schlicht den »Großen Kurfürsten« nannten, plötzlich ein Genius auf, was Feldherrngaben und Staatskunst anbelangt. Mit 20 Jahren übernahm Friedrich Wilhelm 1640 die Regierung eines verfallenen deutschen Kleinstaates, der schwer unter den Auswirkungen des Dreißigjährigen Krieges litt. Die Ehe mit der Oranierin aus einer mit Talenten gesegneten Familie brachte neues Blut in die Hohenzollern. Als der Große Kurfürst 1688 starb, war Brandenburg-Preußen mit einer guten Armee zu einer Mittelmacht in Europa geworden, deren Bedeutung weit über das Heilige Römische Reich Deutscher Nation hinausging. Die letzten Bindungen zu Polen waren bereits 1657 beziehungsweise 1660 in den Verträgen von Wehlau und Oliva bei Danzig gefallen.
Der Erbe Friedrich III. schien ihm allerdings in nichts zu ähneln. Das Rückgratleiden bescherte ihm eine schwere Jugend. Bis 1674 war er auch nicht für den Thron bestimmt. Diesen sollte sein älterer Bruder, der Kurprinz Karl Emil, erhalten, ein tollköpfiger Soldat,

den der schwächliche Bruder freilich aufs höchste bewunderte. Dann starb Karl Emil plötzlich im Felde gegen Frankreich an einer mit hitzigem Fieber verbundenen Ruhr. Im Volk kursierten – objektiv unzutreffend – dunkle Gerüchte, die zweite Gemahlin des Großen Kurfürsten, die dieser nach dem Tod der Oranierin 1667 geheiratet hatte, die Herzogin-Witwe Dorothea von Lüneburg Celle, von Geburt eine schleswig-holsteinische Prinzessin, habe ihn zugunsten eigenen Nachwuchses vergiften lassen. Auch der neue Kurprinz Friedrich bildete sich zeitweilig ernsthaft ein, die Stiefmutter trachte ihm mit einem »Nachfolge-Pulver« nach dem Leben, was wie gesagt Unsinn war.

Als Friedrich III. 1688 die Herrschaft antrat, zeigte sich, daß ihn die Natur zum Ausgleich für die Körperschwäche mit einem lebhaften, ja phantastisch weit schweifenden Geist ausgestattet hatte, freilich auch mit einer für viele Hohenzollern typischen Neigung zu Pracht und Pomp, als müsse er durch aufwendige Repräsentation die eigenen Mängel verdecken. Daß er geschickt genug war, um das eigene Erbe mit weit gestreutem Besitz von Westdeutschland bis nach Preußen zusammenzuhalten, zeigte sein Verhalten in einer etwas ominösen Testamentsfrage. In zwei letzten Verfügungen hatte der Große Kurfürst 1680 und 1686 zur Versorgung nachgeborener Mitglieder seines Hauses an eine ziemlich weitgehende Aufgliederung seines Besitzes gedacht. Letzter Testamentsvollstrecker war Kaiser Leopold I. Im Einvernehmen mit diesem, seinem Taufpaten, verstand es Friedrich noch als Kurprinz, die Kassierung des letzten Testamentes bei seiner Thronbesteigung zu erreichen.

Der Große Kurfürst hatte vom Kaiser aus österreichisch-schlesischem Besitz den Kreis Schwiebus erworben, unter Verzicht auf alte bis auf das Jahr 1537 zurückgehende Erbansprüche der Hohenzollern auf die schlesischen Herzogtümer Liegnitz, Brieg und Wohlau. Noch als Kurprinz sicherte Friedrich insgeheim dem Kaiser zu, er werde als Dank für dessen dubiose Rolle als Testamentsvollstrecker den Kreis Schwiebus zurückgeben, mit dem Zusatz, daß alle Verzichterklärungen auf schlesische Erbrechte »hinfällig« seien. Dies alles sollte unter Friedrichs Enkel, Friedrich dem Großen, noch eine fatale Bedeutung gewinnen.

Noch als Kurprinz hatte Friedrich die blutjunge Henriette von Hessen-Kassel geheiratet, seine Jugendliebe. Sie starb 1683 mit 22 Jahren an den Pocken. Der stets um seine Gesundheit besorgte Ehemann wagte wegen der Ansteckungsgefahr nicht einmal, an ihrem Sterbelager zu weilen. Die zweite Ehe mit Sophie Charlotte von Braunschweig-Lüneburg, einer ihm an Willenskraft wie Bildung weit überlegenen Frau, entsprach mehr höfischer Konvention als irgendeiner Neigung. Aber die neue Kurfürstin, die ihm am 14. August 1688 den Erben Friedrich Wilhelm schenkte, bestärkte ihren Gemahl in dessen Absichten, der Haupt- und Residenzstadt Berlin ein neues Gesicht zu geben. Vorbild für alle deutschen Höfe war in jenen Zeiten die Traumresidenz König Ludwigs XIV. von Frankreich in Versailles, obwohl Brandenburg-Preußen im Bunde mit dem Kaiser, den Niederlanden und England wegen des Pfälzer Erbfolgestreites gerade wieder gegen diesen Krieg führte. Friedrich wollte nicht nur die eigene Macht verdeutlichen, er wollte auch als Mäzen der Künste und Wissenschaften auftreten. 1694 stiftete er eine neue Universität in Halle, die dritte nach den Hochschulen von Königsberg und Frankfurt an der Oder. Berühmte Gelehrte wurden berufen, die damals als Freigeister galten, was den neuen Landesherrn nicht störte. 1696 wurde in Berlin eine Akademie der Künste errichtet, im Jahr 1700 gründete der Kurfürst die *Societät der Szientien*, die Keimzelle für die spätere Akademie der Wissenschaften. Der Universalgelehrte Leibniz wurde nach Berlin geholt, ebenso der geniale Baumeister Andreas Schlüter.

Was Kurfürst Friedrich aber besonders in den Bann schlug, war der Plan, die Königswürde zu erlangen. Er sah, wie Hannover Kurfürstentum wurde, wie der ihm verwandte Generalstatthalter der Niederlande Wilhelm III. 1688 König von England wurde. 1697 ließ sich, unter dem Versprechen, zum katholischen

Friedrich Wilhelm, genannt der Große Kurfürst, mit seiner Gemahlin und seiner Mutter. Er kam 1640 an die Macht. Unter seiner Herrschaft wurde Brandenburg-Preußen zu einem wichtigen Staat in Deutschland.

Glauben überzutreten, der Kurfürst von Sachsen, August der Starke, zum König von Polen wählen. Nun konnte ein deutscher Landesherr unmöglich den Königstitel führen, da der römische Kaiser ja auch deutscher König war. Aber Preußen hatte niemals zum Reichsverband gehört. Hier setzte Friedrich an, um sich in der Hauptstadt Königsberg als König zu krönen.

Dazu bedurfte es des Einverständnisses des römisch-deutschen Kaisers Leopold I. Dieser wiederum bedurfte preußischer Hilfe, da in Spanien sich das Leben des letzten, kranken spanischen Habsburgers, König Karl II., dem Ende zuneigte und der Kaiser als auch König Ludwig XIV., beide Enkel der Könige Philipps III. und Schwiegersöhne Philipps IV. von Spanien, beim Fehlen jeder Nachkommenschaft in Madrid Anspruch auf das Riesenreich mit den spanischen Niederlanden, Mailand, Neapel, Sizilien, Mittel- und Südamerika und den Philippinen in Südostasien erhoben.

Gegen das Bündnis zwischen Brandenburg-Preußen mit Österreich zur Unterstützung der Erbfolge Habsburgs in Spanien und die Gestellung eines Hilfskorps willigte Leopold ein, daß sich sein Patensohn zum »König in Preußen« erklären dürfe. Am 1. November dieses Jahres verschied Karl II. von Spanien. Wien und Berlin einigten sich am 16. November 1700 endgültig über das brandenburgisch-preußische Hilfskorps von 8000 Mann gegen eine Zahlung von 150 000 Gulden. Am 24. November 1700 wußte man in Berlin, daß alles perfekt war.

Kurfürst Friedrich III. hatte es leid, König Friedrich I. »in Preußen« zu werden. Noch vor Weihnachten reiste der König in spe mit einem riesigen Troß von 300 Karossen, Kutschen, Gepäck-, Küchen- und Proviantwagen trotz schlechter Jahreszeit von Berlin nach Königsberg. Mittags hielt er große Tafel, abends fand jeweils ein Fest statt, es war das Dasein, das er liebte. Nach vorheriger prunkvoller Ankündigung mit Kanonendonner, Trompetenschall und in altrömische Gewänder gekleideten Herolden fand am Sonnabend, den 18. Januar 1701 im ehemaligen Hochmeister-

Der erste König des Hauses Hohenzollern – hier auf einem Gemälde von F. W. Weidemann. Friedrich I. (zuvor Friedrich III. von Brandenburg) ließ sich am 18. Januar 1701 zum »König in Preußen« krönen.

schloß die Krönung statt, bezeichnenderweise in einem weltlichen Gebäude. Friedrich, in einem eigens entworfenen Scharlachgewand mit Diamantknöpfen, setzte sich selbst die Krone aufs Haupt und krönte dann seine vor ihm kniende Gemahlin. Sophie Dorothea, die ebensoviel Geist wie Sinn für Komik hatte, soll sich während der umständlichen Zeremonie dabei aus ihrer Schnupftabaksdose bedient haben, was ihren Gemahl sehr verdroß. Er war sehr stolz auf die neue königliche Etikette, die der Oberhofmeister v. Besser konzipiert hatte.

Die Krönung, an die sich ein Volksfest und eine Illumination der Stadt mit feierlicher Umfahrt des Königspaares anschloß, wurde nur ein einziges Mal in der Geschichte der Hohenzollern wiederholt: 160 Jahre später, als König Wilhelm I. angesichts des Streites mit dem Abgeordnetenhaus über Etatfragen im Zeitalter des Liberalismus einen Beweis für unverbrüchliche Traditionstreue geben wollte. Da die Minister und noch mehr das Parlament gegen solch halbmittelalterlichen Mystizismus waren, mußte er den feierlichen Akt aus eigener Tasche bezahlen. Die letzten beiden preußischen Könige, die deutsche Kaiser waren, Friedrich III. und Wilhelm II., wären zu solchem Akt nicht mehr fähig, Friedrich war ein Todgeweihter, als er auf den Thron gelangte. Wilhelm II. besaß einen verkrüppelten Arm.

Europa war 1701 um ein Königtum reicher geworden, das nur einem einzigen der Landesteile des Herrschers galt. Aber Friedrich schätzte bei Hof die immerwährende Abwechslung von Festen, Konzerten, Ballettvorführungen, und sein Premierminister Johann Kasimir v. Kolbe Graf v. Wartenberg unterstützte die Amüsierwut seines Herrn. Noch zwielichtiger als dieser gewandte und schmeichlerische Höfling war die schöne und leichtfertige Gräfin Wartenberg alias Katharina Rückert, die bildhübsche Tochter eines Schiffers und Weinschenken vom Niederrhein, die sich als Frau eines Kammerdieners des Königs, dann als Mätresse Kolbes emporgedient und nach dem Tod des Kammerdieners den Minister geheiratet hatte. Die »Gräfin« ließ auch durchblicken, sie sei die Favoritin des Königs – was allerdings übertrieben war – und prahlte mit der Gunst, die ihr andere gekrönte Häupter erwiesen hätten.

Die Kulisse für dies verschwenderische Hofleben bildeten der Spanische Erbfolgekrieg, in dem auch preußische Regimenter mit viel Bravour gegen Frankreich fochten sowie der Nordische Krieg mit dem Versuch König Karls XII. von Schweden, Rußland niederzuwerfen. In den beiden wichtigsten Führungsgremien dieses Halbkönigreiches, dem Geheimen Kabinettsrat und dem Geheimen Kriegsrat, saß bereits mit jungen Jahren der Erbe, Kronprinz Friedrich Wilhelm, ein ungehobelter junger Mensch, stämmig, breitschultrig, untersetzt, in den Augen der Hofgesellschaft eine Art besserer Feldwebel, der aber mit brennendem Interesse den Gang der Geschäfte verfolgte und kaum je eine Sitzung versäumte. Friedrich Wilhelm haßte das ganze, bunte, liederliche Treiben um seinen Vater. Wäre letzterer nicht im Grunde seines Herzens ein so toleranter Mann gewesen, der nichts mehr scheute als Unannehmlichkeiten, hätte Brandenburg-Preußen schwere Konflikte zwischen Vater und Sohn erlebt.

Friedrich I. hatte seinen Sohn, den ungebärdigen Kronprinzen Friedrich Wilhelm, früh verheiratet, wiederum mit einer Welfin, Sophie Dorothea, Tochter des Kurfürsten Georg von Hannover, des späteren Königs von England. Nach zwei früh verstorbenen kam am 24. Januar 1712 der ersehnte Erbe zur Welt, Friedrich, dem die Zeitgenossen den Namen der Große verliehen – das Genie und gleichzeitig das größte Rätsel dieser Dynastie. König Friedrich I. starb ein Jahr später, am 25. Februar 1713.

Vieles von dem, was der erste Träger der hohenzollernschen Königskrone vorgelebt hat, findet sich bei den Nachfolgern immer wieder, vor allem beim neunten und letzten König von Preußen, dem Deutschen Kaiser Wilhelm II.: die Vorliebe für Kunst und Wissenschaft, der unsinnige Pomp, die Sucht zu theatralischer Selbstdarstellung. Ein fataler Zug fehlte noch, die Taktlosigkeit, die erst beim Enkel Friedrichs I., Friedrich II. dem Großen, hervortreten sollte und die dem letzten König und Kaiser bis zum Extrem zu eigen war.

Von dem zweiten König, Friedrich Wilhelm I. (1713 bis 1740) erzählte man sich, wie er wuchtig, den Krückstock in der Hand, in Uniform durch die Straßen Berlins schritt. Als ihn ein Handelsmann erblickte, versuchte er sich ängstlich zu verstecken. »Warum grüßt Er mich nicht?« herrschte ihn der König an. »Ich fürcht' mich so, Ew. Majestät«, sagte der

Friedrich Wilhelm I. (rechts) mit August von Sachsen, König von Polen. Das Bild stammt von De Silvestre. Der »Soldatenkönig« scheute weder Mühe noch Kosten, wenn es um seine Armee ging.

Händler. »Was«, schreit der König und hebt drohend den Stock, »lieben sollt Ihr Mich, nicht fürchten!« Solcherart war der Mann, der sich nun schlicht und ohne Umschweife »König von Preußen« nannte und jenes Gebilde schuf, das als preußischer Staat Weltruf erlangen sollte. Friedrich I. hatte ernsthaft geglaubt, sein selbsterrungenes Königtum, das von den Trägern geheiligter Kronen in Europa, den Bourbonen und Habsburgern, nie ganz für ebenbürtig angesehen wurde, sei nur durch die Gnade Gottes möglich geworden.

Friedrich Wilhelm I., zunächst in der düsteren Prädestinationslehre der calvinistischen reformierten Kirche erzogen – die Familie bekannte sich seit Anfang des 17. Jahrhunderts zu diesem Zweig des evangelischen Glaubens, wurde durch die Berührung mit dem Hallenser Theologen und Pädagogen August Hermann Francke auf eine neue Seite des evangelischen Glaubens aufmerksam gemacht, den Pietismus, ein verinnerlichtes Christentum, das wieder die unmittelbare Beziehung zwischen Mensch und Gott betonte. In solchem Sinne verstand er sich nicht so sehr als Nutznießer, sondern als erster Diener des Staates, als Amtmann Gottes auf Erden.

Sein Vater hatte das Problem nicht lösen können, wie man einen aufwendigen Hofhalt mit der Finanzierung einer starken Armee vereinbaren könne. Friedrich Wilhelm hielt sich an die Binsenweisheit, daß die Ausgaben niemals die Einnahmen übersteigen dürften. Hauptzweck des Staates, dem er dienen wollte, war der Unterhalt einer möglichst schlagkräftigen Armee aus Landesmitteln, nicht mehr durch fremde Subsidien. Mit rücksichtsloser Hand kehrte er den väterlichen Hofstaat aus. Eine seiner ersten Maßnahmen war die Festsetzung der sogenannten Hoffaktorin Esther Liebmann, die die Schmuckkäufe für den Vater besorgt und dabei ein Riesenvermögen ergattert hatte. Das Tafelsilber aus den 24 Schlössern des Vaters wurde eingeschmolzen und für den Staatsschatz bestimmt, der Marstall von 600 auf 120 Pferde reduziert.

Um die Gelder für das Heer zu gewinnen, das er schließlich auf 78 000 Mann brachte, mußte die Wirtschaft angekurbelt, die Verwaltung neu geordnet werden. Zur Leitung aller Behörden schuf der König das General-Oberfinanz-, Kriegs- und Domänen-Direktorium, dessen Kontrolle ihm persönlich unterstand. Diesem harten Zuchtmeister gelang das Kunststück, eine wohlfunktionierende staatlich gelenkte Wirtschafts- und Kriegsmaschinerie zu schaffen, von der auch Handel und Gewerbe aller Art profitierten. Als Staatswirt war er unübertrefflich, obwohl seine Methoden rauh und hart waren. Man hat ihn wohl Preußens großen »inneren König« genannt. Preußen wurde zum Inbegriff für Sparsamkeit, Ordnung, Fleiß und Pflichterfüllung. Des Königs Wort »Ist mein Will', ohne zu räsonieren« aber galt immer dem Staat, niemals dem Volk.

Die Hohenzollernmonarchie bestand aus den verschiedenartigsten Landesteilen, von Cleve, Mark und Ravensberg im fernen Westen bis zur Kurmark, Pommern und Ostpreußen, das durch den polnischen Kronbesitz in Westpreußen vom Zentrum der Macht in der Mark Brandenburg getrennt war. Von einem »preußischen Volk« konnte keine Rede sein. Der König selbst hielt auch wenig vom Volk an sich, das war für ihn im Grunde genommen »Pöbel«. Was er brauchte, waren gute, gehorsame, fleißige Untertanen. Oberster Zweck des Staates war die Armee, der König trug selbst die Generalsuniform, alle seine Nachfolger haben immer die Uniform dem Zivil vorgezogen. Für seine Garde bevorzugte er besonders große, kräftige junge Männer, die berühmten »Langen Kerls«. Die Jagd nach derartigem Ersatz wurde zur Marotte, bei der Anwerbung scheute er nicht vor den zweifelhaftesten Methoden zurück. Im allgemeinen führte er, nach einem Vorschlag des Generals v. Derfflinger, jedoch bei der Ergänzung der Armee das sogenannte »Kantons«-System ein. Jedes Regiment erhielt einen Ersatzbezirk, der Landeskinder für das Heer stellen mußte, eine Neuheit im damaligen Europa. Das Zeitalter der absoluten Fürsten kannte nur geworbene Söldnerheere. War es leicht, unter Friedrich Wilhelm I. zu leben? Fraglos nicht. Zur Hölle wurde das Dasein unter diesem Vater, der die schönen Künste verachtete, der sich an den Abenden mit seinen Vertrauten im Tabakskollegium bei Pfeifenrauch und Starkbier erholte, für den ältesten Sohn, den Kronprinzen Friedrich.

Friedrich, bereits in jungen Jahren ein vielseitiges Talent, schlug zur maßlosen Wut des Vaters dem Großvater nach. Für den Soldatenstand schien er wenig übrig zu haben. Was ihn begeisterte, waren Literatur, Schauspiele, Musik. Er war weit begabter als der Großvater, der nur als Mäzen geglänzt hatte. Friedrich Wilhelm I. hat dem Sohn einmal angedeutet, wenn ihn sein Vater so behandelt hätte wie er ihn behandele, hätte er sich totgeschossen. Friedrich dachte mit 18 Jahren an etwas anderes. Auf einer Reise mit dem König durch Süddeutschland versuchte er mit dem innig befreundeten Leutnant Hans Hermann v. Katte nach England zu fliehen, wo sein hannoverscher Onkel Georg inzwischen König geworden war. Das Vorhaben wurde entdeckt, der königliche Vater beschloß, halb wahnsinnig vor Zorn, beide hinrichten zu lassen. Dies verhinderte die Generalität. Der Kronprinz kam in Haft auf die Festung Küstrin und sollte auf Befehl des Vaters zusehen, wie sein Freund Katte enthauptet wurde.

Vor der Hinrichtung Kattes fiel er in tiefe Ohnmacht. Wir wissen nicht, was sich bei dieser Eisenbartkur wirklich in der Seele des äußerst sensiblen und dabei genial angelegten Prinzen abgespielt hat. Jedenfalls entfaltete sich nach der Beendigung der Haft und einer formalen Versöhnung mit dem unmenschlichen Vater die zweite Seite seiner Begabung. Neben dem Poeten und Flötenspieler, dem Philosophen und historischen Schriftsteller trat nun der vorzügliche Offizier, der fleißige Verwaltungsbeamte zutage. Fortan hat es den Anschein, als lebten zwei Persönlichkeiten in ihm. Dabei aber war er seltsam abseitig in allen Fragen von Liebe und Leidenschaft. Liebe zum anderen oder zum gleichen Geschlecht findet sich in diesem Dasein nicht, soviel darüber auch gefabelt und psychologisiert worden ist. Auch die Ehe mit der Prinzessin Elisabeth Christine von Braunschweig, die ihm der Vater verordnete, änderte nichts an aller Rätselhaftigkeit. Sie ist offenbar nie vollzogen worden, die Königin lebte 55 Ehejahre hindurch in einem inneren Exil. Ihr Gemahl bezeugte ihr alle Ehren und Respekt – nur eines nicht, Zuneigung oder eben eheliche Beziehungen.

Der Vater duldete es, daß sich der Kronprinz in

Intellektuelle der Aufklärung sitzen an der Tafel des »Philosophenkönigs«. Auf diesem Gemälde von Adolph von Menzel sieht man als zweiten rechts von König Friedrich II. Voltaire und als zweiten links vom Monarchen den Italiener Algarotti.

Schloß Rheinsberg einen eigenen Hof schuf, ein Idyll voll geistreicher Gespräche mit Freunden, voll geistiger oder künstlerischer Aktivitäten. Der Kronprinz gab selbst Konzerte, komponierte. Er schrieb hier seinen *Antimacchiavell,* einen Spiegel für die Fürsten seiner Zeit. Dem Idyll setzte sein Schöpfer selbst ein Ende. Am 31. Mai 1740 starb der Vater an der Wassersucht, modern ausgedrückt an schweren Kreislaufstörungen. Er hatte sich um seines Staates willen nie geschont, war stets ein unermüdlicher Arbeiter gewesen, die Jagd und das »Tabakskollegium« waren die einzige Erholung gewesen. Mit dem Ergebnis seiner Dressur, dem Kronprinzen, konnte er, äußerlich gesehen, zufrieden sein. Die ihm läppisch erscheinenden »Spielereien« von Rheinsberg übersah er großzügig.
Friedrich hat von sich selbst gesagt, er sei Philosoph aus Neigung, Politiker aus Zwang. Aber jetzt trieb den 28jährigen, den Mann ohne Liebe und Leidenschaft, wie er selbst gestanden hat, eine ganz andere Art von Leidenschaft an, die Sucht, seinen Namen in den *Gazetten* und dann in der Geschichte zu sehen. Er verfügte über einen wohlfunktionierenden Staat, über einen gefüllten Staatsschatz sowie über eine Armee, deren Infanterie durch schärfsten Drill eine Feuergeschwindigkeit wie keine zweite erlangt hatte. Schon als Kronprinz, in der tragischen Küstriner Zeit, hatte er sich Gedanken darüber gemacht, wie man Preußen vergrößern könne. Dabei hatte er auch an die Realisierung der vergilbten schlesischen Erbverträge gedacht. Schlesien, eine der reichsten österreichischen Provinzen, mußte preußisch werden, dann stieg das Königreich unter die Großmächte Europas auf.
Als Ende Oktober 1740 überraschend der deutsche Kaiser Karl VI. starb, schlug Friedrich II. (1740–1786) zu und besetzte Schlesien. Er meldete keine Erbansprüche an und verhandelte nicht, sondern er nahm das fragliche Ergebnis von Verhandlungen vorweg. Den Rest mochten die Juristen und die Diplomaten entscheiden. Die europäischen Höfe waren schockiert, aus dem Poeten von Rheinsberg war plötzlich ein Eroberer geworden. Der Eroberer, der einen beträchtlichen Sinn für zynische Selbstironie besaß, spottete, es seien schlechte Zeiten für den Verfasser des *Antimacchiavell,* in dem er soeben ungerechte Kriege verurteilt hatte. Nach den Vorstellungen des 20. Jahrhunderts war dies eine »Aggression«, ein »Raubkrieg« par excellence.
Die Zeit des Absolutismus hatte andere Vorstellungen von den Methoden, mit denen ein Herrscher Landerwerb betreiben konnte. Aber Friedrich II. hatte jetzt doch gute Gründe, um nachträglich den Gewaltstreich den anderen Höfen plausibel zu machen. Kaiser Karl VI., dem männliche Erben versagt blieben, hatte alles daran gesetzt, um durch die Pragmatische Sanktion – eine Erklärung, die auch Friedrich Wilhelm I. anerkannt hatte – die Erbfolge seiner Tochter Maria Theresia in den habsburgischen Erblanden Österreich, Böhmen und Schlesien, Ungarn und Kroatien zu sichern. Deren Gemahl Herzog Franz von Lothringen sollte deutscher Kaiser werden. Dies alles durchkreuzte der preußische König mit der Besetzung Schlesiens. Seinen Erwerb verteidigte er, zeitweilig im Bund mit Bayern und Frankreich, in den

Der Maler Adolph von Menzel hielt auch diese Szene fest. Bei einem Konzert anläßlich des Besuches seiner Schwester Wilhelmina spielt Friedrich II. persönlich die Flöte. Dem König gefiel es, als genialster und aufgeklärtester Monarch seiner Zeit zu gelten.

beiden Schlesischen Kriegen 1740–1742 und 1744 bis 1745.
Der Philosoph und Poet, der zum Feldherrn und Staatsmann ersten Ranges geworden war, ein wahrlich sonderbares Universalgenie, gedachte die Zeit nach seinen Siegen im neuerbauten Schloß Sanssouci bei Potsdam mit Poetisieren und Philosophieren zu verbringen, ohne deshalb die Staatsgeschäfte, den Wiederaufbau Schlesiens, die große Politik zu vernachlässigen. Friedrichs Tafelrunde in Sanssouci, die die erlesensten Geister vor allem Frankreichs sah, wurde zum Begriff im damaligen Europa. Der König genoß es, für den geistreichsten und aufgeklärtesten Fürsten seiner Zeit zu gelten. Da er Liebe nie erfahren hatte, kannte er auch nicht die Liebe zu Gott. Er wurde der perfekteste Atheist, den man sich vorstellen konnte, beließ aber gleichzeitig den Untertanen volle Religionsfreiheit, nach seiner Weisheit, »jeder möge nach seiner Façon selig werden«. Da der König als oberster Richter sich auch eine objektive Rechtsprechung angelegen sein ließ, erhielten die Untertanen das beruhigende Gefühl, daß es bei allen schroffen Standesunterschieden die Majestät als ausgleichende Gerechtigkeit gab.
Man hat die Jahre von 1745 bis 1756 in Sanssouci das »augustaeische Zeitalter« Preußens genannt. Wiederum beendete dessen Schöpfer die selige Zeit. 1756 glaubte der König zu sehen, daß zwischen Österreich und Rußland schon bald ein Bündnis perfekt wurde. Die russische Zarin Elisabeth, noch eine Tochter Peters des Großen, haßte den Potsdamer Emporkömmling sowieso schon. Taktlos wie Friedrich war, quittierte er ihre Angriffe mit giftigem Spott über deren Liebhaber-Bettwirtschaft. Frankreich, mit dem ein Bündnisvertrag aus den Schlesischen Kriegen 1756 ablief, bezeigte keine Neigung, die bisherige Bindung zu erneuern, Kursachsen-Polen ging auf Wiener Kurs. Friedrich II. entschloß sich, bevor alle neuen Allianzen perfekt wurden – diejenige zwischen Österreich und Rußland wurde noch perfekt –, wie 1740 zuzuschlagen, im Juli 1756 in Sachsen einzumarschieren, um von dort auf das Glacis Mitteleuropas, das habsburgische Böhmen, vorzustoßen.
Daraus entstand ein weltweiter Krieg. Friedrich II., noch immer keineswegs »der Große« betitelt, mußte die Nachteile eines nicht sofort erfolgreichen Präventivkrieges einstecken. Maria Theresia von Österreich, Elisabeth von Rußland, König Ludwig XV. von Frankreich, Friedrichs eigene Schwester Ulrike Eleonore Königin von Schweden, die ihren Bruder haßte

Napoleon empfängt 1807 in Tilsit Königin Luise von Preußen, die Gemahlin Friedrich Wilhelms III. Die Königin bat um eine Milderung der harten Friedensbedingungen, hatte damit aber keinen Erfolg.

und die Vormacht Schwedens im Ostseeraum wiederherstellen wollte, verbündeten sich gegen den »Marquis de Brandenbourg«, wie Friedrich am Versailler Hofe hieß. Des Königs einziger Alliierter blieb König Georg II. von England und gleichzeitig Kurfürst von Hannover, der in Nordamerika, West- und Ostindien einen Krieg gegen Frankreich führte.
Der Krieg dauerte sieben Jahre. Brandenburg-Preußens fatale Mittellage in Europa enthüllte sich; Feinde ringsum. Die Siege Friedrichs II. 1757 bei Roßbach im Westen über die Franzosen und die gegen ihn mobilisierte Reichsarmee des alten Heiligen Römischen Reiches und die Winterschlacht von Leuthen bei Breslau im gleichen Jahr gegen die Österreicher bewiesen das Feldherrntalent des auch im Felde philosophierenden Souveräns. Die Russen, die er 1758 bei Zorndorf schlug, überwältigten Ostpreußen, erschienen schließlich in Berlin. In den schlimmsten Zeiten bestand Preußen nur noch im Feldlager der preußischen Armee mit dem König.
Friedrich hatte immer gesagt, das Wichtigste am Soldaten sei, daß er »Fortune« habe. Der königliche Feldherr, der bis zum Einsatz des eigenen Lebens in der Schlacht ausharrte, hatte »Fortune«. Am 2. Januar 1761 starb die Zarin Elisabeth. Der Nachfolger, Zar Peter III. aus dem Haus Schleswig-Holstein-Gottorp, mütterlicherseits noch ein Enkel des Romanow-Zaren Peter des Großen, bewunderte Friedrich. Er scherte aus der antipreußischen Allianz aus und schloß ein Bündnis mit dem Preußenkönig. 1763 beendete der Friede von Hubertusburg den Krieg. Preußen behielt seinen Besitzstand.
Friedrich II., den die Leute bald den Großen nannten, war 51 Jahre alt. Im Volk entstand das Bild vom »Alten Fritz«. Nur von ein paar Adjutanten begleitet, ritt der König auf seinem Schimmel am 30. März 1763 in Berlin ein – ohne Triumphzug, zu Tode erschöpft. Er spottete über sich selbst, er verlöre jeden Tag einen Zahn und werde immer grauer. Danach hielt er 23 Jahre hindurch in spartanischer Pflichterfüllung eine gut funktionierende Staats- und Militärmaschinerie in Gang. Preußen gewann unter ihm durch Erbvertrag mit dem erlöschenden Fürstenhaus der Cirksena das ferne Ostfriesland. Preußen erreichte unter ihm durch die im Einvernehmen mit der Zarin Katharina von Rußland betriebene Aufteilung des verfallenden polnisch-litauischen Kronreiches durch den Erwerb von Westpreußen und dem tief nach Ostpreußen eingeschobenen deutschen Bistum Ermland – mit mühselig erreichter Zustimmung seiner alten Feindin Maria Theresia – die Landverbindung nach Ostpreußen.
Aber Preußen hielt keineswegs den Atem an, als Friedrich, den man nun bereits »den Großen« nannte, am 17. August 1786 infolge der »Brustwassersucht« die Augen schloß. Preußen atmete auf. Es war schwer gewesen, unter diesem alten, grillenhaften Genius zu leben. Friedrich der Große wäre ein idealer Patient für den Begründer der Psychoanalyse, Sigmund Freud, gewesen. Doch die Psychoanalyse läßt sich, was viele seiner Kritiker im 20. Jahrhundert vergessen haben, nur mit einem lebenden Patienten betreiben, nicht mit einem Toten, der die letzten Geheimnisse seines skurrilen Daseins mit ins Grab genommen hat.
Der Nachfolger, der Don Juan der Hohenzollern-Dynastie, stand bereit: Friedrich Wilhelm II. (1786 bis 1797), den die Berliner ihren »dicken Lüderjahn« tauften, Sohn des ältesten Bruders Friedrichs des Großen, August Wilhelm und der Luise Amalie von Braunschweig-Bevern, einer Schwester der unglücklichen preußischen Königin. Prinz August Wilhelm

Friedrich Wilhelm III., gemalt von Franz Krüger. Nach der katastrophalen Niederlage im Krieg gegen Napoleon hieß er die Reformen gut, die der Baron vom Stein durchgeführt hatte.

hatte als schönster Mann im Königreich gegolten, doch sein Bruder verstieß ihn, weil er angeblich zu Beginn des Siebenjährigen Krieges als General versagt hatte. Er starb bereits, zu Tode gekränkt, 1758.
Friedrich Wilhelm II. war 44 Jahre alt, als er den Thron bestieg. Der Große König hatte ihn als künftigen Thronerben sehr sorgfältig erziehen und ihn bei aller eigenen Glaubenslosigkeit sogar gründlich in der Religion unterweisen lassen. Der Prinz, eine herkulische Erscheinung – in reiferen Jahren recht korpulent – war keineswegs dumm. Er war musikalisch begabt und interessiert, spielte selbst vorzüglich Cello und wurde ein Gönner Mozarts. Neben Schauspiel, Theater und Konzerten erfüllte ihn jedoch die Leidenschaft für schöne Frauen, die man schon dem Vater nachgesagt hatte. Der Große König verordnete ihm 1765 die Ehe mit seiner Cousine Elisabeth von Braunschweig-Bevern, deren Mutter eine Schwester des Königs war. Die Ehe blieb kinderlos und wurde nach vier Jahren geschieden, angeblich weil sich die Prinzessin für die beständige Untreue ihres Mannes mit einem Offizier revanchiert hatte.
Die Frau, die den König beherrschte, war die 1756 geborene Wilhelmine Encke, die Tochter eines Waldhornisten aus der Hofkapelle des Fürsten von Anhalt-Dessau, die er kennenlernte, als das auffallend hübsche Mädchen 15 Jahre war. Er ließ sie in französischer Hofsitte erziehen und schwor ihr, mit seinem eigenen Blut auf ein Stück Papier geschrieben, bei seinem »fürstlichen Ehrenwort«, daß er sie nie verlassen werde. Wilhelmine, auf Befehl Friedrichs des Großen pro forma mit einem Kammerdiener namens Rietz verheiratet, später zur Gräfin v. Lichtenau erhoben,

Prinz Wilhelm bei einem Ausritt mit seinem Freund Franz Krüger, der dieses Bild auch gemalt hat. Wilhelm sollte einmal Kaiser von Deutschland werden, bestieg den preußischen Thron aber erst im Alter von 64 Jahren.

blieb an des Königs Seite bis zu seinem Tode. Von den fünf Kindern aus dieser Liaison starben drei in zartem Alter, einen Sohn und eine Tochter erhob Friedrich der Große noch kurz vor seinem Tode zum Grafen und zur Gräfin von der Mark.

Trotz »Madame Rietz«, wie die Lieblingsmätresse des Königs am Hofe hieß, gab es nach der Scheidung 1769 eine zweite standesgemäße Ehe mit der Prinzessin Friederike, Tochter des wahrscheinlich geisteskranken Landgrafen Ludwig IX. von Hessen-Darmstadt. Wie ihr Vater sah auch die neue Erbprinzessin Geister und Gespenster, schlief am liebsten bei Tag und durchwachte die Nächte und wurde weit vor der Zeit alt und krumm. Aus dieser seltsamen Ehe gingen sechs Kinder hervor, darunter der am 3. August 1770 geborene spätere König Friedrich Wilhelm III.

Weder »die Rietz« noch die verdrehte legitime Gattin hielten Friedrich Wilhelm II. davon ab, als König neue Verbindungen einzugehen, zunächst mit dem schönen Hoffräulein Julie v. Voss, einer Nichte der sich höchst sittenstreng gebärdenden Oberhofmeisterin Gräfin Voss. Julie v. Voss wurde Gräfin v. Ingenheim. Die Oberhofmeisterin bestand darauf, daß das Verhältnis, aus dem ein Sohn hervorging, kirchlich eingesegnet wurde. Der König schloß eine Ehe zur linken Hand. Die Geistlichkeit in Berlin gab ihren Segen dazu, mit der Begründung, daß ja schon Martin Luther die Nebenehe des Landgrafen Philipp von Hessen gebilligt habe. Julie v. Voss starb sehr bald an der Schwindsucht. Eine zweite Nebenehe schloß der König mit der sehr intriganten Gräfin Sophie Dönhoff.

Dies Treiben verlieh dem Hof einen bislang unbekannten frivolen Anstrich. Dazu kam, daß des Königs Hauptberater, der General v. Bischoffswerder und der ehemalige Pastor Johann Christoph Woellner, Mitglieder des »Rosenkreuzer-Ordens« waren und den König für diesen Orden gewannen, der als Ziele entgegen der Aufklärung und gegen die Amtskirche eine Vergeistigung und Veredelung des Menschen in unmittelbarer Gottsuche angab. In Berlin hielten die »Rosenkreuzer« in Anwesenheit des Monarchen auch Séancen ab, bei denen die Geister Alexanders des Großen, Cäsars, aber auch des früh verstorbenen Sohnes des Königs, Alexander von der Mark, beschworen wurden, um der Majestät Ratschläge zu erteilen. Das preußische Rokoko zog mit Sinnlichkeit und Mystizismus herauf.

Die unheimliche Kulisse bildeten die Französische Revolution von 1789, die Friedrich Wilhelm II. im Bunde mit Kaiser Franz II. von 1792 bis 1795 vergeblich zu bekämpfen suchte, und die endgültige Aufteilung des polnisch-litauischen Kronreiches zwischen Preußen, Rußland und Österreich während der Jahre 1793 und 1795. Preußen gewann dabei erhebliche Teile West- und Nordpolens einschließlich der bisherigen Hauptstadt Warschau. Der Landzuwachs überstieg die Kräfte der von Friedrich dem Großen für einen begrenzten Raum geschaffenen straffen Verwaltungsmaschinerie. Der Staat verfiel, Korruption zog in die Ämter ein. Merkwürdigerweise aber brachte dieser nachfriderizianische Staat, der nach dem Willen des verstorbenen Souveräns ja ein Rechtsstaat sein sollte, in dem jedermann nach dem Grundsatz »jedem das Seine« *(suum cuique)* seine Pflichten und Rechte zugeschrieben waren, noch das große Werk des »Allgemeinen Landrechts für die preußischen Staaten« zustande. 1794 lag das Allgemeine Landrecht vor, das im Gegensatz zum Umsturz der alten feudal-absolutistischen Ordnung in Frankreich die bestehende Ordnung kodifizierte, immerhin aber feste gesetzliche Normen für die gesamte Monarchie schuf.

Das Dasein des »Vielgeliebten«, wie man Friedrich Wilhelm II. genannt hatte, verlosch mit 53 Jahren am 16. November 1797 morgens um 9 Uhr. Er starb an der »Wassersucht«. Ein einziger Kammerdiener wachte an seinem Bett. Die erste Maßnahme des neuen Herrschers Friedrich Wilhelm III. (1797–1840) bestand darin, die ihm verhaßte »Madame Rietz«, die er am Vorabend noch am Krankenbett des Vaters angetroffen hatte, verhaften zu lassen. Ihr Vermögen wurde beschlagnahmt, weil es durch »Erpressung« erworben sei, und die Berliner Geistlichkeit rächte sich nun am sündhaften »Rosenkreuzer«. Sie verweigerte ihm den Segen bei der Trauerfeier im Dom. Die Korrespondenz des Vaters mit der »Gräfin« verbrannte der Sohn eigenhändig.

Unter seinem Neffen würden »die Weiber« regieren, hatte Friedrich der Große grimmig prophezeit. Genau dies war nicht eingetreten, denn Friedrich Wilhelm II. hatte immer darauf geachtet, daß seine Mätressen nicht in die ihm allein vorbehaltene Politik eingriffen. Als die Gräfin Dönhoff dies riskierte, hatte er sie in die Schweiz verbannt. Dafür aber stand nun die Regierungszeit König Friedrich Wilhelms III. vor allem in den schweren Zeiten der Niederlage Preußens gegen Napoleon 1806–1807 und den ersten Jahren der großen Stein-Hardenbergischen Staats- und Sozialreformen im Zeichen einer einzigartigen Frau, der Königin Luise, geboren am 10. März 1776 als Tochter des Herzogs Karl I. von Mecklenburg-Strelitz und einer hessen-darmstädtischen Prinzessin.

Luise, die wegen des frühen Todes ihrer Mutter und dann ihrer Stiefmutter bei ihrer Großmutter, der alten Landgräfin von Hessen-Darmstadt, nach französischer Hofsitte erzogen wurde, war zwar eine sehr schöne Frau, besaß aber keine sehr gründliche Bildung. Man konnte sie nicht einmal besonders geistreich nennen. Doch im Gegensatz zu ihren drei ebenfalls sehr hübschen Schwestern, die für ihre Affären und Skandale bekannt waren, besaß sie einen festen Charakter. Ihre Ehe mit dem damaligen Kronprinzen Friedrich Wilhelm, den sie während der Revolutionskriege in Frankfurt am Main im Herbst 1793 mit 17 Jahren kennenlernte, beruhte auf der berühmten »Liebe auf den ersten Blick«.

Zu Weihnachten 1793 fand die Hochzeit statt. Das junge Paar – der Kronprinz war 23 Jahre – richtete sich auf dem Gut Paretz bei Potsdam einen bescheidenen Landsitz ein. In 17 Ehejahren schenkte Luise ihrem Mann neun Kinder, darunter 1795 den späteren König Friedrich Wilhelm IV. und 1797 König Wilhelm I., der 1871 Deutscher Kaiser wurde. Die Hofgesellschaft Friedrich Wilhelms II. und der »Gräfin« spottete über den »frommen Schulzen von Paretz«. In ihren Augen war er ein einfältiger Dorfschulze, der seine Angebetete, die das Tanzen über alles liebte – vor allem den damals in Hofkreisen noch verpönten Walzer – wie ein strenger Schulmeister behandele.

Friedrich Wilhelm III., von Statur kräftig gewachsen und eine sehr männliche Erscheinung, war ein seelisch eigentümlich gehemmter Mensch – vielleicht das Erbe der anormalen Mutter? Es fiel ihm schwer, beim Sprechen das »Ich« oder den Pluralis majestatis, das »Wir«, zu gebrauchen, er drückte sich verstellt in Infinitiven aus. Der Großoheim Friedrich der Große hatte ihm eine streng religiöse Erziehung verordnet. So hegte er die Überzeugung, daß Gott, vor dem, wie er sagte, in der Kirche alle gleich seien, ihm nur darum mehr Macht als anderen verliehen habe, damit er für sie Gutes tun könne. Und da er, wie er selbst eingestand, von »eingeschränktem Verstand« sei und darum leicht irren könne, wollte er sich die besten Berater suchen.

Bei aller nun schon Hohenzollerntradition gewordenen Vorliebe für das Militär war der König doch mehr für das Exerzieren im Frieden als für die Bewährungsprobe aller Drillkünste im Krieg. Sein Hauptberater, der Außenminister v. Haugwitz, befolgte inmitten eines Europa, das vom Kampf Österreichs, Rußlands und Englands gegen den Aufstieg des korsischen Imperators Napoleon erfüllt war, jene Neutralitätspolitik, die schon Friedrich Wilhelm II. seit dem Baseler Frieden von 1795 in seiner liebesseligen Trägheit für gut befunden hatte.

Das alles führte schließlich zur Katastrophe Preußens im isolierten Krieg gegen Napoleon 1806. Erst der Zusammenbruch des friderizianischen Staates, der ungeheuer harte Frieden von Tilsit im Jahre 1807, der Preußen die Hälfte seines Bestandes kostete und die Monarchie auf die Provinz Sachsen, die Kurmark, Pommern, Schlesien und Ostpreußen beschränkte, weckte die seelischen Kräfte der Königin. Sie begleitete 1806 ihren Mann ins Feld, sie teilte die Flucht der königlichen Familie bis nach Memel im fernsten Ostpreußen, sie riskierte im Juli 1807 den vergeblichen Bittgang zu Napoleon, um eine Milderung der Friedensbedingungen zu erreichen. Der selbsternannte Kaiser, ein hemmungsloser Genießer, bewunderte ihre Schönheit, aber gab nicht nach.

Luise bestärkte ihren seltsam entschlußscheuen Ge-

Friedrich Wilhelm IV. (am Schreibtisch) büßte bei einem Schlaganfall das Sprechvermögen ein und mußte 1857 abdanken. Er betraute seinen jüngeren Bruder Wilhelm mit der Regentschaft.

mahl in der Durchführung der Reformen, die der Reichsfreiherr vom Stein, Erstminister des Königs nach der Niederlage, ins Werk setzte: Die Bildung eines verantwortlichen Ministeriums, die Abschaffung der Erbuntertänigkeit auf dem Land, die Gewerbefreiheit und die kommunale Selbstverwaltung. Der König hatte solche Reform immer für notwendig gehalten, aber nie den Absprung gefunden. Sie persönlich mochte den poltrigen Reichsfreiherrn nicht, und dieser hielt die Königin für dumm, anmaßend und oberflächlich. Aber dies änderte nichts daran, daß Luise die Hoffnung aller Gutgesinnten wurde, daß sie überzeugt war, daß Preußen so tief gefallen war, weil es nicht rechtzeitig mit dem Gang der Weltgeschichte Schritt gehalten hatte.

Das Herz der Königin hielt den rasch aufeinanderfolgenden Schwangerschaften und den Sorgen um König und Staat nicht stand. Bald nach der Rückkehr des Königspaares nach Berlin im Dezember 1809 starb sie am Vormittag des 19. Juli 1810 in ihrem geliebten Paretz. Kurz zuvor hatte der behandelnde Arzt, Dr. Heim, zum König gesagt, man solle bei solchen Herzaffektionen die Hoffnung niemals aufgeben. Friedrich Wilhelm III. erwiderte trübe: »Wenn sie nicht Mein wäre, würde sie leben; aber eben weil sie Meine Frau ist, wird sie gewiß sterben.« Dr. Heim entdeckte bei der Obduktion eine Geschwulst am Herzen, von der er sagte, sie habe einem »N« geähnelt, dem Initial Napoleons.

Friedrich Wilhelm III. bestand die Zeiten bis zum Jahre 1840. Der Mann, der ihn nach dem von Napoleon diktierten Abgang des Freiherrn vom Stein beriet, war der spätere Staatskanzler Carl August v. Hardenberg, den Luise weit mehr geschätzt hatte als den knorrigen Reformator. Hardenberg, den der König zum Fürsten erhob, führte Preußen durch die Freiheitskriege von 1813–1814 und 1815 zur Wiederauferstehung. Und Friedrich Wilhelm III. bewies nun die Regentenweisheit, sich führen zu lassen. Da er ein Mann war, der ohne Frauenliebe nicht sein konnte, ging er 1824 wieder wie sein Vater eine von der Kirche gesegnete Ehe zur linken Hand ein, und zwar mit der zur Fürstin von Liegnitz erhobenen Gräfin Auguste von Harrach, der Tochter eines hohen preußischen Beamten.

Kurz vor seinem 70. Geburtstag ging Friedrich Wilhelm III. am Pfingstsonntag, 7. Juni 1840, dahin, ohne langes Leiden. Er hatte 1817 auf kirchlichem Gebiet die Zusammenlegung der lutherisch-protestantischen und der reformierten Kirche in der Altpreußischen Union zuwege gebracht. Der König wurde damit der höchste Bischof *(Summus Episcopus).* Thron und Altar rückten im Zeitalter des aufbrandenden Liberalismus enger zusammen. Aber die beiden entscheidenden Probleme der Zeit, die Bildung »preußischer Reichsstände«, eines Ständeparlamentes, die bereits Freiherr vom Stein verlangt hatte und die deutsche Einigungsbewegung wollte Friedrich Wilhelm III. niemals richtig sehen.

Sein Nachfolger, Königin Luises Lieblingssohn Friedrich Wilhelm IV. (1840–1861), ist sehr bald an diesen Problemen gescheitert. Als Kind sensibel, mit großem Zeichentalent begabt, aber unfähig, sich längere Zeit auf ernsthafte Studien zu konzentrieren, trat er als Herrscher mit einem merkwürdigen Begriff vom Gottesgnadentum auf. Er bildete sich ernsthaft ein, Gott habe ihn als König mit überirdischen geistigen und seelischen Kräften weit über allen anderen Menschen ausgestattet. Als erster preußischer Monarch hielt er öffentliche Reden, die Friedrich v. Gagern, einer der liberalen Führer, als »Pfarrerpredigten« bezeichnete, welche nicht auf einen Mann der Tat schließen ließen. Seine Vorfahren hatten befohlen, Friedrich Wilhelm redete. Niemals, so schwor er, solle sich ein Stück Papier – das heißt eine Verfassung – zwischen ihn und seine Landeskinder legen. Eine Konstitution suchte er 1847 durch die Berufung eines »Vereinigten Landtages« aus den ständischen Provinziallandtagen zu umgehen. Doch die Opposition sprach nun offen von den Rechten des »preußischen Volkes«, einem Begriff aus dem Vokabular des nationalen deutschen Liberalismus, den es vorher nie gegeben hatte.

Als im Februar und März 1848 der Sturmwind der bürgerlichen demokratischen Revolution von Paris her durch Österreich und Deutschland fegte, hielten die Nerven dieses hochgespannten fürstlich-theologischen Schwärmers nicht stand. Obwohl die Truppen bei schweren Straßenkämpfen in Berlin am 18. und 19. März 1848 schließlich Herr der Lage blieben, kapitulierte Friedrich Wilhelm IV. vor den Aufständischen, gewährte ihnen die bereits am 18. März versprochene Verfassung und ließ sich herab, den Opfern der Revolution entblößten Hauptes seine Reverenz zu erweisen.

Als die demokratisch gewählte deutsche Nationalversammlung in Frankfurt am Main ihm 1849 die Krone eines neuen deutschen Kaiserreiches antrug, hieß es nun wieder, er, der König, könne niemals die Kaiserkrone aus der Hand des Volkes annehmen. Im engsten Kreis fiel sein schlimmes Wort, er lasse sich nicht durch ein »Hundehalsband« an die Revolution ketten. Seine besten Freunde, wie der Minister v. Manteuffel und der Generaladjutant Leopold v. Gerlach, hielten ihn für einen »amphibischen Charakter«. Sein Außenminister Joseph Maria v. Radowitz versuchte 1849–1850 einen deutschen Staatenbund unter preußischer Führung zustande zu bringen. Als Österreich, neben Preußen Vormacht des 1815 geschaffenen Deutschen Bundes, mit einem Ultimatum protestierte, wich Friedrich Wilhelm IV. im Vertrag von Olmütz 1850 wieder zurück.

Das Ergebnis allen Revolutionstaumels war eine neue Reaktion in Preußen, allerdings nun mit einem Ab-

Der Triumph der Hohenzollern und Preußens (1871): Nach der Niederlage Napoleons III. wurde Wilhelm I. im Schloß der Könige von Frankreich, in Versailles, von den deutschen Fürsten zum Kaiser ausgerufen.

geordnetenhaus, das ein wichtiges konstitutionelles Recht – die Etatbewilligung – behielt. 1857 erlitt Friedrich Wilhelm IV. einen Schlaganfall, dem mehrere neue Gehirnschläge folgten. Sie lähmten die Sprachfunktion und andere wichtige Hirnfunktionen. Da seine Ehe mit der Prinzessin Elisabeth von Bayern kinderlos geblieben war, folgte ihm sein ältester Bruder, Prinz Wilhelm, zunächst als Regent, dann nach seinem Tod am 2. Januar 1861 als König ins Schloß Sanssouci. 1848 hatten ihn die Berliner als »Kartätschenprinz« geschmäht und hatten sein Palais Unter den Linden stürmen wollen, weil sie – ganz zu Unrecht – meinten, der Prinz habe die Truppen in den Barrikadenschlachten kommandiert. Friedrich Wilhelm IV. hatte ihn darauf gebeten, für einige Zeit in England Asyl zu suchen.

König Wilhelm I. (1861–1888) war 64 Jahre, als er den Thron bestieg und erschien darum schon rein äußerlich wie ein Patriarch. In der Tat war er die letzte Vatergestalt auf dem preußischen Thron. Das Leben hatte diesem Vollblutsoldaten schwere Prüfungen nicht erspart. 1826 hatte er auf Drängen seines Vaters Friedrich Wilhelm III. auf die Ehe mit der Prinzessin Elisa Radziwill, seiner Jugendliebe, verzichten müssen. Genealogische Experten befanden, daß Elisa, Tochter des polnischen Magnaten und preußischen Statthalters von Posen, Fürst Anton Radziwill, nicht ebenbürtig sei, obwohl die Radziwill, eine der mächtigsten Familien des alten Polen-Litauen, im 17. Jahrhundert schon einmal Verbindungen mit den Hohenzollern eingegangen waren. Auch stand zu befürchten, daß diese »polnische Ehe« der Tradition gewordenen preußisch-russischen Freundschaft abträglich sein könnte. Der Prinz gehorchte als Soldat.

Die Ehe, die er 1829 mit der Prinzessin Augusta von Sachsen-Weimar-Eisenach schloß, der Enkelin des Goethe-Mäzens Karl August, war nicht glücklich. Die Prinzessin war weit gebildeter als ihr Gemahl und litt unter dem hinderlichen Gefühl, daß sie aus dem kulturträchtigen Weimar in einen öden Kasernenhofstaat gelangt sei. Wir wissen heute, daß der König in aller Diskretion galante Affären gehabt hat. In mindestens zwei pommerschen Adelsfamilien wurden Erinnerungen daran sorgsam gehütet.

König Wilhelm I. setzte gegen den Widerstand seiner Minister und des Abgeordnetenhauses mit seiner fortschrittlichen Mehrheit die Selbstkrönung in Königsberg auf eigene Kosten durch, die er auf den Jahrestag der Völkerschlacht von Leipzig, den 18. Oktober 1861, legte. Er besaß ein sehr ausgeprägtes Gefühl für königliche Würde und königlichen Takt. Einer der Flügeladjutanten hat erzählt, wie dem Monarchen eines Tages ein Lobgedicht übersandt wurde. Der König meinte, das könne er doch gar nicht annehmen. Täte er dies, so gestatte er ja dem Absender, ihn auch eines Tages zu tadeln, und das könne er als König von Preußen nicht gut dulden.

König Wilhelms I. Erscheinung steht im Schatten Otto v. Bismarcks, des größten Staatsmannes, den Preußen-Deutschland je erlebt hat. Von 1862 hat Bismarck, der märkisch-pommersche Junker, die Geschicke erst Preußens und darauf von 1871 an des neuen Deutschen Kaiserreiches gelenkt, als preußischer Ministerpräsident, dann als Bundeskanzler des Norddeutschen Bundes und endlich als Reichskanzler. Vom alten Wilhelm I. ist der Seufzer überliefert, es sei schwer, »unter Bismarck Kaiser zu sein«.

Aber war es nicht umgekehrt auch so, daß Bismarck ohne diesen würdevollen, bisweilen eigensinnigen oder schwarzseherischen, aber letzten Endes doch immer wieder einsichtigen Souverän gar nicht denkbar gewesen wäre? Wilhelm I. besaß die innere Souveränität, diesem ungewöhnlichen Mann, der ihn 1862 vom Kampf mit dem Parlament gegen die Heeresreform befreite, der ihm die Siege von 1866 über Österreich und 1870–1871 über Frankreich schenkte, und dem genialen Generalstabschef Helmuth v. Moltke freie Hand zu lassen. Wahrscheinlich liegt in dieser Haltung ebensoviel Größe wie in den Taten des Staatsmannes und des Feldherrn dieser Ära.

Der König von Preußen sah mit Bedenken, wie Bismarck 1866 nach der Niederlage Österreichs und des alten Deutschen Bundes mit einem Federstrich zur territorialen Abrundung des preußischen Großstaates die angestammten Dynastien in Hannover, Hessen-Kassel und Nassau beseitigte. Wo blieb hier das Gottesgnadentum angesichts des Triumphes der Machtpolitik? Schier unbegreiflich schien ihm zunächst Bismarcks kunst- und mühevoll ausgehandelter Plan, 1871 sozusagen im Feldlager, im Hauptquartier in Versailles, den König von Preußen durch die Bundesfürsten und Bürgermeister der Freien Städte zum erblichen »Deutschen Kaiser« wählen zu lassen. Dem Soldaten Wilhelm I. hatte immer vorgeschwebt, Preußen müsse Deutschland mit dem Schwert einigen. Er wünschte den für die Bundesfürsten unannehmbaren Titel eines »Kaisers von Deutschland«. Alles andere sei bloß ein »Charaktermajor«, der Rang, der einem verabschiedeten durchschnittlichen Hauptmann bei der Pensionierung verliehen wurde. Bismarck hatte Mühe, ihn für seinen Plan zu gewinnen. Am 18. Januar 1871, dem Krönungstag des ersten Königs »in Preußen«, brachte Wilhelms I. Schwiegersohn, der Großherzog von Baden, im Thronsaal des Schlosses von Versailles das erste Hoch auf den »Kaiser« aus, vorsichtshalber gebrauchte er in diesem Moment nicht einmal die vorgesehene Bezeichnung »Deutscher Kaiser«. König Wilhelm I. wurde damit Primus inter pares unter den insgesamt

21 deutschen Bundesfürsten und den Häuptern der drei Hansestädte Hamburg, Bremen und Lübeck. Die neue Rolle brauchte Takt und Feingefühl, beides besaß der alte Kaiser in hohem Maß. Die Politik der neuen Großmacht in Mitteleuropa brauchte politisches Fingerspitzengefühl im Verhältnis zu den älteren Großmächten England, Rußland und Österreich-Ungarn. Dies wiederum war Bismarck zu eigen.

Zwei Attentate, die im Mai und Juni 1878 in Berlin auf den 81jährigen Kaiser verübt wurden – beim zweiten Anschlag wurde Wilhelm I. durch Schrotschüsse erheblich verletzt –, deuteten darauf hin, daß unter der Decke indes die soziale Frage nach einer Lösung drängte. Es waren Wirrköpfe, die hier handelten, die Opposition gegen die alte Ordnung, die Sozialdemokratie, hatte mit ihnen nichts zu tun, obwohl Bismarck diese nun einmal durch die »Sozialistengesetze«, zum zweiten durch die Schaffung der ersten umfassenden Sozialversicherung der Welt zu bekämpfen suchte.

Die große Hoffnung aller Freunde des Fortschrittes war damals der reckenhafte Kronprinz Friedrich Wilhelm, der durch seine englische Gemahlin, Viktoria, die Tochter der Königin Viktoria, in seinen Neigun-

Galadiner am Hofe Wilhelms II. im Jahre 1900. Als er 1890 den alten Bismarck entließ, weil es über die Arbeiterfrage zum Konflikt kam, gab er die Parole aus: »Der Kurs bleibt der alte, Volldampf voraus.«

gen für ein konstitutionelles Regime und in seiner Abneigung gegen Bismarck bestärkt wurde. Der Kronprinz hatte während des Parlamentskonfliktes von 1861–1862 offen gegen den Vater Stellung bezogen, zur maßlosen Entrüstung des Königs. Aber Friedrich Wilhelm besaß bei aller zur Schau getragenen Liberalität doch ein sehr hoch entwickeltes fürstliches Selbstbewußtsein. Niemand kann sagen, wie dieser Traumkaiser aller Liberalen regiert haben würde, da er 1887 an Kehlkopfkrebs erkrankte. Der alte Kaiser starb kurz vor seinem 91. Geburtstag am 9. März 1888. Der Nachfolger, der als Kaiser den Namen Friedrich III. führte, in Anknüpfung an Friedrich II. den Großen, erlag seinem tödlichen Leiden nach 99tägiger Herrschaft am 15. Juni 1888.
Der Thronwechsel begann mit einem skandalösen Gewaltstreich. Kronprinz Wilhelm ließ sofort nach dem Tode des Vaters das Neue Palais in Potsdam vom schon tagelang heimlich in Bereitschaft gehaltenen Leibgardehusaren-Regiment umstellen, um zu verhindern, daß die ihm verhaßte englische Mutter wichtige Papiere nach England schaffe. Der neue Herr, Wilhelm II. (1888–1918), geboren am 27. Januar 1859, jetzt 29 Jahre alt, enthüllte sich, schneidig, unüberlegt und infolge seiner inneren Unsicherheit nach außen rücksichtslos auftretend. Die schweren Komplexe, die der Geburtsfehler – der verkrüppelte linke Arm – erzeugte sowie eine sehr harte Erziehung durch den bis heute umstrittenen Pädagogen Georg Hinzpeter, trugen ihre Früchte. Hinzpeter machte den Erben immerhin zu dem, was Preußen von einem Prinzen erwartete, einen guten Reiter und einen sich forsch gebenden Offizier. Das Verhältnis zum Vater, der das gleiche Geltungsbedürfnis wie der Sohn besaß, war äußerlich gesehen herzlich, die Mutter lernte er hassen, weil sie ihn fühlen ließ, daß sie seine Schwäche durchschaute.
Trotzdem hat die Welt, haben vor allem die Deutschen den jungen Kaiser zunächst bewundert, weil er so gänzlich anders zu sein schien als alle anderen Menschen: Reich talentiert, interessiert an tausend Dingen, von der Kunst (wie er sie verstand) bis zu den Wissenschaften, dazu begabt mit der hohenzollernschen Vorliebe für prunkvolle, theatralische Auftritte. Er glaubte, auch in der Arbeiterfrage fortschrittlich erscheinen zu müssen und schickte 1890 den alten Fürsten Bismarck nach Hause, als es darüber zum Konflikt kam. Damit verschwand der Staatsmann von

Porträt Wilhelms II. von L. Noster. Wilhelm II. trug als letzter Hohenzoller die Krone: Nach Beendigung des Ersten Weltkriegs dankte er ab und lebte als »Fabelwesen unserer Tage« bis 1941.

der Bühne, der Preußen-Deutschland geschaffen hatte. Des Kaisers Parole: »Der Kurs bleibt der alte, Volldampf voraus« ließ ahnen, wieviel Unsicherheit hinter allen seinen plötzlichen Entschlüssen stand.

Seit 1881 war Wilhelm II. mit der Prinzessin Auguste Viktoria von Schleswig-Holstein verheiratet, einer sehr schlichten und innerlich sehr vornehmen Frau. Aus der Ehe gingen sechs Söhne und eine Tochter hervor. Von Politik verstand die Kaiserin nichts und wollte auch nichts davon verstehen, sie wollte nur eine gute Ehefrau sein. Aber das Dasein an der Seite ihres Gemahls mit seiner nervösen Unrast, seiner Reisesucht, seinen Launen, seiner Sucht für taktlose Witzeleien, muß für sie keineswegs leicht gewesen sein.

Zunächst entsprach der Kaiser mit seinen Flottenbauplänen, die 1897 durch den organisatorisch hoch befähigten Staatssekretär des Reichsmarine-Amtes, Großadmiral v. Tirpitz, Gestalt annahmen, mit den Vorstellungen von der Weltgeltung Deutschlands durchaus den Wünschen der sich mächtig entfaltenden deutschen Wirtschaft. Ja, er prägte ein gewisses Zeitalter vor dem Ersten Weltkrieg, die Ära des Wilhelminismus, ein seltsames Konglomerat von Großmannssucht, äußerlichem Glanz, byzantinischer Schmeichlerei am Hof und der Betonung der »schimmernden Wehr« des neuen Reiches. Mit Preußen hatte dies kaum mehr etwas gemein. Wilhelm II. war ein schwungvoller Redner, das eigene Pathos und die Sucht anderen zu gefallen, trugen ihn dann weit fort. Die fatalsten Formulierungen fielen ungehemmt, so wenn er den Deutschen zurief, Gott habe ihn und sein Haus sichtbarlich begnadigt, er werde sie »herrlichen Zeiten« entgegenführen. Schlimme Entgleisungen passierten. Bei der Einschiffung des Expeditionskorps, das 1900 wegen des Boxeraufstandes nach China gehen sollte, gab er die Parole aus: Die Deutschen sollten dort »wie die Hunnen hausen«. Ein Unsinn, den die Gegner im Ersten Weltkrieg voll ausschlachteten.

Eigentlich hätte dies nachpreußische Wilhelminische Reich einer zweiten Stein-Hardenbergischen Reform bedurft, um die stark anschwellenden Arbeitermassen mit der geltenden Ordnung zu versöhnen, um die deutsche Sozialdemokratie, die 1912 die stärkste Partei im Reichstag wurde, an eine loyale Opposition zu gewöhnen. Der Kaiser sah dies nicht oder begriff dies viel zu spät. Infolge einer Außenpolitik, die es nicht mehr verstand, nach bismarckischer Art ein ausgewogenes Verhältnis zu den anderen Großmächten England und Rußland zu erhalten, mündete alles in der Katastrophe des Ersten Weltkrieges ein. Der Kaiser hatte den Krieg niemals gewollt und verstand es jetzt nicht, ihn zu verhindern. Möglicherweise hatte sein majestätisches Hochgefühl 1908 einen schweren Schock erlitten, als der britische *Daily Telegraph* ein Privatinterview veröffentlichte, in dem der Kaiser gegenüber einem englischen Bekannten seiner Englandfreundlichkeit Ausdruck verliehen und betont hatte, diese stünde im Gegensatz zur Mehrheit der Deutschen. Der Reichskanzler Fürst Bülow ließ aus Nachlässigkeit und Oberflächlichkeit die Veröffentlichung zu. Durch Deutschland ging eine Welle der Empörung, Kaiser Wilhelm II. brach völlig zusammen, er hatte geglaubt, er sei der Abgott der Deutschen. Aber dann geschah nichts, keine Abdankung zugunsten des freilich nicht viel besseren Sohnes, des Kronprinzen Wilhelm, keine entschiedene Resolution des Reichstages, der offene Opposition nicht gewöhnt war.

Im Krieg der mobilisierten Massen von 1914–1918 wurde der einst so gefeierte Kaiser, der wie seine Vorfahren mit einem riesig aufgeblähten Hauptquartier in den Krieg zog, ohne persönlich den Krieg zu führen, zum Schemen. Er verlor den Kontakt zur Armee, und für die Front trat die Vaterfigur des Generalfeldmarschalls v. Hindenburg von der Obersten Heeresleitung an seine Stelle als eine Art Ersatzkaiser. Als die Front 1918 sich dem Zusammenbruch näherte, als die alliierten Gegner zu verstehen gaben, mit dem Kaiser würden sie weder über einen Waffenstillstand noch gar über einen Frieden verhandeln und als schließlich die Marine, sein Lieblingskind, meuterte, gab es nur die Möglichkeit rechtzeitiger freiwilliger Abdankung zugunsten eines seiner jüngeren Söhne, denn auch der Kronprinz war nun wie er selbst zum »Kriegsverbrecher« gestempelt worden. Der Kaiser wollte nicht abdanken. Das Ende war nun jener 9. November 1918, an dem die Revolution über Berlin hinwegbrandete, und der letzte kaiserliche Reichskanzler Prinz Max von Baden die Abdankung Wilhelms II., der wieder im Hauptquartier bei der Armee im belgischen Ardennen-Kurort Spa weilte, über dessen Kopf hinweg bekannt gab. Als darauf in Berlin die Republik ausgerufen wurde, dankte er als Deutscher Kaiser, nicht jedoch als König von Preußen ab. Doch dieser Schattenkönig ließ sich nun von seiner Umgebung bewegen, die das Auftauchen meuternder Matrosen in Spa fürchtete, Armee und Königreich zu verlassen und am frühen Morgen des 10. November 1918 Zuflucht in den nahen neutralen Niederlanden zu suchen, ein Schritt, der einer Flucht verzweifelt ähnlich sah. Als König von Preußen verzichtete er erst formell am 28. November 1918 auf alle Rechte.

Wilhelm waren noch 23 Lebensjahre im holländischen Exil beschieden. Nachdem Auguste Viktoria 1921 einem schweren Herzleiden erlegen war, ging er das Jahr darauf eine zweite Ehe mit der Prinzessin Hermine zu Reuss, verwitweten Fürstin Schönaich-Carolath, ein. Die längste Zeit lebte er in Haus Doorn, für den einst so reiselustigen, rastlosen Mann eine Daseinsbegrenzung, die er mit körperlicher Arbeit und wissenschaftlichen Studien zu überbrücken suchte. Aber seltsam, für die Welt wurde er wieder »der Kaiser«, »ein Fabeltier unserer Zeit«, wie ein englischer Schriftsteller ihn genannt hat. Als er am 4. Juni 1941 in Haus Doorn starb, hielten deutsche Soldaten die Wache, aber sie gehorchten nicht mehr den Hohenzollern, sondern dem »Führer« Adolf Hitler, der Holland erobert und besetzt hatte. Eine Weile hatte 1933 und 1934 die ehrgeizige »Kaiserin« Hermine geglaubt, sie könne diesen Menschen bewegen, den Kaiser nach Deutschland zurückzuholen. Der Familie blieb noch ein großer Grundbesitz vor allem in ihren einstigen preußischen Bereichen. 1945 zog dort die Rote Armee ein. Die letzte »Kaiserin« starb 1947 den Hungertod in Frankfurt an der Oder. Die einzigen Hohenzollern, die noch einen Thron behaupteten, waren die Nachkommen des Prinzen Karl von Hohenzollern-Sigmaringen aus der älteren schwäbischen Linie, der 1866 Fürst und später König von Rumänien geworden war. 1947 mußte König Michael I. von Rumänien dem Druck der Sowjets weichen.

Das Haus Savoyen

Die Nachkommen eines burgundischen Lehnsherrn, Konrads des Saliers, herrschten über das geeinigte Italien.

Bis zum Zweiten Weltkrieg wurde der italienische Geschichtsunterricht um die regierenden Herrscherhäuser herumgruppiert. Wäre dies nicht der Fall gewesen, so wüßte man nur wenig über das Haus Savoyen vor der Zeit Amadeus' VIII. Diesem hatte Kaiser Sigismund im Jahre 1416 die Herzogswürde verliehen. Dem neuernannten Herzog gelang es, alle verstreut liegenden Besitzungen seiner weitverzweigten Familie zu einem Staat zusammenzuschließen, dem er dann seine erste Verfassung, die »Generalstatuten«, verlieh.

Im Mittelalter hatten die Herrscher dieser Dynastie noch keine große Bedeutung – es waren kluge, aber keineswegs überragende Persönlichkeiten. Mit ihrer Geschichte befaßte sich eine Reihe emsiger Hagiographen, die sogar so erfinderisch waren, »Sabaudia« – den ursprünglichen Namen für »Savoyen«, der sich zuerst bei Ammianus Marcellinus, dem römischen Geschichtsschreiber des 4. Jahrhunderts, findet – von »salva via« abzuleiten. Damit wollten sie darauf hinweisen, daß den Fürsten dieses Hauses die Rettung der Seelen ihrer Untertanen oblag. Sie wußten ferner davon zu berichten, daß der erste Graf, Humbert, ein Feudalherr aus Burgund, den es im 11. Jahrhundert nach Italien verschlagen hatte, deshalb »Biancamano«, d. h. »Weißhand«, genannt wurde, weil seine Hände weiß wie Lilien waren. Konrad II., der Salier, hatte ihm die Grafschaft vermacht. Humberts Ländereien erstreckten sich über die Westalpen; damit hatte er die Kontrolle über die Bergpässe – gerade zur Zeit der kaiserlichen Invasionen in Italien war dies eine echte Schlüsselposition. Sie erlaubte es dem Inhaber dieser Position, mit den Expansionsgelüsten zweier Seiten zu jonglieren: Burgundische Interessen richteten sich auf Frankreich, und von der Poebene her wollte man nach Italien eindringen. Die Grafen von Savoyen ließen sich keine Gelegenheit entgehen, ihr Gebiet zu erweitern. Sie schlossen wechselnde Bündnisse, wobei sie dem Grundsatz treu blieben, sich selbst aus Kriegen herauszuhalten – denn dazu waren sie zu schwach –, aber von den Kriegen der anderen zu profitieren. Dabei achteten sie darauf, sich niemals unwiderruflich auf der einen oder der anderen Seite zu engagieren. Dieselben Grundsätze befolgten sie bei den internen Auseinandersetzungen zwischen der Haupt- und den Nebenlinien ihrer Familie sowie bei den Konflikten zwischen der Dynastie und ihren Vasallen.

Anfangs waren die französischsprechenden transalpinen Gebiete in der Überzahl (auf piemontesischer Seite standen die mächtigen Markgrafschaften Monferrat und Saluzzo sowie die Grafschaft Asti, die im Besitz der Familie Orléans war, der savoyischen Expansion im Wege); das Herzogtum war in Wirklichkeit ein Vasall Frankreichs. Allerdings gab es auch Zeiten relativer Unabhängigkeit, z. B. wenn die Nachbarmacht gerade von inneren Krisen geschüttelt wurde oder in einen Krieg verwickelt war. Das Herzogtum Savoyen war eine Bergregion und somit ein wirtschaftlich armes Gebiet.

Zu den Herrschern von Savoyen, die die expansionistische Politik der Dynastie lancierten, gehörte Oddone, der Sohn Humberts. Seine Gemahlin, Adelheid von Susa, hatte als Teil ihrer Mitgift die Grafschaft Turin in die Ehe eingebracht. Amadeus VI., der Kreuzfahrer (1343–1383) (nach der Farbe des Rockes, den er bei Turnieren zu tragen pflegte, der »Grüne Graf« genannt), schloß zunächst ein Bündnis mit den Visconti von Mailand mit dem Ziel, die Angioviner aus Piemont zu vertreiben, um sich danach selbst einige der Visconti-Städte anzueignen. Dies waren die ersten Anzeichen für eine Neutralitätspolitik gegenüber dem Gebiet der Poebene. Amadeus VI. wurde später beim Vertrag von Turin 1381 zwischen Genua und Venedig zum Vermittler bestellt – dies bedeutete einen beträchtlichen Zuwachs an Prestige für Savoyen. Amadeus VII., der Rote Graf (1383–1391), gehörte ebenfalls zu dieser Gruppe der »Expansionisten«: Er erhielt die Grafschaft Nizza und damit einen Zugang zum Meer.

1434 zog sich Amadeus VIII. (1391–1440) zurück, um als Eremit zu leben und später einmal Gegenpapst zu

werden (unter dem Namen Felix V., Konzil von Basel 1439). Diese ungeahnte Mischung von religiösem Mystizismus und dem skrupellosesten Materialismus und Nützlichkeitsdenken ist nichts Ungewöhnliches für das Haus Savoyen. Die Abdankung Amadeus' führte das zwischen zwei mächtige Staaten eingezwängte Herzogtum in eine lang andauernde Krise. Viele Jahre lang übten seine unmittelbaren Nachbarn, Frankreich und Mailand – mittlerweile ein spanisches Herrschaftsgebiet –, einen doppelten Druck bzw. auch eine Anziehung auf das kleine Herzogtum aus. Damit lassen sich die Unsicherheit und die Schwankungen in seiner Politik erklären.
Auf Amadeus VIII. folgte Ludovicus (1440–1465). Er war für diese Position nicht geeignet und stand ganz unter dem Einfluß seiner Frau Anna, der Tochter des Königs von Zypern, Jerusalem und Armenien. Sie war eine zauberhaft schöne, ehrgeizige und intrigante Frau, die sich aufs Zwietrachtsäen verstand. Es war Anna, die Mutter von 16 Kindern, die das Heilige Grabtuch nach Savoyen brachte, jenes Tuch, in das, der Überlieferung zufolge, Christus nach der Kreuzabnahme gewickelt worden war: Für Savoyen war der Besitz dieser Reliquie ein weiterer Prestigegewinn.
Gleich nach dem Ende des Hundertjährigen Krieges besetzte Frankreich Savoyen, die Alpenpässe und die wichtigsten Ortschaften des Herzogtums. Zu jener Zeit war der kraftlose Karl III., der Gute, Herzog von Savoyen. Sein größter Wunsch war es, in Frieden zu regieren. Er bildete sich ein, er könnte als Schwager Kaiser Karls V. und Onkel Franz' I., des Königs von Frankreich, diese seine beiden verfeindeten Verwandten miteinander versöhnen. Im Endeffekt aber wurde er zwischen den beiden Mühlsteinen zerrieben und allen möglichen Demütigungen ausgesetzt. Es sollte seinem Sohn Emanuel Philibert (1553–1580) obliegen, das Schicksal seines Landes wieder zum Besseren zu wenden. Wegen seiner Halsstarrigkeit wurde dieser Herzog »Eisenkopf« genannt. Zu seiner Zeit befanden sich alle Festungen des Landes in den Händen der Franzosen und Spanier; das Land selbst war von Invasionen und der Pest verwüstet und beinahe gänzlich entvölkert. Zwei Jahre, nachdem er das spanische Heer bei Saint Quentin zum Sieg über die Franzosen geführt hatte, erhielt er im Frieden von Câteau-Cambrésis (1559) sein Herzogtum zurück, wenn auch in verstümmelter Gestalt: Die Gebiete von Genf und das Waadtland waren abgetrennt worden; Frankreich behielt Saluzzo, und Frankreich sowie Spanien stationierten Garnisonen im Land. Savoyen profitierte einzig und allein vom Frieden und dem Gleichgewichtszustand, der zwischen Spanien und Frankreich herrschte. Der Herzog war gewitzt und ausdauernd; zwar war er nur wenig gebildet, doch auf militärischem Gebiet besaß er einige Erfahrung. Er krempelte seine Ärmel hoch und machte sich unverdrossen ans Werk: Er baute eine Armee auf, indem er die militärische Dienstpflicht einführte. Ebenso schuf er eine Polizeitruppe und eine kleine Flotte, der sogar die Ehre zuteil wurde, 1571 in der Schlacht von Lepanto mitzukämpfen. Es gelang ihm, die fremden Garnisonen loszuwerden; dann verlegte er seine Hauptstadt von Chambéry in Savoyen nach Turin. Damit gab er dem einen weiteren Anstoß, was die savoyischen Historiker »die italienische Berufung« nennen – in Wirklichkeit ja eine eigennützige Initiative, die auf eine mögliche Expansion abzielte. Als autoritärer Despot ließ Emanuel Philibert Juden und Waldenser verfolgen. Seine Staatskasse füllte er durch höhere Besteuerung. Obwohl unter seiner Herrschaft jegliche politische Freiheit unterdrückt wurde, brachte diese Ära für die Bauern immerhin eine Eindämmung der übergroßen Macht der großen Herren und Landbesitzer mit sich.
Alles, was Emanuel Philibert mit soviel Kraftanstrengung erreicht hatte, wurde von seinem Sohn Karl Emanuel I. (1580–1630) zunichte gemacht. Bedenkenlos stürzte er sich in die französischen Religionskriege, die beiden Erbfolgekriege von Monferrat und in den ersten Abschnitt des Dreißigjährigen Krieges. Er war maßlos ehrgeizig und ausgesprochen rücksichtslos. Der Botschafter Venedigs am Hofe von Savoyen sagte über ihn: »Er ist nach dem König von Frankreich der beste Soldat der Welt.« Der Gesandte war hauptsächlich von der Tatsache beeindruckt, daß »er ohne Pause dreißig Stunden lang im Sattel blieb, um Bricherasco zu erobern«. Karl Emanuel forderte Heinrich IV.

Emanuel Philibert Herzog von Savoyen, genannt »Eisenkopf«, Restaurator des savoyischen Staates, verlegte die Hauptstadt von Chambéry in Savoyen nach Turin, südlich der Alpen.

Amadeus VI. Graf von Savoyen, genannt der Grüne Graf. Er entriß im 14. Jahrhundert der Familie Visconti mehrere Städte und begann damit eine Politik, die ihr Hauptaugenmerk auf die Poebene richtete.

heraus und gewann Saluzzo zurück – doch zahlte er dafür mit weit wertvolleren Besitzungen jenseits der Alpen. Als er starb, befand sich das Herzogtum wieder einmal in einer schrecklichen Zwangslage: Invasionen von der einen wie der anderen Seite, die Armee aufgelöst und die Staatskasse leer. Karl Emanuel galt als Verfechter der italienischen Sache, der gegen die fremden Eindringlinge mit den Rufen: »Es lebe Savoyen! Raus mit den Spaniern!« an das Nationalgefühl appellierte. In einigen Gegenden Italiens fanden diese Parolen Anklang. Es muß aber eingeräumt werden, daß diese Appelle von einer Regierung ausgingen, die sich nicht scheute, je nach Zweckmäßigkeit mit den Franzosen oder mit den Spaniern Bündnisse einzugehen.

Bereits 1631 sah sich Karl Emanuels Sohn Viktor Amadeus I. (1630–1637) gezwungen, die Festung Pinerolo an Frankreich zurückzugeben. Der Niedergang des Herzogtums setzte sich weitere fünfzig Jahre lang fort und wurde noch durch den Bürgerkrieg zwischen den *Madamisti* (den Franzosenfreundlichen, die Viktor Amadeus' Witwe Maria Christina von Frankreich, genannt Madame Royale, unterstützten) und den *Principisti* (Spanierfreundliche, die auf seiten der Brüder des verstorbenen Herzogs, Kardinal Moritz und Thomas von Carignan, stehen) verstärkt. Doch wenn man die ganze Geschichte des Hauses Savoyen vor Augen hat, dann muß gesagt werden, daß die Kriege dieser Dynastie von Kriegern in der Regel von Nutzen gewesen sind. Aus den drei Erbfolgekriegen, die Europa in der ersten Hälfte des 18. Jahrhunderts erschütterten, sollte das Haus Savoyen mit einer Königskrone hervorgehen. Die Napoleonischen Kriege überstanden die Savoyer so, daß sie für die Gewinnung des italienischen Throns bestens gewappnet waren. Er sollte ihnen durch die Befreiungskriege praktisch zufallen. In Zeiten des Friedens aber ermattete das Herrscherhaus.

Der erste Savoyer, der die Königskrone errang, war Viktor Amadeus II. (1713–1730). Seine Regierungszeit hatte 1675 begonnen, als er noch minderjährig war. Damals mußte er sich der Regentschaft seiner Mutter, der Französin Marie Jeanne von Nemours, unterstellen und alles tun, was Versailles verlangte. Er war jähzornig, resolut, durchtrieben, skrupellos und ein gewiefter Taktiker. Kaum hatte er die staatliche Bürokratie reorganisiert und das Heer modernisiert, da stürzte er sich schon in den brodelnden Kessel der europäischen Außenpolitik, die damals, um die Jahrhundertwende, von der Gestalt Ludwigs XIV. beherrscht wurde. Nachdem dieser das Edikt von Nantes aufgehoben hatte, erlaubte Viktor Amadeus den Franzosen, nach Piemont zu kommen und die Verfolgung der Waldenser wiederaufzunehmen, die ja bereits sein Vater, Karl Emanuel II., mit Feuereifer bekämpft hatte. Aber in der Augsburger Allianz 1690 stellte er sich auf die Seite der Gegner Ludwigs XIV. Dies war eine tollkühne Geste; denn er verfügte nur über 8000 Mann unter Waffen. Die Franzosen, in deren Hände sich Casale und Pinerolo befanden, hatten seine Truppen mehrmals besiegt. Letzten Endes aber kam er sehr gut davon: Als sich der Konflikt in die Länge zog, trat ihm der Sonnenkönig die beiden Festungen ab, nur damit er aus der Allianz austrete ...

Ein diplomatisches Meisterstück gelang den Savoyern während der Erbfolgekriege. Im Spanischen Erbfolgekrieg trieb Viktor Amadeus II. seine Unverfrorenheit auf die Spitze: Er begann den Krieg an der Seite der Franzosen und beendete ihn auf der anderen Seite. Als aus Vergeltung 1706 Turin belagert wurde, eilte ihm der Befehlshaber der kaiserlichen Truppen, der berühmte Prinz Eugen von Savoyen, zu Hilfe, der Türkenschreck und ein entfernter Verwandter von Viktor Amadeus; denn Prinz Eugen entstammte der Seitenlinie seiner Familie, dem Hause Savoyen-Carignan. Prinz Eugen war schon vor langem aus dem Lager Ludwigs XIV. in das der Österreicher übergewechselt. Auch dieses Mal hatte Viktor Amadeus II. zum richtigen Zeitpunkt den opportunsten

Weg gewählt und wurde vom Glück begünstigt: Der Friedensschluß von 1713 brachte ihm Monferrat und andere Gebiete sowie die noch willkommenere Königswürde ein. Zunächst wurde er König von Sizilien; doch schon nach sieben Jahren mußte er Sizilien gegen das Armenhaus Sardinien austauschen, weil es wieder einmal verschiedene internationale Fragen zu regeln galt. Hieran sieht man, wie gering das Prestige Piemonts als Vertragspartei noch war.

Der erste König aus dem Hause Savoyen beschloß seine Tage als Gefangener auf Schloß Moncalieri: 1730 hatte er zugunsten seines Sohnes Karl Emanuel III. (1730–1773) abgedankt, es sich dann aber wieder anders überlegt. Da setzte ihn sein Sohn kurzerhand gefangen. Obwohl Karl Emanuel erfolgreich am Polnischen und auch am Österreichischen Erbfolgekrieg teilnahm, kam er nicht, wie er gehofft hatte, in den Besitz Mailands, doch er dehnte seine Grenzen bis zum Tessinfluß aus (Frieden von Aachen 1748).

Während Mailand, Florenz, Neapel und andere Städte den reformerischen Wind der Aufklärung verspürten, der auf der ganzen Halbinsel wehte und u. a. diesen Orten Auftrieb gab, ging das Land der Savoyer durch eine lange, finstere Friedenszeit, die vom Aachener Friedensschluß bis zu den Napoleonischen Invasionen dauerte. In Turin gab es nichts Neues. Der Minister Giovan Battista Bogino, der in Sardinien wirksamere Gesetze eingeführt hatte, wurde entlassen. In den Bildungsanstalten waren, wie in der ganzen piemontesischen Gesellschaft, die Jesuiten tonangebend. In diesem Klima verband das aufstrebende Bürgertum natürlich nichts mit der Dynastie und dem Hofe. Piemonts regste Geister zogen es vor, im Ausland zu leben, z. B. Alfieri, Baretti, der Typograph Bodoni, der Mathematiker Lagrange. Beim Ausbruch der Französischen Revolution wiederum war Turin das Zentrum des italienischen Jakobinertums, gegen dessen Hauptvertreter Viktor Amadeus III. (1773 bis 1796) hart einschritt. Um die französischen Royalisten zu stützen, verbündete sich der König mit Österreich, ein Pakt, der von gegenseitigem Mißtrauen geprägt war: Der Kaiser in Wien mißtraute den wetterwendischen Savoyern, während der König von Sardinien befürchtete, seine Verbündeten wollten sich die Gebiete zurückholen, die ihnen durch die Erbfolgekriege verlorengegangen waren. Napoleon sollte sie beide überfallen und besiegen. Im Vertrag von Cherasco 1796 mußte Viktor Amadeus III. Nizza und Savoyen abtreten und seine Zustimmung dazu geben, daß Napoleon einige Festungen als anti-österreichische Basen besetzte. Bald darauf wurde Piemont von Frankreich annektiert, und seine Herrscher flüchteten nach Sardinien, um dort die weitere Entwicklung abzuwarten.

Der Wiener Kongreß behandelte das Haus Savoyen großzügig: Es erhielt Savoyen und Nizza zurück und zusätzlich noch das gesamte Territorium der ehemaligen Republik Genua. Dies geschah nicht nur aus Haß gegen alles, was nach Republik roch, sondern auch, um an den Grenzen des unruhigen Frankreich starke Pufferstaaten zu schaffen. Sicher ist, daß Savoyens Herrschaft durch diese Annexion keineswegs gefestigt wurde. Ligurien, das Land Mazzinis, Garibaldis und vieler anderer Gegner der Dynastie, sollte immer ein Unruheherd bleiben. Es war jetzt allenfalls der potentielle Verbündete der »Revolutionäre« (d. h. der Nationalisten und Liberalen), die sich darüber im klaren waren, daß sie zur Durchsetzung ihrer Ziele gegen die österreichischen Herren auf der italienischen Halbinsel kämpfen mußten.

Viktor Emanuel I. (1802–1821), der sich durch diese für ihn günstigen Entscheidungen immerhin gestärkt fühlte, kehrte am 20. Mai 1815 von der Insel Sardinien zurück. Von der kriegsmüden Bevölkerung wurde er herzlich willkommen geheißen. Zusammen mit seinem Stab traf er auf der Piazza Castello in Turin ein: »... Nach der alten Mode gekleidet«, schrieb Massimo D'Azeglio, der dabei war, »mit ihren gepuderten Haaren und Zöpfchen à la Friedrich II. waren sie allesamt recht skurrile Gestalten.« Am Abend gab es dann große Festbeleuchtung. Der König fuhr bis ein Uhr nachts durch die Straßen »mit seinem etwas einfältigen Gesicht« – so fügte D'Azeglio hinzu –, um sich am Applaus der Leute zu erfreuen und nach rechts und links zu lächeln, »was ganz automatisch dazu führte, daß sein Zöpfchen, das für die Jungen meines Alters doch schon so komisch wirkte, ewig von links nach rechts fegte«. Der König nahm die Restauration wortwörtlich: Seit der Ankunft der Franzosen war die Zeit stehengeblieben. Er schlug den Hofalmanach vom Jahr 1798 wieder auf und setzte jeden wieder auf seinen alten Platz. Es war nicht gerade erhebend, mitansehen zu müssen, welchen ansehnlichen Bauch so manche Pagen bereits vor sich herschleppten ... Er vernichtete alles, was von Napoleon eingeführt worden war. Es gab auch lange Diskussionen darüber, ob eine Brücke über den Po abgerissen werden sollte. Doch dann fand die Königin heraus, daß ihr Weg zur heiligen Messe durch diese Brücke abgekürzt werden konnte. Der *Code Civil*, den Frankreich bis nach Piemont gebracht hatte, wurde ebenfalls abgeschafft, da er ja auch von Napoleon stammte. Statt dessen kehrten die Gesetze aus alten Zeiten zurück und mit ihnen auch der alte Pomp, das Ältestenrecht, die Sondergerichte, die diskriminierenden Vorschriften gegen Juden und Waldenser sowie die Vorrechte des Klerus. Die Erziehung lag wieder ausschließlich in den Händen der Jesuiten. Auch die alten Strafmaßnahmen wie Auspeitschung und Strangzug wurden wiedereingeführt.

Auf künftige Aktivitäten ließ nur die kaum verhohlene Antipathie Savoyens gegenüber Österreich (und seine Ziele im Hinblick auf die Lombardei) hoffen. Zu dieser Antipathie gesellte sich allerdings eine erbitterte Abneigung gegenüber dem liberalen Gedankengut. Als sich die Liberalen 1821 erhoben und die Garnisonen meuterten, verließ Viktor Emanuel I. Turin, weil er keine Zugeständnisse machen und auch keine Bewegung blutig niederschlagen wollte, mit der so viele adlige Namen verknüpft waren. Dabei handelte es sich um jenen Teil des Adels, der sich mit dem Napoleonischen Regime arrangiert hatte und den die Kehrtwende von 1815 aus dem Gleis geworfen hatte. Viktor Emanuel I. dankte zugunsten seines Bruders Karl Felix (1821–1831) ab. Da sich dieser aber gerade in Modena befand, beauftragte Viktor Emanuel seinen Vetter Karl Albert aus der Carignan-Linie mit der Regentschaft. Dieser hatte seit längerem Kontakt zu liberalen Kreisen und kam ihrer Forderung nach einer Verfassung unverzüglich nach. Die Umwälzung vollzog sich innerhalb einer Woche, in der Zeit vom 6. bis zum 14. März. Doch ehe er Turin erreichte, desavouierte Karl Felix den Regenten und rief die Österreicher zu Hilfe, damit sie die Ordnung wiederherstellten. Die Österreicher blieben bis 1823 in Piemont. Im gleichen Jahr ging Karl Albert nach Spanien, um dort die letzten Unruhen mit Waffengewalt zu unterdrücken. Die italienischen Liberalen richteten nun ihre Haßgefühle auf ihn, den Verräter ihrer Sache. Doch das Vertrauen des Königs gewann

er zurück, er hätte ja auch einen anderen zu seinem Nachfolger bestimmen können. Acht Jahre später kam Karl Albert (1831–1849) auf den Thron zurück.
Es scheint nur so, als ob Karl Felix und Karl Albert zwei gegensätzliche Herrscher gewesen wären. Ersterer war ausgesprochen reaktionär und davon überzeugt, daß alle Neuerungen bald von der Erdoberfläche verschwinden würden. Er hielt alle Neuerungen, die von der Französischen Revolution eingeführt und durch den Abenteurer Napoleon (für ihn nur »der Schurke«) in Europa verbreitet worden waren, für unheilvoll und frevelhaft. 1822 schrieb er mit voller Überzeugung: »Les mauvais sont tous lettrés et les bons sont tous ignorants« (etwa: die Bösen sind alle gebildet, die Guten sind ahnungslos). Die praktischen Konsequenzen einer solchen Ideologie sind unschwer zu erraten. Auch die Philosophie Karl Alberts gründete sich auf Thron und Altar, Gottesgnadentum und absolute Macht des Monarchen; Sorge um das Wohl der Untertanen als Christenpflicht des Herrschers und nicht als Recht des Volkes. Sein Charakter allerdings war um einiges komplizierter als der Karl Felix'. Er entstammte einer Linie der Familie, die fast zwei Jahrhunderte lang von der Hauptlinie abgeschnitten war und die der Dynastie kritisch-distanziert gegenüberstand, wiewohl sie diese dennoch unterstützte. Auch er war durchaus kritisch, aber nur im Interesse modernerer absolutistischer Vorstellungen, die er den neuen Napoleonischen Regimes abgeschaut hatte. Durch seine lange Zeit hindurch verhehlte Opposition war er auch daran gewöhnt, seine wirklichen Überzeugungen zu verbergen.
Geboren 1798, hatte er seine Kindheit in Paris und Genf, also fern des verstaubten Savoyenhofes, verbracht. Er war Offizier der kaiserlichen Dragoner und hatte von Napoleon den Grafentitel erhalten. Aus der romantischen Atmosphäre seiner Jugendjahre stammte seine unbändige Ruhmsucht, die er anscheinend nur auf eine Art und Weise stillen konnte: indem er den Österreichern Gebiete abrang, die er zur Schaffung eines norditalienischen Reiches brauchte. Von diesem Vorhaben besessen, ließ er sich als »Schwert Italiens« feiern. Die Hymne seiner Getreuen lautete: »Wenn dir die Gier der Fremdlinge zuviel wird, schwing dich in den Sattel und zücke dein Schwert!«
Doch angesichts der Ungleichheit zwischen seinen Truppen und denen der Österreicher blieb ihm keine andere Wahl, als sich mit den Feinden der Habsburger zu verbünden. In Italien waren dies die Liberalen, ja sogar die Republikaner. Ausgerechnet die sowieso verhaßten Liberalen! Hierher rührt die ewige Unentschlossenheit und die widersprüchliche Politik des »italienischen Hamlet«, des »König Wankelmut«, des »Savoyer mit den Gewissensbissen«. Noch andere Dinge peinigten ihn: Mit 19 Jahren hatte er eine 16jährige, die Erzherzogin von Österreich, Maria Theresia von Habsburg-Lothringen, geheiratet, doch schon drei Monate später war er ihrer überdrüssig geworden und hatte anderswo Trost gesucht. Zwar wurde er von Skrupeln gepackt und zeigte Reue, doch nur, um erneut die Treue zu brechen. – Seine Liebesbriefe verwahrte er in seinem Meßbuch.
Obwohl er sich außerstande zeigte, dem aufstrebenden Bürgertum einen gebührenden Platz im Staat zuzuweisen, führte Karl Albert sinnvolle Reformen im Stil eines aufgeklärten Despotismus des 18. Jahrhunderts durch. Aber im Jahr 1848, als er vor der Frage stand, seinem Land die Verfassung zu gewähren, um die Liberalen für sich und gegen Österreich einzunehmen, wandte er sich an seinen Beichtvater, damit dieser seine letzten Bedenken ausräume. Er war sich nämlich nicht sicher, ob die Aufhebung des absolutistischen Prinzips, das auf dem Gottesgnadentum basierte, nicht doch eine Todsünde sei.
Das Unternehmen mißlang. Republikanische oder Unabhängigkeitsbestrebungen in Italien konnte er zwar unterbinden bzw. kanalisieren. Doch dies wurde mit einem Stillstand in der Entwicklung des Landes bezahlt, mit einer Verlangsamung des demokratischen Fortschritts, mit politischen Intrigen und annexionistischem Druck, der die Bevölkerung von Lombardo-Venetien aufschreckte und der letztlich nur Österreich nützte. Als Folge der Niederlage von Novara, wo er vergeblich versucht hatte, den Heldentod zu sterben, überließ der König den Thron seinem Sohn Viktor Emanuel. Karl Albert starb in Oporto, wo er im Exil gelebt hatte.
Viktor Emanuel II. (1849–1878) der letzte König von Sardinien und erste König von Italien, hatte vier große Leidenschaften: Frauen, Jagd, Krieg und Politik. Auf all diesen Gebieten konnte er Erfolge verzeichnen. Dabei ist zu sagen, daß gerade Geschick in der Politik eine Gabe ist, die bei Monarchen äußerst selten vorkommt. Dies gilt besonders für das Haus Savoyen; denn dort wurde getreu dem Grundsatz »die Savoyer regieren der Reihe nach« der Kronprinz von der Politik ferngehalten. Schon als ganz junger Mann war er – wie übrigens sein ganzes Leben lang – hinter den Mädchen, vor allem hinter den Bauernmädchen, her. Er wollte so dem tristen und langweiligen Kasernenleben am Hofe seines Vaters entrinnen, vor den offiziellen Bällen flüchten, die an Trauerfeiern erinnerten, vor der Gründonnerstagsprozession, wo die Prinzen die Ehre hatten, die Baldachinstangen zu tragen; und er wollte vor der Handkuß-Gratulationscour am Neujahrsfest flüchten. Er wurde von einer Schar Priester und Piaristen erzogen und sagte von sich selbst: »Ich habe nichts Richtiges gelernt«; seine Zensuren bestätigen dies in der Tat. In späterer Zeit wim-

Viktor Amadeus II. wird zum König von Sizilien gekrönt (Relief von G. B. Ragusa). Seine skrupellose Politik verhalf ihm als erstem Savoyer zur Königskrone (von Sizilien 1713; diese wurde später durch die Krone Sardiniens ersetzt).

melt es in seinen Briefen von Fehlern. Im Turnen war er gut, doch er war stockunmusikalisch und mochte als Musik nur »den Kanonendonner«, wie er selbst zugab. Wenn ein endgültiges Urteil gestattet ist, so war Viktor unter den vier Königen von Italien, die das Haus Savoyen stellte, der einzige, der wirklich königliches Format besaß. Dies gilt auch dann, wenn man das gewisse Maß an Unkultiviertheit in Betracht zieht, das ihn eher mit einem »Heruler- oder Langobardenhäuptling« verband als mit einem westeuropäischen Monarchen.

Der Piemontese Guido Gozzano beschrieb ihn im Rahmen eines poetischen Zwiegesprächs wie folgt: »Stark und wachsam und schlau – Und schön? – Überhaupt nicht! – Die Frauen gefallen ihm eben.« Gelegentlich wurde er gewalttätig. Als nach seinem Tode der Bestand seines Schlafgemachs aufgenommen wurde, fand man einen zerbrochenen Spazierstock mit einem Schildchen, auf dem von seiner Hand geschrieben stand: »Dieser Stock wurde auf dem Rücken Don Margottis zerbrochen zum Dank dafür, was er über Rosina geschrieben hatte« (Don Margotti, der Herausgeber von *L'Armonia,* war eines Nachts blutend vor seiner Haustür aufgefunden worden. Rosa Vercellana, Tochter eines Tambourmajors der Armee, war seit 1847 die Geliebte Viktors). Zuweilen waren seine Umgangsformen rauh; manchmal wiederum war er heiter und gutmütig. Um die Etikette kümmerte er sich nicht und fühlte sich unter dem einfachen Volk am wohlsten, obschon er nie vergaß, daß er der König war und über allen stand. Seiner Tochter Klothilde schrieb er, er halte sich »für ein Instrument der göttlichen Vorsehung«. Der König war beleibt und erinnerte etwas an D'Artagnan. Als er sich im Jahr 1855 nach London begab, machten seine rollenden Augäpfel und seine Haaresfülle auf Königin Viktoria großen Eindruck: »Sein Schnurrbart wächst mit seinen Koteletten zusammen und sieht sehr komisch aus«, schrieb die Königin in ihr Tagebuch. Sie wußte natürlich nicht, daß Cavour und D'Azeglio den König überredet hatten, seinen Knebelbart um ein paar Zentimeter zu stutzen, damit er die Königin ja nicht erschrecke. In späteren Jahren gewöhnte er es sich an, seine Haare zu färben; denn er wollte nicht zeigen, daß seine Haare langsam immer grauer wurden.

Viktor Emanuel II. war von 1849 bis 1861 König von Sardinien und von 1861 bis 1878 König von Italien – zur Zeit seiner Regierung also fand der politische Prozeß des *Risorgimento* (der Wiedergeburt) seinen Abschluß. Der König überstand den schwierigen Anfang, die neue Verfassung, den Aufstand von Genua und schluckte auch die bittere Pille eines Friedensvertrages, der die österreichischen Truppen in Alexandrien einmarschieren ließ. Er war autoritär veranlagt: Gleich nach seiner Thronbesteigung entließ er die amtierende Regierung und nominierte De Launay, einen reaktionären und österreichfreundlichen General, als Ministerpräsidenten. Doch er merkte recht bald, daß die Einhaltung der Verfassung den Einfluß Mazzinis bedeutend mindern würde, wenn die Nationalisten und Liberalen aus den anderen italienischen Staaten die piemontesische Politik attraktiv fänden. In einem Brief vom Jahre 1849 schrieb Guglielmo Pepe folgendes über ihn: »Gestern kehrte der König vom Lande zurück, und ich führte ein langes Gespräch mit ihm. Dieser junge König ist ein Juwel Italiens.« Pepe befand sich damals im Exil, da er 1820 die treibende Kraft der neapolitanischen Revolution gewesen war. Der Mythos vom *re galantuomo,* vom Schöpfer der Einheit Italiens, war geboren. Er ließ es zu, daß die Regierung D'Azeglios, und mehr noch die Cavours, die neuen Einrichtungen schuf, die die Verfassung voraussetzte. Es galt, eine Reihe von psychologischen Barrieren zu überwinden: So ergaben sich z. B. bei den Gesetzen über die religiösen Orden eine Reihe von Familienzwistigkeiten, die die Klerikalen dem abergläubischen König gleich als Rache Gottes interpretierten. (Die Klerikalen hatten in der Königin und in der Königinmutter Verbündete. Die Liberalen nannten sie voller Verachtung »die Österreicherinnen«.) Später, als Rom dem Papst weggenommen wurde, befand sich der König im schmerzlichen Konflikt mit seiner tiefgläubigen Tochter Klothilde, seiner »Chichina«. Und er steckte sogar die Exkommunikation ein ...

Das Prestige des Monarchen wuchs mit den Kriegen von 1859–1861, der »Heldenzeit«, an deren Ende die Bildung des Reiches stand. Für ihn ging es ums Ganze: Entweder würde er einfach ein *monsú Savoia* oder der König von Italien werden. Mit dem Krimfeldzug und dem Pariser Kongreß – ganz zu schweigen von der Zusicherung von Nizza und Savoyen und dem Opfer der Chichina, die als blutjunge Frau mit dem Prinzen Jérôme Napoléon, einem gottlosen Lebemann, genannt »Plon-Plon«, verheiratet wurde – gelang es ihm, ein Bündnis mit Napoleon III. einzugehen. Doch er nahm ihm gegenüber niemals eine unterwürfige Haltung ein: Als es zwischen ihm und dem Kaiser zu einer Meinungsverschiedenheit gekommen war, schrieb er Morozzo della Rocca, er solle dem Kaiser sagen, »daß wir seit 850 Jahren erhobenen Hauptes wandeln und daß keiner mich soweit bringen wird, es zu senken«. So konnte er sich im zweiten Unabhängigkeitskrieg schließlich für Custozza und Novara revanchieren. Als Befehlshaber taugte der König nicht viel (als er im Krieg von 1866 den Oberbefehl über die Truppen übernehmen wollte, sollte dies zu einer Katastrophe führen ...), doch er scheute keine Gefahren. Auf dem Schlachtfeld von Palestro machten ihn die verwunderten Zuaven zum Korporal. Von jenem Tag an rief das Dritte Zuavenregiment zwanzig Jahre lang bei jedem Abendappell »Korporal Viktor Emanuel von Savoyen« auf, und der Feldwebel pflegte darauf zu antworten: »Fehlt, da König von Italien«. – Am 8. Juni 1859 erfüllte sich der alte Traum des Herrscherhauses: Hoch zu Roß zog, an der Seite des Kaisers der Franzosen, Viktor Emanuel als Sieger in Mailand ein.

Zwei Jahre darauf, am 17. März 1861, wurde die Einheit Italiens proklamiert. Viktor Emanuel erhielt den Titel eines Königs von Italien, doch wies er den Vorschlag zurück, sich Viktor Emanuel I. zu nennen, d. h. die Zählung zu ändern. So war also der erste König von Italien ein »Zweiter« – um die Vorväter nicht zu kränken, wie er sagte. In Wahrheit jedoch triumphierte das annexionistisch-monarchistische Prinzip über die Revolution des Volkes. Die Einheit Italiens war erreicht, die Politik des Hauses Savoyen, das »Artischockenessen«, wurde zur Perfektion getrieben: Wie beim Artischockenessen nämlich wurde ein Blatt nach dem anderen verspeist – d. h. es gab eine Reihe mehr oder weniger erzwungener Annexionen (dabei spielte es keine Rolle, ob die Entthronten mit Viktor Emanuel verwandt waren oder nicht). So war das neue Reich weit davon entfernt, das Kind einer verfassunggebenden Versammlung zu sein, wie es Mazzinis Vorstellungen entsprochen hätte. Auch juristisch war es nichts anderes als eine Ausdehnung des Königreichs Sardinien. Das einzige Zugeständnis, das Viktor Emanuel der Ideologie der »Revolution« machte, war, daß

er es duldete, nicht nur König »von Gottes Gnaden«, sondern vielmehr auch »durch Volkes Wille« zu sein. Dies verhinderte allerdings nicht den erbarmungslosen Prozeß der »Piemontesierung« des neuen Staates. Sein Einvernehmen mit Cavour, dessen Kompromißbereitschaft gegenüber den traditionalistischen Kräften ihm zusagte, erlebte viele Auf und Ab. Er sah es nicht gern, daß sich das neue Regime von einem »konstitutionellen« Regime – das er sich sogar nach preußischem Muster wünschte – zu einem »parlamentarischen« entwickelte. »Die Minister gehen; der König bleibt«, lautete eine seiner Maximen. Zu Depretis, dem eine Regierungskrise Sorgen bereitete, sagte er: »Seien Sie ganz unbesorgt! Alles wird in Ordnung gehen – der Kapellmeister bleibt ja derselbe.« Die Verfassung – und man muß es ihm hoch anrechnen, daß er sie nicht einfach außer Kraft gesetzt hat! – sah vor, daß das Staatsoberhaupt eindeutig dem Parlament übergeordnet war. Viktor Emanuel wollte auf keines seiner Vorrechte verzichten: »Die exekutive Gewalt liegt beim König allein«, besagte die Verfassung, »der König befehligt alle Streitkräfte zu Land und zur See, erklärt den Krieg, schließt Friedens- und Bündnisverträge ... unterrichtet die Kammer davon, sobald das Interesse und die Sicherheit des Landes dies zulassen.« Artikel 65 schreibt vor: »Der König ernennt und entläßt die Minister« – und dies war im Hinblick auf das Verfahren der Regierungsbildung auch schon alles. Gestärkt durch diese Verfassungsartikel verfolgte Viktor Emanuel II. seine eigene Politik, die angesichts der Macht, über die er tatsächlich verfügte, nicht immer ausgewogen und klug erschien. Er verfolgte sie auch hinter dem Rücken seiner Minister: Bei seinen Machenschaften bediente er sich seiner Botschafter und Spitzel, bisweilen seiner früheren Mätressen. So kam auch die Einigung mit Mazzini zustande. Ohne Kenntnis seiner Minister bemühte er sich auch, Aufstände in Galizien, auf dem Balkan und in Transsylvanien anzuzetteln, um Throne für seine Kinder aufzutun. Amadeus sollte später die spanische, Maria Pia die portugiesische Krone erhalten. Er merkte früher und deutlicher als Cavour, daß eine Verständigung mit Garibaldi sinnvoll war: Nach Cavours Tod gelang es ihm, seine persönliche Politik noch stärker zu akzentuieren, wobei er und der Ministerpräsident allerdings oftmals verschiedener Meinung waren. Trotzdem fand er immer wieder treu ergebene Minister wie Ricasoli, Rattazzi, Minghetti, Lamarmora, Lanza, Sella, Depretis und Visconti-Venosta. Sie waren loyale Diener des Königs, obwohl sie darauf verzichten mußten, von ihm Respekt vor dem einwandfreien Funktionieren und der Einhaltung der Verfassungsgrundsätze zu verlangen.
Viktor Emanuel II. war vollkommen »unrhetorisch« (»Der Helm Scipios«, so pflegte er zu sagen, »ist gut fürs Nudelkochen«). Außerhalb seines geliebten Turin fühlte er sich verloren. Als die Hauptstadt nach Florenz verlegt wurde, rief er Minghetti aufgeregt zu, er, der König, sei es, der für dieses Unternehmen die Zeche zahlen müsse. »Ich, der ich immer hier gelebt habe, hier, wo ich all meine Kindheitserinnerungen habe, meine Gewohnheiten, meine Gefühle ...«. 1870 wollte er, gegen jede politische Vernunft, Napoleon III. zu Hilfe eilen, der ihn im Jahre 1859 so sehr unterstützt hatte. Nur mit Mühe konnte er von Sella und Lanza zurückgehalten werden, die andernfalls mit ihren Rücktritten drohten. Eine ähnliche Dankbarkeit ließ er allerdings im Fall Garibaldis vermissen: Dieser stand sein Leben lang unter dem Bann der Persönlichkeit des Königs, von dem er annahm, er hätte nichts mit den Geschehnissen zu tun, die die italienischen Regierungen soweit brachten, den Freischärlerführer gefangenzusetzen. Tatsache ist, daß der König die »Volksbestie« verachtete (damit meinte er die »Briganten« in Süditalien und die Bauern, die un-

Wenn es zutrifft, daß drei ›S‹ Italiens Geburtshelfer waren (die Schlachten von Solferino, Sadowa und Sedan), so ist ein viertes, älteres ›S‹ (Saint Quentin) von eminenter Bedeutung für die savoyische Geschichte. 1557 führte Emanuel Philibert die spanischen Truppen nach Saint Quentin; dort brachten sie den Franzosen eine Niederlage bei. Dies war die Voraussetzung für die Wiederherstellung des Herzogtums (obschon in engeren Grenzen als früher), die der Friede von Câteau-Cambrésis (1559) vorsah.

ter der Besteuerung zu leiden hatten, ebenso wie die Irredentisten, die das Verhältnis zu Wien belasteten) und daß Garibaldi in seinen Augen diese »Volksbestie« verkörperte. Viktor Emanuel sprach von »den Hunden« und wünschte sich, er könnte sie »zerquetschen wie die Fliegen«.
In Rom fühlte er sich nicht wohl und hielt sich so wenig wie nur irgend möglich dort auf. Er behauptete, die Stadt stänke nach Gemüsedunst. In Wirklichkeit aber fühlte er sich einem Leben in der neuen Hauptstadt nicht gewachsen. Mit der römischen Aristokratie wurde er nicht warm – der »schwarze« Adel hatte bei der Ankunft der Savoyer sogar Trauer angelegt. Seine Frau war nicht salonfähig: Nach dem Tod Maria Adelheids von Habsburg-Österreich, der Königin, hatte Viktor Emanuel *la béla Rusin,* die Vercellana, seine schöne Rosina, zum Altar geführt und sie zur Gräfin von Mirafiori und Fontanafredda gemacht. In Rom ließ er seinen Sohn Humbert als Kommandanten zusammen mit seiner Schwiegertochter Margherita zurück. Er lebte in Mandria (Piemont), zusammen mit Rosina und den Mirafiorikindern. In die Politik griff er häufiger mit wirksamen Entscheidungen ein. Er beschränkte sich fast ausschließlich auf Probleme im Bereich der Außenpolitik und der Armee: Er war der Ansicht, daß Italien gefürchtet werden müsse, damit es eine Außenpolitik der Stärke betreiben konnte. Nach seiner Meinung signalisierte sein persönliches Engagement auf diesen beiden Gebieten den übrigen Staaten bei einer möglichen Machtübernahme durch die Linken auch, daß in Italien noch nicht der Teufel los sei. Und außerdem: Was verstanden »bürgerliche«

Minister der Linken denn schon von Außenpolitik und militärischen Dingen? Die »parlamentarische Revolution« allerdings kümmerte ihn überhaupt nicht: Im Jahr 1876 wurde die historische Rechte endgültig durch die Linke Depretis' abgelöst. Viktor Emanuel gehörte ja zu jenen, die den Umschwung befürwortet hatten. Er hatte beabsichtigt, die Ausgaben für das Militär zu erhöhen; außerdem wollte er über eine großzügige Zivilliste (aus der Staatskasse gewährte jährliche Zuwendung zur Deckung der Bedürfnisse des Monarchen und seiner Familie) verfügen – König Viktor Emanuel war verschwenderisch. Er hoffte, daß die Linken ihm bei seinem Vorhaben weniger Knüppel zwischen die Beine werfen würden.

In den letzten Jahren war er abgespannt, mißmutig und träge. Er wollte »seine Tage mit einem Sieg krönen«. Davon berichtet Crispi, der ihm einen Besuch abstattete. Der König dachte dabei an einen Krieg auf dem Balkan, wo die Orientfrage weiterhin ungeklärt war. Mit dem Ende des Zweiten Kaiserreiches und des Kirchenstaates, dem Aufstieg Preußens, dem Sturz der historischen Rechten in Italien war seine alte Welt untergegangen. Eine Zigeunerin hatte ihm geweissagt, er werde im Quirinal sterben, den er aus diesem Grunde auch mied. Die Prophezeiung erfüllte sich am 9. Januar 1878. Es schien, als ob es sich nur um eine gewöhnliche Erkältung handele, und niemand dachte, daß dies schon das Ende sei. Der König war bei seinem Tod erst 57 Jahre alt.

»Verneigen wir uns vor der kalten Gruft,
in der König Emanuel ruht,
der Italien mit der Freiheit krönte.«

So etwa sang einer der vielen Dichter,die der Tod des Vaters des Vaterlandes inspiriert hatte. Doch wo sollte er seine letzte Ruhestätte finden? Es war keine einfache Sache, als König von Italien zu sterben! Turin verlangte die sterbliche Hülle seines Monarchen; man wollte ihn in Superga, bei seinen Vorfahren, bestatten. Crispi schlug das Pantheon als letzte Ruhestätte vor, ein Vorschlag, mit dem er sich schließlich durchsetzte. Der neue König Humbert I. (1878–1900) tröstete Turin, indem er der Stadt »teure und ruhmreiche Erinnerungsstücke« schenkte: die Medaillen seines Vaters, sein Schwert, das durch die abgefangenen Hiebe gezeichnet war, sowie seinen mit Federn verzierten, von einem Adler gekrönten Helm. Mit diesen Klingellauten wurde die neue Ära eingeläutet. Zu dem Tamtam gehörten neben der Debatte über die letzte Ruhestätte Viktor Emanuels auch der Zusammenprall mit dem Vatikan, der die Bestattung des Exkommunizierten in einer der vier großen Basiliken Roms verboten hatte, und auch der eindrucksvolle Trauerzug. »Seine Bestattung sicherte mehr als 300 000 Leuten einen Job«, schrieb Paolo Valera. Diesem Trauerzug folgte eine Woche, in der der Leichnam des Königs in der Totenkapelle des Quirinal aufgebahrt wurde. Auf dem Antlitz des toten Monarchen war ein großer Farbfleck, da unachtsame Einbalsamierer beim Färben der Barthaare nicht aufgepaßt hatten.

Mit der Beisetzung begann die beabsichtigte Bildung der Legende vom »Großen König«, die sich gegenüber jenem Mythos behaupten sollte, den die Katholiken um Pius IX. bzw. die Demokraten um Garibaldi gewoben hatten. Fest ste h, daß Viktor Emanuel nach seinem Tod weit mehr gepriesen und populär wurde als zu seinen Lebzeiten. Ja, man ging sogar so weit, ihm den »Altar des Vaterlandes«, dieses urhäßliche Monument, zu weihen. Er verstand es, die Rolle zu spielen, die man von ihm erwartete: Wahrscheinlich hatte er geahnt, daß um sein Leben ein Mythos aufgebaut werden würde, und war daher darauf erpicht gewesen, daß einige seiner Briefe an ihn zurückgegeben wurden. Als das Mitglied des faschistischen Viererrats De Vecchi aus Val Cismon Direktor des Instituts für die Geschichte des Risorgimento wurde, machte dieser aus Viktor Emanuel einen Wegbereiter Mussolinis: Er hatte ja dem Parlament mißtraut – ein Militarist und ein Verteidiger der historischen Größe Italiens, hatte er doch der Politik eines »Klein-Italien« ablehnend gegenübergestanden. Dieser Vorfaschismus ist ebenso eine Verdrehung der Tatsachen wie die Behauptung jener, die einen Liberalen oder einen überzeugten Verfechter der Verfassung aus Viktor Emanuel machen wollten.

Humbert folgte nicht dem Beispiel seines Vaters: Er nannte sich »der Erste« und nicht »der Vierte«, wie es der Zählung der Savoyer-Fürsten dieses Namens entsprochen hätte. Er verlangte nicht, daß die Abgeordnetenkammer aufgelöst würde, und räumte ihr so stillschweigend die Kontinuität der höchsten Gewalt ein. Es gab zwei demokratische Zwischenspiele. Selbst Viktor Emanuel II. hatte 1849 den Anschein eines Demokraten erweckt (es war eher ein Anschein als ein wirkliches Verhalten; denn es gehört ins Reich der Legenden, daß er bei den Waffenstillstandsverhandlungen von Vignale gegen Radetzky, der für die Abschaffung der Verfassung eintrat, opponierte ...). Auch die Anfangsphase der Ära Viktor Emanuels III. erschien sehr offen im Vergleich zu den letzten Jahren unter Humbert. Links beginnen und rechts enden – das wurde zu einer Konstanten, die die politische Haltung der Könige von Italien immer wieder kennzeichnete.

Als die Krone von Viktor Emanuel II. auf Humbert I. überging, geschah dies in einem kritischen Augenblick. Der Sohn genoß nicht das Ansehen seines Vaters, dem selbst Niederlagen nicht ungelegen gekommen waren: Viktor Emanuel hatte ja den Österreichern die Lombardei und dann Venetien entrissen, dem Haus Bourbon den Süden des Landes und dem Papst Rom weggenommen. Aus dem benachbarten Frankreich war eine Republik geworden. Am Hofe gab es Leute, die befürchteten, daß sich in Italien bald ähnliches vollziehen würde wie in Frankreich. Dies hätte wohl auch dem Papst ins Konzept gepaßt: Der Augenblick eines allgemeinen Zusammenbruchs sollte nur das Vorspiel zur Rückkehr an die Macht sein. Pius IX. hatte auf die Thronbesteigung durch Humbert mit einer diplomatischen Note reagiert, in der er seinen Protest gegen die »widerwärtige Plünderung« erneuerte. – Es gab auch andere Anzeichen für eine Unruhe im Lande: Die Regierungen waren instabil; in Florenz wurde von einem Unbekannten eine Bombe auf eine Prozession geworfen, die gerade von den Trauerzeremonien für den Großen König zurückkehrte – ein unmißverständlicher Protest des »anderen« Italien, des Italien der armen Leute, des Italien der Nicht-Stimmberechtigten. Der greise Garibaldi wandte sich gegen die Ausgaben für die militärischen Befestigungsbauten, die Paläste und Landgüter der Krone. Auf internationaler Ebene war Italien isoliert, und Österreich reagierte auf die Demonstrationen der Irredenta mit den Interventionen in Tirol.

»König von Italien – selbst der Gedanke daran läßt einen altern«, sagte Humbert. Für die Bewältigung solcher Probleme war er nicht der richtige Mann; es fehlten ihm die Voraussetzungen dafür. »Der junge Mann hat leider keine Ahnung«, schrieb 1863 Silvio

Aus einer Seitenlinie des Hauses Savoyen stammte Prinz Eugen, ein gebürtiger Franzose, der seine Karriere als Österreicher machte. Der große Feldherr rettete bei der Belagerung Turins (1706) den gefährdeten Besitz seines entfernten Vetters Viktor Amadeus II.

Spaventa an seinen Bruder Bertrando, »was soviel heißt wie: Sein Bildungsstand genügt weder den Erfordernissen unserer Zeit noch denen seines Ranges. Er ist erst 19 Jahre alt und hat ordnungsgemäß Schulen jeden Typs besucht. Er hat bei Mancini sogar Verfassungsrecht studiert, doch seit seiner Schulzeit überhaupt nichts mehr gemacht. Mir kommt es so vor, als wollte er auch nichts mehr tun.« Mangelhafte Bildung, keine Erfahrung und ganz andere Interessen: Pferde und – auch er! – Frauen. Als Spaventa diesen Brief schrieb, hatte Humbert bereits seit einem Jahr eine Liaison mit einer adligen Schönheit aus der Lombardei, nämlich mit Eugenia Attendolo-Bolognini. Eugenia war sieben Jahre älter als er und mit dem Herzog Giulio Litta Visconti Arese verheiratet. Diese Leidenschaft – zwar nicht seine einzige, aber seine größte – hielt, solange er lebte.

Bald jedoch bekam seine Gemahlin, Königin Margherita, Wind von dieser Liaison, und damit war die eheliche Gemeinschaft praktisch am Ende angelangt. Aber Margherita hatte ja ein Amt, eine Krone geheiratet, nicht unbedingt nur den Mann. Zudem war sie eine Cousine ersten Grades von Humbert, denn ihr Vater war Ferdinand, Herzog von Genua. In ihren

Adern floß auch deutsches Blut: Ihre Mutter war Prinzessin Maria Elisabeth von Sachsen. Margherita hatte ein ausgeprägtes Gefühl für die Königswürde und machte es sich zur Aufgabe, sobald sie Königin geworden war, das Prestige des Königs so weit wie möglich zu heben. Sie hatte Sinn für Kultur, obwohl ihr solide Grundlagen fehlten und sie – genau wie ihr Schwiegervater – unzählige Rechtschreib- und Satzbaufehler machte. Doch sie sprach französisch und deutsch, las Dante, war in Kunst und Musik bewandert und schrieb Gedichte und Novellen: Eine Intellektuelle hatte es im Hause Savoyen fürwahr noch nie gegeben! Auch von ihrem Mann trennten sie Welten in dieser Hinsicht. Obwohl keine emotionale Bindung zwischen den beiden bestand, hatte Margherita großen Einfluß auf den König. Sie trug dazu bei, daß er seine aristokratische Trägheit überwand und seine Beziehungen zur Umwelt entkrampfte. Margherita wäre eine ideale Partnerin gewesen – für einen absoluten Herrscher, eine Vaterfigur, für einen König, der um sein Volk und insbesondere um seine Soldaten besorgt ist. Ihre Abneigung gegenüber dem liberaldemokratischen System, das in jenen Jahren nur schleppend ausgebaut wurde, war unverrückbar, auch wenn sie ihre Gefühle recht geschickt verbarg.
Humbert und Margherita hatten 1868 geheiratet;

Karl Albert aus der auf das 17. Jahrhundert zurückgehenden Seitenlinie Carignan wurde im Jahre 1831 König von Sardinien. Die direkte Linie war mit dem Tode Karl Felix' erloschen.

1869 war ihr Sohn, ihr einziges Kind, zur Welt gekommen. Sie hatten es so eingerichtet, daß das Kind in Neapel das Licht der Welt erblickte, um den Süden des Landes – und besonders den neapolitanischen Adel – an die Dynastie zu binden. Die Aristokraten von Neapel trauerten nämlich immer noch ihrer bourbonischen Königsfamilie nach. Die Stadt Neapel hatte dem Prinzenpaar eine kitschige, aus Schildpatt, Perlmutt und Korallen angefertigte Wiege zum Geschenk gemacht. Sie hatte aber viel Geld gekostet, Geld aus den Spenden von Schulkindern. Humbert wurde mit harter Kritik überhäuft. »Finsterstes Mittelalter«, schrieb Cavalotti in *Il Gazzettino Rosa,* »diese armen Kinder haben sich ihre paar Bonbons und ihr bißchen Naschwerk vom Munde abgespart, damit eine Wiege gekauft werden konnte; die meisten von ihnen hatten als Wiege nur ein schäbiges Lager, das die Vorsehung in ihrer höchsten Weisheit und mit ihrer ausgleichenden Gerechtigkeit dem Kind aus dem Volke zuweist«.
Das neue Herrscherpaar übertrug der Monarchie eine dekorative, nach außen wirkende Funktion. Dementsprechend groß war der Aufwand bei der offiziellen Reise, die sie im Sommer und Herbst 1878 durch die ganze Halbinsel führte. Schon zehn Jahre zuvor war das damalige Prinzenpaar anläßlich seiner Hochzeit von Turin bis nach Alexandrien gereist und hatte in den alten Hauptstädten Mittelitaliens Station gemacht: in Piacenza, Parma, Modena, Bologna und dann in Florenz, wo der Bürgermeister, der Marchese

Karl Albert setzt seine Unterschrift unter die Verfassung von 1848. Der König von Sardinien hatte sich nicht ohne Zögern zu diesem Akt entschlossen. Er wollte so die Liberalen für sich gewinnen und band damit die Dynastie an die Sache der Einigung Italiens.

Ginori, der siebzehnjährigen Braut eine Margerite überreichte, deren Blätter aus Brillanten angefertigt waren – die »Margeretisierung« Italiens hatte ihren Anfang genommen. Dann ging es nach Genua und Venedig; später nach Neapel, Messina und Palermo. Überall endlose Festzüge, Blumenregen und Turniere wie im Märchen. Nunmehr, als Herrscherpaar, nahmen sie noch ärgere Strapazen auf sich und reisten noch mehr im Land herum: nach La Spezia (zum Stapellauf des Kriegsschiffs *Dandolo*), Turin, Mailand und Venedig, dann nach Brescia, Mantua und Verona zu den Manövern; im November nach Bologna, wo der Liebreiz der Königin Giosuè Carducci zur Monarchie bekehrte ... danach nach Florenz, Ancona und Bari. Schließlich besuchten sie noch Neapel, wo ein Anschlag auf sie verübt wurde.
Überall, wo diese italienische Idealfamilie (Mann, Frau und Bambino – die Leute sahen nur die äußere Harmonie und wußten nichts von den kühlen Beziehungen ...) auftrat, erhielt sie Applaus. Weder Viktor Emanuel II. noch Garibaldi hatten geordnete Familienverhältnisse gehabt. Humbert, der hinter seinem Schnurrbart ängstlich und verlegen ein Gesicht verbarg, das mit seinen wulstigen Hängelippen an seine österreichischen Ahnen erinnerte, beschränkte sich darauf, viele Hände zu drücken. Er verteilte großzügig Orden unter die Leute und spendete eifrig Geld zur Wohlfahrt der Städte. Der Triumph aber gehörte weniger ihm als Margherita, mit ihrem Grüßen, ihrem Lächeln, ihrem Gang, ihren imposanten Schleppen und ihrer Toilette, die von den Chronisten wieder und wieder beschrieben und von den Poeten besungen wurde. Bei dieser und anderen Gelegenheiten war der persönliche Erfolg der Königin so groß, daß sie sich bemühte, in den Hintergrund zu treten, damit der König vom Abglanz ihrer Popularität profitierte.
In Neapel, der Endstation ihrer Propagandatour, wurde das Fest durch einen unvorhergesehenen Zwischenfall getrübt: Der Anarchist Giovanni Passanante, ein stellungsloser Koch, kam aus der Menge und stürzte sich blitzschnell auf den Schlag der königlichen Kutsche. »Cairoli, retten Sie den König!« rief die Königin und warf dem Attentäter den Blumenstrauß ins Gesicht, den sie auf dem Schoß gehalten hatte. Der Ministerpräsident packte ihn bei den Haaren, handelte sich dafür aber einen bösen Schnitt ins Bein ein. Humbert kam mit einer Schürfwunde am Arm davon und tat so, als wäre nichts geschehen. Doch es war viel geschehen: »Der Zauber des Königshauses ist gebannt«, verkündete kurz darauf die Königin, die eine Vorliebe für Slogans entwickelt hatte. Der König hingegen, ebenso kühl und nüchtern wie sein Vater, machte, als er am Palast ankam, folgende trockene Bemerkung: »Gehen wir zu Tisch; man darf die Köche nicht warten lassen – ihr seht ja, wozu sie alles fähig sind!« Er war ein Soldat, und er verhielt sich hier so gut wie er sich bei Villafranca im Krieg von 1860 verhalten hatte. Allerdings hatte er seit seiner Begegnung mit Passanante die weit aufgerissenen Augen, die Olimpio Savio »erschreckte

Augen« nannte. Später machte er es sich zur Gewohnheit, eine Panzerweste zu tragen, denn er dachte daran, daß der nächste Anarchist den romantischen Dolch gegen den praktischeren Revolver austauschen könnte. Eine unmittelbare Folge des Attentats war der Sturz des Kabinetts Cairoli-Zanardelli. Es hatte versucht, liberale Grundsätze korrekt zu befolgen, anstatt von oben her zu verwalten und zu regieren. Die Regierung stürzte, weil das Parlament sie beschuldigte, republikanische Vereinigungen zugelassen und zugesehen zu haben, wie der König und die Institutionen attackiert wurden.
Zur Zeit Königin Margheritas – die inzwischen einen Großteil des Schwarzen Adels beschwichtigt hatte, der beim Einzug der Savoyer in Rom Trauer angelegt hatte – wurde der Quirinal zum glanzvollsten Hof Europas. Zu den Empfängen ging auch die Prominenz der linksorientierten Regierung, die »Barbaren«, die sich nicht darauf verstanden, zwanglos und unverkrampft zu tanzen. Dann führte die Königin ihren »Salon«, in dem Aristokraten, Offiziere und vor allem Männer des Kulturlebens verkehrten sowie prominente Vertreter der historischen Rechten, die in unverhohlener Opposition zur offiziellen Politik standen. Der König war nur selten Gast in ihren illustren Kreisen, da ihn die Gesellschaft dieser steifen Leute langweilte.
Auch auf einem anderen Gebiet zeigte sich das Ansehen der Krone deutlich: bei den nationalen Katastrophen wie Erdbeben und Choleraepidemien. Der König eilte immer zu den Unglücksorten. Anders als auf dem unsicheren und schwierigen politischen Terrain wußte der König hier ganz genau, was zu tun war, und diese Pflichten erfüllte er gern. Er war in gewisser Weise ein Fatalist und schlug die Warnungen vor Ansteckungsgefahren in den Wind. Das Volk bewunderte ihn; die Königin war stolz auf ihn. Er war sehr spendefreudig und erwarb sich den Beinamen »Guter König«. Doch der Ehrgeiz König Humberts lag auf dem Gebiet der Außenpolitik. Dies hatte er mit sei-

Dieses Bild von Tetar van Elven zeigt Viktor Emanuel II. bei einer Parlamentssitzung in Turin. Viktor Emanuel war ein begabter Politiker, der seinen Namen für die Einheit Italiens einsetzte, an deren Herstellung er maßgeblich beteiligt war.

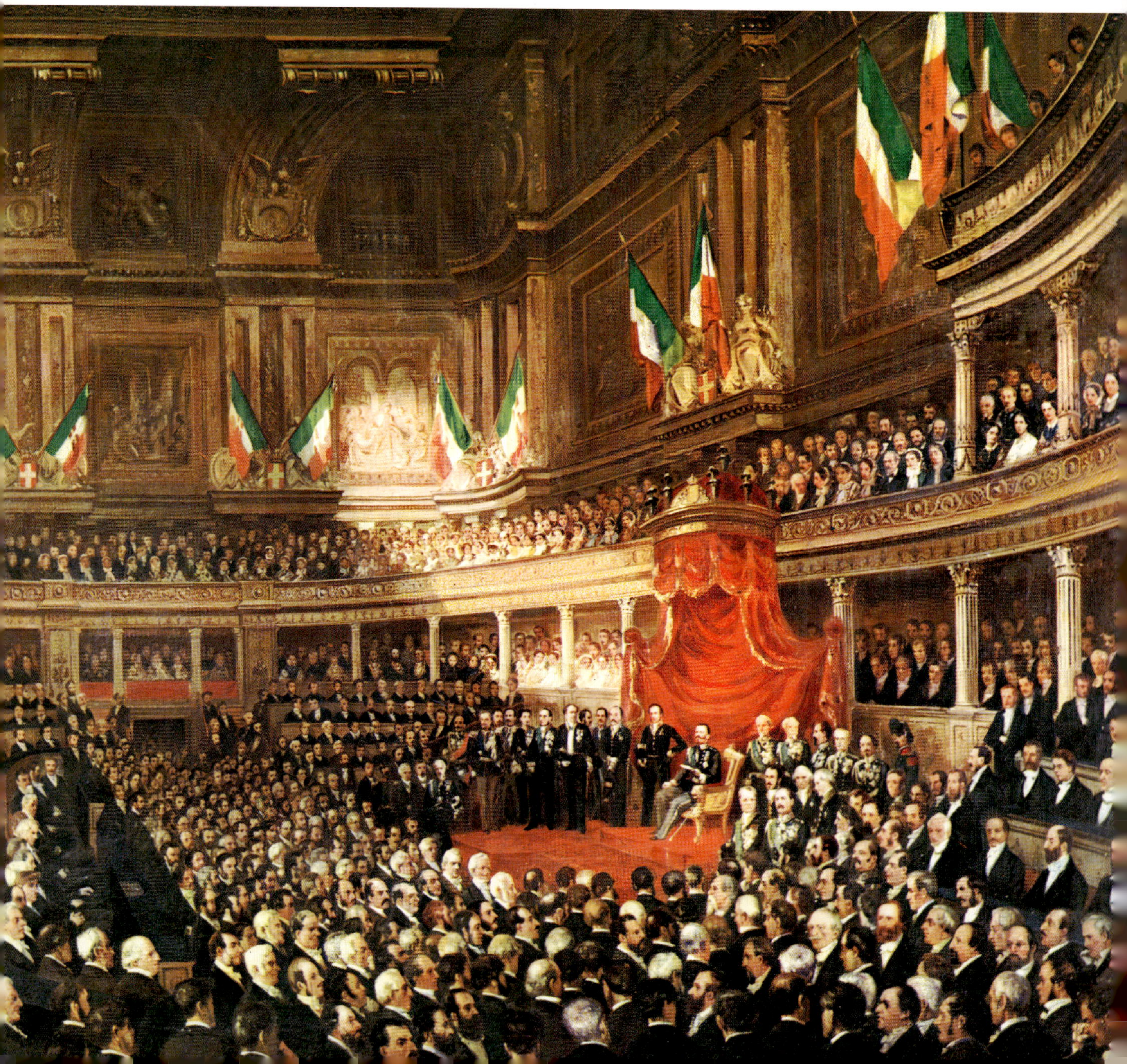

nem Vater gemeinsam. Er strebte eine Politik nationaler Größe an und trachtete danach, von der Verzichtformel der »sauberen Hände« loszukommen. 1882 schloß Italien den Dreibund-Vertrag mit Deutschland und Österreich. Dieser Vertrag war eine Antwort auf den französischen Imperialismus (Tunesienfrage) und führte Italien aus seiner Isolierung heraus. Aber für Humbert und Margherita, die die Regierung ständig in dieser Richtung beeinflußt hatten, war es nur ein Vertrag zwischen gekrönten Häuptern, der dazu diente, ihre Herzenswünsche zu erfüllen: Erstens den Wunsch nach dem Aufbau einer monarchischen Barriere quer durch Europa, eine Art »Internationale« gegen die »große Bestie« (Anarchisten und Republikaner, und nicht zu vergessen, der »schlaue Fuchs« aus dem Vatikan, der immer noch auf der Lauer lag ...). Zweitens waren sie bestrebt, eine Rechtfertigung für die Heraufsetzung der Militärausgaben (1882: 72 Mill.; 1895: 326 Mill.) und den Ausbau der Armee zu finden. Sie wollten damit drittens über ein Instrument verfügen, mit dem die Ordnung im Inneren, gegen die »Subversiven« aufrechterhalten werden konnte. Viertens schließlich sollte die Expansionspolitik gefördert werden. Humbert umhegte die Armee, wie er nur konnte: Er fehlte bei keiner Parade und bei keinem Manöver und kämpfte mit unvermuteter Verbissenheit gegen jeden Vorschlag an, der einer Ausgabenkürzung das Wort redete. Die Heeresminister wählte er persönlich aus.
Um den Dreibund unter Dach und Fach zu bringen, begab sich Humbert 1881 nach Wien (dieser Besuch wurde übrigens niemals erwidert). Er war zum Obersten des 28. Infanterieregiments Von Benedek ernannt worden – ein Regiment, das bei Novara und Custozza gegen Italien gekämpft hatte. Humbert genierte sich nicht, beim Festmahl und beim Hofkonzert diese Uniform zu tragen – damit verhöhnte er ganz offen die Erinnerung an das Risorgimento. Von diesem Zeitpunkt an wurde der Irredentismus ein Problem. Als der Republikaner Oberdan auf das Schafott stieg, schrieb man an die Wände: »Nieder mit dem österreichischen Oberst!« Damit wurde der Weg für die antihabsburgische Politik versperrt. Es erhob sich die Frage, wo man nunmehr Ruhm ernten konnte. Da bot sich Afrika an, und Humbert behagten die Träumereien Crispis; er ließ bereits Taler prägen, auf denen er, Humbert, als Kaiser von Abessinien abgebildet war. Doch am 1. März 1896 kam es bei Adua zu einer Niederlage. Diesen Prestigeverlust sollten die Feierlichkeiten zur Hochzeit des Thronfolgers, im Oktober desselben Jahres, wieder wettmachen – doch dieser Versuch war vergeblich. »Keine Feste«, schrieb Carducci, »denn Schmach und Schande dauern an.«
In der Hauptstadt ließ man Respekt vermissen, wenn die Rede auf den König kam. Es hieß, jaja, der König sei »gut«, aber ... zu gar nichts fähig; er sei ein »Großkopfeter«, ein »König Schlappschwanz«. Seine engsten Mitarbeiter mißtrauten ihm, weil er ihrer Meinung nach wankelmütig und ein »Sieb« war. In den republikanischen Gazetten diskutierte man respektlos über die Zivilliste, d. h. über die Beträge, die die Staatskasse ihm und seiner Familie alljährlich zur Deckung ihrer persönlichen Ausgaben zur Verfügung stellte. Seine Zivilliste gehörte zu den höchsten in Europa. Am 22. April 1897 unternahm der Schmied Pietro Acciarito den gleichen Attentatsversuch wie seinerzeit Passanante und warf sich in mörderischer Absicht auf König Humbert.
Dem König sah man die Sorgen und das Alter an; er schlief bei Audienzen ein. Senatspräsident Farini

Viktor Emanuel II. empfängt Garibaldi im Quirinal. Es ist positiv zu vermerken, daß der Monarch vor Cavour einsah, wie wichtig eine Übereinkunft mit Garibaldi im entscheidenden Moment des RISORGIMENTO war.

mußte ihm auf die Jagd folgen, damit er überhaupt mit ihm über Politik sprechen konnte. Der König trat immer seltener in Erscheinung und gab dem Klatsch reiche Nahrung: Neben der Litta machte er nun auch der »fatalen Gräfin« Vincenza di Santafiora den Hof. Er wurde auch in Skandale verwickelt. Als beispielsweise die Banca Romana zusammenkrachte, konnte man erfahren, daß eines ihrer waghalsigen Unternehmen der Rettung der Banca Tiberina gegolten hatte. Diese Rettungsaktion war vom Quirinal veranlaßt worden, weil die Litta dort Geld angelegt hatte. Der König war immer noch der festen Meinung, daß eine eiserne Hand vonnöten war und billigte die Verhängung des Belagerungszustandes über Sizilien und Lunigiana. Aus eigenem Antrieb verlieh er 1898 das Kreuz eines Großoffiziers des *Ordine Militare die Savoia* dem General Bava Beccaris, der geglaubt hatte, er könnte die Ehre der Armee wiederherstellen, wenn er auf wehrlose Mailänder Bürger schießen ließ, die gegen den Brotpreis protestierten.
Jetzt spielte Humbert mit dem Gedanken an einen Staatsstreich unter Einhaltung der Legalität, eine »Rückkehr zur Verfassung«. Aber diese Pläne wurden jäh zunichte gemacht: Am 29. Juli 1900 rächte ein aus Amerika zurückgekehrter Anarchist, Gaetano Bresci, in Monza die Toten von Adua und Mailand: Er feuerte seine Pistole auf Humbert ab. Der König hatte an diesem besonders heißen Tag seine Panzerweste nicht angezogen.
Nun bestieg Viktor Emanuel III. (1900–1946) den Thron. Der Wunsch seiner Mutter war, daß er anders als sein Vater werde: ernst, entschlossen – endlich ein gebildeter Savoyer, ein königlicher König! Es wäre ihr lieb gewesen, wenn er schön und kühn wie ein Rit-

ter aus der Renaissancezeit gewesen wäre – dem aber stand sein Äußeres im Wege: Er hatte zu kurze Beine und war von so kleinem Wuchs, daß das Mindestmaß bei der Rekrutierung auf 1,50 m herabgesetzt werden mußte, damit der Befehlshaber an der Spitze der Armee nicht als »untauglich« galt. Seine Erziehung hatte das königliche Elternpaar dem strengen Obersten Osio anvertraut, der Militärattaché in Berlin gewesen war. Osio war ein Bewunderer des preußischen Modells. Resultat seiner Erziehung war, daß der Prinz Fremdsprachen konnte, über Herrscherhäuser und Wappenkunde Bescheid wußte und insbesondere die Militärgeschichte und das Armeereglement kannte. Es mangelte ihm jedoch an Phantasie. Viktor Emanuel III. hatte die strenge Pflichtauffassung eines Beamten und hielt seine Termine peinlich genau ein. Im Umgang mit anderen war er kleinlich. Trotz seiner Unsicherheit legte er oft einen starken Eigensinn an den Tag. Seine Steckenpferde waren das Münzensammeln, das Angeln und die Jagd sowie das Reisen auf seiner Jacht. Im Gegensatz zu seiner Mutter hatte er für Musik nichts übrig – abgesehen von Militärmärschen. Kunst interessierte ihn nicht. Auch für Crispi und seine Afrikaträume konnte er sich nicht erwärmen. Die Deutschen fürchtete und verachtete er. Religiöse Probleme kannte er nicht. Mit der Mutter verband ihn jedoch der Wille, Ansehen und Interessen der Krone zu verteidigen sowie das Mißtrauen gegenüber dem demokratischen System. Die Bildung, die ihm zuteil geworden war, half ihm nicht, die Gesellschaft zu begreifen, die er regieren sollte. Sie hatte weder seine Vorurteile als Piemontese gegenüber dem Mezzogiorno abgebaut noch seine Frauenfeindlichkeit und seinen Antisemitismus. Gegens seinen Willen akzeptierte er seine Funktion als Monarch, die das Schicksal, als einziger Sohn eines Königs geboren zu sein, ihm so unausweichlich aufdrängte. Aber er flüchtete sich in die Intimität seines Privatlebens: 1896 hatte er die Montenegrinerin Elena Petrović geheiratet, eine üppige, ungewöhnlich große Frau. Auch sie war keine königliche Erscheinung, doch eine warmherzige Frau, eine gute Familienmutter, die fest zu ihren einfachen Grundsätzen stand.

Zwar war Montenegro erst seit kurzem ein selbständiges Fürstentum – zudem klein und von geringer Bedeutung –, dennoch freute sich Crispi über eine Heirat, die ihm anscheinend die Möglichkeit eröffnete, Italiens Expansion auf dem Balkan zu betreiben. Diejenigen aber, die eine ehrgeizigere dynastische Politik unterstützt hatten, sprachen von einer »Heirat mit den gedörrten Feigen«. Wilhelm II. nannte Elena »die Tochter des montenegrinischen Viehdiebs«, und Hélène d'Aosta nannte sie »meine Cousine, die Schäferin«. Der Thronfolger war so gekränkt, daß er sich immer mehr zurückzog. Hinzu kam noch, daß er die Verwandten seiner Frau als noch unerträglicher empfand als seine eigenen.

Er wurde gleich nach der Bluttat von Monza König. In seiner Thronrede machte er deutlich, daß sein Vertrauen dem Parlament und der Verfassung gehören werde. Diese schlichten und ungezwungenen Ausführungen waren nach der Krise und den reaktionären Maßnahmen gegen Ende des Jahrhunderts völlig neue Töne. Beim Tode Saraccos übertrug er die Regierung Zanardelli und 1903 Giolitti. Diese beiden waren am Hofe Humberts *die* Schreckgespenster gewesen. Man begann, von »liberaler Monarchie« und dann – unter Hinweis auf die Durchführung des Reformprogramms Giolittis – sogar von »sozialistischer Monarchie« zu sprechen. Zweifellos war dies der beste Abschnitt der Ära Viktor Emanuels III. Giolitti und der König unterhielten freundschaftliche Beziehungen; sie sprachen piemontesisch miteinander und stimmten darin überein, daß der Dreibund jeden extremistischen Anstrich verlieren sollte. Giolitti gab dem König praktisch keine Probleme auf. So verbrachte der König ruhige Tage, teils im Quirinal, teils in der Villa Ada. Bei offiziellen Feierlichkeiten, die im Quirinal abgehalten wurden, war übrigens der

Die Ankunft Viktor Emanuels II. in Venedig nach der Annektierung. Diese Szene hielt der Maler Induno fest. Während seiner letzten Jahre (er starb 1878) hegte Viktor Emanuel den Wunsch, »seine Tage mit einem Sieg zu krönen«.

Pomp, für den der Quirinal zuvor so berühmt gewesen war, stark zurückgedrängt worden. Viktor Emanuel III. arbeitete dort wie ein Beamter in seinem Büro. Seine an der Via Salaria gelegene Residenz Villa Ada trennte eine hohe Mauer von der Außenwelt.
Wenig höfisches Leben, seltene Kontakte mit dem Adel, der damals eine Zeit der wirtschaftlichen und gesellschaftlichen Krise durchlebte, und viel, viel Familienleben. Das Königspaar hatte endlich Nachwuchs bekommen und so die Illusionen der verhaßten d'Aosta-Cousins, der potentiellen Thronerben, zerstört. Im Jahre 1904 kam der erste Sohn, Humbert, zur Welt. Die Eltern erzogen ihre Kinder sehr frei, in der freien Luft des Parkes, bis schließlich die Interessen der Dynastie die Oberhand gewannen. Margherita, die Großmutter, klagte, daß Elena ihren Töchtern beibrachte, wie man strickt, Kissen und Torten macht, aber nicht, wie »man sich als Prinzessinnen zu benehmen hat«. Sie war froh, als ihr Lieblingsenkel Humbert dem Admiral Bonaldi übergeben wurde – einem Erzieher, dessen Kasernenideale an Osio erinnerten.
Die gute Harmonie zwischen dem König und seinem Premierminister endete mit dem Ersten Weltkrieg. Giolitti war Neutralist, der König eindeutiger »Interventist«. Ganz anders seine Mutter: Sie befürchtete in ihrer hellsichtigen reaktionären Denkweise, daß dieser Konflikt den Zusammenbruch der Reiche in Mitteleuropa und damit die weitere Ausbreitung der demokratischen Vorstellungen bewirken werde. Der König war Interventist, weil er die Einheit Italiens vollendet sehen wollte, aber auch, weil er die beiden Kaiser, mit denen er im Dreibund verbunden war,

nicht ausstehen konnte. Um sein Land in den Krieg zu führen, stellte er sich wirklich und wahrhaftig auf die Seite jenes Teils des Pöbels, der von D'Annunzio und Mussolini aufgewiegelt worden war. Er manövrierte so, daß das in seiner Mehrheit neutralistische Parlament für die Intervention stimmte. Hier, in diesem Verstoß gegen die Verfassungsmäßigkeit, sehen viele Historiker den ersten Schritt auf dem Weg, der Italien dann in den Faschismus führen sollte. Während des Krieges wurde der Onkel des Königs, der Herzog von Genua, zum Regenten designiert. Der König befand sich oft inmitten seiner kämpfenden Soldaten und machte Hunderte von Photographien. Die Zeitungen nannten ihn »Soldatenkönig«. Er war es, der sich nach der Niederlage von Caporetta gegenüber den Alliierten durchsetzte und die Truppen zur Verteidigung am Piave und nicht am Po konzentrierte.

Italien erlebte unter Giolitti alles andere als nur eitel Freud und Wonne: Die Wahlmethoden, die die Regierung anwandte, das Erwachen des vierten Standes, das immer größer werdende Elend des Mezzogiorno und die Massen verzweifelter Auswanderer waren Symptome einer Situation, deren Auswirkungen sogar bis in die auswattierten Salons am Hofe drangen. Dreierlei hielt den König in Atem: Erstens die Revolverschüsse, die am 14. März 1912 der junge anarchistische Maurer Antonio D'Alba auf den Wagen der Monarchen abgegeben hatte; dann, zwei Jahre später, die »Rote Woche«, als in den Städten der Emilia und der Romagna die Fahne der Republik gehißt wurde, und schließlich drittens, bei Kriegsende, der Sturz so vieler Throne. Eine Rolle spielte auch die Tatsache, daß man durch die Kriegsjahre an die Aufhebung der verfassungsmäßigen Freiheiten gewöhnt war. Die Arbeiter waren vom Mythos der Russischen Revolution (die »Rote Gefahr«) fasziniert; die heimkehrenden Soldaten forderten die Einhaltung der Versprechungen, die man ihnen gemacht hatte, und die Staatskasse schließlich war seit dem Abenteuer in Libyen und dem großen Krieg völlig leer. Der König gelangte zur Überzeugung, daß die »Regierung mit dem Säbel«, die seinem Vater so zugesagt hatte, so übel gar nicht war ... Nun trat auch seine Neigung zum Faschismus zutage. In der Nacht vom 27. auf den 28. Oktober 1922 weigerte er sich, seine Unterschrift unter das Dekret zur Ausrufung des Belagerungszustandes zu setzen, das ihm der Regierungschef vorgelegt hatte. Er setzte sich ganz bewußt in Gegensatz zur amtierenden Regierung und bahnte einer Minderheit den Weg für

Monza, 29. Juli 1900: Der Anarchist Gaetano Bresci tötet König Humbert I., der wegen der großen Hitze an jenem Tag seine Panzerweste nicht angezogen hatte. Seit Attentate auf ihn versucht worden waren, hatte er es sich zur Gewohnheit gemacht, eine Panzerweste zu tragen.

den »Marsch auf Rom«. Bis zuletzt blieb er in San Rossore, um sich, wie es hieß, auszuruhen. Doch in Wahrheit wollte er nur die Launen seiner Mutter unter Kontrolle halten, die ihre Sympathie für die Schwarzhemden überhaupt nicht verhehlte. Vor allem aber wollte er seinen Cousin d'Aosta nicht aus den Augen lassen, der ihm bei einem möglichen Fehlverhalten die Krone hätte wegschnappen können. In den letzten Stunden war der König sehr aufgeregt und sagte wiederholt zu Facta (in piemontesischem Dialekt): »Der Herzog d'Aosta kommt, der Herzog d'Aosta kommt.« Damit wollte er sagen: er kommt auf den Thron. Und in der Tat, in diesen Tagen befand sich der Herzog in Perugia, dem strategischen Sitz des faschistischen Viererrates.

Schon bald wurde aus der faschistischen Regierung ein Gewaltregime. Es kam zur Matteottikrise (der sozialistische Abgeordnete Matteotti wurde 1924 von Faschisten ermordet); dabei stellte sich der Monarch gegenüber den Appellen der Opposition taub. Nach Beilegung der Krise aber nahm er Mussolini mit nach San Rossore – zur Erholung. Er war überzeugt, daß die alte, nunmehr beiseite gefegte Oberschicht zu nichts taugte und sich nicht mehr erholen konnte. Während der nächsten 20 Jahre traf er in der Regel zweimal wöchentlich in der Villa Ada mit dem Regierungschef zusammen, um seine verfassungsmäßigen Pflichten zu erfüllen: »Er ist ein kluger Kopf«, sagte er über ihn. »Zwar mißtraute der eine dem anderen. Dennoch mochten sie sich auf ihre Weise. Mussolini beneidete Hitler und Franco; denn sie hatten keinen König als Klotz am Bein« (Dino Grandi). Der König seinerseits hatte einen Minderwertigkeitskomplex angesichts des Blicks und der politischen »Phantasie« und der finsteren Miene dieses kämpferischen Romagnolen. Er akzeptierte alles mit Gleichgültigkeit: die Aushöhlung der Verfassung durch die Abschaffung des parlamentarischen Systems, die Auflösung der Parteien und die Aufhebung der Pressefreiheit, die Aufstellung einer Miliz und die Einführung des Großen Faschistischen Rates, den Pakt mit den Deutschen, die er, der König, nicht ausstehen konnte, und schließlich die Kriege. Es ist nicht leicht zu begreifen, warum der König sich so passiv verhielt. Wahrscheinlich genügt es nicht, seine totale Gleichgültigkeit mit den Kronen, die der Faschismus für ihn dazugewann zu erklären (»Kaiser von Äthiopien« und »König von Albanien«; für einen anderen Savoyer, Aimone di Spoleto, gewann er die Krone Kroatiens). Es genügt schon deshalb nicht, weil diese erst im späteren Verlauf der faschistischen Herrschaft erobert wurden. Offensichtlich entsprach ihm das Regime, das dafür sorgte, daß die Züge ihre Fahrpläne einhielten, das Volk an Disziplin gewöhnt wurde und das Land Erfolge für sich verbuchen konnte.

Mussolini bezwang seine alten anarchistischen Gefühle und beschränkte sich privatim auf die Schimpfwörter, die im *Tagebuch* von Galeazzo Ciano mit soviel Fleiß zusammengetragen wurden. Dem König gegenüber verhielt er sich ehrerbietig, auch wenn er ihn in den Schatten drängte, den Viktor Emanuel allerdings ohnehin gern suchte. Ihre Beziehungen gestalteten sich nur dann schwierig, wenn es um die Vorrechte der Krone ging. Zu solchen Spannungen kam es bei vier Gelegenheiten: als der Große Rat die Thronfolge regelte; als das Amt eines Reichsmarschalls eingeführt wurde, das König und Duce auf dieselbe Ebene brachte; als Viktor Emanuel merkte, daß auf der Flagge des eroberten Albanien das Wappen seines Hauses fehlte, und als 1940 der Duce den Oberbefehl über die Streitkräfte forderte und erhielt, obwohl die Verfassung den Oberbefehl dem Monarchen zugewiesen hatte. Man sprach von einer Zweimannregierung, und von außen her gesehen mag diese Bezeichnung zutreffen, denn zur *Marcia reale* (»Königsmarsch«) gesellte sich die *Giovinezza* (Hymne der Faschisten), zur Armee die Miliz, zum Savoyerwappen das Liktorenbündel, zu den Kürassieren die Musketiere, zu dem vom König ernannten Senat die Kammer der *Fasci,* zum Quirinal der Palazzo Venezia; der König grüßte mit der Hand an der Mütze, der Duce streckte seinen Arm zum Gruß aus. Es war so, daß sich der Handlungsspielraum des Duce in dem Maße vergrößerte, in dem der König sich zurückzog. Die Beliebtheit des Monarchen schrumpfte zusammen. Die Leute nannten ihn »Säbelchen«, und im Zweiten Weltkrieg sangen die Soldaten nach der Melodie von »Pippo Pippo« etwa folgendes: »König Viktor weiß es ja nicht, aber, wenn er hier durchkommt, dann lacht die ganze Stadt . . .«

Als Viktor Emanuel gegen Ende des Jahres 1941 Kalabrien und Sizilien besuchte, gingen ihm die Augen auf: Er sah, daß Italien am Rande des Abgrunds stand. Er hatte die Rufe von Anarchisten gehört, hatte aus allernächster Nähe das Chaos und die Armut erleben können. Seinen engsten Vertrauten entwarf er ein pechschwarzes Bild von der Situation, in der das Land steckte. Er wollte, daß die Soldaten den Rückzug aus Rußland antraten, damit sie zur Verteidigung des Vaterlandes zur Verfügung ständen. Als Mussolini nach Salzburg fuhr, um mit Hitler zusammenzutreffen, riet der König ihm, wegen Nizza, Savoyen und Korsika hart zu bleiben. Doch letzten Endes sah er ein, daß ein »Disengagement« unumgänglich war. In diesem Sinne war seit einiger Zeit der Minister des Königshauses Pietro Acquarone aktiv, der mit Ciano und Grandi und seinem Stab, mit alten Antifaschisten, die der König immer noch geringachtete und »Gespenster«, *revenants,* nannte, einen Plan ausheckte. Es war sehr schwierig für Acquarone, den König zum Handeln zu bewegen, ihn aus seiner fatalistischen Haltung herauszureißen.

Am Spätnachmittag des 25. Juli 1943 ging Mussolini zum letzten Male zur Villa Ada, um dem König über die Ergebnisse der Sitzung des Großen Rates zu berichten. Der König blieb jedoch endlich hart und betrachtete Mussolini als entlassen. Am Ausgang traf Mussolini auf Karabinieri, die ihn mit einem Sanitätswagen erwarteten. »Eine Schutzmaßnahme«, sagte der König. Doch die Königin machte ihm Vorwürfe, die Gastfreundschaft der Savoyer ließe sich nicht mit dem Trick der Festnahme in Einklang bringen. – Was sollte jetzt mit Mussolini geschehen? Bis in die allerhöchsten Kreise ging die Versuchung, sich seiner dadurch zu entledigen, daß man ihn bei der Überfahrt zur Insel Ponza ins Meer stieß. Der König verwarf derartige Gedanken: Mussolini könnte sich ja noch als nützlich erweisen. Für ihn war und blieb das faschistische System das beste aller möglichen Systeme – wenn auch möglichst ohne Mussolini. In der Badoglio-Ära lehnte er die Wiedereinrichtung von Parteien rundweg ab. Er widersetzte sich auch einer tiefgreifenden Säuberung, als er merkte, daß eine echte Abrechnung mit der Gewaltherrschaft auch seine eigene Verantwortung bloßlegen würde. In der Nacht des 8. September mußte er mit seiner Familie, Badoglio und einer Gruppe von Generälen der Tiburtina entlang flüchten und sich in Ortona auf der Korvette *Baionetta* nach Brindisi einschiffen.

»Das Italien des Königs«, wo er und seine Regierung

mit Zustimmung der Alliierten weiter ihre Gewalt ausüben konnten, zählte nicht einmal 2 Millionen Einwohner. Auch jetzt konnte Viktor Emanuel noch nicht begreifen, daß die Lage sich radikal verändert hatte. Immer noch verzettelte er sich bei Form- und Prestigeangelegenheiten. Die Gazetten des Salò-Faschismus zeigten ihn in derben Karikaturen; doch die antifaschistischen Parteien und Blätter standen ihnen darin nur wenig nach. Sie attackierten ihn mit unerbittlicher Härte und erhoben die Nichtbereitschaft zur Zusammenarbeit mit ihm, der für Faschismus und Krieg verantwortlich war, zu einer »moralischen Frage« (dieses Problem sollte auch durch Togliattis »Wende« gelöst werden: »Zuerst sollten wir die Nazifaschisten bekämpfen und dann erst an die institutionelle Frage herangehen«). Auch die Monarchisten, Croce, De Nicola und Badoglio, rieten ihm zur Abdankung. Seine Antwort lautete: »Erst, wenn der Krieg vorbei ist.« Schließlich handelten die Alliierten, wie sie es für richtig hielten, ohne auf den König, seinen Willen und seine Wünsche Rücksicht zu nehmen. Sie waren zu der Überzeugung gelangt, daß der alte Herr nur mehr ein Störfaktor sei. Der König wollte seine Befugnisse an seinen in Rom weilenden Sohn abtreten, doch er mußte dies vor der Befreiung der Stadt tun, die er nicht betreten durfte. Aus der Villa von Posillipo, in die er sich zurückgezogen hatte, wurde er bei der Ankunft König Georgs VI. von England in Neapel ausquartiert. Zu den Demütigungen kam noch persönliches Leid hinzu: Seine Tochter Mafalda war in Buchenwald umgekommem; die Königin verlor das Augenlicht. Am 9. Mai 1946 dankte er zugunsten seines Sohnes ab und brach noch am selben Abend nach Ägypten auf, wo ihn König Faruk und Königin Fawzia erwarteten. Er starb am 28. Dezember 1947 in der Villa, die er in Alexandrien gekauft und »Jela« getauft hatte – Jela war die montenegrinische Koseform des Namens seiner Frau Elena.

Beim Tode Viktor Emanuels III. war Italien seit anderthalb Jahren eine Republik. Der letzte König war Humbert II. gewesen, der auf der Flucht nach Ortona hartnäckig versucht hatte, nach Rom zurückzukehren, um dort seine Pflichten als Soldat zu erfüllen. Er rief: »Mein Gott, wie stehe ich denn da?«; doch sein Vater hatte es ihm untersagt.

Er war »in Etappen« König geworden: Am 15. Juni 1944 wurde er Generalstatthalter des Reiches; König im eigentlichen Sinn des Wortes wurde er am 9. Mai 1946, einen Monat nach dem Gründungsreferendum. Bei der hitzigen Polemik, die sich an der Abdankung seines Vaters entzündet hatte, wurde dieser Schritt als letzter Trick Viktor Emanuels III. interpretiert: er habe die Karten, die auf dem Tisch lagen, schnell ausgetauscht und der Wählerschaft ein weniger kompromittiertes Gesicht angeboten. Tatsächlich war Humbert II. weder faschistisch noch deutschfreundlich gesinnt (und die Deutschen ihrerseits mochten ihn auch nicht, weil sie ihn für einen Prahlhans hielten. Himmler hatte über ihn gesagt: »Ein Jahr Dienst bei der Waffen-SS könnte aus dem Jungen irgend etwas Vernünftiges machen«). Er war jedoch streng formalistisch erzogen worden und so an Gehorsam gewöhnt, daß er den Eindruck erweckte, faschistisch oder deutschfreundlich gesinnt zu sein ... Während des Krieges war er Inspekteur der Streitkräfte an der Ostfront, dann an der Mitte-Südfront gewesen.

Humbert, ein liebenswürdiger, hochgewachsener, gut aussehender Mann, erweckte Erinnerungen an seinen Vorfahren Karl Albert von Savoyen, der auch religiösen Eifer mit Erotismus vermengt und sich immer »zwischen einem Heiligtum und einem Alkoven« befunden hatte (Domenico Bartoli). In der äußerst kurzen Zeit, die ihm auf dem Thron vergönnt war, lieferte der »Maikönig« Beweise für seine Ausdauer, seinen guten Willen, für seine Würde. Dabei widerlegte er den Eindruck eines eitlen Gecks, den er in seinen jungen Jahren abgegeben hatte. Er bemühte sich, für seine Familie um Sympathien zu werben, doch die Ausgangssituation dafür war sehr schlecht. Als er im Juni 1944 die Feierlichkeiten zu Ehren der Märtyrer der ardeatinischen Höhlen leitete, wurde er ausgepfiffen und beinahe angepöbelt. Er wußte, daß die Schlacht um den Volksentscheid aussichtslos war, und dennoch tat er bis zuletzt seine Pflicht. Er zeigte sich oft in der Öffentlichkeit, inspizierte die Truppen, belebte den Quirinal aufs neue. Seine Gemahlin, Maria José von Belgien, ließ sich nicht anmerken, daß ihre Ehe zerrüttet war und half ihm, den Italienern das Bild einer intakten Familie zu präsentieren.

Das Referendum vom 2. Juni 1946 setzte der Herrschaft der Savoyer ein Ende: Ungefähr 13 Millionen stimmten für die Republik, 11 Millionen für die Monarchie. Humbert saß zwischen zwei Stühlen. Da war zum einen die Regierung De Gasperi, die die Sache damit für erledigt betrachtete; auf der anderen Seite aber gab es seine Berater, die auf dem Ausdruck »abstimmende Wählerschaft« herumritten. Hätte man die leeren und ungültigen Wahlzettel mitgerechnet, hätte die Republik nicht mehr die Mehrheit der Stimmen gehabt. Er, der König, wollte in der aufgeladenen Atmosphäre jener Tage nicht auf seine Befugnisse verzichten und erst das Urteil des Kassationshofes abwarten. Es kam zu Auseinandersetzungen mit der Regierung, und es gelang ihm kein guter Abtritt von der Bühne – ja, in einer Proklamation sprach er sogar von einer »Mißachtung der Gesetze«. Es muß allerdings gesagt werden, daß er den Rat von Extremisten ausschlug, das Mandat an das Kabinett zu widerrufen, die Befugnisse an den Minister des Königshauses zu übertragen und sich nach Neapel zurückzuziehen (der Süden hatte nämlich für die Monarchie gestimmt ...), um von dort die Situation besser kontrollieren zu können. »Ich möchte keinen blutbefleckten Thron«, sagte Humbert. Am 13. Juni um 16 Uhr bestieg er das Flugzeug, das ihn nach Portugal zu seiner Familie bringen sollte. Er lebt heute in Cascais.

Viktor Emanuel III. mit Minister Salandra 1915 bei den Truppen an der Front. Die Zeichnung stammt von Betrame. Viktor Emanuel III. hatte im Jahre 1900 den Thron bestiegen; als er im Exil starb, war Italien seit eineinhalb Jahren eine Republik.

Intermezzo III

Die Rolle der Königinnen

Es gibt nur wenige Königinnen, die ihren Staat regierten, ohne dabei auf die Rolle einer Ehefrau und Begleiterin des Monarchen beschränkt zu sein. Wenn man bei den Herrscherhäusern bleibt, die in diesem Buch Berücksichtigung finden, dann handelt es sich um nur 14 Monarchinnen, auf die dies zutrifft: fünf von ihnen trugen die Krone Englands, vier gehören zum Hause Romanow. Die übrigen fünf Königinnen verteilen sich also über all die anderen Dynastien.

Drei der fünf englischen Königinnen folgten einander auf den Thron: 1553 ernannte der sterbende Eduard VI. Tudor Jane Grey zur Thronfolgerin. Doch nach neuntägiger Regierung wurde sie von Maria Tudor, die den Beinamen »die Blutige« trägt, gestürzt. Diese regierte bis 1558. Nach ihr bestieg ihre jüngere Schwester Elisabeth I. den englischen Thron. Sie war die einzige unverheiratete Monarchin in der Geschichte Europas und regierte ihr Land 45 Jahre lang, d. h. bis 1603. – Eine Zeitgenossin Elisabeths I. war Maria Stuart, von 1542 bis 1568 Königin von Schottland. Im Verlauf eines halben Jahrhunderts regierten auf der Britischen Insel also nicht weniger als drei Königinnen. Nach Elisabeth I. mußte man 234 Jahre warten, ehe wieder eine Frau die englische Krone trug: Königin Viktoria, die 1837 den Thron bestieg und ihn bis 1901 innehatte, also 64 Jahre lang. Die fünfte Königin von England ist Elisabeth II., die 1952 gekrönt wurde und 1977 ihr silbernes Thronjubiläum feierte.

Alle vier Zarinnen aus der Dynastie der Romanow regierten im 18. Jahrhundert – ansonsten verbindet sie wenig miteinander. Katharina I. (1725–1727) war eine Bäuerin aus Livland, deren Vorfahren aus Polen stammten (ihr wirklicher Name war Marta Skrawonskaja); sie war die Dienerin und Geliebte Menschikows, eines Freundes Peters des Großen. Ihr gelang es, den Zar in sich verliebt zu machen: Er heiratete sie im Jahre 1712. Als Peter 1724 starb, ergriff sie ungeachtet der Opposition von seiten des Klerus und der Bojaren die Macht. Im Abstand weniger Jahre folgten ihr Anna Iwanowna (1730–1740), Elisabeth (1741–1762) und Katharina II., die sich sehr von ihrer Namensvetterin unterschied: Katharina II. war eine sehr gebildete deutsche Prinzessin, die eine französische Erziehung genossen hatte und mit Voltaire, Diderot und d'Alembert Umgang pflegte. All das hinderte sie jedoch nicht daran, eine Verschwörung gegen ihren Gemahl Peter III. anzuzetteln und ihn wahrscheinlich töten zu lassen.

Eine Zeitgenossin Katharinas II. war eine andere große »aufgeklärte« Monarchin: Maria Theresia von Habsburg (1740–1780), die mit ihrer Thronbesteigung einen europäischen Krieg entfesselte, der acht Jahre dauern sollte und aus dem sie als Siegerin hervorging. – Das Bild vervollständigen die iberischen Königinnen: die zwei Königinnen von Portugal, Maria I. (1777–1792) und Maria II. (1826–1853), und die Spanierin Isabella II. (1833–1868): Ihre Regierungszeit begann mit einem Bürgerkrieg gegen die Karlisten, die Anhänger ihres Onkels Don Carlos, und endete im Jahr 1868, als ein erfolgreicher Aufstand sie zur Flucht nach Frankreich und zur Abdankung zwang.

Das Schicksal der Dynastien

Das 20. Jahrhundert sah eine wahre Katastrophe der herrschenden Häuser: In wenig mehr als einem halben Jahrhundert – zwischen 1910 und 1975 – stürzten zwölf der 18 Dynastien, die in Europa geherrscht hatten. Ihre Krone verloren die Monarchen von Portugal (1910), von Rußland (1917), des Deutschen Reiches und des Reiches von Österreich-Ungarn (1918), von Bayern (1918), von Spanien (1931), Albanien (1939), Bulgarien (1943), Jugoslawien (1945), Italien (1946), Rumänien (1947) und Griechenland (1975). Es überlebten einzig die Monarchien der nordischen Länder: Großbritannien, Dänemark, Schweden, Norwegen, Belgien und Holland. Zu ihnen gesellte sich die neu errichtete spanische Monarchie.

Nicht weniger als neun der zwölf gestürzten Dynastien wurden vom Wirbel der beiden Weltkriege fortgespült: Im Ersten Weltkrieg fielen die jahrhundertealten Häuser Romanow, Hohenzollern und Habsburg-Österreich. Mit dem Ersten Weltkrieg endete auch die über sieben Jahrhunderte dauernde Herrschaft der Wittelsbacher. Der Zweite Weltkrieg fegte das Haus Savoyen und die kleinen Balkanmonarchien von der Bühne (am 7. April 1939 besetzten die italienischen Truppen Albanien, und König Ahmed Zogu mußte nach England fliehen; 1940 wurde König Carol II. von Rumänien durch einen faschistischen Putsch unter der Führung Antonescus gestürzt; 1944 und 1945 fielen mit der Einsetzung von Volksregierungen das bulgarische und das jugoslawische Herrscherhaus).

Betrachtet man die »großen« Dynastien, so läßt sich feststellen, daß nicht weniger als sechs in unserem Jahrhundert untergingen (Braganza, Romanow, Hohenzollern, Habsburg-Österreich, Savoyen und das Haus Wittelsbach), weitere vier im letzten Jahrhundert (Bourbonen von Frankreich, Bourbonen von Neapel, Bonaparte und die brasilianische Linie der Familie Braganza) und daß dies fast immer auf dramatische Weise vor sich ging. Anders sieht es allerdings aus, wenn man die fünf vorhergegangenen Jahrhunderte betrachtet: die Anzahl der untergegangenen Dynastien beträgt sechs (Kapetinger, Valois, Tudor, Habsburg-Spanien, Stuart und zeitweilig die französischen Bourbonen), doch nur ein Herrscherhaus fand ein gewaltsames Ende – die französischen Bourbonen.

Vier Dynastien starben aus: die Kapetinger mit Karl V. im Jahr 1328, die Valois 1589 mit Heinrich III., die Tudor mit Elisabeth I. im Jahr 1603 und die spanische Linie der Habsburger mit Karl II. 1700. – Im Jahr 1328 wurde in Frankreich die Thronfolge friedlich geregelt: Den Platz der Kapetinger nahm die jüngere Linie des Hauses Valois ein. 261 Jahre später, als der letzte Valois, Heinrich III., unter den Dolchstößen Jacques Cléments starb, verlief die Regelung der Thronfolgefrage schon weniger friedlich: Frankreich wurde durch einen furchtbaren Religionskrieg zwischen Hugenotten und Katholiken mit Feuer und Schwert verwüstet. Der Thronanwärter – ein Calvinist – konnte das Reich nur für sich gewinnen, nachdem er seinem Glauben abschwor und sich zum Katholizismus bekehrte. – Der Übergang von den Tudor, die mit der jungfräulichen Königin Elisabeth ausgestorben waren, auf die Stuart, schuf keine unmittelbaren Probleme. Aber der Tod des letzten spanischen Habsburgers, Karls II., löste einen Krieg aus, in den alle Großmächte verwickelt wurden und der länger als ein Jahrzehnt dauerte.

Zwei Dynastien sahen sich gezwungen, die Macht entgegen ihrer Absichten an andere Dynastien abzu-

treten: die Stuart im Jahr 1688 und die französischen Bourbonen 1830. Jakob II. Stuart floh Hals über Kopf zu Ludwig XIV. nach Frankreich, als sein Schwiegersohn Wilhelm von Oranien in England an Land ging. Das Parlament erklärte dann den englischen Thron für vakant und schloß die katholische Linie der Stuart für immer von der Thronfolge aus, indem es die Krone ihrer protestantischen Linie überließ (so sollte die Krone an die Töchter Jakobs I., Maria und Anna, gehen und für den Fall, daß diese ohne Nachkommen blieben, an das Haus Hannover). Am 27. Juli 1830 erhob sich das Volk von Paris gegen Karl X. von Bourbon, der für einen Staatsstreich verantwortlich war: Nach 24 Stunden sah sich der König genötigt, seine Unterdrückungsmaßnahmen zurückzunehmen und zugunsten seines Enkels, des jungen Heinrich, Herzog von Bordeaux, abzudanken. Doch es war bereits zu spät: Die Abgeordnetenkammer und die Kammer der Pairs hatten unter dem Druck der Barrikaden schon das Ende der Bourbonendynastie verkündet und den Herzog von Orléans, Ludwig Philipp, zum Reichsverweser ernannt.
Im Verlauf des 19. Jahrhunderts wurde das Schicksal eines Monarchen in drei Fällen durch einen Krieg entschieden: 1815, 1860 und 1870. Das Schicksal wollte es, daß die Bonaparte den Thron zweimal nach einer vernichtenden Niederlage verloren: 1815 nach Waterloo und 1870 nach Sedan. Zehn Jahre zuvor, im Jahr 1860, waren es die Bourbonen von Neapel, die einen ruinösen Feldzug mit dem Verlust des Thrones bezahlten: Die Armee der Bourbonen war von den Freischärlern Garibaldis besiegt worden.
Drei Dynastien wurden von den drei großen europäischen Revolutionen der Neuzeit überrollt: 1649 die Stuart durch die Revolution Oliver Cromwells; die Bourbonen in Frankreich 1792 durch die Französische Revolution und die Romanow durch die Russische Revolution im Jahre 1917. Die Stuart und die Bourbonen gaben die Macht nur zeitweilig aus den Händen, aber die Könige Karl I. (von England, 1649) und Ludwig XVI. (von Frankreich, 1793) ließen dabei ihr Leben. Nikolaus II., der letzte Zar, wurde, nachdem er die Abdankungsurkunde für sich und den Zarewitsch Alexej am 15. März 1917 unterschrieben hatte, nach Sibirien geschickt und am 16. Juli 1918 zusammen mit der ganzen Familie auf Befehl der örtlichen Sowjet in Jekaterinburg hingerichtet.
In der ersten Hälfte des 20. Jahrhunderts stürzten fünf Dynastien und wichen der Republik: Die Braganza verloren im Abstand nur weniger Jahre die Kronen von Brasilien und von Portugal. 1889 wurde Peter II., der Kaiser von Brasilien, durch eine Revolte zu Fall gebracht. 1910 wurde Emanuel II. von den republikanischen und antiklerikalen Kräften vom Thron gejagt. Die militärische Niederlage des Jahres 1918 löste den Zusammenbruch des Hauses Habsburg-Österreich und des Hauses Hohenzollern aus: Nach dem letzten Angriff der Italiener im Oktober 1918 zerfiel das österreichisch-ungarische Reich. Vergeblich bemühte sich der junge Kaiser Karl I. am 18. Oktober, seine Gebiete in ein föderatives Reich umzubilden: Die Macht des Hauses Habsburg erlosch zwischen dem 29. und 31. Oktober 1918, als Jugoslawien, die Tschechoslowakei, Österreich und Ungarn sich als selbständige Staaten konstituierten. Drei Tage später stürzte Kaiser Wilhelm II. Am 3. November meuterte die Besatzung der deutschen Hochseeflotte in Kiel. In der Nacht vom 7. auf den 8. November rief in München der Sozialist Kurt Eisner die sozialistische Republik Bayern aus; am 9. November dehnte sich die Revolution bis nach Berlin aus, und am 11. floh Wilhelm II. nach Holland, nachdem er vergeblich versucht hatte, wenigstens die Krone von Preußen zu halten. – Die spanischen Bourbonen verloren ihren Thron im Jahre 1931: Als die republikanischen Parteien aus den Kommunalwahlen siegreich hervorgingen, vollzog sich die Übergabe der Macht an die republikanische Regierung auf friedlichem Wege. Acht Jahre später, nach dem Ende des blutigen Bürgerkrieges, setzte Francisco Franco die Monarchie formell wieder ein. Doch erst 1975, nach seinem Tode, bestieg Juan Carlos, der Enkel König Alfons' XIII., den spanischen Thron. – Für das Haus Savoyen kam das Ende am 2. Juni 1946, nachdem das italienische Volk über das Schicksal des Landes entschieden und in seiner Mehrheit für die Republik gestimmt hatte.

Addierte Majestäten

Die Habsburger sind nicht nur die »längste« Dynastie in der Geschichte Europas, sie können sich auch der höchsten Anzahl von gekrönten Häuptern rühmen: sechsundzwanzig – davon zweiundzwanzig Kaiser; vier Monarchen gehörten zum spanischen Zweig der Familie. Keine andere Herscherfamilie kann mehr als zwanzig Monarchen nachweisen: Bei den Romanow gab es achtzehn Zaren; die Braganza und die Kapetinger stellten je fünfzehn Könige, die Plantagenet vierzehn, die Valois dreizehn, das Haus Savoyen zwölf, die Familie Hannover-Windsor elf, die Stuart und die spanischen Bourbonen je zehn, die Hohenzollern neun, die französischen Bourbonen sieben, die Tudor sechs, die Bonaparte fünf und schließlich die Bourbonen von Neapel und die Hohenstaufen nur je vier Monarchen.
Errechnet man anhand der Lebensdauer jeder Dynastie und der Anzahl ihrer jeweiligen Monarchen die durchschnittliche Dauer der Regentschaft eines einzelnen Monarchen, dann erweisen sich die Mitglieder des französischen Zweiges der Familie Bourbon als die »zählebigsten«: pro Kopf 31 Regierungsjahre, dicht gefolgt von den Stuart (30 Jahre und 6 Monate) und, in größerem Abstand, von den Habsburgern (26 Jahre und 7 Monate). – Für viele Dynastien sind die Werte überraschend einheitlich: 22 Jahre und 3 Monate durchschnittliche Regentschaftsdauer für die Braganza, 22 Jahre und 8 Monate für die Kapetinger, 23 Jahre und 7 Monate für die Plantagenet, 20 Jahre für die Valois, 23 Jahre und 10 Monate für das Haus Hannover-Windsor, je 23 Jahre für die spanischen Bourbonen, die neapolitanischen Bourbonen und die Hohenstaufen, 19 Jahre und 6 Monate für das Haus Savoyen und 19 Jahre für die Tudor. – Vergleichsweise kurz ist die durchschnittliche Regentschaftsdauer bei den Romanow (16 Jahre und 10 Monate) und sehr kurz im Fall der Hohenzollern (13 Jahre) und der Bonaparte (nur elf Jahre).

Das Haus Hannover-Windsor

Die derzeitige Königin von England stammt aus einem mit den Stuart verwandten Fürstenhaus, dem die Krone durch ein vom Parlament erlassenes Gesetz zugesprochen wurde.

Es fällt schwer, sich einen Menschen mit einem unsympathischeren Äußeren vorzustellen, als König Georg I. von Großbritannien (1714–1727). Im Alter von dreiundfünfzig Jahren bestieg er den Thron; er war von kleinem Wuchs, untersetzt, besaß eine blasse Hautfarbe, hervorquellende Augen und ein eckiges Kinn. Sein Auftreten machte ihn kaum anziehender: Er war schüchtern und unbeholfen, gleichzeitig vermittelte er den Eindruck eines groben, ungeschliffenen, phantasielosen Menschen. Keinesfalls besaß er die Lebensart seiner Vorgänger aus dem Hause Stuart. Doch gerade seine verwandtschaftliche Beziehung zu den Stuart brachte ihn auf den britischen Thron. Seine Mutter Sophia, die Frau des Kurfürsten von Hannover, war die Urenkelin von König Jakob I. bzw. Jakob VI. Als das Parlament einen Beschluß zur Regelung der Nachfolge faßte, nach der die Katholiken vom britischen Thron ferngehalten werden sollten, ging die Thronfolge auf die protestantische Prinzessin Sophia und ihre Kinder über. 1714 wurde nach dem Tod der Kurfürstin Sophia und des letzten Monarchen aus dem Hause Stuart, der kinderlos gebliebenen Königin Anne, Sophias Sohn Georg König von Großbritannien. Am 30. September betrat er englischen Boden, um sein Erbe anzutreten.

Neben seiner unvorteilhaften äußeren Erscheinung brachte er eine Fülle belastender Affären aus seiner Vergangenheit mit. Sein unmenschliches Verhalten gegenüber seiner hübschen, leichtfertigen Frau, Sophia Dorothea von Celle, war allgemein bekannt. Nachdem er ihren Liebhaber losgeworden war (Gerüchten zufolge war er ermordet worden), trennte er sich von ihr, untersagte ihr, ihre Kinder zu besuchen, und setzte sie in den darauffolgenden Jahren auf Schloß Ahlden fest. Als Ersatz für sie brachte er nicht eine, sondern zwei deutsche Mätressen mit, die beide grundhäßlich waren: Ehrengard von Schulenberg war dünn wie eine Bohnenstange, Charlotte Kelmanns fett wie ein Schwein. Erstere machte er zur Herzogin von Kendel, letztere zur Gräfin von Darlington. Seine Untertanen ließen sich jedoch von diesen Titeln wenig beeindrucken und nannten diese habgierigen Damen »Maibaum« und »Elephant and Castle«.

Das übrige Gefolge des Königs war kaum sympathischer. Wie seine alternden Mätressen beschäftigte es sich hauptsächlich damit, sich finanziell zu bereichern. (»Pah!« soll der König einem hannoverschen Diener gegenüber gesagt haben, der sich bei ihm wegen der Diebereien am britischen Königshof beklagt hatte, »das ist doch nur englisches Geld – stiehl doch auch wie die anderen!«) Diese Geldgier und der Widerwille des Königs, seinen repräsentativen Pflichten nachzukommen, machten den britischen Königshof zu dem ödesten und am wenigsten kultivierten Europas. Die sehr gespannte Beziehung des Monarchen zu seinem Sohn und Erben, dem Prinzen von Wales, verschlechterte noch die Atmosphäre in der königlichen Residenz. Vater und Sohn sprachen lange Zeit nicht miteinander. Diese Art des Verhältnisses wiederholte sich nahezu bei sämtlichen hannoverschen Herrschern und ihren Nachfolgern. Zweifelsohne zog der König das Leben in seiner Heimat Hannover (deren Kurfürst er weiterhin blieb) der Aufgabe, das Britische Reich zu regieren, vor. Wann immer es ihm möglich war, besuchte er Hannover, und obwohl er die englische Sprache etwas beherrschte, sprach er am liebsten deutsch. Angesichts dieser Tatsachen vermag man sich kaum vorzustellen, daß ein weniger erfolgreicher Gründer einer Dynastie hätte gefunden werden können.

Trotzdem wurde Georg I. der Begründer einer Dynastie. Die Tatsache, daß sie sich als eine der beständigsten in Europa erwies, ist zum großen Teil auf die allgemein unterschätzten Fähigkeiten dieses Königs zurückzuführen. Denn Georg I. war kein Dummkopf. Er mag zwar immer noch mit Hannover verbunden

Der Blaue Salon im Buckingham Palace zu London. Die heutige Residenz der englischen Monarchen wurde von Georg III. von Hannover 1762 erworben und von John Nash im neoklassizistischen Stil umgebaut.

Georg I. von Großbritannien. Der Kurfürst von Hannover, Sohn einer Enkelin Jakobs I. Stuart, erhielt den englischen Thron 1714 kraft des SETTLEMENT ACT aus dem Jahre 1701, der Katholiken von der Thronfolge ausschloß.

gewesen sein, doch sein Interesse an der britischen Politik war sehr groß. Auch in seinem Wesen mag er zwar recht unbeholfen gewirkt haben, doch er war ein vollendeter Diplomat. Ebenso mag er zwar wenig Kultur besessen haben, dennoch war er ein ausgezeichneter Kenner der Musik. Er war schlau, ausdauernd und in der Außenpolitik bewandert; die Politik des Königreiches gestaltete er aktiv mit. Während seiner Regierungszeit wurde der schwierige Ausgleich zwischen der Autorität der Krone und den Rechten des Parlaments geschaffen. Gerade die Tatsache, daß Georg I. den Thron kraft Parlamentsbeschlusses bestiegen hatte, stärkte, wenn auch nicht seine Position selber, so doch die Monarchie. Und indem er einem Minister, dem »Premier« (in seinem Falle Sir Horace Walpole), die Funktion übertrug, die Verbindung zwischen der Krone und dem Abgeordnetenhaus herzustellen, schuf er, wenn auch nicht absichtlich, die Grundlage für das erfolgreiche britische System der konstitutionellen Monarchie. Er starb, ziemlich plötzlich, am 2. Juni 1727 auf einer Reise in sein geliebtes Hannover an einer Gehirnblutung. Seine britischen Untertanen bedauerten sein Dahinscheiden so wenig, daß sie ihn in Osnabrück begraben ließen, wo er siebenundsechzig Jahre zuvor geboren worden war. Er ruht bis heute in Hannover, seine Nachkommen aber regieren immer noch in England.
»Das«, rief der neue König aus, als er vom Tod seines Vaters erfuhr, »ist eine große Lüge!« Mit anderen Worten, er konnte sein Glück nicht glauben. Er war den Elternteil losgeworden, den er haßte, und zugleich war er zum König ausgerufen worden. Die Jahre der Auseinandersetzung zwischen dem öden Hof seines Vaters, St. James, und dem Leicester House, in dem der Prinz auf großem Fuß lebte, waren vorbei: Im Alter von 44 Jahren trat Georg Augustus sein Erbe an. Es unterschied sich jedoch kaum von dem seines Vaters. Das Äußere von Georg II. (1727–1760) war ebensowenig anziehend: er war fett, besaß hervorquellende Augen und eine große Nase. Sein Benehmen war kaum feiner: auch er wirkte unbeholfen, geriet leicht in Zorn und war starrköpfig. Der König war nicht sehr intelligent und hatte kaum Lebenserfahrung. Im Laufe seiner Regierungszeit wandte er sich immer mehr den nebensächlichen Aufgaben seiner herausragenden Stellung zu: So kümmerte er sich höchstpersönlich um Pünktlichkeit, Fragen des Stammbaumes, Uniformen, Orden und Hofetikette. Das Leben am Hof war jedoch kaum weniger langweilig als zu der Zeit, da sein Vater noch Herrscher war. Obwohl er besser englisch sprach, teilte er mit Georg I. die Liebe zu Hannover und besuchte es fast ebenso häufig.
Anders verhielt er sich in bezug auf seine Gemahlin. Karoline von Ansbach, die Ehegefährtin Georgs II., war eine sinnenfreudige, temperamentvolle und intelligente Frau, die sich sehr für Politik interessierte. Königin Karoline ignorierte die vielen Seitensprünge ihres Ehemanns (er besaß den üblichen starken sexuellen Appetit der hannoverschen Herrscher) und versuchte ihn in seinen politischen Entscheidungen zu

Georg II. hatte wie auch sein Vater eine Vorliebe für Hannover. Er war sich seiner Unzulänglichkeiten bewußt und ließ sich von der Königin Karoline von Ansbach und seinen Ministern, u. a. dem berühmten Walpole, beeinflussen.

Dieses Porträt Georgs III. stammt von A. Ramsay. Er war der erste ganz und gar britische Monarch aus dem Hause Hannover. Nach einem halben Jahrhundert auf dem englischen Thron hielt man ihn für wahnsinnig. Doch er litt, wie man erst später herausfand, an Porphyrie.

beeinflussen. So sicherte sich zum Beispiel der König auf ihren Rat hin die Dienste des Premiers seines verstorbenen Vaters, Sir Horace Walpole. Georg II. schätzte seine lebhafte Frau sehr; als sie 1737 starb, behauptete er, niemanden gekannt zu haben, der würdig gewesen wäre, »ihre Schuhe zu binden«.

In einem Punkt jedoch glich Georg II. wieder ganz seinem Vater: Auch er haßte seinen ältesten Sohn, Frederick Louis, den Prinzen von Wales. Allerdings war die Härte der Auseinandersetzung zwischen Georg II. und seinem Sohn nicht zu vergleichen mit der zwischen Georg II. und seinem Vater. Eltern und Kind standen sich in der Schärfe der gegenseitigen Äußerungen in nichts nach. »Seht, da geht er«, rief die Königin einmal, als sie ihren ältesten Sohn erblickte. »Dieser elende Wicht! Dieser Lump! Ich wünschte, der Grund unter seinen Füßen würde sich auftun und dieses Ungeheuer würde bis zur tiefsten Hölle hinabsinken!« Und als die Königin vor ihrem Tode krank wurde, war der Prinz anscheinend nur daran interes-

Königin Charlotte von Mecklenburg-Strelitz, die Gemahlin Georgs III., mit ihren zwei Söhnen. Im Gegensatz zu seinem Vater und seinem Großvater war der dritte Hannoveraner ein treuer Ehemann und hatte 15 Kinder mit seiner Frau.

siert zu erfahren, ob es mit ihr zu Ende gehen würde. Doch Georg II. erlebte die Genugtuung, daß sein ihm verhaßter Sohn vor ihm starb. Als der Prinz von Wales 1751 das Zeitliche segnete, hatte sein Vater noch neun Jahre zu leben.

Trotz all seiner Unzulänglichkeiten waren König Georg II. einige Erfolge beschieden. So bewahrte er in Momenten der Gefahr um sein Leben kühles Blut und führte 1743 in der Schlacht von Dettingen eine Armee verbündeter Soldaten zum Sieg über die Franzosen. Zwei Jahre später, als sein Gegner aus dem Hause Stuart, der romantisch veranlagte Junge Thronanwärter, nach Britannien kam, zeigte König Georg II. eine bemerkenswerte Gelassenheit. Auch an der Innen- und Außenpolitik bekundete er ein lebhaftes Interesse. Doch waren es letztlich die Schwächen Georgs II., die sich als seine Stärken erwiesen. Er war sich seiner Unzulänglichkeiten bewußt und ließ sich deshalb von den beiden versierten Politikern, der Königin und Walpole, beraten. Als ihr Einfluß nicht mehr gegeben war – die Königin starb, Walpole zog sich von der Politik zurück –, überließ der König seinen Ministern die eigentliche Verantwortung. Auf diese Weise, und vielleicht nur ungern, aber ohne daß er etwas daran hätte ändern können, blieb durch ihn das Verhältnis zwischen Krone und Parlament ausgewogen. Seine dreiunddreißig Jahre währende Regierungszeit endete in einem Triumph und einer Farce zugleich: Am 25. Oktober 1760, ausgerechnet, als den Briten im Ausland große militärische Erfolge gelangen, starb Georg II. an einem Herzanfall, als er auf der Toilette saß.

Mit der Thronbesteigung von Georg III. (1760–1820) bekam Großbritannien seinen ersten – und letzten – hannoverschen König, der wirkliches Ansehen genoß. Er war der erste eigentliche britische König aus dem Hause Hannover. Anders als sein Urgroßvater Georg I. oder sein Großvater Georg II. hatte Georg III. keine Beziehung zu Hannover, ja er besuchte es nicht ein einziges Mal. Mit ihm wurde die hannoversche Dynastie in Britannien heimisch. Doch sein Aussehen war ebenso deutsch wie das seiner Vorgänger. Als er 1760

Zar Alexander I. mit dem Prinzregenten (dem späteren Georg IV.) in Petworth House 1814. Georg IV., der nach eigenem Eingeständnis »Frauen und Wein zu sehr liebte«, regierte nur zehn Jahre lang.

im Alter von zweiundzwanzig Jahren den Thron bestieg, besaß er eine rosige Hautfarbe, blonde Haare und die hervorquellenden Augen seiner Familie. Doch damit hörte die Ähnlichkeit auch schon auf. Anders als Georg I. und Georg II. war er ein rechtschaffener, ehrenhafter, kultivierter, gutmütiger Mann. Seine besondere Liebe galt der Landwirtschaft; allen Neuerungen auf diesem Gebiet war er aufgeschlossen. Sein Spitzname »Farmer Georg« war ein Kompliment und ein Zeichen der Zuneigung zugleich, die ihm das Volk entgegenbrachte. Er mag vielleicht nicht besonders intelligent oder weitsichtig gewesen sein, auch konnte er starrköpfig werden, doch handelte er immer ohne böse Hintergedanken. Die Familie bedeutete ihm viel. Er war erst zwölf Jahre alt, als sein Vater – der Sohn Georgs II., Frederick, der von seinem Vater so sehr gehaßt wurde – starb; so vertiefte sich seine Bindung zu seiner Mutter, Prinzessin Auguste von Sachsen-Gotha. Ein Jahr nach seiner Thronbesteigung heiratete er – allein aus Gründen der Staatsräson – die Prinzessin Charlotte von Mecklenburg-Strelitz. In dieser zierlichen, wenig attraktiven, doch willensstarken Frau hatte Georg III. den für ihn vollkommenen Ehepartner gefunden. Die Ehe, die mehr als ein halbes Jahrhundert hielt, war außerordentlich harmonisch. Georg III. war ein treuer Ehegatte, und Königin Charlotte gebar ihm nicht weniger als 15 Kinder. Doch auch diese glückliche Ehe konnte die Feindschaft zwischen König und Erben nicht verhindern. Es dauerte nicht lange, da hatte sich der Prinz von Wales (der zukünftige König Georg IV.) den Zorn seines Vaters zugezogen, weil er andere politische Ansichten als der König vertrat und Taktlosigkeiten beging. Nicht nur er, sondern alle Söhne dieses prüden Vaters machten Schulden und hielten sich Mätressen.

Neben diesen privaten Problemen hatte der König politische Veränderungen zu bewältigen. Während seiner sechzig Jahre andauernden Regierungszeit, in der sich Britannien von einem Agrarland zu einer Industrienation zu wandeln begann, erlebte er schwerwiegende religiöse Auseinandersetzungen, den Verlust der amerikanischen Kolonien, die Schaffung eines Imperiums, den lange anhaltenden Kampf gegen das aufrührerische und anschließend napoleonische Frankreich und die Entstehung eines fester gefügten Parteiensystems. Der rechtschaffene Monarch war bei diesen Problemen oft überfordert, doch er wich ihnen nie aus. Insgesamt gesehen vermehrte er in starkem Maße das Ansehen der Krone.

Im Jahre 1788, im Alter von fünfzig Jahren, begann der König ein seltsames Benehmen an den Tag zu legen. Man erzählte sogar, daß er einmal dabei beobachtet worden sei, wie er mit einem Baum sprach, im Glauben, dieser sei der König von Preußen. Es lag daher nahe, anzunehmen, er sei verrückt geworden. Der König wurde sechs Monate lang eingeschlossen und mußte sich höchst barbarischer Behandlungsmethoden unterziehen. Im Frühling des darauffolgenden Jahres hatte er sich wieder erholt. In den nächsten Jahren erlitt er jedoch einige Rückfälle. Vom Jahr 1810 ab wurde er für völlig geisteskrank gehalten und sein ältester Sohn zum Regenten ausgerufen. Während der letzten Jahre seines Lebens streifte Georg III. – blind, bärtig und offenbar geistig umnachtet – ziellos durch die Räume einer für ihn auf Schloß Windsor eingerichteten Wohnung. Nach Ansicht der medizinischen Forschung des zwanzigsten Jahrhunderts litt er an einer Krankheit, die unter dem Namen Porphyrie bekannt ist: einer Vergiftung des Nervensystems, hervorgerufen durch zu viele rote Pigmente im Blut. Georg III. starb am 29. Januar 1820 im Alter von einundachtzig Jahren. Der Nachwelt ist Georg III. als der »verrückte König« bekannt, der die amerikanischen Kolonien Großbritanniens verlor; zu seinen Lebzeiten jedoch wurde er wegen seiner rauhen Gutmütigkeit, Aufrichtigkeit und Anständigkeit von allen sehr geliebt.

Wenn Georg III. der beste hannoversche König war, so muß man zweifelsohne seinen Sohn Georg IV. (1820–1830) als den schlechtesten bezeichnen. Als er 1811 im Alter von achtundvierzig Jahren zum Prinzregenten ausgerufen wurde, war er bereits der rohe, vulgäre, zügellose Mensch, der er auch für den Rest seines Lebens blieb. Ein jugendliches Eingeständnis, daß er »Frauen und Wein zu sehr liebte«, bewahrhei-

tete sich nur zu deutlich. Nicht nur der Wein, sondern auch Schnaps und riesige Festgelage zerstörten sein gutes Aussehen und seine wohlgeformte Figur. Ebenso maßlos war er in seinem Liebesleben. Zwei Affären, eine mit Perdita Robinson und eine andere mit Lady Melbourne, wurden von einer Art heimlicher Heirat mit Maria Fitzherbert, einer Katholikin, die bereits zweimal Witwe gewesen war, abgelöst. Die Ehe war ungültig, denn der *Royal Marriages Act* von 1772 verbot es Mitgliedern der königlichen Familie, ohne Erlaubnis des Souveräns zu heiraten, wenn sie noch nicht fünfundzwanzig Jahre alt waren. Ob gültig oder nicht, diese Heirat hielt den Prinzen nicht davon ab, eine weitere Liaison einzugehen, diesmal mit Lady Jersey. Er sah in ihr auch kein Hindernis, einer Ehe mit seiner Cousine, Prinzessin Karoline von Braunschweig, zuzustimmen, die im April 1795 vollzogen wurde, damit das Parlament seine Schulden bezahlen konnte. Die Ehe war eine Katastrophe, denn an Ungeschliffenheit und Zügellosikeit standen der Prinz und die Prinzessin von Wales einander in nichts nach. Bald nach der Geburt ihrer Tocher, Prinzessin Charlotte, im Jahre 1796 trennte sich das Paar. Georg setzte sein ausschweifendes Leben fort und machte Schulden auf Schulden. Karoline verließ England einige Jahre später und reiste in Begleitung eines gutaussehenden Kammerherrn durch Europa.
Als der Prinz den Thron bestieg (und nur wenige verbreiteten das Gerücht über die Geisteskrankheit Georgs III. eifriger als sein Sohn), brach er mit seinen bisherigen politischen Beratern, den *Whigs*, deren Anführer Charles James Fox war, und versicherte sich der Dienste der väterlichen Minister, die zu den *Torys* gehörten. Dies bestätigte die allgemeine Ansicht, daß »Prinny« unentschlossen und wankelmütig war, ein Mensch, dem man nicht trauen konnte. Obwohl diese Generation aus dem Hause Hannover von der üblichen Feindschaft zwischen Vater und Sohn verschont blieb, war die Beziehung des Prinzregenten zu seinem einzigen Kind, Prinzessin Charlotte, keineswegs ungetrübt. Im Jahre 1816 heiratete sie Prinz Leopold von Sachsen-Gotha (den ihr Vater ebenso aus tiefstem Herzen haßte, wie er seinen eigenen Sohn gehaßt haben würde); im darauffolgenden Jahr starb sie im Kindbett.
Die Thronbesteigung im Jahre 1820 gab Georg IV. die Gelegenheit, seiner Neigung für das Zeremonielle freien Lauf zu lassen. Zweifelsohne liebte er das äußere Gepränge und besaß einen ausgezeichneten Geschmack. Seine Förderung des Baumeisters John Nash, die Restaurierung der königlichen Paläste, die Errichtung des bizarren Pavillons in Brighton, ja alle geschmackvollen Bauten der Regency-Epoche zeugen von seinem sicheren Stilempfinden.
Seine prunkvoll in Szene gesetzte Krönung wurde jedoch durch die Ankunft seiner Frau gestört, die am Betreten der Westminster Abbey gehindert werden mußte: Georg IV. war entschlossen, sie nicht zur Königin krönen zu lassen. Ein Versuch des Parlaments, die Ehe aufzulösen und Karoline den Titel einer Königin abzuerkennen, wurde aufgegeben, doch 1821 starb die Königin und konnte ihm so nicht mehr lästig werden. In den zehn Jahren seiner Regierungszeit tat Georg IV. alles, um seinem Ruf als faulem und unzuverlässigem Wüstling gerecht zu werden. Er trug eine Perücke, Schminke und ein Korsett; umgeben von seinen Günstlingen und seine Pflichten vernachlässigend, lebte er immer mehr zurückgezogen. Als er am 26. Juni 1830 im Alter von siebenundsechzig Jahren starb, bedauerten nur wenige Untertanen sein Dahinscheiden.
»Na, wo ist der dumme Billy jetzt?« fragte William IV. (1830–1837) seine vertrauten Ratgeber triumphierend, als sie zum erstenmal vor ihm niederknieten, um ihm zu huldigen. Die Antwort darauf lautet, daß er das war, was er schon immer gewesen war, nur daß er sich bei seiner Thronbesteigung noch törichter verhielt als gewöhnlich: Der vierundsechzigjährige König war so sehr erfreut darüber, seinen Bruder, Georg IV., überlebt zu haben, daß er während der ersten Tage seiner Regierungszeit keinen Versuch unternahm, sein kindliches Entzücken darüber zu verbergen.
William IV. unterschied sich stark von seinem verstorbenen Bruder: Er war gutmütig, unkompliziert, sein Gesicht zeigte eine rosige Farbe; in seiner Jugendzeit hatte er in der Marine gedient. Der Hang zum Grellen, wie ihn sein Vorgänger besaß, war ihm fremd. Nur in seinem losen Liebesleben während sei-

Dieses Gemälde von George Hayter erinnert an den Prozeß vor dem Oberhaus gegen Karoline von Braunschweig, die Gemahlin Georgs IV. Sie mußte sich dort wegen ihres »skandalösen, entehrenden und lasterhaften« Benehmens verantworten.

ner Jugendzeit, in der er den Titel Herzog von Clarence trug, ähnelte William seinem Bruder. Nach einer längeren Liaison mit einer Mrs. Jourdan, die ihm zehn Kinder gebar (sie erhielten den Nachnamen Fitzclarence), machte er verschiedenen reichen jungen Damen Heiratsanträge, die jedoch alle nicht geneigt waren, diese anzunehmen. Er hätte noch mehr Ehekandidatinnen ausgewählt, wenn Prinzessin Charlotte, das einzige Kind des zukünftigen Königs, Georg IV., und daher die Thronfolgerin, 1817 nicht so plötzlich gestorben wäre. Um den Bestand der Dynastie zu wahren, kehrten ihre Onkel den Freuden des Junggesellendaseins den Rücken und führten eilends ausländische Prinzessinnen zum Altar. Clarences Wahl fiel auf Prinzessin Adelaide von Sachsen-Meiningen. Doch wurde der wichtigste Zweck dieser Ehe nicht erfüllt: Kein Kind, das Prinzessin Adelaide geboren hatte, blieb am Leben. Als William im Jahre 1830 den Thron bestieg, war offenkundig, daß die Krone auf Prinzessin Viktoria, die kleine Tochter seines jüngeren Bruders Edward, des Herzogs von Kent, übergehen würde.

Auf dem Thron erwies sich der »dumme Billy«, trotz seiner nur begrenzten geistigen Fähigkeiten, als ein besserer und jedenfalls gewissenhafterer König als sein Vorgänger. »In zehn Minuten haben wir mehr Arbeiten erledigt als mit dem anderen in ebensovielen Tagen«, behauptete einmal der Herzog von Wellington. Als die wichtigste Maßnahme seiner Regierungszeit – das Reformgesetz von 1832 – durchgeführt wurde, war der König klug genug, sich ihr nicht zu widersetzen. Er war allerdings überrascht, als er entdecken mußte, wie sehr diese parlamentarische Reform seinen Einfluß eingeschränkt hatte: Mit dem Reformgesetz ging das Recht, die Regierung zu benennen, vom Souverän in die Hände der Wähler über. Dieses Gesetz war der bedeutsamste Schritt zu einer Einschränkung der Privilegien, die die britische Monarchie genoß (und der sie letztlich ihre Rettung zu verdanken hatte).

Im häuslichen Bereich verbreiteten William und seine Königin wieder etwas von der Atmosphäre, die in den Tagen Georgs III. geherrscht hatte: Es ging bei ihnen einfach, schlicht und zwanglos zu, doch es gab Zeiten, in denen es schien, als gleiche William IV. seinem Vater auf unheilvolle Weise: Sein aufbrausendes Wesen und seine Erregbarkeit ließen viele glauben, auch er könne eines Tages verrückt werden. Der Haß des Königs auf die Mutter der Prinzessin Viktoria, die verwitwete Herzogin von Kent, schien sicher kaum erklärbar. Sein größter Wunsch sei es, so erklärte der König einmal, so lange am Leben zu bleiben, bis sei-

Das Bild stammt von David Wilkie und zeigt Königin Viktoria bei ihrer ersten Ratsversammlung am 20. Juni 1837 im Kensington Palace. Viktoria, die Tochter eines Bruders Georgs IV., regierte das Land 63 Jahre lang.

ne Nichte achtzehn Jahre alt geworden sei; damit hätte er verhindert, daß ihre Mutter Regentin würde. Dieser Wunsch sollte in Erfüllung gehen; er überlebte sie um einen Monat.

Bei der Mehrheit seiner Untertanen war der rechtschaffene William IV. sehr beliebt. Was konnte auch an einem König schlecht sein, dessen erste Handlung es war, seine französischen Ratgeber durch englische zu ersetzen! Oder der als eine der letzten Bitten äußerte, der Doktor möge doch »schauen, ob er mich nicht noch einmal zusammenflicken kann«, damit er den Jahrestag der Schlacht von Waterloo erleben könne. Dies gelang dem Arzt auch; William IV. starb zwei Tage später, am 20. Juni 1837.

Nicht wenige Jahre – während des vergangenen Jahrhunderts und auch früher – saßen auf dem britischen Thron dickleibige oder exzentrische alte Männer. Am frühen Morgen des 20. Juni 1837 jedoch wurde einem achtzehnjährigen Mädchen in einem Morgenrock und Hausschuhen mitgeteilt, daß sie die Königin von England sei. Mit der Thronbesteigung Viktorias schien es fast so, als hätte das Haus Hannover einen anderen Charakter angenommen. Da eine Frau nicht über Hannover herrschen konnte, wurde Viktorias Onkel, der Herzog von Cumberland, König von Hannover, während sie selber der erste hannoversche Monarch wurde, der nur die Krone Großbritanniens trug. Sie war auch die letzte Regentin aus dem Hause Hannover, denn ihr Sohn und Erbe, König Edward VII., mußte den Namen seines Vaters annehmen: Sachsen-Coburg und Gotha.

Königin Viktoria (1837–1901) besaß zu Beginn ihrer Regierungszeit ein gewinnendes Wesen: Sie war lebhaft, gefühlsbetont, gewissenhaft und ehrlich. Ihre

Königin Viktoria mit ihrem Gemahl Prinz Albert auf einem Gemälde von Landseer. Viktoria war die letzte »Hannoveranerin«, da ihr Sohn Eduard VII. den Namen seines Vaters »Sachsen-Coburg und Gotha« annahm.

herausragende Eigenschaft war ihr gesunder Menschenverstand. Doch trotz der Tatsache, daß sie recht selbständig war, stand sie unter dem Einfluß verschiedener Männer, mit denen sie in Beziehung stand. Tatsächlich ist die Geschichte ihres Lebens zu einem sehr großen Teil die Geschichte der Einflüsse, die diese Männer auf sie ausgeübt haben.

Ihr Vater, der vierte Sohn König Georgs III. und Herzog von Kent, starb, als sie einige Monate alt war, und so wurde sie von ihrer Mutter erzogen; doch vertraute sie sich mehr dem Bruder ihrer Mutter an, Prinz Leopold von Sachsen-Coburg (dem Ehemann der verstorbenen Prinzessin Charlotte und späteren König von Belgien). Dieser ihr »geliebter Onkel« war nur zu gern bereit, sich ihrer anzunehmen, und so wurde der kluge König Leopold ihr erster Mentor. Der zweite war Lord Melbourne, Viktorias erster Premier. Beinahe hätte sich die sehr gefühlsbetonte Viktoria in diesen attraktiven und weltmännischen älteren Staatsmann verliebt. Melbourne mag zwar, was die Politik betraf, etwas zu gleichgültig gewesen sein, doch vermittelte er der jungen Königin einen ausgezeichneten Einblick in Wesen und Funktion der konstitutionellen Monarchie.

Er wurde von einem Mann abgelöst, den sie am meisten liebte und der den stärksten Einfluß auf sie ausübte: ihrem gutaussehenden Vetter und Ehemann, Prinz Albert von Sachsen-Coburg und Gotha. Im Verlaufe ihrer zweiundzwanzig Jahre währenden Ehe formte – oder lenkte zumindest – Albert Viktorias Wesen. Ständig war sie bemüht, ihm, ihrem Vorbild, nachzueifern. In erster Linie war es dem etwas prüden Albert zu verdanken, daß am viktorianischen Hof hohe moralische Maßstäbe aufgestellt wurden; das

Königlicher Besuch im Viktorianischen Zeitalter: Die Herrscher von England sind zu Gast bei den Herrschern von Frankreich (1845). Auf diesem Bild von Franz Winterhalter sieht man Ludwig Philipp und einige seiner zehn Kinder sowie Viktoria und Albert.

Privatleben der britischen Königsfamilie (aus der Ehe gingen neun Kinder hervor) wurde zum Inbegriff von Häuslichkeit und Anstand. Alberts Wort hatte auch beträchtliches politisches Gewicht: Sein nüchterner Verstand korrigierte oft die mehr gefühlsbetonten Reaktionen seiner Frau auf öffentliche Probleme. Die vielleicht bedeutsamste Leistung Alberts bestand darin, die Funktion der konstitutionellen Monarchie neu zu bestimmen: Er hob die Krone hoch über das Getümmel des politischen Alltagslebens.

Als Prinz Albert 1861 starb, ließ er Viktoria untröstlich – sie war zu diesem Zeitpunkt zweiundvierzig Jahre alt – zurück. Etwa zwölf Jahre lang zog sie sich fast völlig aus dem öffentlichen Leben zurück. Sie wurde zur »Witwe von Windsor« – eine mürrische, nachlässig gekleidete, krankhaft verschlossene Frau, die nur Trauer und Sorge um ihre Gesundheit kannte. Nur wenn man ihr beständig und taktvoll zuredete, nahm sie ihre öffentlichen Pflichten wahr. Unter ihrer übermäßigen Zurückgezogenheit, die lange Jahre andauerte, litt ihre Beliebtheit. Ihre Untertanen wußten nicht, daß sie in ihrem Privatleben immer noch Monarchin geblieben war. Vielen schien sie lediglich noch eine knauserige Einsiedlerin zu sein.

Zwei Männern gelang es allmählich, die Königin zu veranlassen, ihre Trauer aufzugeben. Der eine war ein schottischer Diener, John Brown, der andere Benjamin Disraeli, ein Politiker jüdischer Herkunft. Diese beiden so sehr verschiedenen Männer stellten in gewisser Hinsicht zwei Seiten des komplexen Wesens der Königin dar, oder besser, sie vermochten auf zwei Seiten ihres Wesens einzuwirken. John Brown war ein stattlicher, gutmütiger und ernster Hochländer, Benjamin Disraeli ein scharfsinniger, romantisch veranlagter, redegewandter Staatsmann. Beide Männer behandelten sie zuerst als Frau und dann erst als Königin; darin bestand das Geheimnis ihres Erfolges. Für Brown war Viktoria die »Frau«, für Disraeli die »Feenkönigin«. Wenn Brown durch seine beschützende und rechtschaffene Art ihr Interesse am Leben wiedererweckte, so rief Disraeli durch seinen Takt, seine Schmeicheleien und seine Klugheit ihren Glauben an ihre Berufung wieder wach. Unter seiner geschickten Führung wurde Viktoria zu einer großen Königin.

In den letzten fünfundzwanzig Jahren ihrer Regierungszeit war Königin Viktoria eine außerordentlich beeindruckende Persönlichkeit. Ihre kleine, rundliche, schwarz gekleidete, mit der weißen Kopfbedeckung der Witwe versehene Figur strahlte eine sehr große Würde aus. Ihr gebieterisches Wesen, ihre Erfahrung, ihre Geradheit und ihre Schlauheit verliehen ihr eine große Autorität. Sie war die rangälteste Herrscherin Europas und regierte das größte und mächtigste Reich, das die Welt je gesehen hatte. Da ihre Kinder und Enkel in die meisten Königshäuser des Kontinents eingeheiratet hatten, war sie als Großmutter Europas bekannt. Ihr diamantenes Jubiläum 1897 wurde zu einem triumphalen Ereignis: In der Person der kleinen Königin unter dem Sonnenschirm aus Spitze war die gesamte Macht des Britischen Empire verkörpert. Königin Viktoria starb am 22. Januar 1901 im Alter von einundachtzig Jahren, nachdem sie mehr als dreiundsechzig Jahre Herrscherin gewesen war – der längsten Regierungszeit in der britischen Geschichte. Die Dynastie des Hauses Hannover hätte kaum einen großartigeren Höhepunkt oder Abschluß finden können.

Während der langen Regierungszeit von Königin Viktoria begann wieder die Auseinandersetzung zwischen dem Throninhaber und dem Erben. Sowohl Viktoria als auch Albert hatten große Hoffnungen in ihren ältesten Sohn Bertie – Albert Edward, den Prinzen von Wales – gelegt. Sie waren entschlossen, aus ihm einen vollkommenen Prinzen zu machen: Er sollte fleißig, intelligent und ohne Launen sein. Zu diesem Zweck unterzogen sie ihn einem strengen Ausbildungsprogramm. Doch es wollte sich kein Erfolg einstellen. Bertie war zwar liebenswürdig und herzlich, aber er war auch träge, faul und dumm. Von der Ernsthaftigkeit des Hauses Coburg, dem sein Vater entstammte, besaß er nicht die Spur; er schien durch und durch ein Angehöriger der hannoverschen Dynastie zu sein. Es sah ganz danach aus, als ob Bertie den moralisch fragwürdigen Onkels von Königin Viktoria nachschlagen würde. Jedes Jahr, das vorüberging, schien diese Befürchtungen zu bestätigen. Bertie hatte sogar das Aussehen seiner Verwandten aus dem Hause Hannover: Er besaß blaßblaue, hervorquellende Augen und schwere Augenlider; im Laufe der Zeit wurde er immer korpulenter. Wie seine Mutter nur zu häufig bemerkte, schien er mehr und mehr nur dem Vergnügen zu leben. Sie führte sogar den Tod von Prinz Albert im Jahre 1861 auf die Tatsache zurück, daß ihr Mann darüber zerbrochen war, daß er von den sexuellen Fehltritten Berties erfuhr.

Auch die Heirat des Prinzen von Wales im Jahre 1863 mit der schönen, aber flatterhaften Prinzessin Alexandra von Dänemark vermochte es nicht, seine Leichtlebigkeit zu ändern. Der Prinz von Wales liebte die Geselligkeit, besaß gute Manieren und war warmherzig;

Château d'Eu: Noch einmal ist die Königin von Großbritannien Gast Ludwig Philipps: Viktoria ist in der Mitte des Bildes zu sehen; sie trägt ein kleines Diadem im Haar. Zu diesem Zeitpunkt war sie 26 Jahre alt.

Die drei Enkelinnen Königin Viktorias, die Töchter des Prince of Wales, dem späteren Eduard VII. Das Bild stammt aus dem Jahre 1883 und zeigt Viktoria, Maud und Luise. Maud wurde Königin von Norwegen.

die meiste Zeit verbrachte er mit Pferderennen, Glücksspielen, Schießen, Reisen, Kleideranproben, Essen in Restaurants und Liebesabenteuern. Ständig war er in Skandale verwickelt oder dabei, neue Liebesbeziehungen zu knüpfen. Der Prinz von Wales war auch nicht der umgängliche und willensstarke Mensch, wie allgemein angenommen wurde. Denjenigen, die ihn gut kannten, erschien er launenhaft, ruhelos und oft düsteren Stimmungen unterworfen. Es fehlte ihm an Beständigkeit, er konnte es nie ertragen, alleine zu sein und war auch leicht zu verletzen.
Sein größtes Problem war, daß er nicht genügend Beschäftigung fand – sicherlich eine Schuld Königin Viktorias. Zum einen hatte sie eine sehr geringe Meinung von seinen Fähigkeiten (sie hielt ihn für verantwortungslos, unreif und unbesonnen), zum anderen war sie fest entschlossen, niemanden die politische Rolle spielen zu lassen, in der sich einmal ihr Ehemann bewährt hatte. Jeder Vorschlag, der Prinz möge doch mit den Aufgaben eines Monarchen näher vertraut gemacht werden, wurde von der Königin zurückgewiesen. Er durfte gesellschaftliche und zeremonielle Pflichten der Krone wahrnehmen, aber nicht mehr. So vergeudete der Prinz von Wales bis zu seinem sechzigsten Lebensjahr die Talente, die er besaß. Erst im Jahre 1901, nach dem Tode seiner Mutter, konnte er den Thron besteigen. Er regierte nur neun Jahre lang, doch entfaltete er in ihnen außerordentliche Fähigkeiten. Obwohl König Edward VII. (1901 bis 1910) kein besonders kluger Mann war, besaß er ein großes Gespür für Stil und beträchtliches diplomatisches Geschick. Seine Regierungszeit war geprägt von vielen öffentlichen Feierlichkeiten, glanzvollen Staatsbesuchen, glitzernden Bällen, Banketten und Empfängen. Mit der schönen und ständig jugendlich aussehenden Königin Alexandra an seiner Seite verlieh König Edward VII. der britischen Monarchie einen Glanz, wie sie ihn seit den Tagen der Stuart nicht mehr besessen hatte.
Seiner vielen Staatsbesuche wegen erlangte König Edward VII. den etwas übertriebenen Ruf eines hervorragenden königlichen Diplomaten: Er wurde »Friedensstifter« Europas genannt. Da mehr als die Hälfte der europäischen Herrscherstühle von seinen Verwandten besetzt waren, schien er außerordentlich gut für diese Rolle geeignet zu sein. Nur sein deutscher Neffe, Kaiser Wilhelm II. – der Sohn seiner Schwester Vicky –, beurteilte seine Bemühungen anders, nämlich als einen machiavellistischen Versuch, Deutschland einzuschnüren. Und in der Tat, nur vier Jahre nach dem Tod des »Friedensstifters« am 6. Mai 1910 befand sich Europa im Krieg.
Edward VII. war der erste Monarch aus der Dynastie Sachsen-Coburg und Gotha gewesen. Sein Sohn, König Georg V. (1910–1936), war der letzte. 1917 wurde aufgrund antideutscher Gefühle, die während des Ersten Weltkrieges in Großbritannien vorherrschten, der Name des britischen Königshauses in Windsor umgeändert. König Georg V. unterschied sich sehr von seinem temperamentvollen Vater. Als er 1910 im Alter von vierundvierzig Jahren den Thron bestieg, hatte er nichts von der Großmannssucht König Edwards VII. an sich. Georg V. war schlank, blauäugig, besaß einen sauber gestutzten Backen- und Oberlippenbart und war ein gutaussehender Mann, der jedoch sehr wenig Gespür oder Talent für die mehr repräsentativen Funktionen seiner Stellung hatte. Seine Jugend hatte er in der Marine verbracht (erst durch den plötzlichen Tod seines älteren Bruders, des Herzogs von Clarence, war Georg Thronerbe geworden), und sein ganzes Leben hindurch bewahrte er etwas von seiner ungekünstelten, unkomplizierten, methodischen Art, die ihn auch in seiner Marinezeit geprägt hatte. Er mag vielleicht kein besonders kluger Mann gewesen sein, doch er war äußerst verläßlich und sehr gewissenhaft.
Seine Frau, Königin Mary, war von der gleichen strengen Pflichtauffassung bestimmt. Als Prinzessin Mau von Teck war sie mit dem Bruder ihres Ehemannes, dem Herzog von Clarence, verlobt gewesen; mit dessen Tod hatte er sowohl die Thronfolgerechte als auch die Verlobte seines Bruders geerbt. Im Juli 1893 heiratete das Paar. Trotz der Tatsache, daß beide geistig schwerfällig und gehemmt wirkten, war die Ehe außerordentlich glücklich. In den ersten zwölf Jahren ihres gemeinsamen Lebens wurden ihnen zwölf Kinder geboren. Königin Mary war von Natur aus auffallend schüchtern, und doch strahlte sie als Frau eine große Würde aus. Während sich der König damit zufrieden gab, das Leben eines englischen Landedelmannes zu führen, hatte sie weitergehende Interessen. Das Leben an ihrem Hof verlief, nach dem Glanz der Edwardzeit, in geziemenden, ruhigen, häuslichen Bahnen.
Trotz aller Umwälzungen, die in seiner sechsundzwanzig Jahre währenden Regierungszeit stattfanden, blieb Georg V. im wesentlichen der gleiche. Politische Krisen, Unruhen in Irland, Staatsbesuche (darunter der großartige Empfang in Delhi im Jahre 1911), der Erste Weltkrieg, die erste Labourregierung, der Generalstreik, die Weltwirtschaftskrise – all dies ging dem pflichtbewußten König sehr nahe, konnte ihn jedoch nicht dazu bringen, sich in seiner Grundhaltung zu ändern. Er blieb das, was er immer gewesen war: ein einfacher, ernster, konservativer Landjunker. Aus diesem Grunde war er auch anläßlich seines silbernen Jubiläums über die Begeisterung so sehr überrascht, die die Einwohner Londons ihm gegenüber zeigten. Er hatte nie die Gunst der Öffentlichkeit gesucht, doch war diese Reaktion Beweis genug, daß seine Untertanen seine wenig spektakulären Eigenschaften zu würdigen wußten: seine Beständigkeit, seinen gesunden Menschenverstand und seine stets gesetzestreue Haltung. Der von vielen geliebte »Matrosenkönig«

Luke Fildes malte dieses Bild von Eduard VII. im Jahre 1901. Der Sohn Königin Viktorias bestieg den Thron im Alter von 60 Jahren und galt als geschickter Diplomat in einem Europa, das zur Hälfte von seinen Verwandten regiert wurde.

starb am 20. Januar 1936 auf seinem von ihm so geschätzten Landsitz Sandringham.
Kein britischer Thronfolger hatte einen solchen Grad an Beliebtheit besessen wie der älteste Sohn Georgs V., Edward (oder David, wie er von seiner Familie genannt wurde). Er war das genaue Gegenteil seines etwas verschlossenen Vaters, eigentlich zu leutselig. Ungefähr zwanzig Jahre lang, vom Beginn des Ersten Weltkrieges bis zu seiner Thronbesteigung im Jahre 1936, war der Prinz von Wales der Liebling des Britischen Empire. Er war schlank gewachsen, sah gut aus und besaß ein jungenhaftes Wesen, das sein Alter Lügen strafte; er war der Prototyp des charmanten Prinzen. Keine andere Persönlichkeit auf der Welt war so bekannt wie er, kein Land konnte sich eines besseren reisenden Botschafters rühmen als Britannien, kein Junggeselle war begehrter als er. Er war der Erbe des am stärksten etablierten Thrones der Welt; nichtsdestoweniger schien der Prinz von Wales eine Verkörperung seiner Zeit zu sein: Er machte einen zwanglosen, unkonventionellen Eindruck, legte wenig Wert auf protokollarische Fragen und war entschlossen, jede Minute seines Lebens zu genießen.

Georg V. mit Königin Mary, seinem Sohn Eduard, der vor seiner Krönung abdankte, und seiner Tochter Maria. Dieses Bild von Sir John Lavery entstand 1913. Im Jahre 1917 ersetzte er seinen deutschen Familiennamen Sachsen-Coburg und Gotha durch »Windsor«.

Doch für diejenigen, die ihn näher kannten, war der Prinz nicht der unbeschwerte junge Mann, als der er anderen erschien. Ihm fehlte es an Ernsthaftigkeit. Er las selten, war nicht wirklich an Politik interessiert und vermied es, mit Leuten zusammenzukommen, die zu gelehrt wirkten oder über sehr viel Wissen verfügten. Edward war impulsiv, ruhelos, unzuverlässig und in seinem Wesen oberflächlich, weshalb er von Vergnügen zu Vergnügen jagte. Er liebte Partys, spielte gerne Streiche und war häufig auf Kostümbällen zu sehen. Zur gleichen Zeit aber besaß er einen starken Hang zur Schwermut. In diesen trüben Stimmungen, die immer häufiger wurden, konnte er taktlos und launenhaft werden. Der Prinz war nicht einmal so demokratisch oder fortschrittlich gesinnt, wie es vielen schien; seine augenscheinliche Aufgeklärtheit war lediglich eine Reaktion auf die spießige Lebensweise am Hofe seines Vaters. Er schreckte, so meinte er einmal, vor all dem zurück, »das mich zu einem Menschen macht, dem man Ehrerbietung zu zollen hat«. Seine Befangenheit, die er in der Öffentlichkeit zeigte, ließ viele glauben machen, daß ihm weniger an seiner Stellung lag, als tatsächlich der Fall war.
Auf Frauen übte der Prinz natürlich eine unwiderstehliche Anziehungskraft aus. Er hingegen fühlte sich im allgemeinen zu verheirateten Frauen hingezogen, besonders wenn sie den mütterlichen und etwas beherrschenden Typ darstellten. So ist es auch nicht verwunderlich, daß er sich 1931 in Wallis Simpson verliebte, eine bereits zweimal verheiratete, gebildete

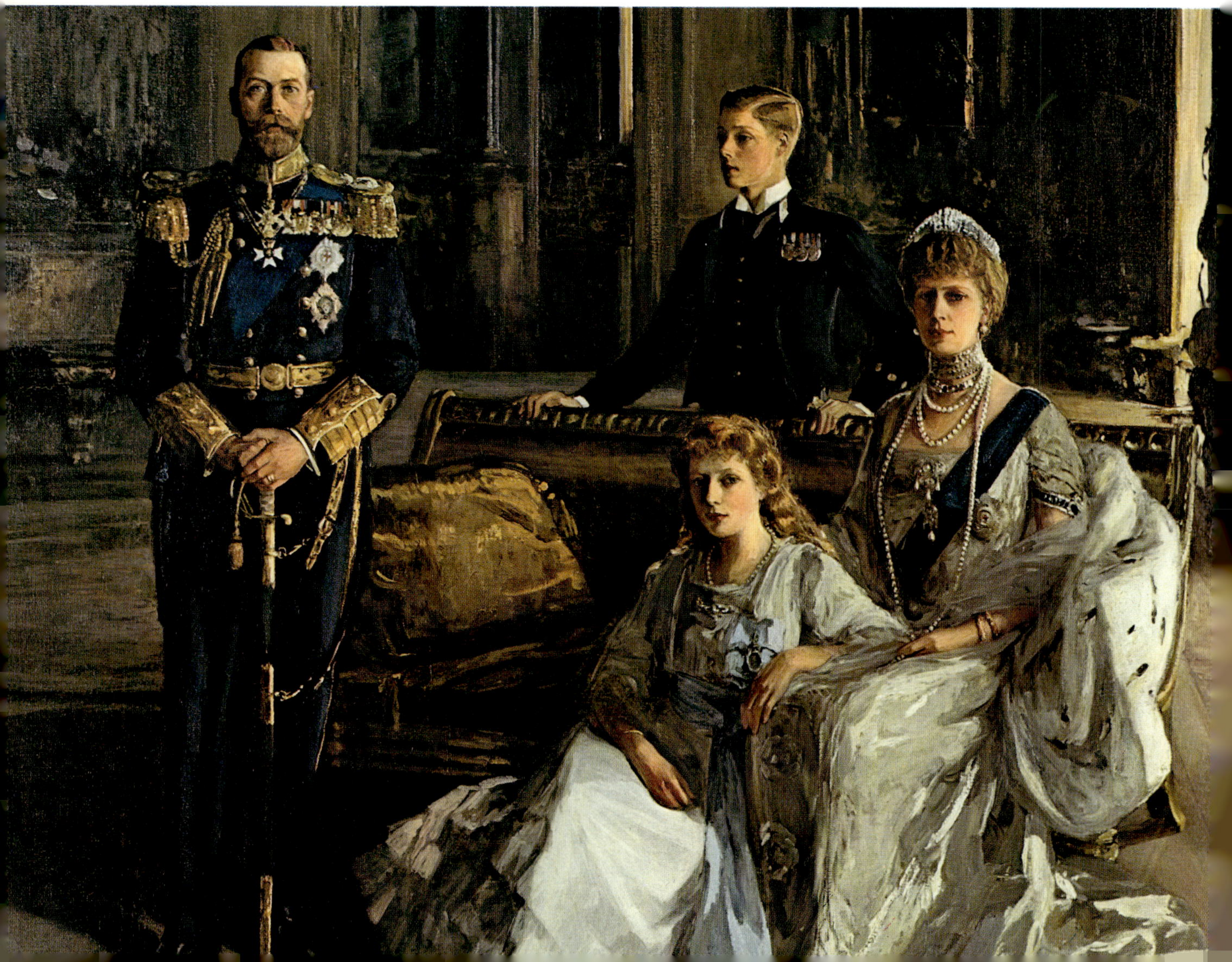

und selbstsicher auftretende Amerikanerin. Als er 1936 den Thron besteigen sollte, war er als König Edward VIII. entschlossen, Wallis Simpson zu heiraten. Bald jedoch war offenkundig, daß es keine Möglichkeit gab, diese zweimal geschiedene Frau zu heiraten, ohne den Thron aufzugeben. Nach einer Zeit qualvoller Ungewißheit entschied er sich dafür, abzudanken. Am 10. Dezember 1936, nach einer Regierungszeit von weniger als elf Monaten, trat er zugunsten seines Bruders, des klugen Herzogs von York, zurück. Einige Monate später heiratete er in Frankreich Mrs. Simpson. Die meiste Zeit der restlichen sechsunddreißig Jahre seines Lebens verbrachte er als Herzog von Windsor im Ausland, ohne jedoch wirklich seine innerliche Ruhe zu finden. Diese etwas schillernde Persönlichkeit starb 1972; sie fand immer eine Stütze bei der Frau, um deretwillen sie seine Krone zurückgegeben hatte.

»Ich will mein Bestes tun, um dieses große Durcheinander zu beseitigen«, schrieb der neue Monarch, König Georg VI. (1936–1952), »falls nicht das ganze Gebäude unter dem Schock und der Belastung von all dem zusammenstürzt.« Tatsächlich hatte die Abdankungskrise die britische Monarchie schwer erschüttert. Was jetzt nottat, um das Ansehen des Thrones neu zu festigen, war ein besonderer Typ von König. Zunächst schien der neue Souverän nicht der richtige Mann für diese Aufgabe zu sein. Im Alter von vierzig Jahren, zur Zeit seiner unvermuteten Thronbesteigung, war Georg VI. keine besonders beeindruckende Figur: Er besaß eine schwächliche Konstitution, war leicht reizbar und hatte kein Selbstvertrauen. Außerdem litt er an Magenbeschwerden und stotterte. In der Schule war Georg ein Versager. Während seiner Dienstzeit bei der Marine konnte er sich durch nichts Besonderes auszeichnen, und seine öffentlichen Pflichten nahm er nur angemessen wahr. Auch war er nicht auf seine neue Rolle vorbereitet worden. Von den Qualitäten, die in dieser besonderen Zeit nötig waren – Gelassenheit, innere Stärke, Selbstvertrauen –, schien der König keine zu besitzen.

Doch Georg VI. besaß andere, weniger offen zutage tretende – und letzten Endes wertvollere – Eigenschaften. Zum einen besaß er ein durch nichts zu erschütterndes Pflichtgefühl, zum anderen Mut. Von seinem Temperament her war er für diese Aufgabe nicht geeignet, doch besaß er den festen Willen, sie so gut zu bewältigen, wie er konnte. Während Exkönig Edward VIII. eher sorglos und nachlässig war, zeigte er Ernsthaftigkeit, Anstand und Ordnungsliebe. Anders als sein Vater Georg V. (mit dem er vieles gemein hatte) besaß er die Fähigkeit, dazuzulernen und sich zum Positiven zu verändern.

Georg hatte das Glück, von zwei außergewöhnlichen Frauen unterstützt zu werden. Die eine war seine Mutter, die ehrfurchtgebietende Königin Mary, und die andere war seine Frau, Königin Elisabeth. Mit der Heirat von Lady Elisabeth Bowes-Lyon im Jahre 1923 gewann der damalige Herzog von York einen Lebenspartner von unschätzbarem Wert. Sie war nicht nur eine liebevolle und verständige Ehefrau, die ein heiteres Wesen hatte und die – zusammen mit ihren zwei Töchtern, Prinzessin Elisabeth und Prinzessin Margaret – für ein harmonisches Familienleben sorgte, sondern sie erwies sich auch als vollkommene Prinzgemahlin. Wo er unschlüssig war, strahlte sie Zuversicht aus; wo er unbeholfen wirkte, zeigte sie Anmut; wo er beständig sorgenvoll dreinblickte, ließ sie fortwährend ihr Lächeln erstrahlen. Daß der Regierungszeit Georgs VI. ein solcher Erfolg beschieden war, ist

Der Herzog und die Herzogin von Windsor, aufgenommen 1966 in Österreich. Eduard VIII. verzichtete auf die Krone, um die Amerikanerin Wallis Simpson zu heiraten.

zum großen Teil seiner heiteren und charmanten Königin zuzuschreiben.

Seine Regierungszeit war sehr ereignisreich. Bereits als das Datum seiner Krönung, der 12. Mai 1937, näherrückte, wurde die feindselige Haltung Nazi-Deutschlands immer offenkundiger. Zwei Besuchsreisen des Königs – 1938 nach Frankreich und 1939 nach Kanada und den Vereinigten Staaten – sollten die besonders enge Beziehung Britanniens zu diesen Ländern bekunden. Während der schlimmen Jahre des Zweiten Weltkriegs waren der König und die Königin ein glänzendes Vorbild für Mut und Einsatzbereitschaft. »Ich bin froh, daß auch wir von Bomben heimgesucht wurden«, erklärte die Königin, als der Buckingham-Palast getroffen wurde. »Es gibt mir das Gefühl, daß ich dem East End ins Auge sehen kann.«

Der Friede brachte eine Labourregierung an die Macht. Zwar war der König naturgegebenermaßen konservativ gesinnt, doch paßte er sich den grundlegenden sozialen Umwälzungen und den sich verändernden Beziehungen zwischen dem Commonwealth und der Krone an. So verlor zum Beispiel während seiner Regierungszeit der britische Souverän den Titel eines Kaisers von Indien. 1947 unternahm die königliche Familie eine anstrengende Reise nach Südafrika; Besuche nach Australien und Neuseeland – für das darauffolgende Jahr geplant – mußten abgesagt werden, weil der König krank wurde. Von da an sollte er nie mehr richtig gesund werden. 1951 wurde er wegen Lungenkrebs operiert, und am 6. Februar 1952 starb er überraschend und friedlich an einer Koronarthrombose. Er war nur sechsundfünfzig Jahre alt geworden. »Für die Tapferkeit« waren die Worte, die Winston Churchill auf seinen Kranz für König Georg VI. schreiben ließ. Nichts könnte den erfolgreichen Kampf dieses Mannes besser kennzeichnen, der sich völlig der Aufgabe hingegeben hatte, seine Unzuläng-

lichkeiten wettzumachen und sich als König würdig zu erweisen.
In einer Radiobotschaft am 21. April 1947, anläßlich ihres einundzwanzigsten Geburtstages, tat Prinzessin Elisabeth, die britische Thronfolgerin, einen, wie sie sagte, »feierlichen Schwur«. »Ich möchte«, sagte sie mit ihrer immer noch mädchenhaften Stimme, »diesen Schwur jetzt leisten. Er ist sehr einfach. Ich erkläre vor Ihnen allen, daß ich mein ganzes Leben, sei es lang oder kurz, dem Dienst an Ihnen und an unserem großen Empire-Commonwealth, dem wir alle angehören, weihen werde . . .«
Die ernste junge Prinzessin hatte nicht mehr viel Zeit, bis sie das in aller Konsequenz verwirklichen mußte, was sie geschworen hatte. Kaum fünf Jahre später starb ihr Vater, Georg VI., und sie wurde Königin. Im Alter von fünfundzwanzig Jahren schien Königin Elisabeth II. für ihre äußerst schwere Aufgabe zu jung, unreif und schüchtern zu sein. Wie der verstorbene König war auch sie etwas introvertiert. Trotz ihres guten Aussehens – ihrer blauen Augen, ihrer blühenden Hautfarbe, ihres strahlenden Lächelns – erweckte sie den Eindruck, als fehlte ihr die innere Sicherheit, Autorität und Ungezwungenheit, die jemand besitzen muß, um in der Öffentlichkeit bestehen zu können. Andererseits besaß sie bereits eine natürliche Würde, ein offenes Wesen und die hohe Pflichtauffassung ihrer Familie. 1947 heiratete sie den früheren Prinzen Philip von Griechenland und führte mit ihm der königlichen Familie einen jungen Mann zu, der feste Ansichten vertrat und weitreichende Interessen hatte. Nun war sie auch mit einem Ehemann gesegnet, der diejenigen extrovertierten Eigenschaften besaß, die ihr fehlten. Zwischen 1948 und 1964 wurden dem Paar vier Kinder geboren: drei Jungen und ein Mädchen. Ihr Familienleben gilt auch heute noch als beispielhaft harmonisch und festgefügt.
Mit den Jahren gewann Königin Elisabeth II. an Format. Der »feierliche Schwur« war keine leere Phrase gewesen. All den unterschiedlichen Aufgaben, die ihre Berufung mit sich brachte – den langen, beschwerlichen und manchmal gefährlichen Reisen, den nervenaufreibenden Staatsempfängen, den oft langweiligen offiziellen Pflichten, den Reden, den Entscheidungen, den Fernsehauftritten, der Auseinandersetzung mit der unvermeidlichen Kritik – stellte sie sich mit ihrem ganzen Einsatz. Sie wäre viel glücklicher dran, wenn sie, wie sie selber zugab, als »eine Lady auf dem Lande leben könnte, umgeben von vielen Pferden und Hunden«, doch setzte sie ihre Wünsche nie an die erste Stelle. Soweit es ihr möglich ist, gestaltet sie ihr Privatleben nach diesen Vorstellungen, doch tut das der Hingabe an ihre öffentlichen Pflichten keinen Abbruch.
In einer Welt, in der die Monarchie leicht zu einem Anachronismus werden kann, taten die Königin und Prinz Philip ihr möglichstes, um sie zu einer lebendigen und sinnvollen Institution zu machen. Dies ist keine leichte Aufgabe. Dabei muß die Königin immer einen Mittelweg beschreiten: Etwas von der Erhabenheit des Königtums muß bewahrt bleiben, ohne daß der Souverän zu sehr dem Alltagsleben entrückt oder dem Althergebrachten zu stark verhaftet erscheint. Der Prunk bei den Staatsempfängen ist ebenso wichtig wie der inoffizielle »Rundgang«. Die Königin soll als quasi mythische Figur, angetan mit voller Abendrobe und der Tiara, im grellen Sonnenlicht eines afrikanischen Landes auftreten, jedoch auch in der Lage sein, ein offenes Gespräch von Frau zu Frau zu führen. Es gibt wohl kaum einen Monarchen, der diese zweifache Aufgabe erfolgreicher bewältigen könnte als Elisabeth II. Ihr natürlicher Ernst verleiht ihr die nötige Würde, die sie bei öffentlichen Anlässen ausstrahlen soll, und mit den Jahren hat sie immer mehr an Gelassenheit gewonnen. Die kleingewachsene Person mit dem sehr gepflegten Äußeren und dem strahlenden Lächeln hat sich als eine Frau erwiesen, die Charme, Wärme und Geist besitzt. Bereits jetzt ist sie außerordentlich beliebt, und mit der Länge ihrer Regierungszeit wird ihre Popularität sicher noch weiter zunehmen. Wie groß ihre Beliebtheit inzwischen geworden ist, wurde besonders bei den Feierlichkeiten zu ihrem silbernen Thronjubiläum im Jahr 1977 deutlich.
Von der persönlichen politischen Macht, die einst der Vorgänger von Königin Elisabeth II. – der Gründer ihrer Dynastie, Georg I. – besaß, ist kaum etwas geblieben. Doch eben dieser Umstand hat ihre Dynastie gerettet. Dadurch, daß die Monarchen der Häuser Hannover und Windsor allmählich ihre Privilegien aufgaben, konnten sie den Thron bewahren. Die Stellung von Königin Elisabeth II. sowohl als Königin von England wie auch als Oberhaupt des großen, aus vielen Rassen bestehenden *Commonwealth of Nations,* hat lediglich symbolischen Wert. Die Tatsache, daß sie eine attraktive Frau, eine liebevolle Mutter und ein gewissenhafter und bescheidener Mensch ist, kann dieser Stellung nur noch mehr Glanz verleihen.

Georg VI. besuchte Southampton im Dezember 1940, nach dem Luftangriff durch die Deutschen. Bei seiner Thronbesteigung 1936 hatte er in seinem Tagebuch folgendes vermerkt: »Ich werde mein Bestes tun, um Ordnung zu schaffen . . .«

Königin Elisabeth II. mit ihren Kronjuwelen. Sie bestieg den Thron im Alter von 25 Jahren (ihre Vorfahrin Viktoria wurde mit 18 Jahren Königin) und feierte 1977 ihr silbernes Thronjubiläum.

Die Bourbonen in Neapel

Zwanzig Jahre nach dem Tod des Sonnenkönigs
bestieg einer seiner Urenkel den Thron des Königreiches von Neapel und Sizilien.
Die Familie herrschte dort bis zur Einigung Italiens.

Die Dynastie der Bourbonen in Neapel nimmt ihren Anfang mit König Karl (1735–1788). Der Sohn Philipps V. von Spanien und dessen Gattin Elisabeth Farnese lebte von 1716 bis 1788. Im Februar 1734, zur Zeit des Polnischen Erbfolgekrieges, führte der Infant die Truppen seines Vaters in Richtung auf das Königreich Neapel. Abgesehen vom Widerstand der kaiserlichen Streitkräfte bei Bitonto, war die Wiedereroberung Süditaliens und Siziliens durch die spanischen Bourbonen letzten Endes kaum mehr als ein Übungsmarsch. Karl von Bourbon, dem Philipp V. neben der Königswürde auch seine persönlichen Anrechte auf Neapel, Sizilien und die Presidi (Seehäfen in der Toskana) abgetreten hatte, zog am 10. Mai desselben Jahres triumphierend in die Stadt ein. Zuvor war ein Aufruf erlassen worden, in dem die Eroberung als eine Befreiung von der »Tyrannei der österreichischen Herrschaft« gefeiert wurde. Die Bürger von Neapel hießen Karl unter Freudenkundgebungen willkommen.

In der Geschichte des Landes markiert die Wiedergeburt des unabhängigen Reiches sowohl als historisches Faktum wie auch durch den psychologischen Auftrieb, den die Neapolitaner dadurch erhielten, den Beginn einer Zeit des Fortschritts. Diese Renaissance vermittelte den Süditalienern das Gefühl, daß es im Süden eine Chance für eine Wiederbelebung und einen Fortschritt gab. Und in der Tat legte der neue Monarch, ungeachtet des Widerstandes, mit dem Spanien der wachsenden Unabhängigkeit Neapels begegnete, den Grundstein für einen Nationalstaat. Doch anfänglich konnte und wollte er die vollständige Handlungsfreiheit gar nicht anstreben. – Er wurde im Jahre 1735 in Palermo auch zum König von Sizilien gekrönt; doch seine Residenz blieb Neapel. Karl von Bourbon heiratete 1738 Maria Amalie von Sachsen, die Tochter Augusts III., des Königs von Polen.

Während der ersten Jahre seiner Regentschaft erschien der Bourbonenprinz ausländischen Beobachtern als ein schüchterner junger Mann – ohne jegliche Autorität, ein Frömmler, ein Liebhaber der Jagd und des Pomps, der aufgrund seiner absolut mangelnden Persönlichkeit dazu geneigt war, die Regierungsverantwortung an seine Minister zu delegieren. Allmählich aber wuchs Karl in seine Aufgabe hinein. Sobald es ihm gelungen war, die spanische Vormundschaft abzuschütteln, die in Neapel durch den Majordomus Graf von Santo Stefano und später durch den Staatssekretär Marchese von Montealegre vertreten war, äußerte er den Wunsch, über die gesamte administrative Aktivität des Staates informiert zu werden. Seine Mitarbeiter suchte er nach freier Wahl aus. Unter ihnen zeichnete sich neben Fogliano aus Piacenza und dem Marchese Squillace vor allem Bernardo Tanucci aus. Karl war um das Wohl seiner Untertanen aufrichtig besorgt und verfolgte persönlich mit voller Überzeugung eine politische Linie, die dem »Privilegio« zuwiderlief. Dies bezeugen seine Briefe und auch seine späteren Aktivitäten als König von Spanien. Gestützt auf die Zustimmung der Klasse der Gebildeten versuchte er, die kärglichen Lebensbedingungen im Mezzogiorno zu verbessern. Mit allem, was er unternahm, orientierte er sich an einem vorsichtigen Reformkurs.

Nach dem Ende der jahrhundertelangen Ausbeutung des Reiches durch fremde Mächte dienten die einheimischen Ressourcen zum ersten Male dem Wohl des Landes selbst. Öffentliche Arbeiten wurden in Angriff genommen, denn aus der wiedererlangten Unabhängigkeit resultierten neue Erfordernisse. Vor allem mußten eine Kriegsmarine und eine leistungsfähige Armee geschaffen werden. Auf wirtschaftlichem Gebiet bemühte sich die bourbonische Regierung darum, den Handel zu beleben. Die Arbeit der Manufaktur wurde gefördert: So wurde z. B. im Jahre 1738 in

Dieses Gemälde eines anonymen Künstlers aus dem 18. Jahrhundert zeigt eine Parade in Piedigrotta zur Zeit Karls VII. Der Urenkel des Sonnenkönigs und spätere Karl III. von Spanien war der erste Bourbone, der über das Königreich Neapel herrschte.

San Carlo alle Mortelle ein Tapisseriebetrieb gegründet und 1743 die Porzellanfabrik von Capodimonte. Diese Werkstätten brachten die Stadt Neapel auf das Niveau der fortschrittlichsten Städte Europas. Der Versuch wurde unternommen, das Rechtswesen des Landes neu zu gestalten: Auf wirtschaftlichem und politisch-rechtlichem Gebiet wurden – zumindest in der Anfangsphase – dem Feudalsystem schwere Schläge versetzt: Das Wirtschaftsleben des Landes wurde mit dem Grundbuch sowie dem neuen System der Verwaltung der öffentlichen Finanzen und der Steuereintreibung reformiert. Die Regierung setzte entschlossen eine Politik fort, die bereits zuvor betrieben worden war: die Befreiung des Landes vom Joch der Römischen Kurie. – All diese Verdienste der frühen Bourbonenzeit müssen hervorgehoben werden.
Darüber hinaus vollzog sich unter der Regentschaft Karls ein beachtlicher Aufschwung auf künstlerischem und kulturellem Gebiet. Die Ausgrabungen von Herculaneum (1738) und Pompeji (1748) wurden initiiert; sie führten schließlich zur Gründung der *Accademia Ercolanese.* Die *Opera lirica* erhielt durch die Gründung des Opernhauses von San Carlo im Jahre 1737 neue Impulse. Künstler wie Vanvitelli, Solimena oder De Mura wurden gefördert. Eine der typischsten Ausdrucksweisen der neapolitanischen Kunst erlebte eine Blütezeit: die Krippenbaukunst. – Dies sind nur einzelne Aspekte einer regen Tätigkeit auf kulturellem Gebiet. Umfangreiche architektonische Werke, die begonnen und später vollendet wurden, zeugen noch heute von den Initiativen König Karls – vom Königspalast in Capodimonte bis zu dem in Caserta, vom Foro Carolino bis zum Albergo dei Poveri.
Ein zusammenfassendes Urteil über den ersten bourbonischen König wäre ohne die Meinung Benedetto Croces unvollständig: Alles in allem waren es Jahre eines »resoluten Fortschritts«; sie kündigten die spätere Reformbewegung an, die keinen Gegensatz zur vorhergehenden Epoche darstellte, sondern eher eine »Fortsetzung und Intensivierung«.
Karl von Bourbon wurde am 6. Oktober 1759 nach Madrid gerufen. Er sollte dort die Nachfolge seines Bruders Ferdinand VI. auf dem spanischen Thron antreten. In Neapel aber begann die lange Herrschaft Ferdinands IV. (1759–1825). Da die Geschichts- und Anekdotenschreibung den von 1751 bis 1825 Lebenden immer als eine menschlich und psychologisch interessante Figur darstellte, gilt König Ferdinand als eine der typischsten Herrschergestalten der Dynastie der Bourbonen.
Ob es nun an seiner unzureichenden Bildung lag, die er seinem Erzieher, dem Fürsten di San Nicandro verdankte, oder an der Tatsache, daß er während seiner Regierungszeit unter der Knute Tanuccis stand – sein Wesen war und blieb jedenfalls ungeschliffen und grob. Nach Erreichung der Volljährigkeit heiratete der junge Monarch Maria Karoline von Habsburg, eine Tochter Maria Theresias und somit auch eine Schwester von Joseph II., Leopold (dem Großherzog von Toskana) und der Königin Marie-Antoinette von Frankreich. Die Königin, die von 1752 bis 1814 lebte, war impulsiv, intelligent, diplomatisch-schlau und voller Enthusiasmus. Ihr Wunsch war es, dem Land ihren Stempel aufzudrücken. Nach der Geburt des Thronerben trat sie dem Staatsrat bei und versuchte,

die Fesseln zu sprengen, die Neapel immer noch an das Spanien Karls III. banden und die durch Tanucci verkörpert wurden. Maria Karoline gewann täglich mehr und mehr Einfluß über den König, wobei ihr der Umstand entgegenkam, daß der König sich am liebsten seinen Vergnügungen hingab. Doch mit seinem angeborenen gesunden Menschenverstand und gerade mit seinem passiven Widerstand gelang es ihm nicht selten, die hysterischen Ausbrüche der Königin zu bremsen und ihre überraschenden Entschlüsse abzumildern.
Man kann hinzufügen, daß Ferdinand eine Leidenschaft hatte, über der er sein eigenes Phlegma vergaß: die Porzellanfabrik von Capodimonte und vor allem seine Begeisterung für die Seidenfabrik von San Leu-

Ferdinand IV. mit seiner Familie bei der Ernte auf dem königlichen Landgut von Carditello. Abgesehen von gewissen Unterbrechungen war der zweite Bourbonenkönig von Neapel 74 Jahre lang Herrscher dieses Reiches.

cio, wo er seine utopischen und aufgeklärten Traumvorstellungen vom Leben in einer Gemeinschaft einem Test unterzog. Auch wenn er seiner Lebensweise und der Leute wegen, mit denen er sich zu umgeben pflegte, oft eine Zielscheibe für beißenden Spott war, so unterließ es der König doch nicht ganz, seine wichtigsten Pflichten zu erfüllen. Es sei daran erinnert, daß er in den zwei Jahrzehnten zwischen 1770 und 1790 den Reformgeist seiner Mitarbeiter durch sein persönliches Verständnis von der Würde des Staates mittrug. Von der Römischen Kurie ließ er sich trotz seiner tiefen Religiosität niemals einschüchtern. Aber es war Maria Karoline, die Patronin der Freimaurer und der Liebling der fortschrittlichen Opposition des Landes, die im Staat Neapel nicht nur die Innen-, sondern auch die Außenpolitik auf einen neuen Kurs brachte. Der Königin war es zu verdanken, daß die Marine unter der Führung von John Acton, der 1779 ins Staatssekretariat berufen worden war, eine neue Entwicklung nehmen konnte. Die Bemühungen, die Wirtschaft des Mezzogiorno wieder zu beleben, indem man die Beziehungen mit dem Osten ausbaute, schienen erfolgversprechend; nicht weniger deutlich waren die Anzeichen für eine Wiederbelebung im Inneren. Der harte Kampf gegen die Kirche dauerte auch in dieser Phase an – er gipfelte in der Vertreibung der Jesuiten und der Konfiszierung ihres Vermögens. Nach 1780 lehnte man es rundweg ab, die traditionelle Zeremonie der Huldigung der Chinea durchzuführen. Damit unterstrich man auf dem Ge-

Ferdinand, genannt »re nasone« (etwa: König Großnase), verband seinen Namen mit drei verschiedenen Titeln und Numerierungen: er war Ferdinand IV. von Neapel und Ferdinand III. von Sizilien (bis 1816) und schließlich Ferdinand I. Beider Sizilien.

Lucia Migliaccio (hier ein Porträt, gemalt von Camuccini) stammte aus Syrakus. Sie war die Geliebte Ferdinands, der sie zur Herzogin von Floridia ernannte und sie nach dem Tod der Königin morganatisch heiratete.

biet der Politik ganz offen, daß die jahrhundertealten Ansprüche des Heiligen Stuhles auf die Oberhoheit über das Reich Neapel nicht anerkannt wurden. In diesem optimistischen Klima, das das Leben in Neapel beherrschte, gewann man den Eindruck, daß Neapel als privilegierte und parasitäre Stadt über das Elend in den Provinzen hinwegsah und im Begriff war, sich in die Hauptstadt eines modernen Staates zu verwandeln – in ein Zentrum, in welchem alle Interessen der »Nation« zusammenflossen. Vor allem bei der jüngeren Generation verzeichnete man einen qualitativen Fortschritt: Die Intellektuellen, die in der Schule Antonio Genovesis groß geworden waren, erweiterten den Gesichtskreis der Forschungstätigkeiten und unterzogen jeden Aspekt des gesellschaftlichen Lebens einer sorgfältigen Prüfung. Das Neapel Gaetano Filangeris, des Abbé Galiani, Domenico Caracciolos und dann auch Palmieris, Galantis, Grimaldis, Spiritis und Longanos – um nur einige Namen zu nennen – wurde eines der Zentren der europäischen Aufklärung. Es wurde, wie Franco Venturi betont, die lebendigste und »freieste« italienische Stadt des späten 18. Jahrhunderts. Und die Monarchie mit ihren Ministern Sambuca, Caracciolo und Acton unterstützte in diesen zwei regen Jahrzehnten die Strömungen auf geistigem und technischem Gebiet. Bis zum Jahre 1792 stellten sich diese Strömungen ganz in den Dienst des Landes; die Probleme des Mezzogiorno sollten angegangen und überwunden werden. Unter anderem führte das Problem des Grundbesitzes und die Landarbeiterfrage zu Reformen und Reformversuchen, die alle ein besonderes Interesse erweckten, auch wenn sie recht oft ohne sofortige Wirkung blieben. Die Reformversuche sind schon deshalb interessant, weil sie die sozialen Aspekte aufzeigen, mit denen sich die Revolution von 1799 auf dem Land auseinanderzusetzen hatte. Sie leisteten aber auch Vorarbeit für die Innovationen der französischen Herrschaft und für die Abschaffung des Feudalsystems. Härter und letzten Endes erfolglos war der Kampf, den die Regierung und die aufklärerischen Ideen Napoleons zur gleichen Zeit gegen die feudale Übermacht in Sizilien eröffnet hatten. Dieser Kampf stützte sich auf das Engagement des Marchese Caracciolo.

Das bereits segensreiche und noch verheißungsvollere Einvernehmen zwischen der politischen Aristokratie des Landes und der absolutistischen Monarchie wurde durch die Ereignisse in Frankreich jäh zerstört. Von den Emotionen angeheizt, die der Königsmord in Paris am Hofe von Neapel ausgelöst hatte, überredete Maria Karoline den König, entgegen dem Rat seiner klügsten Minister und der Diplomaten Neapels, den Vertrag vom Juli 1793 zu unterzeichnen. Darin wurde die neapolitanische Marine an die Interessen der Briten gebunden und das Land schließlich in einen unheilvollen Krieg gegen Frankreich hineingezogen. Von 1799 bis 1806 setzte sich Neapel zweimal der Gefahr einer Invasion aus. Der Versuch einer wirtschaftlichen Renaissance des Mezzogiorno mußte notwendigerweise unterbrochen werden. Die Geschehnisse der Revolution und die nachfolgende heftige Reaktion durch das Haus Bourbon rissen zwischen Monarchie und Nation einen Graben auf, der niemals wieder ganz zugeschüttet wurde und der schließlich weniger als ein halbes Jahrhundert später zum endgültigen Fall der Bourbonen in Neapel führte.

Da König und Hof vor den heranrückenden Franzosen nach Palermo flohen, blieb Neapel sich selbst überlassen. Das Experiment einer demokratischen, aufgeklärten Republik, die den französischen Generälen unterstellt war und sich in Wirklichkeit nur auf die Hauptstadt beschränkte, war von anarchistischen Ausschreitungen und blutigen sozialen Unruhen begleitet und somit zum Scheitern verurteilt. Die Reformbewegung war in der Tat ein exklusives Anliegen einer Minderheit von Intellektuellen geblieben, während das Lumpenproletariat der Hauptstadt und die Bauern auf dem Lande sich noch an die alte Ordnung klammerten. Doch seit 1799 und der Zurückeroberung Neapels durch die Massen des Kardinals Ruffo ließ sich die persönliche Verantwortung der Herrscher für die grausame Unterdrückung nicht mehr leugnen.

Franz I. – Monsignore Olivieri, der Erzieher seiner Söhne, schrieb an ihn 1826: »In einem Jahr werdet Ihr jegliche Sympathie Eurer Untertanen verscherzt haben und die Zielscheibe unverhohlener Geringschätzung sein.«

Dies warf ein schlechtes Licht auf sie, von dem sie sich auch nicht so leicht befreien konnten. Nach dem Bruch des Friedens von Amiens und der Besetzung Apuliens durch die Franzosen zeigte sich der neapolitanische Hof abermals mit England einig, und der unversöhnliche Gegensatz zwischen Napoleon und den Bourbonen trat wieder zutage. Am 27. Dezember 1805 verkündete der Sieger von Austerlitz schließlich in Schönbrunn dem Heer, das Königshaus Neapel hätte aufgehört zu regieren. Am 9. Februar des folgenden Jahres war Ferdinand IV., den seine englischen und russischen Verbündeten im Stich gelassen hatten, wieder einmal der erste, der floh. Am 14. betraten die Franzosen die Hauptstadt, und am 9. März wurde das kleine neapolitanische Heer bei Campotenese besiegt.

So begann das »französische Jahrzehnt«, jene Zeit, die von einer radikalen Erneuerung im gesamten sozialen, wirtschaftlichen und politischen Leben des Mezzogiorno gekennzeichnet war und an der sich die Besten des Landes beteiligten. Doch diese neue Elite erstrebte wieder – und in noch größerem Ausmaß – die nationale Unabhängigkeit sowie die verfassungsmäßigen Freiheiten. Dies sollte sich in dem Augenblick zeigen, als die Interessen Süditaliens mit denen des wankenden Napoleonischen Reiches in Konflikt gerieten. Daher war es für die anglo-bourbonische Propaganda nicht schwer, die Karbonaribewegung schon frühzeitig gegen Murat auszurichten. Dieser Geheimbund, der gerade seine ersten Aufruhrversuche in Kalabrien und in den Abruzzen unternahm, blickte seither nach Sizilien, wo Ferdinand von Bourbon auf Geheiß Lord Bentincks die Rolle eines konstitutionellen Monarchen übernehmen mußte. Der Wunsch nach Frieden war so groß, daß der greise König bei seiner Rückkehr nach Neapel mit Rührung und einem Gefühl der Erleichterung empfangen wurde. Unter seinem neuen Namen Ferdinand I. richtete er sich darauf ein, das Schicksal der wiedererrichteten Monarchie zu lenken. Nachdem Maria Karoline in ihrem Wiener Exil gestorben war, wollte König Ferdinand seine Geliebte, die Herzogin von Floridia, heiraten und sich so ein neues Image geben – Monarch und Untertanen schienen sich gegenseitig verziehen zu haben.

Doch mit der Restauration wurde jeder Erneuerungsprozeß gestoppt. Die Karbonaribewegung, die im Mai 1815 die Rückkehr des greisen Königs willkommen geheißen hatte, war enttäuscht und wurde zum Sammelbecken der Unzufriedenen. Sie waren der Meinung, man könnte ihnen, wenn auch nur langsam, eine Verfassung zugestehen. Sie wußten nichts von der Verbindung, in die die Monarchie im Geheimvertrag vom 12. Juni 1815 mit Österreich eingetreten war und von den sich daraus ergebenden ernsten äußeren Hindernissen, die sich vor ihnen auftaten. Aus ihren getäuschten Illusionen wuchsen die Unruhen des Jahres 1820. Während der neunmonatigen verfassungsmäßigen Herrschaft blieben die Reformbemühungen der Machthaber zwangsläufig fruchtlos, da sie gegen die absolute Fortschrittsfeindlichkeit der bäuerlichen Massen prallten, die jedes Reformvorhaben bremste und verhinderte. Die Situation wurde durch die Geschehnisse in Sizilien weiter kompliziert. Dort führte die Unzufriedenheit mit der Verwaltungspolitik des Ministers De Medici während der Jahre 1815 bis 1820 und die Wirtschaftskrise zu einem Ausbruch des Volkszorns. Unabhängigkeit von Neapel und die Verfassung von 1812 waren die Parolen der sizilianischen Bewegung. Die Einstellung Ferdinands I. zu den Ereignissen der Revolution ist ziemlich naheliegend und entspricht seiner früheren Haltung. Auf dem Kongreß von Laibach ließ er seine Maske fallen und verwarf nicht nur die Ideen der Revolution, sondern auch das Verhalten des Kronprinzen Franz, der in der Zeit der Verfassung Reichsverweser gewesen war.

Die Bourbonen reagierten blindlings auf die Unruhen von 1820. Sie warfen die Anstifter der Julirevolte mit jenen in einen Topf, die im guten Glauben annahmen, den gemeinsamen Interessen von Dynastie und Volk zu dienen. Dies war ein verhängnisvoller Fehler, der aus einer großen Anzahl von Leuten unversöhnliche Gegner machte, die sonst dem Staat weiterhin gern gedient hätten. Die bourbonische Herrschaft zeigte noch einmal ihre Unfähigkeit, das Problem ihrer eigenen Existenz zu lösen: 1824 machte sie die Versprechen im wesentlichen rückgängig, die im Dekret von 16. Mai 1821 enthalten waren und die ihr die europäische Diplomatie abgerungen hatte: Die Regierung nahm die vorgesehenen Maßnahmen zurück bzw. änderte sie vollkommen ab.

Ferdinand I. starb 1825. Sein Nachfolger Franz I. (1825–1830), lebte von 1777 bis 1830, regierte jedoch nur kurze Zeit. Er war in erster Ehe mit Erzherzogin Clementina von Österreich und später mit Maria Isabella von Spanien verheiratet. Für das Königreich Beider Sizilien bedeutete seine Regentschaft eine Zeit des Übergangs und der Neuordnung. Einerseits scheint es, als ob die typischsten Elemente der bourbonischen Mißregierung wie Bigotterie, Korruption und die Übermacht der Polizei in dieser Zeit auf die

Spitze getrieben worden wären. Andererseits legte die Finanzpolitik De Medicis (in seinem zweiten Ministeramt) die Grundlagen für die wirtschaftliche Wiederbelebung des Mezzogiorno und sollte in der Folgezeit erste Früchte tragen.
1830, nach dem Tode Franz' I. und nach der Thronbesteigung durch Ferdinand II. (1830–1859), bahnte sich ein neuer Annäherungsversuch zwischen dem Mezzogiorno und der Bourbonendynastie an. Die Politik des jungen Monarchen war bestrebt, die Wirtschaft des Landes anzukurbeln und die Verwaltung des Reiches mit frischen Energien zu speisen. So erweckte die Bourbonenmonarchie in der Tat einen neuen Enthusiasmus. Die Zurückrufung der zuvor ins Exil Gezwungenen – ein Zeichen für die Versöhnungsbereitschaft des Monarchen – brachte den Hauch einer neuen europäischen Kultur nach Neapel und weckte große Hoffnungen auf eine Reform der politischen Struktur des Staates. All dies erleichterte nicht wenigen Anhängern Murats die Bekehrung zum Haus Bourbon; ihnen entsprach der Reformismus des späten 18. Jahrhunderts.
So konnte man in der Anfangszeit seiner Regentschaft eine Atmosphäre idyllischen Vertrauens um den jungen König verzeichnen. Er schaffte die alten Unsitten ab, entfernte die Clique seines Vaters vom Hof und zeigte sich fest entschlossen, auf allen Gebieten der Verwaltung auf Fortschritte zu drängen. Er richtete

Auf diesem allegorischen Gemälde von N. de Laurentiis bezeigen die zwölf Provinzen des südlichen Königreiches Franz I. ihre Ehrerbietung. Seine nur fünfjährige Regierungszeit gilt als eine Zeit des Übergangs.

Ferdinand II., der vierte und vorletzte Bourbone auf dem Thron von Neapel, herrschte in der entscheidenden Phase des italienischen Risorgimento.

sein Augenmerk auf die Armee, ließ sich am wirtschaftlichen Aufschwung seines Landes gelegen sein und förderte den Handel durch einen gemäßigten Protektionismus und sogar nach den Grundsätzen des Freihandels. Oberflächlichen Betrachtern und selbst den argwöhnischen Kanzleien Europas kam es so vor, als ob sich die Bourbonenmonarchie zu einem beinahe liberalen Staat entwickeln würde. Man erkannte nicht, daß Ferdinand die Verwaltungseinrichtungen des Reiches, die er von seinen Vorgängern übernommen hatte, nur perfektionieren wollte, um sie zu festigen und zu erhalten. Man übersah auch, daß die vom König angestrebten Veränderungen politisch nur eine Bemühung darstellten, dem Rumpf der alten, aus dem Wiener Kongreß hervorgegangenen Monarchie das Ideal des Napoleonischen Reiches aufzupfropfen, das sich in Neapel auf die Muratsche Tradition berief.
Ferdinand II. lebte von 1810 bis 1859. Er besaß ein rasches Auffassungsvermögen und ein besonders gutes Gedächtnis, war überheblich und vertraute seinem gesunden Menschenverstand. Diese Charaktermerkmale und Eigenschaften, in Verbindung mit der Tatsache, daß er sich seiner tiefen Bildungslücken voll bewußt war, erfüllten Ferdinand natürlich mit einem Gefühl von Verdruß und Argwohn gegenüber den gebildeten und führenden Schichten, denen er schließlich nur noch die Funktionen reiner Befehlsvollstrecker zuwies. Das zog schlimme Folgen nach sich: Nach der Vorstellung der Neapolitaner lag jegliche Verantwortung letzten Endes beim König, dessen Hauptfehler es war, nicht einsehen zu können, daß es keinen Fortschritt, keinen wirtschaftlichen Aufschwung geben kann, der nicht zugleich auch ethisch-politische Probleme mit sich bringt. Mehr noch: In Neapel stand die im Grunde materialistische Haltung des Königs allmählich im Gegensatz zu der neuen Kultur des Südens – dieser neuen Lebensauffassung, die edel, heroisch, kurz: »romantisch« war, und die in den Jahren zwischen 1830 und 1848 eine richtige Blütezeit erlebte. Die freiheitliche Tradition, die in den Herzen der Leute durch die Untergrundarbeit der Geheimbünde und durch die Erinnerung an die Vergangenheit am Leben gehalten wurde, belebte sich weiter, da das Bügertum in der Provinz wirtschaftlich und intellektuell fortgeschritten war. Deutliche Anzeichen für das Feuer, das unter der Asche schwelte, waren die erfolglosen Aufstände, die sich in jenen Jahren mehrten; Schauplätze waren die Gegend von Salerno, Sizilien, die Abruzzen und Kalabrien. Diese Unruhen schlugen eine geistige Brücke zwischen der Revolution von 1820 und der von 1848. Ferdinand II. war überzeugt, daß sein Reich in bezug auf das Rechts- und Verwaltungssystem schon all das besaß, was in den übrigen Staaten Italiens noch lautstark gefordert wurde. Er bemerkte nicht, daß zwischen ihm und dem Volk ein Abgrund klaffte.
Die Revolution von 1848 traf ihn deshalb ganz unvorbereitet. Auf einen Schlag brach alles zusammen. Ferdinand stürzte von den Höhen seines Selbstvertrauens in einen Abgrund, wo er sich ganz verzagt zeigte. Er hatte immer geglaubt, allem gerecht zu werden. Nie hatte er daran gedacht, daß er einmal Leute brauchen würde, die ihm nicht nur ergeben waren, sondern ihm mit ihrer Intelligenz zur Seite stehen konnten. Erst in der Stunde der Gefahr erkannte er, daß er vollkommen alleine dastand. Der Mann, den der König mit der Ausarbeitung der Verfassung betraute, war Francesco Paolo Bozzelli, der aus dem Exil zurückgekehrt war und als einer der führenden Köpfe der liberalen Bewegung galt. Doch die »Verfassung«, die am 10. Februar von der Regierung unterzeichnet wurde und tags darauf in Kraft trat, erwies sich eher als konservativ denn als gemäßigt: Man erinnere sich daran, daß die Zugehörigkeit zur katholischen Kirche obligatorisch und die Pressefreiheit beschnitten war. – Ein paar Tage später war die Verfassung bereits Geschichte, denn auf der europäischen Bühne hatte sich eine Wende vollzogen: Ausgerechnet das Regime Ludwig Philipps, das ja dem neapolitanischen Gesetzgeber als Vorbild diente, war zusammengebrochen.
Mittlerweile war es in Sizilien zur Revolution gekommen. Nach den ersten paar Monaten, als Ferdinand wieder Atem geschöpft hatte, begriff er sofort, daß die Insel weder durch das konstitutionelle Kabinett noch durch die Vermittlung der Engländer befriedet werden konnte. Er sah auch, daß die neue verfassungsmäßige Regierung ihm keine volle Handlungsfreiheit bei der Bewältigung dieses Problems ließ, von dem er besessen war. Deshalb hieß er die Idee eines italienischen Staatenbundes und sogar die Beteiligung am Krieg gut – was seiner innersten Überzeugung zuwiderlief –, nur um von den anderen Herrschern der Halbinsel eine Garantie und eine zumindest moralische Unterstützung in seinem Kampf um Sizilien zu erhalten. Doch auf diesem Gebiet wurde er bitter enttäuscht. Bei Ferdinand II. trat daraufhin wieder das alte Mißtrauen zutage. In seinem Inneren hegte er den Verdacht, daß die radikalen Neapolitaner den Abmarsch des Heeres in Richtung Norditalien nicht nur wegen ihrer nationalen Interessen beschleunigen wollten – seiner Ansicht nach wollten sie vielmehr die Streitkräfte im Inneren des Landes vermindern, um bei ihrem Versuch, die soziale und institutionelle Ordnung umzuwälzen, freie Hand zu haben. Ferdi-

Auf diesem Bild von C. de Falco ist Maria Christina von Savoyen abgebildet, die Tochter Viktor Emanuels I., des Königs von Sardinien. Sie war die erste Frau Ferdinands II. Nach ihrem Tod ehelichte der Bourbonenkönig Maria Theresia von Habsburg-Lothringen.

nand II. fühlte sich in seinen Zweifeln durch die Erhebung vom 15. Mai bestärkt. Der Konflikt, der sich zwischen Parlament und Souverän um die Eidesformel entwickelte, war nur ein Indiz für eine tiefe innere Krise.

Von seiten der Liberalen war es ein schwerer taktischer Fehler und nicht zuletzt auch eine Ursache für das Scheitern des Verfassungexperimentes im Neapel von 1848, daß sie von Anfang an das Statut bekämpft hatten. Sie lehnten es ab, weil die Reform oder die »Evolution« – wie man zu sagen pflegte – nur Schritt für Schritt, d. h. in vorsichtigen Etappen zu verwirklichen gewesen wäre. Der König war klug genug, um sofort zu begreifen, daß die einzige Chance für einen Sieg des Absolutismus darin bestand, die Differenzen zwischen den verschiedenen liberalen Strömungen zu vergrößern. Er erwies sich als sehr geschickt dabei, die Zwistigkeiten, Instabilität und Fehler im Lager des Gegners zu seinem eigenen Vorteil auszunutzen.

Rückkehr zur Ordnung oder Anarchie? Vor diese Alternative konnte König Ferdinand die große Masse des süditalienischen Volkes nun stellen. Die Antwort darauf war unschwer zu erraten. In Wirklichkeit konnte man ja nur zwischen zwei leidvollen Alternativen wählen; denn die Liberalen mußten selbst einsehen, daß sie nicht die Kraft hatten, an zwei Fronten gleichzeitig zu kämpfen. Der Staatsstreich Ferdinands II. – wenn man sein Vorgehen so nennen darf – und die schrittweise Rückkehr zum Absolutismus wurden schließlich dadurch erleichtert, daß die gemäßigten Liberalen Neapels unverrückbar auf dem Boden des Gesetzes standen und daß die »Demokraten« es an Kampfeslust fehlen ließen. Man muß hinzufügen, daß der König auch von jenen Bürgern unterstützt wurde, die zwar anfangs für die Verfassung waren, aber dann im Triumph der Revolution auch die Auflösung des Reiches im italienischen Süden erblickten. Wie dem auch sei, die Ereignisse des 15. Mai gaben dem König nach drei Monate dauernder Ohnmacht sein volles Selbstvertrauen zurück. Er nutzte die Situation sogleich aus und rief sein Heer aus Norditalien zurück, um es zur Verteidigung der inneren Ordnung und zur Zurückgewinnung Siziliens einzusetzen.

Die Reaktion Ferdinands kann in der Tat als blind bezeichnet werden: Er war stolz, der erste Monarch Europas zu sein, der zum Widerstand gegen die »radikale Fraktion« aufgerufen hatte, die die soziale Ordnung umzustürzen drohte. Den Weg, den er einmal eingeschlagen hatte, ging er unbeirrbar weiter. Das Jahr 1848 setzte den Hoffnungen in den regionalen Staaten ein Ende; die Befürworter eines Föderalismus waren gescheitert, und es begann eine grundlegend neue Ära. Wie Benedetto Croce betont, gab es von da an das alte Königreich Neapel »als Idee« nicht mehr. Die reaktionären Bemühungen Ferdinands fanden auch in der politischen und administrativen Struktur des Staates keinerlei Rückhalt: Sie bewirkten deshalb nur eine weitere Stärkung und Konsolidierung der Opposition. Der frühzeitig gealterte Ferdinand war isoliert; er hatte sich ganz auf den Bereich seiner Frömmigkeit und seiner Familie zurückgezogen. An seiner Familie hing er sehr: Nach dem Tode seiner ersten Gemahlin Maria Christina von Savoyen hatte er eine Habsburgerin, Maria Theresia, geheiratet, die ihm tief verbunden war. So verbrachte er seine letzten Jahre, indem er versuchte, der Situation Herr zu werden.

Der Monarch nährte immer größeres Mißtrauen gegen seine eigenen Mitarbeiter. Den Fähigkeiten und der Aufrichtigkeit der gesamten herrschenden Schicht traute er nicht: So nahm sein bürokratischer Absolutismus allmählich pathologische Züge an. Seit 1851 hatten in Neapel akkreditierte ausländische Diplomaten die wirklich anormalen Zustände hervorgehoben, die im Königreich Neapel herrschten; denn zusehends konzentrierte sich die gesamte Macht in der Hand des Monarchen. Sie ahnten, daß im Falle seines Ablebens das ganze Gebäude des Staates von einem Moment zum anderen zusammenstürzen würde. Der neapolitanische Staat war in der Tat zum Untergang verurteilt. Die Veröffentlichung der Gladstone-Briefe trug dazu bei, alle Welt gegen die Bourbonenherrschaft aufzubringen. Nach den Angriffen, die im Verlauf des Pariser Kongresses in aller Öffentlichkeit gegen Neapel geführt wurden, gipfelten die Spannungen mit Frankreich und England im Abbruch der diplomatischen Beziehungen zu den Beiden Sizilien im Oktober 1856. Die Erhebung Carlo Pisacanes im darauffolgenden Jahr räumte die Gefahr aus dem Weg, das Problem Süditaliens könnte à la Murat gelöst werden (was im Sinne Napoleons III. gewesen wäre) und brachte zugleich die alte revolutionäre Taktik Mazzinis in Mißkredit. Doch sein Scheitern beweist nicht – wie es die bourbonische Presse am Tag nach dem Unternehmen von Sapri glauben machen wollte –, daß das Königreich sich konsolidiert hatte und die Bevölkerung Ferdinand II. die Treue hielt. Die scheinbare Ruhe kündigte die Katastrophe an. Und beim Tode Ferdinands II. wurde der Ernst der Lage mit einem Schlage deutlich.

Der Krieg von 1859 war bereits im Gange, als der junge Prinz Franz II. (1859–1860) im Juni den Thron von Neapel bestieg. Er zeigte sich nicht gewillt, sich von jenen Leuten am Hof loszusagen, die weiterhin mit den reaktionären Methoden der vorhergehenden Regierung arbeiten wollten. Die Gelegenheit zu einem Übereinkommen mit Frankreich ließ er verstreichen. Es hätte auf dem Zugeständnis einer Verfassung nach napoleonischem Muster beruhen sollen. Noch schwerwiegender für das Schicksal des Königreiches Neapel war die Tatsache, daß der König die ausgestreckte Hand Piemonts nicht ergriff. Piemont war, wenn auch nur aus taktischen Überlegungen heraus, bereit, ein Bündnis mit den Beiden Sizilien einzugehen. Somit fuhr er fort, sich hinter der traditionellen isolationistischen Position zu verschanzen und legte ein schon anachronistisch zu nennendes Vertrauen auf die Hilfe Rußlands an den Tag. Franz II. lebte von 1836 bis 1895. Der Sohn der ersten Gemahlin Ferdinands II., Maria Christina von Savoyen, war ein mehr oder minder aufrechter, mit bescheidenen Geistesgaben und recht dürftiger Bildung ausgestatteter Mann. Er war ziemlich schüchtern und tief religiös. Der Schwierigkeiten, mit denen er zu kämpfen hatte, war er sich voll bewußt und bemühte sich, seine lästigen Pflichten als König mit christlicher Schicksalsergebenheit und geduldiger Gewissenhaftigkeit zu erfüllen. Doch sein Charakter war schwach und unentschieden: Einmal erkannte er die schwierige Lage und das unabwendbare Ende, dann wieder baute er voller Zuversicht auf seine Widerstandskraft und schwenkte auf eine Linie reaktionärer und vergangenheitsorientierter Sehnsüchte ein. So ließ sich Franz II. von den Ereignissen beherrschen und treiben. Im übrigen waren der Kreis um den König, ja selbst die königliche Familie alles andere als geschlossen: Sein Onkel, der Graf von Syrakus, zeigte sich lange schon als Anhänger des Liberalismus. Er war mit einer Frau aus dem Hause Savoyen verheiratet, trat als Mäzen und Förderer der Künstler auf und war selbst ein

Dieses von einem Unbekannten in der Tradition des paternalistischen und humanitären Absolutismus gemalte Bild zeigt Ferdinand II., den König Beider Sizilien, mit seinem Offiziersgefolge. Er stattet Melfi einen Besuch ab, dessen Bewohner von einem Erdbeben heimgesucht wurden.

Künstler von einigem Rang. Ihm stand der ehrgeizige Aktivismus des Grafen d'Aquila gegenüber, der in engem Kontakt mit der sardischen Gesandtschaft stand und mit dem französischen Bevollmächtigten Brénier Ränke schmiedete. Obendrein richtete sich ein weitverbreiteter Verdacht gegen die Königin-Witwe Maria Theresia von Österreich, der man – zu Unrecht – nachsagte, sie bemühe sich, ihren Stiefsohn durch ihren eigenen Sohn Ludwig, den Grafen von Trani, zu ersetzen. So standen die Dinge, als die Nachricht von Garibaldis siegreichem Marsch auf Palermo und von der schmachvollen Kapitulation am Hof von Neapel eintraf: 20 000 gut gerüstete Männer, die durch ein leistungsstarkes Schiffsgeschwader vor den wenigen tausend Garibaldinern und sizilianischen Freiheitskämpfern beschirmt wurden. Die ersten Gerüchte von Verrat, die sich in einer Atmosphäre wie der des Mezzogiorno sehr leicht verbreiten lassen, und die Legende von der Unbesiegbarkeit des Condottiere bleiben nicht ohne Wirkung: Sie schlug sich auch auf den bestürzten Hof von Neapel nieder und nahm ihm den Willen zum Widerstand. Die befreundeten Diplomaten zeigten sich enttäuscht und begannen sich davon zu überzeugen, daß das Königreich »morsch« sein mußte, wenn es die Waffen so leicht vor einem Häuflein »Freibeuter« streckte.

Mit der Kapitulation von Palermo zeichnete sich der Zusammenbruch ab. Selbst jene Hofschranzen, die man für erzreaktionär gehalten hatte, drängten den König, die Verfassung zu gewähren. Doch die Fenster für die Reformluft zu öffnen, die im Exil Lebenden heimzurufen, die Pressefreiheit wieder einzuführen, während Sizilien in Flammen stand, hieß nur, den Untergang noch zu beschleunigen. Die verfassungmäßige Regierung Spinelli-Romano konnte – trotz ihrer guten Absichten – nichts anderes tun, als den Mezzogiorno ohne größere Schäden Garibaldi und somit Italien zu überlassen. Die Verfassung brach das alte Regime praktisch auf, doch ohne etwas wirklich Neues oder Effizientes anzubieten, so daß die Provinzbeamten sich hinter dem Schlag versteckten, der mit dem königlichen Dekret vom Juni dem Staatsgebäude versetzt worden war; mit diesem Dekret entschuldigten sie ihre eigene Unzulänglichkeit. In den Monaten Juli-August witterte man das Ende; die am meisten gehätschelten unter den alten Hofschranzen begannen – einer nach dem anderen – an ihre eigene Zukunft zu denken: Selbst die königlichen Prinzen zögerten nicht, ihrem Beispiel zu folgen.

Am 6. September verließ König Franz II. die Hauptstadt, um sie nicht der Gefahr eines Bürgerkrieges auszusetzen. Er bemühte sich verzweifelt, die Reihen des Heeres wieder aufzustellen, um Garibaldi entgegenzutreten. Die Kampfkraft der Bourbonenanhänger, die bei Caiazzo, Triflisco und Santa Agata und selbst in der Schlacht am Volturno unerwartete Fähigkeiten an den Tag legten, kam den Plänen Cavours und dem Einigungsauftrag, mit dem das Heer Viktor

Dieser zeitgenössische Stich zeigt, wie die Menge am 29. Januar 1848 König Ferdinand II., der die Verfassung versprochen hat, zujubelt. Die neugeschaffene gemäßigte Verfassung wurde am 10. Februar unterzeichnet.

Emanuels II. betraut worden war, ungewollt entgegen. Am 26. Oktober, dem Tag, an dem sich Viktor Emanuel II. und Garibaldi in Teano trafen, begann das Bourbonenheer seinen Rückzug über den Garigliano. Franz II. rief seine Soldaten am 27. mit einer selbstbewußten Proklamation zum Widerstand auf. Am 29. Oktober führte eine demonstrative Erkundung gegen die Vorposten am Garigliano zu einer Niederlage des sardischen Heeres. Dies war das letzte siegreiche Gefecht der Bourbonenarmee.
Dann wurde die letzte ruhmreiche Seite in der Geschichte der neapolitanischen Bourbonen aufgeschlagen: die Verteidigung von Gaeta. Ihre Heldin war, wie allgemein bekannt, die blutjunge Gemahlin Franz' II., Marie Sophie von Bayern. »Ihre Majestät die Königin«, so konnte der König an Napoleon III. schreiben, »will mein Schicksal bis zuletzt mit mir teilen. Sie wird sich der Leitung der Kranken- und Verwundetenpflege in den Spitälern widmen.« Der Kaiser der Franzosen, der seine Schiffe natürlich nicht für unbegrenzte Zeit in den Gewässern vor Gaeta liegen lassen konnte, riet ihm zum Nachgeben. Am 13. Januar gab der Monarch eine würdevolle Antwort und sorgte zugleich dafür, daß eine geschickt formulierte Proklamation verbreitet wurde. Darin machte er sich die Welle der Unzufriedenheit zunutze, die – wie zwangsläufig – durch den Übergang vom alten zum neuen Regime entstanden war. Er versuchte, dem nationalen Patriotismus seinen »neapolitanischen« Patriotismus entgegenzusetzen. Selbst ein Silvio Spaventa mußte zugeben, daß diese Proklamation einen großen Eindruck hinterließ. Mittlerweile war am 19. Januar das französische Geschwader abgezogen, und Franz II. blieb sich selbst überlassen. Am 13. Februar war kein Widerstand mehr möglich, und der Monarch gab den Befehl zur Abfassung der Kapitulationserklärung. Unter bewegenden Sympathiekundgebungen seiner Soldaten schiffte er sich tags darauf mit der Königin ein, um nach Rom ins Exil zu gehen. Die Verteidigung von Gaeta und die Haltung des jungen Monarchen und vor allem der Königin Marie Sophie, die keine Gefahr gescheut und mit den Soldaten die Strapazen der Belagerung geteilt hatte, zogen die Aufmerksamkeit ganz Europas auf das Königspaar. Die Rolle, die das Bourbonenheer bei dem verzweifelten Versuch spielte, die historische Einzigartigkeit des alten Königreiches zu retten, wurde durch die Verteidigung von Gaeta klar hervorgehoben. Nach heftigem Widerstand kapitulierten in den ersten Märztagen auch Messina und Civitella del Tronto. So verschwand die Dynastie der neapolitanischen Bourbonen für immer, doch dank dieser Soldaten verschwand sie nicht ohne Ruhm.
In ihrem römischen Exil lebten das frühere Königspaar von Neapel und sein Hof im Quirinal als Gäste des Papstes. Dann zogen sie in den Palazzo Farnese, der damals noch ihnen gehörte und der erst später an Frankreich verkauft werden sollte. Anfangs beherbergte Rom eine große Anzahl von Emigranten aus dem Süden, die sich ziemlich unruhig verhielten. Durch Kontakte mit Legitimisten aus allen Teilen Europas und selbst mit dem politischen »Brigantentum« nährten sie ihre Hoffnung auf eine beschleunigte Restauration. Doch diese Absichten verflüchtigten sich mit der Zeit. Die Bindungen zur Bevölkerung Süditaliens wurden allmählich immer schwächer, auch wenn bourbonische Zirkel und eine legitimistische Presse noch lange müde vor sich hin dämmerten.
Obwohl er noch einige Jahre lang Pietro Ulloa als Ratspräsidenten behielt, demobilisierte Franz II. 1867, nach dem Friedensschluß zwischen Italien und Österreich, offiziell sein Restkabinett. Er löste sogar das Netz der Diplomaten auf, die an jenen Höfen wirkten, die das Königreich Italien nicht anerkannt hatten. 1870 – noch vor dem 20. September – hielt es Franz für angezeigt, Italien zu verlassen. Nach einem kurzen Aufenthalt in Paris zog er nach Bayern, wo er fast ununterbrochen lebte. Er hatte auf alle eventuellen Ansprüche verzichtet. Franz starb im Alter von 59 Jahren in Arco (Trentino). Marie Sophie überlebte ihn lange; sie starb erst im Jahre 1925.
Beim Tode Franz' II. 1894 begrüßten die neapolitanischen Legitimisten seinen Bruder Alfons, den Grafen von Caserta, geboren 1841, als »den König«. Er hatte sich bei Mentana in der päpstlichen Armee hervorgetan und vor allem in Spanien, während der Karlistenkämpfe, als Führer der nördlichen Truppen. Er spielte sich zum »Thronprätendenten von Neapel« auf, und erst im letzten Abschnitt seines langen Lebens, nach der Aussöhnung zwischen der Kirche und dem Staat Italien, stellte er die Beziehungen zur italienischen Königsfamilie wieder her. Es war daher selbstverständlich, daß nach seinem Tod im Mai 1934 sein erstgeborener Sohn Ferdinando Pio, Herzog von Kalabrien, der von 1869 bis 1960 lebte, nicht mehr als Prätendent folgte, sondern nur noch den Titel »Haupt des Hauses Bourbon Beider Sizilien« trug. In diesem Sinn wurden auch die Statuten des *Ordine costantiniano di San Giorgio* neu gestaltet, dessen Großmeister traditionell der König von Neapel war. 1938 heiratete seine Tochter Lucia Eugenio von Savoyen, den Herzog von Ancona. So konnte der greise Fürst,

der im römischen Exil zur Welt gekommen war, wiederholt Neapel und Süditalien besuchen. Dabei erneuerte er seine Bindungen mit alten Patrizierfamilien des Südens und konnte verfügen, daß der italienische Staat nach dem Zweiten Weltkrieg das wertvolle Archiv seines Hauses erhalten sollte, das heute vom Staatsarchiv der Stadt Neapel verwahrt wird.
Karl, der Zweitälteste, hatte auf alle Ansprüche verzichtet, die ihm durch seine Zugehörigkeit zur neapolitanischen Linie erwachsen waren. Er wurde durch seine Heirat mit der Prinzessin von Asturien naturalisierter Infant von Spanien. Deshalb ging beim Tode Ferdinands der Titel des Familienoberhauptes an den Drittgeborenen, Ranieri, Herzog von Castro, geboren 1883, gestorben 1973. Dies geschah nicht ohne einigen Widerstand von seiten Alfons', der als Sohn des Prinzen Karl im Hinblick auf seine Ansprüche vom spanischen Thronprätendenten Don Juan unterstützt wurde. Da die spanische Monarchie gestürzt worden war, hielt er den Verzicht seines Vaters auf den Titel eines Prinzen von Neapel für nichtig. Diesen Verzicht hatte sein Vater feierlich vor den Cortes in Madrid geleistet. Die italienischen Justizbehörden gaben ihm durch ein Urteil recht. Nach seinem Tod 1973 folgte ihm als Haupt der Familie und als Großmeister des Ordens sein Sohn Ferdinand, ebenfalls ein Herzog von Castro, der 1896 zur Welt kam und der seinerseits wieder der Vater eines Karl ist. Diesem wurde zum Gedenken an den traditionellen Titel der Thronfolger im alten Königreich der Titel eines Herzogs von Kalabrien verliehen. Mittlerweile wurde der italienischen nationalen Vereinigung der *Cavalieri del Sovrano Ordine militare costantiniano di San Giorgio* in einem Dekret des Präsidenten der Republik Italien vom 30. März 1973 der Rechtsstatus einer wohltätigen Einrichtung zuerkannt.

Das Bourbonenheer interveniert beim Aufstand vom 15. Mai 1848 auf der Piazza San Ferdinando in Neapel: Die Regierungszeit Ferdinands II. trat in ihre letzte, erzreaktionäre Phase.

Die Bonaparte

Aus einer Reihe von Königen, die dieses alte korsische Adelsgeschlecht hervorbrachte, ragt die unvergleichliche Gestalt Napoleons.

Die Bonaparte sind ein altes Adelsgeschlecht. Ihr Wappen zeigt »drei silberne Schrägbalken mit zwei von sechs Streifen durchzogenen Sternen«. Aus Italien kommend, hatten sie sich zu Beginn des sechzehnten Jahrhunderts auf Korsika niedergelassen. Ihr Wappen ist nahezu identisch mit dem der Bonaparte in Treviso und Florenz. Jacopo Bonaparte, in San Miniato ansässig, berichtete als Augenzeuge von der Plünderung Roms. Seinem letzten Nachkommen, dem Domherrn Philipp, stattete Napoleon Bonaparte während des denkwürdigen Italienfeldzuges im Jahre 1796 einen Besuch ab. Jahrhunderte hindurch lebten die Bonaparte jenes fiebernde italienische Leben der Intrigen und Kriege, der Triumphe und Niederlagen. Sie waren Ratsherren und Syndiken der Gemeinde Sarzana, Vorsitzende des Rates der Alten, Priore und Gesandte der Visconti und selbst des Kaisers.

Zu Beginn des sechzehnten Jahrhunderts verließ Francesco Bonaparte Sarzana und wanderte nach Korsika aus. Sein ältester Sohn Geronimo der Prächtige wurde zum Oberhaupt des Rates der Alten gewählt, er war Abgeordneter im Senat der Stadt Genua, in dessen Protokollen er als *egregius Hieronymus de Bonaparte, procurator nobilium* bezeichnet wurde. 1626 war Francesco II. Stadtkommandant. Joseph II., Mitglied des Rates der Alten, erwirkte 1757 vom Großherzog der Toskana die Anerkennung seiner Privilegien und die Bestätigung seiner Adelsbriefe. Carlo Maria erhielt 1769 seine Patente vom Erzbischof von Pisa, und 1771 erklärte eine Verfügung des Obersten Rates seinen Adel für über mehr als zweihundert Jahre nachgewiesen. Die Familie hatte sich inzwischen in Ajaccio niedergelassen. Später hat sie Familienverbindungen zu den Colona, den Costa, den Bozzi und den Ornano hergestellt.

Dieses berühmte Gemälde von Lejeune stellt General Bonaparte auf der Brücke von Arcole dar. Der spätere Kaiser und Sohn der Revolution stammte aus einem alten Adelsgeschlecht.

Joseph hatte im Jahre 1741 Maria Severina Pallavicino geheiratet; deren Tochter ehelichte Nicolo Pallavicino, der Sohn Carlo Maria studierte in Rom und Pisa Jurisprudenz. Er beherrschte die französische Sprache, schrieb von Voltaire inspirierte Verse, kämpfte mutig gegen die Genueser und war ein stürmischer Verteidiger der Freiheit. Am 2. Juni 1764 heiratete dieser vornehme und elegante Kavalier im Alter von achtzehn Jahren Lätitia Ramolino, die Tochter eines Generalinspekteurs der Straßenbauverwaltung. Ihre Mutter heiratete, nachdem sie verwitwet war, in zweiter Ehe einen Kapitän der Genueser Marine, Francesco Fesch, mit dem sie einen Sohn hatte, den späteren Kardinal Fesch, einen Onkel Napoleon Bonapartes.

Lätitia war sehr schön, und als Paoli zum Botschafter in den Barbaresken ernannt wurde, nahm er sie mit sich und präsentierte sie der dortigen Bevölkerung, um den Menschen eine Vorstellung von der Schönheit der korsischen Frauen zu geben. Sie war eine überaus würdevolle, sparsame und tief religiöse Frau, ein wenig gebildet und ihrem Gatten leidenschaftlich zugetan. Das junge Paar lebte die meiste Zeit in Corte. Ein 1765 geborener Sohn und eine 1767 geborene Tochter starben im Kindesalter. Ein gewisser Besitz an Grund und Boden sicherte ein bescheidenes Einkommen. Carlo war Sekretär Paolis und Mitglied der nationalen Ratsversammlung.

Am 7. Januar 1768, kurz vor Ausbruch des Krieges gegen Frankreich, brachte Lätitia einen Sohn zur Welt, der auf den Namen Joseph getauft wurde. Carlo Bonaparte war der Verfasser einer an die korsische Jugend gerichteten Proklamation. Er nahm aktiv an den Kämpfen teil, welche am 7. Oktober 1768 bei Borgo zum Sieg über die Franzosen führten. Nachdem diese jedoch Verstärkung erhalten hatten, wurden die Korsen bei Ponte Novo geschlagen. Paoli floh am 13. Juni 1769 auf zwei englischen Schiffen, und Lätitia, die Napoleon erwartete, suchte mit den Resten der korsischen Armee auf dem Monte Rotondo Zuflucht. Korsische Abgesandte, unter ihnen Carlo Bonaparte, erklärten dem Grafen von Vaux ihre Un-

terwerfung. Die Flüchtlinge erhielten die Erlaubnis heimzukehren, und die Bonaparte kehrten nach Ajaccio zurück. Von nun an akzeptierte Carlo Bonaparte den Anschluß an Frankreich. Während unter dem harten Regiment Marbeufs in Korsika der Friede wiederhergestellt wurde, kehrte er an die Universität Pisa zurück, wo er am 30. November 1769 die Doktorwürde empfing. 1771 wurde er zum Beisitzer am Straf- und Zivilgericht in Ajaccio ernannt.
Napoleon wurde am 15. August 1769 geboren, am Tag Mariä Himmelfahrt, wie seine Mutter es gewünscht hatte. Er wuchs zwischen ihr und seiner Amme Camilla Carbone auf, die das Kind zärtlich liebte. Lätitia erzog ihn streng; im Kolleg von Ajaccio lernte er lesen und schreiben, und schon früh trat seine »Führernatur« zutage, gegen die seine Mutter, mitunter auch mit Ohrfeigen, ohne großen Erfolg ankämpfte.
Die Familie Bonaparte nahm rasch an Zahl zu. 1775 wurde Lucian geboren, 1777 Maria Anna, genannt Elisa, 1778 Ludwig, 1780 Marie Paulette, genannt Pauline, 1782 Maria Annunziata, genannt Karoline, und 1784 Jérôme. Lätitia herrschte mit Strenge und Sparsamkeit über die kleine Schar. »Verluste, Ent-

behrungen, Erschöpfung – sie ertrug alles, sie bot allem die Stirn. Sie besaß den Kopf eines Mannes auf dem Körper einer Frau«, wie Napoleon später auf Sankt Helena erklärte. Carlo Bonaparte erwarb sich durch ausdauerndes Bemühen und gewisse Vorrechte seines Standes die Protektion Marbeufs und brachte Joseph und Napoleon im Kolleg von Autun unter. Er erhoffte ein kirchliches Amt für Joseph und eine Freistelle in einer königlichen Militärakademie für Napoleon, der eine Soldatenlaufbahn einschlagen sollte, während der ältere Joseph für ein Priesteramt bestimmt war.

Nach Abschluß des Kollegs in Autun wurde Napoleon in der Militärschule Brienne zugelassen und erhielt dort eine gründliche klassische Ausbildung. Er lebte ganz für sich, hatte Heimweh nach Korsika und litt unter seiner Isolierung. Eines Tages erhielt er den Besuch seines Vaters, der seine Schwester Maria Anna nach Saint-Cyr brachte. In seiner Begleitung befanden sich Lucian und die Fräulein Casabianca und Colonna, seine Cousinen; es wurde ein Festtag für die Familie. Joseph hatte auf den geistlichen Stand verzichtet, um dem König als Soldat zu dienen. Napoleon verließ Brienne und besuchte die Militärschule in Paris, wo er eine in jeder Hinsicht hervorragende Ausbildung erhielt. Er lebte jedoch weiterhin isoliert. Als Carlo Bonaparte am 24. Februar 1785 in den Armen seines ältesten Sohnes Joseph starb, wurden seine Kinder der Obhut eines Familienrates unter dem Vorsitz Domenico Frociolis, eines Advokaten beim Obersten Rat Korsikas, anvertraut.

Im Alter von 16 Jahren und 15 Tagen wurde Napoleon zum Leutnant der Artillerie ernannt und dem in Auxonne stationierten Regiment von La Fère zugeteilt. In dieser hervorragenden Einheit vervollständigte er mit großem Eifer seine militärische Ausbildung. Er nahm die Gewohnheit an, alle Bücher, die er las, zu resümieren und förderte auf diese Weise die Entfaltung seiner herausragenden Persönlichkeit. Immer wieder reiste er zu den Seinen nach Korsika. Er stand Lätitia mit Rat und Tat zur Seite und wurde nach und nach zum eigentlichen Oberhaupt der Familie. Seinen Bruder Ludwig nahm er mit nach Frankreich, spornte ihn zur Arbeit an und verhielt sich ihm gegenüber wie ein Vater. Er teilte mit ihm seinen mageren Sold, von dem sie ein spartanisches Leben führten. Schließlich wurde Napoleon nach Valence versetzt und fand dort Aufnahme in einer liebenswürdigen Gesellschaft, zu der Madame Lauberie de Saint-Germain, Madame de Laurencin und Madame Grégoire du Colombier gehörten. In diesen vornehmen Kreisen begegnete er vielen jungen Mädchen, die er sehr bewunderte; es ist zu bedauern, daß er sich damals nicht verheiratete.

Oft kehrte er nach Korsika zurück, kümmerte sich um die Belange der Familie, verteidigte seine Interessen und mischte sich in die immer gärenden politischen Angelegenheiten der Insel ein. Natürlich schloß er sich der französischen Partei an. Es gelang ihm sogar, sich zum Oberstleutnant eines korsischen Bataillons wählen zu lassen. Während dieser Zeit betätigten Joseph und Lucian sich politisch und wurden zu Gegnern Paolis, der »Carlos Söhnen« mißtraute. Nach den Aufständen in Ajaccio und Bastia sowie der gescheiterten Expedition auf die Insel Maddalena war die Familie Bonaparte durch die Unvorsichtigkeit Lucians, der Paoli im Club von Toulon angegriffen hatte, auf Korsika nicht mehr sicher. Sie mußte am 11. Juni 1793 in einem Boot nach Frankreich fliehen. Lätitia konnte nicht ahnen, daß auf dieser Flucht ihrer gesamten Familie ein künftiger Kaiser und mehrere künftige Könige, Königinnen und Prinzessinnen um sie waren, die zu Beginn des neunzehnten Jahrhunderts eine dominierende Rolle auf der europäischen Bühne spielen sollten.

Bonaparte mit seiner Gemahlin Josephine und einigen Hofdamen auf dem Bild DIE ROSEN VON MALMAISON *von H. Viger. Die faszinierende und selbstgefällige Josephine war die Witwe des Grafen von Beauharnais und die Geliebte Barras' gewesen.*

Pauline Borghese als siegreiche Venus, Skulptur von Antonio Canova. Marie Paulette, die Schwester Napoleons, galt als frivol und verschwenderisch. Um Napoleon die Flucht von Elba zu ermöglichen, überließ sie dem Bruder ihren ganzen Schmuck.

Die Bonaparte gingen in Toulon an Land und ließen sich, mit nur geringen Mitteln versehen, in dem Dorf La Valette nieder. Sie führten dort ein ländliches Leben, an dem Napoleons Schwestern großen Gefallen fanden. Napoleon selbst wurde der Armee des Generals Carteaux zugeteilt und nahm an der Eroberung Avignons teil. In dieser Zeit schrieb er das *Souper de Beaucaire.* Schließlich wurde er zu einem Artillerieregiment versetzt, das die von den Engländern besetzte Stadt Toulon belagerte, und machte dort durch besondere Aktivität, Sachkunde und Kühnheit auf sich aufmerksam. Er entwarf den Plan für den von ihm geführten Angriff auf die Stadt. Ihm war es in erster Linie zu verdanken, daß der Widerstand der Engländer überwunden und Toulon eingenommen werden konnte. Man hätte nun annehmen können, daß seiner Karriere nichts mehr im Wege stand, und zunächst wurde er auch zum Kommandierenden der Alpenarmee ernannt. Durch seine Freundschaft zu Robespierres Bruder aber geriet er in Mißkredit; er wurde unter Anklage gestellt und inhaftiert und hatte große Mühe, sein Verhalten zu rechtfertigen. Zu seiner Verteidigung reiste er nach Paris und legte dort so bemerkenswerte Angriffspläne auf italienisches Gebiet vor, daß er wieder in die Armee aufgenommen wurde, wenn auch nicht, wie er sich am sehnlichsten gewünscht hätte, in die Italienarmee, sondern in die Westarmee.

Unterdessen war Joseph, der sich in Marseille niedergelassen hatte, zu der reichen Kaufmannsfamilie Clary in Verbindung getreten, deren Tochter Julie er heiratete. Zwischen ihrer Schwester Désirée und Napoleon kam es zu einer kurzen Romanze. Sie verlobten sich, doch als Napoleon in den Kreisen der eleganten und leichtlebigen Frauen des Direktoriums Aufnahme gefunden hatte, vergaß er Désirée und verlobte

Maria Annunziata, genannt Karoline, eine andere Schwester Napoleons, heiratete General Joachim Murat, den späteren König von Neapel. Dieses Bild von Gérard zeigt Karoline mit ihren Kindern.

sich mit der Witwe des Vicomte de Beauharnais, Josephine. Er heiratete sie, nachdem er am 13. Vendémiaire vor dem Portal der Kirche Saint-Roche einen royalistischen Aufstand niedergeschlagen hatte, der ohne sein Eingreifen höchstwahrscheinlich erfolgreich gewesen wäre. Die Bonaparte wehrten sich lange dagegen, in ihre Familie eine zwar bezaubernde, aber wenig sittenstrenge Kreolin aufzunehmen, von der allgemein bekannt war, daß sie die Mätresse Barras' gewesen war. Sie hatte zudem zwei Kinder, und die Bonaparte fürchteten, diese könnten die Vorteile, die sie durch Napoleon genossen, auf sich ziehen. Nichtsdestoweniger fand die Hochzeit am 19. Ventôse des Jahres IV (9. März 1796) statt, wobei Lätitia sich über den eigenartigen Charakter der Zeremonie konsterniert zeigte. Wenige Tage später verließ Napoleon Paris in Begleitung Junots und Marmonts, um an der Spitze der Italienarmee, deren Oberbefehl ihm Barras übertragen hatte, zu ruhmvollen Taten aufzubrechen. Am 13. Germinal des Jahres IV (2. April 1796) verließ Bonaparte Nizza. Er befehligte eine Armee von vier Divisionen mit insgesamt 37 705 dürftig bewaffneten und schlecht ausstaffierten Soldaten. Der royalistische Schriftsteller Fauche-Borel beschreibt sie als den gesamten Abschaum der Provence, angeführt von einem Bastard von Räuberhauptmann. Mit diesen Soldaten erkämpfte Bonaparte die Siege von Millesimo, Dego, Mondovi und Montenotte; er schnitt die sardische von der österreichischen Armee ab, zwang den König Sardiniens zum Friedensschluß und besiegte die erstklassig bewaffneten und eingekleideten Österreicher in einer Reihe von Schlachten, die ihm bei Lodi den Zugang zur Poebene öffneten. Von der Bevölkerung begeistert empfangen, zog er in Mailand ein. Ihm zu Ehren feierte man zahlreiche Feste, die Stendhal so vollendet beschrieben hat.

Und doch war der Held, der große Heerführer, der Sieger von Italien, nicht glücklich. Er verzehrte sich in glühender Liebe zu Josephine, die in Paris ihren Gatten in den Armen des Leutnants Charles vergaß und seine flammenden Briefe nur selten beantwortete. Trotz dieser Sorgen und einer angegriffenen Gesundheit bewies Bonaparte als Diplomat ebensoviel Umsicht wie als Heerführer. Er brachte den Italienern die Freiheit, er hielt Venedig, den Heiligen Stuhl und Neapel in Schach, und als das Kabinett in Wien ihm über Tirol weitere Armeen entgegensandte, schlug er sie eine nach der anderen bei Arcole, Rivoli, La Favorite, Mantua und Castiglione. Er unterwarf Venedig und beabsichtigte in Wien selbst die Friedensbedingungen zu diktieren. Das Direktorium zeigte sich beunruhigt über den kometenhaften Aufstieg eines Mannes, der Diplomatie auf eigene Faust betrieb. Doch solange Gold und Silber, Kunstwerke und viele andere Trophäen aus Italien nach Paris strömten, schien es nicht ratsam, sich ihm entgegenzustellen.
Josephine trat hin und wieder in der Öffentlichkeit in Erscheinung, immer in Begleitung des unvermeidlichen Charles. Sie besänftigte ihren ungeduldigen und mehr denn je in sie verliebten Gatten. In Monbello hielt sie hof wie eine Königin, und mit ebensolcher Vollendung wie ihr Gatte begegnete sie auf diplomatischem Parkett den Gesandten der alten Fürstenhöfe Europas. Bonaparte war beunruhigt über die Untätigkeit der Rheinarmee, die der Italienarmee zahlenmäßig weit überlegen war; schließlich verlor er die Geduld. Am Vorabend seiner Offensive entschloß er sich plötzlich, nicht nach Wien zu marschieren. Er leitete Verhandlungen in Udine ein, schloß den Frieden von Campo-Formio, erschien wie ein Blitz aus heiterem Himmel auf dem Rastatter Kongreß und kehrte ruhmbedeckt nach Paris zurück.
Sein Ruhm wurde zu einer Gefahr für das Direktorium. Man fürchtete Bonaparte und ernannte ihn eilends zum Oberbefehlshaber der Englandarmee. Bonaparte war sich der Undurchführbarkeit eines Angriffs bewußt und entwarf den gefährlichen Plan einer Expedition nach Ägypten, um von dort aus die englischen Besitzungen in Indien anzugreifen. Es galt, das Mittelmeer zu überqueren, in Ägypten zu landen und das Land zu erobern. Am 18. Mai 1798 schiffte Bonaparte sich in Toulon ein, entging mit einigem Geschick der Flotte Nelsons, nahm Malta ein und ging im Juli 1798 in Alexandria an Land. Seine Familie hatte er in Frankreich zurückgelassen, und er war auch mit gutem Grund besorgt über Josephines Verhalten. Er hatte die Heirat seiner Schwester Pauline mit Féron, der mit einer Schauspielerin zusammenlebte, verhindert und sie dafür mit Leclerc, einem Offizier seines Generalstabes, verheiratet.
Die Erfordernisse des Augenblicks ließen ihn seine Familienprobleme vergessen. Nachdem er nach Kairo marschierte und die Stadt nach dem Sieg bei den Pyramiden eroberte, reorganisierte er das Land innerhalb kurzer Zeit und gründete das Ägyptische Institut mit einer Gruppe herausragender Wissenschaftler, die ihm aus Frankreich gefolgt waren. Die französische Flotte indessen wurde bei Abukir durch Nelson vernichtet; Verstärkung war nicht zu erwarten, eine Rückkehr nach Frankreich unmöglich. Jeder andere hätte nun den Mut sinken lassen. Bonaparte aber eroberte und organisierte ganz Ägypten und unternahm dann die Syrien-Expedition mit dem Ziel, im Verein mit unterwegs gewonnenen Verbündeten Indien anzugreifen. Er scheiterte jedoch vor Akka und mußte sich nach Kairo zurückziehen. Dort erreichte ihn die Nachricht von der fortgesetzten Untreue Josephines, und er geriet darüber in Verzweiflung.
Er versuchte, sie in den Armen Madame Fourès' zu vergessen, und beschäftigte sich darüber hinaus mit der glanzvollen Arbeit des Ägyptischen Instituts, das die Ägyptologie begründete, und *»Die Beschreibung Ägyptens«*, jenes einzigartige Kulturwerk, herausgab. Einen feindlichen Angriff beantwortete er mit dem Landsieg bei Abukir, danach jedoch erschien es ihm notwendig, nach Frankreich zurückzukehren. Am 24. August 1799 (7. Fructidor VII) lichtete er die Anker und lief, nachdem er der englischen Flotte nur knapp entgangen war, im Golf Juan ein.
Während seiner Abwesenheit war die Unfähigkeit des Direktoriums immer offenkundiger geworden. Bonaparte eilte nach Paris, sondierte die Lage und faßte den Plan, die Macht an sich zu reißen. Bei seiner Rückkehr war er entschlossen, Josephine den Laufpaß zu geben. Umgeben von ihren Kindern Eugen und Hortense flehte sie ihn jedoch unter Tränen an und konnte ihren erzürnten Gatten schließlich umstimmen. Als Lucian am nächsten Tag in der Rue Chantereine – sie wurde später in Rue de la Victoire unbenannt – eintraf, wurde er in das Zimmer des wiederversöhnten Paares geführt – auf diese Weise erübrigten sich lange Reden.
Mit Unterstützung Josephines, Lucians, Josephs und Leclercs bereitete Bonaparte in Gesprächen mit Sieyès, Cambacérès und Fouché seinen Staatsstreich vor. Bernadotte, der mittlerweile Désirée Clary geheiratet hatte und damit zum Schwager Josephs geworden war, beteiligte sich nicht daran. Mißgünstig und eifersüchtig war er ein Gegner, dem Napoleon jedoch seiner ehemaligen Verlobten zuliebe alles verzieh; denn er empfand noch immer Gewissensbisse wegen der Auflösung seiner Verlobung mit Désirée, ein Schuldgefühl, von dem er sein Leben lang nicht loskommen sollte. Am 18. Brumaire des Jahres VIII sah die Bevölkerung von Paris Bonaparte in prächtigem Geleit, gefolgt von seinem Generalstab, sich zum Saal des Rates der Alten begeben. Dort lief nahezu alles reibungslos ab, wenn Bonaparte auch kein großer Redner war. Die Lage spitzte sich jedoch zu, als er am folgenden Tag in Saint-Cloud erschien, um den Rat der Fünfhundert, der über eine starke Opposition verfügte, für sich zu gewinnen. Er wurde mit dem Ruf »Gesetzloser, Gesetzloser« empfangen und wollte bereits aufgeben, als Lucian, der Präsident der Versammlung, ihm zu Hilfe eilte und Murat, den Gatten Karolines, herbeirief, der an der Spitze seiner Grenadiere mit aufgepflanztem Bajonett die Ratsmitglieder auseinandertrieb, die sich in den Park flüchteten. Am Abend desselben Tages legten die mit Bonaparte sympathisierenden Abgeordneten die Macht in seine Hände. Die Partie war gewonnen, doch man hatte in großer Gefahr geschwebt. Bonapartes Familie war ihm eine große Hilfe gewesen.
Der Hof des Ersten Konsuls konstituierte sich rasch. Es herrschte dort der Geist des Hofes von Monbello bei Mailand, den der Sieger von Italien um sich geschaffen hatte. Es war ein junger Hof, in dem die Familie die wichtigste Rolle spielte. Zwischen den Bonaparte und den Beauharnais bestand eine wachsende Feindschaft, doch glücklicherweise spielte Josephine ihre Rolle als Gastgeberin auf ihrem Besitz Malmaison mit Anmut und Geschick. Der Erste Konsul kam dorthin, um zu arbeiten, aber auch, um sich in einer Atmosphäre, wie er sie liebte, zu entspannen.
Doch schon drohte ein neuer Krieg. In Italien stand eine 140 000 Mann starke österreichische Armee un-

ter Melas, die noch durch 18 000 Engländer und 20 000 Neapolitaner verstärkt wurde. Wien hatte 120 000 Mann nach Deutschland entsandt, und Rußland stand im Begriff, sie zu unterstützen. Bonaparte organisierte die Reservearmee, überquerte den Großen Sankt Bernhard und errang nach seinem Einzug in Mailand die triumphalen Siege von Montebello und Marengo, wo der berühmte Desaix den Tod fand.
Bonaparte kehrte als Sieger nach Paris zurück. Sein Triumph hatte allen Verschwörungen gegen ihn ein Ende gesetzt. Er war mächtiger denn je und so beeilte er sich, die Armee zu reorganisieren und später auch mit Hilfe Lucians die Verwaltung und mit Hilfe Talleyrands die Diplomatie. Er verbesserte die Gesetzgebung durch den *Code Civil* sowie Justiz und Finanzwesen durch die Gründung der Bank von Frankreich. Es war eine glanzvolle, ruhmreiche Epoche, und die Nation wurde gewahr, daß der Erste Konsul als Staatsführer ebenso fähig war wie als Heerführer. In der Familie dominierte Bonaparte wie in allen anderen Bereichen; er verheiratete ihre Mitglieder entsprechend seinen Interessen. Durch den Einfluß Josephines, die die Familien Bonaparte und Beauharnais einander näherzubringen versuchte, kam eine Heirat zwischen Hortense und Ludwig zustande, die jedoch keinen der beiden Gatten glücklich machte.
Die Situation im Innern bot für den Ersten Konsul, der die Befriedung des Westens weiterführte, keinen Anlaß zur Besorgnis. Das Komplott Cerrachis und Arenas warf nur einen flüchtigen Schatten auf das strahlende Bild. Joseph, unterdessen zum Diplomaten aufgestiegen, bereitete den Kongreß von Lunéville vor, und Moreau begann seinen Feldzug an der Spitze der Rheinarmee. Er war ein geschickter Stratege und errang bei Hohenlinden einen triumphalen Sieg. In seinem Bestreben, Bonaparte nachzueifern, stieg ihm sein Ruhm ein wenig zu Kopfe, was später zu seinem Nachteil gereichte. Der Waffenstillstand von Steyer beendete die Feindseligkeiten, und Joseph konnte in Lunéville seine Verhandlungen mit Cobenzl fortsetzen. Die Familie bangte um Bonaparte, als ein Attentat mit einer Höllenmaschine seiner glänzenden Karriere um ein Haar ein Ende gesetzt hätte. Er entging diesem Anschlag und führte mit zäher Beharrlichkeit die Neuordnung Frankreichs weiter.
Der Erste Konsul wollte dem Land Wohlstand und Frieden schenken und alle allzu schmerzlichen Spuren der Revolution auslöschen. Er wünschte auch auf religiösem Gebiet den Frieden wiederherzustellen, obwohl seine Umgebung einer Annäherung an Rom wenig geneigt schien. Es kam zu einem Gespräch mit Kardinal Martiniana in Mailand, zum größten Mißfallen Ludwigs XVIII., welcher Kardinal Maury drängte, die Konkordatsverhandlungen zu hintertreiben. Nach Paris zurückgekehrt, empfing Bonaparte Monsignore Spina und beauftragte Abbé Barnier, sich mit ihm in Verbindung zu setzen, denn er wünschte sobald wie möglich in Verhandlungen mit dem Heiligen Stuhl einzutreten. Die Gespräche machten rasche Fortschritte, und nach weiteren Beratungen zwischen Consalvi und Joseph wurde am 21. September 1801 das Konkordat unterzeichnet.
Der Erste Konsul bemühte sich auch um den äußeren Frieden. Joseph wurde beauftragt, mit England zu verhandeln. Bereits am 1. Oktober 1801 wurde in London ein Vorfrieden geschlossen, der sowohl in der französischen als auch in der englischen Hauptstadt freudig begrüßt wurde. Der eigentliche Friedensvertrag wurde am 25. März 1802 (4. Germinal IX) in Amiens unterzeichnet. Bonaparte wie auch das englische Parlament waren sich der Unsicherheit dieses Friedens bewußt. Mehr als die Engländer trat er für eine Verlängerung des Vertrages ein, doch er war sich darüber im klaren, daß dies nur eine Atempause in dem seit 1688 andauernden Zweikampf der beiden Nationen bedeutete.
Das Attentat mit der Höllenmaschine hatte die Notwendigkeit einer endgültigen Konsolidierung der Regierung Bonaparte zutage gebracht. Als ihm das Konsulat auf Lebenszeit angeboten wurde, erhoben Madame Bonaparte und Fouché dagegen Einwände, die Familie aber sprach sich dafür aus. So wurde es auf Antrag von Cambacérès im Senat verabschiedet und durch einen Volksentscheid mit nur 8000 Gegenstimmen ratifiziert. Wenig später erfolgte die Eroberung Santo Domingos unter Führung Leclercs. Paulette begleitete ihn und kehrte nach seinem Tode in tiefer Trauer nach Frankreich zurück. Zu jener Zeit war Bonaparte weniger zufrieden mit Joseph und Lucian. Ludwig und Hortense kamen trotz der Geburt eines Sohnes schlecht miteinander aus; die Familienangehörigen waren dabei, dem Ersten Konsul ernsthafte Sorgen zu bereiten.
Im Jahre 1803 wurde der Friede von Amiens auf Betreiben William Pitts von England gebrochen; Bonaparte mußte in Boulogne, Saint-Omer und Montreuil Militärlager anlegen. Im Innern hatte er mit immer denselben unbezwingbaren Gegnern zu kämpfen. Durch das Komplott Georges Cadoudals wurde das Ausmaß der Gefahren, die ihn umgaben, deutlich. Er fühlte sich von Verrat bedroht und ließ den Herzog von Enghien in Ettenheim entführen. Als dieser in Vincennes ermordet wurde, zeigte Josephine sich bestürzt. Europa reagierte mit einer Welle der Entrüstung. In Frankreich bestand ein lebhaftes Bedürfnis nach der Erblichkeit der Herrscherwürde als Garantie für die Kontinuität der Regierung und gegen die englischen Verschwörungen. Die Denkschriften der Stadtverwaltungen und der Armee häuften sich; Joseph und Lucian traten in den Versammlungen für das Kaisertum ein, das schließlich vom Senat beschlossen wurde. Eine Volksabstimmung, die die Meinung der Nation offenbaren sollte, ergab 3 521 675 Ja-Stimmen von insgesamt 3 524 254 möglichen. Der Senat verlieh daraufhin einstimmig die erbliche Kaiserwürde als Adoptivkaisertum in direkter legitimer Linie von Napoleon Bonaparte über Joseph zu Ludwig Bonaparte.
Napoleon wünschte vom Papst gekrönt zu werden, und es gelang ihm, diesen dafür zu gewinnen. Kardinal Fesch vollzog die kirchliche Trauung Napoleons mit Josephine. Am 10. Frimaire (30. November 1804) fand in Notre-Dame die Krönung statt. Napoleons Schwestern waren eifersüchtig auf Josephine, und Napoleon mußte all seine Autorität aufbieten, um sie zu bewegen, während der Zeremonie Josephines Schleppe zu tragen. Das Schicksal der Familie hatte einen Wendepunkt erreicht.
Eine der ersten Handlungen Kaiser Napoleons I. (1804–1814, 1815) bestand darin, an den König von England zu schreiben und ihm ein Friedensangebot zu unterbreiten. Als das englische Kabinett die Ant-

Die folgende Doppelseite zeigt das weltberühmte Gemälde von Jacques-Louis David: Napoleon I. krönt seine Gemahlin Josephine im Angesicht des neuen Kaiserlichen Hofstaats. Anwesend waren u. a. Papst Pius VII. und – auf der Tribüne sichtbar – Lätitia, die Mutter des Kaisers.

Der Salon der Elisa Baciocchi in Florenz. Maria Anna, genannt Elisa, war die älteste der drei Schwestern des Kaisers. Sie war mit dem korsischen Hauptmann Felice Baciocchi verheiratet und erhielt von ihrem Bruder den Titel einer Großherzogin der Toskana.

wort verzögerte, veranlaßte er den König von Spanien, in den Kampf einzutreten. Zur Regelung der italienischen Frage schlug er Joseph vor, König von Italien zu werden. Dieser lehnte jedoch ab, um nicht seinen Anspruch auf die Thronfolge des Kaiserreichs zu gefährden. Ludwig verweigerte seine Zustimmung, als Napoleon seinen Sohn zum Erben des italienischen Thrones bestimmen wollte. So wurde Eugen zum Staatskanzler erhoben; Napoleon beschloß, selbst König von Italien zu werden und Eugen zum Vizekönig zu ernennen. Am 26. Mai 1805 wurde Napoleon in Mailand zum König gekrönt. Er setzte sich selbst die Krone aufs Haupt und rief aus: »Dio me l'ha data, guai a chi la tocca (Gott hat sie mir gegeben, weh dem, der daran rührt)!«

Am 11. April 1805 hatte sich die dritte Koalition zusammengeschlossen. Napoleon sah einen neuen Krieg auf sich zukommen. In aller Eile vereinigte er Genua mit Frankreich, machte Elisa zur Fürstin von Lucca, ernannte Eugen zum Vizekönig von Italien und Ludwig zum Gouverneur der Départements jenseits der Alpen. Jérôme wurde, nachdem er mit seiner Gattin in Europa eingetroffen war, zum Fregattenkapitän befördert. Der Kaiser weigerte sich, die Gattin Lucians zu empfangen. Ludwig wurde trotz seiner Disziplinlosigkeit Gouverneur von Paris. Im Lager Boulogne ließ Napoleon sich durch die Langsamkeit und Unentschlossenheit seiner Admirale aus der Fassung bringen. Er erzürnte sich über Decrès und schalt Villeneuve einen Feigling und Verräter. Schließlich aber verzichtete er auf einen Einfall in England, kehrte nach Paris zurück und traf eilig seine Vorbereitungen für den Donaufeldzug. Der Kaiser verließ Paris am 24. September 1805. Er durchquerte Württemberg mit der Großen Armee und schloß bei Ulm die Truppen General Macks ein. Nach dem Sieg Neys bei Elchingen kapitulierten die Österreicher und gaben die Stadt preis. Napoleon hatte 40 000 Gefangene gemacht und 40 Fahnen erobert. Unglücklicherweise erlitt gleichzeitig Admiral Villeneuve mit den vereinigten Seestreitkräften Frankreichs und Spaniens bei Trafalgar eine vernichtende Niederlage, die den Engländern die Vorherrschaft zur See sicherte und einen französischen Angriff auf England unmöglich machte.

In Paris war eine Finanzkrise eingetreten, und Preußen nahm eine zweideutige Haltung an; dies schuf an der Flanke der Großen Armee eine gefährliche Lage. Der Kaiser beschleunigte seine Operationen, marschierte donauaufwärts, indem er seine Feinde überrannte, nahm Wien ein und traf auf dem mährischen Plateau auf die russische Armee, die den Österreichern verspätet zu Hilfe kam. Am 2. Dezember errang Napoleon bei Austerlitz einen triumphalen Sieg über die Österreicher und Russen, noch ehe die Preußen eingreifen konnten. Murat kehrte ruhmbedeckt von diesem Feldzug zurück.

Nach dem Sieg bei Austerlitz begab Napoleon sich nach München, um der Hochzeit Eugens de Beauharnais mit Prinzessin Augusta von Bayern beizuwohnen. Er fand großes Gefallen an der Braut und beseitigte sogleich die letzten Hindernisse, die Josephine dieser Heirat in den Weg gelegt hatte. Dies war der Beginn der großen Familienallianzen, durch welche die Bonaparte Zutritt zu den regierenden Familien Europas erlangten. Napoleon erwies der bayerischen Königin und dem gesamten Hof alle erdenkliche Aufmerksamkeiten. Als Eugen eintraf, nahm er ihn beiseite und veranlaßte ihn, sich seinen Schnurrbart, den er als Oberst der Gardejäger trug, zu rasieren, damit er Prinzessin Augusta besser gefiele. An den Senat und die drei Kollegien Italiens sandte er eine Botschaft, in der er die Adoption Eugens ankündigte. Am 14. Januar 1806 empfing das Paar den ehelichen Segen in der königlichen Kapelle. Durch seinen Stiefsohn hatte Napoleon somit eine Verbindung zum Hause Wittelsbach und damit zur Mehrzahl der europäischen Dynastien hergestellt.
In Europa hatten die Verträge von Preßburg und Schönbrunn, welche den Sieg von Austerlitz sanktionierten, Überraschung und Bestürzung hervorgerufen, und Metternich entwarf eilends Pläne für eine neue Koalition. Im Jahre 1806 widmete Napoleon sich der Organisation seines ausgedehnten Imperiums. Gleichzeitig entsandte er Joseph nach Neapel und kümmerte sich um die Unterwerfung Italiens.
Der Kaiser wünschte für seine großen Vasallen Lehen zu schaffen. Er bildete das Großherzogtum Berg, das er Murat übertrug und machte Ludwig zum König von Holland. Madame Mère verlangte in weiser Voraussicht eine Erhöhung ihrer Dotation. Napoleon adoptierte Stephanie de Beauharnais und verheiratete sie mit dem Prinzen von Baden. Joseph wurde zum König von Neapel und Sizilien ernannt, denn der Kaiser setzte Könige wie Präfekten ein. Und waren sie nicht in der Tat die Verwalter seines Reiches?
In dem Wunsch, den Frieden wiederherzustellen, näherte der Kaiser sich England an. Seine Diplomatie stieß jedoch auf den Widerstand Österreichs, Rußlands und Preußens, dem die Gründung des Rheinbundes mißfiel. Berlin fieberte einem Krieg entgegen, als am 25. September 1806 Napoleon Paris verließ, um die Führung der bereits in Deutschland stehenden Großen Armee zu übernehmen. Durch die Schnelle seiner Manöver geriet Preußen in Verwirrung, und am 14. Oktober errang er den Doppelsieg von Jena und Auerstedt. Es folgte eine gnadenlose Verfolgung der preußischen Armee, die mit deren Vernichtung und Napoleons Einzug in Berlin endete.
Die militärische Lage war zwar ausgezeichnet, doch noch immer war England nicht geschlagen. Um dies zu erreichen, verhängte Napoleon durch das Dekret von Berlin am 21. November 1806 die Kontinentalsperre, die weitreichende Folgen haben sollte. Der Kaiser marschierte gegen Rußland, das starke Truppenkontingente aufstellte. Die Armee überquerte den Narew, doch nach den Schlachten von Pultusk und Golymin und der Einnahme Soldaus beschloß er, das Winterquartier zu beziehen. Im Januar 1807 begab er sich nach Warschau. Dort machte er die Bekanntschaft Maria Walewskas, deren Anmut ihn bezauberte. In der Hoffnung, die Unabhängigkeit Polens erreichen zu können, wurde sie seine »polnische Frau«. Die Idylle währte jedoch nicht lange, denn die Russen nahmen die Offensive wieder auf. Napoleon mußte im Februar 1807 einen neuen Feldzug beginnen. Unter Schwierigkeiten besiegte er die russischen Truppen bei Preußisch Eylau während eines Schneesturmes. Nach der Schlacht bei Osterode begab er sich nach Finkenstein, wohin Maria Walewska ihm folgte. Josephine war eifersüchtig und wollte ebenfalls dorthin kommen, was Napoleon jedoch ablehnte.
Am 26. Mai kapitulierte Danzig nach langer Belagerung. Marschall Lefèbvre gewann ein Herzogtum. Dank dieser Eroberung war Napoleons Lage außerordentlich günstig, bis Ney von den Russen angegriffen wurde. Nach der Schlacht bei Heilsberg nahm der Kaiser die Offensive gegen Bennigsen wieder auf und besiegte ihn bei Friedland am 10. Juni 1807. Er verfolgte die russische Armee bis Tilsit, als Kaiser Alexander in dem Wunsch nach Frieden seine Einwilligung zu einer Waffenruhe gab. Es kam zu Waffenstillstandsverhandlungen mit Rußland und Preußen; schließlich wurde in Gegenwart der Königin Luise von Preußen in Tilsit auf einem Floß, das Napoleon mitten auf der Memel hatte verankern lassen, der Friedensvertrag mit beiden Mächten unterzeichnet.
Wieder beherrschte Napoleon Europa. Er kehrte nach Paris zurück, gab dort neue Impulse im Bereich der großen öffentlichen Arbeiten und präsidierte bei den Hochzeitsfeierlichkeiten Jérômes mit Katharina von Württemberg. Jenseits der Alpen und der Pyrenäen, von der Nordsee bis zum Golf von Tarent, von der Elbmündung bis zur Quelle des Inn war Frankreich von einer langen Reihe befreundeter Nationen umgeben, welche durch französische Waffen unterworfen worden waren und durch den französischen Kaiser Frieden und Unabhängigkeit wiedererlangt hatten. Bis zum Ende des Jahres 1807 hatte der Kaiser seine Siege errungen, ohne schwerwiegendere Fehler zu begehen. Von da an aber unterliefen ihm Fehler, die die Existenz des Kaiserreiches bedrohten. Diese Fehler resultierten zum einen aus der Notwendigkeit einer Aufrechterhaltung der Kontinentalsperre und zum anderen aus seinem Wunsch, Mitglieder seiner Familie auf die Herrscherstühle anderer europäischer Länder zu setzen.
Das Jahr 1808 sah den kaiserlichen Hof in strahlendem Glanz. Napoleon begab sich nach Norditalien und traf dort mit Lucian zusammen, ohne sich jedoch mit ihm einigen zu können. Er ordnete die von Junot geführte Portugal-Expedition an und kehrte dann nach Paris zurück, noch immer im Zweifel darüber, welche Haltung er gegenüber Spanien einnehmen sollte. Er entsandte bedeutende Truppenkontingente auf die Pyrenäenhalbinsel, ignorierte den Wunsch des Prinzen Ferdinand, eine seiner Nichten zu heiraten, und er versetzte Metternich in Unruhe, indem er das Gerücht seiner bevorstehenden Heirat mit Großherzogin Katharina von Rußland in Umlauf setzte.
Karl IV. erbat brieflich Aufklärung über die Absichten des Kaisers, erhielt jedoch nur eine kurze, trockene Antwort. Murat wurde zum Generalleutnant in Spanien ernannt, und Napoleon beschleunigte die Invasion der Pyrenäenhalbinsel. Darauf begab er sich mit Josephine nach Bayonne, wo er den Plan faßte, Joseph zum König von Spanien zu machen. Karl IV. begab sich in Begleitung der Königin und Godoys ebenfalls dorthin. Er erzielte rasch Übereinstimmung mit dem Kaiser, unterzeichnete den Vertrag von Bayonne und reiste dann zu Talleyrand nach Valençay. Joseph bestieg den spanischen Thron, was eine Erhebung der Spanier zur Folge hatte. Die Große Armee sah sich mit dem Aufstand eines ganzen Volkes konfrontiert und mußte schwere, nicht wiedergutzumachende Verluste hinnehmen. General Dupont wurde von feindlichen Truppen eingeschlossen und

mußte bei Bailén kapitulieren; Joseph sah sich gezwungen, Madrid zu verlassen.
Der Kaiser entsandte Truppen zur Verstärkung, doch als die Engländer in Portugal landeten, mußte Junot abziehen. Napoleon begab sich nach Erfurt und traf dort vor einem Auditorium von Königen mit dem russischen Zaren und dem österreichischen Kaiser zusammen.
In Spanien erlitt die Große Armee schwere Verluste. Joseph forderte immer wieder Verstärkung im Kampf gegen die Guerillas an. Der Kaiser hielt seine Anwesenheit für unabdingbar und reiste nach einem kurzen Aufenthalt in Paris, das er zum großen Kummer Josephines wieder verließ, unverzüglich nach Bayonne, um die militärischen Operationen neu zu koordinieren. Burgos wurde von Soult eingenommen, die Franzosen eroberten Santander, Lannes siegte bei Tudela und Napoleon bei Somo-Sierra. Er marschierte nach Madrid und nahm die Stadt ein. Joseph äußerte den Wunsch abzudanken, konnte sich aber gegen Napoleon nicht durchsetzen. Er überquerte mit der Armee die Sierra de Guadarrama und nahm die Verfolgung der Engländer auf. Unterdessen rüstete Österreich wieder auf und bildete eine neue Koalition. Darüber hinaus trieben Talleyrand und Fouché in Paris ihr Intrigenspiel, so daß Napoleon eilends in die Hauptstadt zurückkehrte. Er machte sich Vorwürfe über die Ereignisse in Spanien, mit denen er einen irreparablen Fehler begangen hatte. »Dieser unglückselige Krieg«, sollte er später auf Sankt Helena erklären, »war mein Untergang. Alle Umstände, die meine Niederlage herbeiführten, laufen in diesem unheilvollen Knoten zusammen. Dieser Krieg hat meinen Ruf in Europa zerstört, er hat meine Schwierigkeiten noch vermehrt, und er war zugleich eine gute Schule für die

Jérôme Bonaparte mit seiner Tochter Mathilde. Der jüngste Bruder Napoleons wurde König von Westfalen. Im Zweiten Kaiserreich übernahm er einige Ämter. Seine Tochter Mathilde führte zur gleichen Zeit einen glänzenden Salon in Paris.

englischen Soldaten, denn durch mich hat die englische Armee auf der Pyrenäenhalbinsel viel gelernt.«
Im Vertrauen auf die Probleme, mit denen Napoleon in Spanien zu kämpfen hatte, erklärte Österreich ihm im April 1809 den Krieg. Napoleon verließ zusammen mit Josephine Paris und errang die Siege von Abensberg, Landshut, Eggmühl und Regensburg, wo er verletzt wurde. Er nahm Wien und Eßling ein und siegte in der Schlacht bei Wagram, die den Krieg beendete. Doch gleichzeitig mit dem triumphalen Donaufeldzug gingen in Spanien die Kämpfe mit wechselndem Erfolg weiter, denn Napoleon war nicht zur Stelle, um die Operationen zu koordinieren. Die Engländer landeten auf der Insel Walcheren und bedrohten Antwerpen. In Altenburg wurden Friedensverhandlungen eingeleitet, und am 14. Oktober 1809 wurde zur großen Befriedigung Napoleons und zum tiefen Bedauern Franz' II. der Friede von Schönbrunn unterzeichnet.
Nach Fontainebleau zurückgekehrt, trug Napoleon sich mit dem Gedanken an eine Scheidung von Josephine, da er davon ausging, daß die Geburt eines Sohnes seiner Dynastie den Thron sichern werde. Er beriet sich mit Cambacérès über die Wahl einer Gattin aus dem Hause Habsburg oder Romanow. »Der Kaiser«, so schrieb der Erzkanzler später, »schien inmitten seines Ruhmes zu lustwandeln.« Napoleon teilte Josephine seine Absicht mit, sich trotz ihres tiefen Schmerzes von ihr scheiden zu lassen.
Am 3. Dezember 1809 fand aus Anlaß des Sieges von Wagram in der Kathedrale Notre-Dame ein Tedeum statt, dem die Kaiserin, König Jérôme, der König von Neapel, die Großwürdenträger und die Könige von Sachsen und Württemberg beiwohnten. Danach aber wurde Eugen nach Paris beordert; die Trennung Napoleons von Josephine wurde im beiderseitigen Einvernehmen beschlossen. Die Kaiserin zog sich nach Malmaison zurück. Der konservative Senat billigte die Scheidung. Zur gleichen Zeit forderte der Kaiser seinen Bruder Ludwig, der sich in Holland als Gegner Frankreichs gebärdete, zur Abdankung auf.
Napoleon ließ über die Haltung des Zaren und des Kaisers von Österreich gegenüber seiner Wiederverheiratung Erkundigungen einziehen. Ersterer verhielt sich ablehnend, während das Kabinett in Wien Napoleons Absichten begrüßte. Es wurde beschlossen, Marie Louise mit dem Kaiser zu verheiraten; Champagny und Schwarzenberg unterzeichneten den Kontrakt. Marschall Berthier vollzog in Wien die Ferntrauung, und wenig später traf die neue Kaiserin in Frankreich ein. Napoleon empfing sie in Compiègne, wo sie die Nacht verbrachten. Die Ziviltrauung wurde von Cambacérès in Saint-Cloud vollzogen, die kirchliche Trauung fand im Louvre statt. Metternich war von nun an bemüht, eine Annäherung zwischen Frankreich und Österreich zu erreichen, doch Napoleon wollte den Zaren nicht vor den Kopf stoßen. Wenig später wurde dem österreichischen Kaiser mitgeteilt, daß Marie Louise schwanger sei. Napoleon war hocherfreut über die Aussicht, einen Sohn und Nachfolger zu haben.
Kurz darauf wurde Bernadotte als Karl XIV. Johann (1818–1844) vom schwedischen Reichstag zum König gewählt, ohne daß Napoleon dagegen Einspruch erhoben hätte. Diese Wahl sollte zu Komplikationen mit Rußland führen, doch der Kaiser hatte den Gatten Désirée Clarys um der Vergangenheit willen von jeher begünstigt. Bernadotte wurde alsbald zum Gegner Frankreichs.
Der Zeitpunkt der Geburt nahte; Napoleon umgab die Kaiserin mit aller erdenklichen Fürsorge. Aufmerksam überwachte er das Zeremoniell der Geburt. Am 19. März 1811 kam die Herzogin von Montebello mit dem Tageskleid der Kaiserin aus deren Zimmer. Jedermann wußte, daß nun der entscheidende Augenblick nahte. Nach einer langen durchwachten Nacht trat um sieben Uhr morgens der Geburtshelfer Dubois bleich und aufgelöst bei Napoleon ein, um ihm mitzuteilen, daß eine schwere Geburt bevorstehe und er auf auf die Anwesenheit des Kaisers Wert lege. »Besteht eine Gefahr?« fragte Napoleon, und Dubois erwiderte, er habe schon Tausende ähnliche Fälle erlebt. »Nun also«, sagte der Kaiser, »macht es in diesem Fall wie in den anderen, nehmt all Euren Mut zusammen und verhaltet Euch so, als würdet Ihr nicht

Ein Porträt Lucian Bonapartes, gemalt von F. X. Fabre: Dieser Jakobiner hatte entscheidenden Anteil am Staatsstreich vom 18. Brumaire. Lucian zog sich nach Rom zurück. Für ihn wurde das Gut von Canino von Pius VII. zum Fürstentum erhoben.

Marie Louise mit ihrem Sohn. »Vergeßt, daß es die Kaiserin ist, die ein Kind zur Welt bringt, und tut so, als ob es sich um eine x-beliebige Bürgerin handelte«, hatte Napoleon gesagt, um den Arzt bei der schwierigen Geburt zu ermuntern.

die Kaiserin, sondern eine Bürgerin aus der Rue Saint-Denis entbinden.« Endlich war die Kaiserin erlöst, und nach sieben angstvollen Minuten ließ der neugeborene König ein Wimmern vernehmen. Sogleich nahm ihn der Kaiser und küßte ihn und brachte ihn der zu Tode erschöpften Mutter.
Der Kaiser stürzte sich wieder in die Arbeit und entwarf Pläne für den Bau eines für den König von Rom bestimmten gigantischen Palastes. Um diese Zeit kehrte Joseph nach Spanien zurück. Im Königreich Neapel legte Murat eine allzugroße Unabhängigkeit an den Tag, doch als Napoleon die Auflösung der Armee von Neapel anordnete, unterwarf er sich.
Rußland ließ entlang seiner Westgrenze Truppen aufmarschieren. Napoleon zog seine kampfgewohnten Soldaten aus Spanien ab und ersetzte sie durch Divisionen von Rekruten. Paris erlebte eine glanzvolle Wintersaison mit einer langen Reihe von Bällen. Der Kaiser übersiedelte in den Elyséepalast, wo er sich wegen der notdürftigen Installationen eine Erkältung zuzog. Doch diese Residenz lag näher am Bois de Boulogne als die Tuilerien und bot somit größere Annehmlichkeiten, was die Jagd anbelangte. Ab Ende März 1812 bewohnte Napoleon seinen Palast in Saint-Cloud, wo sich ein buntes, fröhliches Leben entfaltete. Der Kaiser frönte der Jagd im Bois de Boulogne, im Wald von Saint-Germain und in Raincy. Bei Cambacérès, dem Erzkanzler des Kaiserreichs, bei Berthier und in den Botschaften löste eine Festlichkeit die andere ab. Marie Louise schrieb nach Wien, in Paris regiere die Fröhlichkeit. Niemand mochte an den bevorstehenden Krieg denken.

Ludwig Bonaparte mit seinem Sohn Napoleon Ludwig. Sein Bruder Napoleon hatte ihn mit Hortense, der Tochter von Josephine Beauharnais, verheiratet und 1806 zum König von Holland gemacht. Er mußte 1810 abdanken.

In den frühen Morgenstunden des 9. Mai verließen Napoleon und Marie Louise Saint-Cloud und machten sich auf die Reise nach Dresden. Napoleon traf dort mit dem Kaiser von Österreich und den deutschen Fürsten zusammen, während gleichzeitig seine Truppen in Richtung Rußland marschierten. Napoleons Armee besaß die gewaltige Stärke von 678 080 französischen und ausländischen Soldaten. Napoleon begab sich zu ihr und inspizierte sie an den Ufern der Memel.
Am 24. Juni 1812 überquerte er mit der Großen Armee den Fluß, in der Hoffnung, auf die Truppen Kaiser Alexanders zu stoßen, sie einzuschließen und zu vernichten. Diese jedoch zogen sich vor ihm zurück. Doch der Kaiser verfolgte sie immer tiefer nach Rußland hinein, bis sie sich zur Verteidigung Moskaus, der heiligen Stadt, formierten. Der teuer erkaufte Sieg an der Moskwa führte zur Einnahme der Hauptstadt, die die Russen jedoch in Brand setzten, um dem Eroberer die Früchte seines Triumphes zu rauben.
Nach einigem Zögern entschloß Napoleon sich angesichts des nahenden Winters zum Rückzug. Die Große Armee mußte unmenschliche Leiden erdulden und erlitt insbesondere beim Übergang über die Beresina grauenvolle Verluste. Nur 60 000 Mann kehrten, restlos demoralisiert, in verstreuten Gruppen nach Deutschland zurück. Napoleon war wegen der Verschwörung General Malets bereits nach Paris vorausgeeilt und versuchte mit seiner unerschöpflichen Energie, die so stark beeinträchtigte Lage zu konsolidieren. Im Gebälk des Kaiserreichs zeigten sich Risse. Eugen bemühte sich, aus den Trümmern der Deutschlandarmee ein neues Heer aufzubauen, während Murat sich dieser Aufgabe entzogen hatte und nach Neapel zurückgekehrt war. Die Familie war beunruhigt, entmutigt und hilflos, ebenso wie die erschöpften Marschälle, die nichts sehnlicher wünschten als ihre Besitztümer zu genießen, denn Reichtum ist gemeinhin der Kühnheit nicht eben förderlich.
Der Mut des Kaisers indessen war ungebrochen. Das Leben bei Hofe ging weiter. Napoleon schloß mit dem Papst das Konkordat von Fontainebleau. Preußen erhob sich, Spanien wurde nach und nach geräumt, die russischen Truppen zogen in Warschau ein. Preußen erklärte den Krieg, Rußland versuchte eine Annäherung an Österreich, Murat nahm trotz des mäßigenden Einflusses Karolines noch immer eine schwankende Haltung ein. Bevor Napoleon Paris verließ, um sich zu seiner durch Rekruten verstärkten Armee zu begeben, regelte er für die Zeit seiner Abwesenheit die Regentschaft und setzte das Wittum für die Kaiserin fest. Marie Louise war tief bekümmert, als ihr Gemahl, voll Zuversicht und Begeisterung wie immer am Vorabend seiner Schlachten, zu seinen Truppen aufbrach. Sie besaßen nicht mehr die Qualität der Armeen, welche die Triumphe von Austerlitz, Jena und Friedland erkämpft hatten; zudem waren die Truppen der Koalition zahlenmäßig weit überlegen. Nach den Siegen bei Weißenfeld und Lützen sowie der Besetzung Leipzigs verlangte Napoleon von Marie Louise, sie solle ihren Vater um Frieden bitten. Sie fand kein Gehör, doch nach dem Sieg bei Bautzen erklärte der Feind sich mit der Einberufung eines Kongresses und dem Abschluß eines Waffenstillstandes einverstanden. Dieser sollte jedoch nur dazu dienen, Zeit zu gewinnen, denn unterdessen schlossen die Verbündeten den Vertrag von Reichenbach, um Napoleons Sturz vorzubereiten.
Joseph mußte nach der Niederlage bei Vittoria in Spanien abdanken, Soult wurde zum Generalleutnant ernannt. Der Prager Kongreß verlief ergebnislos, Österreich erklärte den Krieg von neuem, und Napoleon zog seine Truppen um Dresden zusammen. Er errang dort einen weiteren Sieg, dessen Folgen jedoch durch die Niederlagen Vandammes bei Culm und Neys bei Dennewitz wieder zunichte gemacht wurden. Die Verbündeten untermauerten ihre Koalition durch die Verträge von Töplitz und rückten in Deutschland weiter vor. Jérôme floh aus Kassel und zog sich nach Koblenz zurück; dies bedeutete das Ende des Königreichs Westfalen.
Die Verbündeten beschlossen, gemeinsam nach Leipzig zu marschieren. Auch Napoleon zog alle seine Truppen dort zusammen. In der »Völkerschlacht« vom 16. bis 19. Oktober wurde er durch den Verrat der Sachsen auf dem Schlachtfeld geschlagen. Die Große Armee mußte sich nach Frankreich zurückziehen und besiegte unterwegs noch bei Hanau die Bayern, die ihr den Weg nach Straßburg zu versperren versucht hatten. Da eine Invasion drohte, hatte Napoleon nunmehr mit seinen tapferen Soldaten das Vaterland selbst zu verteidigen.
Überall in Europa war Napoleon in die Defensive geraten: in Holland, in Italien, wo Eugen die Ebenen Venetiens gegen die Österreicher verteidigte, und in Spanien, wo die Armee vor Wellington zurückwich, der alsbald die südlichen Grenzen bedrohte. Indessen hielt die Masse der Bevölkerung trotz wachsender Unruhe treu am Kaiserreich fest; die Rekruten befanden sich in ausgezeichneter Stimmung.
Schwarzenberg überquerte den Rhein bei Basel und fiel im Januar 1814 im Elsaß ein. Murat verriet den Kaiser und schloß sich den Verbündeten an. Napoleon übertrug Marie Louise erneut die Regentschaft und begann einen seiner glanzvollsten Feldzüge in den östlichen Ebenen Frankreichs. Mit zahlenmäßig geringen, aber von glühendem Patriotismus beseelten Truppen stellte er sich nacheinander den Invasionsarmeen entgegen, die er bei Saint-Dizier und La Rothière besiegte. Er begab sich nach Troyes, während in Paris die Unruhe wuchs und Talleyrand mit den Royalisten intrigierte.
In Châtillon-sur-Seine fand vom 3. bis 8. Februar 1814 ein Kongreß statt. Der Kaiser hatte Caulaincourt freie Hand gelassen, doch dieser zögerte so lange, bis Kaiser Alexander die Verhandlungen schließlich abbrach. Mit bewundernswürdigem Mut und Scharfblick ging Napoleon auf nahezu unpassierbaren Wegen den Triumphen von Champaubert, Montmirail, Château-Thierry und Vauchamps entgegen. Er trat gegen die Armee Schwarzenbergs an, errang die Siege von Montereau, Méry, Reims und Craonne und schaffte es auf diese Weise, die Moral der Pariser Bevölkerung wieder etwas zu heben. Sie hatte dies dringend nötig, denn Cambacérès ließ zum Mißfallen des Kaisers bereits vierzigstündige Gebete sprechen. Joseph blieb zwar untätig, versuchte aber nichtsdestoweniger die Regentin zu beeinflussen. »Meine Liebe«, schrieb Napoleon ihr, »laß zwischen dem König und Dir keine allzu große Vertraulichkeit aufkommen. Halte ihn von Dir fern, offenbare ihm niemals Dein Innerstes. Empfange ihn wie Cambacérès mit allem Zeremoniell in Deinem Salon. Gestatte ihm nicht, sich als Dein Ratgeber zu gebärden; Du weißt besser als er, was zu tun ist.«
In Reims und Saint-Dizier zeigte Napoleon sich unschlüssig. Er dachte daran, sich nach Lothringen zurückzuziehen, als die Verbündeten, die über die in der Hauptstadt herrschende Atmosphäre der Entmutigung informiert waren, nach Paris zu marschieren be-

schlossen. Der Kaiser fürchtete, die Führung des Krieges könne ihm entgleiten und eilte nach Fontainebleau, um der Hauptstadt zu Hilfe zu kommen.
Der Abend des 27. März in den Tuilerien verlief wie gewöhnlich. Königin Hortense spielte eine Partie Whist mit der Kaiserin, Talleyrand und Molé, doch dann verfügte der Regentschaftsrat die Abreise Marie Louises und des Königs von Rom. Sie befanden sich auf dem Wege nach Chartres, als die Verbündeten vor Paris anlangten. Es kam zu Kämpfen in Charenton und am Schlagbaum von Clichy, doch die Verteidigung war schlecht organisiert, so daß Paris am 30. März 1814 schließlich kapitulierte.
Die Verbündeten – von den Roylisten begeistert empfangen – waren in Paris eingezogen. Napoleon wollte sie dort angreifen. Während er noch die Vorposten in Essones inspizierte, beschloß der Senat seine Absetzung. Auch die Gesetzgebende Körperschaft und der Kassationshof schlossen sich dem Votum an. Am 4. April erklärte sich Napoleon, von seinen Marschällen gedrängt, zur Abdankung bereit. Diese waren als Abgesandte auf dem Wege nach Paris, als Marmont seinen Truppen den Befehl gab, in die feindlichen Linien vorzudringen. Damit wurden die letzten Hoffnungen des Kaisers auf eine angemessene Lösung zunichte gemacht. So war Napoleon gezwungen, die Abdankungsurkunde zu unterzeichnen. Die Marschälle kehrten nach Paris zurück. Dort kam in der Nacht vom 10. auf den 11. April ein Vertrag zustande, der Napoleon den Besitz der Insel Elba zusicherte, sowie seiner Gattin die Herzogtümer Parma, Piacenza und Guastalla. Den anderen Mitgliedern der Familie Bonaparte sowie einigen Generälen und Dienern des Kaisers kamen diverse Zuwendungen zugute.
Napoleon, in tiefer Niedergeschlagenheit, war angewidert von dem Verhalten all jener, die ihn verraten und im Stich gelassen hatten. In der Furcht, von seiner Gattin und seinem Sohn getrennt zu werden, versuchte er, sich das Leben zu nehmen. Die Familie wurde auseinandergerissen. Auf Anordnung des österreichischen Kaisers übersiedelte Marie Louise mit ihrem Sohn nach Rom, während Napoleon, nachdem er von seinen Soldaten Abschied genommen hatte, am 20. April 1814 nach Elba aufbrach. Die Reise verlief unter großen Gefahren. In Südfrankreich wäre er um ein Haar der von den Royalisten aufgehetzten Volksmenge in die Hände gefallen. Am 29. April schiffte er sich in Saint-Raphael auf einer englischen Fregatte ein, die am 30. April die Küste Frankreichs verließ.
Am 3. Mai 1814 um zehn Uhr abends ging der Kaiser in Portoferraio, dem Haupthafen Elbas, an Land. Die Insel war ein sehr kleines Reich für den Herrn des Großen Kaiserreichs: glücklicherweise war ein Bataillon seiner Garde mit ihm gekommen. Er inspizierte seine Ländereien und erklärte: »Unsere Insel Elba ist wahrhaftig eine recht kleine Hütte.« Er wünschte sehnlichst, Marie Louise und seinen Sohn bei sich zu haben, aber es kam nur Prinzessin Pauline, die sich von ihrer besten Seite zeigte. Der Kaiser sah nicht die mindeste Aussicht auf eine Erfüllung seiner Hoff-

Das Ende: Napoleon an Bord des englischen Schiffes BELLEROPHON nach der Niederlage von Waterloo. Er wollte als freier Mann unter dem Schutz und der Kontrolle der Gesetze in England leben, doch man brachte ihn nach St. Helena.

Kaiserin Eugénie, die Gemahlin Napoleons III., im Kreise ihrer Hofdamen. Das Bild malte Franz Winterhalter (1855). Der Restaurator des Kaiserreiches war ein Neffe des großen Napoleon: ein Sohn Ludwig Bonapartes und der Hortense Beauharnais.

nungen. In Wien tagte noch der Kongreß, und die europäischen Fürsten gedachten nicht, auf zwei so wertvolle Geiseln zu verzichten. Einigen Trost fand Napoleon darin, daß Maria Walewska mit ihrem Sohn, der auch der seine war, ihn auf Elba besuchte. Marie Louise war im übrigen in eine Affäre mit Neipperg verwickelt und damit ohnehin für ihn verloren.
Joseph hatte befürchtet, man werde ihn zwingen, auf Elba zu leben, dessen Klima ihm für Julie und seine Kinder abträglich erschien. Er hatte das Schloß Prangins am Ufer des Genfer Sees erworben und empfing dort Jérôme, Katharina und selbst Marie Louise, als sie sich auf dem Wege nach Aix-les-Bains befand. Lucian hielt sich in Rom auf. Der Papst hatte ihn freundlich empfangen; er pflegte einen aristokratischen Lebensstil und nannte sich Prinz von Camino. Ludwig lebte in der Schweiz und weigerte sich, mit Hortense zusammenzutreffen. Jérôme hatte sich nach Österreich zurückgezogen und den Titel eines Grafen von Hartz angenommen. Er erwarb ausgedehnte Besitzungen in Triest, wo er sich niederließ. Elisa war aus Italien zurückgekehrt und brachte auf Schloß Passeriano einen Sohn zur Welt. Hortense hatte sich nach Plombières und dann nach Baden begeben, wo sie Eugen wiedersah. Später kehrte sie auf das Schloß Saint-Leu zurück. Madame Mère hatte Napoleon auf Elba besucht, war aber wieder abgereist. Die Bonaparte lebten nun über ganz Europa verstreut.
Napoleon war von Spionen umgeben, wußte aber über die Ereignisse in Frankreich dennoch sehr gut Bescheid. Im übrigen war er von Fleury de Chboulon über die Unzufriedenheit der Armee und eines großen Teils der Bevölkerung genauestens unterrichtet worden. Da es ihm an Geld fehlte und er eine Entführung und sogar einen Anschlag auf sein Leben befürchtete, beschloß er, nach Frankreich zurückzukehren. General Drouot, ein kluger Mann, der die Folgen eines solch wahnwitzigen Unternehmens fürchtete, versuchte ihn davon abzuhalten, doch am 26. Februar 1815 schiffte Napoleon sich in Portoferraio ein und landete wenig später im Golf Juan.
Damit begann jenes denkwürdige Abenteuer, das man den »Flug des Adlers« genannt hat. Auf Sankt Helena erklärte Napoleon später seinem Arzt O'Meara, dieser Marsch von Cannes nach Paris sei die glücklichste Zeit seines Lebens gewesen. Und in der Tat brachte seine Kühnheit ihm Glück. Die gegen ihn aufgebotenen Truppen liefen zu ihm über; der Adler flog von Kirchturm zu Kirchturm bis zu den Türmen von Notre-Dame; Ludwig XVIII. floh mit seinem Hof nach Gent. Ohne einen Schwertstreich ergriff Napoleon wieder von den Tuilerien Besitz, wo ihn seine Getreuen erwarteten. Er fand dort Königin Hortense in Trauer um Josephine, die nach einem Besuch Kaiser Alexanders gestorben war, und Prinzessin Julie in Trauer um ihre Mutter; außerdem war Madame Clary anwesend. Bereits am folgenden Tag stellte Napoleon sein Kabinett zusammen und begann im gewohnten Tempo mit der Reorganisation der Armee. Er war aufrichtig an der Erhaltung des Friedens interessiert und beklagte später auf Sankt Helena die Blindheit der europäischen Fürsten, die sich in Wien gegen ihn verbündeten. Am 25. März kam dort die Quadrupelallianz zustande, der Ludwig XVIII. alsbald beitrat.
Napoleon schrieb an Marie Louise, um sie zu sich zu holen. Sie hatte sich jedoch immer mehr von ihm abgewandt und erklärte einer Vertrauten, sie habe an Napoleon nur seinen Ruhm geliebt und sei nun in einem Maße empört über ihn, daß sie gelobt habe, zu Fuß nach dem berühmten Wallfahrtsort Maria Zell zu pilgern, wenn es gelänge, ihn zu unterwerfen. In Wirklichkeit lebte sie in völliger Abhängigkeit von Neipperg.
Ein royalistischer Aufstand in der Vendée wurde alsbald niedergeschlagen; der Marquis de La Rochejacquelein fand bei Croix de Vie den Tod. Für dieses Unternehmen waren 35 000 Soldaten aufgeboten, die Napoleon wiederum bei Waterloo fehlten. In Neapel erlitt Murat eine Niederlage. Er floh nach Frankreich und fand später ein tragisches Ende, als er bei seiner Rückkehr nach Italien von seinen Untertanen gefangengenommen und erschossen wurde.
Der Kaiser fand nach einer Phase der Niedergeschlagenheit zu seiner alten Energie zurück und brach am 12. Juni 1815 aus Paris auf, um an der Spitze seiner neu aufgestellten Truppen nach Belgien zu marschieren. Er errang zunächst zwei Siege bei Quatre-Bras und Ligny, stieß dann jedoch bei Waterloo auf den Widerstand des Hauptkontingents der durch belgische und niederländische Truppen verstärkten englischen Armee. Die Schlacht war unentschieden, und Napoleon wartete ungeduldig auf das Eintreffen Grouchys, der sich mit seinem Armeekorps auf dem rechten Flügel befand. Wer schließlich erschien, war Blücher. Trotz des wahrhaft heldenmütigen Widerstandes der Garde wurde die Große Armee geschlagen und zu einem dramatischen Rückzug gezwungen. Noch während die Armee von den siegreichen Verbündeten verfolgt wurde und die Engländer und Spanier in Südfrankreich eindrangen, kehrte Napoleon nach Paris zurück. Wieder erschienen die Verbündeten vor Paris, und zu Beginn des Monats Juli 1815 mußte die Hauptstadt kapitulieren. Die Armee wollte weiterkämpfen und zeigte sich höchst unzufrieden über die Kapitulation, die den Intrigen des zum Polizeiminister ernannten Fouché Tür und Tor öffnete.
Napoleon dankte zugunsten seines Sohnes ab und erbot sich in Malmaison, erneut die Führung der Armee zu übernehmen. Als sein Vorschlag abgelehnt wurde, begab er sich nach Rochefort, in der Hoffnung, dort eine Möglichkeit zur Flucht nach Amerika zu finden. Lord Liverpool und Metternich versuchten seiner habhaft zu werden. Napoleon gelangte auf die Ile d'Aix, zögerte aber noch, sich auf einer Fregatte nach Amerika einzuschiffen. Die Engländer verstärkten ihre Kontrollen, um ihn daran zu hindern. So blieb ihm keine andere Wahl, als an Bord der *Bellerophon* zu gehen und zu erklären, er wünsche in England als freier Mann unter dem Schutz und der Überwachung des Gesetzes zu leben. Man brachte ihn jedoch sogleich an die englische Küste und an Bord der *Northumberland* und deportierte ihn auf die Insel Sankt Helena.
Hortense, die Napoleon in Malmaison mit aufmerksamer Fürsorge umgeben hatte, reiste nach Genf und traf dort mit Madame Mère und dem Kardinal Fesch zusammen, die sich anschließend nach Italien begaben. Napoleons Mutter bewahrte all ihre Seelenstärke und erklärte dem österreichischen Adjutanten, der sie begleitete: »Sehen Sie, mein Herr, trotz aller wütenden Feindschaft Ihrer Fürsten gegen Kaiser Napoleon bin ich doch stolzer, seine Mutter zu sein, als ich es wäre, wenn ich die Mutter des Kaisers von Rußland, Ihres Kaisers oder jedes anderen Herrschers auf dieser Welt wäre.«
Die Insel Sankt Helena – verloren in der Weite des Atlantischen Ozeans – war nicht mehr als ein sturmgepeitschter, unwirtlicher Felsen. Das englische Kabinett unterstellte den Kaiser einer strengen Über-

wachung und teilte ihm als Hüter Hudson Lowe zu, einen Mann, an dem Napoleon auf den ersten Blick sein »finsteres Gesicht« auffiel. Nur wenige Getreue seiner Umgebung und kein einziges Mitglied seiner Familie waren dem Kaiser nach Sankt Helena gefolgt. Er hatte sich an die Arbeit gemacht und diktierte die Erinnerungen an seine Feldzüge, wobei er mit bewunderungswürdiger Klarheit und Objektivität über seine Regierung urteilte. Madame Mère und Hortense wünschten zu ihm zu kommen, doch Napoleon wollte keinem der Seinen zumuten, das erniedrigende Leben, das er führte, mit ihm zu teilen.

Als er Montholon sein Testament diktierte, dachte er vor allem an seinen Sohn und erteilte ihm Ratschläge: »Mein Sohn«, sprach er, »sollte nicht auf den Gedanken kommen, meinen Tod zu rächen; er soll vielmehr seinen Nutzen daraus ziehen. Er möge wie ich mit Leib und Seele Franzose bleiben und niemals vergessen, was ich vollbracht habe. All sein Bemühen muß dem Frieden dienen. Sollte er aus purem Nachahmungsbedürfnis und ohne eine absolute Notwendigkeit meine Kriege wiederaufnehmen wollen, so würde er mich nur nachäffen. Mein Werk wiederholen, hieße voraussetzen, daß ich nichts vollbracht habe. Es vollenden dagegen hieße die Stabilität seiner Grundlagen deutlich machen und den Entwurf des Gebäudes ausführen, das erst im Rohbau errichtet war. Eine Sache läßt sich in einem Jahrhundert nicht wiederholen. Meine Aufgabe war es, Europa durch Waffengewalt zu unterwerfen, nunmehr muß man es überzeugen. Ich habe die Revolution gerettet, als sie zugrunde zu gehen drohte; ich habe sie der Welt im Glanz ihres Ruhmes gezeigt. Ich habe in Frankreich und Europa neuen Ideen zum Durchbruch verholfen, die nicht wieder untergehen dürfen. Mein Sohn möge zur Reife bringen, was ich gesät habe; er möge die Saat des Wohlstandes, die die französische Erde birgt, aufgehen lassen. Dann wird auch er ein großer Herrscher sein. Immer wieder sollte mein Sohn sich mit der Geschichte befassen«, erklärte der Kaiser abschließend, »denn sie ist die wahre Philosophie. Er soll über die Kriege der großen Heerführer lesen und nachdenken, nur so wird er lernen, Krieg zu führen. Doch wird alles, was ihr ihm sagen werdet, alles, was er lernen wird, ihm wenig nützen, wenn nicht in seinem Herzen das heilige Feuer der Liebe zum Guten brennt, denn nur durch sie werden große Taten vollbracht. Ich möchte wünschen, daß er sich seiner Bestimmung würdig erweist.«

Der Kaiser fühlte sich plötzlich außerstande, weiterzusprechen. Seine Stimme erstarb; Montholon, über sein Aussehen, erschrocken, bat ihn inständig, sein Diktat abzubrechen. Das Wesentliche war gesagt. Nach einem schmerzvollen Todeskampf glaubte Montholon die Worte »Frankreich in Waffen, das Haupt in Waffen, Josephine« zu vernehmen. Am 5. Mai 1821, um 5 Uhr 49 Minuten, gab Napoleon Bonaparte seinen Geist auf. Der Tod Napoleons beraubte die Familie ihrer glanzvollen Stellung. Was würde aus ihren über ganz Europa verstreuten Mitgliedern werden? Das Schicksal seiner Gattin und seines Sohnes hatte Napoleon auf Sankt Helena mit ständiger Sorge erfüllt. Marie Louise hatte sich niemals darum bemüht, zu ihm zu gelangen. Schon bald vergaß sie all ihre Pflichten in den Armen des österreichischen Generals Neipperg, den sie nach dem Tode des Kaisers heiratete. 1815 war ihr die Oberhoheit über Parma, Piacenza und Guastalla auf Lebenszeit übertragen worden, und sie zog die Annehmlichkeiten des Hoflebens einem Aufenthalt auf Sankt Helena vor. Auch gegenüber dem König von Rom vernachlässigte sie ihre Pflicht; sie trennte sich schon bald von ihm. Das arme Kind jedoch – zum Rang eines österreichischen Erzherzogs degradiert – bewahrte sein Leben lang die Liebe zu seinem Vater und die Sehnsucht nach Frankreich, begierig, die Wahrheit zu erfahren, die man vor ihm verbarg. Man hatte ihn der Gesellschaft seiner Landsleute beraubt und sogar der seiner geliebten »Maman Quiou«, Madame de Montesquiou, deren Anwesenheit allzuviele Erinnerungen wachgerufen hätte. Als Herzog von Parma, ab 1818 Herzog von Reichstadt und schließlich als Napoleon II., lebte er nur seinen Erinnerungen, um die er einen wahrhaften Kult entfaltete; er verkümmerte in seinem goldenen Käfig in Schönbrunn, wo er 1832 starb. Es blieb die Erinnerung an ein Kind und einen anmutigen jungen Mann, dessen Bild Isabey, Lawrence, Prud'hon, Pinelli, Gérard und so viele andere Maler, Graveure und Bildhauer festgehalten haben. Im Oktober 1940 ließ Hitler seine Asche nach Paris überführen. Seitdem ruht er an der Seite seines Vaters im Invalidendom, dem einzigen Ort, der seiner letzten Ruhe angemessen war.

Madame Mère Lätitia hatte sich in Rom niedergelassen. Sie hätte gewünscht, bei Napoleon auf Sankt Helena zu leben. Nach seinem Tode führte sie ein zurückgezogenes, würdiges Leben in dieser Stadt, in der

Kaiser Napoleon III. – neben ihm Kaiserin Eugénie – beim Empfang des siamesischen Botschafters. Napoleon III. behielt immer etwas von seiner Vergangenheit als Revolutionär bei.

sie 1836 starb. Die übrigen Mitglieder der Familie führten ein unstetes Leben. Joseph wurde Graf von Survilliers; er lebte in Amerika, England und später in Florenz und hatte nur Töchter, deren eine mit einem Sohn Lucians und die andere mit einem Sohn Ludwigs, der Mitglied des Institut de France war und 1857 in Paris starb, verheiratet waren. Lucian lebte in Rom und starb 1840 in Viterbo. Elisa hatte vergeblich versucht, ihren toskanischen Besitz zu behaupten; sie zog sich nach Triest zurück, wo sie im Jahre 1820 starb. Ludwig führte in Rom und später in Florenz bis zu seinem Tode das Leben eines großen römischen Herrn. Pauline hatte sich ebenfalls in Rom niedergelassen und starb dort im Jahre 1825, während Ludwig erst 1846 in Livorno starb. Jérôme, einstmals König von Westfalen, starb 1860, hatte sich nach Triest, Rom und dann Florenz zurückgezogen und wohnte ab 1848 wieder in Paris. Karoline war nach dem Tode ihres Gatten Murat, des Königs von Neapel, nach Triest und später nach Frosdorf übersiedelt und lebte dort unter dem Namen einer Gräfin von Lipona, einem Anagramm von Napoli; sie starb im Jahre 1839. So führten die Bonaparte nach dem Tod ihres Oberhauptes ein unstetes Leben, voll Unsicherheit und Sehnsucht nach dem Ruhm vergangener Zeiten.

Anders verlief das Schicksal Hortenses, der Tochter Kaiserin Josephines. Während der zweiten Restauration verbannt und von Ludwig Bonaparte getrennt, lebte die einstige Königin von Holland auf dem kleinen Schloß Arenenberg am Ufer des Bodensees. Von ihren drei Söhnen Napoleon-Charles, Napoleon-Louis und Charles Louis Napoleon blieb nur der letztere am Leben. Er ging einer glänzenden Bestimmung entgegen, denn er sollte wie vor ihm sein Onkel Kaiser der Franzosen werden.

Der Ruhm Napoleons geriet nach seinem Tode nicht in Vergessenheit. Um ihn entstand eine Legende, die von all jenen, welche die große kaiserliche Epoche miterlebt hatten, lebendig gehalten wurde. Charles Louis Napoleon war von einem Sohn des Konventmitgliedes Le Bas erzogen worden. Als das Erbe seiner Familie besaß er die Neigung zum Regieren, aber auch zum Intrigieren. Er hatte sich den Carbonari in Italien angeschlossen und 1831 an der Erhebung in der Romagna teilgenommen; er glaubte sich berufen, die ruhmreiche Tradition der Bonaparte fortzuführen. Weder Bedrohung noch Mißerfolge konnten ihn auf seinem gefahrvollen Weg aufhalten. Sein Versuch, eine Erhebung der Garnison in Straßburg zu organisieren, endete 1836 mit seiner Verbannung nach Amerika. Später ließ er sich in London nieder, nachdem er Königin Hortense, die im darauffolgenden Jahr starb, an ihrem Krankenlager aufgesucht hatte. Im August 1840 versuchte er einen weiteren Handstreich in Boulogne, der jedoch ebenfalls scheiterte. Er wurde daraufhin zu lebenslänglicher Haft verurteilt und in der Festung Ham eingekerkert, entfloh aber 1846 und gelangte wieder nach England.

Die Revolution von 1848 ermöglichte seine Rückkehr nach Frankreich. Von der napoleonischen Legende gestärkt, wurde er zum Präsidenten der Republik gewählt. Ein solcher Titel konnte ihn jedoch nicht befriedigen. Er geriet in Konflikt mit der Nationalversammlung und wagte mit Unterstützung der Ordnungspartei am 2. Dezember 1851 den Staatsstreich. Das darauffolgende Plebiszit erleichterte die Errichtung eines Konsularregimes und sicherte Louis Napoleon die Macht für die Dauer von zwei Jahren. Frankreich drehte das Rad der Geschichte bis zum Beginn des Jahrhunderts zurück; im November 1852 fand ein weiteres Plebiszit statt, und am 2. Dezember 1852 wurde Louis als Napoleon III. (1852–1870) zum erblichen Kaiser der Franzosen ausgerufen. Damit begann die Periode des autoritären Kaiserreichs, die bis 1859 dauerte. In dieser Zeit beteiligte sich Frankreich 1854 am Krimkrieg; 1859 kehrte es im italienischen Krieg an die Stätten seiner ruhmreichen Schlachten von 1796 zurück und gewann Nizza und Savoyen; im Algerienkrieg nahm der Kaiser eine liberale Haltung ein, was seinem Wesen auch am ehesten entsprach. 1853 hatte Louis Napoleon eine schöne, vornehme Spanierin, Eugénie de Montijo, geheiratet, die ihm einen Sohn mit Namen Eugéne Louis Napoleon schenkte, den kaiserlichen Prinzen, der auf so tragische Weise ums Leben kommen sollte.

Die Katholiken mißbilligten die kaiserliche Politik gegenüber dem Heiligen Stuhl. In Verbindung mit Industriellen, die sich dem von der Regierung praktizierten Freihandel widersetzten, beraubten sie Napoleon III. seiner traditionellen Stützen. Durch seinen Liberalismus hoffte er nun die Arbeiterschaft für sich zu gewinnen. Damit begann die Periode des liberalen Kaiserreichs von 1860 bis 1869. Es stand zunächst unter günstigen Vorzeichen, da die öffentliche Meinung den Frieden im Innern wie nach außen wünschte. Dieser Wunsch ging indessen nicht in Erfüllung, denn

Napoleon und Eugénie auf einer zeitgenössischen Fotografie. Nach der Kapitulation von Sedan suchte das Kaiserpaar in England Zuflucht. Der Exkaiser sollte nicht mehr lange zu leben haben; seine Gemahlin aber starb erst im Jahre 1920.

die Zugeständnisse des Kaisers verstärkten nur noch die revolutionäre Opposition, und es kam zu zahlreichen, zum Teil gewaltsamen Streiks. Außenpolitisch erlitt Napoleon III. schmerzliche Mißerfolge mit der Expedition gegen Mexiko im Jahre 1862, mit der Konferenz von Biarritz, der die Niederlage Österreichs bei Sadowa folgte, und mit der Römischen Frage. Diese unheilvolle Außenpolitik mündete schließlich in der nicht wiedergutzumachenden Niederlage von 1870. Zwei Tage nach der Kapitulation von Sedan am 2. September wurde in Paris die Absetzung Napoleons III. verkündet. Bis zur Unterzeichnung des Friedensvertrages lebte er in preußischer Gefangenschaft auf Schloß Wilhelmshöhe bei Kassel und ging dann nach Chislehurst in Kent, wo er im Jahre 1873, von Kummer und Krankheit geschwächt, starb.
Die Hoffnungen der französischen Bonapartisten richteten sich nun auf den kaiserlichen Prinzen. Dieser erhielt bis 1875 seine militärische Ausbildung bei der englischen Artillerie in Woolwich. Da er sich im Exil langweilte, ging er 1879 nach Südafrika, wo er nach siebzehn Verwundungen in einem Kampf mit den Zulus getötet wurde. Nach diesem tragischen Ende wurde Prinz Viktor zum anerkannten Führer der Bonapartisten. 1862 in Meudon geboren, war er der Sohn des Prinzen Jérôme und Enkel Jérôme Bonapartes. Aufgrund eines Gesetzes, das die Kronprätendenten des Landes verwies, wurde er aus Frankreich verbannt und siedelte 1886 nach Brüssel über. 1910 heiratete er in Italien Prinzessin Klementine, die Tochter des belgischen Königs Leopold II. Aus dieser Verbindung gingen zwei Kinder hervor, die 1912 geborene Prinzessin Klothilde und der 1914 geborene Prinz Louis Napoleon.
Prinz Viktor hatte bei der französischen Regierung um die Erlaubnis nachgesucht, in den Reihen der französischen Armee kämpfen zu dürfen, war jedoch abgewiesen worden. Sein Sohn hatte mehr Glück. Anfang 1939 hatte er den französischen Präsidenten Daladier gebeten, seinen Militärdienst in Frankreich ableisten zu dürfen. Aufgrund des Exilgesetzes erhielt er keine Antwort. Ein zweiter und dritter Antrag wurden unter Berufung auf das Exilgesetz ebenfalls abgelehnt. Der Prinz bot seine Dienste der englischen Royal Navy an, wurde aber auch hier abgewiesen. Am 19. März 1940 trat im Département Ain ein Mann namens Blanchard in die Fremdenlegion ein: es war Prinz Napoleon. Er wurde nach Sidi Bel Abbès abkommandiert, wurde jedoch dort vom Waffenstillstand überrascht, noch ehe er an den Kämpfen hätte teilnehmen können. Danach zog er sich auf sein Schloß Prangins am Ufer des Genfer Sees zurück, beschloß aber dann, in die französische Armee einzutreten. Während eines dramatischen Grenzübertritts in den Pyrenäen wurde er verhaftet und verbrachte viereinhalb Monate in Haft in Fresnes und Neuilly, bis er von der Gestapo wieder auf freien Fuß gesetzt wurde. Er arbeitete für die Résistance und trat dann unter dem Namen Monnier in das siebzehnte Infanteriebataillon in Chateauroux ein. Er kämpfte in der Brigade »Karl Martell« in der Brenne und wurde zweimal verwundet. Daraufhin wurde er von General de Gaulle unter dem Namen Montfort in die französischen Streitkräfte des Inneren aufgenommen, nachdem er von General Koenig ausgezeichnet worden war. Am 4. Februar 1946 empfing er aus den Händen General Béthouarts das Kreuz eines Ritters der Ehrenlegion. Vier Jahre später, am 24. Juni 1950, wurde das Exilgesetz abgeschafft, was zum großen Teil den Verdiensten des Prinzen Napoleon zu verdanken war.
Der Prinz heiratete am 16. August 1949 Alix de Foresta, die einer alten, aus Italien kommenden und seit vier Jahrhunderten in der Provence ansässigen Legitimistenfamilie entstammte. Aus dieser Verbindung gingen vier Kinder hervor. Am 19. Oktober 1950 wurden die Zwillinge Charles und Catherine geboren; 1952 wurde die Familie durch eine Tochter Laure und 1957 einen weiteren Sohn, Jérôme, vergrößert. Diese Familie ist heute aufgerufen, den Ruhm des Namens Napoleon Bonaparte zu bewahren.

Die Wittelsbacher

Über mehr als sieben Jahrhunderte hinweg lenkten die Wittelsbacher die Geschicke Bayerns, bevor ihr letzter König bei Nacht und Nebel aus seiner Residenzstadt fliehen mußte.

Der Eifer, mit dem sich Otto von Wittelsbach für Barbarossa immer wieder in Italien herumgeschlagen hat, wurde schließlich doch noch belohnt. Als nämlich Heinrich der Löwe sein bayerisches Herzogtum verlor, belehnte der Kaiser den Grafen von Schloß Wittelsbach mit diesem großen, traditionsreichen Land. Dies geschah am 11. September 1180 im thüringischen Altenburg.

Das zu so hohen Ehren gekommene Geschlecht hatte erlauchte Vorfahren (alles spricht dafür, daß es vom alten Herrschergeschlecht der Luitpoldinger abstammte), doch als ihm Bayern übergeben wurde, zählte es keineswegs zu den ersten, den ganz großen Familien im Lande. Gut hundert Jahre später warf der Kaiser den Wittelsbachern ja auch vor, sein Vorgänger habe sie »von ganz unten«, *ex infimo loco*, emporgehoben. Das war nun freilich die Absicht des Stauferkaisers gewesen, der dieses Land vor den Alpen nicht an die ohnedies schon großen Familien der Andechser oder Bogener geben wollte – wäre einer der Mächtigen noch mächtiger geworden, so hätte ja er, der Kaiser, die Folgen und die Schwierigkeiten gehabt.

Otto von Wittelsbach (1180–1183), zu dieser Zeit bereits ein Mann von Mitte sechzig, wußte sehr genau, daß seine neue Würde auf keinem allzufesten Fundament gebaut war. Wollte er seiner Familie das Herzogtum auch für die Zukunft erhalten, so mußte er die Macht mehren – und dazu halfen zunächst einmal vier seiner sieben Töchter, die in angesehene, vermögende Familien einheirateten.

Sehr viel mehr hat er nicht mehr vollbringen können, denn noch nicht einmal drei Jahre nach der Übernahme des Herzogtums ist Otto I. von Wittelsbach im Sommer 1183 in Pfullendorf gestorben. Sein Sohn Ludwig (1183–1231) war damals etwa zehn Jahre alt – und viele der Adeligen im Lande, allen voran der Bischof von Regensburg sowie die Grafen von Bogen und von Wasserburg, hatten sich noch immer nicht damit abgefunden, daß sie die kleinen landarmen Wittelsbacher als Herren von Bayern anerkennen sollten.

Der minderjährige Ludwig, für den zunächst ein Regentschaftsrat eingesetzt wurde, nahm die Herausforderung an und vergrößerte mit Schläue und nicht immer auf ganz feine Weise sein Herrschaftsgebiet. Wo immer ein bayerisches Adelsgeschlecht ausstarb (und aus mancherlei Gründen häuften sich die Fälle in jener Zeit), war Ludwig zur Stelle. Er arrondierte seinen Besitz, gründete Städte wie Landshut, Straubing oder Deggendorf und wurde 1214 vom König mit der Pfalzgrafschaft bei Rhein belehnt – auf solche Weise ist der Löwe ins bayerische Wappen gekommen.

Seine zähesten Gegner aber, die Bogener, bezwang Ludwig auf die natürlichste Weise der Welt: Er heiratete Ludmilla, die böhmische Witwe des Albert von Bogen. Die Legende behauptet, daß in Wahrheit der Wittelsbacher geheiratet wurde, und die Braut soll sich das Eheversprechen mit einem kleinen Trick gesichert haben: Bei einem Schäferstündchen soll Ludmilla drei Ritter hinter einem Gobelin versteckt haben; alles, was Ludwig der Schönen gesagt und versprochen hatte, wurde von diesen Zeugen nun unter Eid beschworen. Mag der Herzog auf diese Weise auch etwas unverhofft in den Ehestand geraten sein, so war dieser Bund für seine Familie dennoch ein gutes Geschäft, denn bereits in der nächsten Generation, unter Otto II. (1231–1253), fiel ansehnlicher Besitz an. Darunter war auch jenes Rautenwappen der Bogener, das für die Wittelsbacher und ihr Land Bayern von 1247 bis zum heutigen Tage das heraldische Signum ist.

Als Ludwig 1231 auf der Donaubrücke zu Kelheim von einem unbekannten Mann erstochen wurde (diesem ruch- und ruhmlosen Ende verdankt der Herzog seinen Beinamen »der Kelheimer«), war sein Land dreimal so groß wie zu der Zeit, als er es von seinem Vater geerbt hatte. Das Geschlecht, das von ganz unten gekommen war, konnte sich nun neben den ersten Familien im Lande behaupten.

Schon die Enkel des Kelheimers gingen freilich daran, das Ererbte und Zusammengeraffte dadurch aufs Spiel zu setzen, daß sie 1255 beschlossen, ihren Besitz aufzuteilen: Ludwig II. der Strenge (1253–1294) be-

Otto I., der Stammvater des Hauses Wittelsbach, hat seine besten Jahre damit verbracht, sich für Kaiser Barbarossa zu schlagen. 1180 erhielt er als Belohnung dafür das Herzogtum Bayern. Doch Otto hatte nur noch drei Jahre zu leben.

kam das oberbayerische, sein Bruder Heinrich XIII. (1253–1290) das sehr viel ergiebigere, fruchtbarere niederbayerische Stück. Natürlich versicherten sich die Brüder dabei der besten und lautersten Absichten; sie schworen sich gegenseitig, nur die Nutzung, nicht aber das Land selbst aufzuteilen. Doch die frühen Wittelsbacher waren im Umgang mit der Macht nicht zimperlich; um eines schnellen Vorteils willen haben sie auch einmal sogar die eigene Mutter eingesperrt oder gegen Väter und Brüder Krieg geführt.

Ludwig aber verdankt seinen Beinamen »der Strenge« ohnedies einer Tat, die zeigt, daß er ein jähzornig-rabiater Bursche gewesen sein muß. Um die Jahreswende von 1255 auf 1256 soll er – angeblich gerade auf Auslandsreise – entdeckt haben, daß ihn seine knapp dreißig Jahre alte Frau betrüge; ein Brief, den sie an ihren Liebhaber geschrieben und versehentlich in ein an den Herzog adressiertes Couvert gesteckt habe, soll die Gewißheit erbracht haben. Ludwig trabte heim, fand die Frau im Schloß von Donauwörth – und erstach sie auf der Stelle. Später, als sich die Unschuld der so jäh vom Leben zum Tode Beförderten erwies, stiftete der reumütige Herr von Bayern das Kloster Fürstenfeld.

In den feinen Häusern fand man die Angelegenheit offensichtlich nicht allzu abscheulich, denn dieser Ludwig, den man euphemistisch den Strengen nennt, hat später noch zweimal in noble Familien eingeheiratet, zunächst in die der Glogauer (vier Jahre nach dem Mord!) und dann in die der Habsburger. Vielleicht läßt sich diese verblüffende Bereitschaft, einen weitbekannten Gattinnenmörder zu ehelichen damit erklären, daß Ludwig einer der reichsten Herzöge Deutschlands war.

Damals, als über Bayern die beiden Wittelsbacher Brüder regierten, ist es nicht immer ruhig zugegangen, und trotz guter Absichten gab es immer wieder Streitereien. Erst der zweite Sohn Ludwigs des Strengen schuf für einige Zeit Ordnung. Unter ihm, der als Ludwig der Bayer (1294–1347) auch deutscher König und Kaiser war, wurden die getrennten Hälften wieder vereint. Ludwig verstand durch Heirat und geschickte Ausnutzung des kaiserlichen Ranges in Erbfällen seinen Besitzstand zu mehren, so daß zu seinem Bayern schließlich auch noch Holland, Brandenburg und Tirol gehörten.

Ehe dieser Zweitgeborene des oberbayerischen Teilherzogtums zum ersten Mann in Bayern und im Reiche aufsteigen konnte, mußten allerdings einige Hindernisse aus dem Wege geräumt werden. Da galt es zunächst den einige Jahre älteren, im Regieren gleichberechtigten Bruder Rudolf aus der Macht zu drängen und in die Pfalz abzuschieben. Ludwig wäre aber auch dann immer nur der Herr eines (überdies geteilten) deutschen Teilstaates gewesen, wenn er nicht im Verlauf eines dynastischen Streites um Niederbayern seinen habsburgischen Jugendfreund und Vettern Friedrich den Schönen am 9. November 1313 bei Gammelsdorf bravourös geschlagen hätte. Besonders der alte Ritter Schweppermann zeichnete sich in diesem Kampf so sehr aus, daß damals ein Sprichwort aufkam, das auch heute noch geläufig ist: »Jedem Mann ein Ei, dem braven Schweppermann aber zwei.« Der Bericht vom Gammelsdorfer Unternehmen machte die Runde bei den Fürsten des Reiches, und als ein knappes Jahr später ein König gewählt werden mußte, gaben sie ihre Stimme dem dreißigjährigen Bayern. Zwei der Wahlmänner – einer davon war Ludwigs verjagter Bruder Rudolf – ließen freilich den habsburgischen Gegenkandidaten krönen. Dadurch waren in den nächsten acht Jahren mancherlei kriegerische Streitereien zu bestehen.

Für seine bayerische Heimat stand dem König Ludwig kaum Zeit zur Verfügung, denn er hatte in den gut drei Jahrzehnten, die ihm nach der Wahl verblieben, für ein desolates Reich zu sorgen und überdies mit einem Papst zu streiten, der ihn exkommunizierte und ihm den – verächtlich gemeinten – Beinamen »der Bayer« anhangte. Die für das bayerische Herzogtum wichtigste Tat Ludwigs war der Vertrag, den er 1329 zu Pavia mit seinen Neffen schloß. Ihnen, der sogenannten rudolfinischen Linie, sollte hinfort die Pfalz gehören, während das übrige, das altbayerische Herzogtum, an Ludwig und seine Erben – die ludovicinische Linie – fallen sollte.

Natürlich wollte und sollte nach dem Tod dieses Wittelsbachers keiner seiner sechs Söhne leer ausgehen. So wurde zwei Jahre später, im September des Jahres 1349, die territoriale Erbmasse schon wieder tranchiert – drei Wittelsbacher herrschten über Niederbayern-Holland, die drei anderen über Oberbayern, Brandenburg und Tirol. Eine Generation später, 1392, gab es aber bereits drei Residenzen, nämlich Landshut, München und Ingolstadt, und in jedem dieser kleinen Reiche saßen ehrgeizige, auf die Mehrung ihres Besitzstandes bedachte Herren. Das Volk freilich mußte sehen, wie es diese allzuvielen Regenten und Höfe finanzieren konnte; es mußte in die Schlacht ziehen und für den Krieg bezahlen, wenn ein Wittelsbacher wieder einmal nach dem Land eines andern Wittelsbachers schielte.

Das große Bayern, mit dem Ludwig seine sechs Söhne bedacht hatte, zerbröckelte bald. Zuerst ging ein Teil des Tiroler Erbes verloren; 1373 verkaufte Otto, der den Beinamen »der Faule« erhielt, die Mark Brandenburg für 200 000 Gulden an seinen böhmischen

Schwiegervater Karl IV. Auf diese Weise war das preußische Kernland den Bajuwaren für alle Zeiten abhanden gekommen. Herzog Otto aber »verzert darnach sein Zeit unfürstlich; auf dem sloss Wolfstain an der Yser under Landzhuet hofet er mit ainer müllerin, hieß Gredl« – so steht es bei dem alten Geschichtsschreiber Ulrich Fuetrer.
In den Zeiten nach dem Tod Ludwigs des Bayern herrschte ein großes Teilen und Wiedervereinen. Für die Münchner wurde es erst richtig gut, als Wilhelm III. (1397–1435) zu regieren begann, denn er war auf eine im wittelsbachischen Hause seltene Weise bescheiden. Da er keine Erben hatte, dazu weder macht- noch ländergierig war, konnte der mit ihm gleichberechtigte Bruder Ernst (1397–1438) das Land vierzig Jahre lang so gut wie alleine regieren. Dies alles schien freilich eines Tages in Gefahr, und die Münchner Bürger, so heißt es, hatten bereits Angst, einen Ingolstädter oder Landshuter Herrn zu bekommen: Der einzige Sohn von Herzog Ernst, der 34jährige Albrecht, lebte in Straubing (das sein Vater geerbt und ihm zur Verwaltung überlassen hatte) in heimlicher, unstandesgemäßer Ehe mit der Augsburger Baderstochter Agnes Bernauer.
Am 12. Oktober des Jahres 1435 hat Herzog Ernst diesem dynastischen Konflikt ein schnelles und grausames Ende bereitet. Er hat, wie es noch 1709 in einem offiziellen Dokument hieß, »seines Sohnes Alberti (!) III. vertraute Agnes zu Straubingen, auss Eyfer von seines fürstlichen Hauses Splendor ertränken lassen«. Albrecht (1438–1460) zeigte die Faust, floh zu den Ingolstädter Verwandten ... und kehrte kurze Zeit später reumütig zurück. Schon ein Jahr nach dem Mord an seiner ersten Frau hat er in prunkvoller Hochzeit eine standesgemäße Herzogstochter aus Braunschweig zum Altar geführt. Die Kinder aus dieser Ehe – fünf Söhne, zwei Töchter – erfüllten nun alle Bedingungen, die an die Erben eines regierenden Hauses gestellt werden. Die Zukunft des Münchner Herzogtums war somit gerettet.
Nach dem Gründungsvater Otto hatten im vierzehnten Jahrhundert auch die Ingolstädter erfahren, welch nützliche Rolle die Töchter in der Politik eines herzoglichen Hauses spielen können. Damals, im Jahre 1385, wurde die vierzehnjährige Isabella, die einzige Tochter des Herzogs Stephan III. (1375–1413), mit dem siebzehnjährigen französischen Thronerben und späteren König Karl VI. verheiratet (wobei der Bräutigam von der Schönheit seiner Braut so entzückt war, daß er seinem Schwiegervater die Hochzeitsgeschenke wieder zurückgab). Der König wurde zwar nach ein paar Jahren glücklicher Ehe wahnsinnig, doch Isabeau de Bavière, wie die Franzosen sie nannten, hatte von da an ihren bourbonischen Schwager, der sie zu trösten verstand – bis man ihn eines Tages, als er gerade ihr Haus verließ, ermordete.
Die Geschichtsschreiber sind sich bis heute noch nicht darüber einig geworden, was sie von dieser Wittelsbacherin halten sollen, die in die Zeiten des französisch-englischen Krieges und wohl auch etwas zwischen die Fronten geraten war. Jeanne d'Arc jedenfalls hielt nicht viel von ihr und verkündete, daß Frankreich durch Isabeau verlorengegangen sei, durch sie, die Jungfrau, zuletzt aber wieder gerettet werde.
Die bei ihrer Heirat so zarte, feingliedrige Bajuwarin, die nach der Geburt von zwölf Kindern in unförmige Breiten zerfloß und sich später nur noch im Rollstuhl fortbewegen konnte, hat auf die Verhältnisse daheim in Bayern keinen direkten Einfluß mehr gehabt. Immerhin hat sie ihrem Bruder Ludwig, der sich vor seinem Regierungsantritt häufig und lange an ihrem Hofe aufhielt und vom französischen König ein Lehen bezog, die Möglichkeit verschafft, seinen Besitzstand zu mehren. Durch zwei aufeinanderfolgende Ehen hatte der Ingolstädter in noble, vermögende französische Familien eingeheiratet. Als er schließlich heimkehrte – und die zweite Frau, die Tochter des Grafen von Alençon in ihrer Heimat zurückließ –, war er ein unendlich reicher Mann. Aventin meinte (sicher übertreibend), er habe an die fünfzig Tonnen Gold mit sich geführt. Gut fünfhundert Jahre später, Anno 1923, hat ihm ein Historiker zwar die Rechtmäßigkeit dieser Erwerbungen bestätigt, doch von Ludwig selbst wird überliefert, daß er gesagt haben soll, seine Schätze »langen nicht von gutem Gewissen her und sind mit Sünden gewonnen«.
Der eitle, händelsüchtige Ingolstädter, der als Ludwig der Bärtige (1413–1443) in der Genealogie der Wittelsbacher geführt wird und der sich selbst auftrumpfend den »eldist und wirdigst fürst von Bayern« nannte, war also nach seinen Frankreichaufenthalten ein reicher Herr, der sich mühelos Bundesgenossen und Landbesitz kaufen konnte. Doch was half es ihm? Sein anatomisch etwas deformierter Sohn Ludwig der Höckrige (1443–1445) erklärte ihm den Krieg und verbündete sich mit den Landshuter Verwandten. Zuletzt geriet der von seinen Untertanen gehaßte Herzog in Gefangenschaft, und obwohl er die Chance und auch das Geld gehabt hätte, kaufte er sich aus Trotz und Stolz nicht frei. So starb er schließlich mit 79 Jahren als Gefangener seiner niederbayerischen Verwandten auf der Festung Burghausen.
Seit Christi Geburt, hat er einmal gesagt, habe sich kein Sohn so schändlich an seinem Vater vergangen. Dabei vergaß er offensichtlich, daß seine Stiefmutter durch einen Kniefall vor dem König die Versorgung

Albrecht III. hatte als junger Wittelsbacherprinz heimlich die Augsburger Baderstochter Agnes Bernauer geheiratet. Als sein Vater 1435 die Bernauerin ertränken ließ, schwor Albrecht Rache ... und heiratete kurze Zeit später standesgemäß.

durch den Bärtigen erbetteln mußte. Und sein Vater wußte sehr genau, warum er sich von seinem Sohne schriftlich versprechen ließ, daß er bis an sein Lebensende in Ruhe regieren dürfe. Der bucklige Ludwig hat den Tod seines Vaters nicht mehr erlebt; er war schon einige Jahre früher gestorben, 42 Jahre alt und ohne Sohn – die Ingolstädter waren an ihrem Ende angelangt; ein wittelsbachischer Seitenzweig starb ab.
Der Landshuter Herzog nutzte die Stunde. Noch ehe die Konkurrenten so recht darüber nachdachten, wer in der Erbfolge Rechte besaß, hatte er in schnellem Zugriff den größten Teil des freigewordenen Landes geraubt. Dabei hatten die niederbayerischen Herren bei den vorausgegangenen Teilungsgeschäften ohnedies bereits den besten Teil erwischt. Ihr Land reichte bis hinab nach Kitzbühel und zu dem erzreichen Gebirge bei Rattenberg, ihnen gehörten die fruchtbaren Gebiete zwischen Isar und Donau – Niederbayern konnte seine Herren auf der Burg Trausnitz so üppig nähren, daß man sie bald »die reichen Herzöge« und ihr Land »das Rosengärtlein« nannte. Und was sie besaßen, das haben sie auch gerne hergezeigt. Zum Beispiel im November 1475 bei der Hochzeit zwischen der polnischen Königstochter Hedwig und dem Herzogssohn Georg, die zu einem großen Volksfest wurde, dessen Andenken noch heute alle drei Jahre in der »Landshuter Hochzeit« gefeiert wird.
Die Rechnung dieses Festes ist als 25 Seiten starke Handschrift erhalten. Unter dem Schlußstrich standen 60 766 rheinische Gulden 73 Pfennige, was ungefähr 25 Millionen Mark in heutiger Währung entsprach. Die Landshuter und ihre Gäste haben es sich gutgehen lassen – 323 Ochsen wurden geschlachtet, dazu noch 285 Brüh-Schweine, 490 Kälber, 3295 Schafe und Lämmer, 684 Sponsauen, 11 500 Gänse, 40 000 Hühner usw. Verbraucht wurden aber auch 194 345 Eier, 220 Zentner Schmalz, 6 Tonnen Heringe, 5 Zentner 6 Pfund Mandeln ... Das Volk, das von seinem Herzog eine Woche lang freigehalten wurde, rief damals entzückt den seither berühmten Spruch: »Himmel Landshut, Tausend Landshut.«
Für Hedwig folgten dem pompösen Auftakt drei unglückliche Jahrzehnte, denn ihr herzoglicher Gatte schob sie bald nach Burghausen ab, während er selbst in seiner Residenzstadt ein Sauf- und Lotterleben führte, das ihn bereits mit 48 Jahren ins Grab brachte. Nach der Obduktion seiner Leiche schrieben die Medici in ihren Befund, daß das Herz noch gesund, die Leber aber »wie ersotten und voll bösen Blattern« gewesen sei.
Sehr viel schlimmer als alles, was Georg (1479–1503) mit seinem und in seinem Land getrieben, war freilich die Verfügung, die er als Letzten Willen hatte aufschreiben lassen: Da er nur eine Tochter besaß, vermachte er das niederbayerische Herzogtum seinem pfälzischen Schwiegersohn, obwohl es nach den alten Verträgen dem Münchner Vetter Albrecht IV. (1465 bis 1508) hätte zufallen müssen. Die Folge war wieder einmal ein – und diesmal besonders grausamer – Erbfolgekrieg, der vielen Bayern das Leben und dem Ritter Götz von Berlichingen, der mit Albrecht gezogen war, die rechte Hand gekostet hat.
Einer der Feinde Albrechts hat den Münchner einen Federhelden, Stubenschreiber und Kränzelbinder genannt. Nun war dieser Wittelsbacher, der später recht gewichtig daherkam, sicherlich kein Mann für Turniere und aristokratische Tändeleien, doch er war energisch wie kaum einer. So hatte er sich auch 1465 von einem älteren Bruder zunächst die Mit- und einige Jahre später die Alleinregentschaft in München-Bayern erstritten, die er dann selbst wieder gegen zwei jüngere Brüder verteidigen mußte. Einer von ihnen, ein bayerischer Herkules namens Christoph, schlug ihm Anno 1476 vor, sie beide – der Herzog und sein brüderlicher Herausforderer – sollten hinausziehen in das Land zwischen München und Erding und stahlgerüstet gegeneinander losreiten. Für Albrecht wäre das eine tödliche Expedition geworden, da sein Gegner ein ebenso turniererfahrener wie rauflustiger Bursche war, der knapp ein Jahrzehnt später einen seiner Feinde vom Pferd gestochen hat. (Das Denkmal dieser Untat ist heute noch in Freising zu sehen.)
Das Ende kam für diesen bärenstarken Bayernprinzen 1493 auf Rhodos – er starb während einer Pilgerfahrt ins Heilige Land, 44 Jahre alt. Vorher hatte er zwar seinen Bruder Albrecht noch zum Alleinerben eingesetzt, doch die Erbschaft bestand vornehmlich aus einem Schuldenregister von fünf Bänden.
Für Bayern war es ein Vorteil, daß sich Albrecht, der den Beinamen »der Weise« bekam, gegen die Niederbayern und seine Geschwister durchsetzte. Als er nämlich den Landshuter Erbfolgekrieg siegreich beendet hatte, konnte er, der gelernte Jurist, endlich jenes Gesetz erlassen, das nach zweihundertfünfzig Jahren und sieben bayerischen Teilungen mit der immer wiederkehrenden Zersplitterung des Herzogtums Schluß machte – er schuf 1506 ein Primogeniturgesetz, in dem ein für allemal festgelegt wurde, daß Bayern nur noch ungeteilt an den jeweils Erstgeborenen weitervererbt werden dürfe.
Jetzt, da diese Angelegenheit geregelt und das Land wieder vereinigt war, konnten sich die Wittelsbacher dem widmen, was sie vor allem berühmt machen und ihnen weltweiten, immerwährenden Ruhm bringen sollte – dem Errichten herrlicher Bauwerke und der Pflege von Wissenschaft und Kunst.
In der rudolfinischen Linie, drüben in der Pfalz und droben in der Oberen Pfalz, ging währenddessen die Teilung munter weiter, und bald wurde das dynastische Gewirr in dem recht aufgesplitterten Land immer unübersichtlicher: Um nur ja keine Quadratmeile zu verlieren, wurde hin und her geheiratet. Zuletzt gab es – auf mancherlei Weise miteinander verwandt – die wittelsbachischen Linien von Neumarkt und von Mosbach, es gab eine jüngere und eine ältere Linie Simmern, es gab die Nebenlinien von Sulzbach und von Parkstein, von Veldenz, von Neuburg, von Hilpoltstein, von Birkenfeld-Zweibrücken und Birkenfeld-Gelnhausen usw. Was am Ende aller Teilungen übrigblieb, reichte oft kaum noch aus, den Landesvater zu nähren, und so mußten Brüder und Söhne in die Welt hinausziehen und ihr Glück in fremden Heeren oder günstigen Ehen suchen.
Die Zweibrückener haben vor allem in der französischen Armee Karriere gemacht, und der König von Paris, dessen Untertanen sie über längere Zeit hinweg gewesen sind, verlieh den Prinzen dieses Hauses (das sich in Frankreich Deux Ponts nannte) das Regiment Royal Alsace. Der Kleeburger Johann Casimir, ein Seitentrieb aus dem Hause Pfalz-Zweibrücken, konnte daheim nicht viel erben, und so ging er nach Schweden, wo er des Königs Freundschaft und Schwester gewann. An seinem Lebensende konnte er noch erleben, daß sein Sohn Karl Gustav im Jahre 1654 schwedischer König wurde, obwohl er sehr viel lieber nur der Ehemann seiner regierenden Cousine Christine geworden wäre. Diese aber verzichtete auf die Heirat mit dem nicht gerade attraktiven Verwandten, entsagte dem Thron, dem Glauben und der Heimat, ging nach Rom und überließ das Regieren dem

Mitte des sechzehnten Jahrhunderts ließ Herzog Albrecht V. für seine vielfältigen Sammlungen das Antiquarium der Residenz erbauen. Mit diesem größten Renaissanceraum nördlich der Alpen begann Münchens Geschichte als eine der bedeutendsten Museumsstädte Europas.

Pfälzer. Von nun an herrschte in Schweden statt dem Hause Vasa die Wittelsbacher Linie Pfalz-Zweibrücken.

Auf Karl X. (1654–1660), der so ungern König geworden war, folgte Karl XI. (1660–1697), und als dieser mit 42 Jahren starb, übernahm dessen 15jähriger Sohn durch einen Staatsstreich die Macht. Ähnlich wie nach ihm Napoleon, so riß auch er bei seiner Inthronisierung dem Repräsentanten der Kirche die Krone aus der Hand und setzte sie sich selbst aufs Haupt. Von diesem wittelsbachischen König Karl XII. (1697–1718), der während seiner Regierungszeit fast ohne Unterbrechung auf Feldzügen in Polen und Rußland, in Deutschland und in Skandinavien unterwegs war, hat Voltaire in seiner *Histoire de Charles XII.* überschwänglich gemeint: »Vielleicht der außergewöhnlichste Mensch, der je auf Erden war, der all die großen Eigenschaften seiner Ahnen in sich vereinigte und keinen anderen Fehler und kein anderes Unglück gehabt hat, als daß er sie alle in überspanntem Maße besaß.«

Als dieser König im Dezember 1718 fiel, ging auch die wittelsbachische Zeit in Schweden ihrem Ende entgegen, denn Karls Schwester Ulrike, die ihm zunächst im Amte nachfolgte, dankte zwei Jahre später zugunsten ihres holsteinisch-gottorpschen Mannes ab. Die schwedische Königszeit war für die Pfälzer ein nicht einmal siebzig Jahre dauernder ehrenvoller Abstecher ohne weiterreichende Folgen. In nichts vergleichbar jenen Aufgaben, die sie 1777, nach dem Aussterben der ludovicinischen Linie, in München erwartete.

Die Nachkommen der streitbaren Brüder Rudolf und Ludwig des Bayern waren jahrhundertelang ihre eigenen Wege gegangen und haben während der Reformation auch zum Teil die Konfession gewechselt. Trotz aller Unterschiede fühlten sie sich jedoch als eine Familie mit einem Wappen.

In Altbayern schienen die Erbschaftsangelegenheiten

Im Jahre 1552 ließ sich Herzog Albrecht V. zusammen mit seiner habsburgischen Frau beim Schachspiel malen. Der Fürst besaß zwar die größte Bibliothek seiner Zeit und galt als Vater der Musen, doch seine Liebhabereien kosteten zuviel.

seit dem Primogeniturgesetz geordnet, doch obwohl an dieser Urkunde nicht weniger als 65 Siegel hingen, die alle den künftigen Generationen des Hauses Wittelsbach auferlegten, das nach dem Landshuter Erbfolgekrieg von 1504–1506 vereinigte Bayern ungeteilt weiterzuvererben, gab es wenige Jahre nach der Vertragsunterzeichnung in München bereits wieder Schwierigkeiten: Ludwig, ein Sohn Albrechts des Weisen, verlangte wider das Gesetz an der Herrschaft seines älteren Bruders Wilhelm beteiligt zu werden. Er ging mit diesem Verlangen (und der Unterstützung seiner Mutter) sogar bis vor den Kaiser. Der Fall wurde schließlich doch noch in Freundschaft bereinigt. Ludwig war knapp dreißig Jahre lang ein nicht gerade stiller Mitregent. Erst von 1545 an konnte Wilhelm IV. (1508–1550) dann so über Bayern herrschen, wie sein herzoglicher Vater Albrecht IV. es sich gewünscht und alle Wittelsbacher es später auch gehalten haben – alleine. Das Geld hat Wilhelm dennoch nicht gereicht. Er hat zwar Steuern eingeführt und sich das – von ihm selbst ohnedies gewünschte – Verbleiben beim katholischen Glauben durch finanzielle Zugeständnisse des Vatikans abkaufen lassen, doch als er 1550 starb, war die Kasse leer. Was sein Sohn erbte, war ein dickes Bündel von Schuldbriefen.

Die Nachwelt hat das fast vergessen. Sie nennt Wilhelm »den Standhaften« und rühmt ihm zu Recht nach, daß er das Land bei seinem katholischen Glauben belassen habe, daß er die Jesuiten ins Land geholt und für die Bildung seiner Bürger gesorgt habe, daß er durch ein heute noch geltendes »Reinheitsgebot« Hopfen, Gerste und Wasser zu den einzigen Zutaten beim Bierbrauen machte – und daß er dem Regensburger Stadtrat Albrecht Altdorfer den Auftrag gab, die »Alexanderschlacht« zu malen.

In Wilhelms Land hat es sich wahrscheinlich ein bißchen besser gelebt als anderswo in Deutschland. Beim Bauernaufstand von 1525 ließen sich jedenfalls die bayerischen Bauern nicht gegen ihre wittelsbachischen Herren mobilisieren, obwohl es die rebellischen Allgäuer an Anfeuerungen nicht fehlen ließen. Im Salzburgischen und im Eichstättischen äußerten aber Bauern gar den Wunsch, Untertanen des Bayernherzogs zu werden.

Bei Wilhelms IV. Sohn Albrecht V. (1550–1579) war die Anhänglichkeit an den alten Glauben zunächst nicht ganz so tief. Er hat sich umgehört, wie es die Anhänger der neuen Lehre hielten und hat dem Tridentiner Konzil sogar ernsthaft vorgeschlagen, auch in der katholischen Kirche die Priesterehe und das Abendmahl unter beiden Gestalten zuzulassen. Mit solcher Toleranz war es freilich bald zu Ende, und zuletzt war Albrecht sogar noch strenger gegen die Lutherischen als der Kaiser zu Wien.

Da er fürchtete, daß ihm die Andersgläubigen Unruhen ins Land bringen könnten, ließ er sie lieber gleich fortziehen. Auch seinen verehrten Lehrer Philipp Apian, den er noch wenige Jahre zuvor mit dem Auftrag ausgeschickt hatte, das bayerische Herzogtum in einer großen Landkarte – der ersten exakten deutschen Landkarte überhaupt – aufzuzeichnen.

Leicht wird Albrecht die Entscheidung nicht gefallen sein, denn unter den Emigranten waren gute Steuerzahler – und er, der Herzog von Bayern, brauchte Geld, viel Geld; zum Beispiel für die Errichtung des ersten Museums nördlich der Alpen, um Münzen und Gemmen für seine neuangelegte Schatzkammer und Bücher für seine Sammlung (die spätere Bayerische Staatsbibliothek) zu kaufen. Doch er brauchte es auch, um 1568 für seinen Sohn eine Hochzeit auszurichten, die noch teurer kam als diejenige von Landshut. Große Deputationen waren geladen, um die Eheschließung des bayerischen Thronerben mit Renata von Lothringen zu feiern. Und sie alle kamen mit ihrem Gefolge: die beiden Erzherzöge von Österreich mit 333 Personen und 1502 Pferden, der Vertreter des Papstes mit 48 Personen und 116 Pferden, der 14jährige Bischof von Freising, ein Bruder des Bräutigams, mit 22 Personen und 41 Pferden ... Man aß (unter anderem 521 Ochsen) und trank, und am Ende kostete dieses größte Fest, das Bayern je gesehen hatte, nicht weniger als 125 600 Gulden oder nach heutigem Wert 50 Millionen Mark.

Man schmeichelte Albrecht und sagte, er sei ein Vater der Musen und ein »Goldbrunnen, durch den alle Gebiete der Wissenschaft und der Künste überströmend befruchtet werden«. Doch dieser Ruhm war teuer erkauft. Das Land verarmte, die Steuern wurden wieder einmal erhöht, und als der prachtliebende Herzog 1579 starb, hinterließ er seinem Sohn noch viel mehr Schulden, als er selbst einst geerbt hatte.

Der dies alles zugesprochen bekam, Herzog Wilhelm V. (1579–1597), war ein schier bigottisch frommer Mann, der ganz wie seine Vorgänger den fremden Glauben von Bayern fernhielt und mit dem

Maximilian I., der seinem Haus die Kurfürstenwürde zurückerwarb, war während des Dreißigjährigen Krieges der bedeutendste Fürst des katholischen Lagers. Als er 1651 nach mehr als fünfzigjähriger Regierung starb, hinterließ er seinem Sohn Ferdinand Maria ein nach innen wie nach außen wohlgeordnetes Land.

Geldausgeben dort fortfuhr, wo der Vater aufgehört hatte. Auch er, ein Renaissancefürst wie aus dem Buche (und wie ihn sich das arme Bayern zu dieser Zeit eigentlich gar nicht leisten konnte), hat die Kunst geliebt und für die Bücher und Bilder, für Musiker und Architekten sehr viel mehr ausgegeben, als er einnahm. Zeitweise konnte dieser Fürst mit den Einnahmen aus Steuern und Zöllen nur noch die Hälfte seines Etats bestreiten.

Seine Mutter hatte ihn schon früh gewarnt, er werde sich durch seinen Aufwand um Land und Leute bringen, und im Jahre 1597 war es dann tatsächlich soweit – Bayern stand vor dem Bankrott, der Herzog dankte ab und zog sich zusammen mit seiner Frau und einer guten Rente aus der Welt zurück. Während er sich hinfort dem Dienst an Armen und Kranken widmete, für die er unter anderem ein Waisen-, ein Siechen- und ein Findelhaus stiftete, übernahm sein Sohn, der bereits seit 1594 sein Mitregent gewesen war, die Herzogswürde in Bayern.

Die Vorgänger Maximilians I. (1597–1651) hatten sich für die Künste in Schulden gestürzt oder gar ruiniert. Jetzt aber übernahm ein disziplinierter, nüchterner junger Mann von 25 Jahren die Geschäfte, ein Fürst, den sein so glücklos herrschender Vater früh und gründlich für die Regierungsgeschäfte hatte vorbereiten lassen. Maximilian, nach allgemeinem Urteil der bedeutendste unter allen Wittelsbachern, war der rechte Mann für die schwere Aufgabe, die auf Deutschland und auf Bayern zukommen sollte. Maximilians erstes Ziel war die Sanierung der Staatskasse. Wo Großvater und Vater die Schulden vergrößerten und weitervererbten, hatte er bald schon so viel Überschuß, daß er beim Dreißigjährigen Krieg von Katholiken und Protestanten seine Partner mitfinanzieren konnte und dabei nicht mittellos wurde.

Von dieser Sanierung des desolaten bayerischen Staatshaushaltes wurde bald in ganz Europa gesprochen und schließlich schrieb sogar die von ähnlichen Etatsorgen geplagte spanische Königin einen Brief nach München, in dem sie Maximilian um das Rezept seiner Finanzgeschäfte bat. Das aber war, wie sich zeigen sollte, ganz einfach: Der ungemein fleißige, immer etwas griesgrämige Herzog lebte sparsam, ließ sich alle Rechnungen vorlegen, prüfte die Einnahmen und war stets darauf bedacht, daß nichts verschwendet wurde. Daneben hat er als einer der ersten Regenten Europas auch eine genau durchdachte Wirtschaftspolitik betrieben und in vielem den Merkantilismus späterer Zeiten vorweggenommen.
Einem Mann mit vollen Kassen kann man auch große Aufgaben übertragen, und da der Zahler ja ohnedies von jeher das Sagen hat, wurde der bayerische Herzog zum Gründer und Führer der katholischen Liga. Er hat den Krieg ganz sicher nicht geliebt und mancherlei Versuche unternommen, die große Konfrontation zu vermeiden, doch ausgerechnet er mußte im Jahre 1607 den ersten Waffengang tun.

Max Emanuel, der »Blaue Kurfürst«, hatte sich in seinem Leben hohe Ziele gesetzt. Der frühe Kriegsruhm, den er sich 1683 vor Wien und 1688 in Belgrad erwarb, konnte ihn freilich nicht vor den großen politischen Fehlschlägen seines späteren Lebens bewahren.

Als nämlich die Protestanten von Donauwörth den Katholiken bei Prozessionen Schwierigkeiten bereiteten und auch für Ermahnungen nicht zugänglich waren, wurde der Bayer ausgeschickt, die kaiserliche Acht an der Reichsstadt zu vollziehen. Für Maximilian nahm die Strafexpedition ein gutes Ende, da Donauwörth auf diese Weise zu Bayern kam. Auch später, im Dreißigjährigen Krieg, der seinem Lande so unübersehbare Verluste und die Schweden bis nach München brachte, hat er, der katholischen Sache treu und aus innerster Überzeugung zugetan, doch auch den eigenen Nutzen gemehrt: Er vereinigte die Oberpfalz, die seit dem Vertrag von Pavia den rudolfinischen Pfälzern gehörte, mit den altbayerischen Provinzen und errang für sich und seine Nachfolger die jahrhundertelang verlorene Kurwürde, die den Bayern das Mitspracherecht bei der Königswahl zurückgab.
In seiner länger als ein halbes Jahrhundert dauernden Regentschaft sanierte der Fürst die Wirtschaft und führte ein einheitliches Gesetzbuch ein, den *Codex Maximilianus.* Er führte Krieg, verteidigte seinen Glauben und lebte dabei allzeit nach jener Devise, die er für seinen Nachfolger aufgezeichnet hat: Ein Fürst, so hatte er gemeint, sei einer Kerze vergleichbar, die sich brennend verzehrt, um anderen zu leuchten.
Bei seinem Sohn Ferdinand Maria (1651–1679) sind diese Ermahnungen auf fruchtbaren Boden gefallen, da dieser Herrscher seine wichtigste Aufgabe darin sah, sich und seinem Volke den Frieden zu erhalten. In den beinahe dreißig Jahren seiner Regentschaft mußte das Land tatsächlich keinen Krieg führen. Einmal, als ihm die von verschiedenen Fürsten angetragene deutsche Kaiserkrone schon fast sicher war, verzichtete er auf diese Würde, um nur ja in keine Streitereien verwickelt zu werden.
Er wollte damals die Habsburger nicht verärgern und verzichtete deswegen auf seine Kandidatur. Österreich hat ihm dies freilich nicht gedankt, und da Ferdinand Marias geliebte savoyardische Frau Adelheid Maria ohnedies Sympathien für Frankreich hegte, orientierte Bayern seine Politik zunehmend an derjenigen der französischen Könige.
Die Richtlinien der Politik bestimmte vor allem der im politischen Taktieren gewandte Kanzler Caspar von Schmid, doch neben ihm regierte auch noch die Kurfürstin. Sie war eine Enkelin des legendären, aus den Pyrenäen kommenden Königs Henri IV. und wäre im Kindesalter beinahe dem späteren Ludwig XIV. angetraut worden. In der Geschichte hat man ihr schließlich eine andere, kleinere Rolle zugedacht. Von ihrem sechzehnten Lebensjahr an saß sie in dem nicht sonderlich geliebten München, wo sie auf kostspielige, bis heute aber vielbewunderte und fortlebende Weise die Erinnerung an ihre südländische Heimat pflegte – sie ließ italienische Musiker kommen, die in München die Oper einführten, und Baumeister, die der Stadt ihr barockes Gesicht gaben.
Das Leben in der von Maximilian I. gebauten Residenz war aufwendig, man beschäftigte eine Unzahl von Bediensteten, trug teuere Gewänder, hielt sich einen großen Pferdestall und ließ an einem einzigen Tage an der kurfürstlichen Tafel fünfzig bis sechzig verschiedene Speisen servieren. Am Ende aber, als der Fürst 43jährig stirbt, ist der Staatssäckel dennoch gefüllt. Zum letzten Mal für lange Zeit. Denn der da-

Wie so vieles im Leben des Kurfürsten Max Emanuel, war auch das Schloß in Schleißheim größer geplant, als es dann schließlich ausgefallen ist. Doch selbst in seiner unvollendeten Form gehört dieser im Jahre 1701 begonnene Bau zu den schönsten und berühmtesten Schloßanlagen Europas.

mals noch unmündige Sohn Max Emanuel (1679 bis 1726) sollte einer der prunkliebendsten, verschwenderischsten und liederlichsten Regenten seiner barocken Zeit werden, zu einem Bankrotteur, der seinem Lande ungeheuere Opfer abverlangte und ihm wenig dafür gab.

Bei der Geburt des Kurprinzen Max Emanuel hatte Jubel geherrscht, der glückliche Vater kaufte seiner Frau das Gut Nymphenburg (das er ausbauen ließ), die Mutter holte Architekten aus ihrer Heimat und stiftete gegenüber der Residenz eine italienische Kirche für die Theatinermönche. Später war zu großer Freude über diesen Prinzen eigentlich kein rechter Anlaß mehr. Zuerst waren die Bayern zwar noch stolz, daß ihr junger Herr im Türkenkrieg als »Blauer Kurfürst« berühmt wurde. Überall in der Welt hat man mit Bewunderung davon erzählt, daß er zusammen mit dem polnischen König (seinem späteren Schwiegervater) Johann Sobieski 1683 die belagerte Stadt Wien befreite und dann auch noch 1688 Belgrad eroberte. Wie einst sein Vorfahr Ludwig der Bayer, so war also nun auch er in jungen Jahren als Kriegsmann hervorgetreten. Im Gegensatz zum Sieger von Gammelsdorf ist er aber nicht zum König gekrönt worden – ein Verhängnis, unter dem sein Land noch sehr viel leiden mußte.

Seine Heimat hat Max Emanuel nicht viel bedeutet, und sein eigener Bruder meinte einmal sogar, Max Emanuel würde, um nur ja nicht in Bayern leben zu müssen, eine Stadt in seinem Kurfürstentum gegen eine Scheune in Holland tauschen. Sein privates Wohl und die Interessen seiner Familie im Auge, war er für alle Projekte zu begeistern, die seine und seines Hauses Erhöhung versprachen. Hätte man ihm irgendwo in Europa eine Krone versprochen, so hätte er sein Geburtsland mit Freuden hingegeben. Schließlich, so sagte er einem französischen Gesandten, habe er sich nicht in fünf Feldzügen herumgeschlagen, um dann mit dem zufrieden zu sein, was er von seinen Ahnen geerbt habe. In dem Gegensatz zwischen Frankreich und Österreich hat er sich auf ein riskantes Taktieren eingelassen und dabei zunächst einmal die von seinem Vater geknüpften freundschaftlichen Bande zu Frankreich gelöst, um sich dem Kaiser in Wien zu attachieren, dessen Tochter er 1685 heiratete. Die sechzehnjährige habsburgische Erzherzogin mußte zwar auf das so heißersehnte spanische Erbe verzichten, aber Max Emanuel wurde durch diese Ehe 1691 immerhin Generalstatthalter der Niederlande. Sieben Jahre später schien sich auch auf der Iberischen Halbinsel alles zum Guten zu wenden und ein Traum des Wittelsbachers zu erfüllen: Sein Sohn Joseph Ferdinand wurde am 14. November 1698 vom habsburgischen König Karl II. in Madrid

Mit Maximilian IV. Joseph ist die pfälzische Linie der Wittelsbacher endgültig in die Münchner Residenz eingezogen. Der ehemals französische Oberst und spätere Kurfürst wurde am 1. Januar 1806 als Maximilian I. Joseph erster bayerischer König.

zum spanischen Universalerben ernannt. Wenige Tage bevor 24 holländische Kriegsschiffe den Prinzen aber in seine neue Heimat bringen konnten, starb er, sechs Jahre alt. Max Emanuel, so heißt es, sei in tiefe Ohnmacht gefallen, als er diese Nachricht erhielt.
Der Bayer, immer auf Vergrößerung seines Ranges und seiner Einkünfte aus, hatte von Wien nichts mehr zu erwarten (und seine ungeliebte österreichische Frau war ohnedies sieben Jahre nach der Hochzeit gestorben; im Alter von nur 23 Jahren). Nun versuchte Max Emanuel sein Glück bei den Franzosen, die ihn schon lange hofierten und vieles versprachen. Solches Lavieren zwischen den Großmächten brachte den Wittelsbacher – was bei der geographischen Lage seines Kurfürstentums wahrscheinlich gar nicht zu vermeiden war – zwischen die Fronten des Spanischen Erbfolgekrieges. Bayern wurde auf solche Weise Aufmarschgebiet und Kriegsschauplatz zugleich.
In der Schlacht von Sendling haben sich die oberbayerischen Bauern am Weihnachtsmorgen des Jahres 1705 gegen die österreichische Besatzung erhoben und nach ihrer Niederlage ein grausames Ende gefunden. Ihr Herr hat ihnen das alles nicht gedankt, sondern im Exil weiterhin sein aufwendiges, lockeres Leben geführt – das ihm vor allem der französische König finanzieren mußte. Seine bajuwarischen Untertanen haben das alles geduldig ertragen, und ihr Fürst konnte mit Recht sagen, es sei ein »Vergnügen, absoluter Herr zu sein und ein so angenehmes Land zu haben wie das unsrige ist«. Erst im Jahre 1715 kehrte Max Emanuel endgültig in die Stadt zurück, aus der er einst ausgezogen war, um ein großer Mann zu werden.
Schon vor seiner langewährenden holländischen Reise hatte Max Emanuel den Kupferstecher Michael Wening ausgeschickt, damit er eine bayerische Topographie liefere; aus dem Exil brachte er den Baumeister François Cuvilliés mit; als junger Kurfürst hatte Max Emanuel das Schloß in Schleißheim bauen lassen; der Ausbau von Nymphenburg war sein Werk – er war im guten wie im schlechten ein barocker Fürst, der mit seiner Politik und seinen persönlichen Wünschen gescheitert und seinem Lande zuletzt so viele Schulden zurückließ, daß es bis ins frühe 19. Jahrhundert hinein daran zu tragen hatte.
Ein Sohn aus Max Emanuels zweiter Ehe (mit Therese Kunigunde von Polen) hat dann eine Erhöhung erreicht, wie sie sein Vater gar nicht erhoffen konnte. Am 24. Januar 1742 wurde Kurfürst Karl Albrecht von Bayern als Karl VII. zum deutschen Kaiser gewählt. Daheim hat man davon nichts gehabt, und während der verschwenderische, kurtisanenhörige Karl Albrecht (1726–1745) von seinem erzbischöflichen Bruder in Frankfurt die Krone aufgesetzt bekam, marschierten in München die Panduren ein. Wie zu Max Emanuels Zeiten regierten in Bayern wieder einmal die Österreicher. Der Herrscher Bayerns war durch den Österreichischen Erbfolgekrieg zu einem Regenten ohne Land geworden, zu einem Kaiser, der vornehmlich von der Unterstützung seiner Freunde lebte. Im Exil.
Im Oktober 1744 konnte er endlich in seine Residenz zurückkehren, doch ein Vierteljahr später war Karl Albrecht tot. Er hinterließ Schulden in einer Höhe von vierzig Millionen Gulden, dazu noch etwa vierzig

uneheliche Kinder und einen Krieg. Den zu beenden war die erste Aufgabe seines Sohnes Maximilian III. Joseph (1745–1777). Die Berater des jungen Kurfürsten waren in einer Sitzung der Meinung gewesen, man sollte sich mit Maria Theresia nicht vorschnell und leichtfertig arrangieren (und tatsächlich hat der Frieden von Füssen dann die politische Bedeutung Bayerns stark verringert), doch der Regent unterbrach die Diskussion und erklärte: »Wenn denn niemand den Frieden will, so will ich ihn haben.«
Für gewöhnlich war ein so resolutes Wort von ihm nicht zu erwarten. Er hielt sich lieber an das, was seine Vertrauten ihm vorschlugen – und diesen Frieden hatte ja auch seine habsburgische Mutter von ihm verlangt. Dieser Wittelsbacher mit dem Beinamen »der Vielgeliebte« war ein gutmütiger, etwas phlegmatischer Herr, der in seiner naiven Art oft nicht bemerkte, was in seiner Umgebung gespielt wurde. Um nur ja nicht vergiftet zu werden, wovor er zeitlebens Angst hatte, stimmte er lieber allem zu, was man von ihm wünschte, und so hat er mit mürrischem Gesicht und wohl auch gegen seinen Willen Todesurteile unterschrieben.
Dieser Kurfürst war sparsamer als seine Vorgänger,

Die Verdienste König Ludwigs I. als Museumsbauer, Kunstsammler und Denkmalspfleger versuchte Wilhelm von Kaulbach in einem einzigen Bild darzustellen. Im selben Jahr, 1848, in dem er auf diesem Monumentalgemälde mit Glyptothek und Staatsbibliothek dargestellt wurde, mußte Ludwig zurücktreten.

und wenn er auch das Cuvilliéstheater und den Steinernen Saal von Nymphenburg erbauen ließ, so war er doch gleichzeitig darum besorgt, die Lebensverhältnisse seines Volkes zu verbessern: Er ließ zum Beispiel nach einer Mißernte aus seinem Privatvermögen in Italien billiges Getreide aufkaufen, das er dann an die Bevölkerung weitergab, er führte die Kartoffel und den Kleeanbau in Bayern ein, gründete die Bayerische Akademie der Wissenschaften und schickte die Bayern von 1771 an in die Schulen. Bei alldem ist er – so undankbar sind die Völker – sehr viel weniger bekannt und von den Historikern ästimiert als etwa sein hasadeurischer Großvater Max Emanuel. Die Zeitgenossen waren da noch anders, sie nannten ihn den »guten Max«.

Als dieser Reformer am 30. Dezember 1777 stirbt, ist die ludovicinische Linie des Hauses Wittelsbach mit einem volkstümlichen und trotz mancher Mißerfolge auch bedeutenden Herrscher zu Ende gegangen. Nach viereinhalb Jahrhunderten kehrten jetzt die pfälzischen Wittelsbacher wieder in ihre Heimat zurück, aus der sie Ludwig der Bayer einst verdrängt hatte. Die Voraussetzungen für diese Rückkehr waren vor allem unter Max Emanuel gelegt worden, als die beiden Linien in Hausverträgen die gegenseitige Beerbung vereinbarten.

Der 53jährige Herzog Karl Theodor (1777–1799) aus der Linie Pfalz-Sulzbach war über das bayerische Erbe offensichtlich nicht glücklich, denn als man ihm die Nachricht nach Mannheim brachte – sie erreichte ihn während des Jahresschlußgottesdienstes –, sprach er zu sich selbst: »Nun sind deine guten Tage vorbei.« Was zu dieser Stunde freilich noch niemand ahnte: Auch für Bayern waren die guten Stunden zunächst einmal vorüber.

Karl Theodor liebte das neuerworbene Land so wenig, daß er es gerne und schnell an die Österreicher vertauscht hätte, wenn man ihm dafür die burgundische Königskrone und eine angemessene Versorgung für einige seiner unüberschaubar vielen unehelichen Kinder zugesichert hätte. Nur der wittelsbachischen Witwe Maria Anna, die sich mit dem Alten Fritz von Preußen zusammentat, war es schließlich zu danken, wenn der so flink eingefädelte Handel scheiterte und Bayern davor bewahrt wurde, möglicherweise für alle Zeiten eine österreichische Provinz zu werden. Das bayerische Volk hängte sich damals voll Dankbarkeit das Bild des preußischen Königs in seine Wohnun-

Die Wittelsbacher waren zu allen Zeiten begeisterte Jäger. Maximilian II. schätzte zwar das Gespräch mit den Gelehrten höher als die Gamspirsch, doch der Maler K. Kempter mußte auch ihn als Waidmann im Hochgebirge porträtieren.

Mit seiner Cousine, der schönen Preußenprinzessin Maria, die Maximilian II. 1842 heiratete, kam jene Krankheit ins Haus Wittelsbach, an der die beiden königlichen Söhne Ludwig und Otto so schwer zu tragen hatten.

gen. Und es jubelte öffentlich, als der Kurfürst, dem es nicht viel mehr als den Englischen Garten und die Trockenlegung des Donaumooses südlich von Ingolstadt zu danken hatte, im Jahre 1799 starb.

Nun konnte dieser Mann, der so eigensüchtig über das Land geherrscht hatte, zwar zahllose illegitime Kinder, doch keinen Thronerben vorweisen, da auch eine zweite Ehe, in der sich der schon 71jährige Regent mit einer 19jährigen Fürstin aus der habsburgischen Verwandtschaft verband, den erhofften Erben nicht erbracht hatte. So mußte wieder ein Pfälzer nach München ziehen, ein aus der Linie Birkenfeld-Zweibrücken stammender Prinz, der längere Zeit als Offizier in Straßburg dem französischen König gedient hatte (und der bis zu seiner Verheiratung ein stadtbekannter Leichtfuß gewesen war).

An die bayerische Erbschaft hatte Maximilian Joseph zunächst nicht denken können: Sollte Karl Theodor wirklich keinen Erbprinzen bekommen, so wäre Max Josephs älterer Bruder Anwärter auf das Kurfürstentum an der Isar, und diesem würde wiederum sein Sohn nachfolgen. Noch ehe aber der Münchner Erbschaftsfall dann tatsächlich eintrat, waren die beiden Kandidaten gestorben und Maximilian Joseph, der durch den französischen Revolutionskrieg ohnehin seine pfälzischen Besitzungen verloren hatte, zog als Maximilian IV. Joseph (1799–1825) nach München, wo ein Bierbrauer die Stimmung des Volkes am schönsten zum Ausdruck brachte: Beim offiziellen Einzug des Kurfürstenpaares drängte er sich an die Kutsche heran und drückte dem Regenten die Hand mit den Worten: »Weilst nur grad da bist, Maxl.«

An jenem 12. März 1800 war nicht vorherzusehen, welche gewaltigen Veränderungen Bayern in den Regierungsjahren dieses Wittelsbachers durchleben würde. Es gab Kriege gegen und Kriege mit Napoleon, Klöster und Kirchenbesitz wurde 1803 säkularisiert, Max IV. Joseph mußte eine seiner Töchter an Eugen Beauharnais, den Stiefsohn Napoleons, verheiraten, und vom 1. Januar 1806 an konnte er sich – unter dem Namen Max I. Joseph – König von Bayern nennen.

Unter diesem volkstümlichen, in allen Kreisen beliebten Monarchen, der in allen wichtigen Fragen seinem Ratgeber Montgelas vertraute, wurde das bayerische Land innerhalb der heute noch gültigen Grenzen arrondiert, in seiner Verwaltung neu gegliedert und 1818 mit einer für die damalige Zeit sehr liberalen Verfassung bedacht. Dabei wollte er sein Volk wie ein Vater führen: »Die gegenwärtige Welt«, schrieb er 1821, »ist zu verdorben, um sich darauf verlassen zu können. Jeder will politisieren und regieren; dieses kann man doch nicht zugeben.«

Kronprinz Ludwig, ein schnell aufbrausender, schwärmerischer junger Mann, konnte diesen Seufzer sehr wohl auf sich beziehen, denn er hat seinem Vater das Regieren nicht leicht gemacht. Seine Schwester Auguste hat das in ihrem Tagebuch beklagt: »Bedauerlicherweise scheint er etwas verschroben zu sein; denn er sagt, daß er meinen Vater liebe, und trotzdem kritisiert er alles, was er tut, und arbeitet unterderhand gegen die Absichten des Königs, und das in einem Maße, daß man meinen möchte, er sei der Souverän des Landes.«

Wo der konservative Max Joseph behutsam taktierte und seine Entscheidung gründlich überlegte, wollte der liberalere Ludwig immer noch einen Schritt wei-

Porträt König Ludwigs II., gemalt von E. Schreiner 1876. »Er ist leider so schön und geistvoll, seelenvoll und herrlich, daß ich fürchte, sein Leben müsse wie ein flüchtiger Göttertraum in der gemeinen Welt zerrinnen« – so schrieb der Komponist Richard Wagner über seinen großzügigen Gönner und Förderer.

tergehen; und während sich der König mit dem ihm wohlgesonnenen Napoleon arrangieren mußte (und ihm in hymnischen Briefen huldigte), machte der Sohn aus seinem Haß gegen den Korsen kein Hehl.
In seiner Kronprinzenzeit war Ludwig der eifrigste Verfechter demokratischer Freiheiten, den es in Europas Herrscherhäusern gab. An diesen Prinzipien hielt er auch noch fest, als ihm 1825, im Alter von 39 Jahren, die Krone zufiel. Man hat ihm – wie er glaubte – seine Liberalität schlecht gedankt, und so nahm er manche der Freiheiten, für die er sich einst so leidenschaftlich eingesetzt hatte, wieder zurück. Dabei wollte Ludwig I. (1825–1848) ganz wie sein Vorgänger den Bayern ein treusorgender Landesvater sein, der sein Königsamt sehr ernst nahm. Frühmorgens um halb fünf, wenn die Residenzstadt noch schlief, setzte er sich bereits an seinen Schreibtisch, studierte die Akten und versah sie mit seinen Anmerkungen. Nichts wurde in Bayern ohne seine Zustimmung entschieden.
Wie so viele Wittelsbacher-Erben vor ihm, so mußte auch er wieder einmal die Staatsfinanzen in Ordnung bringen. Diese Aufgabe hat er so erfolgreich gelöst, daß er große Unternehmungen wagen konnte: In Ludwigs Regierungszeit fuhr 1835 die erste deutsche Eisenbahn zwischen Nürnberg und Fürth, wurde der Rhein-Main-Donau-Kanal gebaut, wurde die Universität von Landshut nach München verlegt, wurden Klöster wie Metten, Scheyern und Andechs wieder neu gegründet ...
Daneben hat er, der selbst ein äußerst sparsames, beinahe ärmliches Leben führte, zum Großteil aus seiner Privatschatulle ein Bauprogramm finanziert, wie es weder vor ihm noch nachher eines gegeben hat: Pinakothek, Glyptothek, Feldherrnhalle, Staatsbibliothek, Universität, Wallhalla, Befreiungshalle, um nur einige Bauwerke zu nennen. Neben seinem geliebten Bayern behielt der König freilich immer auch das ganze Deutschland im Blick (und er schrieb es ganz urtümlich-markig immer nur Teutschland). Alles, was er für die Einigung dieses in viele Staaten zersplitterten Landes tun konnte, hat er unternommen; so ist auch der deutsche Zollverein, mit dem die deutsche Einigung begann, vor allem seinem Einsatz zu danken.
Es hätte in diesem tätigen Stil noch viele Jahre weitergehen können, wenn dieser leicht erregbare Monarch nicht an einem Oktobertag des Jahres 1846 eine Frau in Audienz empfangen hätte, die sich Señora Maria de Los Dolores Porris y Montez nannte und die darum nachsuchte, ein Tanzgastspiel geben zu dürfen. Aus der privaten Affäre um Lola Montez (die der König zärtlich Lolita nannte) wurde im Laufe der Zeit eine Staatskrise, die schließlich dazu führte, daß Ludwig I. am 19. März 1848 zugunsten seines Sohnes Max Joseph abdankte.
Ganz anders als sein Vater, der für so vieles geschwärmt hat – für schöne Frauen, für die Künste und für Teutschland –, war Max II. Joseph (1848–1864) ein wissenschaftlich geschulter, pedantisch-genauer Monarch, der nichts aus dem Überschwang einer Stimmung heraus entschied. Was immer er tat – er tat es gründlich. So reiste er beispielsweise kreuz und quer durch Europa, um sich alle heiratsfähigen Prinzessinnen anzusehen, ehe er seine verhängnisvolle Wahl traf: Mit der zarten, engelschönen Preußenprinzessin Maria kam jene Krankheit in die wittelsbachische Familie, an der Ludwig II. und sein Bruder Otto so schwer zu tragen hatten.

Max II. Joseph, der berühmte Gelehrte nach München und an seine Tafel holte, war ein Mann, der den Ausgleich suchte und alles ihm mögliche unternahm, die drohende Auseinandersetzung zwischen Preußen und Österreich zu verhindern. Sein Plan war es, Bayern und andere deutsche Mittel- und Kleinstaaten zu einer dritten Macht einen zu können.
Zwei Jahre nach seinem Tode war der Krieg nicht mehr zu verhindern. Ludwig II. (1864–1886) mußte gegen seinen Willen die Truppen an Österreichs Seite gegen die Preußen ziehen lassen – und nach der Niederlage außer 30 Millionen Gulden auch noch einige fränkische Bezirke an die Sieger in Berlin abtreten. Gegen die besser, moderner ausgerüsteten Norddeutschen hatten die Bayern und die Österreicher kaum eine Chance gehabt, doch der König hat sich für diesen Waffengang auch gar nicht sonderlich interessiert:

So, wie K. Kempter ihn gemalt hat, ist der »Märchenkönig« Ludwig II. in der Vorstellung vieler haften geblieben – als einsamer Regent, der in zauberhaft-blauen Nächten durch sein Bayernland reiste und sich in seinen Schlössern vor der Welt verkroch. »Ein ewiges Rätsel will ich bleiben«, schrieb er in einem seiner Briefe.

Einige Wochen vor Ausbruch des Krieges war der Monarch heimlich aus Schloß Berg am Starnberger See abgereist, um den geliebten, immer wieder reichlich mit Unterstützung bedachten Richard Wagner im Schweizer Exil zu besuchen. Zurückgekehrt, zog er sich auf die Roseninsel zurück, um »die Jahrestage der unvergeßlichen Tristanaufführungen in seliger Rückerinnerung ... fern vom Weltgetriebe zu erleben«.

Ringsum wurden währenddessen die Heere für den Krieg ausgerüstet. »Man fängt an, den König für irrsinnig zu halten«, schrieb damals der österreichische Gesandte. Was in Deutschland und Europa vorging, hat den Monarchen zunehmend weniger interessiert. Er flüchtete sich in die Welt der Wagner-Opern und des französischen Rokoko, dem er durch seine so unzeitgemäßen Schlösser von Neuschwanstein (1867), Linderhof (1868) und Herrenchiemsee (1878) huldigte: »O, es ist notwendig, sich solche Paradiese zu schaffen, solche poetischen Zufluchtsorte, wo man auf einige Zeit die schauderhafte Zeit, in der wir leben, vergessen kann.«

Zeitweise dachte der König auch daran, vom Throne abzutreten oder – in den Jahren zunehmender geistiger Umnachtung – sein Land einzutauschen. Geheimrat Löhlein wurde ausgeschickt, irgendwo »eine Landschaft von stiller, erhabener Schönheit« zu finden, in der er als absoluter Monarch regieren könne. Auf die Frage, wie er das neue Land bezahlen wollte, flüsterte er seinem Vertrauten ins Ohr: »Indem wir Bayern dagegen tauschen.«

Die bayerischen Staatsgeschäfte haben den kranken, romantischen Monarchen nicht interessiert, und so ist er auch nicht nach Versailles gefahren, als nach dem Sieg von 1870/71 – Ludwigs Truppen hatten an Preußens Seite gekämpft – die deutschen Verhältnisse neu geordnet und der preußische König zum deutschen Kaiser proklamiert wurde. Ludwig hat wohl

Prinz Luitpold war ein Mann von fünfundsechzig Jahren, als er die Nachfolge seines Neffen Ludwig II. antrat. Die Bayern haben den neuen Regenten zunächst mit Mißtrauen empfangen, doch schon bald konnte er deren Liebe erwerben.

auch geahnt, daß damit die Selbständigkeit seines Königreiches zu Ende geht, auch wenn ihm einige unbedeutende Separatrechte (wie die eigene Post und die eigenen diplomatischen Vertretungen im Ausland) zugesichert wurden. Zu schwach, den Weg in ein gleichgeschaltetes Deutschland zu verhindern, hat er schließlich am 30. November 1870 im Auftrag und nach einer schriftlichen Vorlage Bismarcks im sog. »Kaiserbrief« seinen Berliner Onkel Wilhelm aufgefordert, die deutsche Kaiserkrone anzunehmen.

Nach dem Fest im Schloß zu Versailles schrieb der Wittelsbacher Prinz Otto an seinen königlichen Bruder: »Ach Ludwig, ich kann Dir gar nicht beschreiben, wie unendlich weh und schmerzlich mir während jener Zeremonie zumute war, wie sich jede Faser in meinem Innern sträubte und empörte gegen all das, was ich mitansah. Alles so kalt, so stolz, so glänzend, so prunkend und großtuerisch und herzlos und leer. Mir war's so eng und schal in diesem Saale, erst draußen in der Luft atmete ich wieder auf.«

Im Sommer 1886 schien Ludwig für die mächtigen Herren in München nicht mehr tragbar. Aus diesem Grunde schickten sie am 9. Juni elf Herren nach Neuschwanstein, wo Obermedizinalrat Dr. Gudden dem festgenommenen König eröffnete: »Majestät sind von vier Irrenärzten begutachtet worden, und nach deren Ausspruch hat Prinz Luitpold die Regentschaft übernommen. Ich habe den Befehl, Majestät nach Schloß Berg zu begleiten.« Die Ärzte hatten den Patienten, wie Ludwig zu Recht bemerkte, nie gesehen oder untersucht, doch das Schicksal des Königs war besiegelt. Unter Umständen, die zu mancherlei (bis heute weder bestätigten noch widerlegten) Gerüchten Anlaß gaben, kam Bayerns »Märchenkönig« zusammen mit Dr. Gudden am 13. Juni 1886 im Starnberger See ums Leben.

Luitpold (1886–1912), einem Onkel des toten Königs, war mit 65 Jahren ein hohes Amt zugefallen, das ihm dennoch nicht ganz gehörte. Sein Bruder Max Joseph war einst König von Bayern gewesen, sein Bruder Otto war 1832 König von Griechenland geworden (1862 aber, nach einer nicht sehr erfolgreichen Herrschaft, abgesetzt worden) – er aber, der von breiten Schichten des Volkes zunächst ungeliebte Nachfolger Ludwigs II., konnte sich nur »des Königreiches Bayern Verweser« nennen, da ja in der Abgeschiedenheit eines kleinen Schlosses in geistiger Umnachtung noch Ludwigs Bruder Otto lebte. Er war dem Namen nach der König von Bayern.

Im Laufe einer fünfundzwanzigjährigen Regentschaft hat es der Prinzregent durch Volkstümlichkeit, Bescheidenheit und Tüchtigkeit verstanden, das anfängliche Unbehagen seiner Untertanen zu überwinden. Die »Prinzregentenjahre« wurden schließlich – auch wenn man dem schönen König Ludwig weiterhin (und auf folkloristisch-nostalgische Weise bis heute) nachtrauert – zu einem goldenen Zeitalter Bayerns.

Da der Regent neben der Jagd nichts mehr liebte als die Malerei, in der er als Kind von dem berühmten Domenico Quaglio unterrichtet worden war, brach eine fruchtbare Zeit für die bildenden Künste an. Neben den Meistern der alten Schule bekam hier auch die moderne und die engagierte Kunst ihren Platz – 1896 wurde in München das wirkungsvollste Oppositionsblatt der Wilhelminischen Jahre, der »Simplicissimus«, gegründet, hier bekam der deutsche Jugendstil seinen Namen, und hier malte kurz vor dem Tod des Regenten der Russe Wassily Kandinsky das erste abstrakte Bild.

Luitpolds Nachfolger, sein Sohn Ludwig III. (1912 bis 1918), brachte den Musen weniger Liebe entgegen als den Milchkühen seines Gutes Leutstetten. An der Seite seines Vaters hatte er sich schon vor seiner Amtsübernahme mit den Problemen des Landes vertraut gemacht und sich vor allem mit den sozialen Fragen beschäftigt. Bei der Einführung des direkten Wahlrechtes im Jahre 1906 hat er tatkräftig mitgewirkt. Als er 1912 seinem Vater als Regent nachfolgte und 1913 den Königstitel annahm, konnte er sich in der neuen Aufgabe kaum noch bewähren. Im darauffolgenden Jahr, 1914, brach der Erste Weltkrieg aus. Bayerns König gehörte in dieser schweren Zeit zu den Männern, die mäßigend auf Berlin einwirken wollten.

Der durch nichts und niemanden legitimierte Berliner Publizist Kurt Eisner hat erreicht, daß der 73jährige König im November 1918 bei Nacht und Nebel aus jener Residenz fliehen mußte, von der aus die Wittelsbacher jahrhundertelang regiert hatten. Die 750jährige Regentschaft des bayerischen Herrscherhauses endete am 7. November 1918 mit einem Manne, der dieses Schicksal nicht verdient hatte und dessen Vertreibung vom Volke – und vor allem auch von den bayerischen Sozialdemokraten – abgelehnt wurde. Der Mob hat über die Vernunft gesiegt. Im Jahre 1921 ist Ludwig III. im ungarischen Exil gestorben. Er hat den Thronverzicht bis zu seinem Tod verweigert.

Die Monarchien im Wandel der Zeit

Der Zweite Weltkrieg, die Entkolonisation, die Europäische Union und gesellschaftliche Umwälzungen haben auch die Monarchien verändert.

7. August 1993: Staatsoberhäupter und andere Persönlichkeiten in Brüssel beim Begräbnis Baudouins I. Im Vordergrund das schwedische und das spanische Königspaar sowie das Kaiserliche Paar aus Japan. Der Kaiser trägt den bei Begräbnissen traditionellen Frack, die europäischen Herrscher die Militäruniform.

Die Stimme des legendären Mikado spricht zum ersten Mal im Radio zu den Untertanen und kündigt die Kapitulation Japans an: die erste Niederlage des Landes und seiner göttlichen Monarchie in einer vieltausendjährigen Geschichte. Die beiden Atombomben sind gefallen, und das Reich der Aufgehenden Sonne liegt am Boden. In Europa besiegelt das Ende des Krieges den Niedergang der Naziherrschaft und ihrer Anhänger. Innerhalb weniger Jahre stürzen die Monarchien, die in der zweiten Hälfte des 19. Jahrhunderts die politische Landkarte Europas mitbestimmt hatten: Jugoslawien, Bulgarien, Rumänien und Italien werden zu Republiken. Die jugoslawische Monarchie ist jung, entstanden aus dem Zusammenbruch des Habsburgerreiches durch die Könige von Serbien aus dem Haus Karagjeorgjevic (1918–1941). Unter dem Zepter ausländischer Dynastien stehen Rumänien (Hohenzollern-Sigmaringen, 1881–1947) und Bulgarien (Sachsen-Coburg-Gotha, 1878–1946). Die italienische Dynastie der Savoyen hingegen, wird mit dem Verfassungsreferendum von 1846 entthront, das – mit seiner Entscheidung für die Republik – der Dynastie zum Vorwurf macht, den Faschismus gestattet und unterstützt zu haben. Die dänische Dynastie, die von 1863 bis 1973 in Griechenland herrscht, ist geprägt von Unglücksfällen und Unterbrechungen, abgesetzten Königen und Diktaturen, bis hin zur großen Krise, die 1963 von König Konstantin II. provoziert wurde, dem die sozialistische Regierung Papandreous ein Dorn im Auge war. Er begünstigt die Diktatur Papadopoulos', von dem er zehn Jahre später absetzt wird.

So bestätigt sich auch in Griechenland das Prinzip der konstitutionellen Monarchie. Das Staatsoberhaupt über den politischen Parteien verkörpert die Einheit und die nationale Kontinuität, indem es absoluten Gehorsam gegenüber der Verfassung und den konstitutionellen Traditionen garantiert. Nur seine absolute politische Zurückhaltung bewirkt, daß ein Monarch die demokratischen Garantien genauso wahrt wie ein mehrheitlich gewählter Präsident der Republik. Alle Königshäuser, die während oder nach dem Zweiten Weltkrieg untergegangen sind, haben für ihren Fehler bezahlt, daß sie sich nicht aus der Politik herausgehalten haben.

Mitte: Nahaufnahme von Don Felipe, dem spanischen Thronerben. Das Bild zeigt den Prinz von Asturien als Privatmann, mit dunkler Sonnenbrille, von der die Hofetikette abrät, hemdsärmelig auf seiner Yacht.

Unten: In einer Hofkutsche fahren die Königinmutter Elisabeth II. und Prinz Eduard von England durch die Straßen Londons. Die Kleidung, die Kutsche mit dem Wappen und die Pagen gehören zur prunkvollen Tradition des Hofes von St. James.

Seit dem Mittelalter haben die Monarchien ihre Organisation der Familie, der Macht und des Hofes vervollkommnet, wobei die absolute Monarchie noch immer respektiern. Die königliche Familie nimmt noch z. B. nicht alle demokratischen Rechte für sich in Anspruch, es sei denn, sie verzichtet auf den eigenen Rang und auf die eigenen Erb- und Traditionsrechte. Mit anderen Worten: Der König, die Regierung oder das Parlament entscheiden darüber, wen die Prinzen heiraten können, zu welchem Glauben sie sich bekennen müssen, ob sie einer normalen Tätigkeit nachgehen können, wo und wie sie erzogen werden sollen, an welchen Plätzen und zu welchen Anlässen sie offiziell erscheinen müssen, in welche ausländischen Staaten sie sich begeben sollten, wie sie ihr Privatvermögen und die Apanagen der Zivilliste zu verwalten haben, bzw. das «Gehalt», das oft das Parlament im Bilanzgesetz für die Mitglieder der Dynastie festlegt. Der Herrscher und die Regierung bestimmen die Ausbildung oder die militärische Laufbahn des Thronerben und seiner jüngeren Brüder. Ein mächtiger Behördenapparat, geleitet vom Minister des Königshauses oder von einem hochrangigen Funktionär, der nicht der Regierung angehört, kontrolliert, in Übereinstimmung mit dem Herrscher und dem Kabinett, diesen gesamten großen Bereich und trifft Entscheidungen, meistens mit Rücksicht auf die Tradition und in den wichtigsten Fällen nach diskreten politischen Beratungen. Dieser Apparat besitzt unter Umständen eine sehr große politische und wirtschaftliche Macht wie es beim kaiserlichen Hof Japans der Fall war. Seit etwa einem halben Jahrhundert wird der Almanach von Gotha nicht mehr veröffentlicht. Der Almanach (erste Ausgabe 1763, letzte 1944) enthielt Namen und Titel der Herrscher und der Prinzen der Dynastie, die mit ihren Verwandten, den Hofämtern und den Titularen, den Ritterorden regierten. Er verzeichnete die ehemals herrschenden Familien und die des Hochadels, mit den Familienstammbäumen, den Titeln, den Vorrechten ihres Ranges und ähnliche Informationen, die pünktlich auf den neuesten Stand gebracht wurden.

Obwohl der Almanach von Gotha ziemlich einseitig zugunsten des Heiligen Römischen Reiches Deutscher Nation ausgerichtet war, galt er als Bibel der Höfe, und so manche Prinzenehe entstand bereits im Kopf, während man in diesen Seiten blätterte. Dort konnte man entdecken, daß der Neffe eines Herrscherhauses einen Hof besaß, der dem des Königs in nichts nachstand, und daß er Kommandant eines Regiments war. Bei der älteren Dame, die den bürgerlichen Kindern des Viertels Klavierstunden erteilte, handelte es sich um niemand geringeren, als seine Durchlauchte Hoheit, die Prinzessin von Monaco.

Dieses Erbe, diese Unterscheidungen, aufgrund derer ein Baron aus einer normannischen Familie aus Sizilien bei Tisch den Vorrang über einen nicht regierenden Prinzen des Reiches hat, haben das Leben der Prinzen bis in die Nachkriegszeit bestimmt. Danach begann sich die Lage zunächst langsam und dann immer schneller zu ändern. Aber der Sittenwandel, der Königliche Hoheiten zum Star der internationalen Jet-set-Society und bestimmter Zeitungen werden läßt, hat an den Vorrechten und am verfassungsmäßigen Status der Prinzen, der von wenigen Gesetzen, aber von einer langen und mächtigen Tradition bestimmt wird, nicht viel verändert.

Die Königshochzeit

Einst Allianzen zwischen Herrscherfamilien, besiegeln die königlichen Hochzeiten heute zunehmend eine neue Beziehung zwischen Dynastie und Nation.

Die Hochzeit Juan Carlos' von Bourbon mit Prinzessin Sofia von Griechenland in Athen. Ihr Bruder hält die Hochzeitskrone über ihren Kopf. Es ist nicht sicher, daß Juan Carlos herrschen wird, aber die Zeremonie folgt den höchsten Formen der Tradition.

Erster Juli 1900: Seine Kaiserliche Hoheit Franz Ferdinand von Habsburg, Erzherzog und Anwärter auf den Thron von Modena, heiratet die Gräfin Sofia Chotek, Edelfrau aus böhmischem Hause, seit kurzem Herzogin von Hohenberg. Es handelt sich um eine morganatische, also nicht standesgemäße Ehe. Der Bräutigam erkennt deshalb an, daß die Kinder aus dieser Ehe keinerlei Ansprüche auf den habsburgischen Thron haben. Auch wenn das die Kontinuität der Nachfolge nicht gefährdet – es gibt viele Erzherzöge aus den verschiedenen Linien des Kaiserlichen Hauses, darunter Fürsten von Österreich, der Toskana und von Teschen –, so spürt man doch lebhafte Empörung und Ressentiments bei Hof. Das Ehepaar ereilte am 28. Juni 1914, in Sarajevo ein trauriges Schicksal.

In der ersten Hälfte des Jahrhunderts gibt es zahlreiche Mesalliancen, die den Thron berühren. Im Januar 1936 folgt auf Georg V. von England sein Sohn Eduard VIII. Er ist ein Mann mit einem schwierigen Charakter. Als er die Ehe mit einer geschiedenen Amerikanerin in Betracht zieht, zwingt ihn die konservative Regierung von Stanley Baldwin, zwischen der Ehe und der Krone zu entscheiden. Im Dezember dankt der König ab, nimmt den Titel Herzog von Windsor an und heiratet. Der Hof gestand der Herzogin von Windsor niemals den Rang einer Königlichen Hoheit zu.

Leopold III. von Belgien, Vater von zwei Söhnen, heiratet 1941 eine bildhübsche bürgerliche Landsmännin, die fünfzehn Jahre jünger ist als er. Mary Lilian Baels, spätere Prinzessin de Réthy, sollte jedoch nie Königin werden. Der König sieht sich gezwungen abzudanken und seinem Bruder Karl von Flandern den Thron zu überlassen. 1951 folgt ihm Leopolds Sohn Baudouin I. nach. Leopold stirbt 1983; auf Wunsch seines Sohnes hat er den bloßen Königstitel beibehalten.

Die Mesalliancen verschonen auch das spanische Königshaus nicht. Die beiden Söhne von Alfons XIII., der unglückliche Alfons, Graf von Cavadonga und Herzog Jaime von Segovia, heiraten keine Prinzessinnen aus Herrscherfamilien und werden aus der Liste der Nachfolger gestrichen. Im Jahr 1975, als die Dynastie wieder eingesetzt wird, besteigt Juan Carlos I. den Thron, der erstgeborene Sohn von Jaimes jüngerem Bruder, des Grafen Don Juan von Barcelona, und der Prinzessin Maria de las Mercedes von Bourbon-Sizilien-und-Spanien.

In England hat die englischste der Dynastien, die Tudordynastie, die Tradition beibehalten, der zufolge die Kronprinzen ausländische Prinzessinnen oder Sprößlinge aus Adelsfamilien des eigenen Landes heiraten. Als der Herzog von York, auf den abgedankten Eduard VIII. folgt, ist er bereits Vater zweier kleiner Prinzessinnen, die ihm die Tochter des Grafen von Strathmore ge-

schenkt hat: Georg VI. und Königin Elisabeth sollten die beliebtesten Herrscher Englands während des Kriegs sein. Als 1981 der Prinz von Wales, ihr Enkel und Sohn Elisabeths II., die Tochter des Grafen Spencer heiratet, befürwortet der Nationalstolz die Wahl einer englischen Aristokratin als Mutter des zukünftigen Herzogs von Cornwall. Die Braut ist dreizehn Jahre jünger als der Prinz.
1960 hingegen wurde die Hochzeit der Königinschwester mit dem englischen Fotografen Anthony Armstrong-Jones, dem späteren Lord Snowdon, nicht genauso gebilligt. Er ließ sich von Prinzessin Margaret 1978 scheiden. 1973 heiratete Prinzessin Anne, damals die vierte in der Linie der Thronnachfolger, wiederum einen Bürgerlichen, Mark Phillips; die ehrwürdige Schwiegermutter hat ihn nie als dem König gleichgestellt anerkannt. 1986 ist der Herzog von York an der Reihe, der dritte Sohn der Königin; seine bürgerliche Gattin, Sarah Ferguson, tritt in die Windsor-Familie mit dem Rang einer Königlichen Hoheit ein – sehr merkwürdige Widersprüche in einer Dynastie, die die weibliche Erbfolge zuläßt.
Bei den Skandinaviern verhält es sich etwas anders. Die königlichen Familien führen ein einfaches Leben und bemühen sich, ihren Untertanen in ihrem Verhalten, das von strenger lutherischer Moral geprägt ist, ein Vorbild zu sein. Ihr Vermögen und ihre Apanagen sind nicht so umfangreich wie die des englischen Königshauses. Sie sind die ersten Bürger im Reich, Hüter der nationalen Einheit und der Privattugenden.
Königin Margrethe II. heiratete 1967 einen französischen Diplomaten, des Halbadels, der nicht im Almanach von Gotha erscheint. Ihre Schwester Benedikta nahm einen deutschen Prinzen, Anne Marie den König von Griechenland – Konstantin II. – zum Mann.
Der König von Norwegen ging mit einunddreißig Jahren die Ehe mit einer gleichaltrigen Landsmännin bürgerlicher Abstammung, Sonja Haraldsen, ein. Die Schwestern des Königs heirateten Prinzen.
Im schwedischen Königshaus gibt es häufiger bürgerliche Hochzeiten. Carl XVI. Gustav war schon König, als er 1976, Silvia Renate Sommerlath, zur Frau nahm. Die Prinzen aus dem Norden leben meist als Privatiers, und die Repräsentationspflichten obliegen gewöhnlich den Mitgliedern der Königsfamilie im engeren Sinn. Während das englische Königshaus wie eine große multinationale Gesellschaft auftritt – seine noch zahlreichen Herrschaftsgebiete sind auf der ganzen Welt verstreut -, die mit strenger Hand vom Herrscher geführt wird, eine Gesellschaft, bei der jeder Prinz Aktionär ist, bieten die skandinavischen Königshäuser ein Laienmodell des Königtums an, das sich auf den Monarchen konzentriert, der der erste Beamte im Staat ist. Die Rolle der Prinzen beschränkt sich auf wenige Dinge. Es handelt sich oft um sehr gebildete Personen mit viel Verständnis für Kunst und Kultur, ihre Landsleute erwarten von ihnen, daß sie ein sinnvolles, ehrenhaftes Leben führen.
Einer Linie des schwedischen Königshauses, die von der Thronnachfolge ausgeschlossen war, gehörte Graf Folke Bernadotte an, ein sehr fähiger Diplomat und Gesandter der UNO, der 1948 von einem jüdischen Terroristen ermordet wurde.
Die beiden Söhne Leopolds III., die ihm auf den belgischen Thron folgten, heirateten keine Prinzessinnen königlichen Blutes. Königin Beatrix von den Niederlanden hingegen, verheiratete sich mit dem deutschen Adligen Claus von Amsberg, heute Prinz von Oranien und Vater von drei Kindern.

Das junge Paar auf einem Privatfoto: Sofia korrekt mit Perlenkette, Juan Carlos lässig mit aufgeknöpften Jackett. Das Alltagsleben hat für ein Paar begonnen, dem die Pflichten nur wenig Zeit für das Privatleben lassen.

Sachsen-Coburg und Gotha

Der unaufhaltsame Aufstieg

Zwei große Herrschaftsfamilien verstanden es, durch politische Eheschließung ihr schon beachtliches Vermögen noch wesentlich zu vergrößern: Die Habsburger im 15. und die Wettiner im 19. Jahrhundert.
Die Wettiner, Herren von Thüringen, erhielten von Kaiser Sigismund das Herzogtum Sachsen.
Im Jahr 1485 existieren zwei Linien der Wettiner. Die Besitztümer der ernestinischen Linie wurden in kleine Herzogtümer gleicher Größe aufgeteilt, deren Grenzen sich oft verschoben.
Die Linie der Herzöge von Sachsen-Saalfeld erwarb Coburg, verlor Saalfeld im Jahr 1826 und erhielt Gotha: Sie nahm den Namen Sachsen-Coburg-Gotha an.
Prinz Leopold, Bruder Herzogs Ernst I. (1806–1844), heiratete Charlotte von England, die Tochter des Erben des Herzogs von Clarence. Leopold, der 1817 verwitwet und ohne Nachkommen zurückblieb, wurde zum Herzog von Kendall ernannt und blieb in England. Im Jahr 1831 nahm er den Thron, der neuentstandenen Monarchie in Belgien an.
Erbin Wilhelms IV. war seine Nichte Viktoria (1837–1901), Tochter eines Bruders und einer Prinzessin von Sachsen-Coburg. Viktoria heiratete Prinz Albert, den Bruder Herzogs Ernst II. Das englische Herrscherhaus, das den Namen Windsor annahm, ist also eine Linie der Sachsen-Coburg-Gotha.
Ein Neffe König Leopolds von Belgien heiratete Maria da Gloria, die Tochter und Erbin Peters IV. von Braganza, und wurde Königsgemahl von Portugal, als der Schwiegervater auf diese Krone verzichtete (1826).
Die jetzigen Braganza sind seine Nachfahren, und auch der letzte König Bulgariens, der 1946 entthronte Zar Simeon, stammt von einem Sachsen-Coburg-Gotha der Linie Kohary ab.

Vollendete Aufnahme einer Staatszeremonie: die Reiterwache in Galauniform flankiert die Hofkutsche mit Galaequipage, während das lächelnde Paar die Menge grüßt. Charles von England und Lady Diana Spencer erscheinen als perfektes Paar.

Das Prinzenpaar von Wales. Der Prinz sieht nicht glücklich aus, und der Eleganz der Prinzessin fehlt der Stil. Eine Staatsehe hat begonnen, die vermutlich kein glückliches Ende nehmen wird.

Wenn vom 15. bis 17. Jahrhundert die Prinzenhochzeiten noch die Tendenzen der königlichen Außenpolitik widerspiegeln, so beschränkt sich inzwischen die Familienpolitik auf nationale Interessen. Reiche und Provinzen sind immer seltener ererbter Besitz des Monarchen, dafür aber immer unlösbarer mit dem Staat verbunden. Eine Prinzessin heute zu heiraten heißt natürlich nicht mehr ein großes Lehen ihres Reiches als Mitgift zu erhalten, wie es im Mittelalter oft der Fall war. Auch wird es immer schwieriger, beim Erlöschen der großen Dynastien die weiblichen Erbfolgerechte geltend zu machen, die von Nachfahren anderer Länder vorgebracht werden. Selbst Ludwig XIV. sah sich, um einen eigenen Enkel auf den spanischen Thron zu setzen, auf dem sich die männliche Nachfolge des Hauses Habsburg erschöpft hatte, zu einem Krieg gezwungen. Der französische Sieg wirkte sich deshalb nicht minder ruinös auf die Finanzen Frankreichs und Spaniens aus.

Jeder Prinz einer Herrscherdynastie sollte in seinen Adern vier Viertel, oder besser noch sechzehn Sechzehntel nicht unbedingt königliches, aber doch Herrscherblut haben. Die zahlreichen kinderreichen Königlichen Hoheiten, Großherzoglichen Hoheiten und Durchlauchten Hoheiten stellen – auch wenn sie der tatsächlichen Herrschermacht beraubt sind – Prinzessinnen und Prinzen als Ehegatten für alle großen Monarchien.

Jedes Staatsoberhaupt, das 1995 in Europa regiert, hat sechzehn Sechzehntel königliches Blut in seinen Adern – mit einer Ausnahme: Königin Elisabeth II. Bei den Nachfolgern dieser Monarchen wird das nicht so sein, denn die Kronprinzen haben sich dafür entschieden, auch Adlige aus sehr bescheidenen Familien oder bürgerliche Landsleute aus dem Mittelstand zu heiraten. Dies bringt zwar die Dynastie dem Volk näher, gleichzeitig entfernen sich die europäischen Dynastien aber von ausländischen Herrschern bei denen man traditionell Ehegatten gleichen Ranges sucht.

Als der Erste Weltkrieg ausbrach, waren die engen Verwandten der Zarin, einer Prinzessin von Hessen-Darmstadt, Untertanen des deutschen Kaisers, genauso wie die der belgischen Königin, einer Wittelsbach, und der Königin von England, Mary von Teck, wohingegen der Erzfeind Kaiser Georgs V., Kaiser Wilhelm II., sein direkter Vetter war. Mit der bürgerlichen Ehe vermeidet man solche Risiken, weil der Ehegatte einer Königlichen Hoheit weiß, daß er auch deren Nationalität mitheiratet.

Herrscher und Prinzen bestimmen heute weder die inter-

Beispielhaftes Bild einer religiösen Heirat. Die Kleidung König Baudouins I. von Belgien und seiner Königin Fabiola ist dem Ereignis und seinem Rang angemessen, jedoch ohne übertriebenen Prunk. Die demütige Haltung des Paares erweist sich als innere Sammlung, nicht als zeremonielle Pose.

Königin Juliana und Prinz Bernhard von Holland, Aufnahme von 1980. Ihre Ehe gilt als Liebesheirat. Trotzdem eine nicht ganz glückliche Familie: die Krankheit Prinzessin Marykes, die Abschwörung Prinzessin Irenes, die katholisch wurde, die umstrittene Heirat Beatrix'.

nationale Politik noch die Militärpolitik ihres Landes, wie es noch in den ersten Jahrzehnten unseres Jahrhunderts vorkam. Es sei außerdem daran erinnert, daß die Königlichen Hoheiten es bis jetzt weitgehend vermieden haben, Sprößlinge der allerhöchsten Bourgeoisie zu heiraten: Es ist vorteilhafter, das wußte schon Prinz Bernhard von Holland, Vater von Königin Beatrix, sich nicht allzusehr mit der Geschäftswelt zu vermischen. Doch auch hier gibt es Ausnahmen: Eine Tante von König Juan Carlos, die Infantin Maria Christina von Spanien, heiratete 1940 den Grafen Enrico Marone, einen großen italienischen Weinproduzenten, der mit mächtigen Industriedynastien verschwägert ist.

Der heute regierende Bourbone, Juan Carlos I., heiratete zwar eine griechische Prinzessin, aber seine erstgeborene Tochter, die Infantin Elena, ehelichte 1995 einen Sproß aus der guten spanischen Aristokratie, der darüber hinaus allerdings eine angesehene Tätigkeit im Finanzbereich ausübt. Ihre Hochzeit in Sevilla war ein Nationalfeiertag.

Im Mai desselben Jahres hat eine andere Heirat die Phantasien des Volkes beflügelt, weil sie vielfach die außergewöhnliche Faszination aufzeigt, der sich das Gedenken an die Institution der Monarchie erfreut. Mehr als achtzig Jahre nach der Absetzung von Emanuel II. (1910) und der Ausrufung der Republik Portugal, heiratete in Lissabon mit großem Pomp der Thronanwärter, Dom Duarte Pio, Herzog von Braganza. Im Alter von nunmehr fünfzig Jahren nahm er eine junge Portugiesin aus guter Familie zur Frau. In der ersten Reihe in der Kathedrale saßen der Präsident der Republik und das Regierungsoberhaupt. Das staatliche Fernsehen übertrug die gesamte Zeremonie. In Portugal spricht man jedoch nicht von der Möglichkeit, die Monarchie wieder einzuführen.

Nach der Hochzeit ist das Schicksal des Ehegatten, der weniger Macht hat, eines der angenehmsten: «Und was macht er, was macht der Seemann?» fragte zur allgemeinen Bestürzung eine alte Dame aus uraltem Prinzen-

geschlecht. «Was soll er schon tun? Er geht auf die Jagd», war die Antwort des Edelmannes. Der fragliche Seemann, in der Tat vor der Hochzeit Marineoffizier, war der Ehemann einer Königin, und es wurde ihm sogar der Titel «Prinzgemahl» verweigert. Seinen Sohn, den Kronprinzen, trennte immer ein Abgrund von seiner adligen Gemahlin: Nicht nur der beachtliche Altersunterschied, sondern auch die Lebensgewohnheiten der jungen Frau machten ihm zu schaffen. Sie war in einer liberalen Familie aufgewachsen, konnte sich deshalb an die strenge Hofetikette kaum anpassen und verlangte, sich in der Welt mit der Nonchalance einer reichen Dame unserer Zeit zu bewegen. Aber das ist eine Frage der Persönlichkeit und des Stils.

Ein König oder Prinz, der seine Arbeit gewissenhaft erledigt, kann sich ein klein wenig Leichtsinn erlauben, der ihn, bei der nötigen Sympathie, noch menschlicher werden läßt. Was die Landsleute den Prinzen nicht verzeihen und die Regenbogenpresse sicher mißbilligend kommentiert, ist Uneinigkeit unter den Ehegatten und plumpes Verhalten. Den Prinzessinnen nimmt man das Laster des Trinkens nach wie vor übel – nicht selten aufgrund einer alten Tradition der Königsfamilie. Gleiches gilt für den Ehebruch, vor allem dann, wenn die Prinzessin im gebärfähigen Alter ist: Das Risiko einer «Blutsvermischung» läßt alte Schreckgespenster lebendig werden.

König Albert von Belgien mit Königin Paola. Nach konfliktreichen, schwierigen Jahren erscheint das Königspaar gelöst und heiter. Sie erledigen gemeinsam ihre Aufgaben, die ihrer Verbindung, ihrem Leben Inhalt geben.

Sachsen-Coburg und Gotha

Das belgische Königshaus

Die Freiheitsrevolutionen von 1830 trennten die Niederlande in zwei Teile, gaben dem katholischen Belgien seine Freiheit und entthronten in Paris die Bourbonen, indem sie die Vettern von Orléans auf den Thron setzten. Louis Philippe wurde zum französischen König gewählt und war sich mit England darin einig, die Freiheit und Neutralität des Nachbarlandes zu garantieren: Leopold I. von Sachsen-Coburg-Gotha wurde zum König Belgiens gewählt und dann vom Nationalkongreß nominiert. Im darauffolgenden Jahr heiratete er Louise von Orléans. Sie schenkte ihm drei Kinder: Leopold II. (1865–1909), Philipp von Flandern und Charlotte, Frau des Erzherzogs Maximilian, Kaiser von Mexiko (1864–1867), der während der Revolution erschossen wurde. Leopold II. war ein veschlossener Mensch, der sich fast nur den Geschäften widmete: Er eroberte den Kongo und machte ihn 1885 zu einem eigenen Reich, das erst 1908 zu Belgien kam.

Nach ihm regierte der Sohn des Grafen von Flandern. Albert I. (1909–1935) zog sich während des Ersten Weltkriegs mit seinem Heer in den Teil Belgiens zurück, den der Kaiser nicht angetastet hatte. Nach der Befreiung wurde er wie ein Held in seiner Hauptstadt empfangen. Er kam bei einem Bergunfall ums Leben. Mit seiner Frau Elisabeth hatte er drei Kinder: Leopold III., Karl von Flandern und Maria Josepha, die mit König Humbert II. von Italien verheiratet wurde.

Leopold III. mußte zugunsten seines Sohnes abdanken, dem Erstgeborenen seiner Frau Astrid von Schweden, von der er zwei weitere Kinder hatte: Josephine Charlotte, die Frau des Großherzogs von Luxemburg, und Albert von Lüttich. Astrid war 1935 bei einem Autounfall ums Leben gekommen.

Nach der Regentschaft des Grafen von Flandern kam Baudouin I. (1951–1993) auf den Thron, der 1960 Dona Fabiola de Mora y Aragón heiratete.

Ihm folgte sein Bruder mit seiner italienischen Gattin, der Prinzessin Paola Ruffo di Calabria. Albert II. hat drei Kinder: Astrid, Laurent und den Erbprinzen Philippe, der von seinem Onkel Baudouin und seiner Tante Fabiola bereits ins Metier eines Königs eingeführt wurde.

Kleine Prinzen verändern sich

Das Charisma des königlichen Blutes verblaßt unter den Blitzgewittern der Massenmedien, während sich traditionelle Unterschiede in kurze Märchenmomente verwandeln.

Königin Sofia, die Infantinnen Christina und Elena, der König und der Infant Felipe, Aufnahme von 1973 in der Madrider Zarzuela, der Privatresidenz des Königspaars von Spanien. Den Kindern scheint das Posieren nicht so gut zu gefallen.

Ein junger König im Exil wirft seiner Mutter vor, ganze Nachmittage damit zu vertrödeln, mit den reichen Händlerinnen Canasta zu spielen. Die Königinmutter erwidert: «Vom Balkon des Königspalastes aus gesehen gibt es keinen Unterschied zwischen Herzoginnen und Händlerinnen.»

Das ist keine Phrase, sondern «die Wahrheit» für die königlichen Prinzen, die vor dem Ersten Weltkrieg geboren wurden. Eine Kaiserliche Hoheit war nicht viel mehr als eine Königliche Hoheit, eine Durchlauchte Hoheit sehr viel weniger. Doch es gab auch konkrete Unterschiede: Wer einer herrschenden Familie angehörte, zählte mehr als diejenigen, die einen Thron verloren hatten, und ein englischer Prinz war ebensoviel wert wie ein deutscher Kronprinz.

Bei den mediatisierten Familien, die die Herrscherrechte verloren hatten, verhielt es sich anders. Sie waren im Almanach von Gotha verzeichnet und stellten Sprößlinge für hehre Hochzeiten. Dann gab es noch die exotischen Hoheiten; da Europa die Politik bestimmte, galten sie viel weniger als gleichwertige Europäer. Die Kronprinzen Äthiopiens hielt man für «Wilde». Viel mehr galten da schon die Prinzen Japans – schließlich hatte der Mikado 1904–1905 den Zaren bekämpft.

Die Hoheiten gehören fast nie dem Adel an. Der Adel ist entweder republikanischer Patrizierstand, wie in Genf, oder wenn er aristokratisch ist, dann deshalb, weil ein Prinz ihn geschaffen hat. Die Aristokratie gewinnt jedoch zunehmend an geschichtlicher Bedeutung: Die französischen Herzoginnen, beispielsweise, hatten ein Recht auf einen Tabouret, das heißt sie durften sich in Anwesenheit Seiner Majestät auf einen Schemel setzen. So hielt es in Paris in den siebziger Jahren eine mediatisierte Prinzessin und Grande von Spanien: In ihrem kleinen Appartement zog sie sich einen Schemel heran und plauderte mit den Gästen, die auf Stühlen entlang der Wand saßen, Königli-

Unten: König Juan Carlos mit der Infantin Elena. Das mit seinem Spiel beschäftigte Mädchen zieht die Aufmerksamkeit ihres Vaters auf sich. Das Foto zeigt, daß sich Vater und Tochter nahe stehen.

Mitte: König und Königin von Belgien mit dem Thronerben, Sommer 1993. Prinz Philipp ist nunmehr erwachsen. Die Familie macht Urlaub in der Provence, die Kleidung ist ganz informell. Das ist die Zeit für vertrautes Familienleben.

che und Durchlauchte Hoheiten, Schauspielerinnen, Maler und alte Akademiker aus Frankreich. Da die Prinzessin saß, entstand der Eindruck, daß sie dem König gleichgestellt sei.

Seit dem 18. Jahrhundert pflegen Monarchen und Hoheiten Umgang mit dem Bürgertum. Heute begibt sich eine große Herrscherin etwa zehnmal pro Jahr zu einem Abendessen ihrer «alten Nanny», wo sie eine Tischgesellschaft aus liebenswürdigen Gästen vorfindet.

Auch wenn der Kopf Ihrer Majestät auf den Banknoten erscheint, geben alle vor, sie nicht wiederzuerkennen. Sie amüsieren sich, und nennen sie «Ma'ame».

Auch die abgesetzten Prinzen werden in ihrem Land und im Ausland diskret von der Polizei überwacht. Sie besitzen einen Diplomatenpaß oder den blauen Paß, der eine bevorzugte Behandlung gewährleistet. Auf dem College bringen sie die Dozenten, bei den Streitkräften die Vorgesetzten und im Zug das Reisepersonal in Verlegenheit. Aber sie werden angebetet: von der Dienerschaft, die solide Professionalität beweist, von den Neureichen, und von denen, die das Glück gehabt haben, ihnen die Hand zu schütteln und ihnen einmal in die Augen zu schauen.

Warum? Weil die Königsfamilie, während sie unter dem Druck der Republik oder der Diktatur aus der Geschichte tritt, den märchenhaften Schein ihrer Andersartigkeit bewahrt. Wenige Königsfamilien haben die Begabung und den Mut für sich einen Status in Anspruch zu nehmen, welcher der derzeitigen Gesellschaft entspricht. Einige schafften es, indem sie das nötige Gespür für die Mentalität ihrer Untertanen entwickelten. Viktoria (1977), Carl Philipp, Herzog von Värmland (1979), und Magdalena (1982) von Schweden sind wohlerzogene, gebildete, sportliche Heranwachsende und ebenso maßvoll wie ihre bürgerliche Mutter.

Haakon Magnus, der Kronprinz, und Märtha von Norwegen, beide über zwanzig, haben ebenfalls eine bürgerliche Mutter. Sie verbringen – unter Vorbehalt – eine normale Jugend. Die Söhne der Königin Margrethe von Dänemark, die Ende der siebziger Jahre geboren wurden, sind zwei dynamische junge Männer mit soliden Interessen: Frederik hat vielleicht von seiner Mutter die Neigung zur Kunst geerbt, der jüngere beschäftigt sich mit Landwirtschaft, etwas sehr Dänischem. Realitätssinn und Einfachheit kennzeichnen auch die Kinder des Königs von Spanien, einer Monarchie, die die Weltgeschichte wie keine andere geprägt hat. Die Infantin Elena ist eine sympathische Dame, Prinz Don Felipe, ein sehr gutaussehender junger Mann, ernst und schweigsam, wie sein Vater.

Die drei Prinzen von Holland stehen in ihren sportlichen Aktivitäten ihren Altersgenossen in nichts nach. Die Prinzen tun ihre Pflicht ohne sich groß in Szene zu setzen. Abgesehen von den Repräsentationspflichten leben Philippe, Astrid und Laurent aus Belgien bescheiden und sind jetzt, Mitte der neunziger Jahre, mit etwas über dreißig Jahren noch nicht verheiratet. Prinz Philipp wurde mit Güte und Festigkeit darauf vorbereitet, einst die Nachfolge anzutreten.

Anders verhält es sich mit einigen Prinzen aus England. Schon die Schwester Königin Elisabeths und später dann ihre Kinder haben es nicht verstanden, sich der eitlen Legende der größten und reichsten europäischen Monarchie dieser Zeit zu entledigen, sie haben es nicht verstanden, sich von jungen Erben aus sehr reichen Familien zu unterscheiden, da sie es gewohnt waren, sich zeitweise als Helden und Opfer zu fühlen und ihr Leben nach den Launen und Stimmungen der Sensationspresse zu gestalten. Was heißt es heutzutage, sich «wie ein Prinz» zu benehmen? Kann ein Prinz richtige Arbeit verrichten? Kann er zur Schule gehen wie alle Kinder? Kann er den Gehorsam, der von ihm erwartet wird, auch einmal verweigern, wie es zur normalen Entwicklung eines Heranwachsenden gehört? Sich diese Fragen zu stellen bedeutet, sich zu fragen, ob ein Prinz ein Mensch unserer Zeit sein kann, sich zu fragen, ob seine Herkunft einen Menschen dazu zwingen kann, nicht zur Gesellschaft der eigenen Epoche zu gehören. Die Antworten, die die «bürgerlichen» Monarchien des Nordens auf diese Fragen geben, lassen vermuten, daß die Königlichen Hoheiten eine lange Zukunft vor sich haben, wenn sie sich mit den Zeiten ändern.

Die Erziehung der Prinzen

Die traditionellen Institutionen, die die Ausbildung der Prinzen übernahmen, wurden – mit Ausnahme der Militärakademien – schnell abgeschafft.

Juan Carlos und Sofia von Spanien wohnen einer Militärparade während einer offiziellen Zeremonie bei, wie man an der Kleidung der Königin und am tight des Edelmanns rechts sieht. Die militärische Ausbildung des Königs war lang und gründlich.

Pandolfo Collennuccio urteilt: «Ein ungebildeter König ist ein gekrönter Esel.» So faßt der berühmte Humanist (1444–1504) eine Meinung zusammen, die beim Anbruch der Moderne von vielen geteilt wird: der Prinz muß gebildet sein. In der Tat sitzt in Burgund und in Italien, an den Höfen, die zu jener Zeit zur Avantgarde gehören, der Herr mit seinen Kindern, seiner Gemahlin und den Brüdern im Kreis von Weisen und Künstlern. Die Erziehung der kleinen Prinzen besteht vor allem im täglichen Kontakt mit den Eltern, den Ministern und den Hofintellektuellen. Um das pädagogische Problem theoretisch zu lösen, verfassen Palmieri, Pontano, Vittorino da Feltre, Pico della Mirandola und viele andere Lehrbücher und gründen neuartige Schulen. Aus der Notwendigkeit der Prinzenerziehung entsteht das Amt des Lehrers, der die Meister der Musik, des Tanzes, des Reitens, der Fechtkunst, der Kriegskunst und der Festungsbaukunst um sich schart. Das Modell der häuslichen Erziehung mit Pädagogen hat aufgrund der Verrohung der Höfe im Jahrhundert der Religionskriege nicht lange Bestand. Es wird später, vor allem auf Wunsch von Mazarin und seinem Zögling Ludwig XIV. wiederaufgenommen.

Aber die Situation ist nun eine andere: Der Herrscher sieht sich als Sonne, die an einem unermeßlich höheren Himmel steht als die Prinzen und ihre Erzieher. Die Kenntnisse der Könige sind nunmehr gering: Außer La-

Bernadotte
Das schwedische Königshaus

Die Kalmarer Union wurde 1523 in die drei Nordreiche unterteilt. Seitdem haben mehrere Dynastien über Schweden geherrscht. Als erste regierten die Wasa, unter denen das Land protestantisch wurde und zu einer großen Militärmacht aufstieg. Ab 1654 herrschten die Zweibrücken, eine Linie der Wittelsbacher, der später die Könige Bayerns entstammten. Carl X. Gustav war Sohn einer Wasa.
1743 wird Adolf Friedrich aus dem Haus Holstein-Gottorp, zum Erbprinzen gewählt, und es kommt zu einem Dynastiewechsel durch die Nachfolge von Prinzen, die über die weibliche Linie verwandt sind. Letzter der Dynastie ist Carl XIII. (1809–1818), der auf Finnland zugunsten Rußlands verzichten muß, aber 1814 die norwegische Krone erhält, die früher der König von Dänemark trug. Carl XIII. setzt durch, daß ihm kein Verwandter nachfolgt, sondern der Franzose Jean-Baptiste Bernadotte, Marschall des Französischen Empire und Prinz von Pontecorvo. Er wurde 1818 Carl XIV. Seither hatten die Bernadotte in der männlichen Linie den schwedischen Thron inne. 1905 mußte Oskar II. auf die Krone Norwegens verzichten, das zu einem autonomen Reich mit einem Prinzen aus dem Haus Dänemark wurde. Auf ihn folgt sein Sohn Gustav V. (1907–1950), während dessen langer Herrschaft wurde Schweden, das sich aus den Weltkriegen herausgehalten hatte, zum Industriegiganten und Vorbild der sozialdemokratischen Staaten. Aus der Ehe des Königs mit Viktoria von Baden stammt Gustav VI. Adolf (1950–1973). Auf ihn folgt der Sohn seines erstgeborenen Sohnes und der Prinzessin Sibylle von der herzoglichen Linie der Sachsen-Coburg. 1976 heiratete Gustav XVI. Adolf eine Bürgerliche, Silvia Renate Sommerlath, die ihm drei Kinder schenkte: Viktoria, Carl Philipp, Herzog von Värmland, und Madeleine. Nach dem neuen schwedischen Gesetz ist die Erstgeborene die Kronprinzessin.

tein, Griechisch, Philosophie, Naturwissenschaften bleiben ein paar Klassiker, Französisch und vor allem die drei Wissenschaften, die einen König ausmachen: Geographie, Chronographie, Prosopographie und natürlich Kriegskünste.
Eine kurze Zeit wird auch den Prinzessinnen Kultur zuteil und weckt bei den Prinzen den Wunsch, sich mit den philosophes zu messen. Ludwig XIV. rühmte sich, der erste Tänzer Europas zu sein, als die Kunst des Balletts in den Kinderschuhen steckte. Seine Schwägerin, die pfälzische Prinzessin, laut damaligem Urteil des Hofes eine unwissende Frau, schrieb Privatbriefe, die heute vielleicht mehr gewürdigt werden als die der Marquise de Sévigné. Ludwigs Frau, die Marquise de Maintenon, war die Witwe eines Satirenschreibers. Seine zahllosen Kinder und Enkel hatten sehr angesehene Lehrer, und sein Nachfolger Ludwig XV. nahm sich als Geliebte eine parvenue, die den guten französischen Geschmack einführte, die Marquise de Pompadour, Schirmherrin der Encyclopédie.
Die Herrscher und die Prinzen, die die Philosophen schätzten, führten im königlichen Palast einen Stil ein, der in mancher Hinsicht auch im 17. Jahrhundert noch verbindlich war. Unter den Beamten des Hofes durften ein fähiger Bibliothekar, ein guter Musik- und Theaterkundiger, ein Dichter (eine Rolle, die es in England immer noch gibt), ein Archiater (diesen Titel besitzt der Arzt des Papstes immer noch) und ein Architekturkundiger nicht mehr fehlen. Daneben gab es – am Rand des Hofes – die Königlichen Akademien für Literatur, Kunst, Wissenschaften und Musik, welche die herausragendsten und geeignetsten Intellektuellen und Künstler des Landes aufnahmen.
Eine besonders wichtige Rolle spielte die Gouvernante der Hoheit, oftmals eine ältere Dame, die dem kleinen Prinzen sehr einfühlsam die nötigen Kenntnisse über seine Umgebung, aber auch die erforderliche Allgemeinbildung vermittelte. Dennoch wuchsen die Prinzen im Umgang mit den Höflingen und weniger mit Künstlern und Gelehrten auf. Nach dem Beispiel des Preußischen Hofes wurde der Hofmeister des Kronprinzen immer öfter unter den edelsten und ältesten Beamten ausgewählt. Die tristesse des rois war meistens das Ergebnis der strengen und einengenden Erziehung, die sie von ihnen erhielten.
In der zweiten Hälfte des 20. Jahrhunderts haben sich auch die verbliebenen Höfe vereinfacht. Die Hälfte der im Almanach von Gotha aus dem Jahr 1944 aufgeführten Ämter ist heute unbesetzt. Wie junge vermögende Bürgerliche müssen die kleinen Prinzen moderne Sprachen lernen. Der japanische Kaiserhof, der den alten monarchischen Traditionen noch am meisten verbunden ist, legt genau fest welche Fremdsprachen jedes Familienmitglied lernen muß, damit es immer wenigstens eine Kaiserliche Hoheit gibt, die fähig ist, sich mit den offiziellen Gästen in ihrer Sprache zu unterhalten. Es ist sehr erfreulich für einen deutschen Komponisten, einen italienischen Bildhauer, einen portugiesischen Schriftsteller oder einen russischen Physiker, sich in englisch an eine freundliche Prinzessin zu wenden und eine Antwort in seiner Muttersprache zu erhalten. Die englischen Prinzen besuchen häufig die renommiertesten Erzie-

Prinzessin Beatrice, Tochter des Herzogs von York, nimmt mit sichtlichem Eifer am Sportfest der Windsor Schule teil. Die Prinzen, die eine untergeordnete Stellung in der Thronnachfolge einnehmen, können leichter mit Gleichaltrigen erzogen werden.

Konstantin II. zu Pferd salutiert die Militärformation, die vor ihm aufmarschiert. Der Ex-König hatte wie seine Vorgänger Schwierigkeiten mit den Militärhierarchien, die in Griechenlnad wenig demokratisch ausgerichtet sind und bei politischen Krisen massiv intervenieren.

hungseinrichtungen ihres Landes, wo sie nicht selten auf abgesetzte indische, arabische oder schwarzafrikanische Hoheiten treffen. Aber auch Hoheiten aus Indonesien oder aus islamischen Ländern sowie junge Söhne sehr einflußreicher Stammeshäupter aus der dritten Welt bilden sich an englischen Colleges oder an französischen und deutschen Universitäten fort. Schließlich seien noch die renommierten Schweizer Colleges erwähnt, in denen man lernt, sich mit der eigenen Größe in der Welt zu behaupten. Sie werden hauptsächlich von Hoheiten besucht, deren Privatleben aus politischen Gründen besonders überwacht und geschützt werden muß.

Aber der Hof ist nicht mehr die einflußreiche Institution, die er in der Vergangenheit war. Nach dem Ersten Weltkrieg verliert er an Bedeutung. Viele Rollen veralten, und die feierlichen Zeremonien werden seltener: Akademien, Bälle, Aufführungen, die den Kalender aus Anlaß des Geburtstages der Dynastie füllten, gibt es immer seltener. Das sind zu kostspielige Veranstaltungen, die aufgrund des wachsenden Gewichts der Presse, in der Öffentlichkeit zunehmend auf Kritik stoßen. Der Hof ist also nicht mehr die geeignete Umgebung für die Ausbildung der Prinzen, denn er trennt die Erziehung der Königlichen Hoheiten zu sehr von der Kultur der Jugendlichen. Doch nur weil sie einer privilegierten Klasse angehören, wollen die Hoheiten nicht darauf verzichten, sich kulturell so weiterzubilden, wie es die Zeit und ihre gesellschaftliche Funktion erfordern.

Die Aristokraten, die sich weiterhin eines großen Vermögens erfreuen – man denke nur an den Besitz vieler englischer Herzöge und einiger deutscher, französischer und italienischer Adligen –, übernehmen oft persönlich oder über ihre Verwandten die Verwaltung großer Besitztümer, intervenieren bei Bankgeschäften, der Industrie oder bei Gesellschaften, die koloniale Ausbeutung betreiben. All das trägt dazu bei, die Wirtschaftsaristokratie von der Krone zu trennen. Die Entwicklung geht mit dem Abbau ihrer Ämter bei Hof einher. Die kleinen Prinzen wachsen nun nicht mehr im aristokratischen Freundeskreis auf, mit dem sie lernen und von dem sie lernen, indem er ihnen ermöglicht, sich zu beweisen, sie wachsen vielmehr in einer Gesellschaft fast immer altmodischer Erwachsener auf, die sie nicht zum eigenen Nachdenken ermutigen, sondern stereotypes Gedankengut vermitteln – aus Angst vor allem, was der Erhaltung der alten Mentalität und einer Wertehierarchie im Wege stehen kann, die gesellschaftlich längst überholt ist.

Für die Ausbildung der jungen Männer bleibt ein Studium an der Militärakademie, aus dem die Karrierebeamten hervorgehen, nach wie vor von größter Bedeutung. Die Prinzen kleinerer Staaten erhalten oft dieselbe Schulausbildung an Institutionen befreundeter Reiche. An den Militärakademien genießen die Königlichen Hoheiten – nach preußischer und Hannoveraner Manier – eine harte Behandlung und anspruchsvolle Lehrer. Alles läßt man einem Prinzen durchgehen, außer ein schlechter Soldat zu sein. Hauptziel des Unterrichts ist es, den Prinzen daran zu gewöhnen, sich überall wohl zu fühlen, in jeder vorhergesehenen und unvorhergesehenen Situation, gemäß der Maxime einer Dame, die vor fünzig Jahren zu ihrem sechsjährigen weinenden Sohn sagte: «Ein Edelmann zeigt seine Gefühle nicht.»

Hingegen muß eine Königliche Hoheit überall und gegenüber jedem persönlichen menschlichen Respekt und persönliches Interesse bezeugen, muß Urteile, indiskrete Fragen, unangenehme Beobachtungen, Forderungen unterlassen, die im Widerspruch zu der Religion und den Sitten des jeweiligen Landes stehen. Er muß wie ein Prinz gehen, wie ein Prinz sitzen, schweigen und reden wie ein Prinz, wie ein Prinz tanzen, beten wie ein Prinz, essen wie ein Prinz und möglichst immer Prinz des Platzes sein, an dem er sich befindet. Wenn er dazu nicht fähig ist, wird er dies bescheiden kundtun und darum bitten, es zu lernen. Er wird also mit gekreuzten Beinen im Beduinenzelt auf dem Boden sitzen und mit den Fingern essen, wenn dies erforderlich ist. Er wird auf einer Strohmatte mit einem Schemel im Nacken schlafen, wenn sein Gastgeber so schläft. Er wird die Gesellschaft nicht ablehnen, die man ihm für die Nacht angeboten hat, und wird den Pagen nicht wegschicken; er kann anmutig und lächelnd die Dienste ablehnen, die er für unpassend hält. Keinesfalls wird er in der Öffentlichkeit gähnen. Er wird keine allzu großen Schweigepausen entstehen lassen und wird sich hüten, je etwas Banales zu sagen. Er weiß in jedem Fall den ersten Platz einzunehmen, aber er wird besonders höflich zu Personen weiblichen Geschlechts, zu Kindern und Alten sein, als zählten sie ebensoviel wie er. All das ergibt «das Metier des Prinzen», und die Kunst besteht darin, daß ein Prinz trotz all

Königin Margrethe II. mit ihrem Gemahl und dem Thronerben. Sie tragen zeremonielle Kleidung mit den Zeichen des Elefantenordens. Der junge Prinz zeigt sich in Paradeuniform mit einem sehr eleganten Dolman.

dieser Zwänge auch die Fähigkeit besitzen sollte, die eigene Persönlichkeit zu zeigen und sich beliebt zu machen. Deshalb ist es so schwer, in einer unhöflichen und narzißtischen Zeit wie der unseren Prinz zu sein. Wer es dennoch kann, wird um so mehr bewundert denn er ist in der Lage, noch heute die Regeln zu befolgen, die Giovanni Pontano (1429–1503) für den Enkel Alfons' des Großmütigen, des Königs von Aragon, Sizilien und Neapel, diktierte: «Wer über anderen steht, muß gänzlich frei von Leidenschaften sein ... Höchst lobenswert ist eine durch Ernsthaftigkeit gemäßigte Höflichkeit.» Die Fähigkeit, leidenschaftslos, mit Ernst und Höflichkeit zu handeln, weist jedoch auf ein Verhalten, einen Stil und nicht auf vorhandenes Wissen, Kompetenz oder gar die Wahl der Mittel hin; es beinhaltet vielmehr die Fähigkeit zur Selbstbeherrschung. Wenn die höfischen Traditionen einem Prinzen bestenfalls beibringen, wie sein Charakter reifen muß, damit er immer in der Lage ist, sich nach den Erfordernissen zu benehmen, so vermißt man bis heute maßgebende Leitlinien, die ihn dazu befähigen, die Probleme von heute zu verstehen und zu deren Lösung beizutragen.

Der Prinz von Wales mit einigen Militärs aus den USA in Saudiarabien während der Golfkrise 1990. Die militärischen Traditionen des Hauses Windsor sind auch 1982 durch die Teilnahme eines Prinzen an den Falklandoperationen bekräftigt worden.

Geschickte Vermittler

Traditionell verwenden die Monarchien Fotos zur Übermittlung politischer Botschaften.

Vergangene Jahre (1958), ein großer Ball im Brüsseler Königspalast. Rechts König Baudouin: Die morganatische Gattin seines Vaters symbolisiert eine an das Volk gerichtete Friedensbotschaft. Unter den Gästen befinden sich die Prinzessinnen Beatrix und Irene von Holland und Marie Gabriele von Savoyen, direkte Kusine des Königs.

Drei ältere verarmte Schwestern verkauften Anfang der sechziger Jahre ihren letzten Familienschatz, vier Alben mit illustrierten Postkarten aus der Zeit zwischen 1870 und dem Ende des Zweiten Weltkriegs. Bis ins hohe Alter waren sie – wie ihre Mutter – Lehrerinnen oder Gesellschaftsdamen in zwei Adelsfamilien gewesen. Die adligen Damen und ihre Freundinnen hatten auf ihren Reisen durch Europa von Hauptstädten und Thermalbädern Postkarten mit den Fotos der jeweiligen Königspaare geschickt. Es handelte sich um fast zweitausend Bilder, ein jedes mit einem Text in Schönschrift versehen.

Die abgebildeten Personen wirkten ein wenig wie eitle, pompöse Gestalten mit stereotyper Haltung, aber bei genauem Hinsehen erkannte man, daß kein Bild unbedeutend war. Der König, zwischen seinen Kindern und Enkeln mit dem Urenkelchen auf dem Schoß sitzend, bedeutete: Die Nachfolge ist gesichert. Beim Herrscherpaar lächelte der König von der Seite seiner Frau zu, die in der Hand eine Rose hielt: Das Königspaar liebt sich immer noch. Andere Botschaften waren gleichermaßen offensichtlich. Der Prinz in der Militäruniform des Kommandanten eines ausländischen Regiments erinnerte daran, daß der Onkel des jungen Mannes der König einer großen Monarchie war und den Neffen zum Ehrenkommandanten eines seiner Kavalleriekorps ernannt hatte. Ein englischer Prinz auf einem reinrassigen indischen Pferd – angeschirrt wie der Hengst eines Maharadscha – gab zu verstehen, daß Seine Britische Majestät auch König von Indien war, obwohl die Prinzen nicht den Titel einer Kaiserlichen Hoheit trugen. Eine mit dem Schleier

auf den Schultern abgebildete lutherische Prinzessin, die die Hand eines Papstes küßte, galt als Sympathiebekundung gegenüber der katholischen Minderheit des protestantischen Reiches. Ein griechischer Prinz in makedonischer Tracht zusammen mit einem Archimandriten in einem byzantinischen Kloster wirkte als internationale Botschaft, die die benachbarte Balkanmacht beunruhigt, der ein guter Teil Makedoniens gehört. Die rumänischen Prinzessinnen beim Sticken in ihrer moldawischen Volkstracht wollen die Untertanen den deutschen Ursprung ihrer Familie vergessen machen, während der Prinz von Wales in Schottentracht in Erinnerung rufen will, daß in seinen Adern ein Tropfen Stuartblut fließt und daß er Prinz des Vereinigten Königreichs von Großbritannien, Schottland und Irland ist.
Die Darstellungen des Herrscherpaares in Hofkleidung, Militäruniform, mit den großen Ritterinsignien, auf dem

Nassau-Oranien

Das Königshaus der Niederlande

Das Haus Nassau entstammt einem deutschen Geschlecht, das sich gegen Mitte des 13. Jahrhunderts in zwei Linien teilte: Von der einen stammten die Herzöge von Nassau, jetzt Großherzöge von Luxemburg, ab, von der anderen die Prinzen von Oranien, stadhouder (Statthalter) in den Niederlanden und jetzt Könige von Holland.
Das Haus Oranien mit Wilhelm III., dem Gatten Maria Stuarts, kam auf den englischen Thron, aber das Paar hatte keine Nachkommen. So behielten die Oranienier vom 16. Jahrhundert an das Amt des stadhouders in den holländischen Niederlanden bei, einer Republik, die vom Stadtpatriziat regiert wurde.
Nach dem Fall Napoleons übertrug der Wiener Kongreß die Herrschaft von Holland, den Oraniern mitsamt dem Großherzogtum Luxemburg. Das Reich umfaßte auch die damals spanischen katholischen Niederlande, die im August 1830 gegen König Wilhelm rebellierten. England und Frankreich unterstützten die Revolution, und der neuen Monarchie wurden die katholischen Provinzen und teilweise Luxemburg weggenommen, aus dem das neue Reich Belgien entstand. Auf den abgedankten Wilhelm I. folgte Wilhelm II. und auf ihn Wilhelm III. (1849–1890), dessen Tochter aus der Ehe mit Emma von Waldeck-Pyrmont die zukünftige Kaiserin Wilhelmina wurde. 1911 heiratete die Kaiserin den Herzog Heinrich von Mecklenburg-Schwerin. Während des Zweiten Weltkriegs zog sie sich nach England zurück, von wo aus sie die holländische Regierung darin bestärkte auch nach Besetzung des heimatlichen Bodens und dem Verrat durch die Nazis weiterhin ihren Einfluß auf die Kronkolonien auszuüben. 1948 dankte die Kaiserin, zugunsten ihrer Tochter Juliana ab. Diese hatte den Prinzen Bernhard von Lippe-Biesterfeld geheiratet. Juliana dankte 1980 ab. Ihr folgte ihre erstgeborene Tochter Beatrix nach, die 1966 trotz großen Widerstandes einiger Untertanen einen jungen Mann aus deutschem Kleinadel, Claus von Amsberg, geheiratet hatte.
Das Paar hat drei Söhne. Der Erbe, Wilhelm Alexander, wurde 1967 geboren und trägt den alten Titel Prinz von Oranien. Künftig werden die Niederlande nach drei Generationen von Königinnen wieder einen König haben.

Margrethe II. von Dänemark mit ihrem Mann, Prinz Heinrich, zu Besuch beim Pontifex Maximus Johannes Paul II. im Vatikan. Die Königin trägt einen Taileur und keinen Schleier. Sie bekräftigt mit diesen äußeren Formen die Zugehörigkeit ihres Reiches zur reformierten Kirche.

Balkon des Königspalastes, im Parlament, in der Kathedrale, in Galawägen, beim Abnehmen der Truppenparade, sind gleichsam die Ikonen der Monarchie.
1901 war ein italienisches Fräulein zu Gast bei Londoner Bankiers, die sie mit ins Kino nahmen. Im Saal erschienen auf der Leinwand die Bilder der im Burenkrieg eingesetzten englischen Truppen, dann das Bild Königin Viktorias. An diesem Punkt, und nur da, entstand eine große Stille, die Zuschauer erhoben sich, und jeder stimmte die Nationalhymne an. Viele hatten Tränen in den Augen, die geliebte Königin war sehr alt und sollte in jenem Jahr sterben. Und heute? Heute spricht das Fernsehen über solche Dinge, und sicher rühren die Bilder vom letzten Abschied von einem beliebten Herrscher oder der Begrüßung eines neugeborenen Erben noch viele an.
Noch immer spiegeln die Fotografien der Königspaare zu offiziellen Anlässen im äußeren Erscheinungsbild eine politische Botschaft wider, die die Experten des Zeremoniells und der Diplomatie zu interpretieren wissen. Der Hof wählt nicht zufällig das Diadem, das Königin Elisabeth II. auf einer obligatorischen Abendgesellschaft trägt. Der große Kammerherr entscheidet sich nicht ohne Absicht, in welchem Vertretungssaal das Treffen zwischen dem Herrscher und einer nationalen oder ausländischen Persönlichkeit stattfindet.
Alles hat Bedeutung und alles spricht die Sprache der Tradition, auch in Verhandlungen, die die neuen Zeiten widerspiegeln. Doch kann es an kleineren Höfen heute auch vorkommen, daß der herrschende Prinz mit der ganzen Familie Fotografen empfängt, um die Dynastie zu verewigen, und wenn die offiziellen Fotos gemacht sind, bemerkt eine schlaue Dame, daß der Thronerbe – o Schreck! – für die Nachwelt mit kurzen weißen Söckchen unter der Uniformhose abgelichtet wurde. Auch das hat seine Bedeutung.

Sport und Monarchie

Vom Aristokratenprivileg zur Massenbeschäftigung geworden, ist der Sport heute ein Kommunikationsmittel zwischen den Prinzen und dem Volk.

Der spanische König mit einer Gruppe befreundeter Edelmänner auf seinem Segelschiff auf Mallorca. Der Segelsport bietet Herrschern, Prinzen und herausragenden Persönlichkeiten aus Politik und Wirtschaft immer wieder Gelegenheit zu einem Treffen.

Der moderne Sport hat seine Wurzeln in den früheren Kriegsspielen. Die Reit- und Fechtkunst sind der Beweis dafür, und auch das Ball- oder Paumespiel, Zeitvertreib für Prinzen wie Lorenzo de' Medici oder die französischen Könige, waren als Spiele getarnte Kämpfe. Andere Arten des Kampfes oder des Wettstreites, mit oder ohne Geräte, bildeten die Grundlage der Volksspiele, die an religiösen Gedenktagen abgehalten wurden. All diese Aktivitäten haben sich besonders durch den englischen Adel entwickelt, der in Einrichtungen erzogen wurde, die die männliche Aggressivität in sportlichen Wettkämpfen kanalisierten und zügelten.

Traditionell werden Kronprinzen, die die ersten Edelmänner ihres Landes sein wollen, im Sport unterrichtet und müssen ausgezeichnete Kunstreiter sein. Fechten ist heute auch für sie aus der Mode gekommen; an seine Stelle ist vielleicht das Polospiel getreten. Polo stammt ursprünglich aus China oder Persien, doch wurde es häufig in Indien gespielt und die adeligen Beamten der englischen Kolonie fanden wohl Gefallen daran. Das einfache Reiten begeistert, wie es scheint, die Prinzessinnen mehr als die Prinzen: Margaret und Anne von England, die kleine Herzogin d'Aosta und die Infantin Elena waren oder sind ausgezeichnete Kunstreiterinnen. Autosport war lange Zeit die gemeinsame Liebe der meisten reichen jungen Leute, und heute bringt der Wintersport Prinzen und Volk einander näher. Die Königlichen Hoheiten lenken gern selbst Militärflugzeuge, wenn sie gemäß der höfischen Tradition ihren Wehrdienst ableisten; später, wenn die Dynastie über eigene Flugzeuge verfügt, bringen besonders die Prinzgemahle gern ihre Erfahrungen ein. Segelschiffe und Yachten, die, ab einer gewissen Größe, so viele Bediener wie ein Reitstall erfordern, gelten als zweite unter Prinzen verbreitete Leidenschaft. Bekannte Segler sind Juan Carlos von Spanien und vor allem Konstantin von Griechenland. Auch Tennis ist bei den Prinzen beliebt, allerdings besitzt es nicht mehr den Stellenwert vergangener Jahre, als sich der König von England und der russische Zar

Unten: Der Kronprinz von Dänemark beim Training. Frederik ist wie sein Bruder Joachim ein begeisterter Sportler. In Dänemark ist die sportliche Betätigung bei beiden Geschlechtern und in allen Gesellschaftsschichten weit verbreitet.

Der Prinz von Wales beim Polo auf dem Spielfeld von Windsor. In England eingeführt von den Offizieren, die in der Kavallerie in Indien gedient hatten, ist Polo zur aristokratischsten Sportart aufgestiegen.

mit den Schlägern inmitten einer Reihe anderer Hoheiten am Rand des Spielfelds ablichten ließen.
Bei den Sportwettkämpfen zeigen sich die Prinzen, die daran gewohnt sind, den ersten Platz einzunehmen, nicht immer so nachgiebig, wie es gute Diplomatie erfordern würde. Die Unfälle, die sich dabei ereignen, sprechen für sich. Fotos von Königlichen Hoheiten mit dem Arm in der Binde gingen um die Welt. Noch immer kursiert an den Höfen das Gerücht, daß vor einigen Jahrzehnten die Siege eines gekrönten Hauptes bei sehr wichtigen Regatten dem Umstand zu verdanken waren, daß der erhabene Champion mit unvorschriftsmäßigen Segeln navigierte, die von der Jury aus Taktgründen toleriert wurden. Ein Verhalten, das mancher Monarch früher in politischen Kämpfen zeigte, wenn es darum ging, eine Provinz und nicht Lorbeeren zu erobern.
Herrscher und Prinzen lassen sich gern mit Sportchampions, den heutigen Massenidolen, fotografieren. Ein Sieg bei den Olympischen Spielen oder bei einer Weltmeisterschaft erfüllt die Landsleute des Champions mit Stolz. Diesen Stolz verkörpert Königin Beatrix von Holland, wenn sie sich mit zwei Fußballern wie Gullit und van Basten fotografieren läßt, oder die Königin von England, wenn sie einem berühmten Rennfahrer einen Orden verleiht, oder der König von Spanien, wenn er sich von den Fernsehsendern der halben Welt beim Finale der Fußballweltmeisterschaft ablichten läßt. Könige und Königinnen erweisen sich damit als höchste Fürsprecher der Sportleidenschaften ihres Landes. Auch veröffentlichen englische Zeitungen jedes Jahr Fotos der Königsfamilie, die zum Derby geht; aber in diesem Fall verkörpert die Königin etwas anderes: Sie ist nämlich, gemäß einer jahrhundertealten Tradition in den reichsten Adelsfamilien Englands, Besitzerin eines großen Reitstalls.
In den Hippodromen Londons und Paris' maßen sich die wahren Reiterchampions mit jenen von Agha Khan, der Barone Rothschild, der amerikanischen Magnaten. Die schönsten Damen Europas wetteiferten am Rand der Pferderennbahn um Eleganz; hohe Beamte, und Diplomaten, Neureiche und berühmte Schauspieler geleiteten sie. Vorschriften einer besonderen Etikette regelten bei den Turnieren die Begegnungen, die Begrüßungen und die Gespräche. Heute im Zeitalter des Fernsehens geht der Glamour verloren, aber hin und wieder richtet sich das Auge der Fernsehkamera, wenn es sich vom Wettkampfort entfernt, schnell auf das Königspaar auf der Ehrentribüne.

Schleswig-Holstein

Ein Königsnest

Seit Beginn des 12. Jahrhunderts herrschte das deutsche Haus der Grafen von Schauenburg in Holstein, und ab dem 13. Jahrhundert kam es in den Besitz Schleswigs.
Die Schauenburg erloschen 1459, und auf sie folgte 1460 Christian von Oldenburg, seit zwölf Jahren König von Dänemark und Enkel des letzten Herzogs.
Christian III. teilte sich 1544 mit seinen Brüdern das kaiserliche Herzogtum Holstein, das sich immer als deutscher Boden betrachtete; neben der königlichen Linie Dänemarks gab es so die jüngeren Linien Holstein-Gottorp, Holstein-Sonderburg-Augustenburg und Holstein-Sonderburg-Beck sowie Glücksburg.
Friedrich III. Christian von Holstein-Gottorp vermählt seine Tochter mit Carl X. von Schweden; Friedrich IV. heiratet die Schwester Carls XII. und macht damit den Weg zum schwedischen Thron für seine Nachfolger frei.
Sein Sohn, Herzog Carl Friedrich heiratet die Großherzogin Anna, alteste Tochter Peters des Großen: Ihr Erbe wird auch Erbe der Tante, der Zarin Elisabeth Petrowna, sein. Als Zar begründet Peter von Holstein-Gottorp die Romanow-Dynastie, die in Rußland bis 1917 herrscht.
1862 verlangt die griechische Nationalversammlung, daß statt Otto von Wittelsbach der jüngere Sohn Christians IX. von Dänemark herrschen soll. König Georg I., der das leidgeprüfte Königshaus von Griechenland gründet, ist demnach ein Prinz von Holstein. Von Andreas von Griechenland, stammt Philipp von Edinburgh ab: Demnach werden auch die Nachfahren Elisabeths II. zum dänischen Königshaus gehören.

Wissenschaft und Kunst, Zierde der Krone

Seit dem Spätmittelalter war der Hof eine Bastion der Kunst.
Aber im 19. Jahrhundert gab es eine Spaltung zwischen den Künstlern und der Krone.

Die Königinnen Sofia und Paola, die Könige Juan Carlos und Albert II., 1994 in Madrid aufgenommen. Die Königspaare fördern traditionell die Kultur ihrer Länder, indem sie persönliches Interesse an Kunst, Wissenschaft und Literatur bekunden.

Die Königin von England gilt als die größte Kunstsammlerin der Welt. Das Haus Hannover ist, auch wenn die Windsor-Dynastie nach dem Tod des Prinzgemahls Albert kein besonderes Interesse an jedweder Form von Kultur gezeigt hat, Eigentümerin von Kunstsammlungen, um die sich die größten Museen Englands und der Welt reißen würden. Doch wenn man den Katalog durchblättert stellt man fest, daß in diesen Sammlungen die Werke großer Künstler spärlich oder überhaupt nicht vertreten sind, die die westliche Kunstgeschichte seit Mitte des 19. Jahrhunderts geprägt haben.
Zu jener Zeit schwindet die dienstliche und bisweilen freundschaftliche Vertrautheit der großen Intellektuellen mit den Prinzen. Teilweise, weil die großen Meister – angefangen bei dem jungen Wagner – oft nicht nur im Bereich der Kunst Revolutionäre waren; teils deshalb, weil das kulturelle Interesse der Königlichen Hoheiten langsam dahinschwand und sich an den Höfen – als Reaktion auf den Gedanken der Französischen Revolution und des Sozialismus – ein oft starrer Konservativismus auch im kulturellen Bereich bis auf wenige Ausnahmen bis in die heutige Zeit etabliert hat. Die Wertvorstellungen der rückständigen Bourgeoisie wurden bei Hofe als Garantie für die Bewahrung sozialer Ordnung und die Erhaltung der Monarchie übernommen.
Natürlich gab es auch Hoheiten, die sich intensiv mit kulturellen Dingen beschäftigten. So erfreute sich eine rumänische Königin, die ihre Bücher mit Carmen Sylva signierten, internationaler Bekanntheit. Auch die französischen Bücher von Prinz Michael von Griechenland wurden in viele Sprachen übersetzt. Der Prinz, der sich als eleganter Erzähler erwies, hatte außerdem eine ausgezeichnete Malerin, Prinzessin Marina, zur Frau. Königin Margrethe von Dänemark versucht sich ebenfalls mit

Oldenburg-Schleswig-Holstein-Gottorp-Sonderburg-Glücksburg

Das dänische Königshaus

Die erste Königsdynastie der dänischen Geschichte beginnt mit Sven Tjugeskoel im 10. Jahrhundert und endet 1375 mit Waldemar IV. Seine Tochter, Margerita, die Haakon VI. von Norwegen heiratete, ist zunächst Regentin für ihren Sohn Olav, dann Königin von Dänemark, Norwegen und Schweden, drei unterschiedliche Staaten unter einer einzigen Herrscherin laut den Pakten der Kalmarer Union. Ihr folgt Erik der Pommer, Urenkel der weiblichen Linie, und nach dessen Entthronung der Sohn Christoph von Bayern. Bei seinem Tod 1448 gelangt der neue Gemahl der Königinwitwe auf den Thron, Christian I. von Oldenburg, der nach Erlöschen des Hauses Schauenburg von den Staaten Schleswig und Holstein zu ihrem Oberhaupt gewählt wird. So festigt sich die Einheit zwischen der dänischen Krone, dem dänischen Herzogtum Schleswig und dem Kaiserlichen Herzogtum Holstein, eine Einheit, die der König für unteilbar proklamiert.

Nach der schnellen Auflösung der Kalmarer Union bleibt Dänemark unter dem Zepter der Könige der Linie des Hauses Oldenburg bis zur Zeit Friedrichs VII. Er adoptiert einen Prinzen einer jüngeren Linie, den Sohn des Herzogs Wilhelm von Schleswig-Holstein-Sonderburg-Glücksburg, den späteren Christian IX. (1863–1906). Die Dynastie muß die Herrschaft im Jahr 1864 an den König von Preußen abtreten. Dann erlebt Dänemark seine Belle Epoque. Die Zeitungen nennen den König «den Onkel Europas», wegen seiner vielen ehrwürdigen Verwandten. Der Thronerbe (Friedrich VIII., 1906–1912) heiratete Luise, die Tochter Carls XV. von Schweden. Ihre Tochter Alexandra nimmt den Sohn Königin Viktorias, den späteren Eduard VII. (1901–1910), zum Mann. Christian X. (1912–1947), Erbe Friedrich VIII., heiratete Alexandrina von Mecklenburg-Schwerin. Ihr Sohn Friedrich IX. (1947–1972) hat mit Ingrid von Schweden drei Töchter.

Die älteste, Königin Margrethe II., heiratete einen französischen Edelmann, Henri de Laborde de Monpezat, und ist Mutter des 1968 geborenen Kronprinzen Friedrich und des Prinzen Joachim. Die jüngere Tochter Friedrichs IX., Anne Marie nahm Konstantin II., den König von Griechenland, der mit dem Volksreferendum von 1974 abgesetzt wurde, zum Mann.

gutem Erfolg in den visuellen Künsten. Prinz Heinrich, Sohn des Markgrafen von Hessen und der Prinzessin Mafalda von Savoyen, wird als Theaterbühnenbildner geschätzt. Die letzte Königin Italiens, Maria José, widmete sich erfolgreich der Geschichtsforschung über die Grafen von Savoyen, den Vorfahren ihres Mannes. Ihre Mutter, die Königin von Belgien, war eine große Liebhaberin und Mäzenin der Musik.

König Friedrich von Dänemark interessierte sich vor einigen Jahrzehnten für die Etrusker und leitete interessante archäologische Ausgrabungen in Italien. Königin Sofia von Spanien initiierte das große, neue Museum in Madrid, das nach ihr benannt ist. Ein Prinz der königlichen Linie Bayerns legte sich eine Sammlung mit abstrakten informellen Gemälden zu, die nach Expertenmeinung sicheren Geschmack und Sensibilität beweist.

Dennoch ist auch das königliche Mäzenatentum im Verschwinden begriffen. Es ist heute unvorstellbar, daß ein Kronprinz oder ein König eine Akademie gründet und natürlich auch finanziert.

Prinz Charles von Wales, der einen guten Geschmack für die Architektur vergangener Zeiten bewies, eifert König Georg IV. nach, Prinz von Wales und Initiator des frühreifen und wunderschönen englischen Neoklassizismus. Das Haus der offiziellen Geliebten des Prinzen war ein Wunderwerk der Adams, Architekten und Innenarchitekten der Avantgarde zu jener Zeit.

Heute verspürt eine Königliche Hoheit das Bedürfnis, ihre Ergebenheit und ihr Interesse für wichtige kulturelle Einrichtungen ihres Reiches zu bezeugen. Das norwegische Königspaar ist bei der Verleihung des Nobelpreises anwesend. Das englische Königspaar geht nach Covent Garden, das holländische ins Concertgebouw in Amsterdam. Die Königin von Dänemark interessiert sich sehr für das künstlerische Leben ihrer Hauptstadt. Das Königspaar in Madrid wohnt nicht im Königspalast, sondern in einem kleinen Palast, der Residenz Juan Carlos' vor der Heirat. Man nennt ihn Zarzuela, was soviel heißt wie Spanisches Musiktheater. Das Königspaar des Zarzuela weiß genau, daß die Kulturgüter seines Reiches nicht nur Anlaß zu großem Nationalstolz, sondern auch ein zuverlässiges Touristenlockmittel sind; mit ihrem Interesse für Kunst, Musik und Literatur – Spanien hat in unserem Jahrhundert großartige Schriftsteller hervorgebracht –, setzen sie die richtigen Maßstäbe.

Die Königspaare von heute drücken öffentlich ihr Wohlwollen für Kunst und Kultur aus, weil dies ihre Pflicht ist und weil diese Werte von einem großen Teil ihres Volkes gewürdigt werden.

Königin Margrethe II. besucht in ihrer Heimat eine Ausstellung für Angewandte Kunst (1993). In Dänemark wird der kulturelle Fortschritt von wichtigen Stiftungen und dem traditionellen Engagement des Königspaares gefördert, die seit vielen Generationen begeistere Kunstliebhaber sind.

Thron und Altar, zwei untrennbare Begriffe

Auch im Jahrhundert des laizistischen Gedankens respektieren und verkörpern die Königspaare die religiöse Tradition ihres Landes.

Königin Elisabeth II. zwischen den Wachen und dem höheren Klerus, Aufnahme von 1986 vor dem Portal einer Kirche. Seit Heinrich VIII. ist der regierende Herrscher der «Defensor fidei» (Verteidiger des Glaubens) und das Oberhaupt der anglikanischen Kirche, in der die Bischöfe dem König gleichgestellt sind.

Den König Spaniens nannte man den katholischsten, den von Frankreich den christlichsten, den König von Portugal den gläubigsten, den Kaiser Seine Kaiserliche und Apostolische Majestät, und im Sprachgebrauch der Historiker und Diplomaten dieser Epoche genügten allein diese Superlative, um den Herrscher zu identifzieren. Aber es gab auch viele reformierte Majestäten, so nannte sich der König von England nachdem er aus der Römischen Kirche ausgetreten war, weiterhin «Defensor fidei». Zu jener Zeit konnte die Wahl zwischen Reform und Gehorsam gegenüber dem römisch-katholischen Glauben deutlichen Einfluß auf das Los einer großen Familie haben. Das galt besonders für die Reichsgebiete, wo das Sympathisieren mit lutherischen oder calvinistischen Ideen bedeutete, sich der vorherrschenden Macht des erzkatholischen Habsburgerhauses zu widersetzen. Die Wahl des reformierten Glaubens bedeutete beispielsweise für das Haus Hohenzollern den entscheidenden Schritt zur Herrschaft in Preußen.

So absolutistisch oder aufgeklärt und nicht selten freigeistig die Monarchen auch sein mochten, stellten sie doch selbst im Jahrhundert der Aufklärung ihren religiösen Glauben zur Schau. In ihren Staaten, wenn sie katholisch waren, setzten sie alles daran, ihren Gehorsam gegenüber Rom abzuschwächen, ohne die Ehrerbietung gegenüber der Kirche zu verringern oder die Untertanen von den religiösen Regeln zu befreien. Als im 19. Jahrhundert die Freiheitsrevolutionen begannen, scharten sich die christlichen Kirchen fast überall, geschlossen zur Verteidigung des Throns zusammen. Deshalb stützten sich die Monarchen und Prinzen – auch wenn sie selbst Atheisten, Theisten und Freimaurer waren – weiterhin auf die religiösen Hierarchien und ermunterten – besonders in der äußerst delikaten Funktion des Erziehers, zunächst der höheren, später auch der unteren Klassen – vor allem in den reformierten Ländern zur Lektüre der Bibel.

Im Lauf der Jahrhunderte hatte die Kirche nicht wenig dazu beigetragen, das königliche Charisma zu stärken, wenn nicht sogar aufzubauen, besonders mit der prunkvollen Inthronisierung und Salbung des Königs. Den Kapetingern gestattete die katholische Kirche sogar die Kommunion mit Brot und Wein zu nehmen, was ein höchst priesterliches Privileg war. Der Großherzog Cosimo III. di Toscana verwandte zwischen dem 17. und 18. Jahrhundert seinen ganzen Ehrgeiz darauf, zum Kanoniker des Laterans ernannt zu werden, wo er in Kirchengewändern auftreten wollte. Zahlreiche Kardinäle der Königshäuser prägen jahrhundertelang die Kirchengeschichte: Der letzte Stuart wurde zum Kardinal von York ernannt.

Die monarchische Liturgie konnte ohne die religiösen Aspekte nicht auskommen. Die Königs- und Kaiserkronen der angeseheneren Monarchien werden als heilige Gegenstände betrachtet: die Zepter, die Weltkugeln, die Schwerter und die Hände der Gerechtigkeit, die man bei den Inthronisationen in Augenschein nehmen kann. Im Inneren der Reichskrone Italiens befindet sich ein feiner Eisenring, der angeblich aus einem geschmolzenen Nagel des Kreuzes Jesu geschmiedet wurde. Traditionell ist es der erste Erzbischof des Reiches, der dem Herrscher die Krone aufsetzt und seine Stirn mit geweihtem Öl salbt, als sei die Krönung eine Priesterweihe. Das Königshaus besitzt nach alter Tradition eine Privatkapelle, und der Kaplan steht auf der Liste der Hofbeamten. Nicht selten beinhaltet auch die Verleihung der wichtigen Ritterorden ein religiöses Ritual, nach dem Vorbild des mittelalterlichen Ritterwesens. In den reformierten Ländern, in denen den Herrschern eine wichtige Rolle bei der kirchlichen Organisation zukommt, hängt die Ernennung der Bischöfe oft zumindest formal von ihm ab. Der König von England ist der Schirmherr und das Oberhaupt der Anglikanischen Kirche, seine Bischöfe sind von Rechts wegen dem Herrscher gleichgestellt und sitzen im House of Lords. Die Militärkaplane sind die Nachfolger des Klerus, der im Mittelalter den König in der königlichen Armee begleitete: Die Feldmesse war oft der Auftakt zu den Kämpfen.

Auch im 20. Jahrhundert bricht die Allianz zwischen Thron und Altar nicht auseinander. Aber es ergaben sich delikate Probleme durch die Königsheiraten, wenn der Ehegatte nicht demselben Glauben wie der Herrscher anhing, wie es bei der Heirat Konstantins II. von Griechenland und seiner Schwester Sofia geschah, oder als die Heirat mit einer geschiedenen Frau den Herzog von Windsor zur Abdankung zwang, oder auch, wenn die Unstimmigkeiten zwischen dem Prinzenpaar Charles und Diana von Wales die Ausweglosigkeit der Scheidung erahnen lassen. Diese Haltung gegen Scheidung ist dennoch fragwürdig. Schließlich hatte die Weigerung Papst Klemens VII., die erste Ehe Heinrichs VIII. mit einer spanischen Prinzessin zu annulieren, damals das Schisma ausgelöst. Bei den feierlichen Staatszeremonien wird der liturgische Aspekt alles andere als vernachlässigt. Könige und Königliche Hoheiten heiraten in den Kathedralen, die königlichen Infanten werden von Bischöfen getauft, ein religiöses Begräbnis beendet die Herrschaft der Herrscher. Religiöse und monarchische Liturgie verstärken und bestätigen sich gegenseitig, während auch die eher «bürgerlichen» Monarchien, die das Krönungszeremoniell weitgehend abgeschafft haben, bei anderen Feierlichkeiten nicht auf ein «sakrales Bad» verzichten, das das alte königliche Charisma untermauert.

Nassau

Das großherzogliche Haus Luxemburg

Im Mittelalter stammten aus dem großherzoglichen Haus Luxemburg Kaiser und Könige von Böhmen sowie Herzöge von Bayern. Die französische Linie der Familie erlosch durch Heirat mit den Montmorency, den Herzögen von Luxemburg mit dem bloßen Titel 1451 wurde Luxemburg Teil der Staaten des Herzogs von Burgund und ging mit der burgundischen Erbschaft an das Haus Habsburg über, das mit der spanischen Krone verbunden war. Vom König der Niederlande, Wilhelm I. von Oranien-Nassau, auf dem Wiener Kongreß zum Großherzogtum erklärt, fiel es 1831 der August Revolution zum Opfer: Ein Teil floß dem neuentstandenen belgischen Reich zu. Der Rest wurde als Großherzogtum konstituiert und blieb Holland in der Person des Herrschers bis zum Tod Wilhelms III. verbunden. Auf den Thron der Niederlande folgte ihm seine Tochter Wilhelmina. Da die weibliche Nachfolge damals im Großherzogtum ausgeschlossen war, ging der Thron an die andere Linie der Familie weiter, die der Herzöge von Nassau. Sie hatten 1866 das Großherzogtum verloren, als sie vom König von Preußen entmachtet worden waren. Der erste Großherzog der Linie Nassau war Adolf. Jetzt, da die weibliche Nachfolge zugelassen ist, regiert der Großherzog Jean von Nassau-Bourbon-Parma, der die Schwester des belgischen Königs, Joséphine-Charlotte, heiratete. Luxemburg liegt im Herzen Europas, es ist Sitz wichtiger europäischer Institutionen und strategischer Finanzort.

König und Königin von Spanien mit hohen päpstlichen Dekorationen, begeben sich zu ihrem Platz im Petersdom zu einem feierlichen Pontifikale (1978). Der König trägt Uniform; Königin Sofia trägt nach spanischer Art das den katholischen Königinnen vorbehaltene Kleid.

Die Handlungsfreiheit des Königs

Im 20. Jahrhundert verringert sich die Macht des Königs zusehends, gleichwohl weiß der Monarch sein Ansehen taktvoll und angemessen zur Geltung zu bringen.

Königin Paola von Belgien, umringt von Kindern aus Charleroi, der bekannten Stadt der Eisenindustrie im Hainaut. Die Besuche des Königspaares in verschiedenen Städten sind seit dem Mittelalter Tradition und haben zum Ziel, die Bande der Monarchie mit dem Reich zu festigen.

In einigen Monarchien dezimiert sich der Machtbereich des Königs, sobald der Premierminister nicht mehr dem Staatsoberhaupt, sondern dem Parlament verantwortlich ist. Es ist bezeichnend, daß der Monarch die Parlamentssitzung mit einer Rede eröffnet, die der Premierminister in der Regel verfassen ließ oder selbst verfaßte. Wenn es darin heißt: «Ich meine» oder «Wir wünschen», dann handelt es sich im Grunde um den Premierminister, der meint oder wünscht, nicht um das Staatsoberhaupt. Folglich trägt allein der Premierminister bei einem so feierlichen Anlaß die Verantwortung für die Worte des Herrschers.

In der Praxis sind die Machtbefugnisse des Königs jedoch meist umfassender, vor allem wenn er mehr Erfahrung besitzt als der Minister oder einer knappen Mehrheit vorsteht. Der Monarch nimmt seine politischen Rechte in der Regel nicht in vollem Umfang wahr, sondern bemüht sich um einen Ausgleich zwischen den politischen Parteien. Aber häufig weiß der Herrscher im persönlichen Gespräch mit dem Premierminister seine Zweifel, seine Überlegungen, seine Sorgen, seine Beobachtungen zur Sprache zu bringen, die ihn aus der höfischen Umgebung und von den Beratern erreichen, die die Krone in so vielen Lebensbereichen des Landes einsetzt.

Die Ratschläge des Königs sind um so angesehener, je uneigennütziger und vorsichtiger sie formuliert sind, je weniger sich diese königliche Macht in der Öffentlichkeit bemerkbar macht und je mehr der Herrscher in seinem offiziellen Auftreten seine absolute Loyalität zum Kabinett zu zeigen weiß. Der König ist auch der Hüter

der Dynastie und der historischen Tradition. Nur er kennt gewisse Geheimnisse seiner Familie und der großen Herrscherfamilien, die Motive für bestimmte Entscheidungen in der Vergangenheit, die Phasen, in denen Maßnahmen, Karrieren, politische Entscheidungen gereift sind.
Wenn der König, wie es in einigen Monarchien üblich ist, seinem Premierminister wöchentlich eine Audienz gewährt, entsteht zwischen den beiden eine persönliche Beziehung, die zu einer fruchtbaren Zusammenarbeit führen kann, es sei denn, die beiden hegen Antipathie

Grimaldi und Liechtenstein

Die Dynastien von Monaco und Liechtenstein

Fast an der Grenze zwischen Frankreich und Italien liegt das Fürstentum Monaco, ein Lehen von Genf, das sich Malizia Grimaldi 1297 aneignete. Mehrere Linien der Grimaldi besaßen in jenem Gebiet an der Riviera die Lehen Antibes, Monaco, Rochebrune, Ventimiglia und machten sie sich gegenseitig und Genf streitig. Eine Linie der Familie herrschte seit 1419 fast ununterbrochen über Monaco. 1633 ernennt sich Onorato Grimaldi zum Fürsten und leitet den Aufstieg seines Geschlechts ein, das das Herzogtum Valentinois mit der dem König gleichgestellten Herrschaft in Frankreich erhält. 1715 heiratet die letzte Grimaldi dieser Linie den Grafen von Thorigny, der auf seinen Namen verzichtet – er ist ein Guy-Matignon – und dafür den Namen, das Wappen und die Erbfolge seiner Frau erhält. Gegen Ende des 19. Jahrhunderts verliert das Fürstentum Menton und Rochebrune. Prinzessin Charlotte, die Erbin Ludwigs II., heiratet Fürst Pierre de Polignac, von dem sie sich später trennt. Ihr Sohn, Fürst Rainier, übernimmt das Wappen, Namen und Erbfolge seiner Mutter. Er heiratet die Schauspielerin, Grace Kelly, mit der er drei Kinder hat.
Das Fürstentum Liechtenstein liegt an der Grenze, zwischen Österreich und der Schweiz. Das Haus gleichen Namens hat seine Urspünge im 11. Jahrhundert von einer steirischen Familie. Die mährisch-österreichische Linie bringt es zu größerem Reichtum als die steirische.
Hans Adam Andreas (1656–1712), Fürst des Reiches, erwirbt die schwäbischen Dominien Vaduz und Schellenberg, gründet in Wien die wunderbare Gemäldesammlung und den berühmten Palast. 1723 werden die Dominien zu einem Fürstentum, das den Namen der Dynastie erhält. In der Folgezeit bekleiden die von Liechtenstein weiterhin sehr wichtige Posten in der Armee, der Diplomatie und am Kaiserhof, ohne das kleine unabhängige Fürstentum zu verlieren.

gegeneinander. Gemäß den Bräuchen am Hof gewährt der König vielen Persönlichkeiten des Staates Audienz, eine vererbte Formalität, aus Zeiten in denen der Herrscher tatsächlich das Oberhaupt der Aristokratie, der Chef des Militärs, der Chef der Magistrate, der Chef der Diplomaten und vielleicht auch der Chef der Kirchenmänner war.
Auch heute besitzt der Monarch noch vielfältige Möglichkeiten, um Einfluß auf die Politik zu nehmen: Eine Einladung mehr oder weniger, ein Schweigen oder eine Geste besonderer Aufmerksamkeit, die nicht obligatorische Anwesenheit bei einer Zeremonie, einem Fest, all das sind Zeichen, die zählen.
Man kann sagen, daß alle politischen Beobachter Juan Carlos von Spanien einstimmig ein außergewöhnliches Talent zuerkennen, sein institutionelles Handeln gemäß

Die Prinzessin von Wales besucht ein Krankenhaus. Wohltätigkeit und soziales Engagement werden von christlichen Herrschern und vor allem von den Prinzessinnen in Friedenszeiten und in Krisenzeiten erwartet.

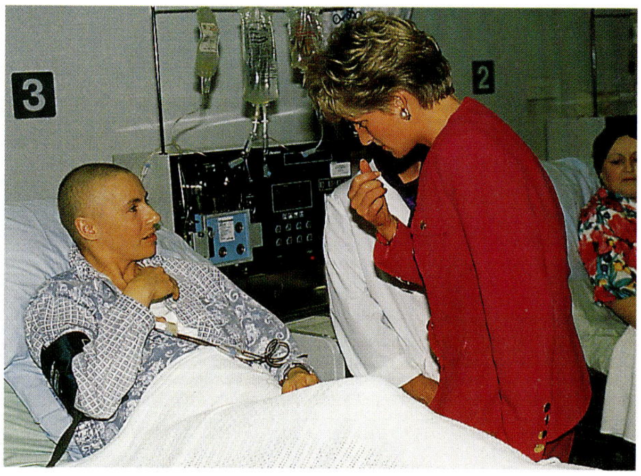

den Umständen zu dosieren. Er ist im Fernsehen aufgetreten, um einen Staatsstreich zu vereiteln, der von den Militärhierarchien kräftig unterstützt wurde. Der König erschien in Militäruniform und erinnerte daran, daß die Streitkräfte bei ihrer Ehre zur Treue gegenüber der Verfassung und dem König verpflichtet seien. Baudouin I. von Belgien, der sich der Notwendigkeit gegenüber sah, mit seiner Unterschrift einen Gesetzesentwurf zu billigen, der seinen religiösen Überzeugungen zuwiderlief, beschloß, seine Macht für einige Stunden abzugeben. Unterschiedliche Formen der Kohären die gleichermaßen Bewunderung verdienen.
Aber vielleicht ist die tägliche Arbeit noch bewundernswerter, mit der ein Herrscher den Geschäften der Legislative und der Regierung nachkommt, immer anwesend, immer im Hintergrund, ohne den Wunsch und die Macht, Dinge zu verändern, stummer Hüter der Geschichte und Bewahrer der Zukunft. Und gerade das Schweigen des Königs ist es, das beim Beobachter die größte Wertschätzung hervorrufen kann. Was denkt Elisabeth II. über den Politterror Irlands? Welche Meinung vertritt der König von Spanien zum baskischen Terrorimus? Was hält Albert II. vom Groll der Wallonen auf die Flamen? Der Herrscher weiß zu schweigen, er stellt sich nicht auf die Seite der einen und gegen die anderen, er stützt mit seinem verständnisvollen Schweigen die Beweggründe aller und die Fortdauer des Staates.
Wenn das Schweigen die Geheimwaffe der Könige bei politischen Angelegenheiten ist, so sind feierliche Auftritte, ständige Nähe zum Volk, Besuche in den Provinzen, freundliche Gesten und Worte die offenkundigen Instrumente der Herrschaft. Mit ihnen bekräftigen die Königsfamilie den nationalen Pakt und macht sich zur Vertrauten der Untertanen. Schon immer haben die Könige nur mit ihrem Namen unterschrieben, schon immer reden die Untertanen von ihnen, indem sie ihren Namen oder einen herzlichen und nicht immer respektvollen Kosenamen benutzen.

Die Krone in schwierigen Zeiten

Wenn auch die Rolle des Königs im politischen Leben des Landes kein maßgebliches Gewicht hat, so kommt seiner Anwesenheit in vielen Situationen noch große Bedeutung zu.

König Baudouin I. mit Sese Seko Mobutu, dem Präsidenten von Kongo-Léopoldville, das in jenem Jahr den Namen Zaire bekam, Foto von 1973. Der König war verpflichtet, den Feierlichkeiten zur Entkolonisierung persönlich beizuwohnen.

Am 28. Dezember 1908 zerstört ein furchtbares Erdbeben Messina und Reggio Calabria. Es fordert 80 000 Opfer, irreparabel sind die Schäden am künstlerischen Vermächtnis. Der italienischen Regierung gelingt es nicht, die Städte wiederaufzubauen, aber Italien und Europa erreichen die tröstenden Bilder König Viktor Emanuels III., der Königin Elena Petrovic und der Kronprinzen, die hilfsbereit zu den Stätten der Zerstörung eilen.

Während des Ersten Weltkriegs vermitteln die Bilder des Königspaares bei der Inspektion an der Front den Landsleuten, daß die Dynastie mindestens ebensosehr wie das Volk zum Sieg verpflichtet ist. Die Prinzessinnen treten in Rotkreuzuniformen auf und kümmern sich um die Verletzten in den Feldlazaretten. Es handelt sich nicht immer um Propagandabilder, vielmehr engagieren sich die Königlichen Hoheiten oft aus echtem Altruismus heraus. Das gleiche gilt für den militärischen Eifer der Prinzen. In Italien erntete Herzog Amedeo d'Aosta ebenso Ruhm wie seine Frau Helene d'Orléans als Rot-Kreuz-Schwester.

Heldenmut auf dem Schlachtfeld wird von jeder Königlichen Hoheit verlangt, aber fern der Front und in Friedenszeiten sind Mut und Standhaftigkeit des Herrschers ebenso gefragt. Das Haus Savoyen mußte den Thron in Italien abgeben, nicht weil es den Krieg verloren hatte, sondern weil es das Statut verraten und die faschistische Diktatur begünstigt hatte, die ihm im Gegenzug die Kaiserkrone von Äthiopien und die Königskrone von Kroatien anbot. Leopold III. von Belgien verlor den Thron, weil er die Kapitulation vor den Nazitruppen unterschrieben hatte. Hingegen wurden Georg VI. und Königin Elisabeth von den Engländern sehr geschätzt, weil sie auch während der schrecklichen Bombardierung in London residierten. Ebensogroße Tapferkeit bewies Königin Wilhelmina von Holland, die in England im Exil lebte. Das Foto von Pius XII., der die Opfer des Bombenangriffs in Rom aufsuchte, ging um die Welt, und der ganze Commonwealth war bewegt beim Anblick des Fotos der kleinen Prinzessin von Wales, die ihre Schwester Margaret an der Hand hielt und sich herunterbeugte, um einen Eingeschlossenen unter den Trümmern zu streicheln.

Mut und Standhaftigkeit bewies ebenfalls General Charles de Gaulle als er die staatliche Unabhängigkeit Algeriens von Frankreich, zum Teil auch gegen radikale Gruppen im eigenen Land, durchzusetzen vermochte. Auch war es nicht einfach für König Baudouin von Belgien, auf den Kongo (Zaire, 1960) und Ruanda-Urundi (Ruanda und Burundi, 1962) zu verzichten. Kaiserin Wilhelmina dankte 1948 zugunsten ihrer Tochter Juliana ab, eben weil sie gegen die Entkolonisierung Indonesiens war, das seine Unabhängigkeit 1949 erlangte. Die Kolonialreiche der beiden Beneluxstaaten unterschieden sich wesentlich voneinander; Belgien hatte die eigenen Kolonien erbarmungslos ausgebeutet, während die Holländer, die geschickter und «geschäftstüchtiger» wa-

Eine klassische Aufnahme der Monarchie: das Königspaar mit seinen Gästen auf einer Treppe anläßlich eines frohen Ereignisses. Hier Paul und Friederike von Griechelnad mit ihren Kindern, dem Schwiegersohn und anderen Prinzen anläßlich der Heirat des Nachfolgers.

ren, sich um einen Dialog mit den Einheimischen bemühten, ohne sie allerdings als gleichberechtigte Gesprächspartner anzuerkennen. Wenn die Entkolonisierung auch vorwiegend eine politische Entscheidung war, die durch historische Ereignisse bedingt und von den Regierungen und den Parlamenten getroffen wurde, so ist es der Herrscher, der bei Übergabe die Kolonialmacht verkörpert, und König Baudouin von Belgien sah sich gezwungen, im Kongo diese Rolle unter riskanten und peinlichen Bedingungen zu spielen.

Die größte Kolonialmacht war Großbritannien, und ihre wichtigste Kolonie Indien. Nach dem Krieg war die Zusicherung der Unabhängigkeit unumgänglich; die Machtübergabe erfolgte durch einen Prinz aus der königlichen Familie, Lord Mountbatten, dem 1947 nur noch übrigblieb, der komplizierten Kolonialverwaltung, bestehend aus Gouverneuren und Ministern der Kolonien, die in den letzten fünfzig Jahren in Delhi und London aufeinander gefolgt waren, ein Ende zu bereiten.

Auch Spannungen anderer Art können ihre Lösung in der Person des Herrschers erfahren. Dies betrifft zum Beispiel die jahrhundertelange Rivalität, die Flamen und Wallonen, Protestanten und Katholiken im belgischen Reich einander entgegenstellt, eine Rivalität, die sich bisweilen in Feindseligkeit äußert und wiederkehrende Krisen auslöst. Bis jetzt gelang es König Baudouin, durch seine ständige Präsenz, die Gesuche um Unabhängigkeit im Namen der Einheit des Reiches zu bremsen. Ähnlich verhält es sich in Spanien, wo die nationale Einheit seit fast fünf Jahrhunderten währt, weil Ferdinand von Aragon 1516 starb. Seit damals sind Leon, Kastilien, Katalanien, Aragon, Navarra, Mallorca, Valencia, Murcia und Granada unter dem Zepter eines einzigen Herrschers vereint, bzw. bilden eine Republik, und doch sind die Unabhängigkeitsbestrebungen der Katalanen und Basken in Navarra aus der Francodiktatur wiedererstanden.

Ein Anlaß zu Spannungen in einigen europäischen Ländern war in den letzten fünfzig Jahren der langsame, ermüdende Prozeß der Einigung Europas, der mit der Gründung der OEEC (Organization for European Economic Cooperation) 1948 in Paris eingeleitet wurde. Einige der alten Nationalstaaten, deren Patriotismus schon fast an Chauvinismus grenzt, sahen darin die große Gefahr eines Identitätsverlustes. Natürlich spielten auch wirtschaftliche Interessen eine bedeutende Rolle, da viele Staaten hohe wirtschaftliche Einbußen im Rahmen der Europäischen Gemeinschaft befürchteten. In der jüngsten Vergangenheit stellten die Monarchen mit ihrer Repräsentationsrolle einerseits und ihrer politischen Zurückhaltung bei öffentlichen Kundgebungen andererseits unter Beweiß, daß sie den europäischen Einigungsprozeß mit ihren Mitteln durchaus zu fördern wissen.

Unten: Königin Elisabeth II. mit dem Herzog von Edinburgh, zwischen den Offizieren der IV Queen's African Rifles während eines Besuchs in Uganda 1954. Das Gebiet wurde 1962 unabhängig, und das Foto dokumentiert das heute schwindende englische Empire.

Herrscher auf Staatsreisen im Ausland

Herrscher und Prinzen reisen ins Ausland, um bestehende Freundschaften zu pflegen bzw. neue Kontakte zu knüpfen.

Das schwedische Königspaar bei einem offiziellen Anlaß: König Carl XVI. Gustav und Königin Silvia von Schweden, Prinz Henrik und Königin Margrethe II. von Dänemark, König Olav V. von Norwegen, der einzige in Galauniform.

Nie haben Regierungsmitglieder öfter die Welt zu persönlichen Treffen bereist, um vielfältige politische Fragen zu diskutieren, als in unserem Jahrundert der modernen und schnellen Kommunikation. Wir wissen, daß sich Staatsmänner, Diplomaten und Herrscher intern zusammensetzen, um die schwierigeren und delikateren Fragen zu lösen.

Feiert man hingegen mit internationalen Treffen die Freundschaft unter den Völkern oder die Erneuerung der Beziehungen zwischen Nationen, die die Geschichte getrennt hat, so treten die konstitutionellen Könige, die Prinzen, die Präsidenten der Republik, ihre offiziellen Reisen an, auch wenn sie selbst kaum Entscheidungsmacht haben. Besonders vielbeschäftigt sind die Prinzen von England, weil viele der ehemaligen englischen Kolonien immer noch zum Commonwealth gehören und Elisabeth II. weiterhin das Staatsoberhaupt kleiner Länder wie Antigua und Barbados, aber auch großer Gebiete wie Kanada und Australien ist.

In der Hofetikette hatte bis Anfang des 19. Jahrhunderts der Heilige Römische Kaiser den Vorrang vor allen Herrschern. Nach dem Verzicht der Habsburger auf den Titel waren der österreichische, der russische und der französische Kaiser formal gleichgestellt; es folgten die herrschenden Könige, die Großherzöge und die Fürsten. Nach dem Zweiten Weltkrieg wurden die Monarchen mit den Präsidenten der Republiken gleich gestellt. In der Gemeinschaft der Staaten, die in den Vereinten Nationen zum Ausdruck kommt, wurden die Vereinigten Staaten, Großbritannien, die Sowjetunion, Frankreich und China als die fünf Großen anerkannt, wobei nur noch Großbritannien von einem Monarchen als Oberhaupt repräsentiert wird.

Aber nicht immer ist alles so klar, und nicht immer bieten die großen offiziellen Anlässe ein getreues Spiegelbild der Realität, besonders wenn die Feierlichkeiten mal den Staat, mal die Dynastie betreffen, wie Heiraten, Begräbnisse, Feiern zur 25- oder 50jährigen Herrschaft eines Herschers. Dann kann es vorkommen, daß ein abgesetzter König oder ein abgesetzter Prinz Vorrang vor einem herrschenden Premierminister hat. Das sind Gelegenheiten, bei denen ein Monarch, der schon seit vielen Jahren nicht mehr den Thron innehat, wieder in der ersten, zweiten oder dritten Reihe zwischen den Mächtigen der Welt glänzen kann.

Eine Staatsreise verfolgt meist ein ganz bestimmtes Ziel: ein wichtiges internationales Übereinkommen fei-

Unten: Königin Elisabeth II. und Präsident Mitterrand eröffnen den Eurotunnel. Mit der Verwirklichung dieses Projekts mildert sich die «splendid isolation» Großbritanniens. Ein wirklich historisches Ereignis, ein günstiges Omen für die Europäische Union.

erlich hervorheben, die Bande zwischen dem Mutterland und den entlegenen Territorien stärken, indem man deren Souveränität bestätigt oder an Feierlichkeiten und wichtigen Angelegenheiten befreundeter Staaten teilnehmen.
Margrethe II., Königin von Dänemark (43 093 km²), ist auch Königin der autonomen Grafschaft Grönland (2 175 600 km²), während Beatrix von Holland beispielsweise als Königin den Niederländischen Antillen vorsteht, darunter auch Curaçao. Überreste des europäischen Kolonialreiches finden sich überall auf der Welt verstreut, und es bleibt fraglich ob eine völlige Unabhängigkeit für diese Landstriche wirklich vorteilhaft wäre. Viele dieser ehemaligen Kolonien sind zwar dünn besiedelt und arm an Bodenschätze, aber ihre oftmals große strategische Bedeutung könnte sie zum Opfer von Staaten werden lassen, die weniger tolerant und demokratisch verfahren, als die ehemaligen Kolonialmächte.
Die Anwesenheit der Prinzen und der Könige bei den Zeremonien der Länder und befreundeten Dynastien ist ein Akt der Ehrerweisung, der den beteiligten Nationen willkommen ist, sofern gewisse Empfindlichkeiten respektiert werden. So war die Anwesenheit der Windsor beim Begräbnis Präsident Kennedys sehr willkommen, aber sicherlich sähen die Amerikaner die Anwesenheit eines englischen Herrschers bei der Feierlichkeit zur Einsetzung eines neuen Präsidenten nicht so gern; die Staaten, die die heutige Union bildeten, fochten einen harten Krieg aus, um nicht mehr Kolonien des englischen Königs zu sein. Das Ereignis liegt mehr als zwei Jahrhunderte zurück, aber es wird von den Amerikanern weiterhin jedes Jahr gefeiert.
Etwas problematisch gestalteten sich für die Regierungen und die Monarchen die Feierlichkeiten zum 50. Jahrestag des Kriegsendes in Europa, ein erfreuliches Ereignis, das jedoch mit gewisser Verlegenheit wieder erlebt wurde – nicht so sehr, weil einige gekrönte Häupter dabei den Thron verloren hatten, sondern weil das besiegte Deutschland heute ein friedliches, wiedervereintes und wichtigstes Land des Kontintents ist – während die damalige Siegermacht UdSSR – nach jahrzehntelangem Kalten Krieg, der die Beziehungen zwischen den ehemaligen Alliierten stark belastete, ebenso wie Jugoslawien und die Tschechoslowakei überhaupt nicht mehr existieren.

Juan Carlos empfängt in Madrid Gorbatschow, den Präsidenten der UdSSR. Nach mehr als vierzig Jahren seit dem Bürgerkrieg (1936–1939) zeigt der König durch den Empfang seines Gastes, daß der Groll des einstigen Francostaates auf den kommunistischen Koloß nunmehr verflogen ist.

Im übrigen sind die Herrschenden nicht mehr so eng miteinader verwandt wie vor einem Jahrhundert, auch wenn jede Königliche Hoheit, jede Majestät andere Gleichrangige weiterhin mit der französischen Wendung «Mon cher cousin» anredet. Viele Verwandtschaften sind nicht mehr so frisch, deshalb muß man ein paar Generationen zurückgehen. Entthronte Prinzen und Könige, die die Hoffnung auf Wiedereinsetzung verloren hatten, haben sich eine Arbeit und eine «bürgerliche» Zukunft gesucht. Der Prinz von Neapel, beispielsweise, Anwärter auf den italienischen Thron und mit einer Schweizerin aus einer Industriellenfamilie verheiratet, wandte sich dem Geschäftsleben zu. Es scheint, daß der Ex-König von Griechenland, Konstantin II., seinem Beispiel folgte. Otto von Habsburg-Lothringen, Anwärter auf den österreichischen Thron, schlug die politische Laufbahn mit dem Wunsch ein, im Europaparlament die Konservativenpartei zu vertreten. Von König Michael von Rumänien, König Simeon von Bulgarien und Großherzog Vladimir, Sohn und Erbe des Großherzogs Cyrill, der sich 1924 zum Zaren erklärte, war erst wieder die Rede, als das sowjetische Reich zusammenbrach. Über andere Anwärter wird eisern geschwiegen. Die Presse beschäftigt sich mit ihnen nur, wenn ein Prinz heiratet, eine malerische aber wenig sinnvolle Gedächtnisfeier organisiert oder gar stirbt. Was ist aus den Söhnen des Großen Senussi Muhammad Idris-al-Mahdi al-Sunusi, dem König Libyens geworden, der 1969 abgesetzt wurde? Und aus Reza, dem Sohn des Schahs, der 1979 abdanken mußte? Ihre heute kaum mehr bekannten Gesichter tauchen im Hintergrund bei Festen der Könige auf, die auf dem Thron geblieben sind und höflich die Erinnerung an die Zeit bewahren, als ihre Ahnen noch echte «Cousins» waren.

Tod und Begräbnis

Die Ehrenbezeugungen bei monarchischen Begräbnissen spiegeln das Ansehen der Dynastie wider. Die Bestattungen stehen mitunter auch für den Tod eines Zeitalters.

Der Sarg Baudouins I. wird zur Begräbnisfeierlichkeit in die Kathedrale getragen. Hinter der Bahre in erster Reihe: die Schwester des Königs, die Großherzogin von Luxemburg, Fabiola, König Albert II. und Königin Paola. Die trauernde Königinwitwe trägt Weiß, nach Art des französischen Königshauses.

Als 1928 die Witwe des Zaren Alexander II., Maria von Dänemark, starb, nahm sie ein Stück des goldenen Glanzes der Höfe und die Erinnerung an das Europa der Seebäder, der Thermalstädte, der Bälle im Königspalast, der telegrafischen Depeschen, der Maler der Chronik, aber auch des Ersten Weltkriegs, der Balkankriege, der Revolutionen, der Attentate auf Herrscher, Präsidenten und Thronerben mit. Das gleiche gilt für den Tod Viktoria Eugenies von Battenberg (1969), Witwe des 1931 abgesetzten Königs von Spanien, Alfons' XIII., oder in noch jüngerer Zeit für Zita von Bourbon-Parma, die letzte Kaiserin von Österreich.

Anlaß für Trauer- oder Gedächtnisveranstaltungen sind auch oft politische Katastrophen, wie Kriege oder Attentate: 1952 rief der Tod Georgs VI., des letzten Kaisers von Indien, den Europäern die Millionen Gräber des Zweiten Weltkriegs wieder in Erinnerung. Nach der Ermordung Präsident Kennedys am 22. November 1963 fanden sich Präsidenten, Könige und Prinzen aller Länder zum Begräbnis ein, und der Schmerz der Anwesenden machte deutlich, daß mit John F. Kennedy auch die Hoffnungen der jüngeren Generation begraben wurden. Vielleicht läßt sich am Tod Baudouins I. von Belgien nach 42jähriger Herrschaft ermessen – wie groß der Niedergang der Kultur und der Reichtümer Europas seit Mitte des Jahrhunderts bis heute gewesen ist.

Bei königlichen Begräbnissen demonstriert die Dynastie ihre Verwandtschaft, ihre Freundschaften und Allianzen, ihre Geschichte und ihre Verdienste sowie das Gewicht, das sie immer noch in der Welt besitzt. Der Staat des verstorbenen Herrschers lädt seine Freunde ein, denen die

Schleswig-Holstein-Sonderburg-Glücksberg
Das norwegische Königshaus

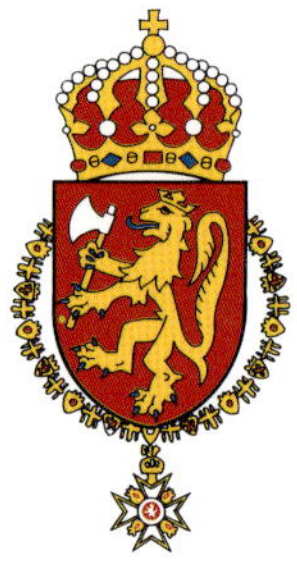

Olav II. Haraldssön, der gegen 1060 erfolgreich das Christentum in Norwegen einführt, ist der Nachfolger einer Anzahl von Königen, die seit dem 9. Jahrhundert mit der Einigung des Landes begannen. Sein Geschlecht pflanzt sich wahrscheinlich mit Haakon VI. fort, der 1363 die letzte der Waldemariden, Königin Margrethe von Dänemark, heiratet. Ihr Sohn Olav war der letzte der Könige von Vestfold, die Norwegen geeint hatten. Auf ihn, den nominellen König von Dänemark und Norwegen, folgte seine Mutter nach, die später durch die Kalmarer Union auch Königin von Schweden wurde. Nach dem Tod Christophs von Bayern, dem letzten Herrscher der drei Reiche, trat Schweden 1448 aus der Union aus.

Norwegen folgte Dänemark unter dem Zepter Christians von Oldenburg, dem Gründer der neuen Dynastie. Mit dessen Nachfolgern wurde Norwegen in die Kriege um die Hegemonie des Nordens verwickelt, die – seit der Zeit des Niedergangs der Hanse und der Expansion Preußens – Dänemark zum Widersacher Schwedens und Rußlands machte.

Die Doppelmonarchie wurde im Januar 1814 aufgelöst, und gemäß den Vereinbarungen bestieg der Kronprinz von Dänemark, Christian Friedrich, den n o r w e g i s c h e n Thron.

Aber der schwedische Kronprinz, Marschall Bernadotte, fiel im Nachbarland ein, und aufgrund eines Parlamentsvotums und mit der Zustimmung der Siegermächte Napoleons wurde Carl XIII. von Schweden auch zum König Norwegens ernannt.

Die Union mit Schweden unter der Dynastie der Bernadotte dauerte bis 1905. Ihr machte der zunehmende Nationalismus zu schaffen. Das norwegische Parlament löste die Union mit Schweden auf. Zwei aufeinanderfolgende Plebiszite bestätigten die Trennung und die Institution der Monarchie, für die ein jüngerer Sohn des dänischen Königs, Prinz Carl, gewählt wurde. Am 18. November 1905 trat König Haakon VII. von Norwegen sein Amt an. Der König heiratete 1896 Prinzessin Maud von England. Von 1957 bis 1991 herrschte ihr gemeinsamer Sohn, Olav V. Der derzeitige Herrscher Harald heiratete 1968 Sonja Haraldsen, eine junge Norwegerin. Ihre Kinder sind Prinzessin Märtha Louise und der Thronerbe Haakon Magnus.

internationale Presse meist große Beachtung schenkt. Beim Begräbnis Hirohitos (1926–1989) war die Welt mit den wichtigsten Männern vertreten. Niemand wollte die Wirtschaftsmacht Japan vor den Kopf stoßen, obwohl sich sicherlich viele daran erinnerten, daß der verstorbene Kaiser derselbe war, der die Entscheidung seiner Regierung billigte, als sie die Invasion in China anordnete.

Wenn herrschende Monarchen sterben, zeigen uns ihre Begräbnisse, wieviel die Erinnerung an das, was sie oder ihre Vorfahren waren, noch zählt. An der Bestattung eines Anwärters des Hauses Bourbon-Orléans oder Habsburg-Lothringen sieht man, daß es sich um die beiden maßgeblichen Königshäuser der europäischen Geschichte handelt. Am Begräbnis eines russischen Anwärters wird deutlich, wie sehr der längst vergangene Prunk der Romanow noch die Phantasie anregt.

Doch selbst für die geübten Journalisten der internationalen Presse wird die «historische» Identität der Königlichen Hoheiten oftmals zum Problem. Goffredo di Toscana ist beispielsweise ein Name, der sich nur auf deutsch richtig deuten läßt: Selbst die Italiener, ganz zu schweigen von anderen Europäern, die sich normalerweise nur mit der Geschichte des eigenen Landes befassen, haben nicht verstanden, daß es sich um den Erzherzog von Österreich, den Anwärter auf den großherzoglichen Thron der Toskana handelt. Daher schreibt keine Zeitung, wie es Brauch ist: «Die Prinzen von Neapel», wenn sie von Viktor Emanuel und Marina von Savoyen, den Erben des letzten Herrschers des italienischen Königshauses, reden.

Mit den feierlichen Begräbnissen und den dazugehörigen Riten verabschiedet sich ein Herrscher oder Kronprinz von seinem Land oder einer noch beliebten Dynastie. Das einstige Königtum, von Gottes Gnaden, heute nunmehr Wille der Nation, hat weiterhin einen Platz im Gefühlsleben der Menschen, die seit Jahrtausenden daran gewöhnt sind, in einem Mann und seiner Familie ihre «naturgegebenen» Oberhäupter anzuerkennen. Dort, wo die Institution der Monarchie gelernt hat, sich den Erfordernissen und dem Bewußtsein der neuen Epoche anzupassen, bewahrt sie den magischen Schein, der sie wohlbehalten ins dritte Jahrtausend bringen wird. Durch die radikal Abschaffung der Monarchie entstanden in Ländern wie Äthiopien, Libyen, dem Irak und mehreren kleinen afrikanischen Staaten, aber auch in Indochina und Indonesien, Kriege zwischen Stammesführern, oder es wurden blutige Diktaturen errichtet, die in vielen Fällen für die unmittelbare Zukunft nichts Gutes hoffen lassen.

Das System der stabilen Beziehungen und Gegengewichte, das man mit der Institution der Monarchie in die Tat umsetzen kann, vermag nach wie vor viele Probleme in den neugebildeten Ländern zu lösen, auch innerhalb von Grenzen, die oft so zufällig bleiben, wie sie von den europäischen Kolonialmächten gezogen wurden.

Ehrwürdige Gäste beim Begräbnis Präsident Kennedys (1963). Man erkennt Präsident de Gaulle, Königin Friederike von Griechenland, König Baudouin, Negus Haile Selassie und in zweiter Reihe zwischen der Königin und dem König den deutschen Kanzler Ludwig Erhard.

STAMMTAFELN DER GROSSEN DYNASTIEN

Die Kapetinger

Robert der Tapfere
Graf von Paris 861 † 866

Odo (Eudes)
König von Frankreich 888 † 898

Robert I.
König von Frankreich
922 † 923

Hugo der Große
Herzog von Frankreich 923 † 956

Emma
⚭ Rudolf Herzog von Burgund, König von Frankreich 923

Hugo Capet
König von Frankreich 987 † 996

Robert II. der Fromme
König von Frankreich 996–1031

Heinrich I.
König von Frankreich 1031–1060

Philipp I.
König von Frankreich 1060–1108

Ludwig VI. der Dicke
König von Frankreich 1108–1137

Ludwig VII. der Jüngere
König von Frankreich 1137–1180

Philipp II. August
König von Frankreich 1180–1223

Ludwig VIII.
König von Frankreich 1223–1226

Ludwig IX. der Heilige
König von Frankreich 1226-1270

Karl
Graf von Anjou,
König von Sizilien

Philipp III. der Kühne
König von Frankreich 1270-1285

Robert
Graf von Clermont
⚭ Beatrix von Bourbon (Stammvater der Bourbonen)

Philipp IV. der Schöne
König von Frankreich 1285-1314

Karl
Graf von Valois
(Stammvater der Valois)

Ludwig X. der Zänker
König von Frankreich
und Navarra 1314–1316

Philipp V. der Lange
König von Frankreich
und Navarra 1316-1322

Karl IV. der Schöne
König von Frankreich und Navarra 1322–1328

Johann I.
König von Frankreich und Navarra 1316

Die Hohenstaufen

Friedrich von Büren
† vor 1094

Friedrich von Hohenstaufen
Herzog von Schwaben 1079 † 1105

Friedrich
Herzog von Schwaben 1105 † 1147

Konrad III.
Herzog von Franken
1115
König von Italien 1128
Deutscher König und
Kaiser 1138 † 1152

Friedrich I. Barbarossa
Herzog von Schwaben 1147
Deutscher König 1152
Kaiser 1155 † 1190

Heinrich VI.
Römischer König 1169
Deutscher König 1190
Kaiser 1191
König von Sizilien
1194 † 1197

Philipp
Herzog von Schwaben 1196
Deutscher König 1198
† 1208

Friedrich II.
Römischer König 1196
König von Sizilien 1198
Deutscher König 1212
Kaiser 1220 † 1250

Beatrix
⚭ Otto von Braunschweig
Deutscher König 1198
Kaiser 1209 † 1218

Konrad IV.
Herzog von Schwaben 1235
Deutscher König 1237
† 1254

Enzio
König von Sardinien
† 1272

Manfred
König von Sizilien 1258
† 1266

Konradin
Herzog von Schwaben † 1268

Die Plantagenet

Gottfried IV.
Graf von Anjou † 1151
⚭ Mathilde, Tochter Heinrichs I., König von England

Heinrich II.
König von England 1154–1189

Richard I. Löwenherz
König von England
1189–1199

Johann ohne Land
König von England
1199–1216

Heinrich III.
König von England 1216–1272

Eduard I.
König von England 1272–1307

Eduard II.
König von England 1307–1327

Eduard III.
König von England 1327–1377

Eduard
der Schwarze Prinz † 1376

Johann von Gaunt
(Stammvater des
Hauses Lancaster)

Richard II.
König von England
1377–1399 † 1400

Edmund von Langley
(Stammvater des
Hauses York)

Haus Lancaster

Johann von Gaunt
Herzog von Lancaster † 1399

Heinrich IV.
König von England 1399–1413

Heinrich V.
König von England 1413–1422

Heinrich VI.
König von England 1422–1461 und 1470–1471

Eduard
Prince of Wales † 1471

Haus York

Edmund von Langley
Herzog von York † 1402

Richard von Coningsburgh
Graf von Cambridge † 1415

Richard
Herzog von York † 1460

Eduard V.
König von England
1461–1470 und 1471–1483

Richard III.
König von England
1483–1485

Elisabeth
⚭ Heinrich VII. Tudor
König von England

Eduard V.
König von England † 1483

Die Habsburger

Werner II.
Graf von Habsburg † 1096

Otto II.
Graf von Habsburg † 1111

Werner III.
Graf von Habsburg † 1167

Albrecht III. der Reiche
Graf von Habsburg † 1199

Rudolf II.
Graf von Habsburg † 1232

Albrecht IV. der Weise
Graf von Habsburg † 1239/1240

Rudolf I.
Graf von Habsburg 1239–1273
Herzog von Kärnten 1276–1286
Deutscher König 1273–1291

Albrecht I.
Herzog von Österreich und Steiermark 1282
Deutscher König 1298–1308

Albrecht II.
Herzog von Österreich † 1358

Albrecht III.
Herzog von Österreich
† 1395

Leopold III.
Herzog von Steiermark
† 1386

Albrecht IV.
Herzog von Österreich
† 1404

Ernst der Eiserne
Herzog von Steiermark
† 1424

Albrecht V. (II.)
Herzog von Österreich 1404
Deutscher König 1438–1439

Friedrich III.
Herzog von Steiermark
1424
Kaiser 1452–1493

Ladislaus Posthumus
König von Ungarn 1445
und von Böhmen 1448
† 1457

Maximilian I.
Kaiser 1493–1519

Philipp der Schöne
Herzog von Brabant
Graf von Flandern1482
König von Kastilien 1504
† 1506

Margarethe
Statthalterin der
Niederlande † 1530

Karl I. (V.)
Kaiser
(Stammvater der spanischen Linie
der Habsburger)

Ferdinand I.
Kaiser
(Stammvater der
österreichischen Linie
der Habsburger)

Habsburg-Spanien

Karl I. (V.)
König von Spanien 1516
Kaiser 1519–1556 † 1558

Philipp II.
König von Spanien 1556–1598

Don Carlos
Prinz von Asturien
† 1568

Philipp III.
König von Spanien
1598–1621

Philipp IV.
König von Spanien 1621–1665

Karl II.
König von Spanien 1665–1700

Habsburg-Österreich

Ferdinand I.
König von Böhmen 1526 und Ungarn 1527
Kaiser 1556–1564

Maximilian II.
Kaiser 1564–1576

Karl
Herzog von Steiermark
† 1590

Rudolf II.
Kaiser 1576–1612

Matthias
Kaiser 1612–1619

Ferdinand II.
Kaiser 1619–1637

Ferdinand III.
Kaiser 1637–1657

Leopold I.
Kaiser 1657–1705

Joseph I.
Kaiser 1705–1711

Karl VI.
Kaiser 1711–1740

Marie Amalie
⚭ Karl Albrecht von Bayern
(Kaiser Karl VII. 1742–1745)

Maria Theresia
Königin von Böhmen
und Ungarn 1740
⚭ Franz Stephan Herzog
von Lothringen
(von ihr stammt die Linie
Habsburg-Lothringen ab)

Habsburg-Lothringen

Maria Theresia
Erzherzogin von Österreich
Königin von Böhmen und Ungarn 1740–1780
⚭ Franz Stephan Herzog von Lothringen
(Franz I. Kaiser 1745–1765)

Joseph II.
Kaiser
1765–1790

Leopold II.
(Peter Leopold)
Großherzog von Toskana
Kaiser 1790–1792

Ferdinand
⚭ Maria Beatrix
von Este (Stammvater des Hauses
Habsburg-Este)

Marie-Antoinette
⚭ Ludwig XVI.
König von Frankreich

Franz II. (I.)
Kaiser 1792–1806
Kaiser von Österreich
1804–1835

Ferdinand
Großherzog von Toskana
(Stammvater des Hauses
Habsburg-Toskana)

Marie Luise
⚭ Napoleon I.

Ferdinand I.
Kaiser von Österreich
1835–1848 † 1875

Franz Karl

Franz Joseph
Kaiser von Österreich
1848–1916

Ferdinand Maximilian
Kaiser von Mexiko
1864–1867

Karl

Rudolf
† 1889

Franz Ferdinand
† 1914

Otto
† 1906

Karl I.
Kaiser von Österreich 1916–1918
† 1922

Otto

Die Valois

Karl
Graf von Valois † 1325

Philipp VI.
König von Frankreich 1328–1350

Johann II.
König von Frankreich 1350–1364

Karl V.
König von Frankreich 1364–1380

Karl VI.
König von Frankreich 1380–1422

Ludwig
Herzog von Orléans
† 1407

Karl VII.
König von Frankreich 1422–1461

Ludwig XI.
König von Frankreich 1461–1483

Karl VIII.
König von Frankreich 1483–1498

Karl Roland
† 1495

Karl
Herzog von Orléans
† 1465

Johann
Graf von Angoulême
† 1467

Ludwig XII.
König von Frankreich
1498–1515

Karl
Graf von Angoulême
† 1496

Claudia
⚭ Franz I. König von Frankreich

Franz I.
König von Frankreich
1515–1547

Heinrich II.
König von Frankreich
1547–1559

Franz II.
König von Frankreich
1559–1560

Karl IX.
König von Frankreich
1560–1574

Heinrich III.
König von Polen
1573–1575
König von Frankreich 1574–1589

Margarethe
Herzogin von Valois † 1615
⚭ Heinrich IV. von Bourbon, König von Frankreich

Die Stuart

Walter
sechster »High Steward«
⚭ Marjory, Tochter von Robert Bruce, König von Schottland

Robert II.
König von Schottland 1371–1390

Robert III.
König von Schottland 1390–1406

Jakob I.
König von Schottland 1406–1437

Jakob II.
König von Schottland 1437–1460

Jakob III.
König von Schottland 1460–1488

Jakob IV.
König von Schottland 1488–1513
⚭ Margarethe Tudor,
Tochter von Heinrich VII.

Jakob V.
König von Schottland 1513–1542

Maria
Königin von Schottland 1542–1567 † 1587

Jakob VI. (I.)
König von Schottland 1567–1625
König von England 1603–1625

Elisabeth
⚭ Friedrich V.
Kurfürst von der Pfalz

Karl I.
König von England
1625–1649

Sophie
⚭ Ernst August
Kurfürst von Hannover

Karl II.
König von England
1660–1685

Jakob II.
König von England
1685–1688 † 1701

Maria II.
Königin von England 1688–1694
⚭ Wilhelm III. von Oranien,
König von England 1688–1702

Anna
Königin von England 1702–1714

Jakob Eduard
der Alte Thronanwärter
† 1766

Karl Eduard
der Junge Thronanwärter
† 1788

Heinrich
Kardinal von York
† 1807

Die Tudor

Heinrich VII.
König von England 1485–1509

- **Arthur**
  † 1502
- **Heinrich VIII.**
  König von England
  1509–1547
  - **Eduard VI.**
    König von England
    1547–1553
  - **Maria I.**
    Königin von
    England
    1553–1558
  - **Elisabeth I.**
    Königin von England
    1558–1603
- **Maria**
  ⚭ Charles
  Brandon
  - **Frances Brandon**
    ⚭ Henry Grey
    - **Jane Grey**
      Königin von
      England 1553

Die Bourbonen in Frankreich

Heinrich IV.
Nachkomme (9. Generation)
von Robert von Clermont und
Sohn Ludwigs des Heiligen,
König von Navarra 1562
König von Frankreich 1589–1610

- **Ludwig XIII.**
  König von Frankreich
  1610–1643
  - **Ludwig XIV.**
    König von Frankreich 1643–1715
    - **Ludwig der Grand Dauphin**
      † 1711
      - **Ludwig**
        Herzog von Burgund † 1712
        - **Ludwig XV.**
          König von Frankreich 1715–1774
          - **Ludwig der Dauphin**
            † 1765
            - **Ludwig XVI.**
              König von Frankreich
              1774–1792
              - **Ludwig Karl**
                (Ludwig XVII.) † 1795
            - **Ludwig XVIII.**
              König von Frank-
              reich 1814–1824
            - **Karl X.**
              König von Frankreich
              1824–1830
              † 1836
              - **Ludwig Anton**
                Herzog von Angoulême
                † 1844
              - **Karl Ferdinand**
                Herzog von Berry
                † 1820
                - **Heinrich**
                  Herzog von Bordeaux
                  Graf von Chambord
                  † 1883
      - **Philipp**
        Herzog von Anjou
        (Stammvater
        der spanischen Linie
        des Hauses Bourbon)
  - **Philipp**
    Herzog von Orléans
    † 1701 (Stammvater
    des vierten Hauses
    von Orléans)
- **Gaston**
  Herzog von Orléans
  † 1660

Die Romanow

Roman Jurjewitsch

Nikita Romanowitsch
† 1586

Anastasia Romanowna
⚭ Iwan IV. der Schreckliche
Zar von Rußland

Feodor Nikititsch Romanow
Patriarch Filaret † 1633

Michael Feodorowitsch
Zar von Rußland 1613–1645

Alexej Michailowitsch
Zar von Rußland 1645–1676

Feodor III.
Zar von Rußland
1676–1682

Sophie
Regentin
1682–1689
† 1704

Iwan V.
Zar von Rußland
1682–1689
† 1696

Peter I. der Große
Zar von Rußland
1682
Kaiser 1721–1725
⚭ Katharina I.
Kaiserin 1725–1727

Jekaterina
⚭ Karl Leopold
Herzog von Mecklenburg

Anna
Kaiserin 1730
† 1740

Elisabeth Katharina Christina
(Anna Leopoldowna)
Regentin 1740–1741
⚭ Anton Ulrich Herzog von
Braunschweig-Bevern

Alexej
† 1718

Anna
⚭ Karl Fried-
rich Herzog von
Holstein-Gottorp

Elisabeth
Kaiserin 1741
† 1762

Peter II.
Kaiser 1727
† 1730

Iwan VI.
Kaiser 1740–1741
† 1764

Peter III.

Peter III.
von Holstein-Gottorp
Kaiser 1762
⚭ Sophie Friederike
Auguste von Anhalt-Zerbst
Katharina II.
Kaiserin 1762–1796

Paul I.
Kaiser 1796–1801

Alexander I.
Kaiser 1801–1825
Großherzog von
Finnland 1809
König von Polen 1815

Nikolaus I.
Kaiser 1825–1855
König von Polen 1832

Alexander II.
Kaiser 1855–1881
König von Polen 1855–1867

Alexander III.
Kaiser 1881–1894

Nikolaus II.
Kaiser 1894–1917
† 1918

Die Braganza

- **Alfons I.** Herzog von Braganza †1461, leiblicher Sohn von Johann I. König von Portugal
  - ⋮
  - **Johann IV.** achter Herzog von Braganza, König von Portugal 1640–1656
    - **Theodosius III.** Herzog von Braganza † 1653
    - **Katharina** Königin von England
    - **Alfons VI.** König von Portugal 1656–1667 † 1683
    - **Peter II.** Regent 1667–1683, König von Portugal 1683–1706
      - **Johann V.** König von Portugal 1706–1750
        - **Joseph I.** König von Portugal 1750–1777
          - **Maria I.** Königin von Portugal 1777–1816
            - **Johann VI.** Regent 1792–1816, König von Portugal 1816–1826
              - **Peter I. (IV.)** Kaiser von Brasilien 1822–1831, König von Portugal 1826
                - **Maria II.** Königin von Portugal 1826, 1834–1853
                  - **Peter V.** König von Portugal 1853–1861
                  - **Ludwig I.** König von Portugal 1861–1889
                    - **Karl I.** König von Portugal 1889–1908
                      - **Ludwig Philipp** Herzog von Braganza † 1908
                      - **Emanuel II.** König von Portugal 1908–1910 † 1932
                - **Peter II.** Kaiser von Brasilien 1831–1889 † 1891
                  - **Isabella** † 1921
                    - **Peter (III.)** † 1940
                    - **Ludwig** † 1920
                      - **Peter (IV.)**
              - **Michael I.** Regent 1826, König von Portugal 1828–1834
                - **Michael (II.)**
                  - **Eduard**
        - **Peter III.** ⚭ Maria I., Prinzgemahl 1777–1786

Die Bourbonen in Spanien

- **Philipp V.** Herzog von Anjou, König von Spanien 1700–1746
  - **Ludwig I.** König von Spanien 1724
  - **Ferdinand VI.** König von Spanien 1746–1759
  - **Karl III.** Herzog von Parma und Piacenza 1731–1735, König von Neapel und Sizilien 1735–1759, König von Spanien 1759–1788
    - **Karl IV.** König von Spanien 1788–1808
      - **Ferdinand VII.** König von Spanien 1814–1833
        - **Isabella II.** Königin von Spanien 1833–1868 † 1904
          - **Alfons XII.** König von Spanien 1875–1885
            - **Alfons XIII.** König von Spanien 1886–1931 † 1940
              - **Don Jaime** Herzog von Segovia
              - **Don Juan** Graf von Barcelona
                - **Juan Carlos I.** König von Spanien 1975
      - **Don Carlos** † 1855
        - **Don Juan** † 1887
          - **Don Carlos** † 1909
    - **Ferdinand IV.** König von Neapel und Sizilien 1759–1825
  - **Philipp** Herzog von Parma, Piacenza und Guastalla 1748–1765 (Stammvater der Linie Bourbon-Parma)

Die Hohenzollern

Friedrich I.
Kurfürst von Brandenburg 1415–1440
Nachkomme (6. Generation)
von Friedrich III. Graf von Zollern † 1201

Friedrich II.
Kurfürst von Brandenburg
1440–1470

Albrecht Achilles
Kurfürst von Brandenburg
1470–1486

Johann Cicero
Kurfürst von Brandenburg 1486–1499

Joachim I. Nestor
Kurfürst von Brandenburg 1499–1535

Joachim II. Hektor
Kurfürst von Brandenburg 1535–1571

Johann Georg I.
Kurfürst von Brandenburg 1571–1598

Joachim Friedrich
Kurfürst von Brandenburg 1598–1608

Johann Sigismund
Kurfürst von Brandenburg 1608
Herzog von Cleve 1609 und von Preußen 1618 † 1620

Georg Wilhelm
Kurfürst von Brandenburg
Herzog von Cleve und von Preußen 1619–1640

Friedrich Wilhelm
der Große Kurfürst † 1688

Friedrich III. (I.)
Kurfürst von Brandenburg 1688
König in Preußen 1701–1713

Friedrich Wilhelm I.
König in Preußen 1713–1740

Friedrich II. der Große
König in Preußen 1740
König von Preußen 1773–1786

August Wilhelm
Prinz von Preußen
† 1758

Friedrich Wilhelm II.
König von Preußen 1786–1797

Friedrich Wilhelm III.
König von Preußen 1797–1840

Friedrich Wilhelm IV.
König von Preußen 1840 † 1861

Wilhelm I.
Regent 1858
König von Preußen 1861
Deutscher Kaiser
1871–1888

Friedrich III.
König von Preußen Deutscher Kaiser 1888

Wilhelm II.
König von Preußen Deutscher Kaiser 1888–1918 † 1941

Friedrich Wilhelm
† 1951

Wilhelm Friedrich
† 1940

Das Haus Savoyen

Humbert I. »Weißhand«
Graf von Savoyen 1003 † 1048

Amadeus I.
Graf von Savoyen † 1051

Oddone
Graf von Savoyen † 1057

Peter I.
Graf von Savoyen † 1078

Amadeus II.
Graf von Savoyen † 1080

Humbert II.
Graf von Savoyen † 1103

Amadeus III.
Graf von Savoyen 1103–1148

Humbert III. der Heilige
Graf von Savoyen 1148–1189

Thomas I.
Graf von Savoyen 1189–1233

Amadeus IV.
Graf von Savoyen
1233–1253

Peter II.
Graf von Savoyen
1263–1268

Thomas II.
Herr von
Piemont 1233
Graf von Flandern und Hainaut
1237–1245

Bonifaz
Graf von Savoyen
1253–1263

Philipp I.
Graf von Savoyen
1268–1285

Thomas III.
Herr von Piemont 1259–1282

Amadeus V. der Große
Graf von Savoyen
1285–1323

Philipp I.
Herr von Piemont 1282
Prinz von Acaia 1301
† 1334 (Stammvater der Acaia-Linie)

Eduard
Graf von Savoyen
1323–1329

Aimone der Friedfertige
Graf von Savoyen
1329–1343

Amadeus VI. der grüne Graf
Graf von Savoyen 1343–1383
Herr von Piemont 1360–1363

Amadeus VII. der rote Graf
Graf von Savoyen 1383–1391

Amadeus VIII. der Friedfertige
Graf von Savoyen 1391–1416
Herzog von Savoyen 1416–1440
Gegenpapst Felix V. 1439–1449 † 1451

Ludovicus
Herzog von Savoyen 1440–1465

Amadeus IX.

Amadeus IX. der Schöne
Herzog von Savoyen 1465–1472

Philipp II. ohne Land
Herzog von Savoyen
1496–1497

Philibert I. der Jäger
Herzog von Savoyen 1472–1482

Karl I. der Krieger
Herzog von Savoyen
1482–1490

Karl Johann Amadeus
Herzog von Savoyen 1490–1496

Philibert II. der Schöne
Herzog von Savoyen 1497–1504

Karl II. der Gute
Herzog von Savoyen
1504–1533

Emanuel Philibert
Herzog von Savoyen 1553–1580

Karl Emanuel I.
Herzog von Savoyen 1580–1630

Viktor Amadeus I.
Herzog von Savoyen 1630–1637

Thomas
Prinz von Carignan

Franz Hyazinth I.
Herzog von Savoyen
1637–1638

Karl Emanuel II.
Herzog von Savoyen
1638–1675

Emanuel Philibert
Prinz von Carignan
† 1709

Eugen Moritz
Graf von Soissons
† 1673

Viktor Amadeus II.
Herzog von Savoyen 1675
König von Sizilien 1713–1720
König von Sardinien
1720–1730 † 1732

Viktor Amadeus
Prinz von Carignan
† 1741

Eugen von Savoyen
1663–1736

Karl Emanuel III.
König von Sardinien 1730–1773

Ludwig Viktor
Prinz von Carignan † 1778

Viktor Amadeus III.
König von Sardinien 1773–1796

Viktor Amadeus
Prinz von Carignan † 1780

Karl Emanuel IV.
König von Sardinien
1796–1802 † 1819

Viktor Emanuel I.
König von Sardinien
1802–1821 † 1824

Karl Felix
König von Sardinien
1821–1831

Karl Emanuel
Prinz von Carignan † 1800

Karl Albert
König von Sardinien 1831–1849

Viktor Emanuel II.
König von Sardinien 1849–1861
König von Italien 1861–1878

Humbert I.
König von Italien 1878–1900

Viktor Emanuel III.
König von Italien 1900–1946 † 1947

Humbert II.
König von Italien 1946

Viktor Emanuel

Das Haus Hannover-Windsor

Ernst August
Kurfürst von Hannover
⚭ Sophie, Enkelin Jakobs I.

Georg I.
Kurfürst von Hannover
König von Großbritannien 1714–1727

Georg II.
Kurfürst von Hannover
König von Großbritannien 1727–1760

Friedrich Ludwig
Prince of Wales † 1751

Georg III.
König von Hannover
König von Großbritannien 1760–1820

Georg IV.
Regent 1811–1820
König von Hannover
König von
Großbritannien
1820–1830

Wilhelm IV.
König von
Großbritannien
1830–1837

Eduard August
Herzog von Kent

Viktoria
Königin von Großbritannien 1837–1901
⚭ Albert von Sachsen-Coburg und Gotha

Eduard VII.
König von Großbritannien 1901–1910

Georg V.
König von Großbritannien 1910–1936

Eduard VIII.
König von Großbritannien 1936
Herzog von Windsor † 1972

Georg VI.
König von Großbritannien
1936–1952

Elisabeth II.
Königin von Großbritannien seit 1952

Charles (Karl)
Prince of Wales

Die Bourbonen in Neapel

Karl
Sohn von Philipp V.
Herzog von Parma und Piacenza 1731–1735
König von Neapel und Sizilien 1735–1759
König von Spanien 1758–1788

Karl IV.
König von Spanien

Ferdinand
König von Neapel (IV.)
1759–1799, 1799–1806,
1815–1816,
König von Sizilien (III.)
1759–1816
König Beider Sizilien (I.)
1816–1825

Franz I.
König Beider Sizilien 1825–1830

Ferdinand II.

Ferdinand II.
König Beider Sizilien 1830–1859

Franz II.
König Beider Sizilien
1859–1860 † 1895

Alfons
Graf von Caserta † 1934

Ferdinando Pio
Herzog von Kalabrien
† 1960

Karl
Infant von
Spanien
† 1949

Ranieri
Herzog von Castro
† 1973

Ferdinando (Ferdinand)
Herzog von Castro

Die Bonaparte

Karl (Carlo) Maria Bonaparte
† 1785, ⚭ Lätitia Ramolino † 1836

Joseph
König von Neapel
König von Spanien
† 1844

Napoleon I.
Kaiser der Franzosen
1804–1814 und 1815 † 1821

Napoleon II.
König von Rom 1811–1814
später Franz Karl Joseph
Herzog von Reichstadt † 1832

Lucien
Prinz von Canino
† 1840

Elisa
Großherzogin
von Toskana
† 1820

Ludwig
König von Holland
† 1846

Napoleon III.
Kaiser der Franzosen 1852–1870 † 1873

Eugen Ludwig (Eugène Louis) Napoleon
kaiserlicher Prinz † 1879

Pauline
Herzogin von
Guastalla † 1825

Karoline
Königin von Neapel
† 1839

Jérôme
König von
Westfalen † 1860

Napoleon Joseph
Karl Jérôme † 1891

Napoleon Viktor
† 1926

Napoleon Ludwig
Jérôme

Die Wittelsbacher

Otto I.
Herzog von Bayern
1180–1183

Ludwig der Kelheimer
Herzog von Bayern
1183–1231

Otto II.
Herzog von Bayern, Pfalzgraf bei Rhein
1231–1253

Ludwig II. der Strenge
Herzog von Bayern
1253–55

Heinrich XIII.
Herzog von Bayern
1253–55

Landesteilung von 1255

Niederbayern:
Heinrich XIII.
Herzog von Bayern 1255–1290

niederbayerische Linie: Otto III., König von Ungarn, Ludwig III., Stephan I. Die Linie stirbt 1340 aus. Niederbayern kommt zu Oberbayern.

Oberbayern und Pfalz:
Ludwig II. der Strenge
Herzog von Bayern 1253–1294

Ludwig IV. der Bayer
Herzog von Bayern
ab 1314 deutscher König
ab 1328 deutscher Kaiser
1294–1329

Rudolf
Herzog von Bayern
1294 – dankt 1317 ab

Landesteilung von 1329

Oberbayern:
Ludwig IV. der Bayer
deutscher König und Kaiser 1329–1347

Pfalz:
rudolfinische Linie
bis 1799

Ludwig V. der Brandenburger
Herzog v. Bayern
1347–49

Stephan II. mit der Hafte
Herzog v. Bayern
1347–49

Ludwig VI. der Römer
Herzog v. Bayern
1347–49

Wilhelm I.
Herzog v. Bayern
1347–49

Albrecht I.
Herzog v. Bayern
1347–49

Otto V. der Faule
Herzog von Bayern
1347–49

Landesteilung von 1349

Oberbayern, Tirol, Brandenburg:

Ludwig V.
Herzog v. Bayern
1349–1361

Meinhard
Herzog von Bayern 1361–1363

Ludwig VI.
Herzog v. Bayern
1349–1351

Otto V.
Herzog v. Bayern
1349–1351

Landshut:
Stephan II.
Herzog v. Bayern
1349–1375

Niederbayern:
Wilhelm I.
Herzog v. Bayern
1349–1353

Straubing-Holland:
Albrecht I.
Herzog v. Bayern
1349–1353

Landesvereinigung von 1363

Stephan II.
Herzog von Bayern 1363–1375

Landesteilung von 1392

Bayern-Ingolstadt:
Stephan III. der Kneißl
Herzog von Bayern
1392–1413

Ludwig der Bärtige
Herzog von Bayern
1413–1443, abgesetzt

Ludwig der Höckrige
Herzog von Bayern
1443–1445

Bayern-Landshut:
Friedrich
Herzog von Bayern
1392–1393

Heinrich XVI. der Reiche
Herzog von Bayern
1393–1450

Ludwig IX. der Reiche
Herzog von Bayern
1450–1479

Georg der Reiche
Herzog von Bayern
1479–1503

Bayern-München:
Johann II.
Herzog von Bayern
1392–1397

Ernst
Herzog von Bayern
1397–1438

Albrecht III.
Herzog von Bayern
1438–1460

Johann IV.
Herzog v. Bayern
1460–1508

Sigmund
Herzog v. Bayern
1460–1467, abged.

Albrecht IV.
Herzog v. Bayern
1465–1508

Wilhelm III.
Herzog von Bayern
1397–1435

Vereinigung 1505

Albrecht IV.
Herzog von Bayern
1465–1508

Wilhelm IV.
Herzog von Bayern
1508–1550

Albrecht V.
Herzog von Bayern
1550–1579

Wilhelm V.
Herzog von Bayern
1579–1597

Maximilian I.
Herzog von Bayern,
ab 1623 Kurfürst von Bayern
1597–1651

Ferdinand Maria
Kurfürst von Bayern
1651–1679

Max II. Emanuel
Kurfürst von Bayern
1679–1726

Karl Albrecht
Kurfürst von Bayern 1726–1745
ab 1742 deutscher König

Max III. Joseph
Kurfürst von Bayern
1745–1777

Ludwig X.
Herzog von Bayern
1516–1545

rudolfinische Linie:

Karl Theodor
Kurfürst von Bayern
1777–1799

Max IV. Joseph
Kurfürst von Bayern
1799–1825
ab 1806 Max I. Joseph
König von Bayern

Ludwig I.
König von Bayern
1825–1848

Max II. Joseph
König von Bayern
1848–1864

Ludwig II.
König von Bayern
1864–1886

Luitpold, Prinzregent
1886–1912

Ludwig, Prinzregent,
ab 1913 Ludwig III.
König von Bayern
1912–1918 † 1921

Rupprecht, Kronprinz
* 1869 † 1955

Albrecht
* 1905

Bildnachweis

10: Wien, Österreich. Nationalbibliothek, ms. fr. cod. 2549 fol. 164 r. Photo Bibl. – **11:** Photo-Archiv Mondadori. – **12/13:** Paris, Archives Nationales. – **16:** Paris, Bibliothèque Nationale, Photo-Archiv Mondadori. – **17:** Paris, Bibliothèque Nationale, Photo B. N. – **18:** Paris, Bibliothèque Nationale. – **19:** Paris, Bibliothèque Nationale. – **21:** Paris, Bibliothèque Nationale, ms. fr. 6465 fol. 247 v., Photo B. N. – **23:** Paris, Bibliothèque Nationale, ms. fr. 5716, Photo B. N. – **25:** Champigny-sur-Veude, St. Chapelle. Photo Lauros-Giraudon, Paris. – **26:** Paris, Bibliothèque Nationale, ms. fr. 13568, Photo B. N. – **28:** Biblioteca Vaticana, cod. Chigi L VIII 296, Photo Bibl. – **29:** Photo-Archiv, Mondadori. – **31:** Freising, Dom, Photo Rainer Lehmann. – **33:** Heidelberg, Universitäts-Bibliothek, Photo Bibl. – **34:** Photo Arborio Mella, Mailand. – **35:** Brüssel, Bibl. Roy., Photo Bibl. – **37:** Biblioteca Vaticana, Photo Bibl. – **38:** Aachen, Domschatz, Bildarchiv Photo Marburg. – **39:** Palermo, Domschatz, Photo Publifoto Palermo. – **40:** Biblioteca Vaticana, ms. pal. L. 1071, Photo Bibl. – **42:** Ministry of Public Building & Works. Crown copyright. – **43:** Photo-Archiv Mondadori. – **44:** London, British Museum, ms. Cotton Vitell. A XIII f. 4 v. Photo Museum. – **45:** Bern, Bürgerbibliothek, Photo Bibl. – **46:** London, British Museum, Cotton ms. Claudius D II., Photo Museum. – **47:** London, British Museum, Photo Museum. – **48:** Oxford, Bodleian Library, Photo Bibl. – **49:** Canterbury, Kathedrale, Photo A. F. Kersting, London. – **50:** Oxford, Bodleian Library, Photo Bibl. – **51:** London, British Museum, ms. Harl. 1319, Photo Museum. – **52:** London, British Museum, Harl. 1319 fol. 50, Photo Museum. – **53:** London, British Museum, Harl. 1319 fol. 53 v., Photo Museum. – **54:** London, British Museum, Roy 20 und VI, Photo Museum. – **55:** London, National Portrait Gallery, Photo Gal. – **58:** Paris, Bibliothèque Nationale, ms. fr. 83, f. 205, Photo B. N. – **59:** London, British Museum, Roy 18 d. II., Photo Museum. – **60:** London, National Portrait Gallery, Photo Gal. – **62:** Stowe (Buckinghamshire). Mit freundlicher Genehmigung der Schule von Stowe, Photo Goffrey Wheeler Esq., London. – **64:** Photo-Archiv Mondadori. – **65:** Frankfurt/ Main, Städelsches Kunst-Institut, Photo Kurt Haase. – **66:** Wien, Kunsthistorisches Museum, Photo Erwin Meyer, Wien. – **68:** Paris, Musée du Louvre, Photo-Archiv Mondadori. – **69:** Brüssel, Musées Royaux des Beaux Arts, Photo-Archiv Mondadori. – **70/71:** Madrid, Museo del Prado, Photo Scala, Florenz. – **72/73:** Amsterdam, Rijksmuseum, Photo-Archiv Mondadori. – **74:** Archiv Südwest Verlag, München. – **75:** Mit freundlicher Genehmigung Seiner Durchlaucht des Herzogs von Bedford, Photo Sammlg. – **76/77:** Greenwich, National Maritime Museum. – **79:** San Lorenzo de El Escorial, Real Monasterio (Patrimonio Nacional), Photo Edistudio, Barcelona. – **80:** Wien, Kunsthistorisches Museum, Photo E. Meyer, Wien. – **81:** Madrid, Museo del Prado, Photo David Manso Martin. – **82:** Wien, Kunsthistorisches Museum, Photo E. Meyer, Wien. – **83:** Wien, Kunsthistorisches Museum, Photo E. Meyer, Wien. – **84:** Wien, Kunsthistorisches Museum, Photo E. Meyer, Wien. – **85:** Wien, Kunsthistorisches Museum, Photo E. Meyer, Wien. – **86:** Wien, Österr. Nationalbibliothek, Photo Stepanek. – **87:** Innsbruck, Hofburg, Photo E. Meyer, Wien. – **88:** Archiv Südwest Verlag, München. – **89:** Parma, Galleria Nazionale, Photo Vaghi. – **90/91:** Wien, Kunsthistorisches Museum, Photo E. Meyer, Wien. – **92:** Archiv Südwest Verlag, München. – **93:** Agliè, Herzogspalast, Photo Rampazzi. – **94/95:** Wien, Hofburg, Photo E. Meyer, Wien. – **96/97:** Triest, Castello di Miramare, Photo Lucchetti. – **98:** Schönbrunn, Salon, Photo E. Meyer, Wien. – **99:** Wien, Historisches Museum der Stadt Wien, Photo E. Meyer, Wien. – **100:** Photo-Archiv Mondadori. – **101:** Bavaria-Verlag, Gauting. – **104:** Paris, Bibl. St. Geneviève, ms. 814 fol. 125 r., Photo Giraudon, Paris. – **105:** Photo-Archiv Mondadori. – **106/107:** Paris, Bibl. Nat., ms. fr. 2645 fol. 321 v., Photo B. N. – **108:** Photo-Archiv Mondadori. – **109:** Photo-Archiv Mondadori. – **110** ob.: Paris, Musée du Louvre, Photo-Archiv Mondadori. – **110** unt.: Dijon, Musée des Beaux Arts, Photo Lauros-Giraudon, Paris. – **111:** Paris, Privatsammlung, Photo Giraudon, Paris. – **112:** Blois, Schloß, Photo Jean Feuillie. – **113:** Photo-Archiv Mondadori. – **114:** Paris, Musée du Louvre. – **115:** Wien, Kunsthistorisches Museum, Photo Meyer, Wien. – **117:** Chambord, Schloß, Photo Jean Feuillie. – **118:** Chantilly, Musée Condé, Photo Giraudon, Paris. – **118/119:** Anet, Schloß, Photo Nimatallah, Mailand. – **119:** Chenonceaux, Schloß, Photo Nimatallah, Mailand. – **120:** Paris, Bibl. Nat., Photo-Archiv Mondadori. – **121:** Chantilly, Musée Condé, Photo-Archiv Mondadori. – **122:** Paris, Musée du Louvre. – **124:** Siena, Dom, Photo Grassi. – **125:** Photo-Archiv Mondadori. – **126/127:** Edinburgh, Scottish National Gallery, Photo Gal. – **129:** London, Society of Antiquaries, Photo-Archiv Mondadori. – **131:** Paris, Musée du Louvre, Photo Bulloz, Paris. – **132:** Edinburgh, Scottish National Portrait Gallery. – **133:** London, Sammlung J. Y. Sangster Esq., Photo Freeman, London. – **134:** Edinburgh, National Galleries of Scotland, Photo Thames & Hudson, London. – **138:** London, British Museum, Photo Museum. – **139:** Photo-Archiv Mondadori. – **140:** Yorkshire, Castle Howard, Photo Precision St. Albans. – **141:** London, Royal Academy of Arts, Photo Akademie. – **142/143:** London, College of Arms. – **146:** Musée de Versailles, Photo Giraudon, Paris. – **147:** Sammlung S. W. Digby. – **148:** London, British Museum, Photo-Archiv Mondadori. – **150:** Greenwich, National Maritime Museum. – **152:** Photo-Archiv Mondadori. – **153:** Paris, Bibl. Nat. ms. fr. 5091, f. 15 v., Photo B. N. – **154/155:** Paris, Sammlung Destombes, Photo Scarnati, Paris. – **157:** Paris, Musée du Louvre, Photo Scala, Florenz. – **158/159:** Musée de Rennes, Photo Bulloz, Paris. – **159:** Paris, Musée du Louvre, Photo Giraudon, Paris. – **160:** Musée de Versailles, Photo Scarnati, Paris. – **161:** Paris, Musée Carnavalet, Photo Scarnati, Paris. – **163:** Musée de Versailles, Photo Scarnati, Paris. – **164/165:** Musée de Versailles. – **166:** Paris, Bibl. Nat., Cabinet des Estampes, Photo-Archiv Mondadori. – **167:** London, Sammlung Wallace. – **168/169:** Musée de Versailles, Photo-Archiv Mondadori. – **170:** Musée de Versailles, Photo Mary Evans-Picture Library, London. – **172/173:** Göteborg, Konstmuseum, Photo Museum. – **173:** Musée de Versailles, Photo Giraudon, Paris. – **175:** Musée de Versailles, Photo Bulloz, Paris. – **176/177:** Paris, Bibl. Nationale, Photo B. N. – **178:** Paris, Musée Carnavalet, Photo Giraudon, Paris. – **179:** Paris, Bibliothèque Nationale, Photo Scarnati, Paris. – **180:** Musée de Versailles, Photo Bulloz, Paris. – **183:** Chartres, Musée des Beaux Arts, Photo Giraudon, Paris. – **185:** Chambord, Schloß, Photo Roger-Viollet, Paris. – **188:** Moskau, Historisches Museum, Photo Nowosti. – **189:** Photo-Archiv Mondadori. – **190/191:** Sammlung Clement Ingleby Esq. – **192:** Musée de Versailles, Photo Scarnati, Paris. – **193:** Moskau, Staatsmuseum des Kreml. – **194/195:** Puschkin, Katharinenpalast, Photo Nowosti. – **196:** Stockholm, Nationalmuseum. – **197:** Photo-Archiv Mondadori. – **198:** Lutor Hoo, Sammlung Wernher. – **199:** Wien, Heeresgeschichtliches Museum, Photo E. Meyer, Wien. – **200:** Photo Nowosti. – **202:** Moskau, Historisches Museum, Photo Nowosti. – **203:** Photo Victor Kenneth, London. – **205:** Photo-Archiv Mondadori. – **206:** Rom, Biblioteca Russa Gogol, Photo Savio. – **207:** Anne S. K. Brown Military Collection. – **208:** Agencia Dias da Silva, Lissabon. – **209:** Photo-Archiv Mondadori. – **210:** Paris, Bibliothèque Nationale, Photo B. N. – **211** oben: Agencia Dias da Silva, Lissabon. – **211** unten: Paris, Bibliothèque Nationale, Photo B. N. – **212:** London, British Museum. – **213** links: Agencia Dias da Silva, Lissabon. – **213** rechts: Agencia Dias da Silva, Lissabon. – **214** oben: Agencia Dias da Silva, Lissabon. – **214** unten: Tourist Board, Lissabon. – **215:** Agencia Dias da Silva, Lissabon. – **217** oben: Agencia Dias da Silva, Lissabon. – **217** unten: Agencia Dias da Silva, Lissabon. – **218:** Agencia Dias da Silva, Lissabon. – **219:** Agencia Dias da Silva, Lissabon. – **220** oben: Agencia Dias da Silva, Lissabon. – **220** unten: Photo-Archiv Mondadori. – **221:** Agencia Dias da Silva, Lissabon. – **222:** Madrid, Museo del Prado, Photo Edistudio, Barcelona. – **223:** Photo-Archiv Mondadori. – **224:** Madrid, Museo del Prado, Photo Edistudio, Barcelona. – **225:** Madrid, Museo del Prado. – **226:** Madrid, Museo del Prado, Photo David Manso Martin. – **227:** Madrid, Museo del Prado, Photo Edistudio, Barcelona. – **228:** Madrid, Museo del Prado, Photo Scala, Florenz. – **230:** Agen, Museum, Photo Giraudon, Paris. – **231:** Madrid, Museo Romántico, Photo Edistudio, Barcelona. – **232:** Madrid, Königspalast, Photo Edistudio, Barcelona. – **235:** Madrid, Heeresmuseum, Photo Edistudio, Barcelona. – **236:** Charlottenburg, Schloß, Photo Steinkopf, Berlin. – **237:** Photo-Archiv Mondadori. – **238/239:** Berlin, Verwaltung der Staatlichen Schlösser und Gärten, Schloß Charlottenburg. – **240:** Berlin, Verwaltung der Staatlichen Schlösser und Gärten, Schloß Charlottenburg. – **241:** Dresden, Gemäldegalerie, Photo Deutsche Photothek. – **243:** Photo Steinkopf, Berlin. – **244/245:** Dahlem, Nationalgalerie. – **246:** Musée de Versailles, Photo Service de doc. de la Réunion des Musées Nationaux. – **247:** Berlin, Verwaltung der Staatlichen Schlösser und Gärten, Schloß Charlottenburg. – **248:** Berlin, Staatliche Museen Preußischer Kulturbesitz, Nationalgalerie, Photo Walter Steinkopf, Berlin. – **250:** Photo Staatsbibliothek Berlin, Bildarchiv. – **251:** Berlin, Schloß Friedrichsruh, Photo Staatsbibliothek Berlin, Bildarchiv. – **252/253:** Photo-Archiv für Kunst und Geschichte, Berlin. – **254:** Hechingen, Burg Hohenzollern, Photo Staatsbibliothek Berlin, Bildarchiv. – **257:** Turin, Galleria Sabauda, Photo Rampazzi, Turin. – **258:** Turin, Staatsarchiv. – **260:** Palermo, Dom, Photo-Archiv Mondadori. – **262/263:** Madrid, Escorial, Photo Archiv Mas, Barcelona. – **265:** Turin, Galleria Sabauda, Photo Rampazzi, Turin. – **266:** Turin, Galleria Sabauda, Photo Alinari, Florenz. – **266/267:** Turin, Museo del Risorgimento, Photo Rampazzi, Turin. – **268:** Turin, Museo del Risorgimento. – **269:** Bergamo, Museo del Risorgimento, Photo-Archiv Mondadori. – **270/271:** Mailand, Museo del Risorgimento, Photo-Archiv Mondadori. – **272:** Mailand, Domenica del Corriere. – **275:** Mailand, Domenica del Corriere. – **278:** Buckingham Palace mit Genehmigung von Lord Chamberlain. – **279:** Photo-Archiv Mondadori. – **280** oben: London, National Portrait Gallery. – **280** unten: London, National Portrait Gallery, Photo Gal. – **281:** London, National Portrait Gallery, Photo Gal. – **282:** Königliche Sammlg., mit freundlicher Genehmigung Ihrer Majestät, Königin Elisabeth II., Copyright vorbehalten. – **283:** Petworth (Sussex), Petworth House, Photo Sammlung. – **284/285:** London, National Portrait Gallery, Photo Gal. – **286:** Schloß Windsor, mit freundlicher Genehmigung Ihrer Majestät, Königin Elisabeth II., Copyright vorbehalten, Photo Gordon Ltd. – **287:** Königliche Sammlg., mit freundlicher Genehmigung Ihrer Majestat, Königin Elisabeth II., Copyright vorbehalten. – **288:** Kensington Palace, Photo Pucciarelli, Rom. – **289:** Schloß Windsor, Königliche Sammlg., mit freundlicher Genehmigung Ihrer Majestät, Königin Elisabeth II., Copyright vorbehalten, Photo Freeman, London. – **290:** London, National Portrait Gallery, Photo Gal. – **291:** London, National Portrait Gallery, Photo Gal. – **292:** London, National Portrait Gallery, Photo Gal. – **293:** Photo-Archiv Mondadori. – **294:** Photo-Archiv Mondadori. – **295:** Bavaria-Verlag Gauting, Photo Len Sirman. – **296:** Neapel, Museo di San Martino, Photo Edistudio, Barcelona. – **297:** Photo-Archiv Mondadori. – **298/299:** Neapel, Museo di San Martino, Photo Freeman, London. – **300:** Neapel, Königspalast, Photo Parisio, Neapel. – **301:** Neapel, Villa Floridiana, Photo Parisio, Neapel. – **302:** Neapel, Museo di San Martino, Photo Parisio, Neapel. – **303:** Neapel, Galleria Nazionale di Capodimonte, Photo Parisio, Neapel. – **304:** Photo-Archiv Mondadori. – **305:** Neapel, Galleria Nazionale di Capodimonte, Photo Parisio, Neapel. – **307:** Neapel, Museo di San Martino, Photo Parisio, Neapel. – **308:** Mailand, Civ. Racc. delle Stampe Bertarelli, Photo-Archiv Mondadori. – **309:** Neapel, Museo di San Martino, Photo Parisio, Neapel. – **310:** Paris, Musée du Louvre. – **311:** Photo-Archiv Mondadori. – **312/313:** Musée de Malmaison, Photo-Archiv Mondadori. – **314:** Rom,Galleria Borghese, Photo Scala, Florenz. – **315:** Malmaison, Schloß, Photo Giraudon, Paris. – **318/319:** Paris, Musée du Louvre, Photo Giraudon, Paris. – **320:** Musée de Versailles, Photo-Archiv Mondadori. – **322, 323:** Rom, Museo Napoleonico, Photo Savio, Rom. – **324:** Musée de Versailles, Photo Giraudon, Paris. – **325:** Rom, Museo Napoleonico, Photo Savio, Rom. – **327:** Greenwich, National Maritime Museum, Photo-Archiv Mondadori. – **328:** Compiègne, Schloß, Photo Bulloz, Paris. – **330:** Versailles, Schloß, Photo Giraudon, Paris. – **331:** Photo-Archiv Mondadori. – **334:** Bavaria-Verlag Gauting, Photo Kester, München. – **335:** Bavaria-Verlag Gauting, Photo Kester, München. – **337:** München, Antiquarium, Photo. – **338:** München, Bayerische Staatsbibliothek. – **339:** München, Bayrisches Nationalmuseum. – **340:** München, Residenzmuseum. – **341** oben: Bertram Luftbild, München-Riem, Freigabe Reg. v. Obb. G 4/30.887. – **341** unten: Bavaria-Verlag Gauting, Photo W. Bahnmüller. – **343:** München, Alte Pinakothek, Photo Bavaria-Verlag, Gauting. – **344:** Bavaria-Verlag, Gauting, Kempter. – **345:** Bavaria-Verlag, Gauting, E. Bauer. – **347:** Bavaria-Verlag, Gauting, Kempter. – **348:** Bavaria-Verlag, Gauting, E. Bauer.

361: Photo-Archiv Mondadori. – **362:** Max PPP, Contrasto, Mailand. – **363:** oben: Photo-Archiv Mondadori. – **363:** unten: L. Freed-Magnum, Contrasto, Mailand. – **364:** C. Manos-Magnum, Contrasto, Mailand. – **365:** C. Manos-Magnum, Contrasto, Mailand. – **366:** J. Berry Magnum, Contrasto, Mailand. – **367:** oben: P. Marlow-Magnum, Contrasto, Mailand. – **367:** unten: M. Riboud-Magnum, Contrasto, Mailand. – **368:** B. Glinn-Magnum, Contrasto, Mailand. – **369:** Max PPP, Contrasto, Mailand. – **370:** Photo-Archiv Mondadori. – **371:** oben: Max PPP, Contrasto, Mailand. – **371:** unten: Photo-Archiv Mondadori. – **372:** Photo-Archiv Mondadori. – **373:** Contrasto, Mailand. – **374:** C. Magnus-Magnum, Contrasto, Mailand. – **375:** oben: Contrasto, Mailand. – **375:** unten: J. Giordano-Saba, Contrasto, Mailand. – **376:** H. Cartier-Bresson-Magnum, Contrasto, Mailand. – **377:** Blue C Press, Contrasto, Mailand. – **378:** Agencia de prensa, Contrasto, Mailand. – **379:** oben: T. Graham-Sigma, Grazia Neri, Mailand. – **379:** unten: Blue C Press, Contrasto, Mailand. – **380:** Cordon press, Contrasto, Mailand. – **381:** Blue C Press, Contrasto, Mailand. – **382:** Photo-Archiv Mondadori. – **383:** Photo-Archiv Mondadori. – **384:** Max PPP, Contrasto, Mailand. – **385:** MacLean's/Saba-Rea, Contrasto, Mailand. – **386:** Photo-Archiv Mondadori. – **387:** oben: C. Manos-Magnum, Contrasto, Mailand. – **387:** unten: G. Rodger-Magnum, Contrasto, Mailand. – **388:** Blue C Press, Contrasto, Mailand. – **389:** oben: R. Samano-Cover, Contrasto, Mailand. – **389:** unten: Red., Contrasto, Mailand. – **390:** Max PPP, Contrasto, Mailand. – **391:** Magnum, Contrasto, Mailand.